法官的首要职责,就是贤明地运用法律。

〔英〕弗兰西斯·培根

ADJUDICATION RULES FOR SIMILAR CRIMINAL CASES
OF GRAFT AND BRIBERY AND THE APPLICATION IN CHINA

贪污贿赂罪
类案裁判规则与适用

刘树德　任素贤　著

北京大学出版社
PEKING UNIVERSITY PRESS

图书在版编目(CIP)数据

贪污贿赂罪类案裁判规则与适用 / 刘树德，任素贤著. —北京：北京大学出版社，2021.7

（法官裁判智慧丛书）

ISBN 978-7-301-32227-7

Ⅰ.①贪… Ⅱ.①刘… ②任… Ⅲ.①贪污贿赂罪—研究—中国 Ⅳ.①D924.392.4

中国版本图书馆 CIP 数据核字(2021)第 108180 号

书　　名	贪污贿赂罪类案裁判规则与适用
	TANWU HUILUZUI LEI'AN CAIPAN GUIZE YU SHIYONG
著作责任者	刘树德　任素贤　著
丛书策划	陆建华
责任编辑	陆建华　费　悦
标准书号	ISBN 978-7-301-32227-7
出版发行	北京大学出版社
地　　址	北京市海淀区成府路 205 号　100871
网　　址	http://www.pup.cn　http://www.yandayuanzhao.com
电子信箱	yandayuanzhao@163.com
新浪微博	@北京大学出版社　@北大出版社燕大元照法律图书
电　　话	邮购部 010-62752015　发行部 010-62750672　编辑部 010-62117788
印 刷 者	天津中印联印务有限公司
经 销 者	新华书店
	730 毫米×1020 毫米　16 开本　31.5 印张　604 千字
	2021 年 7 月第 1 版　2022 年 11 月第 2 次印刷
定　　价	99.00 元

未经许可，不得以任何方式复制或抄袭本书之部分或全部内容。
版权所有，侵权必究
举报电话：010-62752024　电子信箱：fd@pup.pku.edu.cn
图书如有印装质量问题，请与出版部联系，电话：010-62756370

聚焦刑事裁判文书说理(代总序)

裁判文书是记载人民法院审理过程和裁判结果的法律文书。裁判文书既是记录诉讼活动及其结果的载体,又是展示法官职业素养、展现法院形象、体现司法公正的媒介,还是反映刑事法理论与实践互动样态的重要依凭。此处从刑事裁判说理的角度切入,对刑事法理论与实践互动问题进行探讨,希冀对实践刑法学的构建有所裨益。

一、裁判文书的"五理"

裁判文书的说理,包括"五理",即事理、法理、学理、哲理和情理。

1. 事理

"事理",是对案件的客观事实以及法官查证、认定的法律事实方面提出的要求。有的判决书证明事实的证据不充分,仅有事实没有证据,或只是简单地罗列证据,缺乏对证据关联性的推理、分析和判断,对主要证据的采信与否未进行分析说理,对双方争议的关键证据的认定未置可否;有的判决书对法律事实的表述过于简单,例如一起贩毒刑事案件,事实部分表述为"某年某月以来,被告人某某数十次在某地贩卖毒品给吸毒人员甲、乙、丙等人吸食",贩卖的具体时间、地点、数量、次数、卖给了多少人等重要犯罪事实都不很清楚。再如一起故意伤害刑事案件,事实部分表述为"某年某月某日,被告人某某在某某县某某镇竹山坳,将本村村民甲打伤,经法医鉴定为轻伤",事件的起因、经过等一些影响定罪量刑的事实情节均未加以表述。

2. 法理

"法理",是对裁判适用法律方面提出的要求。法律适用包括实体法适用和程序法适用两个方面。法律适用具体包括"找法""释法"和"涵摄法"的过程。"找法"就是"以法律为准绳"的具体表现,最基本的要求是须做到"准确"。"释法"是由于法律规范具有普遍性和抽象性,绝大部分均需要解释后方可适用。不同的解释方法、立场、位序,有时会得出不同的结论。例如,采用形式解释还是实质解释、客观解释论还是主观解释论、文义解释优先还是目的解释优先,均可能导致个案处理结果的不同。① "释法"最基本的要求是须做到"得当"。"涵摄法"是法律事实与法律规范反复耦合,最后得出裁判结果的过程。"涵摄法"最基本的要求是须做到"正当或公正合理"。

3. 学理

"学理",是对裁判运用部门法学理论方面提出的要求。从裁判的整个过程来看,无论是法律事实的提炼,还是法律规范的解释,抑或法裁判结果的得出,均需不同程度地运用相关部门法学的基本理论,包括实体法理论和程序法理论。例如,刑事判决往往要运用刑法学、刑事诉讼法学,间或还会用到民事诉讼法学(附带民事诉讼)。目前刑事裁判文书的说理,绝大部分均按照传统的犯罪论体系的四要件顺序(或者不同的变体)来进行论述。② 但随着刑法学知识体系多元化局面的出现,即在传统的四要件犯罪论体系存在的同时,以德日阶层犯罪论体系为蓝本的各种犯罪论体系出笼,刑事审判实践包括刑事裁判文书的制作必将发生变化。③

4. 哲理

"哲理",是对裁判间或运用法理学、法哲学乃至哲学原理方面提出的要求。此处的法理学或者法哲学,既包括一般的法理学或者法哲学(例如,目前我国法学院校开设的法理学、法哲学基础理论),也包括部门的法理学或者法哲学,如刑法哲学、民法哲学。可以说,"哲理"是"学理"的进一步抽象和升华,更具有宏观的指导作用。刑事裁判的说理直接或者间接地受到刑法哲学乃至哲学的影响。以德国刑法学的发展史为例,不同的犯罪论体系均是在特定的哲学指导下逐步完善的。例如,古典犯罪论体系受自然主义哲学的影响,新古典犯罪论体系受新康德主义的影响,等等。④ 受不同哲学影响的犯罪论体系对刑法、犯罪、刑罚均会有不同的认识,进而影响着刑事裁判包括裁判文书的说理。

---

① 参见周详:《刑法形式解释论与实质解释论之争》,载《法学研究》2010 年第 3 期;陈兴良:《形式解释论与实质解释论:事实与理念之展开》,载《法制与社会发展》2011 年第 2 期;劳东燕:《刑法解释中的形式论与实质论之争》,载《法学研究》2013 年第 3 期。

② 参见刘树德:《刑法知识形态的裁判之维》,载赵秉志主编:《当代刑事法学新思潮:高铭暄教授、王作富教授八十五华诞暨联袂执教六十周年恭贺文集》(上卷),北京大学出版社 2013 年版,第 144—156 页。

③ 参见陈兴良:《刑法的知识转型(学术史)》,中国人民大学出版社 2012 年版,第 66—113 页。

④ 参见喻海松:《德国犯罪构造体系的百年演变与启示》,载《中外法学》2012 年第 3 期。

5. 情理

"情理",是对裁判间或要顾及法律之外的道德、政治、民族、外交、民意与舆情、国民常识与情感等因素方面提出的要求。裁判所适用的法律,处在金字塔型的法系统之中,始终与其他各种社会系统,如政治系统、道德体系、经济制度等相互作用和影响。裁判作出的主体同样始终生活在充满复杂关系的社会之中,法官始终不可能真正是脱离俗界的"神"。处在我国现行政制架构中的人民法院,始终不可能扮演西方国家法院的那种"独立"的角色。① 这些众多的因素均直接或者间接地影响和要求裁判文书的说理要顾及法外的"情理"。例如,亲属间盗窃案件中考虑亲情伦理,刑事案件中考虑善的道德动机(例如下文"黄某盗窃案"),邻里纠纷等普通民事纠纷中考虑民间习惯,商事纠纷中考虑交易习惯,涉外案件中考虑外交,涉及边疆少数民族案件中考虑民族团结,敏感案件中考虑舆情,等等。

【案例】黄某盗窃案

经审理查明:2012年6月17日,江苏玉器商人林某乘坐一辆客运大巴车前往顺德容桂,在车上被被告人黄某及其同伙杨某(另案处理)偷走随身携带的手提包,内有现金1400元、诺基亚手机一部等。然而,黄某及杨某在得手后意外地发现,包内还有翡翠玉石一批共53件,后经警方鉴定该批玉石价值91.4万元。三日后,黄某因害怕被抓,凭借钱包中林某的身份证住址找到林某妻子后将玉石归还。2012年12月9日,黄某被警方抓获。

法院经审理认为,该案被害人林某未加防范地将包放在一旁座位上,难以让人判断包内有巨额财物。同时结合黄某"只想偷些小钱"的当庭供述和归还玉石的行为,可以推断被告人黄某在扒窃时的主观目的,是在公共汽车上窃取小额财物,而非追求窃取巨额财产,或采取能盗多少就多少的概括故意式的放任。根据主客观相统一的犯罪构成原理及罪责刑相适应的量刑原则,玉石的价值不应计入该案所盗窃的数额之内。黄某的行为符合刑法上的被告人对事实认识错误理论,从而阻却刑事责任。法院依照刑法相关规定,以盗窃罪判处被告人黄某有期徒刑7个月,缓刑1年,并处罚金1000元。

法官在该案判决书中就有如下一段"说理":被告人黄某的扒窃行为毫无疑义应受道德的谴责和法律的惩罚,但其后不远千里将所盗玉石归还失主的行为,不论其是出于自身的良知还是对法律的敬畏,均应该在道德上予以肯定和在法律上予以正面评价,并且可以也应该成为其改过自新之路的起点。②

---

① 如我国学者指出的,"在传统中国,没有角色中立意义上的司法,只有相对专业或者专司意义上的司法,没有国家议事、执行、审判三种司法权分立意义上的司法,只有作为整体国政的一部分的司法"。参见范忠信:《专职法司的起源与中国司法传统的特征》,载《中国法学》2009年第5期。

② 参见杨虹等:《小偷的善意被作为从轻处罚情节》,载《人民法院报》2013年6月1日,第3版。

二、刑事裁判文书说理受犯罪论体系结构安排的影响

犯罪论体系多元格局的形成,推动了学术话语层面的刑法知识形态的变化。随着20世纪90年代德国、日本系列刑法教科书的翻译引进,尤其是21世纪初期(2003年具有标志性)各种国际性或者全国性犯罪构成体系研讨会的召开、部分法学刊物对犯罪理论体系专题的刊登、部分学者对犯罪论体系的比较研究及知识性创作,我国刑法学犯罪构成理论体系的"一元"局面即以苏联犯罪构成体系为摹本并结合本国实践有所创新的四要件犯罪论体系终被打破,并已形成四要件犯罪论体系与阶层犯罪论体系的"二元"竞争格局。①

从实践维度来看,"阶层犯罪论体系"至今尚未见诸具体裁判之中。居于通说地位的,以犯罪客体—犯罪客观方面—犯罪主体—犯罪主观方面为排列顺序的四要件犯罪论体系仍处在指导实践的主导地位,检察官起诉或者抗诉、辩护人辩护、法官裁判均按此犯罪论体系进行思维和表达。例如,在"徐凤鹏隐匿、故意销毁会计凭证、会计账簿、财务会计报告案"中,辩护人提出如下辩护意见:"公诉机关指控被告人徐构成隐匿、故意销毁会计凭证、会计账簿、财务会计报告罪的证据不足:一、从犯罪的客体及犯罪对象方面讲,我国《刑法》第162条之一规定的犯罪对象是会计法规定的应当保存的公司、企业的会计资料,而个体的会计资料不属于会计法调整的范围;二、从犯罪的客观方面讲,徐没有实施隐匿、故意销毁会计凭证、会计账簿、财务会计报告的行为,因为徐拿走的是徐电器商城的商品经营账,并不是公司的账;三、徐电器商城的投资人、经营者是徐个人,而并非靖边县五金交电有限公司,电器商城经营行为是个人而非公司集体行为;四、徐与靖边县五金交电公司事实上形成了承包关系,而且也全部如数上交了承包费。综上,公诉机关指控被告人徐犯隐匿、故意销毁会计凭证、会计账簿、财务会计报告罪,证据不足,应依法判决徐无罪。"②

但是,实践中个案也出现按不同排列组合的四要件犯罪论体系进行表达的情形③,包括:

第一,犯罪主体—犯罪客体—犯罪主观方面—犯罪客观方面。例如本丛书涉及的"朱波伟、雷秀平抢劫案"的裁判理由:"这是刑法规定的抢劫罪。本罪的犯罪主体是年满14周岁并具有刑事责任能力的自然人;犯罪侵犯的客体是公私财物所有权和公民人身权利,侵犯的对象是国家、集体、个人所有的各种财物和他人人

---

① 参见陈兴良:《刑法的知识转型(学术史)》,中国人民大学出版社2012年版,第66—112页。
② 案例来源:陕西省靖边县人民法院(2010)靖刑初字第106号。
③ 有学者指出,除上述通行的排列顺序以外,至少还存在以下三种排列顺序:一是犯罪主体—犯罪客体—犯罪主观方面—犯罪客观方面;二是犯罪客观方面—犯罪客体—犯罪主观方面—犯罪主体;三是犯罪主体—犯罪主观方面—犯罪客观方面—犯罪客体。参见赵秉志:《论犯罪构成要件的逻辑顺序》,载《政法论坛》2003年第6期。

身;犯罪主观方面表现为直接故意,并具有将公私财物非法占有的目的;犯罪客观方面表现为对公私财物的所有者、保管者或者守护者当场使用暴力、胁迫或者其他对人身实施强制的方法,立即抢走财物或者迫使被害人立即交出财物";"这是刑法规定的强迫交易罪。本罪的犯罪主体除自然人以外,还包括单位;犯罪侵犯的客体是交易相对方的合法权益和商品交易市场秩序;犯罪主观方面表现为直接故意,目的是在不合理的价格或不正当的方式下进行交易;犯罪客观方面表现为向交易相对方施以暴力、威胁手段,强迫交易相对方买卖商品、提供或者接受服务,情节严重的行为。"①

第二,犯罪客体—犯罪主体—犯罪主观方面—犯罪客观方面。例如,本丛书涉及的"高知先、乔永杰过失致人死亡案"的裁判理由:"这是刑法规定的教育设施重大安全事故罪。该罪侵犯的客体,是公共安全和教学管理秩序,主体是对教育教学设施负有维护义务的直接责任人员,主观方面表现为过失,客观方面表现为不采取措施或者不及时报告致使发生重大伤亡事故的行为。"②

此外,实践个案还存在"简化版"的表达方式,包括:

其一,"犯罪客体—犯罪客观方面"。例如,"董杰、陈珠非法经营案"的裁判理由:"第一'冰点传奇'外挂软件属于非法互联网出版物。盛大公司所经营的《热血传奇》游戏是经过国家版权局合法登记的游戏软件,受国家著作权法的保护,被告人董、陈购买、使用'冰点传奇'外挂程序软件在出版程序上没有经过主管部门的审批,违反了《出版管理条例》的规定,在内容上也破坏了《热血传奇》游戏软件的技术保护措施,肆意修改盛大公司《热血传奇》游戏的使用用户在服务器上的内容,不仅违反了《信息网络传播权保护条例》的相关规定,而且侵犯了著作权人的合法权益……第二被告人董、陈利用外挂软件从事代练升级,构成非法经营罪。被告人购买了电脑,聘用了工作人员,先后替万多名不特定人使用非法外挂程序进行代练,并收取费用,客观上是对该非法外挂程序的发行、传播,属于出版非法互联网出版物的行为。"③

其二,"犯罪主观方面—犯罪客观方面"。例如,本丛书涉及的"崔勇、仇国宾、张志国盗窃案"的裁判理由:"一、被告人崔、仇、张主观上具有非法占有他人财物的目的。三个被告人均明知仇名下的涉案银行卡内的钱款不属仇所有,而是牟存储的个人财产。当涉案银行卡被吞、牟要求仇帮助领取银行卡时,三个被告人不是协助取回涉案银行卡并交还牟,而是积极实施挂失、补卡、取款、转账等行为,将卡内钱款瓜分,明显具有非法占有他人财物的目的。二、被告人崔、仇、张的行为具有秘密窃取的性质。……本案中,三个被告人虽然是公然实施挂失、补卡、取款、转账等行为,但被害人并没有当场发觉,更无法阻止三个被告人的行为。被害

---

① 案例来源:《最高人民法院公报》2006年第4期。
② 案例来源:《最高人民法院公报》2005年第1期。
③ 案例来源:《最高人民检察院公报》2011年第5号(总第124号)。

人虽然对三个被告人可能侵犯其财产存在怀疑和猜测,并在案发后第一时间察觉了三个被告人的犯罪行为,但这与被害人当场发觉犯罪行为具有本质区别。因此,三个被告人的行为完全符合盗窃罪'秘密窃取'的特征。三、被告人崔、仇、张的行为符合盗窃罪'转移占有'的法律特征。……涉案银行卡被吞后,被害人牟虽然失去了对卡的实际控制,但基于掌握密码,并未丧失对卡内钱款的占有和控制。被告人崔、仇、张如果仅仅协助被害人取回涉案银行卡,不可能控制卡内钱款。三个被告人是通过积极地实施挂失、补办新卡、转账等行为,实现了对涉案银行卡内钱款的控制和占有。上述行为完全符合盗窃罪'转移占有'的法律特征。"①

其三,"犯罪客观方面—犯罪主体"。例如,"李江职务侵占案"的裁判理由:"李系沪深航公司的驾驶员,在完成运输任务过程中,不仅负有安全及时地将货物运至目的地的职责,还负责清点货物、按单交接及办理空运托运手续。因此,李对其运输途中的货物负有保管职责。托运人将涉案金币交付给沪深航公司承运,由此沪深航公司取得了对涉案金币的控制权。李受沪深航公司委派具体负责运输该批货物,其在运输途中亦合法取得了对该批货物的控制权。根据本案事实,托运人对涉案金币所采取的包装措施,仅是将金币等货物用纸箱装好后以胶带封缄。该包装措施虽然在一定程度上宣示了托运人不愿他人打开封存箱的意思,但主要作用在于防止货物散落。托运人办理托运时,就已整体地将保管、运输该批货物的义务交付给沪深航公司,托运人在整个运输过程中客观上已无力控制、支配该批货物。因此,李作为涉案货物承运人沪深航公司的驾驶人员,在运输涉案货物途中,对涉案货物负有直接、具体的运输、保管职责。李正是利用这种自身职务上的便利,伙同他人将本单位承运的货物非法占有。"②

三、刑事裁判文书说理受犯罪论体系思维逻辑的影响

无论是犯罪论体系的构建,还是司法实践中犯罪的认定,均离不开论证逻辑。正如我国学者指出的"阶层性是四要件犯罪论体系与阶层犯罪论体系之间的根本区别之所在"③,犯罪成立条件之间的位阶关系有利于保证定罪的正确性。按照阶层犯罪论体系的要求,司法裁判应遵循以下判断规则:客观判断先于主观判断、具体判断先于抽象判断、类型判断先于个别判断和形式判断先于实质判断。

1. 客观判断先于主观判断

从实践维度来看,个案往往采取了相反的判断规则,即主观判断先于客观判断。例如,本丛书涉及的"赵金明等故意伤害案"的裁判理由:"被告人赵、李等为报复被害人,主观上有故意伤害他人身体的故意,客观上实施了持刀追赶他人的

---

① 案例来源:《最高人民法院公报》2011 年第 9 期。
② 案例来源:《最高人民法院公报》2009 年第 8 期。
③ 陈兴良:《刑法的知识转型(学术史)》,中国人民大学出版社 2012 年版,第 109 页。

行为,并致被害人死亡后果的发生,其行为均已构成故意伤害(致人死亡)罪。被害人被逼跳水的行为是被告人等拿刀追赶所致,被害人跳水后死亡与被告人的行为有法律上的因果关系,即使被告人对被害人的死亡结果是出于过失,但鉴于事先被告人等已有伤害故意和行为,根据主客观相一致原则,亦应认定构成故意伤害(致人死亡)罪。"[1]再如,"成俊彬诈骗案"的抗诉理由:"主观上,原审被告人成、黄在进入各被害单位之前就已具有骗取被害单位车辆的犯罪故意;客观上,两被告人在意图非法占有被害单位车辆的思想驱使下,首先使用假身份证和驾驶证到职介所登记,再去被害单位应聘,既虚构了其身份及其遵纪守法的事实,又隐瞒了其'并非想从事司机职务'及其曾经诈骗其他单位车辆的真相,骗取了被害人的信任,使被害人陷入错误认识,'自愿'将车辆交其保管,从而实现其非法占有被害单位财物的目的。"[2]

2. 抽象判断先于具体判断

例如,本丛书涉及的"朱建勇故意毁坏财物案"的裁判理由,先从社会危害性层面作抽象判断,再对盗窃行为构成要件作具体判断:"一、关于对被告人朱的行为能否用刑法评价的问题。《刑法》第 2 条规定:'中华人民共和国刑法的任务,是用刑罚同一切犯罪行为作斗争,以保卫国家安全,保卫人民民主专政的政权和社会主义制度,保护国有财产和劳动群众集体所有的财产,保护公民私人所有的财产,保护公民的人身权利、民主权利和其他权利,维护社会秩序、经济秩序,保障社会主义建设事业的顺利进行。'第 13 条规定:'一切危害国家主权、领土完整和安全,分裂国家、颠覆人民民主专政的政权和推翻社会主义制度,破坏社会秩序和经济秩序,侵犯国有财产或者劳动群众集体所有的财产,侵犯公民私人所有的财产,侵犯公民的人身权利、民主权利和其他权利,以及其他危害社会的行为,依照法律应当受刑罚处罚的,都是犯罪,但是情节显著轻微危害不大的,不认为是犯罪。'被告人朱为泄私愤,秘密侵入他人的账户操纵他人股票的进出,短短十余日间,已故意造成他人账户内的资金损失 19.7 万余元。这种行为,侵犯公民的私人财产所有权,扰乱社会经济秩序,社会危害性是明显的,依照《刑法》第二百七十五条的规定,已构成故意毁坏财物罪,应当受刑罚处罚。二、关于股票所代表的财产权利能否作为故意毁坏财物罪的犯罪对象问题…… 三、关于犯罪数额的计算问题……四、关于量刑问题……"[3]

3. 个别判断先于类型判断

例如,"王怀友等诽谤案"的裁判理由采取了犯罪主体—犯罪客体—犯罪主观

---

[1] 案例来源:最高人民法院刑事审判第一、二、三、四、五庭主办:《刑事审判参考》(总第 55 集),法律出版社 2007 年版,第 434 号案例。
[2] 案例来源:广东省佛山市中级人民法院(2007) 佛刑二终字第 338 号。
[3] 案例来源:《最高人民法院公报》2004 年第 4 期。

方面—犯罪客观方面的论证顺序,其中犯罪主观方面的判断属于个别判断,而犯罪客观方面的判断属于类型判断:"在主体方面,四个被告人均属完全刑事责任能力人。在客体方面,诽谤罪的客体是公民的名誉、人格,而对于政府工作人员来说政治名誉是其人格、名誉的组成部分,四个被告人的行为意欲侵害的是县委、政府领导人的政治名誉,因此四个被告人的行为侵犯的客体属于诽谤罪的客体。主观方面,尽管四个被告人各有其不同的上访事由,涉及不同的分管领导。但从整体上看,均因其各自上访问题未得到满意解决而对县委、政府产生不满,遂共同产生贬损县委、政府领导人政治名誉的念头,且均明知捏造的系虚假事实一旦散布出去必然会损害他人人格、破坏他人名誉,因此四个被告人均有诽谤他人的犯罪故意。客观方面,四个被告人针对县委、政府领导人共同实施了准备书写工具,商议捏造虚假事实,书写'大''小'字报及复印'小'字报;被告人王某、罗某、阮某还亲自实施了到昭通市区及鲁甸县城张贴的行为;四个被告人的行为造成了共同的危害后果。另外,四个被告人采用捏造虚假事实书写'大''小'字报这种恶劣的方法,选择昭通市区及鲁甸县城人员密集的公共场所进行张贴散布诽谤他人政治名誉,四个被告人的行为属于情节严重。综上所述,四个被告人属共同犯罪,其行为均已构成诽谤罪。"[①]

4. 实质判断先于形式判断

例如"李某抢劫案"的裁判理由不是先对抢劫一根玉米的行为作形式判断,即论证与判断此行为是否该当抢劫罪的实行行为,而是在量刑部分(是否适用缓刑)对此行为的社会危害性作实质判断:"抢劫罪侵犯的是财产权利和人身权利双重客体,本案中李某劫取的玉米价值甚小,对于超市来说损失甚微,但李深夜持刀架在被害人脖子处实施抢劫,给被害人造成的人身危险性远远超过财物本身的价值,给社会带来了不安全因素,具有严重的社会危害性,故不宜对李宣告缓刑。"[②]

四要件犯罪论体系反映到实践个案的裁判理由论证中,除不像阶层犯罪论体系所体现的先后有序递进之外,还间或存在部分要件"循环往复"或者杂糅在一起的现象。例如,"顾永波非法拘禁案"的裁判理由不仅将犯罪动机混同于犯罪目的,而且将犯罪主观方面与犯罪客观方面并在一起论证:"被告人顾为索取夫妻间曾协商约定的由其妻承担的债务,在其妻离家出走后,担心其妻不承担共同债务而落得人财两空,为迫使其妻的亲人及时找回其妻,扣押了其妻的亲人作为交换其妻的条件,从而达到要其妻承担债务与其离婚的目的,是一种'债务纠纷'的绑架行为。被告人顾在实施其违法行为时,实施了'扣押人质''以钱赎人'等类似绑架行为的客观外在的行为,但其主观上不具有索取财物的目的,不完全具备绑架罪的特征要件,不构成绑架罪。其为达到这一目的而非法扣押了人质钟某某,限

---

① 案例来源:云南省昭通市中级人民法院(2003)昭刑二终字第 162 号。
② 案例来源:上海市浦东新区人民法院(2012)浦刑初字第 2578 号。

制了人质钟某某的自由权利,影响较大,其行为构成非法拘禁罪。"①显然,正是此种逻辑不清晰的论证方式,导致观点"是一种'债务纠纷'的绑架行为"与"不完全具备绑架罪的特征要件,不构成绑架罪"的前后矛盾。

此外,从实践来看,四要件犯罪论体系与阶层犯罪论体系的判断规则、论证思维逻辑的不同,或许对大部分案件的最终处理结论不会带来影响,但间或直接影响到对同一事实的不同定性。例如,"成俊彬诈骗案"中检察院、一审法院、二审法院之所以存在定性的分歧,与裁判论证是先进行客观判断还是先进行主观判断有着直接的关系。检察院的抗诉意见认为:"主观上,原审被告人成、黄在进入各被害单位之前就已具有骗取被害单位车辆的犯罪故意;客观上,两被告人在意图非法占有被害单位车辆的思想驱使下,首先使用假身份证和驾驶证到职介所登记,再去被害单位应聘,既虚构了其身份及其遵纪守法的事实,又隐瞒了其'并非想从事司机职务'及其曾经诈骗其他单位车辆的真相,骗取了被害人的信任,使被害人陷入错误认识,'自愿'将车辆交其保管,从而实现其非法占有被害单位财物的目的。综上,原审被告人成、黄的行为已构成诈骗罪。"二审法院裁判理由:"原审被告人成伙同原审被告人黄,以非法占有为目的,使用假身份证和驾驶证骗取被害单位招聘我作司机,后成利用给被害单位送货之机,伙同黄将被害单位的车辆非法占为己有;成没有为被害单位从事司机一职的主观愿望,其骗取的司机一职只是其骗取被害单位财物的一种手段,原审被告人成、黄的行为已构成诈骗罪。"②抗诉意见和二审裁判理由均是先进行主观判断,认为被告人主观上有诈骗故意,进而基于此种故意实施了"诈骗"行为,因而构成诈骗罪。但是,按照阶层犯罪论体系的判断规则,宜先分析被告人的行为是职务侵占行为还是诈骗行为,两者的关键区别在于:第一,财物被侵害之前的状态是处于行为人控制还是由被害人控制;第二,财物的转移状态发生变化的原因是利用职务便利还是基于被骗而陷入认识错误进而做出财产处分。从本案案情来看,被告人虽然在取得司机身份时存在欺骗因素,但此并不意味着财物状态的改变也是基于被骗而陷入错误认识进而做出处分的结果。因而,本案被告人行为的定性宜为职务侵占罪。

四、聚焦"说理"来促进实践刑法学

近年来,随着依法治国方略的逐步实施和法治中国建设的逐步深化,中国法治实践学派随之兴起。所谓中国法治实践学派,是以中国法治为研究对象,以探寻中国法治发展道路为目标,以实验、实践、实证为研究方法,注重现实、实效,具有中国特色、中国气派、中国风格的学术群体的总称。③ 2018 年 7 月 20 日至 21 日,在"法学范畴与法理研究"学术研讨会(长春)上,徐显明教授提出了未来的法

---

① 案例来源:云南省永德县人民法院(2007)永刑初字第 29 号。
② 案例来源:广东省佛山市中级人民法院(2007)佛刑二终字第 338 号。
③ 参见钱弘道主编:《中国法治实践学派》(2014 年卷),法律出版社 2014 年版,第 3 页。

理学"五化"的命题,即学理化、本土化、大众化、实践化和现代化;付子堂教授提出了"走向实践的中国法理学"命题。刑法学作为部门法学,在某些方面"春江水暖鸭先知",较早地开始了知识形态方面的反思,先后提出了其是"无声的刑法学""无史化的刑法学"[①]"缺乏学派之争的刑法学"[②]"缺乏教义学的刑法学"[③]。显然,这些命题的提出存在一个大的背景,就是德日三阶层犯罪论体系的引入,促发了刑法学知识的转型,并形成与传统的四要件犯罪论体系并存的局面。如果说,学界围绕这些命题的论争与展开,更多地具有理论色彩的话,那么,另一个侧面的反思则集中在既有刑法学知识的疏离实践、缺乏实践理性品格方面[④],就后者而言,此种状况出现了改变的迹象,如个人专著式教科书开始"在叙述过程中,穿插有大量的司法解释和案例分析"[⑤],个别学者出版了判例教义学专著[⑥],并领衔对司法规则进行汇纂[⑦];个别学者结合案例进行专题研究[⑧];等等。笔者较早地关注此问题并一直将其作为学术重心,收集了大量实践案例,不仅对特定罪名或者专题进行研究[⑨],同时对最高司法机关相关刊物的案例进行汇总式评析[⑩],还在前期学术累积的基础上提出"实践刑法学"的设想,并开始了初步的尝试。[⑪] 如果说刑法处在"地方性与普适性"并存的发展状态[⑫],那么,塑造实践理性品格无疑会更多地凸显"地方性",也可以说,只有丰富了"地方性"知识,方能真正地形成"有独立声音的中国刑法学",而非"重复别人声音的中国刑法学"。随着案例指导制度的出台及指导性案例的发布,中国裁判文书网的建成及裁判文书的网上公开,裁

[①] 周光权:《法治视野中的刑法客观主义》,清华大学出版社2002年版,第2页。

[②] 张明楷:《刑法的基本立场》,中国法制出版社2002年版,第47页。

[③] 陈兴良:《刑法教义学方法论》,载《法学研究》2005年第2期。

[④] 参见齐文远:《中国刑法学应当注重塑造实践理性品格》,载陈泽宪主编:《刑事法前沿》(第六卷),中国人民公安大学出版社2012年版,第226、232页。

[⑤] 黎宏:《刑法学》,法律出版社2012年版,自序第Ⅲ页。

[⑥] 参见陈兴良:《判例刑法学》(上下卷),中国人民大学出版社2009年版。

[⑦] 参见陈兴良、张军、胡云腾主编:《人民法院刑事指导案例裁判要旨通纂》(上下卷),北京大学出版社2012年版。

[⑧] 参见金泽刚:《抢劫加重犯的理论与实践》,法律出版社2012年版。

[⑨] 参见刘树德:《绑架罪案解》,法律出版社2003年版;刘树德:《抢夺罪案解》,法律出版社2003年版;刘树德:《挪用公款罪判解研究》,人民法院出版社2005年版;刘树德:《敲诈勒索罪判解研究》,人民法院出版社2005年版;刘树德:《"口袋罪"的司法命运——非法经营的罪与罚》,北京大学出版社2011年版;刘树德:《牵连犯辨正》,中国人民公安大学出版社2005年版。

[⑩] 参见刘树德:《阅读公报——刑事准判例学理链接》,人民法院出版社2004年版;刘树德、喻海松:《规则如何提炼——中国刑事案例指导制度的实践》,法律出版社2006年版;刘树德、喻海松:《中国刑事指导案例与规则:提炼·运用·说理》,法律出版社2009年版;刘树德:《刑事指导案例汇览:最高人民法院公报案例全文·裁判要旨·学理展开》,中国法制出版社2010年版。

[⑪] 参见刘树德:《实践刑法学·个罪Ⅰ》,中国法制出版社2009年版;刘树德:《刑事裁判的指导规则与案例汇纂》,法律出版社2014年版。

[⑫] 参见储槐植、江溯:《美国刑法(第四版)》,北京大学出版社2012年版,第16页。

判文书释法说理指导意见①的下发及示范性说理文书的不断涌现,法院信息化建设的持续进步及大数据、人工智能等技术在司法领域的推广运用,实践(刑法)法学更有了良好的发展基础,理应有更大的使命与担当,既要加强案例指导制度运行的实证研究,为其健全和发展提供有针对性的对策建议,也要充分消化、吸收指导性案例的学术资源,全面、系统总结刑事法官裁判智慧,提升刑法学的实践性品格和教义化水平。

刘树德

2020 年 4 月 10 日

---

① 参见 2018 年 6 月 1 日最高人民法院《关于加强和规范裁判文书释法说理的指导意见》。

目 录

第一章 时间效力 ... 001
  一、追诉时效应适用从旧兼从轻原则 ... 001
  二、部分共犯被立案侦查,其余未被发现的共犯不发生追诉时效延长的法律效果 ... 005
  三、追诉时效停止时间的认定 ... 007
  四、对终止审理的裁定可以提起上诉或抗诉 ... 009
  五、新旧法选择适用时罚金刑的判处 ... 011
  六、二审期间刑法修正案及司法解释出台后的法律适用 ... 014

第二章 犯罪主体 ... 018
  一、在国家机关设立的非常设机构中从事公务的非正式在编人员属于国家工作人员 ... 018
  二、国有公司长期聘用的管理人员属于国有公司中从事公务的人员 ... 020
  三、国有企业改制期间国家工作人员与企业解除劳动关系后,依然从事公务的,以国家工作人员论 ... 022
  四、被口头提名、非国有公司聘任的管理人员可以国家工作人员论 ... 025
  五、依照《公司法》规定产生的公司负责人可以认定为受国有单位委派从事公务的人员 ... 028
  六、如何认定受国家机关、国有公司等委托管理、经营国有财产人员 ... 032
  七、村民委员会等基层组织成员在协助人民政府执行公务过程中,利用职务便利的,应认定为国家工作人员 ... 036
  八、村民小组长协助人民政府从事行政管理工作,属于其他依照法律从事公务的人员 ... 038

九、政策性重组中企业管理人员可以构成受贿罪的主体 …………… 042
十、国有媒体的记者可以成为受贿罪的主体 ………………………… 044
十一、履行了对国有资产的管理及对公共事务监督职责的社区卫生
　　　服务中心网管员，以国家工作人员论 …………………………… 048
十二、一人有限公司在不具有单位属性的情形下，不能成为单位
　　　行贿罪的主体 ……………………………………………………… 050
十三、单位的分支机构可以成为单位行贿罪的主体 ………………… 052
十四、单位内设机构可以成为单位受贿罪的主体 …………………… 054
十五、人民政府可以成为单位受贿罪的主体 ………………………… 056
十六、国家机关能否成为单位行贿罪的主体 ………………………… 060
十七、个体承包企业的主体性质 ……………………………………… 061
十八、个体挂靠经营的主体性质 ……………………………………… 062
十九、个人合伙企业的主体性质 ……………………………………… 065
二十、关于公司、企业实施单位犯罪后被兼并、更名或改制承包后，
　　　是否应追究单位的刑事责任 …………………………………… 067
二十一、如何准确认定单位受贿罪和单位行贿罪中的"直接负责的
　　　　主管人员和其他直接责任人员" ……………………………… 068

第三章　主观罪过 ……………………………………………………… 072
一、事后收受财物的主观故意认定 …………………………………… 072
二、国家工作人员对特定关系人收受他人财物事后知情且未退还，
　　如何判定其是否具有受贿故意 …………………………………… 075
三、概括性主观故意的认定和运用 …………………………………… 080
四、巨额财产来源不明罪的主观罪过认定 …………………………… 081

第四章　犯罪形态 ……………………………………………………… 084
一、收受房屋但未过户的既未遂区分标准 …………………………… 084
二、行为人收受银行卡但未实际支取的犯罪形态 …………………… 087
三、行为人收受贿赂但尚未为他人谋取实际利益的犯罪形态 ……… 088
四、以明显低于市场的价格购买尚未办出产权的店面房，是构成受贿罪的
　　既遂还是未遂 ……………………………………………………… 090
五、贪污罪既遂、未遂的区分标准 …………………………………… 092
六、如何认定以不动产为对象的贪污罪既遂、未遂 ………………… 094
七、介绍贿赂罪的既遂标准如何认定 ………………………………… 096
八、受贿犯罪既遂与未遂并存的处罚原则 …………………………… 098

第五章　共同犯罪

一、贪污贿赂共同犯罪行为人身份不同时应如何处理 …………… 102
二、共同受贿案件中受贿数额的认定 …………………………… 105
三、贪污共同犯罪中"个人贪污数额"应如何认定 ……………… 110
四、如何认定特定关系人成立受贿罪共犯 ……………………… 112
五、非特定关系人凭借国家工作人员的关系"挂名"取酬,并将财物分予
　　国家工作人员的,构成共同受贿 …………………………… 118
六、国家工作人员的配偶能否成为巨额财产来源不明罪的共犯 …… 122

第六章　罪数形态

一、收受贿赂后又利用职务上的便利为他人谋取利益应如何处理 …… 125
二、被隐瞒的境外存款是贪污、受贿等犯罪所得时,是否适用数罪并罚 …… 130
三、行为人境外财产数额巨大且不能说明来源的,是否应数罪并罚 …… 133

第七章　自首与立功

一、行贿人在纪检监察部门查处他人受贿案件时,交代向他人行贿的
　　事实,亦属于被追诉前主动交代 …………………………… 137
二、行贿人检举揭发他人受贿犯罪是否构成立功 ……………… 140
三、受贿人因与其受贿有关联的人、事被查处而退还或上交财物的,
　　不影响受贿罪的认定 ………………………………………… 142
四、职务犯罪中自首的认定 ……………………………………… 144
五、余罪自首的证据要求与证据审查 …………………………… 153
六、通过电话指引侦查人员到同案犯住处将其抓获,可以认定为立功 …… 156
七、行为人检举、揭发其他犯罪嫌疑人的藏匿地点系户籍所在地,
　　但对公安机关的抓获起实质作用的,可以认定为立功 ……… 158
八、以所检举、揭发的他人具体犯罪行为在实际上是否可能被判处
　　无期徒刑,作为重大立功的认定标准 ……………………… 160
九、阻止他人犯罪活动,他人因未达刑事责任年龄而未被追究
　　刑事责任的,行为人仍可构成立功 ………………………… 162
十、没有利用查禁犯罪职责获取的线索可以构成立功 ………… 165

第八章　贪污罪

一、截留实质上是本单位财产权利的回扣、手续费的行为应如何定性 …… 169
二、侵吞本单位股票发行差价的行为,能否构成贪污罪 ……… 171
三、本单位占有的违法所得能否成为贪污罪的对象 …………… 174
四、不动产能否成为贪污罪的犯罪对象 ………………………… 179

五、财产性利益能否成为贪污罪的犯罪对象 …………………… 181
六、贪污罪中的特定款物如何认定 ……………………………… 186
七、共同贪污与私分国有资产的界定 …………………………… 188
八、隐匿国有资产转入改制后的公司、企业占有、使用的行为定性 …… 191
九、隐匿国有资产转入改制后的公司、企业之贪污数额认定 …… 193
十、承包者占有或支配本人上缴完定额利润后的盈利是否构成贪污罪 …… 196
十一、国家工作人员假借执行职务、履行职责之名获取财物,能否构成贪污罪 …… 198
十二、对以单位名义索要"赞助款"并占为己有的行为定性 …… 201

第九章 挪用公款罪 …………………………………………… 204
一、对利用职务便利借用下级单位公款进行营利活动的行为定性 …… 204
二、利用公款存单为本人或者他人质押贷款,构成挪用公款罪 …… 206
三、挪用本单位国债给他人进行营利活动,构成挪用公款罪 …… 210
四、利用职务便利内外勾结违规透支信用卡的行为定性 ……… 212
五、以使用公物的变价款为目的的挪用非特定公物的行为构成挪用公款罪 …… 214
六、无法区分行为人利用何种职务便利、挪用何种款项时的行为定性 …… 217
七、挪用公款帮人揽储而个人未获利的,不属于进行营利活动 …… 219
八、挪用公款为他人担保的行为认定 …………………………… 222
九、多次挪用公款的犯罪数额认定 ……………………………… 223
十、如何认定以挪用公款手段实施的贪污犯罪 ………………… 226
十一、如何通过客观行为判断行为人主观上的非法占有目的 …… 229
十二、个人决定以单位名义将公款借给其他单位使用,没有谋取
　　个人利益的,不构成挪用公款罪 …………………………… 234

第十章 受贿罪 ………………………………………………… 237
一、受贿与人情往来、感情投资的区别 ………………………… 237
二、合法债权债务与非法收受他人财物的区分 ………………… 242
三、免除第三人的债务能否成为受贿罪的对象 ………………… 245
四、职务行为、劳务行为交织情形下收受钱款的行为定性 …… 249
五、事先未约定回报,离职后收受财物的行为认定 …………… 252
六、行为人利用职务便利要求合作单位为其亲属提供低价住房的行为
　　构成受贿罪 ………………………………………………… 257
七、行为人低价购买违章建筑物的,构成受贿罪 ……………… 259
八、行为人收受房产,未变更权属登记或借用他人名义办理权属变更
　　登记的,不影响受贿的认定 ………………………………… 262
九、行为人利用职务便利为非特定关系人优惠购房,未通谋也未共同

占有财物的,不构成受贿罪 ………………………………………… 265
十、如何区分国家工作人员以优惠价格购买商品房与以交易形式收受贿赂 …… 267
十一、受贿房产的数额应如何认定 ……………………………………… 272
十二、以房产交易形式收受贿赂的犯罪数额认定问题 …………………… 274
十三、以明显高于市场的价格向请托人出租房屋,所收取的租金与
　　市场价格的差额是否应当认定为受贿数额 ……………………… 282
十四、收受无具体金额的会员卡,受贿数额以送卡人实际支付的资费计算 … 286
十五、利用职务便利假借投资之名索要高额投资回报的,构成受贿罪 …… 288
十六、行为人以"合办"公司名义获取"利润",但没有实际出资和参与
　　经营管理的,构成受贿罪 ………………………………………… 291
十七、行为人以"合作"投资房产为名获取"利润",有部分"出资"行为
　　但不承担风险的,构成受贿罪 …………………………………… 294
十八、利用职务便利为自己与他人合作的项目谋取利益,后明显超出出资
　　比例获取分红的行为构成受贿罪 ………………………………… 298
十九、索要正当合伙承包经营分成的,不构成受贿罪 …………………… 302
二十、行为人未出资而委托他人购买股票获利的行为,构成受贿罪 ……… 306
二十一、款项的去向与受贿罪的认定 …………………………………… 309
二十二、案发前主动退还贿赂款的行为如何处理 ………………………… 313
二十三、特定关系人"挂名"领薪型受贿 ………………………………… 318
二十四、截留并非法占有本单位利润款的贪污行为,与收受回扣的
　　　受贿行为之区别 ………………………………………………… 320
二十五、以单位名义索要"赞助款"并占为己有的行为定性 …………… 325
二十六、索取型受贿与敲诈勒索的区别 ………………………………… 329
二十七、以欺骗方式让行贿人主动交付财物的,应认定为索贿 ………… 332
二十八、行为人虚构谋取的利益,不影响受贿罪的认定 ………………… 334

第十一章　利用影响力受贿罪　337
　一、"关系密切的人"的认定范围 ……………………………………… 337
　二、利用影响力受贿与共同受贿的区别 ………………………………… 339
　三、利用影响力受贿与斡旋受贿的区别 ………………………………… 345

第十二章　单位受贿罪　351
　一、单位受贿与单位乱收费的区别 …………………………………… 351
　二、单位决策过程未形成会议记录,不影响单位意志的认定 ………… 354
　三、单位受贿罪与受贿罪的区分 ………………………………………… 356
　四、如何认定单位领导个人决定的行贿行为 …………………………… 358

第十三章　行贿罪 ··· 361
　　一、对行贿罪中"谋取不正当利益"的理解 ································· 361
　　二、行政审批和经济往来中的"加速费"是否属于"不正当利益" ········ 363
　　三、被动"给予"国家工作人员指定的特定关系人财物的,构成行贿罪 ···· 366

第十四章　对单位行贿罪 ··· 369
　　一、如何区分对单位行贿罪与行贿罪 ·· 369
　　二、如何区分对单位行贿罪与单位行贿罪 ··································· 371

第十五章　介绍贿赂罪 ··· 374
　　一、介绍贿赂罪与行贿、受贿罪共犯的区别 ································ 374
　　二、介绍贿赂罪的外延是否包含转交行为 ··································· 382
　　三、介绍贿赂人截留财物时应如何处理 ······································ 383

第十六章　单位行贿罪 ··· 389
　　一、如何认定单位领导个人决定的行贿行为 ································ 389
　　二、如何认定单位行贿罪中的不正当利益 ··································· 395

第十七章　巨额财产来源不明罪 ·· 400
　　一、巨额财产来源不明罪是持有型犯罪还是违背义务的不作为犯罪 ····· 400
　　二、巨额财产来源不明罪中"不能说明"的实体性要件与说明程度 ······ 404

第十八章　隐瞒境外存款罪 ··· 412
　　一、隐瞒境外存款罪的认定思路 ··· 412
　　二、对"境外存款"的理解 ·· 413
　　三、同时存在贪污、受贿和隐瞒境外存款等多个情节,隐瞒境外存款
　　　　行为是否应当被贪污、受贿行为所吸收 ································ 414

第十九章　私分国有资产罪、私分罚没财物罪 ····························· 417
　　一、行政机关违法收取的费用可以成为私分国有资产罪的犯罪对象 ····· 417
　　二、私分国有资产罪中国有公司、企业的认定思路 ························ 419
　　三、违反企业内部规定不属于违反国家规定 ································ 420
　　四、国家机关内部科室私分违法收入的行为构成私分国有资产罪 ········ 422
　　五、企业改制过程中隐匿国有资产的性质——私分国有资产还是贪污 ··· 427
　　六、如何区分假借奖金、福利等名义变相集体私分国有资产行为与
　　　　违规滥发奖金、福利行为 ··· 438

七、非适格主体能否与单位构成私分国有资产罪的共犯 ………………… 440

第二十章 贪污贿赂犯罪中特殊程序的适用 ……………………………… 443
一、非法证据排除后对量刑事实的影响 …………………………………… 443
二、贪污贿赂犯罪中认罪认罚从宽制度的适用 …………………………… 445
三、巨额财产来源不明罪可以适用违法所得没收程序 …………………… 447

第二十一章 贪污贿赂犯罪的刑罚裁量 …………………………………… 451
一、受贿犯的退赃对量刑的影响 …………………………………………… 451
二、贪污贿赂犯的悔改表现对量刑的影响 ………………………………… 453
三、给国家和社会造成的损失等对量刑的影响 …………………………… 457
四、是否违背职务为他人谋取不正当利益对量刑的影响 ………………… 462
五、事后受贿的酌定量刑情节 ……………………………………………… 465
六、拒不认罪悔罪对量刑的影响 …………………………………………… 467
七、上一级人民法院同意在法定刑以下判处刑罚的,应当制作何种文书 … 472

第二十二章 贪污贿赂犯罪涉案财物的处理 ……………………………… 473
"供犯罪所用的本人财物"的认定与没收 ………………………………… 473

后记 …………………………………………………………………………… 479

第一章 时间效力

一、追诉时效应适用从旧兼从轻原则

(一) 裁判规则

正确认定追诉期限,关键在于对《刑法》第 12 条第 1 款规定的理解与适用。《刑法》第 12 条第 1 款规定的从旧兼从轻原则,其实质是要求在对被告人追究刑事责任时应采取有利于被告人的原则,这不仅体现在定罪量刑方面,也应体现在决定被告人刑事责任有无、罪行轻重各方面,包括追诉时效,因而追诉时效适用从旧兼从轻原则。

(二) 规则适用

追诉时效是刑法规定的对犯罪人进行刑事追诉的有效期限,超过追诉期限意味着司法机关不能行使求刑权、量刑权和行刑权,也不能适用非刑罚的法律后果,因而导致刑罚的消灭。刑法理论上关于追诉时效的立法价值有不同的观点和学说。德国普通法时代采取的是改善推测说,认为既然犯罪后长时间没有再犯罪,可预想犯罪人的人性已经得到改善,没有处刑和行刑的必要。法国采取的是证据湮灭说和准受刑说。证据湮灭说认为,犯罪证据因时间流逝而失散,难以达到正确处理案件的目的。准受刑说认为,犯罪人犯罪后虽然没有受到刑事追究,但长期的逃避与恐惧所造成的痛苦,与执行刑罚没有多大差异,可以认为已经执行了刑罚。在日本,有的学者采取规范感情缓和说,认为随着时间的推移,对犯罪的规范感情得以缓和,不一定要给予现实的处罚;有的学者采取尊重事实状态说,认为没有追诉犯罪或者没有执行刑罚的状态持续很长时间以后,事实上形成了一定的社会秩序,如果通过追诉或者执行刑罚来变更这种事实状态,反而有损刑法维护社会秩序的目的。

我国 1997 年《刑法》与 1979 年《刑法》相比,在时效延长的法定事由上直接作了修改,表现得较为严厉,将 1979 年《刑法》中的"采取强制措施"改为"立案侦查或者在人民法院受理案件以后",同时对许多罪名、罪状和法定刑也作了大量修改,故追诉时效制度的适用涉及刑法溯及力问题,而 1997 年《刑法》第 12 条的规定确立了我国刑法溯及力的"从旧兼从轻"原则。"从旧兼从轻"是罪刑法定原则派生的要求,原则上要以行为时的法律对行为人追究刑事责任,即"从旧";但如果新法对行为人更为有利的时候,适用新法,即"从轻"。大陆法系国家一般认为只有实体法才受新法不溯及既往的限制,从追诉时效的性质来看它是具有实体法意义的法律规范,因而适用从旧兼从轻原则。最高人民法院发布的《关于适用刑法时间效力规定若干问题的解释》(以下简称《时间效力解释》)第1条规定:"对于行为人1997年9月30日以前实施的犯罪行为,在人民检察院、公安机关、国家安全机关立案侦查或者在人民法院受理案件以后,行为人逃避侦查或者审判,超过追诉期限或者被害人在追诉期限内提出控告,人民法院、人民检察院、公安机关应当立案而不予立案,超过追诉期限的,是否追究行为人的刑事责任,适用修订前的刑法第七十七条的规定。"该规定对追诉时效(包括追诉时效延长)适用从旧兼从轻原则进行了再次确认,因为1979年《刑法》第77条规定"在人民法院、人民检察院、公安机关采取强制措施以后,逃避侦查或者审判的,不受追诉期限的限制",也就是说,1979年《刑法》规定的"不受追诉期限的限制"的情形仅限于"在人民法院、人民检察院、公安机关采取强制措施以后,逃避侦查或者审判的"这一前提条件。在沈某挪用资金案中,由于公安机关没有立案,所以无从谈起采取强制措施,更谈不上逃避侦查或者审判,故对行为人在1997年9月30日以前实施的犯罪行为,被害人在追诉期限内提出控告,司法机关应当立案而没有立案的,仍然受到追诉期限的限制,但已超过追诉期限的,依法不得追究行为人的刑事责任。

【指导案例】沈某挪用资金案——追诉时效也应适用从旧兼从轻原则[①]

被告人沈某,男,44岁,原系某供销合作社副主任。因涉嫌犯职务侵占罪和挪用资金罪,于2000年12月2日被逮捕,2001年3月28日取保候审。

某市人民检察院以被告人沈某犯挪用资金罪,向某市人民法院提起公诉。

起诉书指控:1994年10月6日,被告人沈某利用担任某供销合作社副主任的职务之便,未依法办理借款手续,擅自将本社资金20万元借给个体户高某经商。1994年11月29日,高某将20万元归还给某供销合作社。

1995年1月10日,某供销合作社曾向公安机关报案,但公安机关未予立案。

1. 被告人沈某的行为应适用1997年《刑法》第272条第1款的规定,以挪用资金罪追究刑事责任

对于集体经济组织工作人员利用职务上的便利,挪用本单位资金的行为,我国刑法立法经历了一个从挪用公款罪到挪用资金罪的演变过程。1988年1月21

[①] 参见最高人民法院刑事审判第一庭、第二庭编:《刑事审判参考》(总第25辑),法律出版社2002年版,第174号案例。

日全国人民代表大会常务委员会通过了《关于惩治贪污罪贿赂罪的补充规定》,首次设立了挪用公款罪。《关于惩治贪污罪贿赂罪的补充规定》第3条第1款规定,国家工作人员、集体经济组织工作人员或者其他经手、管理公共财物的人员,利用职务上的便利,挪用公款归个人使用,进行非法活动的,或者挪用公款数额较大、进行营利活动的,或者挪用公款数额较大、超过3个月未还的,是挪用公款罪,处5年以下有期徒刑或者拘役;情节严重的,处5年以上有期徒刑。挪用公款数额较大不退还的,以贪污论处。1995年2月28日全国人民代表大会常务委员会又通过了《关于惩治违反公司法的犯罪的决定》,将公司、企业中的非国家工作人员从挪用公款罪的主体范围中剔除,单独设立了挪用资金罪,同时相应地调整了挪用资金罪的法定刑设置,除挪用本单位资金数额较大不退还的,以侵占罪论处外,挪用资金罪的法定最高刑为3年有期徒刑。1997年《刑法》基本沿袭了挪用资金罪的法律规定,但删除了《关于惩治违反公司法的犯罪的决定》中关于挪用本单位资金数额较大不退还的,以侵占罪论处的规定,同时将挪用资金罪分为两个量刑档次,并将挪用资金罪的法定最高刑提高到10年有期徒刑。本案被告人沈某挪用资金行为发生在《关于惩治贪污罪贿赂罪的补充规定》施行期间,由于其挪用资金数额较大,进行营利活动,虽没有不退还的情节,但根据1989年11月6日最高人民法院、最高人民检察院联合发布的《关于执行〈关于惩治贪污罪贿赂罪的补充规定〉若干问题的解答的通知》(以下简称《关于执行〈关于惩治贪污罪贿赂罪的补充规定〉若干问题的解答》)"二、关于挪用公款罪几个问题"部分规定,挪用公款数额较大,进行营利活动的,或者数额较大,超过3个月未还的,以挪用5万元为"情节严重"的数额起点。故应当认定沈某挪用公款数额较大,进行营利活动,情节严重,按照《关于惩治贪污罪贿赂罪的补充规定》第3条第1款的规定,应"处五年以上有期徒刑"。然而在《关于惩治贪污罪贿赂罪的补充规定》施行期间,司法机关没有对沈某的行为予以立案处理,直到1997年《刑法》生效以后才对其行为进行追究。

根据1997年《刑法》第12条第1款的规定,原则上应选择行为人行为时至其被审判时对其最为有利的法律决定是否及如何追究其刑事责任。对本案被告人,与其可能有关系的法律规定,一是其行为时法——《关于惩治贪污罪贿赂罪的补充规定》;二是其行为后法——《关于惩治违反公司法的犯罪的决定》;三是处理时法——1997年《刑法》。三者相比,《关于惩治违反公司法的犯罪的决定》的处刑最轻。但由于本案的发生、司法机关的介入均与《关于惩治违反公司法的犯罪的决定》没有联系,被告人又没有在《关于惩治违反公司法的犯罪的决定》施行期间自首,亦没有在《关于惩治违反公司法的犯罪的决定》施行期间报案,因此,《关于惩治违反公司法的犯罪的决定》不能成为本案选择适用的法律。本案只能在犯罪行为发生时施行的《关于惩治贪污罪贿赂罪的补充规定》和司法机关对该行为进行处理时施行的1997年《刑法》之间,选择适用对被告人最为有利的法律。由于案发地的人民法院在最高人民法院相关司法解释公布实施前,对于 1997 年《刑法》第 272 条第 1 款规定的挪用资金罪"数额巨大"的起点一般掌握在 30 万元。因此,被告人沈某挪用资金 20 万元借贷给他人进行营利活动,应当认定为挪用资金"数额较大、进行营利活动",依法应在"三年以下有期徒刑或者拘役"的量刑档次和幅度内处刑。显然相比较而言,适用 1997 年《刑法》处刑较轻,本案适用 1997 年《刑法》对被告人沈某最为有利。

2. 被告人沈某挪用资金犯罪行为的追诉时效应为 5 年

如前所述,对于本案被告人沈某利用职务上的便利挪用本单位资金 20 万元借贷给他人进行营利活动的行为,依据行为时的法律,即《关于惩治贪污罪贿赂罪的补充规定》第 3 条第 1 款的规定,属于挪用公款"情节严重",法定最高刑是 15 年有期徒刑,根据 1979 年《刑法》第 76 条第(三)项的规定,其追诉期限是 15 年。本案被告人沈某的行为没有超过追诉期限,应当依法追究刑事责任。但依据处理时的法律,即 1997 年《刑法》第 272 条第 1 款的规定,被告人沈某的行为属于挪用资金"数额较大",法定最高刑是 3 年,根据 1997 年《刑法》第 87 条第(一)项的规定,其追诉期限是 5 年,被告人沈某的行为已经超过追诉期限,依法不能再追究其刑事责任。对此,如何确定本案的追诉时效呢?

笔者认为,正确认定本案的追诉期限,关键在于对《刑法》第 12 条第 1 款规定的理解与适用。《刑法》第 12 条第 1 款规定的从旧兼从轻原则,其实质是要求在对被告人追究刑事责任时应采取有利于被告人的原则。这不仅体现在定罪量刑方面,也应体现在决定被告人刑事责任有无、罪行轻重各方面,如追诉时效、自首、立功、累犯、减刑、假释等。这一点在《时间效力解释》中作了明确规定。因此,对于本案被告人沈某的行为,应适用 1997 年《刑法》的规定,追诉期限是 5 年,经过 5 年的,不再追诉。如果认为被告人按当时的法律应定挪用公款罪,相对应的法定最高刑为 15 年,追诉期限则为 15 年,应当追诉的话,那么,就会出现如下矛盾:一是定罪要定挪用资金罪,量刑只能在"三年以下有期徒刑或者拘役"的量刑档次和幅度内去考虑,显然追诉期限与《刑法》第 87 的规定相矛盾;二是与我国刑法在时间效力上体现的有利于被告人的立法精神相悖。

3. 被告人沈某的行为已经超过追诉时效,依法应决定不予受理

本案中,对于被告人沈某的挪用资金犯罪行为,被害单位某供销合作社曾于 1995 年 1 月 10 日,即在追诉期限内向公安机关报案,公安机关未予立案。根据 1997 年《刑法》第 88 条第 2 款的规定:"被害人在追诉期限内提出控告,人民法院、人民检察院、公安机关应当立案而不予立案的,不受追诉期限的限制。"那么,1997 年《刑法》的这一规定是否适用于本案呢?对此,《时间效力解释》第 1 条规定:"对于行为人 1997 年 9 月 30 日以前实施的犯罪行为……被害人在追诉期限内提出控告,人民法院、人民检察院、公安机关应当立案而不予立案,超过追诉期限的,是否追究行为人的刑事责任,适用修订前的刑法第七十七条的规定。"这一规定明确排除了 1997 年《刑

法》第88条第2款对本案的适用,而"修订前的刑法第七十七条的规定"是"在人民法院、人民检察院、公安机关采取强制措施以后,逃避侦查或者审判的,不受追诉期限的限制"。也就是说,在1979年《刑法》中,"不受追诉期限的限制"的情形仅限于"在人民法院、人民检察院、公安机关采取强制措施以后,逃避侦查或者审判"这一前提条件。本案中,由于公安机关没有立案,所以无从谈起采取强制措施,更谈不上沈某逃避侦查或者审判。因此,对于被告人沈某在1997年9月30日以前实施的挪用资金犯罪行为,被害人在追诉期限内提出控告,司法机关应当立案而没有立案的,仍然受到追诉期限的限制,但已超过追诉期限的,依法不得追究其刑事责任。

综上,本案已超过追诉期限,人民法院应当依照最高人民法院《关于执行〈中华人民共和国刑事诉讼法〉若干问题的解释》第117条第(五)项的规定,决定不予受理。

二、部分共犯被立案侦查,其余未被发现的共犯不发生追诉时效延长的法律效果

(一)裁判规则

追诉时效制度所指"立案",是指已发现犯罪嫌疑人情况下的立案。仅发现犯罪事实而立案的不在此列,否则案件事实一经发现就不适用追诉时效制度,会导致制度被整体架空。因此,侦查机关就共同犯罪事实仅对部分犯罪嫌疑人立案的,其余未纳入立案对象的共犯追诉时效不受影响。

(二)规则适用

实践中的立案有两种情形,一是把某人作为嫌疑人进行立案侦查,二是发现了犯罪事实而对事立案。共同犯罪案件中侦查机关已对部分共犯立案侦查,对其他没有发现的犯罪嫌疑人的追诉时效是分别判定还是一并延长的问题,理论界和实务界有两种观点。第一种观点认为,侦查机关只要针对犯罪事实立案,就对所有参与犯罪的人成立立案。对事立案的,即使立案中未确定为侦查对象的犯罪嫌疑人,也受立案这一事实的约束,能够产生延长追诉时效的法律后果。特别是在犯罪嫌疑人人数较多的案件中,如果立案后不能延长所有人的追诉时效,则会出现不同人的追诉时效因发现时间有先后而有长短等不公平现象。第二种观点认为,追诉时效制度所指的立案,是指已发现犯罪嫌疑人情况下的立案。如果针对犯罪事实立案就对所有参与犯罪的人成立立案,会导致追诉时效制度被整体架空。笔者赞同后一种观点,案例也是采取了该种说法。

首先,共犯之间的追诉时效应当具有相对独立性。现代刑法理论认为,随着时间的推移,犯罪分子经过自我改造后未再次犯罪的,已被社会重新接纳,便失去了处罚的必要,时效导致刑罚权的消灭。《刑法》第89条第2款规定,在追诉期限以内又犯罪的,前罪追诉的期限从犯后罪之日起计算,也是对该理论的重要支撑。上述学说立足于犯罪分子的人身危险,承认其可改造性和社会性,主张特殊预防,是追诉时

效制度的重要理论基础。就共同犯罪而言，侦查机关对已发现的犯罪嫌疑人立案，而该侦查对象对抗侦查，反映出其较高的人身危险性，追诉时效理应延长，而其他共犯不存在对抗侦查的行为，延长追诉时效并不公平。因此，犯罪分子人身危险性各不相同，不同共犯追诉时效的延长也应分别判断并予以独立认定。

其次，参考国外立法例，不同犯罪嫌疑人追诉时效亦遵循个别化原则，即使存在共犯关系，时效的中止、中断也不受影响。例如《德国刑法典》第78c条第4款规定，时效中断的效果只及于审理所针对的人。司法机关针对部分共犯进行侦查，不能影响其他共犯的追诉时效。具体而言，就是共犯间的连带效应仅限于追诉期限的起算，均以最后一名正犯的行为结束为准，而追诉期限起算后共犯行为的中止、中断事由则个别认定。我国虽然没有对此作出明确规定，但《刑法》第88条规定"受理案件以后，逃避侦查或者审判的，不受追诉期限的限制"，从法条内在逻辑关系来看，不受追诉期限限制的情形是受理案件之后的逃避侦查或者审判，并非绝对的一经立案就不受追诉时效的限制。

最后，在司法操作层面，如果对事立案就会产生延长追诉时效的效果，从而影响追诉时效制度的有效落实。侦查机关立案的前提一般是发现了犯罪事实或犯罪嫌疑人，如果发现犯罪事实后立案，即使尚未锁定犯罪嫌疑人也能够产生追诉时效的无限延长，会极大压缩追诉时效制度的适用空间。追诉时效制度设置的初衷除了因为犯罪分子自我改造，被社会接纳无处罚必要以外，另一作用就是督促侦查机关积极侦破犯罪，及时锁定、抓捕犯罪分子，否则就要承担追诉期限届满、犯罪不能追究的不利后果。而侦查机关一经对事立案，如果即可对犯罪实行无限追诉，表面上看有利于打击犯罪，但实质上对案件的及时侦破不利。

【指导案例】张某、郭某受贿案①

2001年7月中旬，张某、郭某作为政府某项目的负责人，收受他人5000元，让不符合资质的行贿人成功获得该项目。案发后侦查机关予以立案，并于2002年对已经发现但在逃的犯罪嫌疑人张某进行网上追逃，而郭某因未被发现一直在工作。张某于2008年7月26日被抓获，郭某随之于7月29日被刑拘。

对于本案中郭某的行为如何适用追诉时效，存在两种意见：

第一种意见认为，郭某的行为已经超过追诉时效，应当受追诉时效期限的限制，不再追诉。理由是：案发后，立案是针对张某的，不包括未被发现的郭某。逃避侦查的是张某，而郭某未曾逃避侦查。现已时过7年，没有发现郭某在此期间有其他犯罪行为，其行为应当依据《刑法》第87条第（一）项的规定，经过5年后不再追诉。

---

① 本案例未检索到公开发表的信息。

第二种意见认为,郭某的行为不受追诉时效期限的限制,应与张某一起共同追诉。理由是:张某、郭某共同实施犯罪后,侦查机关根据失主报案已对全案立案侦查,并于2002年对已经确定的犯罪嫌疑人张某网上追逃。张某的在逃造成同案犯郭某未被发现,但作为共同犯罪,郭某的行为应该随张某的行为而适用《刑法》第88条第1款"在人民检察院、公安机关、国家安全机关立案侦查或者在人民法院受理案件以后,逃避侦查或者审判的,不受追诉期限的限制"的规定,不受追诉时效期限的限制。

法院赞同第一种意见,侦查机关就共同犯罪事实仅对部分犯罪嫌疑人立案,其他犯罪嫌疑人未纳入立案对象的,共犯追诉时效不受影响。

三、追诉时效停止时间的认定

(一) 裁判规则

根据追诉时效停止时间的不同,理论上主要分为立案时说、强制时说、公诉时说、审判时说等不同意见,分别主张以立案侦查、采取强制措施、提起公诉以及法院审判等作为追诉时效停止的时间节点。在我国目前的法律框架下,在从立案到审理的过程中,任何时候追诉时效届满的,均应认为超过追诉时效。

(二) 规则适用

在对鲍某挪用公款案进行审理的过程中,最高人民法院、最高人民检察院发布的《关于办理贪污贿赂刑事案件适用法律若干问题的解释》修改了挪用公款罪的数额标准,本案追诉期限也从立案侦查、提起公诉时的20年变为15年。本案立案时间距案发时间超过19年,起诉、审判时均超过20年。因立案时未超过追诉时效,故本案实际上存在追诉时效何时停止的问题。对此,理论上根据追诉时效停止时间的不同,主要分为立案时说、强制时说、公诉时说、审判时说等不同意见,分别主张以立案侦查、采取强制措施、提起公诉以及法院审判等作为追诉时效停止的时间节点。[1] 根据立案时说,侦查机关立案侦查,追诉时效应停止计算。本案案发19年后,侦查机关立案侦查,此时案件尚未超过追诉时效,此后审查起诉、审判阶段均不再重复审查时效问题。强制时说的结论与立案时说相同;而根据公诉时说与审判时说,本案追诉时效已经届满。[2]

---

[1] 参见邱兴隆:《追诉期限终点再认识——基于法解释学的梳理》,载《法商研究》2017年第4期。

[2] 值得注意的是,审判阶段追诉时效调整为15年,以此审视,即使侦查立案时也已超过追诉时效,本案争议问题似乎不再存在。但有刑法理论认为,时效规定属程序性规定,不涉及实体法对行为的可谴责性评价问题,故不适用从旧兼从轻原则。《德国刑法典》第78c条第5款规定,行为时的有效法律在判决前被修订,时效期间因而缩短的,即使时效中断时依照新法追诉时效已经届满,新法生效前的时效中断仍然有效。故按照这一观点,即使审判时追诉时效缩短,也不能追溯性地影响侦查立案时追诉时效已经停止这一事实状态。因此,厘清追诉时效的停止时间,对本案处理仍有实际意义。参见曲新久:《论从旧兼从轻原则》,载《人民检察》2012年第1期。

笔者认为,在我国目前的法律框架下,在从立案到审理的过程中,任何时候追诉时效届满的,均应认为超过追诉时效。主要理由有:其一,追诉时效停止应有法律明确规定,否则侦查、起诉、审判期间不得停止时效的计算。日本、德国、奥地利等国刑法均有追诉时效中止、中断制度,追诉时效在提起公诉等时间停止。有意见据此认为,我国追诉时效也应在立案、采取强制措施或起诉时停止。但这一说法至少存在两个难题:一是在我国刑法没有明确规定的情况下,人为地为追诉时效增设停止时间,已超出刑法解释的范畴,有造法之嫌。二是国外立法例除规定追诉时效的停止时间外,同时还有时效继续或重新计算的配套规定。例如,《德国刑法典》第78c条第3款规定,追诉时效中断后重新开始计算,但最迟在法定时效期间两倍的时间内结束。因此,只有进行体系化规定,才能防止出现时效一旦停止就使被告人陷入遭受无限期追诉的困境。其二,以立案等时间作为追诉时效的停止时间,与我国刑法规定有悖。《刑法》第88条第1款规定,在人民检察院、公安机关、国家安全机关立案侦查或者在人民法院受理案件以后,逃避侦查或者审判,不受追诉期限的限制。如果以立案等时间作为追诉时效的停止时间,那么意味着一经立案,犯罪追诉就不受期限限制,刑法关于"逃避侦查或者审判"的规定就会被架空。综上所述,本案在起诉及审判阶段超出追诉时效,应依法裁定终止审理。

【指导案例】鲍某挪用公款案①

1996年6月18日至9月28日,被告人鲍某与王某(另案处理)等人经预谋,利用王某担任中国农业银行松江县支行营业部主任助理期间负责票据交换、结算的职务便利,逃避财务监管,挪用银行公款共计320万元供鲍某等人使用,最终导致上述资金至今无法收回。具体如下:

(1)1996年6月18日,被告人鲍某和王某等人采用自制暂付款凭证、信汇凭证等方法,挪用银行公款200万元。

(2)1996年8月27日,被告人鲍某和王某等人采用虚设"上海新联商务总公司"账户,将空头支票直接入该公司账户后以本票形式划出的方法,挪用银行公款170万元。

自1996年8月28日起,被告人鲍某和王某等人采用将空头支票直接入账的方法,每天挪用银行公款370万元用于归还前一天用银行公款为空头支票垫支的370万元。直至同年9月11日,鲍某和王某等人以托收支票方式归还100万元,使挪用公款数额减至270万元。自1996年9月12日起,鲍某和王某等人继续采用上述挪新还旧的方法至9月18日。

1996年9月28日,被告人鲍某和王某等人直接挪用银行暂付款50万元。嗣

---

① 本案例未检索到公开发表的信息。

后,鲍某和王某等人逃逸。2015年9月15日,鲍某被侦查机关抓获。

本案中,被告人鲍某伙同他人挪用其所在单位中国农业银行普陀支行的公款,犯罪行为实施完毕的日期为1996年9月28日。案发后,检察机关于1996年10月至中国农业银行松江县支行调查涉案资金流向,发现王某(实际为鲍某的同案犯)有重大作案嫌疑,于1996年10月13日立案侦查,并对已经潜逃的王某进行通缉。2015年,王某到案后,检察机关经审讯发现鲍某亦有作案嫌疑,遂于2015年9月15日对鲍某立案侦查并刑事拘留。

本案立案时间距案发时间超过19年,起诉、审判时均超过20年。在从立案到审理的过程中,任何时候追诉时效届满的,均应认为超过追诉时效。所以,本案在起诉及审判阶段超过追诉时效,应依法裁定终止审理。

四、对终止审理的裁定可以提起上诉或抗诉

(一)裁判规则

与普通一审案件相同,终止审理裁定同样涉及对案件实体问题的处理,应当允许当事人以上诉、抗诉等途径进行权利救济。

(二)规则适用

在"李某挪用公款案"中,一审法院以本案超过追诉时效为由,裁定终止审理。最高人民法院1999年印发的《法院刑事诉讼文书样式》(样本)(以下简称"99年文书样式")对终止审理用的刑事裁定书样式规定为"本裁定送达后即发生法律效力"。由于这一规定,实践中对于终止审理裁定能否提起上诉或抗诉,存在一定争议。从法理角度分析,上诉、抗诉是指对于未确定裁判不服,请求上级法院通过审判予以救济的制度。[①] 能够提起上诉或抗诉的案件应为未确定裁判,即尚未发生法律效力的裁判,而99年文书样式却规定终止审理裁定送达后即生效。有鉴于此,存在两种不同意见。第一种意见认为,终止审理裁定送达后即生效,属确定裁判,不能提起上诉、抗诉。对于终止审理裁定不服的,只能通过审判监督程序处理。第二种意见认为,与普通一审案件相同,终止审理裁定同样涉及对案件实体问题的处理,应当允许当事人以上诉、抗诉等途径进行权利救济。笔者同意第二种意见,理由如下:

第一,从法律规定看,终止审理裁定不属于刑事诉讼法明确规定的确定裁判种类。2012年修正的《中华人民共和国刑事诉讼法》(以下简称《刑事诉讼法》)第248条[②]规定:"判决和裁定在发生法律效力后执行。下列判决和裁定是发生法律效力的判决和裁定:(一)已过法定期限没有上诉、抗诉的判决和裁定;(二)终审的

---

① 参见〔日〕田口守一:《刑事诉讼法》,刘迪等译,法律出版社2000年版,第310页。
② 参见2018年修正的《刑事诉讼法》第259条。

判决和裁定;(三)最高人民法院核准的死刑的判决和高级人民法院核准的死刑缓期二年执行的判决。"对照上述条文可以看出,基层人民法院所作的一审裁定不属于上述任何一种发生法律效力的裁定,其性质应为未确定的裁判,故应当允许被告人上诉或者检察机关抗诉。

第二,从法理角度看,上诉、抗诉的法律效果为启动二审程序,对当事人的权利进行救济。按照上诉审的制度安排,只要一审判决对当事人重要的实体及程序权利进行了处分,就应当允许其通过上诉审程序进行救济。本案终止审理裁定不仅终止了程序,实质上对案件实体问题也作出了处理。公诉机关认为案件未超过追诉时效,应当追究被告人的刑事责任;被告人认为根据2012年修正的《刑事诉讼法》第15条的规定①,对超过追诉期限的还有宣告无罪的空间。故追诉时效是否超过期限、有罪无罪等争议均切实关乎被告人的重大人身利益,应当允许控辩双方提起上诉、抗诉,通过二审程序加以解决。

第三,从司法实务看,终止审理的裁定不能上诉、抗诉会造成审判程序错位,有损司法公信力。在"李某挪用公款案"中,控方对犯罪行为是否超过追诉时效与一审法院存在不同意见,如果终止审理的裁定不能上诉、抗诉,那么检察机关在无法通过正常途径启动二审程序的情况下,会转而发动"审监抗"从而启动审判监督程序。审判监督程序的启动意味着法院的生效裁判可能确有错误,对法院生效裁判的既判力及司法公信力均有一定的负面影响。因此,对于终止裁定的争议能够通过二审程序解决的,没有必要非理性地通过审判监督程序等非常规途径处理。

【指导案例】李某挪用公款案②

1995年5月16日至8月23日,被告人李某利用其担任中国农业银行闵行支行工作人员的职务便利,挪用银行公款共计150万元归个人使用,最终导致上述资金至今无法收回。

2014年,因人举报而案发,检察机关遂于2014年8月28日对李某立案侦查并刑事拘留。

本案立案时间距离案发时间已超过19年,起诉、审判时均超过20年。在从立案到审理的过程中,任何时候追诉时效届满的,均应认为超过追诉时效。所以,本案在起诉及审判阶段超过追诉时效,应依法裁定终止审理。裁定终止审理的,当事人仍可以提起上诉或抗诉。

---

① 参见2018年修正的《刑事诉讼法》第16条。
② 本案例未检索到公开发表的信息。

五、新旧法选择适用时罚金刑的判处

(一) 裁判规则

如果旧法未规定附加刑,而新法增设了附加刑,比较法定刑轻重的首要标准为主刑的轻重,而不在于刑种的多少。在两个主刑存在轻重之分的情况下,有无附加刑不影响对法定刑轻重的判断。主刑重的,属于处刑较重的;主刑轻的,属于处刑较轻的。如果两个条文对应的主刑相同,而一个有附加刑,另一个没有附加刑,则有附加刑的重于没有附加刑的。此外,从法定刑性质看,在同时规定主刑和附加刑的情况下,二者是一个有机整体。适用某一法律条文,必须做到完整适用,不能割裂开来。如果主刑用新法,附加刑用旧法,新法旧法同时适用,则违背了从旧兼从轻原则,造成法律适用上的混乱。

(二) 规则适用

《中华人民共和国刑法修正案(九)》[以下简称《刑法修正案(九)》]增加了贪污罪和相关贿赂犯罪的罚金刑规定,为加大对腐败犯罪的经济处罚力度,提高腐败犯罪的经济成本,剥夺腐败分子再犯罪的物质基础,充分发挥刑事立法和司法的预防犯罪功能提供了重要的法律依据。罚金刑判罚标准的设定,既要体现立法意图,确保罚金刑充分有效,又要立足实际,避免无法执行而损及司法的严肃性。为确保罚金刑适用的有效性和严肃性,《关于办理贪污贿赂刑事案件适用法律若干问题的解释》第19条依托主刑的不同,分层次对贪污罪、受贿罪规定了较其他犯罪更重的罚金刑判罚标准:一是对贪污罪、受贿罪判处3年以下有期徒刑或者拘役的,应当并处10万元以上50万元以下的罚金;二是判处3年以上10年以下有期徒刑的,应当并处20万元以上犯罪数额两倍以下的罚金或者没收财产;三是判处10年以上有期徒刑或者无期徒刑的,应当并处50万元以上犯罪数额两倍以下的罚金或者没收财产。并明确,对刑法规定并处罚金的其他贪污贿赂犯罪,应当在10万元以上犯罪数额两倍以下判处罚金。

但根据《刑法修正案(九)》和《关于办理贪污贿赂刑事案件适用法律若干问题的解释》的规定,在贪污受贿罪的刑罚规定上,适用的主刑明显变轻了,附加刑却明显变重了,在这种情况下,如何理解"并处罚金"的规定,新法和新解释中有关附加刑的规定是否具有溯及力,是目前法院审理类似案件中面临的一个问题。具体而言,在新法和新解释规定的主刑对被告人有利但附加刑对被告人不利的情况下,法官是选择有利于被告人的主刑,同时根据"并处罚金"的规定而一并选择不利于被告人的附加刑罚金,还是可以将主刑和附加刑的规定分开适用,即在主刑的适用上根据新法和新解释的规定,而在附加刑罚金的适用上根据旧法和旧解释的规定,可以不判处罚金。对此,《关于办理贪污贿赂刑事案件适用法律若干问题的解释》并没有明确的规定。

对此,我国刑法学界存在两种不同的观点:第一种观点认为,根据从旧兼从轻原则,主刑与附加刑可以分开适用,即主刑适用新法和新司法解释,而附加刑仍适用旧法和旧司法解释,即新法和新解释中有关主刑的规定有溯及力,而关于附加刑的规定没有溯及力,仍然适用旧法和旧司法解释,将主刑和附加刑规定的溯及力分开予以确定。第二种观点认为,主刑与附加刑必须一体适用,不能分开适用,在适用从旧兼从轻原则时,需要整体考量法定刑的轻重,新法规定的法定刑整体较轻时,就要适用新法,不能因为新法规定的附加刑重于旧法,就不适用新法。第二种观点在法定刑轻重的比较上采用的是整体判断方法,从旧兼从轻原则主要是针对主刑而言,由于新法和新司法解释关于主刑的规定整体上有利于被告人,就应选择适用新法和新司法解释,并处罚金作为必须整体适用的规范,具有溯及力。因为"并处罚金"的规定是该规则体系不可拆分的有机组成部分,不具有独立的溯及力判断。

进一步分析,如果一审法院没有判处罚金,二审法院适用修订后的刑法判处罚金,是否违背了上诉不加刑原则呢?笔者认为,依然需要从整体上评价上诉不加刑原则的具体运用,如果二审法院维持主刑不变,应适用旧法而不应判处罚金刑;如果二审法院将主刑改判为较轻刑罚,则应适用新法可以判处罚金刑,因为新法的主刑更轻,主刑按照新法减轻,附加刑也得按照新法并处罚金。

【指导案例】周某武等两人贪污案——新旧法选择适用时罚金刑的判处①

被告人周某武、周某在北京市朝阳区安贞街道社区服务中心从事居家养老服务工作,共同负责安贞街道办事处居家养老(助残)服务券(以下简称"服务券")的申领、发放工作。2012年至2014年间,经周某武提议,二被告人共同利用职务便利,虚报养老(助残)人数申领服务券,然后按照实有人数发放,从中截留面值共计91.69万元的服务券据为己有。后由周某武通过北京康复信和商贸有限公司等朝阳区养老服务商将其中面值81.4573万元的服务券兑换成钱款,并将其中部分钱款分配给周某。二被告人于2015年1月9日主动投案,并各自退赃30万元。尚未兑换现金的服务券10.2327万元,起获后已退回朝阳区安贞街道社区服务中心。在法院审理期间,周某武亲属退缴13.4573万元,周某亲属退缴8万元。

本案发生于《刑法修正案(九)》实施之前,判决发生于《刑法修正案(九)》实施之后。最高人民法院、最高人民检察院《关于办理贪污贿赂刑事案件适用法律若干问题的解释》对贪污罪的犯罪对象以及附加刑的适用都作出了新的规定,需要正确理解和适用。

适用新法对被告人量刑时,应当附加判处罚金刑。

---

① 参见最高人民法院刑事审判第一、二、三、四、五庭主办:《刑事审判参考》(总第106集),法律出版社2017年版,第1139号案例。

《刑法修正案(九)》颁布以前,刑法对贪污罪没有设置罚金刑。《刑法修正案(九)》对贪污罪设立了罚金刑,《关于办理贪污贿赂刑事案件适用法律若干问题的解释》又进一步明确了罚金的数额,从而让贪污犯罪分子受到经济上的严厉制裁。这一立法变化,使贪污罪的刑罚从单一主刑转变为主刑、附加刑同时科处。对于《刑法修正案(九)》实施之后的犯罪行为,并处罚金自然没有争议,但对于《刑法修正案(九)》实施之前的犯罪行为,能否适用罚金刑存在争议。这主要涉及从旧兼从轻原则的理解问题,即对于行为时原本没有罚金刑的案件,适用新法后判处罚金刑是否违背从旧兼从轻原则。

《刑法》第 12 条第 1 款规定:"中华人民共和国成立以后本法施行以前的行为,如果当时的法律不认为是犯罪的,适用当时的法律;如果当时的法律认为是犯罪的,依照本法总则第四章第八节的规定应当追诉的,按照当时的法律追究刑事责任,但是如果本法不认为是犯罪或者处刑较轻的,适用本法。"这一规定确立了从旧兼从轻的刑法适用原则。在新旧法交替时期,从旧兼从轻原则对案件中的法律适用问题具有重大指导意义。最高人民法院《关于适用刑法第十二条几个问题的解释》进一步明确,《刑法》第 12 条规定的"处刑较轻",是指刑法对某种犯罪规定的刑罚即法定刑比修订前刑法轻。同时该解释规定,如果刑法规定的某一犯罪有两个以上的法定刑幅度,法定最高刑或者最低刑是指具体犯罪行为应当适用的法定刑幅度的最高刑或者最低刑。这一司法解释规定了比较法定刑轻重的方法,即比较法定刑轻重,主要看同样的犯罪行为,在新旧法中所对应的法定刑幅度,从中选取较轻的法定刑幅度适用。如果新法较轻,则适用新法。适用新法,当然要适用新法规定的全部法定刑。

如果旧法未规定附加刑,而新法增设了附加刑,如何比较法定刑轻重呢?笔者认为,比较法定利的轻重,首要标准在于主刑的轻重,而不在于刑种的多少。在两个主刑存在轻重之分的情况下,有无附加刑不影响对法定刑轻重的判断。主刑重的,属于处刑较重的;主刑轻的,属于处刑较轻的。这是因为,在我国的刑罚体系中,主刑与附加刑具有不同的地位,主刑的适用范围广、惩罚力度大,而附加刑只能附加适用,或者作为一种轻刑独立适用于轻罪。当然,如果两个条文对应的主刑相同,而一个有附加刑,另一个没有附加刑,则有附加刑的重于没有附加刑的。此外,从法定刑的性质来看,在同时规定主刑和附加刑的情况下,二者是一个有机整体。适用某一法律条文,必须做到完整适用,不能割裂开来。如果主刑用新法,附加刑用旧法,新法旧法同时适用,则违背了从旧兼从轻原则,造成法律适用上的混乱。

适用附加刑还涉及价值判断问题,即主刑的降低与附加刑的平衡问题。主刑减少的刑期与附加刑增加的罚金经济价值的比较,不同地区是有差别的,附加刑的判处应综合考量适用附加刑的数量,还要考虑被告人的执行能力、过错等。

本案中,二被告人贪污 90 余万元,按照 2011 年《刑法》,对应的法定刑幅度为

10年以上有期徒刑;而按照《刑法修正案(九)》实施之后的2015年《刑法》,对应的法定刑幅度为3年以上10年以下有期徒刑,并处罚金或者没收财产。新法的法定刑幅度在整体上轻于旧法,可以直接选择新法的法定刑幅度作为量刑依据,新法的法定刑中就包括了罚金刑。这一做法,既符合从旧兼从轻原则,也是《刑法》第12条第1款规定的"适用本法"的当然要求。相反,选择适用新法的主刑,而不适用罚金刑,则是缺乏法律依据的做法。

六、二审期间刑法修正案及司法解释出台后的法律适用

(一) 裁判规则

案件在二审期间属于尚在审理期间,一审判决并未生效,此时刑法被修改,新的司法解释出台,适用新法若有利于被告人,根据从旧兼从轻的刑法适用原则,修改后的刑法和新的司法解释对本案有溯及力。

(二) 规则适用

"耿某某受贿案"涉及修正后刑法的具体条款以及同步修改的司法解释的具体条款是否具有溯及既往效力的典型案例。通常情况下,在司法实务中适用从旧兼从轻原则,并不会遇到复杂的方法运用、规则细化问题。最高司法机关认为,涉及刑法修正条款的溯及力问题,并非一律在相关司法解释中予以明确规定;对于司法实务中遇到的刑法修正条款的溯及力问题,如果司法裁判者一般情况下能够明晰判断、不会产生法律适用异议,就不在司法解释中作出专门规定,交由法官依据从旧兼从轻原则决定具体条款的溯及力。刑法规范具有溯及力,司法解释就具有溯及力;刑法规范不具有溯及力,司法解释就不具有溯及力,这是判断修正后刑法及相关司法解释的溯及力尤其需要注意的重要规则。这一具体规则,也以充分有利被告为核心要素。依据最高司法机关对刑事司法解释时间效力的原则性理解,刑法司法解释具体条款的时间效力与刑法立法规范具体条款的时间效力一致,效力适用于刑法立法规范具体条款的施行期间。

【指导案例】耿某某受贿案——二审期间因刑法修改及司法解释出台导致定罪量刑标准发生变化的,应如何适用法律[①]

被告人耿某某在担任河南省登封市城关镇副镇长兼城关镇土地所所长期间,接受毛某某的请托,利用职务便利,帮助登封市嵩山少林精武院申办人王某某办理土地审批手续,于1996年10月29日、1997年1月1日通过毛某某收受王某某50万元。在得知检察机关调查其经济问题后,耿某某于2011年7月11日将该款退还给王某某。

---

① 参见最高人民法院刑事审判第一、二、三、四、五庭主办:《刑事审判参考》(总第106集),法律出版社2017年版,第1150号案例。

2004年,被告人耿某某在担任中共登封市国土资源局党委书记期间,利用职务便利,帮助河南嵩山建筑安装有限公司法定代表人孙某文、股东孙某山等人协调征地事宜,并提出以10万元低价向孙某山购买该公司开发的位于登封市少林大道东段北侧的登封市中医院家属院商品房一套。经鉴定,该房产价值为35.7815万元。耿某某至案发前一直未支付剩余房款。

本案在审理过程中对于被告人耿某某的行为构成受贿罪没有异议,但对于二审期间《刑法修正案(九)》及《关于办理贪污贿赂刑事案件适用法律若干问题的解释》出台后,有关贪污贿赂犯罪规定的新的定罪量刑标准是否能适用于本案,存在两种不同观点:第一种观点认为,本案一审时贪污贿赂犯罪的定罪量刑标准并没有发生变化,一审法院依照修改前刑法和相关规定对被告人耿某某以受贿罪判处有期徒刑12年,并处没收个人财产20万元并无不当,二审期间出台的刑法修正案和司法解释对本案没有溯及力。第二种观点认为,虽然本案一审判决依据当时法律作出并无不当,但二审期间一审判决并未生效,此时刑法被修改,新的司法解释出台,适用修改后的刑法明显有利于被告人,根据从旧兼从轻的刑法适用原则,修改后的刑法和新的司法解释对本案有溯及力。

刑法修正案亦应适用从旧兼从轻原则。

我国1997年《刑法》对于溯及力问题,从实际需要和罪刑法定的要求出发,采用了从旧兼从轻原则。《刑法》第12条规定:"中华人民共和国成立以后本法施行以前的行为,如果当时的法律不认为是犯罪的,适用当时的法律;如果当时的法律认为是犯罪的,依照本法总则第四章第八节的规定应当追诉的,按照当时的法律追究刑事责任,但是如果本法不认为是犯罪或者处刑较轻的,适用本法。本法施行以前,依照当时的法律已经作出的生效判决,继续有效。"对此,笔者认为,刑法修正案仍然应当贯彻刑法所规定的从旧兼从轻原则,区分以下不同情况进行处理:

(1) 1997年《刑法》不认为是犯罪,刑法修正案认为是犯罪的,只能适用刑法修正案生效以前的刑法,刑法修正案不具有溯及力。因此,不能以刑法修正案已经将该行为规定为犯罪、犯罪的主体范围已经扩大、犯罪构成的行为要件标准已经降低为由而追究行为人的刑事责任。

(2) 1997年《刑法》认为是犯罪,但刑法修正案不认为是犯罪的,只要这种行为未经审判或者判决尚未生效,应当适用刑法修正案的规定,即刑法修正案具有溯及力。

(3) 1997年《刑法》和刑法修正案都认为是犯罪,并且按照1997年《刑法》第四章第八节的规定应当追诉的,原则上应按1997年《刑法》的规定追究刑事责任。但如果1997年《刑法》的规定处罚比刑法修正案重的,则适用刑法修正案。

(4) 根据1997年《刑法》已经作出了生效判决的,该判决继续有效。即使按刑法修正案的规定,其行为不构成犯罪或者处刑较1997年《刑法》要轻,也不例外。因为,对于一种行为刑法是否溯及适用,只限于未经审理或者虽经审理但尚未作出生效判决的场合;已经生效的判决,不应根据刑法的规定加以改变,以维护人民法院生效判决的严肃性和稳定性。对此,1997年《刑法》第12条第2款已作出明确规定。

就本案来讲,一审判决日期为2015年10月19日,宣判后被告人提出上诉,《刑法修正案(九)》于2015年8月29日发布、自同年11月1日起施行,此时本案正在二审审理之中。因此,本案能否适用《刑法修正案(九)》的关键在于1997年《刑法》和《刑法修正案(九)》对于贪污受贿犯罪规定的刑罚哪个更轻,如果《刑法修正案(九)》更轻,则应适用《刑法修正案(九)》。但是《刑法修正案(九)》只是将贪污贿赂犯罪的定罪量刑标准由以前规定的单纯的数额标准,修改为数额加情节的标准,并将数额划分为"数额较大""数额巨大"及"数额特别巨大"三个层次,而没有规定"数额较大""数额巨大"及"数额特别巨大"的具体标准,据此无法确定被告人耿某某受贿犯罪的具体情节和应适用的刑罚,也就无从比较修改前与修改后刑法规定贪污贿赂犯罪的刑罚孰轻孰重。2016年4月18日,《关于办理贪污贿赂刑事案件适用法律若干问题的解释》公布施行,将《刑法修正案(九)》规定的"数额较大""数额巨大"及"数额特别巨大"的标准明确化、具体化。那么对于本案,《关于办理贪污贿赂刑事案件适用法律若干问题的解释》是否具有溯及力?

笔者认为,从刑法司法解释本身的性质来看,按照最高人民法院2007年3月9日发布的《关于司法解释工作的规定》第6条的规定,司法解释只能对刑事司法实践活动中具体适用刑事法律问题进行解释,是在立法原意内对具体应用刑事法律中所产生的问题加以明确化、具体化。所以,司法解释具有依附性特征,即必须严格地依附于所解释的刑法条文之规定,不能创制新的法律,不得对刑法修改、补充。因此,它的效力与其所解释的刑法效力同步,也即它的生效时间应与其所解释的刑法生效时间相同。从这个角度理解,《关于办理贪污贿赂刑事案件适用法律若干问题的解释》应与《刑法修正案(九)》的效力同步,即《关于办理贪污贿赂刑事案件适用法律若干问题的解释》虽于2016年4月18日颁布施行,但其效力可以溯及至2015年11月1日《刑法修正案(九)》施行之日。

此外,2001年12月7日,最高人民法院、最高人民检察院颁布的《关于适用刑事司法解释时间效力问题的规定》中明确规定:"二、对于司法解释实施前发生的行为,行为时没有相关司法解释,司法解释施行后尚未处理或者正在处理的案件,依照司法解释的规定办理。三、对于新的司法解释实施前发生的行为,行为时已有相关司法解释,依照行为时的司法解释办理,但适用新的司法解释对犯罪嫌疑人、被告人有利的,适用新的司法解释。四、对于在司法解释施行前已办结的案件,按照当时的法律和司法解释,认定事实和适用法律没有错误的,不再变动。"具体到司法实践中,对于某一司法解释的适用应先看该解释出台前对同一问题是否有其他解释,如果没有其他解释,该解释是关于此问题唯一的司法解释,则适用该解释。如果在同一问题上先后出台两个解释且内容出现矛盾时,应选择有利于犯罪嫌疑人、被告人的司法解释作为定罪量刑之依据。

本案中,被告人耿某某共计受贿75.7815万元,根据1997年《刑法》的规定,应处以"十年以上有期徒刑或者无期徒刑",故一审法院判处其有期徒刑12年并无不当;二审审理期间,根据修改后的刑法及司法解释的规定,受贿数额20万元以上不满300万元的属于"数额巨大",应处"三年以上十年以下有期徒刑"。耿某某受贿75.7815万元,属于"数额巨大",应处"三年以上十年以下有期徒刑"。与修改前刑法相比,修改后的刑法及相关司法解释的处罚明显较轻,这种情况下应遵循从旧兼从轻的刑法适用原则,适用处罚较轻的新标准对被告人定罪量刑,即《刑法修正案(九)》和《关于办理贪污贿赂刑事案件适用法律若干问题的解释》对本案均有溯及力。因此,二审法院按照从旧兼从轻原则将耿某某的刑期改判为有期徒刑5年是符合法律规定的。

第二章 犯罪主体

一、在国家机关设立的非常设机构中从事公务的非正式在编人员属于国家工作人员

(一) 裁判规则

地方人民政府设立的行使特定管理职能的非常设性机构,是地方人民政府的组成部分,亦属于国家行政机关。只要是在国家机关中从事公务,即使是非正式在编人员,亦属于《刑法》第93条第1款规定的"国家工作人员"。

(二) 规则适用

《刑法》总则中对国家工作人员这一主体要素的内涵与外延予以明确。《刑法》第93条规定,国家工作人员的范畴为:一是在国家机关、国有公司、企业、事业单位、人民团体中从事公务的人员;二是上述单位委派到非国有公司、企业、事业单位、社会团体从事公务的人员;三是其他依照法律从事公务的人员。上述规定看似清晰明确,但具体到司法实践中却意见纷呈、内容庞杂,刑法中鲜有一个概念会因社会经济生活的纷繁复杂而让实务部门适用得如此艰难。自1997年《刑法》颁布以来,涉及国家工作人员范畴界定的相关解释达六部之多,分别是:2000年全国人民代表大会常务委员会《关于〈中华人民共和国刑法〉第九十三条第二款的解释》、2003年《全国法院审理经济犯罪案件工作座谈会纪要》、2006年《关于渎职侵权犯罪案件立案标准的规定》、2007年《关于办理受贿刑事案件适用法律若干问题的意见》、2008年《关于办理商业贿赂刑事案件适用法律若干问题的意见》、2010年《关于办理国家出资企业中职务犯罪案件具体应用法律若干问题的意见》。从上述解释可以看出,主体要素已经愈加淡化国家干部身份和行为人所在的单位性质,转而强调行为人所从事的工作是否具备公务性。只要行为人所从事的是公务性活动,不论有无正式编制、是长期的还是聘用的,哪怕该公务资格是通过非正当途径和手段取得的,均不影响将其作为刑法意义上的国家工作人员来认定。

"公务"属性正在成为司法认定行为人是否属于受贿主体的"分水岭"和"风向标"。公务是指国家与社会管理性质的事务,强调行为人职权内容代表和实现的是国家利益、公众利益。实践中,在国家机关工作的人员,包括国家机关中的正式在编人员和合同工、临时工、劳务派遣工等非正式在编人员,只要从事公务,在国家机关提供的岗位上工作,受国家机关管理,即与国家机关存在隶属关系,与编制性质无关。

【指导案例】钱某德受贿案——在国家机关设立的非常设机构中从事公务的非正式在编人员是否属于国家工作人员[①]

上海市轨道交通三号线工程虹口区指挥部、上海市轨道交通明珠线工程虹口区指挥部、上海市轨道交通杨浦线工程虹口区指挥部及上海市北外滩地区动迁工作指挥部均是上海市虹口区人民政府为上述重大市政工程建设而成立的非常设性机构,主要是负责协调、管理相关工程中的具体事项,并受国有建设单位的委托签订部分合同。

被告人钱某德以工人身份,受上海市虹口区人民政府聘用,先后担任上海市轨道交通三号线工程虹口区指挥部、上海市轨道交通明珠线工程虹口区指挥部、上海市轨道交通杨浦线工程虹口区指挥部工作人员及上海市北外滩地区动迁工作指挥部项目管理部副部长,主要负责房屋建筑拆除、垃圾清运等工程项目的处理、管理等工作。

2000年11月至2004年1月,上海市虹口区市容建设公司总经理王红根为了获得各工程中的垃圾清运等业务,先后3次送给被告人钱某德共计33万元。钱某德利用职务上的便利,通过协调操作,帮助上海市虹口区市容建设公司的总经理承揽了一些工程中的垃圾清运业务。

案发后,被告人钱某德已退回全部赃款。

1. 地方人民政府设立的行使特定管理职能的非常设性机构,是地方人民政府的组成部分,亦属于国家行政机关

《中华人民共和国地方各级人民代表大会和地方各级人民政府组织法》第64条规定,地方各级人民政府根据工作需要和精干的原则,设立必要的工作部门。地方人民政府作为地方各级国家行政机关,在依法行使行政管理职权过程中,根据工作需要,既可以设立局、处等常设性工作部门,也可以设立其他非常设性工作部门,都是地方人民政府的组成部分。本案中的上海市轨道交通三号线工程虹口区指挥部、上海市轨道交通明珠线工程虹口区指挥部、上海市轨道交通杨浦线工程虹口区指挥部及上海市北外滩地区动迁工作指挥部,均是上海市虹口区人民政府为相关重大市政工程的建设而成立的非常设性机构,其职能主要是负责协调、

[①] 参见最高人民法院刑事审判第一庭、第二庭编:《刑事审判参考》(总第50集),法律出版社2006年版,第399号案例。

管理相关工程中的具体事项,并受国有建设单位的委托签订部分合同。虽然这些指挥部均是在一定期限内行使特定专属职权的非常设性机构,但其性质仍然属于国家行政机关。

2. 只要是在国家机关中从事公务,即使是非正式在编人员,亦属于《刑法》第 93 条第 1 款规定的"国家工作人员"

"从事公务"是国家工作人员的本质特征。《全国法院审理经济犯罪案件工作座谈会纪要》明确:"从事公务,是指代表国家机关、国有机关、企业事业单位、人民团体等履行组织、领导、监督、管理等职责。公务主要表现为与职权相联系的公共事务以及监督、管理国有财产的职务活动。如国家机关工作人员依法履行职责,国有公司的董事、经理、监事、会计、出纳人员等管理、监督国有财产等活动,属于从事公务。"被告人钱某德作为上海市轨道交通三号线工程虹口区指挥部、上海市轨道交通明珠线工程虹口区指挥部、上海市轨道交通杨浦线工程虹口区指挥部及上海市北外滩地区动迁工作指挥部负责人,代表指挥部负责各重大市政工程中的房屋建筑拆除、垃圾清运等工程项目的管理工作,并被授权代表指挥部签订相关合同。从其工作内容和性质可以看出,显属"在国家机关中从事公务",而不是其辩护人所说的"从事的是一种民商事行为"。

被告人钱某德虽是以工人身份被借调、聘用至指挥部工作,不是国家机关的正式在编人员,但根据全国人民代表大会常务委员会《关于〈中华人民共和国刑法〉第九章渎职罪主体适用问题的解释》的规定,虽未列入国家机关人员编制但在国家机关中从事公务的人员,在代表国家机关行使职权时,有渎职行为,构成犯罪的,依照刑法关于渎职罪的规定追究刑事责任。认定是否属于"在国家机关中从事公务的人员",并不要求行为人具有国家机关在编人员的身份,而是重点强调是否在国家机关中从事公务。只要在国家机关中从事公务,即使是工人、农民身份,亦应认定为《刑法》第 93 条第 1 款规定的"国家工作人员"。

二、国有公司长期聘用的管理人员属于国有公司中从事公务的人员

(一) 裁判规则

《全国法院审理经济犯罪案件工作座谈会纪要》规定,"受委托管理、经营国有财产"是指因承包、租赁、临时聘用等管理、经营国有财产。即承包、租赁、聘用是"受委托"的主要方式,并且此处的聘用是指短期聘用。长期受聘用的人员与所在单位已经形成了较为固定的劳动关系,尤其是受聘担任较高职务的情况,其享有的权利义务与正式在编人员没有大的差别,应认定为国家工作人员。受托管理、经营国有财产的人员是《刑法》第 382 条第 2 款规定的贪污罪犯罪主体,其不是国家工作人员,也不能以国家工作人员论,因此不能构成挪用公款罪。根据《刑法》的规定,挪用公款罪只能由《刑法》第 93 条规定的国家工作人员构成,而受委托管理、经营国有财产的人员挪用本单位资金的只能构成挪用资金罪。

(二) 规则适用

国有公司长期聘用的管理人员属于《刑法》第 93 条第 2 款规定的国有公司中从事公务的人员，其利用职务便利挪用本单位资金归个人使用，构成犯罪的，应当以挪用公款罪定罪处罚。根据《刑法》的规定，挪用公款罪只能由《刑法》第 93 条规定的国家工作人员构成，而受委托管理、经营国有财产的人员挪用本单位资金的只能构成挪用资金罪。

根据《刑法》第 93 条第 2 款的规定，国有公司中从事公务的人员应当同时具备两个特征：一是行为人系国有公司的工作人员；二是从事公务。对于从事公务，《全国法院审理经济犯罪案件工作座谈会纪要》中明确，"从事公务，是指代表国家机关、国有机关、企业事业单位、人民团体等履行组织、领导、监督、管理等职责。公务主要表现为与职权相联系的公共事务以及监督、管理国有财产的职务活动。如国家机关工作人员依法履行职责，国有公司的董事、经理、监事、会计、出纳人员等管理、监督国有财产等活动，属于从事公务"；同时指出，"那些不具备职权内容的劳务活动、技术服务工作，如售货员、售票员等所从事的工作，一般不认为是公务"。据此可以看出，管理、经营国有财产应属于从事公务。

在行为人系从事公务的情况下，区分是国有公司中从事公务的人员还是受国有公司委托管理、经营国有财产的人员，关键是对于《刑法》第 382 条第 2 款规定的受国有公司委托管理、经营国有财产的人员中的"委托"应当如何理解的问题。对此，《全国法院审理经济犯罪案件工作座谈会纪要》规定，"受委托管理、经营国有财产"是指因承包、租赁、临时聘用等管理、经营国有财产。可见，承包、租赁、聘用是"受委托"的主要方式，但需要注意的是，这里的聘用限制在"临时聘用"。因为长期受聘用的人员与所在单位已经形成了较为固定的劳动关系，尤其是受聘担任较高职务的情况，其享有的权利义务与正式在编人员没有大的差别，将其直接视为国家工作人员符合当前国有单位工作人员构成来源变化的特点，所以应认定为国家工作人员；而对于临时聘用人员，由于尚未与国有单位形成固定劳动关系，难以认定为国家工作人员，将临时聘用人员纳入《刑法》第 382 条第 2 款规定的受委托人员范畴，符合立法精神和对国有资产保护的现实。

【指导案例】刘某挪用公款案①

某市烟草公司是国有独资经营企业。1999 年 9 月 2 日，该公司聘任被告人刘某担任分公司副经理并全面主持该分公司工作，可获得相应提成工资。1999 年 9 月 2 日至 2001 年 2 月间，刘某利用职务便利采取每月压款的手段拖欠烟款（用后一月烟款交前一月烟款），将销售香烟得款用于归还个人欠款等，共拖欠该公司烟

---

① 参见最高人民法院刑事审判第一、二、三、四、五庭主办：《刑事审判参考》（总第 51 集），法律出版社 2006 年版，第 406 号案例。

款 60.263 万元。在市烟草公司的催要下，刘某于 2001 年 1 月 8 日向市烟草公司出具了欠条，承认上述欠款，并保证在 2001 年 1 月 19 日下午还清，但到时未归还，刘某谎称客户路途远一时难以收回。2001 年 3 月 1 日，市烟草公司作出决定免去刘某副经理职务，调回市烟草公司负责追款。2001 年 3 月 18 日刘某向公司写出还款计划，称 2001 年 4 月 15 日前全部还清，但到期仍未能归还。

本案被告人刘某的身份问题，即刘某是国有公司中从事公务的人员还是受国有公司委托管理、经营国有财产的人员，是案件定性的一个关键性因素，即如果认定其为国有公司中从事公务的人员，则构成挪用公款罪；如果认定其为受国有公司委托管理、经营国有财产的人员，则构成挪用资金罪。某市烟草公司通过履行正常的聘任手续，正式聘请刘某担任下属分公司的副经理，全面负责该分公司的工作，享有对该分公司的全面领导、管理、经营的权力，负有监督、管理国有财产并使之保值增值的职责，从其工作内容和职责考查显然不属于简单的劳务活动，应当认定为"从事公务"。刘某被国有公司长期聘用，担任分公司的领导职务，管理、经营国有财产，应属于国有公司中的工作人员，而非受国有公司委托管理、经营国有财产的人员。综上，刘某应当认定为《刑法》第 93 条第 2 款规定的在国有公司中从事公务的人员，对其利用职务便利挪用本单位资金归个人使用，数额巨大、超过 3 个月未还的行为，应当以挪用公款罪追究刑事责任。

三、国有企业改制期间国家工作人员与企业解除劳动关系后，依然从事公务的，以国家工作人员论

(一) 裁判规则

国家工作人员的本质特征是从事公务，认定是否属于国家工作人员也应以是否从事公务为依据。国有企业在改制期间仍然是国有企业，其资产仍然是国有资产，其中从事监督、管理国有资产等公务的人员依然应认定为国家工作人员。认为签订了解除劳动关系协议，办理了失业登记，不能再认定为国家工作人员的观点过于看重形式，忽视国家工作人员的本质特征。

(二) 规则适用

国有公司、企业在改制期间是否仍属于国有企业，负责改制的留守人员在解除劳动合同关系之后，是否依然以国家工作人员论，是"黄某斌受贿案"的两个争议焦点。就国有公司、企业的性质，一般可以按照有关主管部门的登记认定。对于有争议的，最高人民法院、最高人民检察院在《关于办理国家出资企业中职务犯罪案件具体应用法律若干问题的意见》中明确："是否属于国家出资企业不清楚的，应遵循'谁投资、谁拥有产权'的原则进行界定。企业注册登记中的资金来源与实际出资不符的，应根据实际出资情况确定企业的性质。企业实际出资情况不清楚的，可以综合工商注册、分配形式、经营管理等因素确定企业的性质。"根据前

述规定,应主要以实际出资情况认定公司、企业的性质。在"黄某斌受贿案"中,法院认为国有公司、企业在改制过程中,其国有资产的属性并未发生变化,故其国有企业的性质依然如故。

而在改制期间的国有公司、企业中担任原职的管理人员,所从事的工作性质并无实质变化,如果不认定相应层级的管理人员为从事公务的人员,会造成这些企业中无人代表国有资产的局面,这对国有资产的保护是极其不利的。当然,在实际司法认定时应当尽力缩小范围,不能将改制后企业聘用的管理人员认定为国家工作人员,而只能将改制后企业中担任董事、监事等职务的原国有企业工作人员认定为国家工作人员。

【指导案例】黄某斌受贿案——国有企业改制期间,国家工作人员与企业解除劳动关系后,还能否被认定为国家工作人员,从而构成受贿罪[①]

1998年3月31日,被告人黄某斌被任命为电表厂厂长。2000年12月22日,经武汉市洪山区经济体制改革委员会同意,电表厂实行企业改制,黄某斌为该厂企业改制领导小组组长。2001年7月5日,经上级主管部门批准,电表厂将其位于武汉市洪山区卓刀泉南路12号土地(面积为51.06亩)以1697.5万元转让给了湖北省住宅发展有限公司(以下简称"住宅公司"),并签订了《土地使用权转让协议书》。此后,住宅公司又将该《土地使用权转让协议书》确定的权利义务转让给了新纪元公司。因电表厂在买断职工工龄时资金存在缺口,上级主管部门与该厂企业改制领导小组协商后,向新纪元公司要求追加缺口资金80万元。2003年年初,新纪元公司在给付电表厂追加的80万元后,该公司执行董事程某某感到心里很烦,但考虑到马上开始的拆迁工作还得靠黄某斌出力,便对黄某斌说:"算了,只要你把拆迁工作搞好、速度快,以后我还是会好好地照顾你的。"2003年11月,拆迁工作完成后,黄某斌通过新纪元公司副经理肖某某向程某某要求兑现其先前的承诺,程某某为感谢黄某斌在拆迁时所做的工作,遂给了黄某斌现金8万元。

2003年2月25日,被告人黄某斌在新纪元公司以差旅费名义领取2万元的银行现金支票一张。同年3月20日,电表厂向洪山区经贸委提交报告,要求给付拆迁小组组长张某平奖励金1万元。3月25日,黄某斌在新纪元公司以土地征用款的名义领取1万元银行现金支票一张,后将此款支付给了张某平。7月1日,黄某斌交给该公司出纳、会计李某现金2万元。

2009年7月22日,被告人黄某斌在检察机关只掌握其受贿3万元线索的情况下,主动交代了其于2003年11月向程某某索取现金8万元的事实。2009年8

[①] 参见最高人民法院刑事审判第一、二、三、四、五庭主办:《刑事审判参考》(总第79集),法律出版社2011年版,第693号案例。

月 10 日,黄某斌向天门市人民检察院退款 11 万元。

另查明,电表厂属国有企业,于 1990 年 4 月 2 日成立,最后年检年度为 2000 年,2001 年破产进行企业改制,2005 年 8 月 8 日被吊销执照。被告人黄某斌从 1999 年开始担任电表厂厂长,其厂长身份一直未行文免除。2003 年被洪山区政府任命为东方水泥公司书记,负责处理东方水泥公司的改制工作。电表厂通过整体出让土地实现改制,其间,黄某斌系企业改制领导小组组长,同时系拆迁组成员。2002 年 1 月 28 日,黄某斌与电表厂签订解除劳动关系协议。电表厂至今仍未行文免去黄某斌电表厂厂长的职务。

本案在审理过程中,对于被告人黄某斌收取新纪元公司 8 万元的行为如何定性,主要存在两种意见:

第一种意见认为,被告人黄某斌的行为应按受贿罪定罪。理由是:电表厂虽经上级主管部门批准改制,但黄某斌的电表厂厂长职务一直未行文免除;电表厂于 2005 年 8 月 8 日被吊销执照,在与住宅公司签订土地转让合同和向新纪元公司追加资金 80 万元并实施职工宿舍拆迁还建等活动中,黄某斌作为该厂企业改制领导小组组长,均是以电表厂法人名义对外进行民事活动,其仍在履行组织、领导、管理、监督国有资产的职责,实质上具备国家工作人员的身份,其利用职权向土地受让人新纪元公司索要 8 万元的行为,应按受贿罪定罪处罚。

第二种意见认为,被告人黄某斌的行为属民事行为,不应作犯罪处理。理由是:其一,2001 年 7 月,黄某斌所在单位将厂区土地以 1697.5 万元转让后,该土地及其附着物的民事权利依法归受让人新纪元公司所有,黄某斌不享有对该土地及其附着物的监督、经营、管理职权。房屋拆迁工作不是黄某斌所任厂长及企业改制领导小组组长的职责,拆迁工作是开发商自己的事。其二,2002 年 1 月 6 日,电表厂作出决定,与 106 名在册职工解除劳动关系,其中包括黄某斌。2002 年 1 月 28 日,黄某斌与电表厂签订了《国有企业改制解除(终止)劳动合同(劳动关系)给予经济补偿协议书》,并经武汉市洪山区劳动局签证。同年 3 月 20 日,黄某斌在武汉市洪山区失业管理办公室进行了失业人员登记;同年 4 月 5 日,黄某斌人事档案移交洪山区劳动力市场代管,社会养老保险由个人缴纳;此时,其与国有企业完全脱离了关系,已经不具有国家工作人员的身份,其协调原电表厂的拆迁工作是受新纪元执行董事程某某之托,向程某某索要的 8 万元应认定为拆迁工作所获得的报酬,属于民事行为。

法院同意第一种意见,结合本案具体事实,被告人黄某斌的行为构成受贿罪。具体理由如下:

(1) 判断被告人黄某斌是否属于国家工作人员,应以其是否从事公务为依据

我国《刑法》第 93 条规定:"本法所称国家工作人员,是指国家机关中从事公务的人员。国有公司、企业、事业单位、人民团体中从事公务的人员和国家机关、

国有公司、企业、事业单位委派到非国有公司、企业、事业单位、社会团体从事公务的人员,以及其他依照法律从事公务的人员,以国家工作人员论。"据此,国家工作人员的本质特征是从事公务,是否属于国家工作人员应以是否从事公务为依据。基于签订劳动关系解除协议就否定黄某斌是国家工作人员的结论是不妥当的。

第一,国有企业在改制期间仍然是国有企业,其资产仍然是国有资产,企业中从事监督、管理国有资产等公务的人员依然应认定为国家工作人员。认为签订了解除劳动关系协议,办理了失业登记,就不能认定为国家工作人员的观点,过于看重形式,忽视国家工作人员的本质特征,因而不可取。20世纪90年代后期,关于国家工作人员的认定,曾经存在"身份论"和"职责论"的激烈争论。1997年《刑法》修订后,理论界和实务界的主流观点均认为,对国家工作人员的认定,应采纳"职责论",即不是单纯通过被告人的身份(一般是审查有无干部履历表)来认定,而应结合被告人是否从事公务来判断其是否属于国家工作人员。因此,黄某斌是否为国家工作人员,不是取决于形式上其是否与电表厂解除劳动关系,而是取决于实质上其是否仍然在电表厂从事监督、管理国有资产等公务。

第二,电表厂改制期间,被告人黄某斌作为厂长和企业改制领导小组组长,是电表厂的"一把手",对电表厂国有资产的监督和管理负第一位的责任,应属国有企业中从事公务的人员。在案证据证实,黄某斌虽于2002年1月与电表厂签订了解除劳动关系的协议并进行了失业登记,但其并非一般职工,其厂长职务并未免除,仍然是厂长和企业改制领导小组组长。黄某斌作为企业改制期间的留守人员之一,其仍在电表厂领取薪酬,对国有资产仍负有监督、管理等职责,应认定其为国家工作人员。

(2)被告人黄某斌在电表厂的土地转让和土地拆迁过程中均利用职务之便为新纪元公司谋取了利益

主张黄某斌不构成受贿罪的观点认为,黄某斌在电表厂的土地转让和土地拆迁过程中没有利用职务之便。这种看法是没有事实根据的。黄某斌的口供与证人程某某、肖某某的证言和在案书证相印证,不仅证明在电表厂的土地转让过程中,黄某斌为新纪元公司提供了职务上的帮助,而且证明职工搬迁是土地转让方电表厂的事务,黄某斌在动员职工搬迁以便新纪元公司顺利完成拆迁的过程中,为新纪元公司提供了职务上的帮助。

四、被口头提名、非国有公司聘任的管理人员可以国家工作人员论

(一)裁判规则

认定国家机关、国有公司、企业、事业单位委派到非国有公司、企业、事业单位、社会团体从事公务的人员为国家工作人员,主要是把握好"受委派"和"从事公务"两个特征。所谓委派,即委任、派遣,其形式多种多样,如任命、指派、提名、批准等。不论被委派的人身份如何,只要是接受国家机关、国有公司、企业、事业单

位委派,代表国家机关、国有公司、企业、事业单位在非国有公司、企业、事业单位、社会团体中从事组织、领导、监督、管理等工作,都可以认定为国家机关、国有公司、企业、事业单位委派到非国有公司、企业、事业单位、社会团体从事公务的人员。如国家机关、国有公司、企业、事业单位委派到国有控股或者参股的股份有限公司从事组织、领导、监督、管理等工作的人员,应当以国家工作人员论。

(二)规则适用

根据《刑法》第93条的规定,刑法意义上的国家工作人员有四类:一是指在国家机关从事公务的人员;二是指国有公司、企业、事业单位、人民团体中从事公务的人员;三是指国家机关、国有公司、企业、事业单位委派到非国有公司、企业、事业单位、社会团体从事公务的人员;四是指其他依照法律从事公务的人员。实践中,对于前两类国家工作人员的身份认定一般比较简单,对于后两类国家工作人员的身份认定就相对较为复杂了,往往成为案件审理中的难点,"顾某忠挪用公款、贪污案"即属此类情况。

受国有公司委派到非国有公司从事公务的人员的身份认定关键要把握好"受委派"和"从事公务"两个特征。

对于"受委派",《全国法院审理经济犯罪案件工作座谈会纪要》指出:"所谓委派,即委任、派遣,其形式多种多样,如任命、指派、提名、批准等。不论被委派的人身份如何,只要是接受国家机关、国有公司、企业、事业单位委派,代表国家机关、国有公司、企业、事业单位在非国有公司、企业、事业单位、社会团体中从事组织、领导、监督、管理等工作,都可以认定为国家机关、国有公司、企业、事业单位委派到非国有公司、企业、事业单位、社会团体从事公务的人员。如国家机关、国有公司、企业、事业单位委派在国有控股或者参股的股份有限公司从事组织、领导、监督、管理等工作的人员,应当以国家工作人员论;国有公司、企业改制为股份有限公司后原国有公司、企业的工作人员和股份有限公司新任命的人员中,除代表国有投资主体行使监督、管理职权的人外不以国家工作人员论。"据此,这里的"委派"在形式上可以不拘一格,如任命、指派、提名、推荐、认可、同意、批准等均可,无论是书面委任文件还是口头提名,只要有证据证明属上述委派形式之一即可,这与我国现阶段有关国家工作人员身份来源和变动的多样性的实际情况相符合。

对于"从事公务",《全国法院审理经济犯罪案件工作座谈会纪要》指出:"从事公务,是指代表国家机关、国有公司、企业事业单位、人民团体等履行组织、领导、监督、管理等职责。公务主要表现为与职权相联系的公共事务以及监督、管理国有财产的职务活动。如国家机关工作人员依法履行职责,国有公司的董事、经理、监事、会计、出纳人员等管理、监督国有财产等活动,属于从事公务。"据此,从事公务是以国家工作人员论的实质特征,即必须代表国家机关、国有公司、企业、事业单位在非国有公司、企业、事业单位、社会团体中从事组织、领导、监督、管理等公务活动,亦即具有国有单位的直接代表性和从事工作内容的公务性。

由上述规定的精神可以看出,对于受委派从事公务的国家工作人员的认定更强调从事公务,即代表国有单位从事组织、领导、监督、管理等职权活动,而不再单纯关注国家工作人员的身份形式,只要代表国有单位从事了相关职务活动就应以国家工作人员论。如在国有公司、企业改制为股份有限公司的情况中,即使原国有公司、企业的工作人员因各种原因未获得任何形式的委派手续,但仍代表国有投资主体行使监督、管理职权的,同样应以国家工作人员论。随着国有企业改革的深化和人事制度的完善,股份制将成为国有资本的主要实现形式。除了国有独资公司的董事会成员由相关部门直接委派,其他公司的董事会成员和总经理均需由股东大会选举或者董事会决定以外,而国有出资单位依法仅享有提名、推荐权,当然,这种提名、推荐往往实际影响着董事会的决定。

【指导案例】顾某忠挪用公款、贪污案——由国有公司负责人口头提名、非国有公司聘任的管理人员能否以国家工作人员论[①]

1997年11月20日至1998年2月25日,被告人顾某忠利用担任铁实公司(系国有公司)投资管理科科长的职务便利,擅自将铁实公司的10000股江南重工、20000股东风电仪、18500股虹桥机场股票在江苏省租赁有限公司中山北路证券营业部卖出,得款57.5261万元。顾某忠将上述股款用于个人买卖股票,进行营利活动。1998年5月20日至6月1日,顾某忠又购买上述擅自卖出的同种、同量股票于1998年6月2日归还铁实公司。

1999年9月,被告人顾某忠经铁实公司董事长张某端提名,由铁成公司(铁实公司参股的非国有公司)董事会聘任,时任铁成公司总经理。华勤投资有限公司(以下简称"华勤公司")总经理张某找到顾某忠,要求将铁成公司持有的"同仁铝业"股票"转仓"给华勤公司。双方约定以股市交易价在上海证券公司交易,但实际按每股18元结算。"同仁铝业"股票的股市交易价与议定的每股18元实际结算价间的差额款由华勤公司另行支付。1999年9月16日,铁成公司将2582821股"同仁铝业"股票通过股市交易转给华勤公司。顾某忠提供给张某两个股票账户(A1782751××、A132488××),要求张某将差额款在上述两个股票账户中买入国债和"宁城老窖"股票。1999年9月16日,华勤公司在A1782751××股票账户中买入498.624万元国债;同年9月22日,华勤公司在A132488××股票账户中买入84000股"宁城老窖"股票,市值计104.1512万元。上述款项被顾某忠非法占有。

案发后,司法机关扣押被告人顾某忠赃款及非法所得合计1625.2144万元,西安旅游股票456711股。

[①] 参见最高人民法院刑事审判第一、二、三、四、五庭主办:《刑事审判参考》(总第56集),法律出版社2007年版,第446号案例。

对于被告人顾某忠作为铁成公司总经理是否属于国家工作人员,控辩双方存在争议。本案中,顾某忠时任铁成公司总经理。而铁成公司是国有公司铁实公司与江苏省大邦化工实业有限公司、江苏省大路贸易有限公司、江苏省铁路建设工程有限公司、江苏省铁路有限责任公司工会五方共同投资成立的有限责任公司。其中,江苏省大路贸易有限公司属非国有性质,可见,铁成公司不是刑法意义上的国有公司,因此顾某忠不属于在国有公司中从事公务的人员,那么其是否属于国有公司委派到非国有公司从事公务的人员呢?

法院认为,被告人顾某忠担任非国有公司铁成公司总经理,是由铁成公司董事长沈某法委托国有公司铁实公司董事长张某端提名,由铁成公司董事会聘任的。虽然从形式上看,顾某忠是由非国有公司董事会聘任为总经理的,但顾某忠任总经理是由铁实公司董事长张某端提名,非国有公司铁成公司董事会才决定聘任的,应当属于"受委派";而事实上顾某忠作为总经理,全面负责铁成公司的工作,享有对该公司的全面领导、管理、经营的权力,负有监督、管理国有财产并使之保值增值的职责,从其工作内容和职责考查显然应当认定为"从事公务",即是代表铁实公司行使经营、管理职权。综上,从顾某忠担任铁成公司总经理的身份来源及其职务内容来看,顾某忠符合《全国法院审理经济犯罪案件工作座谈会纪要》规定的受委派从事公务的国家工作人员特征,应当认定为受国有公司的委派到非国有公司从事公务的人员,以国家工作人员论。

五、依照《公司法》规定产生的公司负责人可以认定为受国有单位委派从事公务的人员

(一) 裁判规则

投资主体委派有限责任公司经理与股东会选(推)举公司执行董事兼经理是两个不同的程序,不能因为有限责任公司经理须经过股东会的选举程序而否认其受国有单位委派从事公务的性质。

(二) 规则适用

根据 2005 年修订的《中华人民共和国公司法》(以下简称《公司法》)第 51 条的规定,有限责任公司,股东人数较少或者规模较小的,可以设一名执行董事,不设董事会;执行董事可以兼任公司经理。第 38 条[1]规定,有限责任公司的董事由股东会选举。对于投资主体委派有限责任公司经理,《全国法院审理经济犯罪案件工作座谈会纪要》明确:"所谓委派,即委任、派遣,其形式多种多样,如任命、指派、提名、批准等。不论被委派的人身份如何,只要是接受国家机关、国有公司、企业、事业单位委派,代表国家机关、国有公司、企业、事业单位在非国有公司、企业、事业单位、社会团体中从事组织、领导、监督、管理等工作,都可以认定为国家机

---

[1] 可参见 2018 年修正的《公司法》第 37 条。

关、国有公司、企业、事业单位委派到非国有公司、企业、事业单位、社会团体从事公务的人员。如国家机关、国有公司、企业、事业单位委派在国有控股或者参股的股份有限公司从事组织、领导、监督、管理等工作的人员，应当以国家工作人员论。国有公司、企业改制为股份有限公司后原国有公司、企业的工作人员和股份有限公司新任命的人员中，除代表国有投资主体行使监督、管理职权的人外，不以国家工作人员论。"需要说明的是，在国有公司、企业转制过程中国有公司、企业委派人员到其控股或者参股的公司行使监督、管理国有资产的情况比较复杂，既有事前、事中的提名、推荐、指派、任命，也有事后的认可、同意、批准、聘任等。委派的形式多种多样，依照何种程序、形式取得非国有公司的管理职位，对于是否属于受国有单位委派的认定不具有决定性意义。随着国有企业改革的深化和人事制度的完善，股份制将成为国有资本的主要实现形式。除了国有独资公司的董事会成员由相关部门直接委派，其他公司的董事会成员和总经理均需由股东会选举或者董事会决定，而国有出资单位依法仅享有提名、推荐等出资者的权利。如果依照《公司法》的规定将由股东会依选举产生或者董事会聘任的非国有公司中负责国有资本经营、管理的人员一律不认定为受委派从事公务的人员，那么将从根本上排除在刑事司法活动中认定受国有公司、企业委派从事公务人员的可能性。因此，只要经过了国有单位的委派程序，并在非国有单位中履行组织、领导、监督、管理等公务性的职责，就应当认定为受国有单位委派从事公务，不能因为被委派人员能否担任相应的职务还需要根据《公司法》的规定由股东会选举或者董事会聘任，而否认被委派人员是受国有公司、企业委派从事公务的性质。

【指导案例】曹某受贿案——对于依照《公司法》规定产生的公司负责人能否认定为受国有单位委派从事公务的人员[①]

1992年7月，中国农业银行南通分行（以下简称"南通农行"）注册设立了南通市兴隆房地产开发公司（以下简称"兴隆公司"），性质为集体所有制，公司注册登记材料载明注册资金为人民币1000万元，其中，南通农行筹集信用合作资金900万元，南通农行工会筹集100万元，但注册资金没有到位。南通农行为主管单位，工作人员除个别聘用的外，基本上是南通农行的原工作人员调动而来，工资仍由南通农行发放，差旅费、招待费等在兴隆公司支出。

对于兴隆公司所需资金，南通农行确定了一个原则，就是不用银行的钱，可以动用中国农业银行江苏省信托投资公司南通办事处（以下简称"信托公司"）管理的信用社资金。自1992年9月至1992年12月，在兴隆公司开发房地产过程中，信托公司陆续为兴隆公司代垫或者向其支付1000万元，信托公司财务账上记

---

① 参见最高人民法院刑事审判第一庭、第二庭编：《刑事审判参考》（总第42集），法律出版社2005年版，第335号案例。

为兴隆公司暂付款。1992年12月21日,信托公司将此前分别向如皋市信用联社、海安县信用联社筹集的共同资金各500万元,用于结转暂付款1000万元。

1996年9月,南通农行不再管理农村信用社。1996年10月,南通农行不再办理信托业务,其信托业务并入南方证券,但原信托公司的债权债务由南通农行承受。

1996年,因国家政策限制银行兴办企业,对于已经兴办的,要求与银行脱钩。同年3月20日,南通农行与如皋市长江信用社、海安县大公信用社、南通农行工会签订转股协议,将其在兴隆公司的500万元股权转让给如皋市长江信用社、400万元转让给海安县大公信用社、100万元转让给南通农行工会。由于如皋市长江信用社和海安县大公信用社实际已经有资金1000万元被信托公司投入兴隆公司,故转股协议签订后并未进行相应的资金转移。至此,如皋市长江信用社、海安县大公信用社和南通农行工会为兴隆公司股东,但如皋市长江信用社和海安县大公信用社除在转股协议上签字、推举被告人曹某任兴隆有限公司执行董事兼经理,并在1997年12月获得本息外,没有行使其他股东权利。1997年年底,海安县大公信用社和如皋市长江信用社向南通农行索要原信托公司借款,即后来转为对兴隆有限公司的投资部分。南通农行原来认为兴隆公司已经将二信用社的钱还掉,结果得知没有归还,即同意由南通农行归还。1997年12月31日,南通农行青年西路办事处退如皋市信用联社共同资金及利息550万元、海安县信用联社共同资金及利息590.72万元。南通农行将该笔资金从当年利润中核减,未做其他账。

1993年5月,兴隆公司与外方合资成立中外合资企业——南通兴胜房地产开发有限公司(以下简称"兴胜公司")。

1995年3月,南通农行任命被告人曹某为南通农行住房信贷部副主任兼任兴隆公司副总经理,主持兴隆公司的全面工作。同年4月,兴隆公司委派曹某任兴胜公司董事长。

1996年3月27日,兴隆公司股东推举被告人曹某担任兴隆公司执行董事兼经理、法定代表人。同年6月,兴隆公司变更为南通市兴隆房地产开发有限公司(以下简称"兴隆有限公司"),法定代表人仍为曹某。1997年4月,南通农行聘任曹某为兴隆有限公司经理。

兴隆有限公司主要开发建设了南通农行的南通市农金科技培训中心工程,即农行大楼。1992年,南通农行决定建农行大楼,筹建工作由办公室负责,在办公室下面设基建办。1996年以后,兴隆公司没有项目,南通农行党组研究决定将基建办与兴隆公司合署办公。建设资金由会计科管理,按进度从会计科拨付到基建账户,由被告人曹某具体负责使用。1996年2月,南通农行与兴隆公司签订《联合建设协议书》和《工程委托承包建设合同》,约定双方共同投资建造南通市农金科技培训中心;南通农行将南通市农金科技培训中心工程全权委托给兴隆公司发包建设,兴隆公司按工程造价的1%收取管理费。在建设大楼过程中,南通农行会计科按照工程进度,适时将工程款拨给兴隆有限公司,资金紧张时兴隆有限公司就以自己的名义向银行贷款,南通农行资金到位时再归还。

农行大楼竣工后,兴隆有限公司因没有年检,于2002年被工商局吊销营业执照,其工作人员绝大多数回到南通农行,被告人曹某被聘为南通农行金隆物业公司总经理。兴隆有限公司解散后账上盈余81万余元转给管理农行大楼的南通农行金隆物业公司,因兴隆有限公司仍欠银行贷款,其所拥有的兴隆城房地产剥离给长城资产管理公司。

1997年夏至2001年年底,被告人曹某利用担任兴隆有限公司法定代表人的职务便利,在决定南通市农金科技培训中心工程施工单位、供货单位、支付工程款等方面为他人谋取利益,先后收受他人人民币81.98万元、港币1万元、欧米茄手表(价值人民币1.25万元)1块和玉佛1件。

1998年年初,被告人曹某利用担任兴胜公司董事长、负责兴胜大厦建设的职务便利,在决定施工单位、支付工程款等方面为海门三建集团谋取利益,收受该集团梁某伦人民币1万元。

2003年1月,南通市人民检察院根据群众举报,以涉嫌犯受贿罪决定对被告人曹某立案侦查。曹某在被检察机关第一次讯问后,如实交代了其受贿犯罪的事实。但群众举报曹某收受高某财物的行为,经查不构成受贿罪。案发后,侦查机关扣押被告人曹某的家庭财产共计人民币130余万元。

其一,南通农行是兴隆有限公司的实际投资人,聘任被告人曹某担任兴隆有限公司经理,属于履行投资主体的权利。

兴隆有限公司源于兴隆公司,而兴隆公司是南通农行投资兴办的,只是由于国家政策限制银行开办公司,南通农行通过转制,要求如皋市长江信用社、海安县大公信用社、南通农行工会作为兴隆有限公司的挂名股东,但实际上,如皋市长江信用社、海安县大公信用社、南通农行工会既没有投资,也没有行使股东权利;如皋市信用联社和海安县信用联社"投入"兴隆公司的1000万元,实际上是南通农行利用其对信用社的管理关系动用的,在南通农行不再管理农村信用社、两信用社索要原借款后,南通农行已归还该1000万元;南通农行对兴隆(有限)公司进行了全面管理,如公司的工作人员基本上是南通农行的原工作人员,人事关系仍在南通农行,公司的管理层由南通农行聘任,除差旅费、招待费等在兴隆公司支出,工资仍由南通农行发放,在兴隆有限公司被注销后,公司的工作人员绝大多数回到南通农行,被告人曹某在兴隆有限公司解散后又被南通农行聘任为管理农行大楼的金隆物业公司总经理,等等。因此,南通农行是兴隆有限公司的实际投资人,有权委派曹某担任兴隆有限公司经理。

其二,投资主体委派有限责任公司经理与股东会选(推)举公司执行董事兼经理是两个不同的程序,不能因为有限责任公司经理须经过股东会的选举程序而否认其受国有单位委派从事公务的性质。

1996年6月,在兴隆公司改制为有限责任公司后,被告人曹某被股东推举为执行董事兼经理。因此,曹某担任兴隆有限公司经理的职务源于股东的推举。但2005年修订的《公司法》第43条①规定,股东会会议由股东按照出资比例行使表决权。由于兴隆有限公司实质上是由南通农行出资设立的,南通农行对于聘任曹某担任兴隆有限公司经理具有决定性作用。这种聘任,属于《刑法》第93条第2款规定的"委派"。本案中,曹某接受国有企业南通农行的委派,担任兴隆有限公司经理,并实际行使了管理国有资产的职责,应当认定为《刑法》第93条第2款规定的受国有企业委派到非国有公司从事公务的人员。

其三,在形式上,南通农行工会仍是兴隆有限公司股东,认定被告人曹某是受国有企业委派到非国有公司从事公务的人员,不存在法律上的障碍。

根据1995年颁布的《中华人民共和国商业银行法》第43条第2款关于"商业银行在中华人民共和国境内不得向非银行金融机构和企业投资"的规定,南通农行投资兴办公司的行为具有违法性。但本案中,兴隆公司的转制行为发生在《中华人民共和国商业银行法》施行后不久,由于经济生活的复杂性,在南通农行通过违法操作,成为兴隆有限公司的实际投资人,已对兴隆有限公司进行全面管理,并且已归还如皋市长江信用社和海安县大公信用社1000万元投资款的情况下,不能因其投资行为的违法性而否定曹某系国有企业委派到非国有公司从事公务的性质。同时,从形式上看,兴隆公司改制为有限公司后,南通农行工会仍为公司股东,而南通农行工会是南通农行的一个部门,南通农行聘任被告人曹某担任兴隆有限公司经理,可以认定为南通农行以工会名义依法行使股东的权利,认定曹某为受国有企业委派到非国有公司从事公务的人员,不存在法律上的障碍。综上,对于被告人曹某利用担任兴隆有限公司经理的职务便利,在决定南通市农金科技培训中心工程施工单位、供货单位、支付工程款等方面为他人谋取利益,非法收受他人财物的行为,应当以受贿罪定罪处罚。

六、如何认定受国家机关、国有公司等委托管理、经营国有财产人员

(一)裁判规则

在认定受委托管理、经营国有财产的人员时,必须符合下述三个条件:其一,委托主体必须是国家机关、国有公司、企业、事业单位、人民团体,而受委托者则应当为非国家工作人员;其二,必须存在委托与被委托的关系,且仅限于直接委托;其三,委托内容必须是特定的事务,即是对国有财产的管理、经营,而不是普通意义上的"经手"。

---

① 可参见2018年修正的《公司法》第42条。

(二) 规则适用

《刑法》第 382 条第 2 款规定:"受国家机关、国有公司、企业、事业单位、人民团体委托管理、经营国有财产的人员,利用职务上的便利,侵吞、窃取、骗取或者以其他手段非法占有国有财物的,以贪污论。"

首先,委托方必须具有相应的委托主体资格,即委托主体需要为国家机关、国有公司、企业、事业单位、人民团体,除此以外的单位或人员,不能成为《刑法》规定的贪污罪委托关系成立的合格主体;同时需要受委托者为非国家工作人员,否则直接以国家工作人员认定为贪污罪即可。由于贪污罪的犯罪客体为复杂客体,包括国家工作人员的职务廉洁性和公共财物的所有权,因而只有国家机关、国有公司、企业、事业单位、人民团体才有将国有财产委托于非国有单位内部人员的权限,并使得受国家机关、国有公司等委托管理、经营国有财物的人员具有成立贪污罪的特殊主体资格。

其次,必须存在委托与被委托关系,受委托仅限于直接委托,不包括间接委托,而且受委托人仅限于自然人。如果国有单位将国有财产委托给集体经济组织管理、经营,该集体经济组织中的工作人员或集体经济组织受委托的人员,利用职务之便,侵吞、窃取、骗取国有财产的,也不构成贪污罪,应以职务侵占罪论处。受委托管理、经营国有财产不同于国有单位对其内部工作人员的任命、聘任或者委派。国有单位任命、聘任其工作人员担任一定职务,在本单位从事经营、管理活动的人员以及基于投资或者领导关系委派到非国有单位从事经营、管理、监督活动的人员,在性质上均属于国有单位的内部人员。《刑法》第 382 条第 2 款规定的受国家机关、国有公司、企业、事业单位、人民团体委托管理、经营国有财产的人员,利用职务之便非法占有国有财产的行为以贪污罪论处,是将不具有国有单位工作人员身份的人员与国有单位内部人员等同作为贪污罪的主体,那么必须要求国家机关、国有公司、企业、事业单位、人民团体与该人员具有直接的委托与被委托关系,使得该类人员因上述委托关系在管理、经营国有财产过程中的行为亦具有公务性,若利用职务之便实施侵吞等行为,同样因侵犯公共财产所有权及国家工作人员职务廉洁性而被认定为贪污罪。

最后,委托内容必须是特定的事务,是对国有财产的管理、经营,而不是普通意义上的"经手"。其一,委托客体须为国有财产。贪污罪是国家工作人员利用职务上的便利,侵吞、窃取、骗取或者以其他手段非法占有公共财物的行为。根据《刑法》第 93 条的规定,从事公务是国家工作人员的本质特征。既然刑法将不具有国家工作人员身份但受委托管理、经营国有财产的人员与国家工作人员并列为贪污罪的主体,那么两者之间就应当具有某种内在一致的本质属性,即公务性。一切公务都直接或间接地表现为对国家和社会公共事务的管理活动,国有财产属于公共财产,受委托对国有财产进行管理、经营活动就带有一定的公务性。因此,要求委托客体须为国有财产。其二,委托的内容限于对国有财产的管理、经营。所谓经手,是对公共财物享有领取、使用、支出等经营公共财物流转事务的权限;管理,是指依委托行使监守或保管国有资产职权的活动;经营,是指行为人在对国有资产具有管理职权的前提下,将国有资产投入市场,作为资本使其增值的商业活动,标志着对国有财产具有处分权,是管理活动的延伸。正是考虑到管理、经营国有财产与经手国有财产是有区别的,《刑法》第382条对1988年全国人民代表大会常务委员会颁布的《关于惩治贪污罪贿赂罪的补充规定》第1条关于"其他经手、管理公共财物的人员"的规定修改限缩为"受……委托管理、经营国有财产的人员"。如果受委托的事项不是管理、经营国有财产,而是从事具体的保管、经手、生产、服务等劳务活动,不能适用《刑法》第382条第2款的规定。

【指导案例】朱某岩贪污案——租赁国有企业的人员盗卖国有资产的行为如何处理①

被告人朱某岩于2002年年底,与泗阳县食品总公司破产清算组签订租赁经营泗阳县食品总公司肉联厂(国有企业)的合同,租赁期限为2003年1月1日至2003年12月31日。协议签订后,由韩某业、王某宇等9名固定人经营,朱某岩任厂长,韩某业、王某宇任副厂长。由于经营亏损,股东向朱某岩索要股金。2003年11月份,朱某岩让王某宇通过马某国联系,与扬州市一名做废旧金属生意的商人蒋某达成协议,将肉联厂一台12V—135型柴油发电机和一台170型制冷机以8万元价格卖给蒋某。2004年1月2日深夜,朱某岩及韩某业、王某宇等人将蒋某等人及货车带到肉联厂院内,将两台机器及附属设备(价值9.4万余元)拆卸装车运走。朱某岩及韩某业、王某宇等人将蒋某的货车"护送"出泗阳后,携带蒋某支付的8万元返回泗阳。在王某宇家中,朱某岩从卖机器款中取3万元给王某宇,让王某宇按股东出资比例予以分配,又取2000元交给韩某业,作为泗阳县食品总公司破产清算组的诉讼费用。朱某岩携带其余4.8万元潜逃。2004年7月,朱某岩写信给泗阳县反贪局供述自己倒卖机器的事实。2004年8月,朱某岩被抓获归案。案发后,朱某岩亲属退回赃款计6.5万元。

根据《刑法》第382条的规定,贪污罪的主体包括两类:一类是国家工作人员;另一类是受国家机关、国有公司、企业、事业单位、人民团体委托管理、经营国有财产的人员。本案中,朱某岩并非《刑法》第93条规定的在国家机关中从事公务的人员及"以国家工作人员论"的人员,不满足上述第一类要求,因而本案之关键在于认定朱某岩是否属于"受委托管理、经营国有财产的人员"。根据最高人民检察院1999年9月16日发布的《关于人民检察院直接受理立案侦查案件立案标准的

---

① 参见最高人民法院刑事审判第一庭、第二庭编:《刑事审判参考》(总第45集),法律出版社2006年版,第355号案例。

规定(试行)》的规定,"受委托管理、经营国有财产"是指因承包、租赁、聘用等而管理、经营国有财产。本案中被告人朱某岩与泗阳县食品总公司破产清算组签订租赁合同,受委托经营泗阳县食品总公司肉联厂,因而满足贪污罪的主体要求,同时在租赁期限内,朱某岩利用职务之便盗卖国有资产,并将盗卖所得占为己有,其行为应认定构成贪污罪。

【指导案例】张某贵、黄某章职务侵占案——受委托管理、经营国有财产人员的认定①

1998年7月,被告人张某贵与国有公司厦门象屿储运有限公司(以下简称"储运公司")签订临时劳务合同,受聘担任储运公司承包经营的海关验货场的门卫,当班时负责验货场内货柜及物资安全,凭已缴费的缴费卡放行货柜,晚上还代业务员、核算员对进出场的车辆打卡、收费。受聘用期间,张某贵多次萌生纠集他人合伙盗窃验货场内货柜的念头。张某贵结识被告人黄某章后,两人密谋商定:由张某贵寻机(当班及验货场有货)通知黄某章联系拖车前来偷运其看管的货柜,告知货柜箱型、货柜号、利用当班的便利放行并利用其与保税区门岗熟悉的条件,寻机将拖车驶出保税区时交给门岗验收的货柜出场单和相关登记表偷出并销毁;黄某章则负责联系拖车、窃取货柜并套用其所在的厦门象屿胜狮货柜公司的货物出场单偷运出保税区大门及销赃事宜。

1999年4月29日,厦门象屿南光五矿进出口贸易有限公司将欲出口的6个集装箱货柜运入海关验货场等待检验。当日,正值被告人张某贵当班,即按约通知被告人黄某章联系拖车前来行窃。当日下午7时许,黄某章带着联系好的拖车前往海关验货场,在张某贵的配合下,将其中的3个集装箱货柜(箱号NEWU5111199、NEWU5111120、NEWU5111218,内装1860箱"华隆"牌多元脂加工丝)和3个车架(总计65.9878万元)偷运出验货场,并利用窃取的厦门象屿胜狮货柜公司的货物出场单将偷运的3个货柜运出保税区大门,连夜运往龙海市港尾镇准备销赃。当黄某章将货柜运出保税区大门后,张某贵到保税区门岗室,乘值班经警不备,将上述3个货柜的出场单及货物出区登记表偷出销毁。次日上午,因储运公司报案,5月3日,两被告人被公安机关抓获归案。黄某章交代赃物去向并带公安人员前往石狮市祥芝镇东园村起获被盗的3个集装箱、3个车架及999箱"华隆"牌多元脂加工丝,前往龙海市港尾镇起获寄存的229箱"华隆"牌多元脂加工丝。公安机关从港尾镇工商所起获黄某章等人在转移赃物时被查扣的345箱"华隆"牌多元脂加工丝。上述赃物已由公安机关发还被窃单位,尚有287箱"华隆"牌多元脂加工丝(价值7.6815万元)无法追回。

---

① 参见最高人民法院刑事审判第一庭、第二庭编:《刑事审判参考》(总第35集),法律出版社2004年版,第274号案例。

法院认为被告人张某贵在受聘为厦门象屿储运有限公司门卫期间,利用当班看管验货场货物、核对并放行车辆、代理业务员和核算员对进出场货柜车打卡、收费等岗位职责便利,与被告人黄某章互相纠集,内外勾结,共同将所在公司负责保管的货柜窃取占为己有,其行为均已构成职务侵占罪,而非贪污罪。理由如下:

首先,贪污罪与职务侵占罪的一个重要区别是犯罪主体不同。贪污罪的主体是国家工作人员(国家机关中从事公务的人员),包括以国家工作人员论的人员,即国有公司、企业、事业单位、人民团体中从事公务的人员和国家机关、国有公司、企业、事业单位委派到非国有公司、企业、事业单位、社会团体从事公务的人员以及其他依照法律从事公务的人员。虽非国家工作人员,但受国家机关、国有公司、企业、事业单位、人民团体委托管理、经营国有财产的人员,利用职务上的便利侵吞、窃取、骗取或者以其他非法手段占有国有财物的,依法也以贪污罪定罪处罚。职务侵占罪的主体是公司、企业或者其他单位的人员,包括非国有公司、企业和其他非国有事业单位、社会团体中不具有国家工作人员身份的人员,以及国有单位中不具有国家工作人员身份的人员。本案中,张某贵与国有公司厦门象屿储运有限公司签订的是临时劳务合同,受聘担任储运公司承包经营的海关验货场的门卫,其是基于劳务合同的聘用,这种非平等主体之间签订合同安排工作不同于基于信任的平等主体之间的委托关系,因而张某贵也不满足"受委托管理、经营国有财产的人员"的要求,不符合贪污罪的主体要求,因而不可能构成贪污罪。

其次,职务侵占罪中的利用职务便利,是指行为人利用主管、管理、经营、经手本单位财物之便利条件,这里的职务不限于经营、管理活动,同时还包括劳务活动。因而在本案中,被告人张某贵利用当班之机与黄某章合谋把货柜偷运出验货场占为己有的行为,即为利用职务便利,与黄某章两人构成职务侵占罪的共犯。

七、村民委员会等基层组织成员在协助人民政府执行公务过程中,利用职务便利的,应认定为国家工作人员

(一)裁判规则

村民委员会等基层组织人员不是刑法意义上的国家工作人员,但是在协助人民政府执行公务过程中利用职务上的便利实施犯罪行为的,适用刑法关于国家工作人员的规定,应认定为国家工作人员。

(二)规则适用

根据1998年修订的《中华人民共和国村民委员会组织法》(以下简称《村民委员会组织法》)的规定,村民委员会是村民自我管理、自我教育、自我服务的基层群众性自治组织,实行民主选举、民主决策、民主管理、民主监督。村民委员会办理本村的公共事务和公益事业,调解民间纠纷,协助维护社会治安,向人民政府反映村民的意见、要求和提出建议。村民委员会依照法律规定,管理本村属于村农民集体所有的土地和其他财产,引导村民合理利用自然资源,保护和改善生态环境。

对于涉及村民利益的事项如乡统筹的收缴方法,村提留的收缴及使用,从村集体经济所得收益的使用,村办学校、村建道路等村公益事业的经费筹集方案,宅基地的使用方案等,必须提请村民会议讨论决定,方可办理。乡、民族乡、镇的人民政府对村民委员会的工作给予指导、支持和帮助,但是不得干预依法属于村民自治范围内的事项。因此,从村民委员会的职能来看,村民委员会成员从事的村自治范围内的管理村公共事务和公益事业工作,虽然属于公务,但不同于以国家或者政府名义实施的组织、领导、监督、管理与人民群众利益及社会的发展相关的各种国家事务和公共事务,不属于《刑法》第93条第2款规定的"依照法律从事公务"。从村民委员会成员的组成看,是由村民直接选举产生,并且1998年修订的《村民委员会组织法》第11条第2款规定,任何组织或者个人不得指定、委派或者撤换村民委员会成员。从村民委员会成员的身份看,主要是农民,不脱离生产,不享有国家工作人员的待遇,不具有国家工作人员的权利,犯罪后按国家工作人员处理,权利义务不对等。因此,村民委员会成员不是刑法意义上的国家工作人员。

村民委员会成员只有在协助人民政府执行公务过程中利用职务上的便利实施犯罪行为的,才可以适用刑法关于国家工作人员的规定。根据1998年修订的《村民委员会组织法》第4条第2款的规定,村民委员会协助乡、民族乡、镇的人民政府开展工作。由于这部分工作在性质上属于以政府名义参与组织、领导、监督、管理与人民群众利益以及社会发展相关的国家事务和政府事务的活动,体现了国家对社会的组织、管理职能,因此,2000年4月29日第九届全国人民代表大会常务委员会第十五次会议通过的《关于〈中华人民共和国刑法〉第九十三条第二款的解释》明确,村民委员会等村基层组织人员在协助人民政府从事公务时,利用职务上的便利,非法占有公共财物、挪用公款、索取他人财物或者非法收受他人财物,构成犯罪的,适用《刑法》第382条和第383条贪污罪、第384条挪用公款罪、第385条和第386条受贿罪的规定。立法解释并没有明确村民委员会等村基层组织人员属于国家工作人员,也没有肯定对村民委员会成员可以"以国家工作人员论",只是明确了村民委员会等村基层组织人员在协助人民政府开展工作过程中,利用职务上的便利,实施犯罪行为的,可以适用刑法关于国家工作人员的条款。

【指导案例】丁某宇挪用资金案——村民委员会成员利用职务上的便利,个人借用村集体资金或者将村集体资金借给他人使用的,能否以挪用公款罪追究刑事责任[①]

改革开放后,广东省部分农村地区将村民委员会改为"管理区办事处",1998年11月,修订后的《村民委员会组织法》施行,广东地区的"管理区办事处"均已改

---

① 参见最高人民法院刑事审判第一庭、第二庭编:《刑事审判参考》(总第42集),法律出版社2005年版,第333号案例。

称"村民委员会"。"潮安县磷溪镇埔涵管理区办事处",即现在的"潮安县磷溪镇埔涵村村民委员会"。

1994—1996年,被告人丁某宇任潮安县磷溪镇埔涵管理区办事处副主任,负责财经工作。

1995年下半年,丁某宇擅自决定,将管理区的宅基地出让金7万元借给村民丁某树做生意、2万元借给村民丁某艺经营锯木厂;私自从埔涵管理区办事处出纳员处借用村提留款1.65万元,其中,1万元转手出借给村民丁某乾用于购车从事营运,4000元转手出借给管理区干部丁某琴,余款用于自己做生意。案发后,尚有8.764万元未能追回。

本案中,被告人丁某宇利用职务上的便利,挪用的对象是村宅基地出让金和村提留款,不是国有土地出让金或者土地征用补偿费,也不是救灾、抢险、防汛、优抚、移民、救济资金、社会捐助款或者代征、代缴税款。虽然根据《关于惩治贪污罪贿赂罪的补充规定》第3条的规定,丁某宇的行为已构成挪用公款罪,但1997年《刑法》对挪用公款罪的犯罪主体进行了修正,即仅限于国家工作人员,依照《刑法》第272条第1款的规定,对丁某宇的行为不能以挪用公款罪追究刑事责任。

村民委员会属于《刑法》第272条第1款规定的"其他单位",村民委员会成员利用职务上的便利,挪用本单位资金归个人使用或者借贷给他人,构成犯罪的,应当适用《刑法》第272条第1款的规定,以挪用资金罪追究刑事责任。《刑法》第272条第1款规定的"其他单位",范围非常广泛,既包括非国有事业单位,也包括其他依法成立的非国有社会组织、群众团体。村民委员会作为村民自我管理、自我教育、自我服务的基层群众性自治组织,是经县级人民政府批准设立、不需要登记的社会团体,当然属于《刑法》第272条第1款规定的"其他单位"。本案被告人丁某宇身为潮安县磷溪镇埔涵管理区办事处副主任,负责财经工作,其利用职务上的便利,挪用本单位资金归个人使用或者借贷给他人,数额较大、进行营利活动,其行为完全符合挪用资金罪的构成要件,应当以挪用资金罪追究刑事责任。

八、村民小组长协助人民政府从事行政管理工作,属于其他依照法律从事公务的人员

(一)裁判规则

村民委员会协助人民政府从事有关行政管理工作时,被赋予了相应的职责与权能,其工作人员相应被赋予从事相关公务的身份与权利资格。村民小组是村民委员会下设的从事自治管理、生产经营的组织,在实际工作中,村民委员会除将自治管理职权交由下设的村民小组等组织行使外,还经常将协助人民政府的某些行政管理工作交由村民小组,村民小组实际上被赋予了相应的行政管理权能。村民小组组长等工作人员由此所进行的活动就是以人民政府的名义依法执行职务的

活动,该种情形下村民小组工作人员应是其他依照法律从事公务的人员。

(二) 规则适用

村民小组组长及其工作人员,如果是协助人民政府从事行政管理工作,应当属于"其他依照法律从事公务的人员"。《刑法》第93条第2款规定:"国有公司、企业、事业单位、人民团体中从事公务的人员和国家机关、国有公司、企业、事业单位委派到非国有公司、企业、事业单位、社会团体从事公务的人员,以及其他依照法律从事公务的人员,以国家工作人员论。"对于村民委员会等村基层组织人员在从事哪些工作时属于《刑法》第93条第2款规定的"其他依照法律从事公务的人员",根据全国人民代表大会常务委员会《关于〈中华人民共和国刑法〉第九十三条第二款的解释》的规定,村民委员会等村基层组织人员协助人民政府从事特定情形的行政管理工作时,属于《刑法》第93条第2款规定的"其他依照法律从事公务的人员"。然而对于村基层组织人员的范围,《关于〈中华人民共和国刑法〉第九十三条第二款的解释》并未明确。

判断村民小组组长及其工作人员是否属于"其他依照法律从事公务的人员",应从是否"依照法律从事公务"这一国家工作人员的本质属性来考查,这是《刑法》第93条第2款作此规定的根据,而不能简单地从外在身份来判断。只要具有村基层组织工作人员的身份,又协助政府从事了一定的行政管理工作,就属于"其他依照法律从事公务的人员"。具体而言,《关于〈中华人民共和国刑法〉第九十三条第二款的解释》对"村民委员会等村基层组织"在何种情形下属于"其他依照法律从事公务的人员"的规定,主要是基于国家工作人员的本质属性和我国农村工作的现实情况。国家的正常管理活动,是通过国家政治、经济、文化等各部门的国家工作人员依法履行职务,即依法从事公务来实现的。依法从事公务,是指国家工作人员依照法律规定的职责和权能,按照法定程序,代表国家进行的具有国家管理性质的活动。根据我国宪法规定,村民委员会并非我国的政权组织,也不是基层政权的派出机构,而是基层群众性自治组织,其基本职责是通过"民主选举、民主决策、民主管理、民主监督"方式来管理行政村的集体性事务。作为群众性自治组织,村民委员会本身没有管理社会事务的职责与权能,其工作人员不具备从事公务人员的主体身份与资格。但是,法律赋予村民委员会的职能,并不只是办理本村的公共事务和公益事业,还有协助人民政府开展工作的职能。《村民委员会组织法》第5条第2款规定:"村民委员会协助乡、民族乡、镇的人民政府开展工作。"虽然只是简单规定了村民委员会有协助乡级人民政府开展工作的职责,但从我国的立法来看,有几十部法律及规范性文件对村民委员会的协助职责予以规定,协助的范围涉及计划生育、婚姻登记、代缴个人所得税、义务献血、土地征用、救灾救济等。村民委员会组成人员虽然在法律上不直接行使行政管理权力,但这些行政权的行使却离不开村民委员会的协助。当村民委员会协助乡级人民政府从事有关行政管理工作时,村民委员会被赋予了相应的职责与权能,相应地其工作人员被赋予了从事相关公务的身份与权利资格,他们的活动就是依照法律从事公务的活动。村民小组是村民委员会下设的从事自治管理、生产经营的组织,在实际工作中,村民委员会除将自治管理职权交由下设的村民小组等组织行使外,还经常协助人民政府从事某些行政管理工作,如救灾和救济款物的管理与发放、土地征用补偿费用的管理、计划生育工作等行政管理事务,直接交由村民小组等下设的组织来具体完成。村民小组等在具体承担这些工作时,实际上被赋予了相应的行政管理权能,村民小组组长等工作人员由此所进行的活动就是以人民政府的名义依法执行职务的活动,在这种情形下,村民小组工作人员理应是"其他依照法律从事公务的人员"。

综上,对农村基层组织组成人员,不能简单地从外在身份来判断其是否为国家工作人员,而应当主要从其是否"依照法律从事公务"这一国家工作人员的本质属性来进行判断。如果其从事的仅是集体经济组织中的事务,由于村民自治范围内的村、组集体事务不属于公务的范畴,就不能以国家工作人员论;如果其从事的是行政管理事务,其工作体现了政府对社会的组织、管理职能,就是在依法从事公务,应当属于"其他依照法律从事公务的人员"的范围,以国家工作人员论。

【指导案例】廖某伦贪污、受贿案——村民小组组长在特定情形下属于"其他依照法律从事公务的人员"①

2007年6月13日,金堂县人民政府将"干道2号"项目拆迁工程所涉及的金堂县赵镇十里社区三组的征地拆迁安置工作委托金堂县赵镇人民政府实施。赵镇人民政府接受委托后,指定该镇城乡建设管理办公室具体组织实施,要求村组干部配合做好拆迁政策的宣传、解释、协调工作,以及被拆迁房屋的核实、丈量、附属物指认等工作,协助人员每人每天领取20元补助。时任金堂县赵镇十里社区三组副组长的被告人廖某伦,在从事具体负责所在组被拆迁户资料收集、统计上报,指认被拆迁房屋及附属物,带领拆迁工作人员丈量、核实被拆迁房屋及附属物等协助工作中,伪造户不在本组、没有被拆迁房屋的廖某容、廖某玉、廖某美、夏某4人为本组村民的户口及拆迁房屋等资料,虚报多年前在其他项目拆迁安置中已安置的陈某先、谢某菊、周某华为拆迁安置户,为不符合拆迁安置条件的上述7户农户分别申请了一套拆迁安置房。2007年9月20日,廖某伦代签了廖某玉(签名为廖某容)、廖某容(签名为廖某美)、夏某、廖某美(签名为廖某玉)4户的农房拆迁协议;2007年9月22日,廖某伦代陈某先、周某华、谢某菊3户签订了农房拆迁协议;2007年10月17日,廖某伦签字代陈某先、周某华、廖某容、夏某、廖某玉、廖某美、谢某菊等领取了拆迁搬家费、过渡费1.884万元,据为己有。

---

① 参见最高人民法院刑事审判第一、二、三、四、五庭主办:《刑事审判参考》(总第71集),法律出版社2010年版,第594号案例。

2007年9月，在从事上述协助工作过程中，被告人廖某伦应本组村民冯某明为其女儿、本组村民廖某富各申请一套安置房之请，分别收受冯某明、廖某富两人好处费1000元；应本组村民叶某欧之请，在带领拆迁办人员丈量、复查叶某欧被拆迁房屋面积过程中，对叶某欧将他人房屋指为自己的房屋未予干涉，事后也未说明情况，致使叶某欧的拆迁房屋被多丈量、登记、赔偿了100余平方米。事后，廖某伦收受叶某欧感谢费1万元。

本案中，被告人廖某伦系金堂县赵镇十里社区三组副组长，并非村委会的成员，其是否属于"村基层组织人员"是本案定性的焦点问题。对此，在审理中存在不同意见：一种意见认为，根据罪刑法定原则，在对刑法作扩张解释时，不应当作出对被告人不利的适用解释，从而将关于《关于〈中华人民共和国刑法〉第九十三条第二款的解释》中的"村民委员会等村基层组织"扩张至"村民小组"，将"村民委员会等村基层组织人员"扩张至"村民小组工作人员"；另一种意见认为，由于村民小组等组织事实上也在一定情形下协助人民政府从事管理工作，《关于〈中华人民共和国刑法〉第九十三条第二款的解释》中表述的"村民委员会等村基层组织"，不应局限于村民委员会等村级组织，协助人民政府从事行政管理工作的村民小组也应当属于"村基层组织"的范围，从事具体协助工作的村民小组组长等工作人员，也应当属于《关于〈中华人民共和国刑法〉第九十三条第二款的解释》所指"村基层组织人员"的范围。

本案中赵镇人民政府受上级人民政府的委托开展"干道2号"项目的征地拆迁安置工作，虽然征地拆迁安置工作不在《关于〈中华人民共和国刑法〉第九十三条第二款的解释》列明的七项具体行政管理工作中，但根据《征用土地公告办法》第11条有关征地补偿、安置方案经批准后，由有关市、县人民政府土地行政主管部门组织实施的规定，征地拆迁安置工作具有政府管理性质，应当属于《关于〈中华人民共和国刑法〉第九十三条第二款的解释》规定的协助人民政府从事的其他行政管理工作的范围。被告人廖某伦基于村民小组副组长的特定身份，应赵镇人民政府的要求和村委会的指派，在征地拆迁行政管理工作中，具体从事的被拆迁户资料收集、统计上报，指认被拆迁房屋及附属物，带领拆迁工作人员丈量、核实被拆迁房屋及附属物等协助工作，均是协助人民政府从事的行政管理工作。因此，被告人廖某伦在从事上述协助工作时，属于《刑法》第93条第2款规定的"其他依照法律从事公务的人员"，应当以国家工作人员论。在从事上述公务活动过程中，被告人廖某伦利用协助拆迁安置工作的便利，虚构被拆迁户及其房屋的情况，骗取拆迁安置补偿费1.884万元非法据为己有，接受被拆迁人之请，为其谋取非法利益，收受金钱1.2万元，已分别构成贪污罪、受贿罪。

九、政策性重组中企业管理人员可以构成受贿罪的主体

(一) 裁判规则

在政策性重组中,国家机关、国有公司、企业、事业单位委派到非国有公司、企业、事业单位、社会团体从事公务的人员,从事组织、领导、监督、管理的经理职责,可以认定为国有公司委派到非国有公司从事公务的人员。

(二) 规则适用

我国现行《刑法》规定,国有单位委派到非国有单位从事公务的人员,是指国家机关、国有公司、企业、事业单位、人民团体委派到非国有公司、企业、事业单位、社会团体中从事公务的人员。1979年《刑法》中并没有关于"委派"的表述。"委派"一词最先出现在最高人民检察院《关于办理公司、企业人员受贿、侵占和挪用公司、企业资金犯罪案件适用法律的几个问题的通知》(已废止)中,该通知将国有企业委派到参股、合营公司、企业中行使管理职能的人员解释为国家工作人员。1997年《刑法》将受委派从事公务的人员以立法的形式纳入以国家工作人员论的范围。《全国法院审理经济犯罪案件工作座谈会纪要》对国家机关、国有公司、企业、事业单位委派到非国有公司、企业、事业单位、社会团体从事公务的人员的委派形式及委派后所从事的工作作出了明确规定。《全国法院审理经济犯罪案件工作座谈会纪要》规定:"所谓委派,即委任、派遣,其形式多种多样,如任命、指派、提名、批准等。不论被委派的人身份如何,只要是接受国家机关、国有公司、企业、事业单位委派,代表国家机关、国有公司、企业、事业单位在非国有公司、企业、事业单位、社会团体中从事组织、领导、监督、管理等工作,都可以认定为国家机关、国有公司、企业、事业单位委派到非国有公司、企业、事业单位、社会团体从事公务的人员。"根据该规定,应从以下几个方面对委派的内涵进行理解:(1)委派关系的特殊性。委派关系建立后,被委派人接受委派方的监督、管理和领导,他们之间形成行政隶属关系。(2)委派方式的多样性。不论是事前、事中的提名、推荐和任命,或是事后的同意、认可和批准等,都属于委派的一种形式。(3)委派主体的特定性。能够有委派权力的主体应当是国家机关和国有单位并以单位的名义行使委派权。(4)委派程序的合法性。委派单位与被委派单位对委派行为有明确的意思表示,而且一般以书面形式加以确认,原则上不承认口头委派。若因特殊原因没有形成书面文字,但委派单位、被委派单位及受派人员三方均明知是委派的,方可成立有效的委派。(5)委派事项的特殊性。被委派人接受委派后代表国有单位到非国有单位从事公务活动,公务事项内容具有特殊性。一是管理性。公务的管理性表现在职权的行使上,具体体现在对人、事、物的管理。在非国有企业中,有管理性特征的岗位才具备从事公务的条件。二是职能性。从事的公务是行为人在国有单位授权下进行对内或对外管理所在企业的活动。与委派相适应,受委派人员所行使的职能必须是国有单位赋予的,而非所在企业安排。

【指导案例】王某成受贿案——政策性重组中企业管理人员构成受贿罪主体①

新疆维吾尔自治区阜康市天池热力有限责任公司(以下简称"天池热力公司")注册资本1000万元,赖某德持有10%公司股份,新疆一方天投资(集团)有限公司(以下简称"一方天投资公司")持有90%股份。天池热力公司经营范围为集中供热和加气块生产。阜康市发改委给天池热力公司颁发的收取采暖费许可证期限至2012年2月。被告人王某成于2010年6月起任天池热力公司总经理职务。2011年9月17日,阜康市人民政府给阜康市建设局作出《关于对市区供热企业进行整合重组的批复》,决定由阜康市天池城建开发有限责任公司(国有独资公司,以下简称"城建开发公司")作为主体,对天池热力公司、有色热力公司进行整合重组,采取控股或净资产收购的方式实行政府主导经营,由城建开发公司与天池热力公司、有色热力公司共同委托中介机构对三方的资产进行评估、账目进行审计,为整合重组提供相关数据和资料。9月19日,城建开发公司向天池热力公司下发关于王某成等同志聘用任职的通知,聘用王某成为天池城建热力有限责任公司(以下简称"天池城建热力公司")经理。随后在由相关政府职能部门人员、天池热力公司员工及王某成本人参加的会议上,宣布了王某成的任职通知。2011年9月21日,一方天投资公司作出关于王某成同志免职的决定,免去王某成天池热力公司总经理的职务。企业在重组过程中所收取的采暖费全部进入城建开发公司指定账户,公司支出需向城建开发公司申请,经城建开发公司法定代表人张某签字同意后,由指定账户支付。因阜康市人民政府主导的城建开发公司、天池热力公司和有色热力公司的重组发生争议,原天池热力公司的股东一方天投资公司向新疆维吾尔自治区高级人民法院提起民事诉讼,要求被告阜康市人民政府停止侵权,返还其投资的天池热力公司全部财产。

因天池热力公司欠阜康市林立网业有限公司(以下简称"林立网业")煤款约70万元,2011年9月下旬,被告人王某成以年底支付完林立网业的欠款为条件,将自己2005年购买的起亚牌机动车,作价13万元,明显高于市场价格,作为天池热力公司欠林立网业的账款予以折抵,车款13万元由城建开发公司于2011年10月26日付给张某菊(王某成之妻)。该车于2011年10月10日办理过户。经鉴定,涉案车辆价值7.66万元。

2012年11月13日,兰州瑞普科技实业有限公司业务员杨某东为表示感谢并达到长期合作的目的,通过银行转账的方式,于2012年11月13日给被告人王某成银行账户存入5万元,王某成予以接受。

本案的争议焦点是被告人王某成是否符合国有公司委派到非国有公司从事

---

① 参见闫芳:《政策性重组中企业管理人员构成受贿罪主体》,载《人民司法(案例)》2016年第26期。

公务的人员的身份,其是否构成受贿罪的主体。

一种观点认为,城建开发公司为国有独资公司,被告人王某成受该公司委派,在其监管、控制的天池城建热力公司担任经理职务,筹建中的天池城建热力公司虽未完成工商登记,但王某成已被一方天投资公司免职,其在天池城建热力公司的任职就是来自城建开发公司的授权,其身份、行为符合国家机关、国有公司、企业、事业单位委派到非国有公司、企业、事业单位、社会团体从事公务的人员。

另一种观点认为,从事公务是指代表国家机关、国有公司、企业、事业单位、人民团体等履行组织、领导、监督、管理等职责。公务主要表现为与职权相联系的公共事务以及监督、管理国有财产的职务活动。本案涉及的企业资金属于民营企业,即便其尚在收购中,也不能认定为国有资金,被告人王某成本人工资也是由天池热力公司在收取的采暖费中支付,其管理的并非国有资产或公共事务,故王某成不能构成受贿罪的主体。

法院同意第一种观点。本案中被告人王某成属于法律规定的国家机关、国有公司、企业、事业单位委派到非国有公司、企业、事业单位、社会团体从事公务的人员,委派行为符合《全国法院审理经济犯罪案件工作座谈会纪要》的规定。城建开发公司作为国有独资公司对天池热力公司进行整合重组,在天池热力公司整合重组期内,以书面形式任命王某成为天池城建热力公司经理并作为其代表,行使管理职责,管理中所收取的采暖费等资金进入城建开发公司专门账户,对外支付账款、支付工资则需城建开发公司负责人张某签字同意后,由城建开发公司支付。王某成行使的管理职权来自城建开发公司下达的任命决定,其行使职责时接受城建开发公司监督(资金审批签发),并从事组织、领导、监督、管理的经理职责,应认定其为国有公司委派的人。一方天投资公司与城建开发公司就整合重组的协议尚未成立的事实,并不影响王某成从事公务身份的成立。

十、国有媒体的记者可以成为受贿罪的主体

(一) 裁判规则

记者从事的新闻报道等业务活动,是以所属新闻媒体单位名义进行的一种职务活动。国有媒体记者对公共事务行使舆论监督权,具有从事公务的性质,属于国有事业单位中从事公务的人员,符合受贿罪的主体条件。国有媒体记者在行使舆论监督权的过程中,利用采访报道的职务便利,以威胁曝光的方式索要财物的,符合权钱交易的本质特征,应当以受贿罪论处。

(二) 规则适用

1. 记者从事的新闻报道等业务活动属于职务行为,利用采访等实现舆论监督的手段索要财物的,属于"利用职务上的便利"

记者从事的新闻报道等业务活动,是以所属新闻媒体单位名义进行的职务活动。在我国,记者并不是"独立人士"或者"自由职业者",而是以所属新闻媒体等

单位的名义从事业务活动。记者从事的采访报道等活动属于职务行为，在相关法律法规中有明确规定。根据《中华人民共和国著作权法》第16条第1款的规定，公民为完成法人或者其他组织工作任务所创作的作品是职务作品。据此，记者经过采访撰写的新闻报道理应属于职务作品。1993年发布的最高人民法院《关于审理名誉权案件若干问题的解答》第6条规定，作者（主要是指新闻记者）与新闻出版单位为隶属关系，涉案作品系作者履行职务所形成的，只列单位为被告。2005年新闻出版总署发布的《新闻记者证管理办法》（已失效）第14条的规定，不得用新闻记者证从事非职务行为。2008年新闻出版总署发布的《关于进一步做好新闻采访活动保障工作的通知》更是明文指出新闻采访活动是新闻记者的职务行为。这表明记者持记者证进行的正常采访活动是职务行为，属于一种职务活动。国有媒体记者利用在从事新闻报道活动中获取的信息，采取威胁曝光的方式向他人索取财物，正是利用了记者的身份及具有的采访报道职务之便，应当构成受贿罪。其中，利用从事公务的职务便利强索财物，构成受贿罪；利用非从事公务的职务便利强索财物，构成非国家工作人员受贿罪。

2. 国有媒体记者对公共事务行使舆论监督权，属于从事公务活动，其利用舆论监督权向他人索取财物的，符合受贿罪权钱交易的本质特征

对于《刑法》第93条中从事公务的认定，2003年最高人民法院发布的《全国法院审理经济犯罪案件工作座谈会纪要》中规定，"从事公务，是指代表国家机关、国有公司、企业、事业单位、人民团体等履行组织、领导、监督、管理等职责"。国有媒体记者行使的舆论监督权是否属于从事公务中的"监督"，实践中存在争议。有观点认为，舆论监督只是我国监督种类之一（其他监督为党的监督、人民代表大会监督、检察机关法律监督、政府机关行政监察、人民群众监督等），与党政机关的权力监督、上下级监督是有区别的，它是一种比较宽泛的监督，舆论监督者虽然可以对某件事情进行报道、曝光，但没有权力对报道、曝光的事情进行处理，因而认为舆论监督不属于公务活动。笔者认为，完全排除舆论监督公务性质的观点是片面的，是不符合我国新闻媒体舆论监督权的实际行使情况的。根据新闻媒体的具体情形，应将国有媒体记者履行对公共事务的舆论监督职责界定为"从事公务"。按照我国的新闻体制，新闻媒体的定位为党、政府和人民的喉舌，党的思想和文化阵地；新闻传播被称为新闻宣传工作，具有舆论导向的功能。新闻媒体尤其是国有媒体的新闻宣传工作与国家利益和公共利益息息相关，新闻记者必须严格遵循国家法律和有关宣传规定，按照所在新闻单位提出的新闻报道和宣传要求从事采访报道活动。这一切正是由新闻工作的公务性质决定的。虽然舆论监督者无权对报道、曝光的事情进行处理，但是否报道、曝光，舆论监督者是有权决定的，这种决定权就是一种节制关系，其实际效果不亚于权利监督和上下级监督，记者之所以被称作"无冕之王"，也正是舆论监督权的重要地位和作用的反映。因此，结合我国新闻体制和新闻媒体的实际情况，记者从事的新闻报道活动与医生从事的业务

活动是相区别的,不能当然地将记者与医生均认定为非国家工作人员,将所有记者的业务活动均界定为非公务活动。具体而言,舆论监督是否属于公务活动,需要考查两个条件:其一,是否为国有媒体的舆论监督权。非国有媒体的权利义务不同于国有媒体,因此,只有国有媒体的舆论监督才具备行使公务的形式条件。其二,是否为对公共事务行使的舆论监督。与"公务"对应的是"私务",对私务进行舆论监督不具备行使公务的实质特征,自然不应界定为公务活动。

国有媒体的记者对公共事务采访报道,具有从事公务的性质,属于国有事业单位中从事公务的人员,符合受贿罪的主体条件。国有媒体记者利用采访报道的职务之便,以威胁曝光的方式索取他人财物的,应当以受贿罪论处。

【指导案例】李某、唐某成受贿案——国有媒体的记者能否构成受贿罪的主体①

《经济日报·农村版》报社是国有事业单位,《经济日报·农村版》报社广西记者站是该报社的派出机构。2005年9月至10月间,被告人李某、唐某成在分别担任《经济日报·农村版》报社广西记者站副站长、工作人员期间,利用职务之便,在采访全区"对农民直接补贴与储备粮订单挂钩试点工作"(以下简称"粮食直补工作")过程中,利用各粮食系统因粮食直补工作中存在一些问题害怕上报、曝光的心理,共同索取来宾市的象州县、兴宾区粮食局各1万元,贵港市覃塘区粮食局6万元,桂平市粮食局6万元和河池市环江县粮食局8万元,以上共计现金22万元,得款后两人均分,各分得11万元。

对于国有媒体记者以威胁曝光为由向有关单位索要钱财的行为如何定性,司法实践中主要有三种不同意见:

第一种意见认为构成敲诈勒索罪。理由是:记者既非职务亦无职权,无论是否为国有媒体的记者,采访、组稿、通联等业务都是其行业职责,属于社会服务性的劳务工作。记者利用采访得来的资料(比如发现被采访对象的工作漏洞)要挟索要钱款,不具有利用职务之便索取钱物的受贿罪特征,但符合敲诈勒索罪的构成要件。

第二种意见认为构成非国家工作人员受贿罪。理由是:记者从事的工作,并非构成受贿罪所要求的"公务"。与医生开处方一样,记者从事的活动是一项职务活动,但这种职务活动行使的是社会权力,而不是国家权力。《全国法院审理经济犯罪案件工作座谈会纪要》规定,公务主要表现为与职权相联系的公共事务以及监督、管理国有财产的职务活动。因此,记者包括国有媒体的记者从事的都不是

---

① 参见最高人民法院刑事审判第一、二、三、四、五庭主办:《刑事审判参考》(总第72集),法律出版社2010年版,第608号案例。

公务活动,不是受贿罪的主体,而是非国家工作人员受贿罪的主体。

第三种意见认为构成受贿罪。理由是:记者从事的新闻报道等工作,是履行职务的行为。国有媒体的记者对国家和社会公共事务进行新闻报道和舆论监督,是国家赋予的权力,是从事公务的一种表现形态,符合《全国法院审理经济犯罪案件工作座谈会纪要》对"公务"的界定。因此,国有媒体的记者利用采访报道等实现舆论监督的手段,索取他人财物,符合受贿罪的构成特征。

法院同意上述第三种意见,结合本案具体事实,被告人李某和唐某成的行为构成受贿罪。具体理由如下:

记者从事的新闻报道等工作,是履行职务的行为,国有媒体的记者对国家和社会公共事务进行新闻报道和舆论监督,是国家赋予的权力,是从事公务的一种表现形态。本案中,被告人李某、唐某成利用国有媒体记者职务之便,以威胁曝光为由向有关单位索要钱财的行为应构成受贿罪。

首先,根据《中华人民共和国著作权法》《关于审理名誉权案件若干问题的解答》《新闻记者证管理办法》等规定,记者是以所属的新闻媒体等单位的名义从事业务活动,其从事的采访报道等活动属于职务活动,是一种职务行为。本案中,广西壮族自治区粮食局为将粮食直补工作政策落到实处,决定邀请新闻媒体进行新闻采访报道,其目的就是要通过媒体监督的形式检查该工作的落实情况。李某、唐某成正是作为《经济日报·农村版》报社广西记者站的工作人员受邀进行采访,其之所以能够介入粮食直补工作和发现被采访的粮食部门所存在的问题,并且以在采访中所发现的问题相要挟,向五家粮食局成功勒索钱财,正是基于其《经济日报·农村版》报社的记者身份而拥有的采访权和报道权,而不是基于其记者身份之外的其他个人影响和因素。在案证据证实,二被告人曾多次向粮食部门施加压力,称如果不按要求提供"赞助费",他们所撰写的文章将要登报并上《内参》,甚至上报国务院,不仅可能取消当地的粮食直补资格,甚至地方党政领导的职位也会受到影响。相关粮食部门迫于压力,不得不给所谓的"赞助费"以满足二被告人的要求,显然,不具有记者身份的普通人是难以做到这一点的。二被告人正是利用了记者的身份及所具有的采访报道职务之便实现了勒索钱财的非法目的。

其次,被告人李某和唐某成是国有媒体《经济日报·农村版》报社派出机构广西记者站的工作人员,符合从事公务的身份条件。二人采访的广西壮族自治区粮食直补工作,是落实中央"三农"政策的重要措施,也是广西壮族自治区政府掌握粮源情况、确保粮食安全工作的重要组成部分,涉及面广,意义重大,属于公共事务。二被告人受所在单位委派进行的相关采访报道工作完全符合从事公务的实质特征,属于在从事公务活动中索取钱财。

因此,被告人李某、唐某成身为《经济日报·农村版》报社广西记者站的副站长和工作人员,利用作为国有媒体工作人员的采访、组稿及通联的职务便利,在受邀检查、监督广西壮族自治区粮食直补工作过程中,以曝光被采访单位所存在的问题进行要挟,索取被采访单位22万元的行为,依法应当构成受贿罪。

十一、履行了对国有资产的管理及对公共事务监督职责的社区卫生服务中心网管员,以国家工作人员论

(一)裁判规则

社区卫生服务中心网管员在事业单位中履行了对国有资产的管理及对公共事务的监督职责,从事的活动具有公务性质,应当将其认定为国家工作人员。

(二)规则适用

受贿罪属于身份犯,要求行为人具有国家工作人员的身份。关于国家工作人员的认定,相关的法律和司法解释已经进行了细化。《刑法》第93条规定:"本法所称国家工作人员,是指国家机关中从事公务的人员。国有公司、企业、事业单位、人民团体中从事公务的人员和国家机关、国有公司、企业、事业单位委派到非国有公司、企业、事业单位、社会团体从事公务的人员,以及其他依照法律从事公务的人员,以国家工作人员论。"全国人民代表大会常务委员会《关于〈中华人民共和国刑法〉第九章渎职罪主体适用问题的解释》规定,虽未列入国家机关人员编制但在国家机关中从事公务的人员,在代表国家机关行使职权时,有渎职行为,构成犯罪的,依照刑法关于渎职罪的规定追究刑事责任。

我国对国家工作人员的认定采取的是"身份+公务"的标准。一方面,从事公务要以相应的身份条件为基础;另一方面,界定时不能脱离从事公务的属性。社区卫生服务中心依法属于国有事业单位,根据法律规定,社区卫生服务中心的工作人员是否具有国家工作人员身份、能否构成受贿罪,关键在于该工作人员是否从事公务。

通常认为,从事公务一般是指在国家机关、国有公司、企业、事业单位、人民团体等单位中履行组织、领导、监督、管理等职责。《全国法院审理经济犯罪案件工作座谈会纪要》对"从事公务"作出了明确解释,即从事公务是指代表国家机关、国有公司、企业事业单位、人民团体等履行组织、领导、监督、管理等职责。公务主要表现为与职权相联系的公共事务以及监督、管理国有财产的职务活动。如国家机关工作人员依法履行职责,国有公司的董事、经理、监事、会计、出纳人员等管理、监督国有财产等活动,属于从事公务。那些不具备职权内容的劳务活动、技术服务工作,如售货员、售票员等所从事的工作,一般不认为是公务。社区卫生服务中心网络管理员的主要职责为采购计算机及其设备,对社区卫生服务中心的信息进行维护等。首先,网络管理员采购计算机及其设备的行为,系代表社区卫生服务中心购置资产,属于经营、管理国有资产的行为,故网络管理员采购计算机及其设备的行为应当认定为从事公务的行为。其次,网络管理员还负责维护社区卫生服务中心的信息,具体而言,网络管理员需要对社区卫生服务中心的医生工作量、业

务总金额、看病人次、人均费用、药品所占业务总金额的比例等信息进行统计和汇总,监控医生超量或者异常用药的情况,及时向院办公室汇报,并确保统计数据的真实性、安全性和保密性,该行为同样是代表社区卫生服务中心进行的,属于监督公共事务的范畴,故该行为亦应当认定为从事公务的行为。综上,网络管理员在社区卫生服务中心履行采购计算机及其设备、维护社卫生服务中心信息等过程中,具备国家工作人员身份,符合受贿罪的主体条件。

根据最高人民法院、最高人民检察院2008年11月20日联合发布的《关于办理商业贿赂刑事案件适用法律若干问题的意见》第4条的规定,医疗机构中的国家工作人员,在药品、医疗器械、医用卫生材料等医药产品采购活动中,利用职务上的便利,索取销售方财物,或者非法收受销售方财物,为销售方谋取利益,构成犯罪的,以受贿罪定罪处罚。社区卫生服务中心的网络管理员,利用其采购国有资产、掌握社区卫生服务中心网络信息的便利条件,收受医药销售代表财物,为其谋取利益的行为,依法应当以受贿罪论处。

【指导案例】吕某受贿案——社区卫生服务中心网管员为医药代表"拉单"收受财物的行为,如何定性①

2006年至2010年间,被告人吕某利用先后担任上海市虹口区新港路街道社区卫生服务中心、嘉兴路街道社区卫生服务中心网络管理员(信息管理员)的职务便利,在负责为本单位采购计算机及相关配件的业务过程中,多次收受供货单位上海广创科技有限公司销售员吴某、上海切尔顿企业管理咨询有限公司总经理卢某秋、上海紫越网络科技有限公司销售员郁某以及UPS供应商王某宏给予的贿赂,共计14.47万元。在负责管理本单位医药信息的过程中,多次擅自对外提供医生药品用量等信息并收受医药销售代表邓某方、刘某军给予的贿赂,共计2.35万元。

根据《刑法》第93条以及全国人民代表大会常务委员会《关于〈中华人民共和国刑法〉第九章渎职罪主体适用问题的解释》的相关规定,虽未列入国家机关人员编制但在国家机关中从事公务的人员,在代表国家机关行使职权时,有渎职行为,构成犯罪的,依照刑法关于渎职罪的规定追究刑事责任。可见,国家工作人员的本质特征是从事公务,认定是否为国家工作人员也应当以是否从事公务为依据。本案中,对被告人吕某能否认定为国家工作人员并不取决于其"身份"(是临时工还是正式工),而是取决于其职责,应当结合吕某是否从事公务来判断其是否属于国家工作人员。在本案的审理过程中,对吕某负责采购计算机及其设备系从

---

① 参见最高人民法院刑事审判第一、二、三、四、五庭主办:《刑事审判参考》(总第87集),法律出版社2013年版,第806号案例。

事公务没有争议,但有关吕某对社区卫生服务中心的信息进行维护是否属于从事公务争议较大。经查,吕某对社区卫生服务中心的网络信息予以维护的范围包括对医生的工作量、业务总金额、看病人次、人均费用、药品所占业务总金额的比例等进行统计、汇总,监控医生超量或者异常用药情况,及时向院办公室汇报,并确保统计数据的真实性、安全性和保密性。可见,吕某在事业单位中履行了对国有资产的管理及对公共事务的监督职责,从事的活动具有公务性质,应当将其认定为国家工作人员。

十二、一人有限公司在不具有单位属性的情形下,不能成为单位行贿罪的主体

(一)裁判规则

对一人有限公司是否构成单位行贿罪,要从实质上而非形式上进行审查判断。经过有权机关或组织(如工商部门、上级主管部门等)审批、登记注册的社会经济组织等,可以认定为单位,但有些有限责任公司、股份有限公司在形式上虽然经过工商部门审批、登记注册,但实际为特定一人出资、一人从事经营管理活动,主要利益归属于该特定个人的,应当以刑法上的个人论。

(二)规则适用

《刑法》第393条规定,单位为谋取不正当利益而行贿,或者违反国家规定,给予国家工作人员以回扣、手续费,情节严重的,对单位判处罚金,并对其直接负责的主管人员和其他直接责任人员,处5年以下有期徒刑或者拘役,并处罚金。因行贿取得的违法所得归个人所有的,依照行贿罪处罚。单位行贿罪属于《刑法》分则的特别规定,强调对单位这一犯罪主体的处罚。构成单位行贿罪,主体必须依法设立,有必要财产或经费,有自己的组织机构和场所,能独立享有权利、承担义务,其本质上仍然属于单位犯罪,因此首先须具备一般单位犯罪的特征。一是行贿行为体现单位意志。行贿行为系由单位决策机构或负责人按单位决策程序决定或认可,如果单位中的一般工作人员擅自为本单位谋取非法利益而行贿,事中得到负责人认可或默许,或者事后得到负责人追认的,仍可视为行贿行为具有犯罪意志的整体性,以单位行贿论处。二是行贿利益归属单位。单位系行贿利益的获得者,为单位谋取利益系单位行贿的特定目的。需要明确的是,并不是所有的单位行贿犯罪,都是以单位名义实施的。如有的单位为掩盖犯罪行为,让单位成员在形式上以个人名义进行行贿,但最终利益仍归属单位,这种情形应认定为单位行贿;反之,如果单位成员冒用单位名义实施行贿行为而为个人谋取利益的,应以个人行贿论处。

而对一人有限公司是否可以构成单位行贿罪的主体,理论界和司法实务界有不同的观点。一人公司,其简单的定义表述为全部股份或者出资归于单一股东持有的公司,属于一种特殊的公司形式。现实中,一人公司通常表现为形式上的

一人公司和实质上的一人公司,前者是指公司的出资额仅为一个股东持有,事实上只有一个股东的情形;后者是指形式上公司的股东为复数,但实质上只有一人为公司的"真正股东",其余"股东"只是为了真正股东的利益而持有一定股份的挂名股东。实质上由一个人经营的一人公司,其个人行为和单位行为、个人意志和单位意志相混同时,就不符合刑法意义上的"单位"特征。故对于一人公司能否构成单位犯罪,笔者认为要从实质上而非形式上进行审查判断。经过有权机关或组织(如工商部门、上级主管部门等)审批、登记注册的社会经济组织等,可以认定为单位;实际为特定一人出资、一人从事经营管理活动,主要利益归属于该特定个人的,应当以刑法上的个人论。

【指导案例】郑某然行贿案[①]

2011年上半年,被告人郑某然经与时任上海市青浦区科学技术委员会原党委书记并分管上海市青浦区科技创业中心(以下简称"科创中心")工作的王某某,以及时任科创中心副主任并全面负责工作的韩某某就招商问题多次接触后,商定由郑某然在科创中心孵化大楼内注册成立上海星云信息科技有限公司(以下简称"星云公司"),注册资金1000万元,科创中心在星云公司注册登记后两年内每年一次性给予135万元房租补贴作为扶持,星云公司承诺在三年内完成一定的营业额,否则退还相应的扶持资金。同年12月30日,郑某然以他人名义在科创中心注册成立由其实际控制的星云公司,同日,韩某某代表科创中心与星云公司签订了《企业落户扶持协议》,次日,科创中心将135万元扶持资金转入星云公司账户内。2012年1月,王某某、韩某某经事先商量后,由已调任上海市青浦区文化广播影视管理局党委书记的王某某出面,就发放135万元扶持资金一事向郑某然索取财物,郑某然于当月某日晚在市区某牛排馆内给予王某某、韩某某贿赂15万元。星云公司注册成立后,无任何经营活动,而上述扶持资金至案发时未退还,造成135万元国有资产损失。

2012年4月,被告人郑某然在韩某某至浙江省杭州市实地考察星云公司期间,给予韩某某贿赂款3000元。当月,韩某某应郑某然要求,欲从科创中心借款300万元给星云公司用于资金周转,遭到科创中心其他负责人的反对。后韩某某利用职务便利,未经集体研究决定,谎称上级领导已同意借款,骗得相关人员在借款凭证上签字,尔后,韩某某又以个人名义签订了该300万元的借款合同担保书。同年4月28日,科创中心向星云公司支付300万元,该借款至今未归还,造成300万元国有资产损失。

被告人郑某然为了谋取不正当利益,给予国家工作人员财物,其行为已构成

---

① 案号:(2014)沪二中刑终字第1425号。

行贿罪,且使国家利益遭受重大损失的,依法应判处5年以上10年以下有期徒刑。经查,郑某然是在没有资金和实际经营能力的情况下,为获取科创中心扶持资金而成立了星云公司,该公司成立并获得科创中心给予的135万元扶持资金后没有从事任何经营活动,其间,韩某某还违反规定继续将科创中心资金300万元出借给星云公司,最终星云公司无法归还上述资金,造成国家利益重大损失,故郑某然以星云公司名义谋取了不正当利益。另查,星云公司形式上由两名股东出资设立,但该二人系挂名股东,星云公司实际系由郑某然控制的一人公司,且星云公司与郑某然的财产不是各自独立使用,故不能以单位犯罪论处。

十三、单位的分支机构可以成为单位行贿罪的主体

(一) 裁判规则

单位的分支机构能够成为单位行贿罪的主体,民法上单位的分支机构可以以分支机构的名义进行民事活动和参加民事诉讼,实践中分支机构往往也有自身的独立利益。因此,分支机构具有相对的独立性,当分支机构为了其自身的利益,在上级部门不知情的情况下实施犯罪时,其单位犯罪的责任应由分支机构负责。①

(二) 规则适用

一些单位特别是国家机关、国有公司、企业、事业单位、人民团体等国有单位,往往设立有内部职能部门,如国家机关设立有处、科、股、室、中心等;大学和科研机构内部设立有院、所、系、室等;公司、企业内部设立有营业部、科、室等;有的单位还设立有下属部门或分支机构,如国家机关在外地设立有办事处、联络处,公司设立有分公司等。这些内部职能部门、下属部门或者分支机构,往往也存在索取、非法收受他人财物,为他人谋取利益的受贿行为,或者实施了为谋取不正当利益而行贿或违反国家规定给予国家工作人员以回扣、手续费的行为,对此可否以单位受贿罪和单位行贿罪定罪处罚存在争议。有一种观点认为,单位的内部职能部门、下属部门或者分支机构不具有独立承担法律责任(包括刑事责任)的条件和资格,不属于刑法意义上的作为犯罪主体的"单位",因而自然也不可能成立作为单位犯罪的单位受贿罪和单位行贿罪。

在理论研究及司法实践中,对于单位的内部组织或分支机构是否可以成为单位行贿和单位受贿的主体,一般从是否具有相对独立的民事行为能力和财产责任能力两个方面进行分析判断。单位的内部组织或分支机构拥有独立人、财、物的管理权,独立决策并以单位的分支机构或者内设机构、部门的名义实施行贿行为,行贿或受贿所得利益亦归分支机构或者内设机构、部门所有的,则单位的内部组织或分支机构可构成单位行贿罪或者单位受贿罪。如果单位的内部组织或分支机构是以其所在单位的名义进行行贿或者受贿,行贿或者受贿所得利益亦归属

---

① 参见孙国祥:《贪污贿赂犯罪研究》(下册),中国人民大学出版社2018年版,第1004页。

其所属单位,行贿或者受贿行为应当视为其所属单位的行为,内部组织或分支机构涉案人员可以作为所属单位的"其他直接责任人员"而被追究刑事责任。

但2001年1月最高人民法院发布的《全国法院审理金融犯罪案件工作座谈会纪要》对于单位犯罪的相关规定指出,只要利用分支机构或者内设机构、部门名义,利益亦归分支机构或者内设机构、部门所有,就应认定为单位犯罪。此标准不再考量分支机构等是否具有独立的财产责任能力,主要原因为:一方面,实践中较难确认分支机构等与所属单位之间存在的实际控制关系;另一方面,具有独立的财产、独立承担民事责任系法人成立的条件,既然单位犯罪不要求法人资格,也就不能将其作为区分单位犯罪和个人犯罪的标准。在办理单位分支机构等行贿、受贿案件中,仍应以"体现谁意志、利益归属谁"为基本原则。如果单位的内部职能部门、下属部门或者分支机构经单位授权或者准许,具有承担法律责任的条件和资格,则已经具备"单位"的条件,可以成为单位受贿罪和单位行贿罪的主体。

【指导案例】山东省公路建设(集团)有限公司、王某单位行贿案①

原审被告人王某系原审被告单位山东省公路建设(集团)有限公司(以下简称"山东公路公司")任命的贵州分公司负责人;2010年年初,贵州省高速公路开发总公司对六镇线路各标段进行招标,王某以被告单位山东公路公司的名义报名参与了六镇线第七标段的竞标活动,并负责该项目的竞标事宜。在招投标过程中,王某得知贵州省路桥集团有限公司(以下简称"贵州路桥公司")也参与了六镇线第七标段的竞标,便找到贵州路桥公司负责竞标的副总经理邹某,约定邹某帮助山东公路公司中标后,给付邹某100万元的好处费。后在邹某的帮助下被告单位山东公路公司顺利中标,与贵州高速公路开发总公司签订了承包合同,王某按约定送给邹某100万元。

同时查明,2010年11月10日,贵州分公司先后两次召开了由被告人王某主持的会议,对参与六镇项目投标和行贿100万元达成一致协议,并形成会议纪要。

另查明,被告人王某于2012年4月7日主动到贵州省开阳县人民检察院投案。

被告人王某为被告单位山东公路公司法定代表人。虽然六镇线第七标段工程的招投标和签订合同是以原审被告单位山东公路公司的名义进行的,但公诉机关并未提交充分的证据证明王某的行贿行为受被告单位山东公路公司委托,同时也未提供充分证据证明王某用于行贿的100万元是山东公路公司给付,故王某的行贿行为不能代表山东公路公司,公诉机关指控被告单位山东公路公司犯单位行贿罪证据不足,不予认定。因此,对被告单位山东公路公司提出无罪的辩护意见

---

① 案号:(2015)筑刑再终字第3号。

予以支持。王某系贵州分公司负责人,其行为代表该公司,王某的行贿行为已经贵州分公司召开会议、作出决定,并形成会议纪要,因此,王某向他人行贿行为代表贵州分公司,所构成单位行贿罪的单位主体应是贵州分公司,贵州分公司虽系非法人单位,但按照相关法律规定,对于分支机构以单位名义进行的犯罪,如果单位并不明知分支机构的犯罪行为,分支机构可成为犯罪主体,本案中没有证据证明山东公路公司事前对王某的行贿行为知晓或事后追认,故本案单位犯罪主体应为贵州分公司。因公诉机关在本案中未将贵州分公司列为被告单位起诉,对于公诉机关不起诉的分支机构,本案只能按法律规定以单位行贿罪对直接责任人即王某予以刑事处罚。据此,再审撤销原判,改判山东公路公司无罪。王某的行为构成单位行贿罪,判处有期徒刑1年,缓刑2年。

再审判决作出后,检察机关以"再审判决认定山东公路公司无罪,属认定事实不清,适用法律错误"为由提出抗诉。上级检察机关决定支持抗诉,其支持抗诉的理由是"被告贵州分公司、被告人王某构成单位行贿罪"。二审法院审理后裁定,原审判决对原审被告人王某构成单位行贿罪、对原审被告单位山东公路公司无罪的认定事实基本清楚,定罪处刑及适用法律正确,但在贵州分公司构成单位行贿罪问题上,考虑到贵州分公司在审理期间已被注销的事实,本案现已不具备对贵州分公司进行审理的客观条件,根据最高人民法院《关于适用〈中华人民共和国刑事诉讼法〉的解释》第286条"审判期间,被告单位被撤销、注销、吊销营业执照或者宣告破产的,对单位犯罪直接负责的主管人员和其他直接责任人员应当继续审理"的规定,对该抗诉意见不再予以采纳。故二审法院维持了原判。

十四、单位内设机构可以成为单位受贿罪的主体

(一)裁判规则

国有单位的内设机构利用其行使职权的便利,索取、非法收受他人财物并归该内设机构所有或者支配,为他人谋取利益,情节严重的,以单位受贿罪追究刑事责任。

(二)规则适用

《刑法》第30条规定,公司、企业、事业单位、机关、团体实施的危害社会的行为,法律规定为单位犯罪的,应当负刑事责任。一般认为,判断某一行为是否构成单位犯罪,关键在于是否具备以下两个要件:一是在犯罪的认识和意志因素方面,应当表现为以单位名义实施,由单位集体研究决定或者由单位的负责人决策,体现单位的整体意志。如果是以单位成员个人的名义实施,则不属于单位犯罪。二是在利益归属方面,违法所得应当归单位所有,一般表现为私设"小金库"或者"账外账"等。最高人民检察院研究室《关于国有单位的内设机构能否构成单位受贿罪主体问题的答复》指出:"国有单位的内设机构利用其行使职权的便利,索取、非法收受他人财物并归该内设机构所有或者支配,为他人谋取利益,情

节严重的,依照刑法第三百八十七条的规定以单位受贿罪追究刑事责任。上述内设机构在经济往来中,在账外暗中收受各种名义的回扣、手续费的,以受贿论。"需要说明的是,国有单位内设机构的受贿,并非这些内设机构的相关责任人员的共同受贿,单位内设机构的行贿也不是内设机构相关责任人员的共同行贿。司法实践中,不能因为单位的内设机构没有独立法人资格,就错误地把这些内设机构体现集体意志的行为归结为有关人员的个人行为,从而进一步将单位犯罪行为错误地认定为个人的受贿罪。

【指导案例】王某民、肖某华单位受贿案①

赣南医学院第三附属医院为事业法人单位,归赣南医学院管理。被告单位赣南医学院第三附属医院药剂科(以下简称"药剂科")系赣南医学院第三附属医院内设机构,负责药品采购、存储、发放调配工作,内设门诊西药房、门诊草药房、住院部药房、药库、采购等岗位。2012年4月19日,被告人王某民任药剂科副主任(主持工作),2014年7月11日,王某民任药剂科主任。2014年6月13日,被告人肖某华任药剂科副主任,2015年2月9日,被告人肖某华任药剂科副主任(主持工作)。被告人吴某琴、张某红、方某华、钟某玲、李某云、谢某丹均系药剂科工作人员。

2012年,被告人王某民主持药剂科工作之前,药剂科即存在个别工作人员对外提供"统方"(统计医生处方上使用药品的数量)并收取"统方"费(对外提供"统方"收取的费用)的行为。2012年3、4月份,被告人王某民主持药剂科工作后,发觉科室人员因"统方"收入不均等原因存在矛盾,且矛盾已经影响科室工作的正常开展。为调和药剂科工作人员之间的矛盾,使药剂科的工作能够正常开展,被告人王某民授意药剂科的工作人员自行商量好"统方"一事的安排,并表示自己不参与"统方"一事。之后,经药剂科其他工作人员商议,药剂科决定统一对外"统方",并将收取的"统方"费用于全科人员(被告人王某民除外)平均分配及轮流进行"统方"操作的方案,并由被告人肖某华制作编写了"统方"程序,以药品零售总额的2%为标准计算并收取"统方"费。2015年2月,被告人肖某华负责药剂科工作后,对"统方"一事持维持原状的态度,并表示自己今后不参与"统方"费的分配。同时,被告人肖某华还对参与"统方"费分配的人员做出过具体的调整。

2012年4月13日至2015年6月17日期间,在药剂科药房工作的被告人吴某琴、张某红、方某华、钟某玲、李某云、谢某丹等人先后轮流进行了电脑"统方"操作,向药业公司的医药代表提供"统方"数据,累计收取"统方"费80余万元,收取到的"统方"费平均分给药剂科工作人员(被告人王某民除外),期间有少部分"统

---

① 案号:(2016)赣07刑终440号。

方"费用在了药剂科药房值班人员的值班补贴上。在药剂科对外提供"统方"期间，被告人王某民为避免"统方"一事在外界造成不良影响，曾数次对药剂科工作人员作出提供"统方"数据时不允许打印、不允许拍照、不允许提供手抄件的要求。

案发后，涉案人员均已向检察机关退赃。

关于赣南医学院第三附属医院药剂科是否符合单位受贿罪的犯罪主体的问题，法院认为，单位犯罪的单位既包括法人组织，也包括非法人组织。最高人民检察院法律政策研究室《关于国有单位的内设机构能否构成单位受贿罪主体问题的答复》指出："国有单位的内设机构利用其行使职权的便利，索取、非法收受他人财物并归该内设机构所有或者支配，为他人谋取利益，情节严重的，依照刑法第三百八十七条的规定以单位受贿罪追究刑事责任。"2001年1月21日最高人民法院发布的《全国法院审理金融犯罪案件工作座谈会纪要》规定："以单位的分支机构或者内设机构、部门的名义实施犯罪，违法所得亦归分支机构或者内设机构、部门所有的，应认定为单位犯罪。不能因为单位的分支机构或者内设机构、部门没有可供执行罚金的财产，就不将其认定为单位犯罪，而按照个人犯罪处理。"单位的内设机构也有其独立的意志、目的和利益。单位的内设机构经过集体研究决定或者负责人决策，以该内设机构的名义收受贿赂，且违法所得归该内设机构所有，若以自然人共同犯罪追究刑事责任，并不完全符合其行为特征，而将责任归于所属单位也不合适，故应当以单位犯罪追究该内设机构的刑事责任。

十五、人民政府可以成为单位受贿罪的主体

(一) 裁判规则

国家机关能够成为单位受贿罪的犯罪主体已为我国刑法立法所确认，国家机关具有形成犯罪意思的可能性，其具有自身的决策权，也有自己的意思表示能力，可以形成犯罪意思并作出一定犯罪的行为。

(二) 规则适用

《刑法》第30条规定："公司、企业、事业单位、机关、团体实施的危害社会的行为，法律规定为单位犯罪的，应当负刑事责任。"而机关包括各级党政机关、立法机关、司法机关、军事机关等。《刑法》第387条规定了单位受贿罪，指出国家机关索取、非法收受他人财物，对单位判处罚金。根据法律对构成单位犯罪的主体是否具有特定限制条件之规定，可将单位犯罪分为一般主体单位犯罪和特殊主体单位犯罪。如果刑法规定某种犯罪可由单位构成，并对构成该罪的单位没有特殊条件之限定，则意味着该罪的单位构成主体为一般主体。

对国家机关能否成为单位犯罪主体的问题，曾一度形成了肯定说和否定说两种对立的立场。"否定说"认为：一是从比较法角度来看，那些规定法人犯罪（基本上等同于我国刑法中的"单位犯罪"）的国家，几乎无一例外地将国家机关排除在

主体范围之外。二是国家机关不可能产生犯罪意志,这并不是说国家机关没有其独立意志,而是说国家机关的特定职能决定了其不可能产生犯罪意志。三是司法实践中基本不具备可操作性,对犯罪的机关只能判处罚金,而机关的财产只能来源于财政拨款,故其所应承担的刑事责任将最终转嫁给全民,没有起到任何实质的惩罚作用。四是严重损害国家机关的威信,并妨碍国家权力的有效运行。"肯定说"则认为:一是中外国情不同,国外不将国家机关规定为法人犯罪主体并不意味着我国就应当同样规定。二是国家机关一样可以形成犯罪意志。三是司法上的可操作性与应否将国家机关规定为单位犯罪主体是两个不同层面的问题,应然与实然不能相互否定。四是从长远来看,追究国家机关的刑事责任更有利于国家权力的规范有序运行。五是司法实践中将这一规定架空,因此需要一些典型个案的不断推动,使其由"死法"成为"活法"。

笔者持肯定立场,认为国家机关能够成为单位受贿罪的犯罪主体已为我国刑法立法所确认,国家机关具有形成犯罪意思的可能性,它具有自身的决策权,也有自己的意思能力表示,可以形成犯罪意思并作出一定的行为。虽然犯罪意思与国家意志不能同时并存,但当国家机关作出实施犯罪行为的犯罪意思时,由于该犯罪意思与国家机关行使行政管理职权的性质相背离,此时的国家机关已经沦为犯罪工具,体现的不是国家意志。此外,由于我国商品经济还不是很发达,国家机关参与、干预经济生活的现象还很普遍,根据我国国家机关仍可直接介入经济活动的实际,把国家机关作为犯罪主体予以规制也是必要的。尽管把国家机关作为犯罪主体判处罚金似有自我惩罚之虞,但我国刑法是不同情况区别对待的。在立法尚未作出修订之前,绕开这一规定将其架空的做法违反了刑法基本原则。我国《刑法》第3条规定,法律明文规定为犯罪行为的,依照法律定罪处刑;法律没有明文规定为犯罪行为的,不得定罪处刑。我国刑法所规定的罪刑法定原则意味着在追究刑事责任时应当严格依法办事。当国家机关违反刑法规定,构成相应的单位犯罪时,不得以任何理由绕开刑法的规定,而只追究相关自然人的刑事责任。

【指导案例】湖南省耒阳市三都镇人民政府等单位受贿案[①]

2010年湖南省耒阳市出台《耒阳市采煤沉陷综合治理实施办法》,对采煤沉陷治理单位按一定比例予以奖励。经耒阳市人民政府采煤沉陷综合治理办公室及相关业务部门立项和检查验收,耒阳市三都镇所在煤矿的采煤沉陷治理项目以奖代补资金核定为8804200元。2011年春节前,耒阳市人民政府将该笔资金拨付给被告单位耒阳市三都镇人民政府,并规定资金要全部拨付给采煤沉陷治理项目投资单位,不得截留和挪用。该笔资金拨付到三都镇人民政府后,时任该镇党委书记的匡某某(另案处理)召开党政联席会,经集体研究决定,只给治理单位部分资

---

① 案号:(2013)郴刑二终字第11号。

金,其余资金要求治理单位以赞助费的名义返回给三都镇人民政府,并安排时任耒阳市三都镇财政所副所长兼三都镇人民政府出纳的被告人曹某某及三都镇党委委员谢某某具体负责同项目治理单位协商处理赞助费问题。曹某某、匡某某等人通过与项目治理单位协商,于2011年3月至4月间先后拨付499.938万元给东元村煤矿和狮虎龙煤矿、资斌煤矿、都兴煤矿、东冲煤业有限公司等项目治理单位,上述单位收到以奖代补资金后,将315万元赞助款支付给曹某某,曹某某将其中130万元入了财政账,其余185万元放在账外用于三都镇人民政府开支。具体分述如下:

(1)2011年3月,被告人曹某某及匡某某同三都镇东元村煤矿、狮虎龙煤矿老板刘某协商,由三都镇人民政府拨付东元村煤矿以奖代补资金184.12万元,但刘某要从中拿出90万元赞助给三都镇人民政府。刘某同意后,曹某某将该笔款拨付给了东元村煤矿。收到钱后,刘某开了一张90万元的现金支票给曹某某。曹某某将该款用于三都镇人民政府的开支。

(2)2011年3月,被告人曹某某找三都镇资斌煤矿老板资某协商,由三都镇人民政府拨付44.8万元以奖代补资金给资斌煤矿,但资某要从中拿出44万元赞助给三都镇人民政府。资某同意并在收到该笔款后给曹某某开了一张44万元的现金支票。曹某某将该笔款用于三都镇人民政府的开支。

(3)2011年4月,被告人曹某某与三都镇都兴煤矿老板李某协商,由三都镇人民政府拨付60.56万元以奖代补资金给都兴煤矿,但李某要从中拿出51万元赞助给三都镇人民政府。李某同意并在收到该笔款后,将51万元转至曹某某的个人银行账号上。曹某某将该款用于三都镇人民政府的开支。

上诉人(原审被告单位)湖南省耒阳市三都镇人民政府在发放采煤沉陷以奖代补资金过程中,以收取赞助款的名义索取采煤沉陷治理项目投资单位资金,为他人谋取利益,情节严重,其行为已构成单位受贿罪。关于湖南省耒阳市三都镇人民政府及其辩护人均提出"三都镇人民政府的行为是截留以奖代补资金,而不是索取贿赂,且未为他人谋取利益,不构成单位受贿罪"的上诉理由及辩护意见,经查,湖南省耒阳市三都镇人民政府以收取赞助款的名义索取采煤沉陷治理项目投资单位资金的犯罪事实,有被害人的陈述、证人证言以及湖南省非税收入一般缴款书、银行交易记录、现金支票等书证予以证明,且原湖南省耒阳市三都镇人民政府的匡某某、陶某生、谢某某、曹某某等主管人员和直接责任人员均有多次一致的供述相互印证,足以认定。同时,该情形符合单位受贿罪的形式要件和构成要件。原判以单位受贿罪判处三都镇人民政府罚金30万元,并继续追缴其犯罪所得185万元,上缴国库,并无不当。

【指导案例】承德市鹰手营子矿区寿王坟镇人民政府、岳某某单位受贿案①

2013年7月至2016年12月,被告人岳某某任鹰手营子矿区寿王坟镇镇长。2014年1月,岳某某在镇长办公室以镇里经费紧张为由,向前来索要镇政府陈欠工程款并希望以后能够继续承包镇政府工程的庄某索要"赞助费"。庄某同意后,于2014年1月15日,在岳某某办公室,将装有7.5万元现金的纸袋子当面交给了岳某某。岳某某收下后,支付其他费用980元,将余款7.402万元交给了时任寿王坟镇人民政府财政所负责人的王某,并告诉王某将这些钱放在账外保管,留着弥补镇里经费不足。后王某将该款存入其本人的信用社账户,进行账外保管。

2014年9月,寿王坟镇人民政府欲对办公楼进行装修改造,工程预算40余万元。寿王坟镇人民政府为了规避招投标,使该工程符合《营子区小规模财政投资项目管理暂行办法》的规定可以直接财政评审,以便庄某顺利承揽该项工程。被告人岳某某将该工程拆分为水暖改造工程(工程款20.9103万元)和土建改造工程(工程款24.798万元)。寿王坟镇人民政府先后于2014年9月1日、2014年9月5日与庄某借用资质的天通安防技术公司签订了施工合同。后施工完成,寿王坟镇人民政府将工程款分两次打到天通安防技术公司账上,天通安防技术公司出具发票,未收取管理费即将工程款支付给庄某。

2015年6月,被告人岳某某再次向庄某索要"赞助费",庄某同意后,于同年6月26日将13万元现金交到寿王坟镇人民政府,岳某某让庄某直接将钱交给王某。后庄某将该13万元交给了王某并且告诉王某该款系庄某给镇里的费用,王某收到该款后,按照岳某某的指示,存到本人的信用社账户。

2015年8月,被告人岳某某未经任何程序即将镇政府院内外绿化及地面维修工程直接承包给庄某施工,合同造价1.2932万元。

上述寿王坟镇人民政府收受的20.5万元,由岳某某和王某经手均用于镇政府的各项支出。

另查明,办案机关在核查寿王坟镇棚户区改造项目有关问题和巡查中发现寿王坟镇有关问题进行初步核查时,被告人岳某某向办案机关说明在其任寿王坟镇镇长期间该镇存在小金库情况。办案机关在未掌握寿王坟镇人民政府小金库资金来源的情况下,被告人岳某某主动向办案机关交代了向庄某索要20.5万元的犯罪事实。

2017年5月22日,在"微腐败"专项治理期间,寿王坟镇人民政府经筹措,退缴赃款10万元至区廉政账户。

被告单位承德市鹰手营子矿区寿王坟镇人民政府向他人索要财物20.5万元,为他人谋取利益,情节严重,其行为构成单位受贿罪;被告人岳某某身为被告单位镇长,对上述行为负有主管责任和直接责任,其行为亦构成单位受贿罪。

---

① 案号:(2017)冀0804刑初27号。

十六、国家机关能否成为单位行贿罪的主体

(一) 裁判规则

我国《刑法》总则规定的单位犯罪主体是公司、企业、事业单位、机关、团体。国家机关虽然具有特殊性,但是根据《刑法》总则关于单位犯罪的规定,应当将其纳入单位行贿罪的主体范围。

(二) 规则适用

依照《刑法》第 30 条的规定,构成犯罪的单位种类有公司、企业、事业单位、机关、团体五种。根据最高人民法院《关于审理单位犯罪案件具体应用法律有关问题的解释》的规定,可以构成犯罪的公司、企业、事业单位,既包括国有、集体所有的公司、企业、事业单位,也包括依法设立的合资经营、合作经营企业和具有法人资格的独资、私营等公司、企业、事业单位。从立法沿革来看,我国立法者一直旗帜鲜明地认为,国家机关是完全可以成为单位犯罪主体的。理论上关于单位犯罪主体之一的"机关"的外延,有广义说和狭义说两种观点。广义说认为,"机关"主要指国家政权机关,如国家权力机关、国家行政机关、国家审判机关、国家检察机关、国家军事机关等;狭义说则认为,作为单位犯罪主体之一的"机关",应将前述广义说中的各级(包括中央和地方)立法机关、司法机关以及中央国家行政机关排除在外,即仅指地方国家行政机关。狭义说意在限制某些国家机关成为单位犯罪的主体,其出发点虽可以理解,但缺乏法律的根据。《刑法》第 3 条规定,法律明文规定为犯罪行为的,依照法律定罪处刑;法律没有明文规定为犯罪行为的,不得定罪处刑。此即为刑法"铁则"之称的"罪刑法定原则",有积极和消极两个层面。其积极的层面意味着在追究刑事责任时应当严格依法办事,当国家机关违反刑法规定,构成相应的单位犯罪时,不得以任何理由只追究相关自然人的刑事责任。

【指导案例】佳木斯市前进区人民政府、王某某、刘某某单位行贿案[①]

2008 年,时任中共佳木斯市前进区区委书记的被告人王某某和时任佳木斯市前进区区长的被告人刘某某,为得到时任中共佳木斯市市委书记林某某(另案处理)的帮助,以促成佳木斯市前进区人民政府与九阳集团的合作项目,被告人王某某、刘某某经商议后,刘某某先后两次套取前进区人民政府办公经费。被告人王某某、刘某某分别于 2008 年夏天的一个晚上,在浙江省杭州市杭州西子湖宾馆一起送给林某某 1 万欧元;于 2010 年春节前,在佳木斯市林某某的办公室一起送给林某某 3 万元人民币。林某某最终促成了九阳项目的成功签约并协调解决了该项目用地困难的问题。

---

① 案号:(2015)向刑初字第 168 号。

被告单位黑龙江省佳木斯市前进区人民政府、被告人王某某和刘某某为给单位谋取不正当利益,给予国家工作人员以财物,情节严重,其行为已构成单位行贿罪。公诉机关指控被告单位黑龙江省佳木斯市前进区人民政府、被告人王某某和刘某某犯单位行贿罪,罪名成立。王某某、刘某某在被追诉前主动交代行贿行为,可免除处罚。公诉机关建议法院对被告单位黑龙江省佳木斯市前进区人民政府判处罚金,对王某某、刘某某判处有期徒刑1年以下,这一量刑意见符合法律规定,法院予以采纳。

十七、个体承包企业的主体性质

(一) 裁判规则

关于个体承包企业,承包人以企业名义所实施的犯罪,是构成单位犯罪还是自然人个人犯罪,不能一概而论,应根据承包方式、承包性质以及承包方与发包方的权利义务关系等具体情况,进行具体分析,区别对待。承包人为谋求竞争优势作出个人意思表示,其因行贿获取的利益也主要归其个人所有和支配的,一般不以单位犯罪论处。

(二) 规则适用

对于承包企业,行为人一般以承包企业的名义为该企业的利益进行行贿,但并不应然为单位行贿。个人承包企业能否成为刑法上的单位,可以根据承包方式、承包性质以及承包方与发包方的权利义务关系等进行具体分析,区别对待。通常应把握以下几点:一是以发包单位在被承包企业中有无资产投入为标准,有资产投入的,则其资产属性和单位的性质并未改变,对于该个人承包企业所实施的犯罪行为,应以单位犯罪论处;没有资产投入、仅收取固定承包费,主要收益归属于承包者个人所有的,以个人犯罪论处。二是对于定额上缴承包(俗称"一脚踢"承包),即除了上缴一定基数利润外,其余收益都归承包人所有的,一般认为承包人只要上缴了应上缴的固定利润,就不能构成贪污、挪用公款、职务侵占等犯罪。这实际上认为单位的利益已转化为承包人个人利益。三是承包人取得承包经营权,只是取得合法经营的授权,以承包单位名义实施犯罪,则违背了决策机构的意思,犯罪所得的归属属于承包人个人所有,其行为属于以单位名义实施的承包人个人行为,应作为自然人个人犯罪处理。如果承包人实施行贿犯罪的,应以个人行贿罪处理。四是对于经营性承包,资产、场地、流动资金等属单位所有,承包人在发包方的授权范围内经营,发包方仍然对承包人有一定的管理职能,承包人根据效益按比例提成的,所得利益中仍然有发包方利益的一部分,承包人以单位名义实施犯罪,其所得的利益包含了单位的利益,是为单位谋取利益,一般以单位犯罪论处。

【指导案例】尹某某行贿案①

2010年6月至2014年2月,被告人尹某某在任山西通盛集团医药物流有限公司(以下简称"通盛公司")乡宁县、曲沃县销售区域配送承包人期间,为完成销售任务,谋取竞争优势,从公司返还给乡宁、曲沃承包线的利润中根据各乡镇卫生院在通盛公司购药付款的金额分别按10%、6%的比例给予回扣,其中付乡宁县昌宁镇卫生院张马分院院长吴某某回扣26.25万元、双鹤乡卫生院双凤淹分院院长左某某回扣10.91万元、双鹤乡卫生院双凤淹分院南崖服务站站长张某某回扣7.6092万元、会计卢某某回扣5.55万元、西交口卫生院院长李某某回扣20万元、曲沃县里村镇卫生院院长安某某回扣4.8277万元、杨谈乡卫生院院长王某某回扣3.2253万元。以上共计78.3722万元。

被告人尹某某在检察机关到其公司调取账务资料时主动投案,并如实供述其行贿他人的犯罪事实。

通盛公司给乡宁、曲沃销售线配有工作人员4名,通盛公司承担该销售线司机、配送员每月各2000元工资,被告人尹某某承担该销售线司机、配送人员每月各4000元工资,开票员每月800元工资及月销售额万分之八的提成,以及上述员工的节日福利补贴、车辆费用等。

被告人尹某某承包的乡宁、曲沃线与通盛公司系采取大包干的方式,由尹某某自主经营,通盛公司只收取固定的利润,剩余均由尹某某个人所有及支配。故尹某某与通盛公司之间只是承包合同关系,其承包的乡宁、曲沃线并非通盛公司的分支机构或内设部门。尹某某的行贿行为系其为谋取利润及竞争优势作出的个人意思表示,其因行贿获取的利益主要归其个人所有和支配。故尹某某的行贿行为不符合单位犯罪的构成要件,而是个人的行贿行为,不应认定为单位犯罪。

十八、个体挂靠经营的主体性质

(一)裁判规则

行贿的决定是挂靠单位的决定而非"挂靠人"的个人决定,并且是为单位利益而非仅为个人利益,应认定"挂靠企业"构成单位行贿罪。行贿前未与公司商量,不体现公司意志,贿赂款亦是从个人所得中支出,并以个人名义进行行贿,最终获得利益的归属也主要指向个人的,不构成单位行贿罪。

(二)规则适用

挂靠经营常见于工程建设领域,指具有一定资质的企业允许他人(或另一企业)在一定期间内以其企业的名义对外承接工程的行为。允许他人使用自己名义的企业为被"挂靠企业",相应的,使用被挂靠企业的名义从事经营活动的企业或

---

① 案号:(2015)临刑终字第00058号。

自然人为"挂靠人"。"挂靠人"一般向被"挂靠企业"缴纳固定的"挂靠费",或者根据"挂靠人"的经营业绩"被挂靠人"按比例收取"管理费"。"挂靠"与"承包"十分相似,区别就在于,承包是建立在发包人已经存在的业务或者部门基础上的;而"挂靠"是"挂靠人"自己成立相应的机构,以被"挂靠"单位的名义进行经营活动。对于挂靠企业,行为人一般以挂靠企业的名义为该企业的利益进行行贿,并不应认为单位行贿。个人挂靠企业能否成为刑法上的单位,可以从以下几个方面把握:一是看发包单位在被挂靠企业中有无资产投入。有资产投入的,且其资产属性和单位的性质并未改变,对于该个人挂靠企业所实施的犯罪行为,应以单位犯罪论处;没有资产投入、仅收取固定承包费,主要收益归属于挂靠者个人所有的,以个人犯罪论处。二是看挂靠企业实质上属于个人还是集体所有。如本为个人独资或个体经营,却挂靠其他单位从事生产、经营活动,或在集体改制中由个人买断经营,只是沿用原有单位名称、缴纳固定管理费、实际由个人投资,利益也主要归属于个人的,以个人犯罪论处。三是看是单位行贿还是个人行贿,关键不在于是"承包"还是"挂靠",也不论以何种名义实施,而是看行贿的决定是"挂靠人"的个人决定还是挂靠单位的决定,是为单位利益还是为个人利益。应当指出的是,如果"挂靠人"以被"挂靠企业"的名义行贿,被"挂靠企业"不知情的,即使被"挂靠企业"可能从行贿谋取的利益中受益,也只能作为自然人个人行贿罪认定;如果"挂靠人"行贿,被"挂靠企业"参与或者同意的,即使所获利益归属"挂靠人",也应作为单位行贿罪认定。2017 年浙江省高级人民法院、浙江省人民检察院、浙江省公安厅发布的《关于办理建筑施工企业从业人员犯罪案件若干法律适用问题的会议纪要》中规定,项目经理、承包人为承揽业务,未经建筑施工企业负责人或集体研究决定,个人实施行贿、串通投标等犯罪行为,违法所得亦归个人所有一般不宜认定为单位犯罪。这一规定同样体现了对单位行贿或者个人行贿的实质判断精神。

【指导案例】王某强行贿案[①]

2008 年 8 月 4 日,合肥市第六建设工程有限公司(以下简称"合肥六建公司")变更为同创公司。2007 年 4 月 10 日经合肥六建公司同意成立合肥六建公司中强分公司(未注册),分公司负责人为被告人王某强,负责分公司的各项工作,2011 年变更为同创公司中强分公司(未注册)。2007 年 8 月 27 日合肥六建公司与合肥六建公司中强分公司、2011 年 4 月 28 日同创公司与中强分公司分别签订承包协议。双方约定:实行独立核算,自负盈亏,承包经营的原则,中强分公司按完成产值的 5%上缴税费;同创公司全面监督中强分公司的生产、安全、经营、技术、质量、财务等工作,并根据中强分公司承建工程的达标情况给予一定的奖罚等

---

① 案号:(2014)合刑终字第 00092 号。

事项。

2008年至2011年下半年,为了顺利中标,中强分公司负责人(本案被告人)王某强多次请托东风机电公司负责基建的副总经理吴某予以关照,于工程中标后四次在本市经济开发区盛臣凤凰楼酒店请吴某吃饭,饭后每次均送吴某现金20万元,合计80万元。同时,出于感谢和顺利拿回工程款的目的,王某强于2008年至2012年间,每年在中秋节前到吴某家中,送给吴某现金2万元,计10万元;于2008年至2013年间,每年在春节期间到吴某家中,送给吴某现金5万元,计30万元。

另查明,东风机电公司由安徽军工集团控股有限公司和安徽长城军工有限责任公司共同出资组建,均为国有企业。2006年11月吴某任东风机电公司副总经理。

抗诉机关认为,中强分公司与同创公司为挂靠关系,被告人王某强所送行贿款出自个人,所得利益归其个人所有,属个人行贿行为。法院认为:1. 承包经营是指承包人通过与发包单位签订承包合同,对被发包企业取得经营管理权,并以该企业的名义从事经营活动。发包单位在发包期间,实际参与企业的经营管理,并根据企业的营利状况按一定比例提取利润。2. 本案中,原审被告人王某强负责施工的工程有同创公司将上述工程交由中强分公司负责人王某强施工的任命书;上述建设工程施工合同均为王某强以同创公司的名义签订;中强分公司作为同创公司的分支机构客观存在,且具有单位分支机构所应有的完整的组织架构;王某强负责的中强分公司与同创公司签有书面"承包协议",该"承包协议"的内容符合内部承包经营的实质要求,双方具有明确的权利义务关系,以及有关利润分配的特别约定。综上,法院认为王某强作为涉案工程的承包单位中强分公司的负责人,承揽工程和索要工程款是其工作职责,其为履行职责向身为国家工作人员的吴某进行行贿,代表着中强分公司的意志,其行贿所追求的"不正当利益"与同创公司、中强分公司利益相关,为单位犯罪。对王某强应以"直接责任人员"追究其刑事责任。

【指导案例】范某金行贿案①

2003年至2013年期间,被告人范某金在杭州市余杭区五常管理委员会(以下简称"五常管委会")、杭州市余杭区五常街道(以下简称"五常街道")、杭州市余杭区余杭组团、未来科技城等单位辖区内承接测绘业务,其中大部分业务以中国有色金属工业西安勘察设计研究院浙江分院(以下简称"有色研究院浙江分院")或杭州甬嘉勘测设计有限公司(以下简称"甬嘉公司")名义承接。被告人范

---

① 案号:(2015)浙杭刑终字第30号。

某金以有色研究院浙江分院或甬嘉公司名义承接的测绘业务,其中部分业务由其个人负责实施,单位不参与人员、财务等方面的管理,仅收取工程款20%左右的管理费,其余款项归其个人所有并支配;部分业务交由单位负责实施,被告人范某金获取工程款20%左右的好处费。

2010年12月,被告人范某金与甬嘉公司签订合同期限为2010年12月起至2012年11月止的劳动合同,由公司为其缴纳养老保险,但至2013年8月未发过工资。

2003年至2013年,被告人范某金在以有色研究院浙江分院或甬嘉公司等名义承接、实施测绘业务过程中,为感谢他人的关照,被他人索要或送他人贿赂款物共计价值180余万元。

另查明,检察机关在掌握被告人范某金向黄某行贿的事实后对范某金进行讯问,范某金如实供述了向黄某行贿的事实,并主动供述了向沈某甲行贿的事实。2013年7月11日,检察机关对范某金行贿案立案侦查。之后范某金如实供述了检察机关尚未掌握的向郭某、王某、沈某乙行贿的事实,以及检察机关已掌握的向吴某行贿的事实。

关于被告人范某金及其辩护人提出范某金的行为应当认定为单位行贿,以及应当区分测绘业务中由公司负责实施部分与范某金个人负责实施部分分别定性的意见,法院认为,根据范某金的供述及证人乐某的证言,显示范某金与有色研究院浙江分院及甬嘉公司之间均系挂靠关系,范某金行贿前未与公司商量,不体现公司意志,贿赂款亦是从范某金个人所得中支出,并以范某金个人的名义进行,通过行贿最终获得利益的归属也主要指向范某金个人,至于因行贿承接到业务后具体由谁负责实施,与行贿罪定性并无影响。故对范某金及其辩护人所提相关异议,均不予采纳。

十九、个人合伙企业的主体性质

(一) 裁判规则

合伙企业的财产具有相对独立性,在合伙企业的决策具有集体性质的情况下,可以作为单位犯罪认定,但行贿行为未与其他合伙人商议,为了谋取个人利益而自行筹集贿资并实施行贿行为,则属个人行为。

(二) 规则适用

关于个人合伙企业,1999年最高人民法院发布的《关于审理单位犯罪案件具体应用法律有关问题的解释》第1条规定:"刑法第三十条规定的公司、企业、事业单位,既包括国有、集体所有的公司、企业、事业单位,也包括依法设立的合资经营、合作经营企业和具有法人资格的独资、私营等公司、企业、事业单位。"个人合伙企业、事业单位是经过合法登记的组织,具有单位的性质。单位利益与个人利益、个人行为与单位行为未必融为一体,能否成为单位犯罪的主体,应当作实质判断。在合伙组织的财产具有相对独立性,该合伙单位的决策具有集体性质的情况下,其管理模式实际上与具有法人资格的公司无异,可以作为单位犯罪来认定。[①] 因此,个人合伙企业为了合伙企业利益而实施的行贿行为应当认定为单位行贿而非自然人个人行贿。

【指导案例】周某炽行贿案[②]

2004年至2011年,上诉人周某炽担任广东华法律师事务所(以下简称"华法所")主任期间,为谋取不正当利益,先后多次向时任佛山市高明区、顺德区人民法院院长何某志、佛山市公盈投资控股有限公司(以下简称"公盈公司")总经理肖某伟和副总经理杜某佳(均另案处理)行贿现金共计1320万元,其具体犯罪事实如下:

2004年至2005年,公盈公司进行改革重组期间,聘请华法所担任其法律顾问。上诉人周某炽为使华法所能够持续承接公盈公司的法律业务以获取法律服务费,经与公盈公司总经理肖某伟、副总经理杜某佳商议,商定以华法所从公盈公司获取的律师费中的20%作为有关"费用"交给肖某伟、杜某佳二个人使用。2005年至2006年间,周某炽通过上述方式分三次在其办公室向肖某伟、杜某佳贿送现金共计40万元。

2006年上半年,上诉人周某炽经时任佛山市高明区人民法院(以下简称"高明法院")院长何某志介绍,得知美国花旗银行有限公司惠州壹分公司对高明市第二塑料集团公司、高明市日用杂品公司等九家企业在高明法院申请执行的债权有财产可供执行,认为有利可图,遂以他人名义购买了上述债权包,并请托何某志指示其下属在执行中予以关照。至2007年,周某炽从上述债权的执行中获利300余万元。为了感谢何某志给予的帮助,周某炽于2007年6月、9月分两次在高明法院附近沧江路路边及何某志居住的小区贿送何某志现金共计150万元。

2005年,华法所代理的广州东方饮食娱乐有限公司(以下简称"东方公司")诉佛山市三水宏通土石方工程有限公司合作经营合同纠纷一案在一审败诉后上诉至广东省高级人民法院。上诉人周某炽为争取二审胜诉,请托时任高明法院院长的何某志为其疏通关系,并于同年8、9月间分两次在沧江路路边及何某志居住的小区向何某志贿送现金共计130万元。

2011年7月,时任佛山市顺德区人民法院院长的何某志得知广东省人民检察院派调查组到佛山市调查东方公司上述案件在佛山市中级人民法院诉讼过程中存在的腐败问题,因其与上诉人周某炽在该案中涉嫌贿赂,恐遭调查,遂将此事告

[①] 参见孙国祥:《贪污贿赂犯罪研究》(下册),中国人民大学出版社2018年版,第1008页。
[②] 案号:(2016)粤刑终1093号。

知周某炽。周某炽即请托何某志为其向检察院相关人员疏通关系以避免被调查并同意提供费用,后分四次在佛山市西湖茶庄、亚艺公园、绿景路等地向何某志贿送现金共计 1000 万元。

关于上诉人周某炽及其辩护人所提本案属于单位行贿,周某炽应作为华法所直接负责的主管人员承担刑事责任的意见,经查:第一,华法所是周某炽与他人以合伙形式成立的律师执业机构,该律师事务所不属于《刑法》第 30 条规定的国家机关、国有公司、企业、事业单位、人民团体等刑法意义上的单位范畴,不具有单位犯罪的主体资格。第二,周某炽实施的行贿行为均未与华法所的其他合伙人商议,均属其个人行为。第三,本案有证据证明周某炽为了谋取个人利益和为了避免自己被专案组调查而自行筹集贿资并实施行贿行为。周某炽应对其个人行贿行为负责,故周某炽及其辩护人所提上述意见,理据不足,不予采纳。

二十、关于公司、企业实施单位犯罪后被兼并、更名或改制承包后,是否应追究单位的刑事责任

(一) 裁判规则

公司、企业实施单位犯罪后被合并、分立、更名或实现资产重组的,应当根据案件的具体情况具体分析是否追究单位责任。在对单位定罪已无实质意义且违背"罪责自负"原则的情况下,不再追究单位的刑事责任;在新单位存在刑事责任的基础上,为防止犯罪单位以合并、分立、更名等方式逃避刑事处罚,可以追究承受犯罪单位权利义务的新单位的刑事责任。

(二) 规则适用

实践中,对于单位实施犯罪后被合并、分立、解散、撤销或者资产重组等情形,如何追究单位犯罪的刑事责任存在不同观点。一种观点认为,不应追究单位的刑事责任。理由是,公司、企业被兼并、更名或改制承包后,即使其内部人员或注册登记等没有改变,但实质上作为原有的企业法人已不存在,相当于自然人犯罪,如果死亡则不再追究刑事责任。因此,如果追究变更后单位的刑事责任,不符合刑法"罪责自负"的基本原则。第二种观点认为,应追究单位的刑事责任,并由更名后的单位承担。理由是,根据《中华人民共和国民法通则》的有关规定,企业法人分立、合并,其权利义务由变更后的法人享有和承担。尽管民事责任不同于刑事责任,但两者的法理是相通的,故兼并前的单位违法犯罪,其刑事责任理应由变更后的单位承担。

民事纠纷中,一些单位被注销、合并、分立、改制或者实现资产重组后,原单位即不存在,新单位承担了原单位的民事权利和义务,可以代替原单位的诉讼地位,成为民事原告或者被告。但在刑事诉讼中,刑事责任具有受罚对象的不可替代性,对于单位实施犯罪后发生变更的,对变更后产生的新单位不能定罪处罚。

罪责自负是刑法的基本原则，犯罪主体与刑罚主体必须统一，这是追究刑事责任最基本的要求。例如，让产权转移后的单位承担原单位犯罪的刑事责任，显然违背了上述要求。具体而言，对原实施犯罪的单位应区分不同情况，分别进行处理。对于单位犯罪后，犯罪单位被撤销、宣告破产等情况，因该单位已消灭，不具备刑事责任能力，无法承担刑事责任，故对其不应再追究刑事责任。对于单位犯罪后，单位发生分立、合并或者其他资产重组等情况的，单位虽在主体形式上发生变更，其权利义务由变更后的单位承担，由于单位犯罪所承受的法律责任本质上是财产责任，只要财产权存在，刑事责任的基础就存在，故新单位仍具备刑事责任能力，可以予以刑事处罚，以避免犯罪单位以合并、分立、变更等方式逃避刑事责任。

【指导案例】王某受贿案

某加工厂系村办国有控股企业，他人向加工厂行贿10万元，厂长王某收下，但并未上交单位，后该厂由王某买断，改为私营企业，此后案发。

对该案应定单位犯罪还是王某个人犯罪？法院认为，被告人王某虽以单位名义收受他人贿赂，但单位并未获得任何利益，且该厂改制后可视为原单位已经"死亡"，再对单位定罪并处以罚金刑，已无实质意义，对改制后的单位定罪亦不符合"罪责自负"原则，所以应直接追究王某个人受贿罪的刑事责任。

【指导案例】李某、王某单位行贿案

某锅炉厂供销科科长李某（被告人）为扩大销售业务，经厂长王某（被告人）批准，用公款向国家工作人员丁某行贿10万元。一年后该厂被主管局决定兼并更名，厂长王某亦调任，接着案发。

本案应如何处理？法院认为，尽管该厂兼并更名后实质上已"死亡"，但仍须以《刑法》第393条"单位行贿罪"对原锅炉厂追究责任，因原单位已不存在，不适用对单位（包括兼并后的单位）判处罚金，只对其直接负责的厂长王某和直接责任人员李某判处刑罚。如不追究单位犯罪，必将放纵王某、李某两人的罪责；如以《刑法》第389条、第390条之规定追究王某、李某的个人行贿罪，亦不符合法律事实。

二十一、如何准确认定单位受贿罪和单位行贿罪中的"直接负责的主管人员和其他直接责任人员"

（一）裁判规则

应从身份、作用和责任三个方面界定直接负责的主管人员和其他直接责任人员。单位犯罪中直接负责的主管人员，是指在犯罪单位组织内，对单位犯罪的实施起主要决策、指挥作用，负有直接责任的领导人员。单位犯罪中的其他直接责任人员,是指在单位犯罪中,除直接负责的主管人员外,参与具体实施单位犯罪并起重大作用的单位内部工作人员。

(二) 规则适用

如何区分单位犯罪中的"直接负责的主管人员和其他直接责任人员",在理论上一直存在争议。关于直接负责的主管人员,有观点认为,是指起到组织、指挥与决定作用的人员;有观点认为,应该作为直接负责的主管人员处罚的,指鼓励、纵容或者支持部下实施犯罪行为的上级管理人员,也包含组织、指挥或者决定实施犯罪行为的上级管理人员。《全国法院审理金融犯罪案件工作座谈会纪要》规定:"直接负责的主管人员,是在单位实施的犯罪中起决定、批准、授意、纵容、指挥等作用的人员,一般是单位的主管负责人,包括法定代表人。其他直接责任人员,是在单位犯罪中具体实施犯罪并起较大作用的人员,既可以是单位的经营管理人员,也可以是单位的职工,包括聘任、雇佣的人员。"从上述规定来看,该司法解释大致采纳了"以个人在单位犯罪中的作用为标准,划定了直接负责的主管人员与直接责任人员的范围"的立场。

具体而言,认定直接负责的主管人员可以从身份、作用和责任三个方面来界定。一是直接负责的主管人员应当是犯罪单位的内部人员,而且应当是单位领导人即主管人员,被临时指定负责的一般管理人员应当予以排除,因为我国刑法在大部分关于单位犯罪的规定中已经将单位犯罪中直接负责的主管人员和其他直接责任人员作了明确区分。二是在单位犯罪中起主要决策、指挥等作用。如果只是参与决策、指挥,不宜认定为直接负责的主管人员。三是直接负责的主管人员应当是直接负责,根据职责分工负有组织、决定、批准、指挥、协调责任。

其他直接责任人员可以从以下几个方面进行把握:一是其他直接责任人员是指直接负责的主管人员以外的犯罪单位内部工作人员,既可以是单位的经营管理人员,也可以是单位的一般职工,大部分是单位内部某些职能部门的具体工作人员。二是其他直接责任人员是在单位犯罪中起较大作用的内部工作人员,如果只是起配合作用,一般不作为其他直接责任人员加以追究。三是其他直接责任人员是具体实施了犯罪行为的人员,在单位故意犯罪中其他直接责任人员在上级指示、安排、命令下参与和从事犯罪活动,一般都是秉承领导集体或领导人员的旨意,以完成本职工作的形式具体完成法人(单位)犯罪计划,其目的是使所在单位获得非法利益,并且这种非法利益确实由单位所享有。

【指导案例】丁某某等单位行贿案[①]

2011年4、5月间,原审被告单位镇江金钛软件有限公司(以下简称"镇江金钛公司")的法定代表人丁某某,为使该公司及丁某某介绍的天津国芯科技有限公司

---

① 案号:(2014)高刑终字第271号。

(以下简称"天津国芯公司")申报的2011年国家物联网专项资金能够顺利获得批准,答应按照专项资金审批数额的20%给予时任财政部企业司综合处处长陈某及物联网项目评审组成员卜某(均已判刑)好处费,在镇江金钛公司和天津国芯公司分别获得300万元和500万元的物联网专项资金后,丁某某于同年7月至11月间,给予陈某、卜某贿赂款共计160万元。丁某某于2013年4月23日向检察机关主动投案。

丁某某作为原审被告单位镇江金钛公司直接负责的主管人员,以单位名义,为单位谋取不正当利益,向国家工作人员行贿,情节严重,故丁某某及镇江金钛公司的行为均已构成单位行贿罪,依法应予惩处。

【指导案例】李某单位受贿案①

灌云县人民医院为国有事业单位法人,骨科、骨一科为该医院内设科室。上诉人李某自2003年6月23日起任骨科副主任,自2009年5月17日起任县人民医院医疗设备管理委员会委员,自2009年5月18日起任骨科主任。2012年10月1日,骨科分立为骨一科、骨二科,李某任骨一科主任。

2007年6月至2013年4月期间,骨科、骨一科为医疗器械代理商的器械进入科室使用以及扩大使用量等方面谋取利益,李某作为科室负责人,其代表骨科、骨一科与医疗器械代理商约定回扣比例,经手收受医疗器械代理商孙某甲、龚某、陈某、殷某、周某等人送给的回扣共计366.198万元,并将收受的回扣按照一定比例分配给科室人员及部分用于科室其他开支,其中李某自己分得财物共计90余万元(其中包括价值8880元的笔记本电脑一台)。

骨科、骨一科非法收受他人回扣,为他人谋取利益,情节严重,上诉人李某作为灌云县人民医院骨科、骨一科主任,系直接负责的主管人员,其行为构成单位受贿罪。关于李某及其辩护人提出"原审判决认定其行为构成受贿罪系定性错误,适用法律不当,其行为应认定为单位受贿罪"的上诉理由、辩护意见,经查,骨科、骨一科作为国有事业单位的内设机构,为医药代理商的器械进入科室使用以及扩大使用量等方面谋取利益,由作为科室主任的李某代表骨科收受器械回扣,然后将回扣按照科室人员的工作表现、职务职称、年龄资历依比例分配给科室人员及部分用于科室其他开支,符合单位受贿罪的构成要件,原审判决认定李某犯受贿罪定性错误,适用法律不当。故该上诉理由、辩护意见及检察员发表的应认定为单位受贿罪的出庭意见成立,法院予以采纳。

---

① 案号:(2015)连刑二终字第00059号。

【指导案例】光山县中医院骨伤科、王某单位受贿案①

光山县中医院是事业法人单位,被告单位光山县中医院骨伤科是光山县中医院内设机构;被告人王某于2009年1月31日任该院骨伤科主任,于2015年6月8日被免职。被告人张某某于2008年9月22日任该院骨伤科副主任,于2015年6月8日被免职。2011年以来,河南安健贸易有限公司和河南宏润达商贸有限公司在向光山县中医院骨伤科供应骨科耗材期间,上述两公司的负责人梁某(另案处理)与王某、张某某商议决定,按照销售款的40%给予该科室回扣。2013年10月12日至2015年2月12日期间,王某先后多次收受梁某给予的回扣款共计78.16万元。王某与张某某商议决定,根据工作量大小按一定比例将回扣款发放给骨伤科医生和用于科室开支。案发后,王某、张某某及该科室其他医生向罗山县人民检察院退出回扣款合计76.76万元,向罗山县人民法院退出回扣款1.4万元。

2015年5月20日,罗山县人民检察院工作人员到北京大学第三人民医院纪委,找在该院骨科进修的被告人王某到纪委监察室了解相关情况;该院纪委电话通知王某到纪委监察室,告知检察院找其了解情况,王某接到电话后自行到医院纪委监察室,后被罗山县人民检察院工作人员带回该院接受调查,王某到案后如实供述了犯罪事实。2015年5月21日,信阳市人民检察院指定罗山县人民检察院管辖王某涉嫌受贿犯罪一案,罗山县人民检察院于当日决定对该案立案侦查。2015年5月22日上午,光山县中医院分管纪检监察工作的副院长郭某按照罗山县人民检察院侦查人员的要求,通知张某某到院办公室等待接受罗山县人民检察院工作人员调查了解骨科收受耗材回扣款的情况;接到通知后,张某某自行来到医院办公室等待;上午9时许,在医院办公室等待的张某某随罗山县人民检察院侦查人员到罗山县人民检察院接受调查,张某某到案后如实供述了犯罪事实;同日,信阳市人民检察院指定罗山县人民检察院管辖张某某涉嫌受贿犯罪一案,罗山县人民检察院于当日决定对该案立案侦查。

被告单位光山县中医院骨伤科作为国有事业单位的内设机构,非法收受他人财物,为他人谋取利益,情节严重,其行为已构成单位受贿罪;被告人王某、张某某作为主管人员和直接责任人员,亦构成单位受贿罪。原判定罪准确,量刑适当,审判程序合法。

---

① 案号:(2016)豫15刑终286号。

第三章 主观罪过

一、事后收受财物的主观故意认定

(一) 裁判规则

受贿罪是故意犯罪,且通常为直接故意,即明知对方送财物的目的与自己的职务行为有关而予以收受。对于事后收受财物且在行使权力为行贿方谋利时,双方并无以后给予好处的暗示或约定。由于收受财物时双方均明知是基于受贿方此前利用职务便利为行贿方谋取利益,前后两个阶段的行为与收受财物的故意构成一个有机整体,可以认定行为人具备受贿犯罪的故意。

(二) 规则适用

首先,事后受贿的概念解读。刑法学属于规范法学,而规范法学又属于概念法学,在刑法研究中对概念的准确阐释涉及对行为人的定罪量刑。对于事后受贿的定义,理论上有八种不同的表述,有的仅是语言表述上的不同,有的是称谓的不同,如表述为"事后受财"或者"职后受贿",事后有指离职之后,也有指利用职务便利谋取利益之后。由此导致对事后受贿是否构成犯罪有三种观点:一是否定说,认为受贿罪的本质是"钱权交易",事前无请托、无约定的事后受财行为不存在交易,收受他人财物和为他人谋取利益必须同时具备,因为收受财物及为他人谋取利益均需在受贿的故意支配下所为,因此,事后故意不属于法律上的故意。二是肯定说,认为行为人明知自己利用职务上的便利条件,为对方谋取了利益,事后收受对方给予的明显超过人情往来的财物时,其主观上已建立起权钱交易的内心故意。三是部分肯定说,认为职后斡旋型和职后酬谢型受贿行为不构成受贿罪,其余的行为则构成受贿罪;事前无约定的职后受贿行为不构成犯罪,其余行为构成犯罪。

其次,事后受贿的认定前提。对事后受贿的行为评判建立在对受贿罪的罪质、保护法益、构造等因素的准确解读基础之上。受贿罪的罪质在于公职人员允诺实施特定之公务行为,而公务行为之相对人以支付物质或非物质之利益作为相对代价,行受贿双方缔结不法协议是贿赂的本质,也是该罪惩罚的核心。就受贿罪的保护法益而言,虽然理论界有公务行为公正说、公务人员廉洁制度说、职务不可收买说等主张,但在总体上公务行为公正说的范围最为狭窄,公务人员廉洁制度说的范围又过于宽泛,考虑到现阶段我国贪污贿赂案件频发的现状,不宜选择打击面过大的公务人员廉洁制度作为该罪的法益,介于上述二者之间的职务行为不可收买性更具有现实合理性。从构造上看,受贿罪的行为有索取、期约、收受贿赂、利用职务便利等,表面上看似乎是复行为犯,但从规范意义上而言,如果作为犯罪客观要件的一部分,实行行为必须具有一定的类型性,最为关键的是要具有法益侵害的紧迫危险性。而为他人谋取利益的职务行为与受贿罪职务不可收买性之间不具有类型性的现实侵害危险关系,故为他人谋取利益不是客观行为要素。而就上述各个受贿罪要素之间的发生顺序,不影响收受贿赂行为的罪刑该当性,无论是收受财物后为他人谋取利益,还是为他人谋取利益后收受财物,在犯罪构成要件方面并无实质区别。

最后,事后受贿的定性依据。此处的事后受贿限定于行为人利用职务便利为请托人谋取了利益,事后明知自己的职务与请托人所送财物之间有紧密关联,仍予以收受的行为,且双方没有关于贿赂的约定或案发后没有充分证据证明双方有事后兑现承诺的约定。需要讨论的是,事后受贿罪中的事后故意是否具有犯罪故意性,是否符合犯罪故意的基本原理。刑法理论一般认为,犯罪故意是对犯罪构成要件客观构成事实的表象和容忍,犯罪构成中的客观事实包括行为、结果以及因果关系等。就受贿罪而言,只要行为人认识到他人交付的财物是对自己职务行为的不正当报酬,就可能成立受贿罪。事前无约定的事后受贿和行为人明知是职务酬劳而予以收受并为他人谋取利益,只是交易顺序的不同,对权钱交易的实质并无明显影响。进一步而言,事后受贿中的事后故意并不"事后",因为真正成为该行为不法核心的是明知该财物的性质仍予以收受,故意与针对的事实在同一时空。

【指导案例】陈某受贿案——事后收受财物能否构成受贿罪[①]

原审被告人陈某 1986 年至 1996 年间任安徽公司总经理。1992 年年初,中国电子物资公司安徽公司(以下简称"安徽公司")下达公司各部门承包经营方案。同年 4 月,能源化工处处长兼庐海实业有限公司(以下简称"庐海公司")经理李某峰向陈某递交书面报告,提出新的承包经营方案,建议超额利润实行三七分成。陈某在没有通知公司其他领导的情况下,与公司党委书记、副总经理徐某(另案处理)、财务处处长吴某及李某峰四人研究李某峰提出的建议,决定对李某峰承包经营的能源化工处、庐海公司实行新的奖励办法,由陈某亲笔草拟,并会同徐某签发

---

① 参见最高人民法院刑事审判第一庭编:《刑事审判参考》(总第 8 辑),法律出版社 2000 年版,第 64 号案例。

《关于能源化工处、庐海实业有限公司试行新的奖励办法的通知》,规定超额利润70%作为公司利润上缴,30%作为业务经费和奖金分成,并由承包人支配。发文范围仅限财务处、能源化工处、徐某及陈某个人。1993年初,陈某在公司办公会上提出在全公司实行新的承包方案,主持制定《业务处室六项费用承包核算办法实施细则》。依据《关于能源化工处、庐海实业有限公司试行新的奖励办法的通知》《业务处室六项费用承包核算办法实施细则》的规定,李某峰于1992年提取超额利润提成21万余元,1993年提取超额利润提成160万余元。

在李某峰承包经营期间,原审被告人陈某以公司总经理身份及公司名义于1992年11月、1993年5月先后两次向安徽省计划委员会申请拨要进口原油配额6.5万吨,交给李某峰以解决其进口加工销售业务所需,并多次协调李某峰与公司财务部门之间就资金流通、使用等方面的矛盾。

李某峰为感谢陈某为其制定的优惠政策及承包经营业务中给予的关照,于1993年春节前,送陈某人民币3万元,1994年春节前后又两次送给陈某人民币30万元、港币15万元。陈某收受李某峰的钱款后,其妻李某利用此款在广东珠海市吉大园林花园购买房屋一套(价值人民币51万余元)。

本案是一起典型的事后受贿案例。

首先,被告人陈某利用职务便利,根据下属部门承包经营人李某峰的建议,制定新的承包经营政策,为李某峰申请拨要进口原油配额和协调李某峰与财务处之间的矛盾等,都是陈某履行职务的行为。虽然陈某主持制定《关于能源化工处、庐海实业有限公司试行新的奖励办法的通知》的程序不符合公司管理规范,但安徽公司实行总经理负责制,陈某曾就此事向总经理赵某海汇报,并征得了其同意,因此,应认为《关于能源化工处、庐海实业有限公司试行新的奖励办法的通知》的制定程序是合法有效的。

其次,被告人陈某利用职务便利为李某峰谋取利益,并在事后收受了李某峰所送财物。根据陈某主持制定的《关于能源化工处、庐海实业有限公司试行新的奖励办法的通知》的规定,李某峰共从公司提取181万余元。同时,陈某为李某峰申请拨要原油配额和协调李某峰与财务处在资金方面的矛盾,也为李某峰获取巨额利润提供了便利条件。但陈某在利用职务便利为李某峰谋取利益之时或者之前,没有收受李某峰的财物,李某峰送给陈某的钱都来自提成款,这些提成款主要源于陈某制定《关于能源化工处、庐海实业有限公司试行新的奖励办法的通知》这一职务行为,相对于陈某的上述职务行为,陈某三次收受李某锋财物的行为均在其后。

最后,没有证据证明被告人陈某利用职务便利为李某峰谋取利益是以收受对方的财物为目的,但事后陈某收受财物时,却明知李某峰送财物是因为自己的行为使其获取了利益。陈某在实施有关职务行为前,与李某峰并无以后收受财物的约定。从陈某的客观行为中也难以推断出陈某具有期望以后收受财物的故意。但陈某对李某峰送钱的原因是明知的,这一点陈某本人有供述,李某峰亦有相应的陈述,即陈某为李某峰在新分配办法试点、做原油业务等方面给予了不小的帮助。这一故意在陈某收受钱款时没有通过语言表达出来,但根据两人的陈述足以认定。

二、国家工作人员对特定关系人收受他人财物事后知情且未退还,如何判定其是否具有受贿故意

(一)裁判规则

国家工作人员和特定关系人在事先未通谋的情况下,利用职务上的便利为请托人谋取利益,在知道特定关系人索取、收受请托人财物后虽有退还的意思表示,但发现特定关系人未退还而予以默认的,应当认定国家工作人员具有受贿故意,构成受贿罪。①

(二)规则适用

近年来,出现了较多国家工作人员通过特定关系人进行受贿的案件,国家工作人员在案发后往往辩解其是在特定关系人收受他人财物以后才知情。对该种新型受贿行为如何认定,引起了刑法学界和刑事实务界的密切关注,并产生意见分歧。贿赂犯罪本身具有行为隐蔽、利益高度关联等特征,导致司法实践中侦查难度较大,难以获取直接证据。最高人民法院、最高人民检察院《关于办理贪污贿赂刑事案件适用法律若干问题的解释》第16条第2款规定:"特定关系人索取、收受他人财物,国家工作人员知道后未退还或者上交的,应当认定国家工作人员具有受贿故意。"由此可见,对国家工作人员的受贿故意采用了推定的方式,此种推定方式是否合理呢?笔者认为,上述规定具有合理性。原因如下:第一,上述规定并未背离受贿罪的刑法教义,其将认定国家工作人员与特定关系人之间受贿"通谋"成立的时间进一步延伸至国家工作人员接受转交财物的过程之中,国家工作人员知情后的行为符合受贿罪的权钱交易本质。第二,运用推定的方式合理地解决了司法实践中的侦查难题。在职务犯罪中适当运用推定规则,通过合理分配证明责任,降低控方证明难度,可以有效地追诉职务犯罪。第三,上述规定体现了主客观要素的统一。国家工作人员符合受贿罪的客观要件具体表现为,特定关系人收受他人财物与国家工作人员自身利用职务便利为他人谋取利益的紧密性,而国家工作人员对两者之间的紧密性知晓后,仍未将财物退还或者上交,也就意味着国家工作人员默许了特定关系人收受他人财物的行为,与受贿罪权钱交易的本质特征依然高度契合。故应当认定国家工作人员从"知晓"起就具备了受贿的主观故意。

---

① 参见最高人民法院刑事审判第一、二、三、四、五庭主办:《刑事审判参考》(总第106集),法律出版社2017年版,第1145号案例裁判理由。

【指导案例】朱某平受贿案——国家工作人员对特定关系人收受他人财物事后知情且未退还,如何判定其是否具有受贿故意[①]

1998年至2012年间,被告人朱某平利用担任中共无锡市滨湖区委书记等职务的便利,在企业经营、工程承揽、职务晋升、工作安排等方面为他人谋取利益,单独或者通过其妻子金某等人先后非法收受吴某某、刘某等人和单位给予的财物,共计折合人民币(以下币种同)2000余万元。其中:

(1)被告人朱某平利用担任中共无锡市滨湖区委书记的职务便利,接受上海某房地产有限公司总经理吴某某的请托,为吴某某收购上海某酒店式公寓项目提供帮助,收受吴某某所送的价值1400余万元的住房一套及其他财物。

(2)被告人朱某平利用担任中共无锡市滨湖区委书记的职务便利,接受无锡某建设有限公司法定代表人刘某的请托,为该公司承接建设工程提供帮助,后通过其妻金某收受刘某所送价值12.5万余元的500克金条一根。

司法实践中,国家工作人员办事,特定关系人收钱的情况屡见不鲜,一些行贿人甚至将"攻克领导干部的身边人"作为一条事半功倍的捷径。在国家工作人员和特定关系人事先有通谋的情形下,实施上述行为,构成受贿罪的共犯。《全国法院审理经济犯罪案件工作座谈会纪要》第3条第(五)项明确规定,国家工作人员的近亲属向国家工作人员代为转达请托事项,收受请托人财物并告知该国家工作人员,或者国家工作人员明知其近亲属收受了他人财物,仍按照近亲属的要求利用职权为他人谋取利益的,对该国家工作人员应认定为受贿罪,其近亲属以受贿罪共犯论处。最高人民法院、最高人民检察院《关于办理受贿刑事案件适用法律若干问题的意见》第7条第2款规定,"特定关系人与国家工作人员通谋,共同实施前款行为的,对特定关系人以受贿罪的共犯论处"。但是,如果国家工作人员和特定关系人没有事前通谋,特定关系人利用或者通过国家工作人员的职权或职务上的便利条件为他人谋取利益,单独索取、收受请托人财物,这种情况下能否以受贿罪追究国家工作人员的刑事责任?长期以来,对这一问题存在不少争议。

结合本案看,被告人朱某平在收受刘某所送500克金条这一事实中,其本人与刘某并不相识,其妻子金某和刘某在业务交往中相识。刘某在得知金某系朱某平的妻子后,欲让金某通过朱某平向相关人员"打招呼",以帮助自己承接土石方工程。朱某平应妻子金某要求,为刘某承接土石方工程向相关人员"打招呼",后妻子金某收受刘某所送的500克金条。金某将金条带回家后告知朱某平,朱某平因担心刘某不可靠,遂让金某退还该金条,但金某并未退还,此后朱某平发现金某未退还金条,未再继续要求金某退还。

[①] 参见最高人民法院刑事审判第一、二、三、四、五庭主办:《刑事审判参考》(总第106集),法律出版社2017年版,第1145号案例。

本案在起诉、审判时,《关于办理贪污贿赂刑事案件适用法律若干问题的解释》尚未出台,对上述行为是否应该评价为受贿罪,主要形成以下两种意见:一种意见认为,收受金条系被告人朱某平妻子金某的个人行为,朱某平在得知金某收受金条后立刻让金某退还,这一行为表明朱某平主观上并没有受贿的故意,而妻子金某并未退还,此种情形下,不应对朱某平有过高的要求,朱某平在该笔事实中不构成受贿罪;另一种意见认为,朱某平虽在得知妻子金某收受刘某所送金条后有过退还的意思表示,但其在发现妻子并未退还后,未继续坚持要求妻子退还,表明其主观上仍然具有受贿的故意,应当认定为受贿罪。

法院同意后一种意见。国家工作人员和特定关系人没有事前通谋,国家工作人员利用职务上的便利为请托人谋取利益,特定关系人索取或收受请托人财物的,判定国家工作人员是否具有受贿的故意,关键看其对收钱一事是否知情以及知情后的态度。具体可以分为以下几种情形:

第一种情形,特定关系人索取、收受请托人财物后一直未告知国家工作人员,直至案发国家工作人员才知道其收钱的事实。在这种情况下,由于国家工作人员主观上对收受财物没有认知,无受贿之故意,显然不能以受贿罪追究其刑事责任。但是,根据2015年修订的《中国共产党纪律处分条例》第80条的规定:"利用职权或者职务上的影响为他人谋取利益,本人的配偶、子女及其配偶等亲属和其他特定关系人收受对方财物,情节较重的,给予警告或者严重警告处分;情节严重的,给予撤销党内职务、留党察看或者开除党籍处分。"虽然国家工作人员对收钱一事确不知情,但由于没有管住身边人,仍可能面临党纪处分。

为了弥补可罚性漏洞,《中华人民共和国刑法修正案(七)》[以下简称《刑法修正案(七)》]增设了利用影响力受贿罪。在上述情形中,对于收受财物的特定关系人,若其为请托人谋取的是不正当利益,可能构成《刑法》第388条之一规定的利用影响力受贿罪。本案中,金某在被告人朱某平要求其将金条还给刘某后,其不仅没有退还金条,后又再次收受刘某所送500克金条,但其因为害怕朱某平说她而未再告诉朱某平。对再次收受刘某所送金条的事实,因朱某平并不知晓,不能认定其具有受贿的故意,故检察机关未再列入其受贿事实中加以指控。而此时,金某收受第一根金条的行为有可能构成利用影响力受贿罪。

第二种情形,特定关系人索取、收受他人财物,国家工作人员及时退还或者上交。国家工作人员在知晓特定关系人收受财物后,及时退还或者上交的,表明国家工作人员对收受请托人财物持反对、否定的态度,主观上没有受贿的故意,不能以受贿罪追究其刑事责任。《关于办理受贿刑事案件适用法律若干问题的意见》第9条第1款规定,国家工作人员收受请托人财物后及时退还或者上交的,不是受贿。根据该款规定,既然国家工作人员本人收受财物后及时退还或者上交的不构成受贿,那么,国家工作人员知道特定关系人收受财物后及时退还或者上交的,也应坚持同一标准,不应评价为受贿。需要注意的是,这种情况下特定关系人仍有可能构成利用影响力受贿罪,"及时退还或者上交"仅作为利用影响力受贿罪的一个酌定量刑情节予以考虑。

第三种情形,国家工作人员知道特定关系人索取、收受请托人财物后,虽有退还的意思表示,但发现特定关系人未退还后予以默认的。此种情形也就是朱某平案中存在的情况,应当认定国家工作人员主观上具有受贿的故意。结合本案看,具体有以下两点理由:

其一,被告人朱某平应妻子金某的要求为请托人刘某承接工程提供帮助,事后得知妻子收受刘某所送金条。从主观上看,朱某平对所收受财物的性质有明确的认识,知道该金条是其先前利用职权为刘某谋利行为的回报。

其二,被告人朱某平得知妻子收受金条后,的确有要求妻子退还的意思表示,但不能简单地根据这种言语表达来否定朱某平主观上具有受贿的意思。朱某平要求妻子退还金条的动机,是朱某平和刘某不熟悉,担心刘某不可靠,害怕随便收"生人"的钱容易出事。要求妻子退还金条,反映了朱某平对收受财物一开始是持担忧、疑虑和否定态度的。但最终,朱某平发现妻子并未按其要求退还金条,未再坚持让妻子退还,亦未将金条上交,说明朱某平经一番权衡考虑之后,还是心存侥幸,对收受请托人财物持默许、认可和接受的态度。对受贿故意的考查判断,不能孤立地看国家工作人员得知特定关系人收受他人财物这一时间节点的个别言语和行为,而要综合考查国家工作人员在知情后,是否积极敦促、要求特定关系人退还财物,最终对收受他人财物是否持认可、默许的态度。国家工作人员和特定关系人处于同一利益共同体,共同体中的任何一方收受他人财物的行为,客观上应视为"利益共同体"的整体行为。当国家工作人员发现特定关系人未按要求退还财物仍然默许的,表明其对共同体另一方收受财物的行为总体上持认可态度,当然应对这种客观上未退还的不法后果担责。本案中,检察机关对该笔事实以受贿罪追究朱某平的刑事责任(对其妻子金某另案处理),也得到了法院的认可。《关于办理贪污贿赂刑事案件适用法律若干问题的解释》第16条第2款明确规定:"特定关系人索取、收受他人财物,国家工作人员知道后未退还或者上交的,应当认定国家工作人员具有受贿故意。"可见,《关于办理贪污贿赂刑事案件适用法律若干问题的解释》亦明确了此种情形下应当认定国家工作人员具有受贿的故意。

第四种情形,国家工作人员知道特定关系人索取、收受请托人财物后,要求特定关系人退还,特定关系人欺骗国家工作人员财物已经退还。这种情形下,客观上财物未退还或者上交,能否依据《关于办理贪污贿赂刑事案件适用法律若干问题的解释》认定符合"国家工作人员知道后未退还或者上交"的要求,直接判定国家工作人员具有受贿的故意?笔者认为,应当从案件实际情况出发,谨慎判断受贿故意的有无。若国家工作人员知道特定关系人收受财物后强烈反对,坚决要求特定关系人及时退还财物并多次提醒、督促,特定关系人欺骗国家工作人员财物已经退还,根据案件的具体情况,确有合理理由相信国家工作人员被蒙蔽,确信财物已经退还的,不宜认定其主观上具有受贿的故意。

第五种情形,国家工作人员知道特定关系人索取、收受请托人财物后,口头要求特定关系人退还财物,事后不再过问此事,特定关系人实际未退还财物的。司法实践中,该种情形并不少见,办案机关也经常听到国家工作人员提出类似辩解,"开始我不知道她收了钱,她告诉我后,我让她赶紧还掉,谁知道居然没有还"。这种情形比较复杂,需要结合具体案情,包括国家工作人员有无积极监督和督促特定关系人退还财物、事后有无接触并问询请托人、有无亲自向请托人退还财物的条件、有无上交财物的条件等,综合判断国家工作人员要求特定关系人退还财物的意思表示是随口说说,还是确有此意。如果国家工作人员对退还财物持"还不还根本无所谓"的态度,事后也不再过问财物是否退还,甚至在得知特定关系人再次索要、收受请托人财物后仍默许和收受的,应当认定其主观上具有受贿的故意。

第六种情形,国家工作人员知道特定关系人索取、收受请托人财物后,坚决要求特定关系人退还,而特定关系人始终不肯退还并和国家工作人员就此发生矛盾、冲突,最终财物未退还或者上交。此种情形下,国家工作人员要求退还财物的态度是明确的,表明收受财物实质上违背了国家工作人员的意愿,但由于在利益共同体内部,国家工作人员和特定关系人就是否退还财物发生了激烈的对抗冲突,此时能否将特定关系人收受财物的结果归责于国家工作人员?此种情形下认定国家工作人员是否具有受贿故意,容易产生较大分歧。在《关于办理贪污贿赂刑事案件适用法律若干问题的解释》出台后,有意见认为,国家工作人员对收受财物知情而客观上未退还或上交的,应直接适用《关于办理贪污贿赂刑事案件适用法律若干问题的解释》的规定,判定国家工作人员具有受贿的故意,而不问国家工作人员和特定关系人在归还财物一事上是否有分歧、矛盾和冲突。笔者认为,由于国家工作人员和特定关系人利益的一致性和关系的亲密性,法律对国家工作人员提出了"退还或者上交"财物的严格要求,只要客观上财物未退还或者未上交的,在考查国家工作人员是否具有受贿意图时通常会作出不利于国家工作人员的推断,但这种情形也不能一概而论。例如,国家工作人员的情妇收受请托人一块翡翠,国家工作人员知道后坚决要求其退还,情妇不肯退还并和国家工作人员发生争吵甚至大打出手,情妇将翡翠藏匿并以揭发其与国家工作人员的特殊关系相要挟,拒绝退还翡翠,国家工作人员为此和情妇断绝关系。在此情况下,国家工作人员的坚持要求退还、和情妇断绝关系等一系列行为,反映其主观上并没有受贿的故意,但由于情妇藏匿翡翠,国家工作人员客观上无法退还和上交翡翠,又因情妇以告发关系相要挟,我们很难期待国家工作人员会主动揭发其情妇。在类似案例中,应从案件的基本情况出发,客观、公正地认定国家工作人员是否具有受贿故意,谨慎判断是否以受贿罪追究国家工作人员的刑事责任。

三、概括性主观故意的认定和运用

(一) 裁判规则

受贿罪中的概括性主观故意,是指国家工作人员利用职权为请托人谋利后,请托人给予其近亲属财物,但是并没有告知具体数额,近亲属也没有告知具体数额。一般认为国家工作人员对其近亲属收受财物的情况并不需要具体明知,近亲属收受财物的细节不影响国家工作人员受贿的主观故意。

(二) 规则适用

行为人的主观罪过包含对罪行的认识因素和意志因素。认识因素制约着意志因素,也是罪过成立的前提,是行为人对犯罪基本事实以及自己行为的社会危害性的认识。在共同犯罪中,这种认识还包含对其他共犯的犯罪行为的认识及对共同犯罪行为一体性的认知。在共同受贿犯罪中,行为人不仅要认识到自己与他人利用职务便利谋取利益,还要认识到通过共同行为获得了贿赂。共同犯罪人在共同犯罪过程中虽然都是相互独立的行为主体,每个行为人的主观故意和客观行为受共同故意的制约,但仍具有一定的随意性,共犯之间不可能有完全统一的思想和行动。不能要求每个共同犯罪人都了解其他共同犯罪人的犯罪活动的整个过程及一切细节。① 如果要求行为人对自己和他人行为的认识完全符合客观事实,就会过度缩小故意成立的范围。② 不能因为行为人不知道其他共犯的具体行为过程,便否认存在共同故意的认识因素。因此,只要行为人的认识与客观事实的不符没有达到一定程度,就应当认为没有阻却共同故意的成立。事实上,有些客观要素并不需要行为人认识,共同犯罪人只要明知行为会发生危害社会的后果,并且希望或者放任这种结果发生,就可以成立共同犯罪的概括故意。

【指导案例】薄熙来受贿案③

检察机关指控,被告人薄熙来利用担任大连市人民政府市长、中共大连市委书记、辽宁省人民政府省长、商务部部长等职务上的便利,为大连实德集团有限公司(以下简称"实德集团")谋取利益,通过其妻薄谷开来、其子薄瓜瓜先后多次收受实德集团董事长徐某给予的在法国的别墅、薄谷开来和薄瓜瓜的机票等旅行费用,共计折合人民币 2068.1141 万元。

薄熙来及其辩护人提出的辩解和辩护意见认为:薄熙来对所购别墅的运作过程、产权关系、面积、价值等全部细节均不知晓,对徐某为薄谷开来和薄瓜瓜等人

---

① 参见姜伟:《论共同故意》,载《法商研究》1994 年第 4 期。
② 参见贾宇、王东明:《论共同故意中的认识因素》,载《中国法学》2009 年第 6 期。
③ 案号:(2013)鲁刑二终字第 110 号。

支付机票、住宿、旅行费用以及购买电动平衡车、归还信用卡欠款均不知情,不应作为受贿认定。

法院一审判决认定:薄熙来利用职务便利为实德集团谋取利益,相关证据能够印证薄熙来对于徐某为薄谷开来、薄瓜瓜支付相关费用、给予财物等事实知情,至于其是否知道各种费用、财物的具体数额、支付方式等情况,不影响对相关事实的认定。被告人和辩护人的该项辩解和辩护意见不能成立。薄熙来在上诉中认为,徐某为其妻子、儿子以及请托人支付的费用不应认定为其受贿。二审裁定认为:在案证据可以证实上诉人薄熙来对徐某在薄瓜瓜上学期间为薄谷开来母子支付相关费用一事概括知情,在此期间,徐某应薄谷开来、薄瓜瓜二人要求支付相关费用,包括应二人要求为二人亲友支付的费用均应当认定为薄熙来明知并认可薄谷开来、薄瓜瓜收受徐某财物的数额。

在贪污受贿犯罪中,如何认定行为人的犯罪主观方面是一个十分疑难、复杂的问题。如果适当运用概括故意的理论分析相关问题,往往会事半功倍。案例中关于薄熙来是否构成受贿罪,是否符合该罪的主观要件这一问题有争议。仔细分析该案不难发现,被告人薄熙来及其妻子、儿子与大连实德集团董事长徐某之间,长期存在着权钱交易关系,这种长期的意思联络就是一种概括的故意心态,即薄熙来利用职务便利为徐某的实德集团谋取利益,徐某给予薄熙来的妻子、儿子和家庭以财物回报。对于此权钱交易关系,双方均持默认态度,多份证据都可以证明这一点。在这种权钱交易的概括故意、长期故意心态之下,薄熙来对其妻子、儿子接受徐某财物不知具体细节当然不影响其主观之明知;其对具体财物的事后知情和认可是包含在其事前、事中的概括性权钱交易主观意图之中的,并不影响对其受贿罪主观要件的认定。薄熙来明知其这种行为会侵害国家机关工作人员的职务廉洁性,仍然希望这一危害结果发生。虽然对于一些金钱往来薄熙来本人并不知道具体细节,但其对整体受贿犯罪行为的概括故意心理是不容否认的。对于具体数额的认定,受贿人如果基于一种概括的受贿故意收受贿赂,应当以其实际收受的贿赂数额进行定罪处罚。不过这一实际的金额要在受贿人原本可以知晓的范围内,即符合其"明知"的范围,不能超出其概括故意的边界。

四、巨额财产来源不明罪的主观罪过认定

(一)裁判规则

巨额财产来源不明罪的主观罪过应当是故意,但是此罪的故意具有一定的特殊性,即行为人只要认识到有财产来源不明即可,不需要明知超出财产来源的非法性;且行为人对来源不明财产的认识,不取决于行为人的供述,多数情形下是基于经验的推定。

(二)规则适用

巨额财产来源不明罪的主观方面是故意,但究竟是直接故意还是间接故意以

及故意的内容,存在不同的见解。理论界存在直接故意说和直接故意与间接故意并存说两种观点。持直接故意说观点的学者认为,本罪只能由直接故意构成,但就故意的内容又有两种观点:一种观点认为,直接故意的具体内容是行为人明知超过自己合法收入且差额巨大的这一部分财产或支出的来源,在被责令说明其来源时,能够说明来源而故意不予说明;另一种观点认为,直接故意的内容是行为人明知自己的巨额财产为非法所得,有义务说明,也能够说明来源,但为了掩饰、隐瞒其真实性质,逃避应负的责任,拒不履行说明财产来源的义务,而希望损害国家机关的威信、玷污国家机关工作人员职务的廉洁性。持直接故意与间接故意并存说的学者则认为,本罪的故意同时包括直接和间接两种意志因素,即由对财产所有权侵害的直接故意和对国家机关正常活动侵害的间接故意构成。

根据《刑法》的规定,国家工作人员如果不能解释其超出合法收入的巨额财产的来源,即构成犯罪,并没有规定行为人是否明知超出财产来源的非法性。要求国家工作人员了解自己财产的性质及其来源的观点,是一种没有根据的假设,因为对于国家工作人员不解释其财产的真实来源,司法机关无法鉴别和判断其是"不能"还是"不愿",故只要国家工作人员未能解释其不明财产的来源,则无须探求其系主观上不愿还是客观上不能。行为人针对巨额财产来源不明这种不法状态并非没有心理态度,但对心理态度的把握要符合该罪立法的初衷以及司法实践。有些学者将巨额财产来源不明罪的刑事责任称为"严格责任"。严格责任的概念来源于英美法系刑法理论,并非指行为人没有任何过错,而是指无须证明行为人有没有过错及构成何种过错,就可令其承担刑事责任。在严格责任下,主观上的罪过不是构成犯罪和追究刑事责任所必须具备的要件,检察机关证明行为人主观罪过的举证责任得以免除。但如果行为人能够证明,由于某种客观原因其不可能知道财产来源的情况,就不能追究行为人的刑事责任,即应当将由于客观原因造成行为人不能解释其财产来源的情况排除在严格责任之外。在严格责任下,虽然排除了检察机关证明行为人具有罪过的举证责任,但是并不否定行为人可以通过证明自己的无罪过而进行抗辩。

【指导案例】王某忠受贿、巨额财产来源不明案[①]

案发后,侦查机关依法扣押、冻结了被告人王某忠夫妇的人民币、外币、存单、借据(债权)及金银首饰、玉器、高级手表等款物,共计折合711.4804万元,从侯某清、孙某文、余某强、杨某宇处追回赃款共计230万元。王某忠夫妇生活消费支出和其他开支共计折合144.3067万元。王某忠共有价值1085.7872万元的财产,除受贿犯罪所得517.1万元和合法收入计88.1061万元外,王某忠对价值480.5811万元的财产不能说明合法来源。

---

① 案号:(2004)刑复字第15号。

对于被告人王某忠关于不清楚家中有价值480余万元的巨额财产的辩解和辩护人关于指控王某忠犯巨额财产来源不明罪的证据不充分的辩护意见,经查:本案扣押的巨额财产,不仅有被扣押钱物持有人、见证人在《暂予扣留、封存物品登记表》上的签字,还有持有人关于被扣押钱物来源的证言,王某忠对于拥有巨额财产的事实,应当是明知的。王某忠的辩解及其辩护人的辩护理由不能成立,法院不予采纳。

第四章 犯罪形态

一、收受房屋但未过户的既未遂区分标准

(一) 裁判规则

行为人参与选房、选定装修方案等,对相关房屋已形成事实上的控制,行贿人对房屋已无实际控制力的,可以认定受贿人构成受贿的既遂。

(二) 规则适用

在肯定数额犯存在未完成形态的前提下,理论界关于贿赂犯罪(主要集中在受贿类犯罪)既遂、未遂的区分标准,也有很大的分歧。大致有以下三种代表性的观点:(1)取得财物说。该说主张,受贿罪既遂的标准应当是国家工作人员是否已经收受或索取到他人的财物,已经收受或索取到他人财物的,表明国家工作人员的行为已经现实地侵害了其职务行为的不可出卖性;如果没有收受或没有索取到财物的,表明国家工作人员的职务行为的不可出卖性还没有现实地受到侵害,而只能成立未遂。还有观点认为,受贿罪系结果犯,以受贿人开始收到贿赂为着手行为,以收取贿赂为实施行为,以受贿人意志以外的原因未实际获取贿赂为未遂的结果状态。(2)承诺说。该说认为,只要受贿人与行贿人达成收受贿赂的具体约定,受贿罪就已经成立既遂;如果受贿人与行贿人未达成收受贿赂的具体约定,受贿罪就只能成立未遂。因为当行贿人与受贿人达成收受贿赂的约定时,权钱交易的本质特征就已经具备了。达成协议,其具体的贿赂的内容、方式、时间、手段等已经具备,国家工作人员职务行为的廉洁性已经受到了侵犯。(3)索贿和收贿区别说。该说认为,应根据受贿的不同形式,作具体分析。对于索取贿赂型的犯罪行为,完成索贿行为时,就已经严重侵害了受贿罪保护的法益,即国家工作人员职务行为的廉洁性。即使行为人索贿后未能取得他人财物,也会在观念上造成国家工作人员的职务行为可以用金钱衡量的事实。可以说,索贿行为最为大众感情所不能容忍。因此,在索取贿赂型受贿罪中,行为人完成索贿并且相对方已经知悉其要求,犯罪即告既遂,行为人是否收到财物,对于行为的定性应无影响。而对于收受贿赂,则应以行为人收到贿赂并为他人谋取利益作为既遂标准。收受

型受贿,应是受贿者实施了"非法收受他人财物"和"为他人谋取利益"两个方面的行为,当行为人仅仅承诺为他人谋取利益,或者仅仅收受他人财物,或者仅仅为他人谋取了利益,均未构成犯罪既遂。所以在非法收受他人财物以后,只有受贿人又实施了利用职务便利为他人谋利的行为,才构成既遂。有学者还强调,由于受贿罪的保护法益是国家工作人员职务行为的不可收买性,所以在索取贿赂的情况下,即使行为人没有取得贿赂,但其索要行为已经侵害了职务行为的不可收买性。换言之,就索取贿赂而言,应当以实施了索要行为作为受贿既遂标准,而不应在索取行为之后添加收受贿赂这一所谓实行行为。

笔者认为,"取得财物说"的观点是基本可行的,即认为将行为人实际取得财物(包括实际控制财物)作为受贿罪既遂标准是可行的,因为其符合数额犯的认定标准。行为人开始实施索贿或者收贿行为,并实际取得(或控制)了财物,应认定为受贿罪的既遂;反之,行为人开始实施索贿或者收贿行为,由于意志以外的原因,没有实际取得或者控制财物,即"收而未得",应认定为受贿罪的未遂。不过,对受贿罪实行行为的开始,应根据索贿和收贿作不同的认定。索贿应当以索要行为的实施作为受贿犯罪实行行为的开始,收贿应当以收受财物作为受贿犯罪实行行为的开始。一般情况下,是否取得财物是容易认定的,但在某些特殊情况下,如何判断是否取得财物容易引起既遂与未遂的争议。《关于办理受贿刑事案件适用法律若干问题的意见》"八、关于收受贿赂物品未办理权属变更问题"部分规定:"国家工作人员利用职务上的便利为请托人谋取利益,收受请托人房屋、汽车等物品,未变更权属登记或者借用他人名义办理权属变更登记的,不影响受贿的认定……"司法实务中,针对行贿、受贿双方为逃避打击而采取不断变化的方式、手段、方法所进行的特殊形式的权钱交易行为,要根据上述意见的精神,结合行贿、受贿双方主观心态和客观行为的隐蔽性、实质性进行综合判定。

房屋、汽车等与一般物品不同,一般财物除非另有约定,按照占有即所有的原则加以认定,即只要占有一物品就可以认定为所有,除非存在借用关系。故在收受一般财物的案件中,国家工作人员只要非法收受了他人财物,不能证明存在借用关系的,财物所有权就发生了转移,受贿就可以认定为既遂。而在收受房屋、汽车等需要变更权属登记的案件中,将变更权属登记认定为受贿既遂没有争议,但对于没有变更权属登记的如何认定存在一定争议。按照物权法的一般理论,房屋、汽车等物品按照登记来确定权属,登记在谁的名下就归谁所有,故国家工作人员虽然占有了房屋或者汽车,因为没有变更权属登记,根据物权法的规定,辩方就会辩称该占有行为是一种民事法律关系而非受贿罪。但《关于办理受贿刑事案件适用法律若干问题的意见》规定,国家工作人员利用职务上的便利为请托人谋取利益,收受请托人房屋、汽车等物品,未变更权属登记或者借用他人名义办理权属变更登记的,不影响受贿的认定。根据上述意见的规定,可以看出,对于收受房屋、汽车等需要变更权属登记的物品,即使没有变更权属登记也不影响受贿的认定,这一规定从实质判断入手突破了民事法律关系。问题是《关于办理受贿刑事案件适用法律若干问题的意见》只规定了构成受贿罪,并未明确构成受贿罪的既遂还是未遂。笔者认为,收受房屋、汽车等不要求以办理权属变更手续为认定受贿既遂与否的条件,只要双方有明确的送、收的意思表示,受贿方实际占有房屋、汽车等,构成了刑法上的事实占有,即可认定为受贿既遂。刑法上非法占有的认定标准与物权法上合法所有的认定标准并不完全一样,非法占有目的的实现并不以得到法律上的确认为条件,是否在法律上取得对房屋、汽车等的所有权,不对事实上占有房屋、汽车等的认定构成障碍。如盗窃或者抢劫汽车,既不需要也不可能要求盗抢行为人办理车辆过户手续,同样可以认定盗窃或者抢劫既遂。

【指导案例】杨某某受贿案——国家工作人员收受请托人所送房产,但并未过户,构成受贿既遂还是未遂?[①]

2012年下半年,行贿人郭某提出,为被告人杨某某在合肥市买一套房。后郭某、杨某某二人一起去看房。因财产申报问题,杨某某关照郭某以郭某的名义购房,并交代了房屋装修的细节。同年10月,郭某购房后按照杨某某的要求装修。当郭某欲将购房材料、房产证、钥匙等交给杨某某并过户时,杨某某表示再等一段时间。其间,郭某还因资金周转困难向杨某某提出用该套房屋抵押贷款,杨某某表示同意。2015年,因组织调查,杨某某要求郭某将房屋处理掉,因房产面积太大,一时难以找到买家,郭某遂征得杨某某同意,将郭某三个孩子的户口迁入该房屋。

2013年上半年,郭某在杨某某家提出,为杨某某在上海工作的妻子侯某某买一套住房,杨某某表示同意,并提出因侯某某工作原因,要在浦东新区体育中心附近购买。郭某遂与侯某某联系,并与侯某某选定了位于乳山路的一套洋房。因在沪购房资格问题,郭某在2013年年底以其亲戚的名义签订了购房合同,安排其公司员工支付了450万元首付款,并以其亲戚的名义在银行办理了380万元按揭贷款。后郭某告诉侯某某房屋密码锁的密码,侯某某看过房屋后提出装修方案,郭某遂找人装修。之后,郭某将购房之事告诉杨某某,杨某某要郭某保管房产证、钥匙等。2014年年初,杨某某因被举报,要求郭某暂停装修。2015年,因组织调查,杨某某要求将该房屋处理掉,郭某遂安排人将房屋出售。

根据相关规定,国家工作人员收受请托人房屋,未变更权属登记或借用他人名义变更权属登记的,不影响受贿的认定。本案中,房屋虽未过户给杨某某,但杨某某系受贿无疑问。杨某某收受两套房屋系犯罪未遂还是既遂,存在两种观点。第一种观点认为,本案中两套房屋未过户到杨某某名下,杨某某也未实际入住,尤

---

① 本案例未检索到公开发表的信息。

其是合肥市的房屋,杨某某甚至没有拿钥匙;上海市乳山路的房屋也只是知道房屋密码锁的密码,故在既遂的认定标准上,以是否入住、拿钥匙等具体行为作为参考,应认定杨某某的行为系受贿未遂。第二种观点认为,对本案中的两套房屋,可以以是否装修、拿到钥匙等作为区分既未遂的标准。杨某某和其妻子侯某某均参与了选房、选定装修方案等,侯某某还知道了乳山路房屋的密码锁密码,对相关房屋已形成实际支配,郭某仅负责找人装修、保管房产证、钥匙等,对房屋并无实际控制力。郭某用合肥市的房屋作抵押、为掩盖罪行迁入子女户口及出售乳山路房产等均需杨某某同意,故杨某某的行为属受贿既遂。

二、行为人收受银行卡但未实际支取的犯罪形态

(一) 裁判规则

行为人收受银行卡,不论受贿人是否实际取出或者消费,卡内的存款数额一般应全额认定为受贿数额,并且是既遂。

(二) 规则适用

对收受银行卡或其他财产凭证如何区分受贿罪的既遂和未遂? 在行贿人以受贿人的名义办理银行卡,并在银行卡中存入一定金额的案件中,受贿人收受了该银行卡就应当视为受贿罪的既遂,因为取得银行卡就意味着取得了财物。但对收受以行贿人的名义办理的银行卡,并且钱款没有从银行卡里取出的,在认定其构成既遂还是未遂之前,需要分清银行卡内的款项是由银行占有还是由持卡人占有。银行占有说认为,银行卡中的款项由银行占有,持卡人对于银行卡中的款项只具有债权而不具有物权。持卡人占有说认为,银行卡中的款项不是由银行占有,而是由持卡人占有,因为持卡人可以随时取出卡内的款项,其持有银行卡与持有货币并无实质上的区分。

笔者赞同持卡人占有说。因为我国《刑法》第196条第3款规定,盗窃信用卡并使用的,按照盗窃罪定罪处罚。根据这一规定,行为人窃取了信用卡就意味着占有了信用卡内的款项。关于盗窃数额,根据1998年最高人民法院发布的《关于审理盗窃案件具体应用法律若干问题的解释》第10条规定,以行为人盗窃信用卡后并使用的数额来认定。根据持卡人占有说的观点,只要对银行卡内的款项具有完全的支配权,如掌握密码、随时可提取等,无论持卡人是否为银行卡的名义人,都应当认定占有了银行卡内的款项。但如果银行卡内有未提取款项,受贿数额的认定是否可以参考《关于审理盗窃案件具体应用法律若干问题的解释》的规定呢? 笔者认为,不能一概而论,因为盗窃信用卡并使用的,未使用部分可以视为对信用卡所有人未造成损失,故不计入盗窃的总额中。但在收受银行卡的案件中,银行卡是名义人主动交给受贿人的,该交付行为可以视为银行卡内所有款项的全部转移,因为即使银行卡内有未使用款项,银行卡的名义人也不会主张权利。《关于办理商业贿赂刑事案件适用法律若干问题的意见》也作了明确规定,收受银

行卡的,不论受贿人是否实际取出或者消费,卡内的存款数额一般应全额认定为受贿数额。使用银行卡透支的,如果由给予银行卡的一方承担还款责任,透支数额也应当认定为受贿数额。

【指导案例】程某志受贿案①

1997年至1998年6月间,被告人程某志担任河南石油勘探局副局长兼采购开采聚丙烯酰胺招标小组组长。在河南石油勘探局进口聚丙烯酰胺的招标活动中,中国国际企业合作公司代理的外国投标商英国联胶公司生产的1285聚合物中标。1997年5月2日、1998年4月18日,中国国际企业合作公司与河南石油勘探局签订了聚丙烯酰胺的购销合同。2000年8月,双方经协商修改了合同中英国联胶公司生产的聚丙烯酰胺1285HN的单价和总价。同年8月4日,英国联胶公司的代理商陈某顺(另案处理)为感谢程某志在业务活动中的合作,送给程某志一张存有8.1867万美元的招商银行"一卡通"银行卡,储蓄种类为整存整取2年期,折合67.8841万元人民币;同时还有一张写有银行卡密码和数额的字条。后程某志变更了密码,并将该银行卡和字条存放于自己租用的保管箱内,案发后被起获。

法院认为,被告人程某志身为国家工作人员,利用职务上的便利,为他人谋取利益,非法收受他人巨额钱款,其行为已构成受贿罪,依法应予惩处。程某志及其辩护人所提"一审判决认定的第一起事实定性不准,证据不足,程某志没有利用职务便利为他人谋利"等上诉理由和辩护意见,经查,程某志身为国家工作人员,利用职务上的便利,收受陈某顺给予的"一卡通"银行卡后即变更密码,并将该卡存放在其在银行租用的保管箱中,直至案发被查获的事实,显见其主观上对该卡及卡中存款有非法占有的故意,虽尚未实际领取该存款,但其收受钱款的行为已经实施终了,故已构成受贿罪。程某志提出"一卡通"银行卡是陈某顺委托其购买股票所用,并无证据证实。

三、行为人收受贿赂但尚未为他人谋取实际利益的犯罪形态

(一)裁判规则

国家工作人员明知他人有请托事项而收受其财物,视为承诺"为他人谋取利益",是否已实际为他人谋取利益或谋取到利益,不影响受贿的认定,应当认定为受贿既遂。

(二)规则适用

关于受贿罪的"为他人谋取利益"这一要件的司法认定问题。刑法规定的受贿罪是一种隐性的目的犯,可以从为他人谋取利益这一主观目的的实现行为推导

---

① 参见《最高人民法院公报》2004年第1期。

出行为人主观上的目的。尽管在刑法学界对于为他人谋取利益这一要件的性质存在争议,但司法解释中对此已予以明确。为他人谋取利益包括承诺、实施和实现三个阶段的行为。只要具有其中一个阶段的行为,如国家工作人员收受他人财物时,根据他人提出的具体请托事项,承诺为他人谋取利益的,就具备了为他人谋取利益的要件。明知他人有具体请托事项而收受其财物的,视为承诺为他人谋取利益。《最高人民法院公报》2004年第9期,"刘某东贪污、受贿案"提炼的裁判摘要指出,根据《刑法》第385条第1款的规定,国家工作人员明知他人有具体请托事项,仍利用职务之便收受其财物的,虽尚未为他人谋取实际利益,其行为亦构成受贿罪。在对具体请托事项的认定中,如何理解请托事项的具体性,关系到受贿罪的成立。从目前的司法实践情况来看,往往是只要请托人与受托人之间具有职务上的相关性,例如属于行政相对人,在予以照顾等这样十分笼统的请求下,就视为明知有具体请托事项而收受财物,认定其收受行为具备了为他人谋取利益的要件。这种对具体请托事项的理解,消解了为他人谋取利益这一受贿罪的构成要件,请托事项应当是具体的。

【指导案例】潘某梅受贿案①

2004年上半年,被告人潘某梅利用担任迈皋桥街道工委书记的职务便利,为南京某发展有限公司受让金桥大厦项目减免100万元费用提供帮助,并在购买对方开发的一处房屋时接受该公司总经理许某某为其支付的房屋差价款和相关税费61万余元(房价含税费121.0817万元,潘某梅支付60万元)。2006年4月,潘某梅因检察机关从许某某的公司账上已掌握其购房仅支付部分款项的情况而补还给许某某55万元。

关于被告人潘某梅及其辩护人提出潘某梅没有为许某某实际谋取利益的辩护意见,经查,请托人许某某向潘某梅行贿时,要求在受让金桥大厦项目中减免100万元的费用,潘某梅明知许某某有请托事项而收受贿赂;虽然该请托事项没有实现,但"为他人谋取利益"包括承诺、实施和实现三个阶段的行为,只要具有其中一项,就属于为他人谋取利益。承诺"为他人谋取利益",可以根据为他人谋取利益的明示或默示的意思表示予以认定。潘某梅明知他人有请托事项而收受其财物,应视为承诺为他人谋取利益,至于是否已实际为他人谋取利益或谋取到利益,只是受贿的情节问题,不影响受贿罪的认定。

---

① 参见最高人民法院指导性案例3号。

四、以明显低于市场的价格购买尚未办出产权的店面房,是构成受贿罪的既遂还是未遂

(一) 裁判规则

以明显低于市场的价格购买尚未办出产权的店面房,与购买违章建筑并不相同,店面房存在市场价值,应以受贿罪的既遂追究行为人的刑事责任。

(二) 规则适用

不能犯又称不可罚的不能犯,是指并不构成犯罪因而不具有可罚性的情况。不能犯的本质是缺乏实现犯罪的危险性,从而与具有侵害法益危险的未遂犯相区别。不能犯一般包括三种情况:一是方法不能;二是对象不能;三是主体不能。综合分析这三种情况,"毛某洪受贿案"看起来最接近对象不能。对象不能即行为人具有实现犯罪的意思,但其行为所指向的对象并不存在,因而不可能发生结果,但逐一分析,不难发现不能犯理论也难以完全解释"毛某洪受贿案"的客观情况。因为该案中的房屋也可能因为补正相关手续,达到既遂的结果,这一点与不能犯未遂的要件也不相符。笔者认为,基于我国在此类房屋上所存有的现实情况,没有办理产权证的店面房与违章建筑并不完全相同,虽然存在将来可能无法办理产权证的情形,但就行为人购买房屋时而言,此类房屋的价值在购买时是现实存在的,故应以既遂论处。

【指导案例】毛某洪受贿案[①]

被告人毛某洪,原浙江省杭州市萧山区人民政府农业和农村办公室副主任,曾任杭州市萧山区益农镇镇长。

2003年年底至2006年年底,毛某洪在担任杭州市萧山区益农镇镇长期间,利用职务便利,为浙江大立建设有限公司法定代表人傅某剑、杭州洪晨包装有限公司原总经理俞某良、杭州萧山益农沙地绿色纯品瓜果蔬菜实验场负责人俞某马、浙江荣盛控股集团有限公司董事长李某荣等16人谋取利益,先后50次非法收受上述人员所送的现金,共计价值人民币71.92万元、美元0.8万元和港币1万元。其中,毛某洪除收受俞某良所送美元0.1万元外,还在其处低价购买店面房一间,详情如下:

2003年上半年,俞某良通过协议从杭州市萧山区益农镇人民政府获得了益农大道南北两侧土地的开发使用权,并在未办理相关开发手续的情况下,在益农大道南侧建造了一幢3层商住一体的店面房,并于2005年上半年开始面向社会公开销售。2005年8、9月份至2006年6月份左右,毛某洪利用自己担任益农镇镇长的职务便利,为俞某良个人及其公司在高峰用电协商、土地开发等方面谋取利益。

---

① 参见苟红兵:《低价购买违章建筑物的受贿认定》,载《人民司法(案例)》2009年第20期。

2006年上半年,毛某洪欲购买俞某良开发的店面房。俞某良为感谢毛某洪在其违法建造店面房等方面的关照,将这套市场价值鉴定为46.54万元的店面房以30万元的价格销售给毛某洪。为掩盖低价出售的事实,毛某洪以其妻子的名义,用46万元的价格与杭州洪晨包装有限公司签订了虚假集资建房协议,并由俞某良妻子在协议上注明"款已全付"的字样,从而以低于市场价16.54万元的价格购得此店面房。

本案的犯罪形态是既遂还是未遂?

严格意义上说,受贿罪中收受未办理产权过户手续的房屋与收受已经办理产权过户手续的房屋,二者之间是有一定的区别的,因为受贿犯罪对职务活动廉洁性的侵害有其特定的内涵,其表现就是利用职权收受财物。因此,它在规范意义上的犯罪结果,应当是行为人实际上已经取得了贿赂财物。《关于办理受贿刑事案件适用法律若干问题的意见》第8条肯定了未办理权属变更登记的行为不影响受贿的认定,但并没有明确它的犯罪形态以何种形式存在,故法院认为应当根据案件的实际情况,对各个案件进行具体分析,对于那些因为意志以外的原因而没有达到犯罪结果的案件,应当以犯罪未遂进行分析和论证。所以,《关于办理受贿刑事案件适用法律若干问题的意见》第8条肯定了该情形应当以受贿罪定性,但其犯罪形态包括犯罪既遂和犯罪未遂两种情况。

认真分析前述两种观点,不难看出它们的法理依据所在。

第一种观点认为,俞某良开发的房屋属于违章建筑,毛某洪不可能取得该房屋的所有权。这实际上是以犯罪形态中的不能犯为视角进行分析的。因为本案中的房屋,即受贿客体处于不确定状态,毛某洪能不能取得以低价购买的房屋的所有权,还需要一系列的后续程序,这一点能不能在有关执法机关得到确认,是一个未知数,这与对象不能指明的对象不存在又有较大的差别。这也是此种理论认定毛某洪的行为不构成受贿罪的症结所在。

第二种观点认为,毛某洪以30万元的价格购买了46万余元的房屋,实际上就是以明显低于市场价格的方式购买了请托人的房屋,其行为就是受贿行为。这一结论就是适用《关于办理受贿刑事案件适用法律若干问题的意见》第8条的规定得出的。事实上,认真解读《关于办理受贿刑事案件适用法律若干问题的意见》第8条的规定,应当注意到此处规定未变更权属登记的前提应当是可以变更。以可以变更为前提,就表明此处所指的房屋在交易前是已经拥有合法产权或能够拥有合法产权的。本案中违章修建的房屋,在产权尚不确定的情况下,毛某洪想取得产权也不可能办到(至少在案发时尚不能办到),这显然与《关于办理受贿刑事案件适用法律若干问题的意见》第8条所规定的前提条件不相符。所以,不能简单地将本案的情形等同于《关于办理受贿刑事案件适用法律若干问题的意见》第8条所规定的情形。

就本案而言,毛某洪以明显低于市场价格的方式购买房屋并没有办理产权登记手续的情形,与《关于办理受贿刑事案件适用法律若干问题的意见》第 8 条规定的未变更权属登记情形并无本质的区别。但是,本案中的房屋作为违章建筑物,在案发阶段尚未取得房屋的产权,显然是由于意志以外的原因造成的,所以本案应当认定为受贿未遂。本案在犯罪未遂的类型划分上又是一个难点,因为,本案中违章建筑物的合法产权能不能取得尚处于不确定状态,所以,无论本案的犯罪人如何实施行为,都有可能达不到既遂的目的,这一点与刑法未遂理论的能犯未遂恰恰是相反的。能犯未遂是指犯罪人所实施的行为本身可能达到既遂,但由于意志以外的原因而未得逞。那么,刑法理论中的不能犯未遂能不能解释本案呢?不能犯未遂是指行为人已着手实行犯罪行为,但由于对有关犯罪事实存在认识错误,致使行为不可能达到既遂状态,然而又因具有危险性而依未遂处罚的情况。但是,本案中的房屋,也可能因为补正相关手续,达到既遂的结果,这一点与不能犯未遂的要件也不相符。

五、贪污罪既遂、未遂的区分标准

(一) 裁判规则

贪污罪是一种以非法占有为目的的财产性职务犯罪,与盗窃、诈骗、抢夺等侵犯财产罪一样,应当以行为人是否实际控制财物作为区分既遂与未遂的标准。

(二) 规则适用

理论界存在着有关贪污罪既遂、未遂区分标准的争议。观点一认为,贪污罪未遂,应当以是否实际取得公共财物为界限。有论者进一步解释认为,"取得"可以等同于"占有",占有与否决定犯罪构成齐备与否,可以成为判断既遂、未遂的标准。这种观点即"实际取得说"或称为"占有说"。观点二认为,贪污罪既遂、未遂的界限应以公共财物的所有者、管理者有没有丧失对其所有或者管理的公共财物的控制。此观点即"失控说"。观点三认为,应以行为人是否取得对财物的控制权作为区分贪污罪既遂、未遂的标准,即"控制说"。观点四认为,应考虑两个因素:一是所有人、管理人对财产的失控;二是行为人对财产的控制,即只要行为人已经现实地具有随时支配财物的可能性,就形成了实际的控制。此观点即"失控+控制说"。

笔者认为,应以"控制说"作为认定贪污罪既遂、未遂的区分标准。具体理由如下:

其一,贪污罪中所要惩罚的是对公共财物的非法占有,一般不问是谁最终所有,只有这样才能借助刑法的力量保护公共财物不受侵犯。只要是国家工作人员利用职务便利,采取各种非法手段未经所有权人同意将公共财物永久控制在个人手中或非法对财物进行具有所有权性质的处分,使财产所有权发生事实上转移的,就是对公共财物所有权造成了实质性侵害,即构成贪污罪所要求的非法占有。

因而,若采用"实际取得说"的标准,则不利于保障公共财物的安全。

其二,应以最为合理地符合"犯罪构成要件齐备说"的要求来界定何种区分标准最优。首先,"犯罪构成要件齐备说"主张,区分犯罪既遂与否应以行为人所实施的行为是否具备了《刑法》分则所规定的某一犯罪的全部构成要件为标准,即强调主客观相统一。从主客观相统一的原理出发,贪污罪构成要件齐备的客观标志是侵吞、窃取、骗取等犯罪行为造成了行为人非法占有公共财物的实际结果;主观标志是行为人达到了非法占有公共财物的目的。若采用"失控说",只能反映犯罪结果的发生即公共财产所有权受到侵犯的因素,不能反映犯罪目的是否实现的因素;而"失控+控制说"貌似全面,既考虑到公共财产所有权受到侵犯的情况,又考虑到行为人的主观目的,但忽视了财产所有单位已经失控而行为人尚未实际控制的情况,逻辑上缺乏科学性。"控制说"以行为人是否通过侵吞、窃取等行为方式对公共财物进行实际控制为标准来界定既遂与未遂,不仅可以在客观方面体现贪污罪非法占有公共财物的犯罪结果,也能彰显行为人的主观目的。因此,只有"控制说"才能最全面地反映犯罪结果和犯罪目的两方面的因素。

此外,2003年11月13日施行的最高人民法院《全国法院审理经济犯罪案件工作座谈会纪要》规定,"贪污罪是一种以非法占有为目的的财产性职务犯罪,与盗窃、诈骗、抢夺等侵犯财产罪一样,应当以行为人是否实际控制财物作为区分贪污罪既遂与未遂的标准",彰显出以"控制说"作为犯罪既遂与未遂的区分标准具有司法实践上的可行性。因而,贪污罪既遂与未遂应以行为人是否实际控制财物作为区分标准,行为人控制财物后,是否将财物据为己有,不影响贪污罪既遂的认定。

【指导案例】龚某、孙某贪污案——是贪污罪既遂还是未遂①

1999年6月,被告人龚某、孙某在担任某石油公司经理期间,受某国有农场的委托为农场代购200余吨柴油。两名被告人利用职务便利,合谋要求供货单位经办人陈某在开发票时加大货款金额,陈某按二被告人的要求,提供了货款金额为50万元的普通销售发票(实际支付货款45万元)。农场按票面价额将50万元汇入被告人所在的石油公司。同年9月,个体承运人朱某找到龚某,要求向石油公司借钱周转,龚某、孙某商议后,决定将虚报支出形成的5万元应付款取出借给朱某。为掩人耳目,龚某、孙某以支付欠购油款的名义将5万元汇到供货单位,同时出具一张"收到退回的多汇油款5万元"的收条,加盖石油公司公章后交给朱某,让朱某持此收条到供货单位取款,朱某取款后,向龚、孙出具了借条。龚、孙不但未将借条交公司入账,反而要求朱某还款时将此款还给二被告人个人。2002年

---

① 参见赵红宇:《是贪污既遂还是未遂》,载中国法院网(https://www.chinacourt.org/article/detail/2002/08/id/10259.shtml),访问时间:2020年4月8日。

1月,二被告人不再担任正、副经理职务。二被告人离任后,未将此款移交,并多次找借款人朱某索款。案发后,检察机关从朱某处将赃款追回。

本案中,二被告人系受国有单位委托从事公务的人员,在从事公务期间侵吞公共财产,其行为构成贪污罪,对此并无争议。但对于二被告人的行为是贪污罪既遂还是未遂,产生了较大的分歧。

第一种意见认为,二被告人的行为属贪污罪既遂。其一,以"失控说"作为划分贪污罪既遂、未遂的理论依据:认为只要单位失去了对财产的占有和控制,单位的财产所有权就已经受到了非法侵犯,行为人即构成贪污罪既遂。本案中,龚某、孙某将虚报支出形成的5万元应付款从本单位汇到供货单位,本单位自汇票汇出之日起就失去了对该财产的控制权,即满足"失控说"的观点,构成贪污罪既遂。其二,以"控制说"作为区分标准:认为只要行为人对公款进行了控制,即构成贪污罪既遂。龚某、孙某虽未直接占有该款,但龚某、孙某将公款出借给朱某,其出借行为的本质是行使了对该公款的处分权。二被告人用欺骗的手段使其实现了对财产的控制,其行为构成贪污罪既遂。

第二种意见认为,二被告人的行为属贪污未遂。持此意见者以"占有说"作为划分贪污罪既遂与否的理论依据,即以被告人是否实际取得公款作为贪污罪既遂的要件。本案中,二被告人虽具有占有公款的主观故意,但并没有实现对公款的实际取得。将公款出借给朱某、要求朱某还款时将公款还给个人,这些行为的本质并非对公款的处分,而是为了达到非法占有的目的而采取的一种手段,是贪污的过程而不是贪污的结果。要实现对公款的实际占有,还需要供货单位经办人陈某和借款人朱某的配合。借款人朱某常年为石油公司承运货物,与二被告人本无私交,其与二被告人的关系仅仅基于对二被告人职权的依赖,且朱某也明知该款系公有,二被告人离职后,朱某是否会将此款归还给个人、二被告人最终是否能够实现对该公款的实际占有,仍处于不确定的状态。

法院判决认为,被告人为达到非法占有的目的,已经实施了非法占有的手段,但尚未真正实现对公款的非法占有。所以,二被告人的行为属贪污罪未遂。但是依据《全国法院审理经济犯罪案件工作座谈会纪要》的规定,应以行为人是否实际控制财物作为认定标准,即在本案中,二被告人虚构退款事实,并将单位的款项以退款的名义汇出,与他人建立债权债务关系。此时,不但单位失去了对财物的控制,而且行为人实际上已经控制了该财物,因而应作为贪污罪既遂认定。

六、如何认定以不动产为对象的贪污罪既遂、未遂

(一)裁判规则

贪污不动产犯罪的,只要行为人利用职务之便,采取欺骗等非法手段,使公有不动产脱离了公有产权人的实际控制,并被行为人现实地占有,或者行为人已经

就所有权进行了变更登记的,即可认定贪污罪既遂;在办理不动产转移登记之后,即使不动产尚未实现事实上的转移,也不影响贪污罪既遂的成立。

(二)规则适用

以不动产为对象的贪污以及一般的侵占类犯罪的既未遂认定问题,在理论和司法实务中均不无争议。其中,较为典型的观点有以下两种:一种观点认为,实施了意图实现非法占有目的的行为,即可认定为贪污罪既遂;另一种观点认为,只有当所有权登记结束之后,才构成贪污罪既遂。前者属于占有意思行为观点,其立论依据在于,行为人所侵占之不动产通常属于行为人所经手、管理之物,无须进一步实施转移占有的行为;后者属于严格的登记主义观点,其立论依据在于,不动产的转移以登记为其成立要件,未经登记即意味着所有权并未受到侵害。

理论上有观点分析指出,以上两种意见既有合理之处,又有偏颇之处。占有意思行为观点注意到了贪污罪的对象本来就是行为人所经手、管理之物这一点,是其可取之处,但过分强调这一特点,势必会从实际上排除贪污罪的未遂形态,而且也难免以偏概全,有悖于客观实际,毕竟将为他人管理、保管之物转化为自己占有之物,通常情况下尚需实施更为具体的行为,尤其是不动产。登记主义观点注意到了不动产转移的特殊性,但是片面强调这种法律意义上的转移,未能注意到贪污的对象物系行为人所管理之物及基于此所可能形成的事实性的转移,同样存在不足。在此需要说明的是,通过登记所达成的法律意义上的转移,因其行为的违法性,在法律上同样是无效的。因此,将刑法上的非法占有的认定标准完全等同于民法上的合法所有的认定标准是不妥当的,非法占有目的的实现并不以得到法律上的确认为充足,是否在法律上取得了对物的所有权,并不能对事实上占有某物的认定构成障碍。这一点与我国刑法将赃款赃物、违禁品作为财产犯罪的对象是同样的道理。故此,笔者主张,在贪污不动产犯罪中,只要行为人利用职务之便,采取欺骗等非法手段,使公有不动产脱离了公有产权人的实际控制,并被行为人现实占有的,或者行为人已经就所有权的取得进行了变更登记的,即可认定为贪污罪的既遂,而且,在办理不动产转移登记之后,即使不动产尚未实现事实上的转移,也不影响贪污罪既遂的成立。

【指导案例】王某贪污案——如何认定以不动产为对象的贪污罪既遂、未遂?①

被告人王某,原系上海华力食品公司(以下简称"华力公司")总经理。1997年至1998年,王某在担任该公司总经理期间,在未得到上级单位——中国包装物资集团总公司批准的情况下,向华力公司有关人员谎称总公司批准其购买住房,擅自动用华力公司款项55万元,以华力公司名义购买了别墅一栋,归个人及其家庭成员居住。同时,这55万元款项也以"其他应收款"入账。2003年,华力公

---

① 本案例未检索到公开发表的信息。

司向法院申请破产,王某作为破产工作领导小组副组长,将该"其他应收款"作为"呆死账"核销掉。在公司固定资产申报时,其所上报的固定资产均为零。3个月后,破产程序终结。该房产未被发现,直至2006年经他人举报而案发。检察机关以贪污罪向法院起诉。

案件审理中,王某辩护人称,别墅的产权人是华力公司而非王某,王某于1997年至2006年间只拥有该别墅的居住权,不动产的所有权取得应该以办理产权登记为标志,产权登记并没有改成王某个人的名字,说明别墅的产权并没有受到侵害,王某并没有侵占公私财产。公诉机关认为,在华力公司已宣告破产终结不复存在的情况下,王某通过欺骗手段让单位购买住房并实现了对该住房的实际占有,因此,是否办理变更产权登记不影响其将该住房占为己有的事实。法院判决认为王某身为国有企业中从事公务的人员,利用职务便利,采用欺骗手段,非法占有公共财物,其行为已构成贪污罪。

首先,在本案中,由于对不动产能否成为贪污罪的对象已有肯定的结论,不应以房屋属于不动产为由,而将共有房屋排除在贪污罪的犯罪对象之外。因此,王某构成贪污罪并无争议。其次,在贪污罪认定无异议的前提下,本案争议焦点在于,在涉案的不动产产权没有转移登记的情况下,贪污行为既遂、未遂的认定问题。虽然通常来说,不动产产权的转移是以登记为准,但在贪污不动产犯罪中,只要行为人利用职务之便,采取欺骗等非法手段,使公有不动产脱离了公有产权人的实际控制,并被行为人现实占有的,或者行为人已经就所有权的取得进行了变更登记的,即可认定为贪污罪的既遂。本案中,根据相关证据证明,王某向华力公司提交的购房申请是其采用隐瞒真相的手段得到的,其对涉案房屋并无合法占有权;在具体行为上,王某违反财务规定,应将别墅作为公司"固定资产"入账而不入,而以"其他应收款"名义挂账;至于华力公司破产期间,王某作为华力公司原总经理和破产清算小组副组长,没有履行其义务,说明该应收款的实际用途,却作为坏账核销,这些行为显然已经符合贪污罪中"非法占有目的"的要素。华力公司宣布破产后,公司作为权利人的主体资格不复存在,在以坏账名义核销该幢别墅后,公司作为所有权人的权利就被非法永久排除,而使该幢别墅置于被告王某的实际控制和占有使用下。尽管权属没有变更,但是王某已实际控制并使用了该别墅,已行使了所有权的主要内容,此时贪污罪即为既遂,应以贪污罪既遂来追究王某的刑事责任。

七、介绍贿赂罪的既遂标准如何认定

(一)裁判规则

介绍贿赂罪的既遂应以受贿人与行贿人取得联系并就权钱交易达成协议为既遂标准,即只要双方在介绍人的介绍下取得联系并就权钱交易达成协议的,无

论是受贿人先办事后收钱还是先收钱后办事,均应认定为既遂。

(二) 规则适用

关于介绍贿赂罪的既遂标准,理论界对此意见不一,主要有三种观点。第一种观点认为,行为人只要客观上为行贿、受贿双方极力沟通、撮合,并从中获取了数额较大的非法所得,就完全具备了介绍贿赂罪的主客观要件,应构成介绍贿赂罪的既遂。第二种观点认为,介绍贿赂罪的既遂应以行贿与受贿双方主体之间建立了贿赂的联系为标准,而不论行贿与受贿行为所追求的结果是否达到。只有当被介绍贿赂的行贿方或受贿方拒绝了贿赂介绍,才是介绍贿赂罪未遂。第三种观点认为,介绍贿赂罪的既遂标准是行贿、受贿得以实现。因为介绍贿赂罪是行为犯,行为犯的既遂以行为的实施完毕为标准。介绍贿赂行为的完成自然是以贿赂的实现为结束。笔者认为,本罪的既遂应当以行贿与受贿的实现为标准。也就是说,本罪属于结果犯,不仅要求有介绍贿赂的行为,而且要发生行贿与受贿得以实现的结果。同理,本罪的未遂,是指已经着手介绍贿赂行为,但由于意志以外的原因而未能使行贿与受贿得以实现。

【指导案例】张某军等受贿、介绍贿赂、行贿案①

被告人张某军系北京市公安局房山分局青龙湖派出所民警,与被告人任某雄系朋友。被告人任某雄与任某军系弟兄。被告人任某军、杨某坡均系北京普益利民有限责任公司职工。被告人杨某忠系北京良乡华昌双兴建材供应站负责人。

2006年3月间,杨某忠让杨某坡帮助办理其妻和三个子女的进京户口,杨某坡即与同事任某军联系,后任某军找到任某雄,任某雄让张某军帮助办理,张某军表示不同意。此后,任某雄与任某军商定由请托人出三四十万元,任某雄再次让张某军帮助办理,并称事成后给付张某军10万元,张某军未表示不同意。在与任某雄商定后,任某军让杨某坡通知杨某忠办理四人户口进京需40万元。杨某坡即通知杨某忠准备44万元,杨某忠觉得把钱给杨某坡风险较大,即未同意。2006年3月29日,杨某坡以自己的房产作抵押保证能够办理,杨某忠明知自己的妻子和子女不符合户口进京的条件,即同意花44万元办理其妻和三个子女的进京户口,并先期给付杨某坡4万元及10万元支票一张,当日杨某忠即回原籍迁其妻和三个子女的户口。在将10万元支票兑现后,杨某坡将10万元及迁出证明等交给任某军,任某军又交给任某雄。2006年4月6日上午,在任某雄欲将5万元交给张某军时,张某军表示让任某雄先拿着,等事后再说。后张某军利用其担任户籍民警的职务之便,在未经任何审批的情况下,私自将安某红、杨某里、杨某1、杨某2的户口由山西省迁入北京市房山区青龙湖镇坨里村大街10号。2006年4月10日,在给杨某忠之妻安某红办理了身份证并取得张某军办理的户口簿后,杨某坡

---

① 案号:(2006)房刑初字第00706号。

要求杨某忠兑现承诺,杨某忠又给付杨某坡5万元及25万元空头支票一张,并承诺在2006年5月10日前用25万元换回这张支票。2006年4月12日中午,杨某坡将5万元和25万元空头支票交给任某军,任某军给付杨某坡9900元。

法院认为,被告人张某军作为国家工作人员,利用职务上的便利,非法收受他人财物,为他人谋取利益,其行为已构成受贿罪;被告人任某雄、任某军、杨某坡向国家工作人员介绍贿赂,情节严重,其行为已构成介绍贿赂罪;被告人杨某忠为谋取不正当利益,给予国家工作人员财物,其行为已构成行贿罪,依法均应惩处。张某军由于意志以外的原因而受贿未得,系犯罪未遂,依法减轻处罚。

八、受贿犯罪既遂与未遂并存的处罚原则

(一)裁判规则

当受贿犯罪中既遂与未遂并存时,首先要分别根据被告人受贿的既遂数额和未遂数额判定其各自所对应的法定刑幅度;之后,如果既遂部分所对应的量刑幅度较重或者既遂、未遂部分所对应的量刑幅度相同的,则以既遂部分对应的量刑幅度为基础,酌情从重处罚;如果未遂部分对应的量刑幅度较重,则以该量刑幅度为基础,酌情从重处罚。

(二)规则适用

在只有既遂或者只有未遂的情况下,确定法定刑幅度的数额与犯罪数额是一致的。但在既遂与未遂并存的情况下,确定法定刑幅度的数额不再是既遂和未遂累计的犯罪总数额,而分别是既遂部分的犯罪数额或者未遂部分的犯罪数额。具体如何处理,可以从以下三个方面入手:

第一,厘清不同情形的处理原则。一是全案只有既遂或未遂的,确定法定刑幅度的数额与全案犯罪数额是一致的。二是既遂与未遂并存但只有一者符合定罪条件的,确定法定刑幅度的数额为构成犯罪的既遂数额或者未遂数额,不构成犯罪的既遂部分或者未遂部分并不存在确定法定刑幅度的问题。三是既遂与未遂并存且均符合定罪条件的,全案的法定刑幅度根据二者中对应的法定刑幅度较重的确定,如果幅度一致则以既遂处罚。四是既遂与未遂并存,均未单独构成犯罪但总数额符合定罪条件的,根据最高人民法院、最高人民检察院《关于办理非法生产、销售烟草专卖品等刑事案件具体应用法律若干问题的解释》的精神,按照既遂与未遂累计的犯罪总数额确定全案适用的法定刑幅度,并认定全案具有未遂情节。

第二,对未遂部分作是否减轻处罚的评价的分歧意见。在既遂与未遂并存且未遂部分对应的法定刑幅度重于既遂部分对应的法定刑幅度的情况下,先要确定未遂部分对应的法定刑幅度。实践中的难点在于对未遂部分法定刑幅度的确定有不同意见,以及能否对未遂部分减轻处罚、如何减轻处罚等问题。一种意见认

为,直接根据未遂部分的犯罪数额确定对应的法定刑幅度,与既遂部分比较后,择一重确定全案适用的法定刑幅度。如果未遂部分对应的法定刑幅度较重,将既遂部分与未遂部分的未遂情节在量刑过程中综合予以评价;如果既遂部分对应的法定刑幅度较重或者既遂部分与未遂部分对应的法定刑幅度一样,则将未遂部分及未遂情节在量刑过程中综合评价。这种方法在实践中简单易行,将未遂部分的未遂情节作为包括既遂部分在内的整个犯罪的未遂情节对待,进而对整个犯罪从轻或者减轻处罚。另一种意见认为,未遂部分的未遂情节应当仅适用于未遂部分,不能适用于整个犯罪,应当根据未遂情节对未遂部分先进行是否减轻处罚的评价后,再确定未遂部分对应的法定刑幅度,再与既遂部分进行比较,确定全案适用的法定刑幅度,并将未作评价的既遂数额在量刑时予以考虑。

第三,对未遂部分先作是否减轻处罚的评价。当未遂部分对应的法定刑幅度重于既遂部分对应的法定刑幅度时,在二者对应的法定刑幅度差别较大的情况下,允许减轻处罚能够防止量刑畸重。当未遂部分对应的法定刑幅度重于既遂部分对应的法定刑幅度时,在二者对应的法定刑幅度差别较小的情况下,先考虑未遂部分是否减轻处罚,有利于发挥既遂部分对未遂部分从宽幅度过大的限制功能,避免量刑畸轻。当既遂部分对应的法定刑幅度重于未遂部分对应的法定刑幅度或者二者一致时,这样处理能够避免在未遂问题上的自相矛盾。对未遂部分在与既遂部分比较法定刑幅度轻重时,先进行是否减轻处罚的评价,而不是与既遂部分对应的法定刑幅度进行比较后进行是否减轻处罚的评价,能够将未遂部分是否减轻处罚的评价限定于未遂部分,而不扩展到包括既遂部分在内的全案犯罪事实,从而避免了既认定全案既遂又将未遂部分的未遂情节作为全案未遂情节的情况。

【指导案例】杨某林滥用职权、受贿案——受贿犯罪既遂与未遂并存时如何处罚①

被告人杨某林隐瞒金隆煤矿2013年10月4日发生的重大劳动安全事故后,向贵州湾田煤业集团有限公司(以下简称"湾田煤业公司")副总经理陈某虹提出需要400万元用于协调有关事宜。经陈某虹等人商量,同意杨某林的要求。为规避法律责任,双方商定采用由杨某林出资60万元虚假入股,给予杨某林400万元。2013年11月,杨某林安排其侄子杨某出面与湾田煤业公司签订虚假入股协议。同年12月9日,按照杨某林的安排,杨某从杨某林的账户转款60万元给湾田煤业公司。应杨某林的要求,湾田煤业公司将该60万元以"入股"分红的形式退还给杨某林,并承诺于2014年4月底用200万元以"退股"形式收购杨某林50%的

---

① 参见最高人民法院刑事审判第一、二、三、四、五庭主办:《刑事审判参考》(总第103集),法律出版社2016年版,第1089号案例。

"股份",剩余200万元在同年6月兑现。2014年4月,杨某林因涉嫌犯滥用职权罪被调查,该400万元未实际取得。

2013年,根据贵州省和毕节市有关文件规定及会议精神,贵州百里杜鹃风景名胜区管理委员会(以下简称"百管委")将对辖区内煤矿企业进行兼并重组。自同年1月起,被告人杨某林兼任百管委煤矿企业兼并重组工作领导小组副组长。在煤矿企业兼并重组过程中,鹏程煤矿总经理朱某宝为实现兼并相邻煤矿的目的,请托杨某林将鹏程煤矿与相邻煤矿整合的方案上报,并愿提供协调费用。同年5月30日,杨某林通过杨某收到朱某宝贿赂的200万元。其间,中心煤矿负责人苏某省为规避产业政策,防止煤矿被关闭淘汰,请托杨某林将中心煤矿作为单列技改保留现状的煤矿上报。杨某林提出苏某省需提供300万元作为协调费用,苏某省答应。同年6月2日,杨某林通过杨某收到苏某省贿赂的300万元。在百管委开会讨论编制煤矿兼并重组方案时,杨某林在会上提出将鹏程煤矿与相邻煤矿整合、将中心煤矿进行单列保留上报的兼并重组方案。后经杨某林签字同意并将方案上报毕节市工能委。

案发后,湾田煤业公司将涉案款400万元上缴毕节市人民检察院,被告人杨某林亦退缴全部受贿所得赃款。

在受贿犯罪中,可能存在既遂、未遂或者既有既遂又有未遂三种情况。对于只有既遂或者未遂的定罪处罚,当无疑问。但是对于既遂与未遂并存的定罪处罚,则相对较复杂。司法实务中,对此争议较大。第一种观点认为,应仅以受贿既遂论处,不再追究未遂的刑事责任。第二种观点认为,在以受贿既遂论处的同时,将未遂作为从重量刑情节予以考虑。该观点又具体分为:(1)应全案以既遂认定,并在累计计算既遂和未遂数额后确定所对应的法定刑幅度,再考虑对未遂情节酌情从轻处罚;(2)应根据既遂和未遂的累计数额确定所对应的法定刑幅度,再考虑既遂和未遂的轻重情况,依法从轻或者减轻处罚。

2010年3月2日发布的《关于办理非法生产、销售烟草专卖品等刑事案件具体应用法律若干问题的解释》第2条第2款规定:"销售金额和未销售货值金额分别达到不同的法定刑幅度或者均达到同一法定刑幅度的,在处罚较重的法定刑幅度内酌情从重处罚。"2011年4月8日施行的最高人民法院、最高人民检察院《关于办理诈骗刑事案件具体应用法律若干问题的解释》第6条规定:"诈骗既有既遂,又有未遂,分别达到不同量刑幅度的,依照处罚较重的规定处罚;达到同一量刑幅度的,以诈骗罪既遂处罚。"笔者认为,上述司法解释为受贿犯罪既有既遂又有未遂的处罚提供了重要参考,实践中,可以借鉴并参照上述规则进行处理。具体言之,首先要分别根据被告人受贿的既遂数额和未遂数额判定其各自所对应的法定刑幅度;之后,如果既遂部分所对应的量刑幅度较重或者既遂、未遂部分所对应的量刑幅度相同的,则以既遂部分对应的量刑幅度为基础,酌情从重处罚;如果未遂部分对应的量刑幅度较重的,则以该量刑幅度为基础,酌情从重处罚。

本案中,被告人杨某林受贿既遂500万元,其中300万元系索贿,其受贿未遂400万元。杨某林受贿既遂、未遂所对应的量刑幅度相同,即按照《刑法》第383条第1款第(一)项[《刑法修正案(九)》实施前]的规定,应判处10年以上有期徒刑或者无期徒刑,可以并处没收财产;情节特别严重的,处死刑,并处没收财产。据此,一、二审法院以杨某林受贿既遂500万元所对应的法定量刑幅度10年以上有期徒刑或者无期徒刑,可以并处没收财产为基础,酌情从重处罚,并综合考虑其索贿的从重处罚情节及坦白、退赃的从轻处罚情节,以受贿罪(既遂)判处杨某林有期徒刑15年,并处没收个人财产50万元是适当的。

第五章　共同犯罪

一、贪污贿赂共同犯罪行为人身份不同时应如何处理

(一) 裁判规则

对共同犯罪人判处刑罚时,必须分清各共同犯罪人在共同犯罪中的地位、作用,做到罪刑相适应。在贪污贿赂共同犯罪中,具有两种不同身份的人,分别利用自己的职务便利,共同实施了同一种行为,应当以实行犯实行行为的性质定罪。

(二) 规则适用

我国《刑法》第 163 条规定,公司、企业的工作人员利用职务上的便利,索取他人财物或者非法收受他人财物,为他人谋取利益,数额较大的,构成公司、企业人员受贿罪。而国家工作人员尤其是国有公司、企业中从事公务的人员和国有公司、企业委派到非国有公司、企业中从事公务的人员索取财物或非法收受他人财物的,则构成受贿罪。由于上述两类人员主体的不同,而分别构成公司、企业人员受贿罪和受贿罪,因而当这两类主体共同实施受贿行为时,应如何定性处罚,颇有探讨的必要。这种共同犯罪中双方都属于有特定身份的人员,但具体身份的性质又不同,有的学者将这种情形称为混合特殊主体共同犯罪,主要存在"分别定罪说""主犯决定说""从一重处断说"等。"分别定罪说"认为,由于身份犯是刑法对具有特定身份的人构成犯罪所作出的特殊规定,法律对不同的身份所构成的犯罪已经作出明确规定,应当严格依照刑法的规定定罪处罚。"主犯决定说"源于司法解释的观点,而该司法解释的理论渊源可追溯到就无特定身份人与有特定身份人共同犯罪如何定罪问题,刑法学界曾经存在"主犯决定说"。最高人民法院《关于审理贪污、职务侵占案件如何认定共同犯罪几个问题的解释》第 3 条规定:"公司、企业或者其他单位中,不具有国家工作人员身份的人与国家工作人员勾结,分别利用各自的职务便利,共同将本单位财物非法占为己有的,按照主犯的犯罪性质定罪。"虽然这一司法解释只是针对贪污、职务侵占案件作出的,但依照同样的道理,不具有国家工作人员身份的公司、企业人员与国家工作人员各自利用职务便利,共同受贿的案件也要按照主犯的犯罪性质定罪。"从一重处断说"认为,对于

混合特殊身份主体相勾结实施职务犯罪应当坚持从一重罪处断的原则,因为共同犯罪的社会危害性决定了从一重处断原则的合理性,符合刑法对混合特殊身份主体勾结实施职务犯罪从重处罚的立法价值取向,可以保证刑法的平衡要求,并且操作简便易行。还有学者基于"部分犯罪共同说"的立场提出,除考虑实行犯的犯罪性质以外,还要考虑各行为人的行为所触犯的罪名考查共同犯罪人。"主犯决定说"虽然具有一定的合理性,但存在许多重大缺陷:首先,行为人在共同犯罪中所起作用的大小是确定共同犯罪人种类的依据,而不是定罪的依据。其次,以主犯的犯罪性质定性在只有一个主犯的情况下尚且可行,如果主犯为两人以上且主犯的身份不同如何定罪就会发生困难。最后,为犯罪分子避重就轻提供了条件。

尽管国家工作人员和公司、企业人员共同收受贿赂,但如果只是各自利用其职务上的便利,为他人谋取利益的,对这种情况分别定罪为宜。因为这种各自利用自己的职务便利实施的共同犯罪,实际上与有身份者及无身份者同为实行犯但没有利用有身份者的身份或职务便利的犯罪情形并无本质的不同。对于后者分别定罪是妥当的,但应在各自的法定刑幅度内结合刑法关于共同犯罪处罚原则的规定,予以适当处理。如果公司、企业人员在共同受贿中起主要作用,构成主犯的,则应根据《刑法》第26条的规定,在其构成的罪名之法定刑幅度内处罚,如果是从犯,则应在其构成的罪名之法定刑幅度内从轻、减轻处罚或者免除处罚。国家工作人员亦然。

【指导案例】苟某良等贪污、受贿案——具有两种不同特定身份的人共同侵吞企业财产、收受他人财物的行为应如何定罪处罚[①]

1993年1月至1995年8月,被告人苟某良伙同毕某兴、苟某全、刘某洪利用担任通江县百货公司经理、副经理等职务之便,大肆索取、收受他人现金;采取收款不入账和虚开发票等手段,侵吞公共财产。其中,苟某良伙同他人或单独索取收受他人现金14次,个人分得赃款6.8万元;伙同他人或单独侵吞公款现金6次,个人分得赃款1.9万余元。苟某全伙同他人索贿受贿8次,个人分得赃款4.9万余元;伙同他人贪污6次,个人分得赃款1.3万余元。毕某兴伙同他人索贿受贿5次,个人分得赃款2.69万余元;伙同他人贪污7次,个人分得赃款1.55万余元。刘某洪伙同他人索贿受贿4次,个人分得赃款1.75万余元;伙同他人贪污7次,个人分得赃款1.6万余元。案发后,苟某良、苟某全、毕某兴、刘某洪均退清全部赃款。

(1)共同犯罪是犯罪的一种特殊形态。在对共同犯罪人判处刑罚的时候,必

---

① 参见最高人民法院刑事审判第一庭编:《刑事审判参考》(总第4辑),法律出版社1999年版,第30号案例。

须分清各共同犯罪人在共同犯罪中的地位、作用,做到罪责刑相适应。

认定共同犯罪中的主犯应当根据其在参加实施共同犯罪活动中所处的地位、实际参加的程度、具体罪行的大小、对造成危害结果的作用等,全面地分析判断。本案中,被告人苟某良身为单位主要领导,伙同其他副职参与索贿、受贿和侵吞公款的次数多、数额大,为本案主犯;被告人苟某全、毕某兴、刘某洪参与索贿、受贿和侵吞公款的次数少、数额相对较小,为本案从犯。

(2)共同犯罪中不具有特定身份的人与具有特定身份的人构成共犯的问题已经解决。但是如果有两种不同身份的人,分别利用自己的职务便利,共同实施了同一种行为,应当按照什么原则定罪,是分别定数罪还是只定一罪,法律和司法解释均无明确规定。

本案中,苟某良不是国家工作人员,但是作为公司经理,具有职务侵占罪和商业受贿罪的特殊主体身份;另3名被告人是国家干部,具有国家工作人员的身份,符合受贿罪和贪污罪的主体身份特征。在这种情况下,苟某良和另3名被告人是统一定贪污罪、受贿罪还是定职务侵占罪、商业受贿罪,按照过去司法解释规定的精神,全案应按主犯犯罪的性质定罪。对此理论界有不同看法:一种观点认为,应当根据主犯犯罪的基本特征定罪;另一种观点认为,应当以实行犯实行行为的性质定罪。

主张按主犯犯罪性质定罪的观点,虽然有其合理的因素,但是总的来说不够科学。刑法理论认为,区分此罪与彼罪的标准是看行为符合何种犯罪的构成要件,共同犯罪也不例外,其性质主要是以行为特征来确定的,各共犯人的共同故意与共同行为符合何种罪的构成要件,就应定何种犯罪。而共犯人是主犯还是从犯,不是对共犯人定罪的根据。共同犯罪只能解决在同一犯罪活动中各被告人的作用、地位问题,并不能反映全案犯罪的基本特征。一个共同犯罪中可能有几个主犯,如果主犯的身份不同,以哪个主犯的身份定罪也会产生问题。因此,共同犯罪应以特定身份犯的行为性质作为定案的依据,无身份者应当按照有特定身份者的犯罪性质来定罪。

但是,本案的特殊性在于,4名被告人都是有特定身份的人,而且具有不同的特定身份。刑法对有两种不同特定身份的人实施的行为,分别规定了不同的罪名。在这种情况下,法院认为,虽然本案为共同犯罪,但应当按照他们利用各自的职务便利和身份构成的不同犯罪定罪量刑。这是因为:

第一,身份犯是刑法对具有特定身份的人构成犯罪所作出的特殊规定。身份的不同会直接影响犯罪行为的社会危害性的大小。既然法律对不同的身份所构成的犯罪已经明确作出规定,就应当严格依照刑法的规定来处罚。贪污罪、受贿罪和职务侵占罪、商业受贿罪是刑法规定的两种不同的身份犯,前者只能由经管公共财物的国家工作人员构成,后者只能由公司、企业或其他单位负责管理单位财物的人员构成。两罪的刑罚,前者重,后者轻。这反映了立法的基本精神,即对国家工作人员要从严惩处,对非国家工作人员的职务性犯罪,则相对从轻处罚。因此,在共同犯罪中将这两种不同身份的人分别定罪是符合立法精神的。

第二,从司法实践来看,类似问题是较常见的。如国家工作人员和本单位其他不具有国家工作人员身份的职工,共同利用各自职务上的便利,挪用本单位公款归个人使用,对国家工作人员以挪用公款罪定罪,对其他职工以挪用资金罪定罪,分别处罚。对此,无论是理论界还是实际工作部门都是认同的。当然在一般情况下,共同犯罪应当定一个统一罪名,但这不是绝对的,在承认共同犯罪的故意、共同犯罪的行为的同时,根据法律规定的主体身份的要求,分别确定不同的罪名,分别给予不同的处罚,既体现了共同犯罪人对自己所参与的犯罪行为负责的原则,也体现了罪责刑相适应的要求。

第三,须特别指出的是,共同犯罪中同案犯具有不同的特定身份,不是一律依其不同身份分别定罪,关键是看各被告人是否分别利用了本人的职务便利实施犯罪。如果利用了本人的职务便利,应当依照前述原则分别定罪处罚;如果没有利用各自不同的职务便利,仅仅是具有不同的特定身份,则全案应当以有特定身份的人利用职务便利实施的犯罪定性。这一点在司法实践中应当注意。

第四,本案中,对各被告人应根据各自的身份所构成的犯罪分别定罪量刑。被告人苟某良系公司经理,不具有国家工作人员身份,对其应定职务侵占罪和商业受贿罪。被告人苟某全、毕某兴、刘某洪具有国家工作人员身份,对其应定贪污罪和受贿罪。在量刑上,贪污罪、受贿罪较职务侵占罪、商业受贿罪处罚重。为避免主从犯量刑上的不平衡,对此类共同犯罪的处罚,应尽量减小量刑幅度。

但在法律适用上,关于对主从犯的处罚,因1997年《刑法》对主从犯的处罚规定较1979年《刑法》更轻,根据从旧兼从轻原则,应适用1997年《刑法》第26条第1款和第4款以及第27条的规定,而一、二审判决适用1979年《刑法》的条款不当。

二、共同受贿案件中受贿数额的认定

(一)裁判规则

共同犯罪是犯罪的一种特殊形态。在对共同犯罪人判处刑罚的时候,必须分清各共同犯罪人在共同犯罪中的地位、作用,做到罪刑相适应。原则上各共同受贿人要对共同受贿数额负责,但是简单共犯(难以区分主从犯)可按实际所得数额处罚。

(二)规则适用

虽然原则上各共同受贿人要对共同受贿数额负责,但是否将"部分行为全部责任"完全绝对化,受贿人一律对共同受贿数额负责,通常为理论界和实务界的困惑之处,因为一旦绝对化,常常与刑法规定的罪责刑相适应原则相矛盾。虽然从法理、立法精神上,对于共同受贿犯罪,原则上应当按照受贿人所参与的共同犯罪数额处罚,但为什么司法实践中总是存在按个人所得数额处罚的现象?因为不管采信哪种理论、哪种标准,如果过于绝对,都不可避免地会造成部分案件罪刑严重不相适应。绝对地以个人所得数额作为认定罪责依据,其合理性值得反思;同样,绝对地以参与的共同犯罪数额处罚,也会出现明显的不合理性。因此,必须坚持原则性和灵活性的统一,原则上坚持按照参与的共同犯罪数额处罚,但特殊情况下可以按照个人所得数额处罚,以实现罪刑相适应。最高人民法院研究室2012年印发的《关于共同受贿案件中受贿数额认定问题的研究意见》认为,对于共同受贿犯罪,被告人受贿所得数额原则上应当以其参与或者组织、指挥的共同受贿数额认定。但在难以区分主从犯的共同受贿案件中,行贿人的贿赂款分别或者明确送给多人,且按照各被告人实际所得数额处罚更能实现罪刑相适应的,依法按照被告人实际所得数额,并考虑共同受贿犯罪情况予以处罚。这一规定虽然不是正式的司法解释,但具有指导意义,可以作为参考。不过,该规定也明确按照被告人实际所得数额处罚需要具备两个条件。

一是行贿人的贿赂款分别或者明确送给多人。就行为特征而言,可以成立共同犯罪,但共同犯罪的特征并不典型。因为作为行贿人而言,并没有将数个受贿人作为一个整体,而是将贿赂款分别或者明确送给多人。作为受贿者而言,对每个人获得多少贿赂,往往并不清楚。行贿人的贿赂款分别或者明确送给多人,通常包括以下三种情况:(1)行贿人虽然将贿赂款交给一人,但行贿人明确是送给多人,甚至明确了每人的数额,收钱人只是根据行贿人要求转交他人。(2)行贿人以宴请、游玩等名义将多人聚在一起,当面将贿赂款送给每个人。各受贿人对共同受贿的事实认识清楚,但对其他人的受贿数额及受贿总额往往不清楚。(3)行贿人私下将贿赂款分别送给多人。各受贿人之间对彼此受贿事实有盖然性认识,但对他人是否接受贿赂及受贿数额欠缺明确认知。

二是按照个人实际所得数额处罚更能实现罪刑相适应。上述规定强调的另一个前提是"难以区分主从犯",如果能够区分主从犯,则说明案件中有主要作用者,主犯理应对全案形成的受贿总额负责,相应的,从犯可以比照主犯从轻、减轻或者免除处罚,因此大致能够实现罪刑相适应。但在难以分清主从犯的情况下,每个人都要对形成的总额负责,实际上让每个人都承担了主犯的责任,因而难以实现罪刑相适应。

【指导案例】陶某、蔡某受贿案[①]

2009年5月至2012年3月,被告人陶某、蔡某分别担任上海市崇明县中兴镇富圩村党支部书记、富圩村村委会主任。其间,陶某、蔡某利用职务便利,在负责修建该村进宅路工程过程中,向工程承包者刘某索取工程利润共计10.5万元,其

[①] 参见曲翔:《共同受贿中各被告人受贿数额的计算》,载《人民司法(案例)》2017年第14期。

中陶某、蔡某各得3.5万元。具体事实如下：

2009年9月，村委会决定在2009年内实施富圩村进宅路工程，并决定该工程由上海青鸿建筑工程有限公司（以下简称"青鸿公司"）承建。后被告人陶某、蔡某将该村进宅路混凝土路面工程发包给刘某时起意从中索取好处费，并以合伙做生意为名要求刘某仅从该工程人工费中获取利润，该工程在扣除人工费、材料成本费等费用后的盈利部分归陶某、蔡某以及欲承包该项工程的村民印某所有。为能承包到该项工程，刘某予以同意。同年11月5日，村委会与刘某挂靠的青鸿公司签订路面工程施工合同，合同约定：富圩村26条进宅路混凝土路面工程由青鸿公司承建，工程总价为71.604万元。嗣后，由刘某承建该项工程。施工期间，上述工程所需施工人员、设备、材料和施工进度等工作均由刘某负责，陶某、蔡某未参与该工程建设。2010年1月15日，上述进宅路工程验收合格。同年2月10日，村委会将进宅路工程款71.604万元汇入青鸿公司账户。次日，青鸿公司又将该笔工程款转至蔡某个人农业银行卡内。蔡某提取现金后，除支付刘某人工费和工程材料费以外，共结余14万元。在结账时，刘某提出因其在施工过程中存在返工情况故要求陶某、蔡某增加利润，两名被告人予以同意，并从盈利的14万元中付给刘某3.5万元；尚余工程利润10.5万元由陶某、蔡某、印某平分，三人各分得3.5万元。

公诉机关认为，被告人陶某、蔡某的行为应当以受贿罪追究刑事责任。

被告人蔡某的辩护人认为，蔡某的受贿金额应为3.5万元，理由是：刘某事前知晓将进宅路工程利润分配给案外人印某并对此予以同意，且印某在进宅路工程建设中从事了购买、签收材料和看管水泥等工作，故印某所得3.5万元不应计入两名被告人受贿数额。另外，虽然两名被告人都收受了刘某贿赂，但其分别仅收受了3.5万元，犯罪数额应当依照个人分得数额计算，故蔡某的受贿金额应为3.5万元。

在共同受贿犯罪案件中，各被告人应当以共同参与的受贿犯罪总额还是应当以个人实际所得数额定罪处罚？这一问题是本案控辩双方争议的焦点。

关于这一争议焦点，《关于共同受贿案件中受贿数额认定问题的研究意见》给出了答案：作为原则，对于共同受贿犯罪，应当根据各被告人参与或者组织、指挥的共同犯罪数额量刑；作为例外，对于难以区分主从犯的受贿共犯，行贿人的贿赂款分别或者明确送给多人，且按照个人实际所得数额处罚更能实现罪刑相适应的，可以按照个人所得数额处罚。对此，必须首先厘清两个问题：一是《关于共同受贿案件中受贿数额认定问题的研究意见》的适用范围问题，即能否直接适用于个案；二是能否适用于非国家工作人员共同受贿案件。

关于第一个问题，最高人民法院研究室就某一争议问题的研究意见解读属于对请示单位的批复，虽不具有与司法解释以及最高人民法院制定的相关指导意见同等的效力，但该类研究意见解读具有逻辑清晰、说理透彻的特点，并且对争议问题能够给出较为明确的倾向性意见,便于实务部门的理解与适用,因此在实践中被广泛参照适用。关于第二个问题,《关于共同受贿案件中受贿数额认定问题的研究意见》虽仅对共同受贿案件中受贿数额问题进行了说明,但是该研究意见的基本精神和法理依据并不受受贿人主体身份的影响,研究意见中的"受贿"可以作适当的扩张解释,即在非国家工作人员共同受贿案件中关于受贿数额的问题也可以参照上述精神加以适用,因此研究意见可以作为本案法官评判控辩双方争议焦点的依据。

《关于共同受贿案件中受贿数额认定问题的研究意见》中关于共同受贿案件中受贿数额认定问题的意见,说明共同受贿案件中各被告人并非一定按照共同参与的犯罪数额量刑。辩护人正是根据这一理由认为,被告人蔡某的受贿数额应当以实际所得的3.5万元予以认定。但法院认为,对共同受贿犯罪的数额认定问题,原则上应当依照共犯规定,按照"部分实行全部责任"的共犯归责原则,认定个人所参与的共同受贿犯罪的数额。而《关于共同受贿案件中受贿数额认定问题的研究意见》指出,关于共同受贿犯罪受贿数额的例外规定必须同时满足以下三个条件,在实践中应严格把握,缺一不可:第一,行贿人的贿赂款分别或明确送给多人,且各受贿人难以区分主从犯;第二,系被动受贿,非主动索贿;第三,按照个人实际所得数额处罚更能实现罪责刑相适应。

1. 原则:共同受贿案件适用"部分实行全部责任"的共犯通说

所谓"部分实行全部责任"原则,是指虽然行为人仅实施了部分实行行为,但也要对全部的实行行为及其产生的结果承担责任,该原则已是学界通说。"部分实行全部责任"的法理根据,也可谓共同正犯的处罚根据,即在共同正犯共同实施犯罪过程中,每个人都共同分担着犯罪行为、支配着整个犯罪事实,因而,虽然每个人仅实施了整体犯罪的一部分,但也应对全部犯罪结果承担责任。"部分实行全部责任"的共犯理论也应不例外地适用于共同受贿案件。申言之,在共同受贿案件中,共同正犯的实行行为体现为在共同受贿故意的支配下,利用各自权力相互配合共同为他人谋取利益,索取或收受他人贿赂,在犯罪中每个人均共同分担着犯罪行为,支配着整个犯罪事实,最终共同侵害了国家工作人员的职务廉洁性这一法益,造成了社会危害后果。而在受贿案件中,犯罪行为对法益的侵害程度和造成社会危害性的大小最直观的体现即为受贿者收受财物的数额,故共同受贿行为人对于全部犯罪结果承担责任的方式应是个人受贿数额以其参与、实施的全部受贿犯罪总额来认定,而非以其个人分得的实际数额来认定,从而直观体现"部分实行全部责任"的原则。此外,按照参与的共同犯罪数额处罚也是我国司法实践中处理其他类似犯罪的普遍做法,例如共同盗窃、贪污犯罪,对于共同受贿犯罪原则上也应当如此,否则执法不统一。因此,对于共同受贿犯罪原则上均应当按照参与的共同受贿犯罪数额认定。

2. 例外:在满足特定条件的情况下,共同受贿案件中各行为人可以实际所得数额定罪处罚

如上所述,虽然从法理上对于共同受贿犯罪应当按照其所参与的共同犯罪数额处罚,但在满足特定条件的情况下,共同受贿案件中各行为人可以实际所得数额定罪处罚。究其原因,虽然受贿犯罪的危害后果最直观的体现是受贿者收受财物的数额,但却并非主要体现在受贿"数额"上,而主要体现在利用职务便利为他人谋取的利益、造成国家的损失等受贿"情节"上。在共同受贿犯罪中,各人利用职务便利为他人谋取利益,从而直接造成国家损失和职务廉洁性受损等危害后果,各人对此都是明知或应当明知的,故应当严格贯彻"部分实行全部责任"原则无疑。但是,受贿数额并非受贿人利用职务便利为他人谋取利益的犯罪行为所必然导致的结果,故在例外情况下可以不适用"部分实行全部责任"原则,而应当适用以个人实际所得数额定罪处罚的例外规定,但应当同时满足以下三个条件:

(1)行贿人的贿赂款分别或明确送给多人,且共同受贿人难以区分主从犯

实践中,行贿人将贿赂款分别或明确送给多人的情况主要有三种:一是行贿人将一笔贿赂款送给某一(非)国家工作人员,由其在多名(非)国家工作人员间自主分配或按行贿人明示的数额转送其他人;二是行贿人以宴请、游玩等名义将多名(非)国家工作人员聚在一起,当面送给每个人一定的贿赂款,各受贿人对共同受贿的事实认识清楚,但对受贿总额和他人受贿多少并不知晓;三是行贿人私下将贿赂款分别送给多名(非)国家工作人员,受贿人之间对彼此是否受贿及数额多少均不明知。在第一种情况下,贿赂款由一人自主支配,一般可以区分主从犯,对于主犯应以其参与的全部受贿数额定罪处罚;对于从犯,也应以全部受贿数额认定,再结合刑法总则关于从犯的规定,比照主犯从轻或减轻处罚,从而实现罪刑相适应。但在后两种情况下,共同受贿人之间难以区分主从犯,受贿人又对受贿总额和各人分得数额并不知情,在不明知的情况下,如果要求所有受贿人均对其不明知的受贿数额承担全部责任,确实不合情理;而之所以不合情理,是因为各受贿人虽对利用职务便利为他人谋取利益具有共同的主观故意,但是对于收受行贿人财物的数额、方式这一重要的犯罪事实缺乏明显的共同故意和犯意联络,故而动摇了各受贿人成立共同犯罪的基础,导致"部分实行全部责任"这一共犯原则在适用时不可避免地遭遇障碍而影响对犯罪数额的认定。另外,受贿人若主观上对其他人收受财物与否和财物数额并不明知,客观上又没有收受其他人分得的贿赂款,根据主客观相统一原则,也不宜认定受贿人的受贿数额为其参与的受贿犯罪总额。

(2)各受贿人系被动收受贿赂而非主动索贿

在共同索贿案件中,各被告人事先均明知利用职务便利为行贿人谋取利益后将得到贿赂款,且至少对贿赂款的数额具有盖然性的认识,即对收受贿赂款的总额具有概括的故意。因此,索贿行为否定了各被告人收受贿赂款的被动性和不可

知性,故对于此类犯罪不应适用例外规定,而应当根据"部分实行全部责任"原则,以各被告人参与的共同犯罪数额定罪量刑,从而实现罚当其罪。

(3)按照个人实际所得数额处罚更能实现罪责刑相适应

对于本案,根据经审查明的事实,本案行贿人将贿赂款分别送给两名被告人,且两名被告人在犯罪过程中的地位、作用相当,故符合第一个条件,应无异议,不予赘述。两名被告人的行为是否符合第二和第三个条件?法院认为,被告人陶某、蔡某在发包村进宅路工程项目之前,主动向工程承包人刘某提出让其仅从人工费中赚取利润,将本应也归属于刘某的工程材料利润款据为已有,属主动索贿行为,刘某为能够顺利承包该工程而予以同意;虽然行贿人的贿赂款分别送给两名被告人,但是两名被告人系索贿,对受贿总额和各人应分得的数额均了然于胸,两名被告人所应承担的刑事责任应及于共同参与的全部犯罪数额。据此,按照个人实际所得的3.5万元处罚会导致对两名被告人的量刑畸轻,不能实现罪责刑相适应,故两名被告人的行为不符合适用例外规定的第二和第三个条件,进而不能以个人实际所得数额定罪处罚。

三、贪污共同犯罪中"个人贪污数额"应如何认定

(一)裁判规则

《全国法院审理经济犯罪案件工作座谈会纪要》明确,个人贪污数额,在共同贪污犯罪案件中应理解为个人参与或者组织、指挥共同贪污的数额,不能只按个人分得的赃款数额来认定。即共同贪污犯罪中的组织、指挥者的"个人贪污数额"是其组织、指挥共同贪污的犯罪总额,其他主犯和从犯的"个人贪污数额"按照其参与数额认定。

(二)规则适用

共同贪污犯罪数额,是指在贪污犯罪过程中,共同贪污犯罪人非法侵占的公私财物,又可以具体分为犯罪总额、参与数额、分赃数额和平均数额等。犯罪总额,反映了共同犯罪的规模和范围,是影响共同犯罪社会危害程度的主要情节之一。参与数额,是指各共同犯罪人具体参与实施的贪污数额。在同一共同犯罪中,并非每个人都参与每一起贪污犯罪,在该种情形下各共同犯罪人参与实施的贪污犯罪数额对该犯罪分子的定罪量刑具有重要意义。分赃数额,是指各共同犯罪人所分得的赃款或赃物的数额。共同实施贪污犯罪之后,往往存在一个分赃的问题,它在一定程度上反映了各共同犯罪人在共同犯罪中的地位和作用,对于正确适用刑罚有重大影响。平均数额,是指共同犯罪的总额与共同犯罪人数的比例这一数额。对共同犯罪人犯罪数额的分配承担问题,理论上有不同的认识。

一是分赃数额说。主张各共同犯罪人只对实际所得的赃物和赃物的数额承担刑事责任,体现了罪责自负原则,还可以以分赃数额确定各共同犯罪人在共同犯罪中的地位和作用,进一步分析共同犯罪人各自的社会危害性,最终为准确定

罪量刑奠定基础。但这种学说忽视了共同犯罪中的各共同犯罪人刑事责任的关联性、整体性特征,不符合共同犯罪的原理,有其局限性。

二是犯罪总额说。主张以共同犯罪的总额作为确定各共犯刑事责任的尺度,原则是要求各共犯对整个犯罪数额负责,体现了共同犯罪原理,已成为通说,但此学说亦有其局限性。如果对每个共犯都以共同犯罪数额作为量刑的基础,那就是不加区别地要求每个共犯都承担其他共犯的罪责,违反了罪责自负原则。

笔者认为,共同犯罪数额既是定罪情节,也是量刑情节。根据刑法理论"部分行为共同责任"的相关精神,对于共同贪污受贿案件中的各共犯,应当按照犯罪总额说的标准确定量刑的法律条款依据,但在此基础上可以将个人分赃数额作为酌定情节予以考虑。因为在共同贪污犯罪中,"个人贪污数额"指的是各共同犯罪人个人实施贪污行为涉及的犯罪总额,对贪污犯罪集团的首要分子,应当计算贪污集团预谋的以及所得的全部赃款、赃物的总额。在贪污犯罪集团中,有的首要分子可能并没有参与或直接实施全部贪污活动,有的甚至只是指挥、策划,具体的贪污行为一次也没有参与或直接实施。但是,其作为该犯罪集团的首要分子,根据《刑法》第26条的规定,应当"按照集团所犯的全部罪行处罚"。对于贪污犯罪集团中个别成员独立于犯罪集团意志之外而实施的个人贪污行为,应当排除在首要分子负责的总数额之外。对于贪污犯罪集团中的一般主犯和一般共同贪污犯罪案件中的主犯,应当计算其所参与的或者组织、指挥的全部贪污行为涉及的犯罪总额。对于共同贪污犯罪中的从犯,应当计算其参与的贪污行为所涉及的犯罪数额。为了做到罪责刑相适应,对各共犯除了按照上述犯罪总额定罪处罚外,还要考虑各共犯的分赃数额大小,即个人所得赃款、赃物的多少,作为酌定情节以确定适当的刑罚。

【指导案例】王某金等贪污案①

被告人王某金、梁某权在1997年至2000年间,利用各自任会计、出纳的职务之便,采取填写"误工、会议伙食补助表"的阿拉伯小写数字,不填写大写数字,待领导在补助表上签批同意报销手续后,再由王某金涂改小写数字数额,填上大写数字增加数额后入账的手段,从中贪污公款15笔共6.09万元,二被告人各分得3.045万元。另外,王某金个人还在2001年至2002年期间,采用上述手段,涂改金额8笔,贪污公款共1.8546万元。案发后,二被告人均全部退回了赃款。

法院认为,被告人王某金、梁某权身为国家工作人员,利用职务上的便利,采取填制补助表只填写阿拉伯小写数字,报领导签批同意后,再涂改补助表的小写

---

① 案号:(2004)海南刑终字第154号。

数字,并写上大写数额的手段,从中侵吞公款。王某金个人贪污公款 4.8996 万元,梁某权个人贪污公款 3.045 万元,二被告人的行为均构成贪污罪。鉴于二被告人在检察机关侦查阶段已全部退回所得赃款,认罪态度较好,有悔罪表现,可从轻处罚。依照《刑法》的相关规定,分别以贪污罪判处王某金有期徒刑 3 年,缓刑 3 年;判处梁某权有期徒刑 2 年,缓刑 2 年。

检察院认为人民法院判决适用法律错误,提起抗诉。抗诉认为:原判将二被告人实际分赃的数额按照 1997 年《刑法》第 383 条第 1 款的规定认定为"个人贪污数额",属适用法律错误。应参照《全国法院审理经济犯罪案件工作座谈会纪要》中对共同贪污犯罪中"个人贪污数额"的规定,即共同贪污犯罪的,不能只按个人实际分得的赃款数额来认定,而应按其所参与的共同贪污的数额确定量刑幅度。被告人王某金与梁某权"个人贪污数额"已满 5 万元,故应适用 1997 年《刑法》第 383 条第 1 款第(二)项规定判处。

二审法院认为,检察机关要求对二被告人所贪污的公款,应按其所参与共同贪污的数额 6.09 万元来确定量刑幅度,符合法律规定,应予支持。原审判决认定事实清楚,定性准确,审判程序合法,但适用法律条款及量刑不当,应予纠正。

四、如何认定特定关系人成立受贿罪共犯

(一) 裁判规则

受贿行为由为他人谋取利益和收受他人财物两部分组成。据此,特定关系人只要主观上与国家工作人员形成受贿的通谋,这里的通谋包括事前的通谋和事中的通谋,客观上实施了部分受贿行为,对此应当认定特定关系人与国家工作人员构成受贿罪的共犯。

(二) 规则适用

从犯罪的客观要件来看,共同犯罪必须有共同的犯罪行为,但共同的犯罪行为不等于相同的犯罪行为。由于受贿犯罪的特殊性,利用职务便利和收受财物可以由不同的人分别实施,比如国家工作人员和特定关系人均实施了受贿罪客观方面所要求的某种行为,有的是索取或收受他人财物,有的是利用职务便利为他人谋取利益。不论分工如何、参与程度如何,所有行为人的犯罪行为都是有机联系且具有共同性的。故国家工作人员利用职务上的便利为请托人谋取利益,授意请托人将财物给予特定关系人,或者特定关系人收受财物,明示或暗示国家工作人员为他人谋取利益的,也要对特定关系人以受贿罪的共犯论处。从犯罪的主观要件来看,共同犯罪必须有共同的受贿犯罪故意。共同的受贿犯罪故意,是指参与受贿的各行为人均对收受他人财物的非法性抱有明知的主观心理,并在利用职务便利为他人谋取利益方面存在意思联络。通常表现为行为人之间具有利用国家工作人员的职权为他人谋取利益及收受财物的共同意志,各行为人都希望通过权钱交易获得财物,并在主观上具有密切的联系。"谋利"人和"取财"人之间具有

"意思联络",也称犯意上的联络,是认定行为人构成受贿罪并追究其刑事责任的不可缺少的重要条件。国外有理论认为,共犯的主观要件是意思联络;我国刑法理论通说也认为,正是通过意思联络,各共同犯罪人的个人犯罪故意才结成一体从而转化为共同的犯罪故意,但对共同犯罪人之间的意思联络是否一定要明示则存在不同的意见。笔者认为,受贿犯罪中的意思联络既可以是明示的也可以是暗示的,既可以体现为行为人之间相互沟通、协调,也可以体现为行为人相互之间形成的默契;且主观上的密切联系不限于语言的交流,身体动作、眼神、暗示等均可以成为沟通和交流的方式。

【指导案例】蒋某、唐某受贿案——如何认定国家工作人员与特定关系人的共同受贿行为[①]

2002年上半年,被告人蒋某、唐某确立情人关系后,共谋由唐某出面为开发商办理规划手续和规划调整业务并收受钱财,利用蒋某担任重庆市规划局领导的职务之便协调关系,解决调规问题。2004年11月,唐某在蒋某的帮助下成立重庆市嘉汇置业顾问有限公司,取得丙级城市规划资质等级。为了让该公司顺利开展代办规划业务,蒋某要求下属市规划局用地处原处长陈某关照唐某的业务,陈某表示同意。

被告人蒋某、唐某共同收受1615.0367万元的事实:

2004年至2007年,重庆长安房地产开发有限公司薛某、重庆市锦天集团卢某红、重庆金鹏物业(集团)有限公司戴某超、重庆市沙坪坝区覃家岗塑料制品有限公司徐某荣、重庆三木实业有限公司范某琴、重庆佰富实业有限公司李某旗、重庆天龙房地产开发有限公司叶某均、中国四联仪器仪表集团有限公司卿某玲、四川省成都市华瑞实业有限公司刘某臻、重庆市沙坪坝区联芳园区管委会徐某明,为相关项目规划事宜,请托唐某到重庆市规划局协调关系,唐某接受请托后告知蒋某,蒋某利用自己的职务行为或安排下属予以关照,以及蒋某接受重庆鲁能开发(集团)有限公司孙某有关项目规划事宜的请托,通过唐某共收受687.3016万元。

2004年至2005年,重庆艺洲生态农业开发有限公司张某荣、重庆金鹏物业(集团)有限公司戴某超、重庆才宇房地产开发有限公司李某、重庆都市房屋开发有限公司周某刚、重庆华辰物业发展有限公司林某、重庆市卢山房地产开发有限公司王某贤,为相关项目规划事宜,请托唐某到重庆市规划局协调关系,陈某利用职务上的便利予以关照,唐某共收受273.84万元。

2005年7月,蒋某、唐某商议后成立重庆瑜然房地产开发有限公司,并在蒋某的帮助下取得房地产开发资质。后蒋某向唐某提出将位于重庆市江北区花果小

---

① 参见最高人民法院刑事审判第一、二、三、四、五庭主办:《刑事审判参考》(总第70集),法律出版社2010年版,第585号案例。

区一地块性质由绿化用地调整为居住用地后,供该公司进行房地产开发。唐某找到重庆市利丰达房地产开发有限公司柏某福,提议合作开发。2006年5月,唐某与柏某福签订合同,约定唐某出资100万元,柏某福出资1900万元;唐某负责该地块的取得、地块性质调整等,柏某福负责项目资金的筹措、项目建设和销售策划;项目利润分配由唐某占49%,柏某福占51%。后唐某为调整该项目规划事宜找到蒋某,蒋某利用职务之便协调相关单位和职能部门,办理了相关规划手续。至2008年12月,该项目完成一期工程,净利润为1486.1253万元,扣除实际投入的本金折合股份,唐某应当分得利润653.8951万元。

国家工作人员和特定关系人共谋后,特定关系人和请托人"合作"投资,国家工作人员利用职务之便为该投资项目谋取利益,以较少投资获取高额利润的,应当认定为国家工作人员和特定关系人共同受贿。

《关于办理受贿刑事案件适用法律若干问题的意见》根据司法实践中审理受贿案件遇到的一些新情况,明确列举了受贿罪中国家工作人员直接收受财物的具体方式。但这些收受财物的具体方式也可能通过特定关系人和其他第三人来实施,如收受干股,以开办公司等合作投资名义受贿,以委托请托人投资证券、期货或者其他委托理财的名义受贿,以赌博形式受贿等。本案中,唐某与柏某福合作开发经济适用房项目获取利润,蒋某利用职务之便为该项目的实施提供便利,主要涉及是否符合《关于办理受贿刑事案件适用法律若干问题的意见》规定的以开办公司等合作投资名义收受贿赂问题。

《关于办理受贿刑事案件适用法律若干问题的意见》规定的"以开办公司等合作投资名义收受贿赂"的方式中明确了两种行为:一是国家工作人员利用职务上的便利为请托人谋取利益,由请托人出资,"合作"开办公司或者进行其他"合作"投资的,以受贿罪论处。受贿数额为请托人给国家工作人员的出资额。二是国家工作人员利用职务上的便利为请托人谋取利益,以合作开办公司或者其他合作投资的名义获取"利润",没有实际出资和参与管理、经营的,以受贿罪论处。也就是说,国家工作人员没有实际出资或参与管理、经营的,应当将接受"出资额"或"利润"认定为受贿罪中国家工作人员收受财物的方式。本案被告人蒋某、唐某在共谋后,由唐某与他人合作开发项目,蒋某为该项目提供便利,唐某以较小的出资获得高额利润,行为方式与《关于办理受贿刑事案件适用法律若干问题的意见》规定的"以开办公司等合作投资名义收受贿赂"不完全相同。此时能否认定蒋某、唐某是共同受贿,仍然要根据其行为是否符合受贿罪权钱交易的本质来判断。

具体来看,被告人唐某与他人合作开发经济适用房项目,签订了建设合同书,约定唐某出资100万元,享有49%的利润分配比例。唐某以实际占该项目5%的出资比例获取49%的利润,明显不合常理,而之所以柏某福同意并与唐某签订该合同,是其明知唐某是蒋某的情人,希望借助其特殊身份取得蒋某的支持,在联系项目、土地及办理项目有关手续等方面得到蒋某的职务帮助,才与唐某合作开发项目,并违反常理约定唐某以较少的出资获得高额利润。因此,蒋某和唐某共谋由唐某与他人"合作"开发项目,蒋某利用职务为该项目的实施提供便利,并由唐某获得高额利润的行为符合受贿罪权钱交易的本质,对二人应当认定为受贿共犯。关于此项事实的受贿数额,法院认为,虽然唐某享有49%的利润分配比例,但是考虑到唐某在该项目中实际有5%的出资,故不能直接以该项目49%的利润作为蒋某、唐某的受贿数额,二人共同受贿的数额应当是唐某在该项目中占有的高于实际出资比例的那部分利润。

【指导案例】罗某受贿案——如何认定特定关系人是否成立受贿罪共犯[①]

2007年上半年至2011年1月间,被告人罗某明知广州中车铁路机车车辆销售租赁有限公司等公司法定代表人杨某宇给予其财物,是为讨好其情夫张某光,以获得张某光利用担任原铁道部运输局局长的职务便利提供帮助,仍在北京、香港等地,多次收受杨某宇给予的折合人民币157.686万元的财物,并征得张某光同意或者于事后告知张某光。为此,张某光于同一期间,为杨某宇的公司解决蓝箭动车组租赁到期后继续使用及列车空调设备销售等问题提供了帮助。其中,罗某收受财物的事实具体如下:

2007年上半年,经张某光同意,罗某接受杨某宇在北京香格里拉饭店停车场给予的人民币30万元,用于购买宝马X3轿车一辆,并于购车后告诉了张某光。

2007年12月,罗某在香港旅游期间,接受杨某宇港币30万元,帮助其在香港购买迪威特手表一块,并在回北京后告诉了张某光。

2008年5月至2011年1月间,经张某光同意,罗某接受杨某宇的安排,到华车(北京)交通装备有限公司担任宣传总监,在实际未为该公司工作的情况下,在该公司领取31个月工资,共计人民币49.6万元。

2010年10月,经张某光同意,罗某接受杨某宇人民币50万元,在北京励骏酒店一层商场帮助其购买瑞驰迈迪手表一块。

近年来,在国家工作人员受贿犯罪案件中,特定关系人参与犯罪的现象愈发突出,如不少国家工作人员的配偶、子女、情人,或是代请托人转达请托事项并直接收受财物,或是积极帮助收受财物,或是帮助保管、隐匿受贿所得财物。这些特定关系人的行为对国家工作人员的受贿犯罪起到不可忽视的作用,而对其是否追究刑事责任以及如何定罪处罚在司法实践中的认识和处理不一,直接影响到依法惩治受贿犯罪的社会警示和预防效果,有必要结合案情根据刑法规定进行研究规

[①] 参见最高人民法院刑事审判第一、二、三、四、五庭主办:《刑事审判参考》(总第106集),法律出版社2017年版,第1143号案例。

范,本案即为其中一例,涉及如何认定特定关系人与国家工作人员成立受贿罪共犯的问题。

本案中,被告人罗某多次收受杨某宇所送财物的事实客观存在,控辩双方的争议主要在于罗某的行为是否成立受贿罪共犯。

一种意见认为,根据《全国法院审理经济犯罪案件工作座谈会纪要》的规定,特定关系人向国家工作人员代为转达请托事项是认定成立受贿罪共犯的前提条件,在案证据不足以认定罗某有代杨某宇向张某光转达请托事项的行为,故不能认定其构成受贿罪共犯。罗某明知杨某宇给其的款物是张某光的受贿犯罪所得,而予以消费、使用、存入银行账户,并在张某光案发后将部分财物转移,应以掩饰、隐瞒犯罪所得罪定罪处罚。

另一种意见认为,虽然在案证据不足以认定罗某有代杨某宇向张某光转达请托事项的行为,但在案证据证实,罗某在明知杨某宇系为感谢和讨好张某光而给予其财物,明知张某光利用职务便利为杨某宇谋取了利益的情况下,仍收受杨某宇给予的财物并于事前征得张某光的同意或事后告知了张某光,足以认定其具有与张某光共同受贿的故意,并参与实施了共同受贿的行为,符合共同犯罪的构成要件,应当作为受贿罪的共犯论处。

法院同意第二种意见,具体理由如下:

根据现行《刑法》的规定及共同犯罪理论,二人以上基于共同的故意实施共同的犯罪行为即成立共同犯罪。这里的共同故意既包括事前通谋的情况,也包括事中通谋的情况。同时,同一犯罪可以由不同行为环节构成,各行为人在共同犯罪故意的支配下分别实施了构成共同犯罪整体行为的某一部分行为,即可认定为共同参与了犯罪实施。就受贿罪而言,受贿行为由两部分组成,一是为他人谋利,二是收受他人财物。据此,特定关系人只要主观上与国家工作人员形成受贿的通谋,客观上实施了部分受贿行为,对其以受贿罪共犯论处是符合刑法规定和共同犯罪理论的。

对于特定关系人成立受贿罪共犯的认定,虽然根据《全国法院审理经济犯罪案件工作座谈会纪要》的有关规定,国家工作人员的近亲属收受请托人财物构成受贿罪共犯的前提条件是其向国家工作人员代为转达请托事项,但司法实践中不能将此规定作为认定特定关系人成立受贿罪共犯的排他性标准。因为这一规定主要针对的是当时司法实践中较为突出的一类情形,为了统一认识,才予以例示性写入《全国法院审理经济犯罪案件工作座谈会纪要》中,属于注意规定而非创设新的共犯认定标准。而关于非国家工作人员成立受贿罪共犯的条件,《全国法院审理经济犯罪案件工作座谈会纪要》也有总则性规定,即"根据刑法关于共同犯罪的规定,非国家工作人员与国家工作人员勾结伙同受贿的,应当以受贿罪的共犯追究刑事责任。非国家工作人员是否构成受贿罪共犯,取决于双方有无共同受贿的故意和行为"。据此,虽不具有代为转达请托事项行为,但特定关系人与国家工作人员具有受贿通谋和行为的,仍构成受贿罪共犯。因此,《全国法院审理经济犯罪案件工作座谈会纪要》并未改变刑法关于受贿罪共同犯罪认定的基本标准,那种将向国家工作人员代为转达请托事项作为认定国家工作人员的近亲属构成受贿罪共犯的必要条件的认识是对《全国法院审理经济犯罪案件工作座谈会纪要》有关规定的片面理解,实际是对受贿罪限定了较一般共同犯罪更为严格的条件,与刑法共同犯罪理论不符,不能适应当前打击腐败犯罪形势的需要,在实践中更会造成放纵部分特定关系人的负面效果。

对此,《关于办理受贿刑事案件适用法律若干问题的意见》专门予以强调,"特定关系人与国家工作人员通谋,共同实施前款行为的,对特定关系人以受贿罪的共犯论处。特定关系人以外的其他人与国家工作人员通谋,由国家工作人员利用职务上的便利为请托人谋取利益,收受请托人财物后双方共同占有的,以受贿罪的共犯论处"。该规定未再提及代为转达请托事项这一条件,符合刑法共同犯罪理论的一般要求,进一步明确了受贿罪共犯"通谋+行为"的认定标准。这里的"通谋",指的是双方对于受贿故意的意思联络、沟通。从"通谋"发生的时段上看,既包括事先通谋,也包括事中通谋,即虽然特定关系人与国家工作人员事先未就为请托人谋利并收受财物形成共同的犯意联络,但其在对国家工作人员利用职务便利为他人谋利的事实明知的情况下仍代国家工作人员收受财物,应认定与国家工作人员具有通谋。从"通谋"的形式上看,既有特定关系人与国家工作人员之间明示性的谋议,也有心照不宣的默契配合,当然,后一种情况要求相互对对方行为和意思具有确定性明知。从"通谋"的内容上看,特定关系人与国家工作人员不仅对收受请托人财物具有共同意思沟通,而且对由国家工作人员利用职务便利为请托人谋利具有共同意思联络。需要指出的是,对于特定关系人没有事先与国家工作人员通谋,仅是在请托人给予国家工作人员财物时在场的,一般不宜认定为受贿罪共犯。

此外,2016 年 4 月 18 日颁布施行的《关于办理贪污贿赂刑事案件适用法律若干问题的解释》第 16 条第 2 款规定:"特定关系人索取、收受他人财物,国家工作人员知道后未退还或者上交的,应当认定国家工作人员具有受贿故意。"此规定实际上将认定"通谋"成立的时段进一步予以延伸,因为该规定针对的情况,往往是国家工作人员已经利用职务便利为请托人谋取了利益,其特定关系人收受请托人财物的行为已经完成,只不过国家工作人员在为请托人谋利时对其特定关系人收受财物并不知情(此时如果案发,则特定关系人可能构成利用影响力受贿罪,国家工作人员可能构成渎职罪,但因为彼此缺乏受贿犯意的沟通并不构成受贿罪共犯),如果事后特定关系人将其收受请托人财物的情况告知了国家工作人员,则国家工作人员具有退还或上交财物的法定义务,否则就视为其与特定关系人之间具有受贿的共同故意,双方应均以受贿罪共犯论处。

本案中,被告人罗某系国家工作人员张某光的特定关系人。在案证据证实,罗某对于请托人杨某宇与张某光之间具有请托谋利关系知情,即罗某在明知杨某宇系为感谢和讨好张某光并得到张某光的职务上的帮助、关照而给予其财物,也明知张某光利用职务便利为杨某宇谋取了利益的情况下,仍收受杨某宇给予的财物并于事前征得张某光的同意或事后告知了张某光,张某光对之予以认可,足以认定其与张某光形成了受贿"通谋",二人具有共同受贿的故意,罗某收受杨某宇财物的行为系张某光受贿行为的组成部分。因此,法院对罗某以受贿罪共犯定罪处罚是正确的。

至于被告人罗某事后对杨某宇给其的款物予以消费、使用、存入银行账户,并在张某光案发后将部分财物转移,虽具有掩饰、隐瞒犯罪所得的故意,但鉴于其之前收受财物的行为已作为受贿行为评价,与张某光成立受贿罪共犯,其上述行为属于事后不可罚的行为,依法只应以受贿罪一罪处理。

五、非特定关系人凭借国家工作人员的关系"挂名"取酬,并将财物分予国家工作人员的,构成共同受贿

(一) 裁判规则

特定关系人以外的其他人与国家工作人员通谋,由国家工作人员利用职务上的便利为请托人谋取利益,收受请托人财物后双方共同占有的,以受贿罪的共犯论处。根据该规定,非特定关系人与国家工作人员是否构成共同受贿,必须明确以下两点:第一,是否具有通谋;第二,是否共同占有请托人所送的财物。因此,非特定关系人凭借国家工作人员的关系"挂名"取酬并将财物分予国家工作人员的,与国家工作人员构成共同受贿。

(二) 规则适用

特定关系人以外的其他人与国家工作人员通谋,由国家工作人员利用职务上的便利为请托人谋取利益,收受请托人财物后双方共同占有的,需要注意三点:

一是"关系人"的认定。《全国法院审理经济犯罪案件工作座谈会纪要》中涉及国家工作人员近亲属共同受贿的处理规定,也就是特定关系人共同受贿问题。最高人民法院、最高人民检察院《关于办理受贿刑事案件适用法律若干问题的意见》第 11 条规定,特定关系人是指与国家工作人员有近亲属、情妇(夫) 以及其他共同利益关系的人。《刑法修正案(七)》第 13 条规定,在《刑法》第 388 条后增加一条作为第 388 条之一规定,国家工作人员的近亲属或者其他与该国家工作人员关系密切的人,通过该国家工作人员职务上的行为,或者利用该国家工作人员职权或者地位形成的便利条件,通过其他国家工作人员职务上的行为,为请托人谋取不正当利益,索取请托人财物或者收受请托人财物,数额较大或者有其他较重情节的,处 3 年以下有期徒刑或者拘役,并处罚金;数额巨大或者有其他严重情节的,处 3 年以上 7 年以下有期徒刑,并处罚金;数额特别巨大或者有其他特别严重情节的,处 7 年以上有期徒刑,并处罚金或者没收财产。有关司法解释和刑事立

法中的"关系人"问题,至少涉及三个外延逐渐扩展的概念,即"近亲属""特定关系人"和"关系密切的人"。"关系密切的人"是《刑法修正案(七)》确立的概念,由于使用了"国家工作人员的近亲属或者其他与该国家工作人员关系密切的人"的表述,因此"近亲属"和其他类型的"关系密切的人"都属于"关系密切的人"的范畴。也就是说,"关系密切的人"包括"近亲属"和"其他与该国家工作人员关系密切的人"。因此《全国法院审理经济犯罪案件工作座谈会纪要》中所称的"近亲属",仍然属于"关系密切的人"中的一类。

二是事前通谋的认定。非特定关系人利用国家工作人员的关系与请托人进行合作,双方都参与投资、管理,且经营利润按照投资比例分配,即使国家工作人员为非特定关系人"打过招呼",是基于国家工作人员的职权和地位影响才能参与合作,但也不应将非特定关系人获取的所得认定为受贿。但当非特定关系人利用国家工作人员的关系与请托人的合作是非正常的情况下,非特定关系人不参与实际投资、管理,仅分取利润,权钱交易明显,此时可以认定非特定关系人与国家工作人员具有通谋。

三是共同占有的认定。共同犯罪是否以共同占有财物为前提,是实务中经常遇到的疑难问题。就刑法规定而言,构成共同受贿并没有必须共同占有的规定,但在一些司法解释中却有将共同占有作为构成共同犯罪要素的规定。如2007年最高人民法院、最高人民检察院发布的《关于办理受贿刑事案件适用法律若干问题的意见》"七、关于由特定关系人收受贿赂问题"部分规定:"……特定关系人以外的其他人与国家工作人员通谋,由国家工作人员利用职务上的便利为请托人谋取利益,收受请托人财物后双方共同占有的,以受贿罪的共犯论处。"2010年最高人民法院、最高人民检察院颁布的《关于办理国家出资企业中职务犯罪案件具体应用法律若干问题的意见》中规定:"国家出资企业中的国家工作人员在公司、企业改制或者国有资产处置过程中徇私舞弊,将国有资产低价折股或者低价出售给其本人未持有股份的公司、企业或者其他个人,致使国家利益遭受重大损失的,依照刑法第一百六十九条的规定,以徇私舞弊低价折股、出售国有资产罪定罪处罚。"这实际上是以是否存在共同占有事实作为共同贪污或者共同受贿的定罪依据的。共同占有,并非指共同分享,根据这一理论共同受贿就可以是各共同犯罪人共同收受他人财物,此处的共同占有是一种行为事实,表现为一种行为特征。至于共同占有后,财物最终是否被共同分享,则不应影响对共同占有的认定,各行为人事后是进行分赃、分享,还是由其中一个人独享,都不改变共同犯罪的行为性质。[1]

---

[1] 参见孙国祥:《贪污贿赂犯罪研究》(下册),中国人民大学出版社2018年版,第747页。

【指导案例】周某苗等受贿案——非特定关系人凭借国家工作人员的关系"挂名"取酬并将财物分予国家工作人员的是否构成共同受贿[1]

2006年1月20日,被告人周某苗被舟山市新城管理委员会任命为主任科员,经舟山市临城新区开发建设有限公司(以下简称"临城新区公司")经理办公会议研究决定,周某苗于2006年4月至2009年3月期间任该公司综合开发处处长。

2007年3月19日,舟山绿城公司与临城新区公司签订了宕渣、种植类土方工程协议,约定由临城新区公司负责将开山过程中产生的宕渣和种植类土方运至长峙岛内指定的地点。经招投标,临城新区公司将该项作业连同整体爆破炮台山的工程转承包给舟山市大昌爆破有限公司(以下简称"大昌公司")。2008年7月,大昌公司开始对炮台山实施整体爆破。按照合同约定,由临城新区公司指定将宕渣运送至长峙岛绿城地块进行填平工作的分包单位。根据新城管委会的相关政策,宕渣运输填平工程属于四项基础工程(宕渣填埋、土方挖运、临时围墙砌筑、机械租赁)之一,应当优先考虑由临城当地人承接,具体协调工作由临城新区公司综合开发处负责,故一些临城当地人都向时任综合开发处处长的被告人周某苗要求承接宕渣运输工程。周某苗妻子的舅舅被告人虞某安听到消息后也向周某苗提出要求承包工程。周某苗告知虞某安不是临城当地人且无资质很难承接到工程,但表示会尽力帮忙争取与他人合作。随后,舟山市建新建筑工程有限公司(以下简称"建新公司")朱某伟也向周某苗提出要求承接该填渣工程,周某苗要求朱某伟与虞某安合作,朱某伟表示如让虞某安参与该工程其利润就会损失,周某苗明确表示其会向大昌公司提出,让大昌公司减少管理费。朱某伟因考虑到周某苗系临城新区公司综合开发处处长,具体负责该项工程,如不同意跟虞某安合作,其很难承接到该工程,遂答应了周某苗的要求。周某苗、虞某安与朱某伟及其下属车队的两位负责人一起商量合作承接工程事宜。周某苗提出建新公司有资质且车队是现成的,承接工程具体由建新公司出面,虞某安无须参与该工程的具体管理及付出劳务、费用等,工程结束后分一部分利润给虞某安,虞某安、朱某伟均表示同意。之后,虞某安与朱某伟也谈妥了利润如何分配。后经周某苗的协调帮助,建新公司顺利承接到了该宕渣运输工程,大昌公司也收取了低于当时当地管理费行业标准的管理费。2008年8月该工程结束,建新公司分三次将工程利润的一半共计50万元给了虞某安。虞某安为感谢周某苗在承接工程上的帮忙,送给周某苗妻子5万元,周妻收受后告知了周某苗。

2005年至2010年期间,被告人周某苗还利用担任临城新区公司综合开发处副处长、处长的职务便利,为张某利等8人在工程前期协调、基础工程承接等方面予以关照和支持,收受上述人员所送的财物,价值共计2.98万元。周某苗在当地

---

[1] 参见最高人民法院刑事审判第一、二、三、四、五庭主办:《刑事审判参考》(总第93集),法律出版社2014年版,第884号案例。

纪委因其他事项找其谈话时,交代了本案事实。

在本案审理过程中,对被告人周某苗、虞某安的行为定性存在三种不同意见:第一种意见认为,周某苗通过授意,使虞某安在没有实际出资,也未参与经营、管理的情况下,以合作承接工程的名义获取利润,且虞某安在收取50万元利润款后将其中的5万元交给周某苗的妻子,周某苗知道后予以默认,因而可以认定周某苗、虞某安主观上具有收受贿赂的共同故意,二被告人均构成共同受贿罪。第二种意见认为,周某苗、虞某安主观上并无通过以参与工程为名向建新公司索取50万元的共同故意,而朱某伟主观上并没有向周某苗、虞某安行贿的故意,故指控被告人构成共同受贿的证据不足。但虞某安出于感谢周某苗的帮忙而送给周某苗妻子5万元,应当认定周某苗受贿。第三种意见认为,周某苗利用职务上的便利,为朱某伟谋取利益,授意朱某伟以与虞某安合作承接工程的方式,让虞某安获取利润,应当以受贿罪论处。虞某安作为周某苗的特定关系人,对此是明知的,系与周某苗有通谋,应当以受贿罪的共犯论处。

法院赞成第一种意见,具体理由如下:

1. 被告人周某苗、虞某安的行为不属于"由特定关系人收受贿赂"的情形

根据最高人民法院、最高人民检察院《关于办理受贿刑事案件适用法律若干问题的意见》的规定,特定关系人是指与国家工作人员有近亲属、情妇(夫)以及其他共同利益关系的人。虞某安是周某苗妻子的舅舅,不属于近亲属,因此,认定虞某安是否属于周某苗的特定关系人,要看虞某安是否与周某苗有共同利益关系。综合案情看,在虞某安找周某苗帮忙承接工程之前,虞某安与周某苗家以及周某苗岳父母家之间没有任何人情往来,可以基本断定两人之间无共同财产关系,也无其他经济利益关系,故两名被告人之间不具有共同利益关系,虞某安不属于周某苗的特定关系人。

2. 被告人周某苗、虞某安的行为符合共同受贿的特征

从现有证据分析,周某苗在帮虞某安承接工程之初没有通过虞某安收取朱某伟的钱财而存在与虞某安共同占有的主观预谋,其帮助虞某安主要是念及其和虞某安的亲戚关系,而不是从中谋取其个人利益。不过,虞某安后来给了周某苗妻子5万元,客观上造成了共同占有请托人所送财物的事实。这种情形下,周某苗、虞某安的行为是否构成共同受贿,要借助对《关于办理受贿刑事案件适用法律若干问题的意见》第7条的准确理解。

《关于办理受贿刑事案件适用法律若干问题的意见》第7条规定了三种受贿情形,第三种情形是指特定关系人以外的其他人与国家工作人员通谋,由国家工作人员利用职务上的便利为请托人谋取利益,收受请托人财物后双方共同占有的,以受贿罪的共犯论处。根据该规定,结合上述事实,判断周某苗和虞某安是否构成共同受贿,必须明确以下两点:第一,二被告人是否具有通谋;第二,二被告人

是否共同占有请托人所送的财物。

关于第一点,如果被告人虞某安与建新公司朱某伟的合作是正常合作,即双方都参与投资、管理,且经营利润按照投资比例分配,即使被告人周某苗为虞某安参与合作打过招呼,朱某伟是基于周某苗的职权和地位影响才让虞某安参与合作的,也不应将虞某安基于周某苗的行为获取的所得认定为受贿。然而本案中,虞某安与朱某伟的合作显然是非正常的。朱某伟首先提出如果让虞某安参与合作,工程利润就会遭受损失,周某苗当即明确表示其会向大昌公司提出让大昌公司减少管理费,尽可能保证工程利润。在此种情况下,朱某伟遂答应了周某苗的要求。再者,由建新公司出面承接工程,虞某安不参与实际投资、管理,仅分取利润,也是周某苗提出的,只是具体分多少利润是由虞某安和朱某伟二人商谈的。可见,周某苗、虞某安、朱某伟3人均明知本案的这种合作模式是基于周某苗系临城新区公司综合开发处处长这一职务的影响,3人均对权钱交易主观上明知,二被告人事前具有通谋这一点也是明确的。

关于第二点,虽然表面上看被告人周某苗本人没有直接获得财物,但朱某伟送给被告人虞某安的"利润"完全是基于周某苗的授意,而虞某安之所以获利,完全源于周某苗与朱某伟之间的权钱交易和周某苗对交易对象的处分。虞某安在未实际参与投资、管理的情况下分取利润是周某苗提出的,虽然其对虞某安具体分取多少利润未必明知,但周某苗向朱某伟提出给虞某安分配利润时,并未提出数额限制,即不管给虞某安分多少,都不违背周某苗的意志。事后,虞某安在收取50万元利润款后将其中的5万元交给周某苗的妻子,周某苗在获知后,既未对虞某安的分配数额提出限制,也未向虞某安要求将分配利润返还朱某伟。因此,周某苗应当对虞某安收受的50万元承担刑事责任。虞某安将5万元交给周某苗的妻子,只是赃物处理的一个具体环节。换言之,即便周某苗不收取虞某安的5万元,周某苗利用职务便利为朱某伟谋取利益,朱某伟则将利润交给由周某苗指定的虞某安,也完全符合权钱交易的本质特征。最高人民法院2003年印发的《全国法院审理经济犯罪案件工作座谈会纪要》明确指出,国家工作人员利用职务上的便利为他人谋取利益,并指定他人将财物送给其他人,构成犯罪的,应当以受贿罪定罪处罚。

综上,被告人周某苗利用职务便利为朱某伟谋取利益,而由周某苗指定被告人虞某安在既不出资也不参与管理、经营的情况下收取50万元,事后其又收取虞某安给的5万元,其行为构成受贿罪,虞某安成立受贿罪的共犯,共同受贿数额应当认定为50万元。

六、国家工作人员的配偶能否成为巨额财产来源不明罪的共犯

(一)裁判规则

巨额财产来源不明罪的主体是国家工作人员,不包括国家工作人员的配偶,此罪的行为是不作为,即不说明或者不能说明,是不作为犯罪。国家工作人员

的配偶有帮助等行为的,可以以掩饰、隐瞒犯罪所得、犯罪所得收益罪,包庇罪,帮助毁灭、伪造证据罪,伪证罪等罪名追究刑事责任,不宜认定为巨额财产来源不明罪的共犯。

(二) 规则适用

共同犯罪是指二人以上共同故意犯罪,主观上各共同犯罪人必须有共同的犯罪故意。所谓共同的犯罪故意,指各共同犯罪人通过意思联络,认识到他们的共同犯罪行为会发生危害社会的结果,并决意参与共同犯罪,希望或放任这种结果发生的心理态度。客观上各共同犯罪人必须有共同的犯罪行为,各共同犯罪人的行为都指向同一犯罪事实,彼此联系、互相配合。而巨额财产来源不明罪的主观要件和客观要件均具有特殊性,不符合共同犯罪的主要特征。

一方面,巨额财产来源不明罪主观方面采取严格责任,无须证明行为人主观上具有故意或过失,只要国家工作人员的财产、支出明显超过合法收入,差额巨大,且不能说明来源的,即可构成巨额财产来源不明罪。根据《全国法院审理经济犯罪案件工作座谈会纪要》的规定,国家工作人员本人完全有可能因无法说明财产的具体来源、所说的财产来源因线索不具体等,而被认定为巨额财产来源不明罪,其主观上不一定具有故意。此种情形下,难以确定国家工作人员的配偶具有共同犯罪的故意。

另一方面,巨额财产来源不明罪系持有型犯罪。客观方面表现为行为人持有或控制超过合法收入且来源不明的巨额财产,很可能与贪污、受贿或者其他犯罪行为相联系,不能说明来源的,即推定该部分系非法所得,同时推定国家工作人员违反了职务廉洁性的要求。对于持有型犯罪,也难以用共同实施某种犯罪行为的共犯理论来解释。同时,将国家工作人员本人不能说明来源的巨额财产推定为非法所得,在立法上是基于效率而实施的司法无奈之举,系采取的推定原则,将行为人的配偶也同时推定为巨额财产来源不明罪的共犯缺乏法律依据。

因此,对配偶是否也认定为巨额财产来源不明罪,应采取在确有必要时通过推定加以认定的原则。具体而言,根据宽严相济的刑事政策,一般情况下不宜对配偶认定为巨额财产来源不明罪,但也不排除一些特殊情况的存在,即配偶亦系国家工作人员,犯有贪污、受贿罪等严重经济犯罪行为,有一定证据表明家庭巨额财产的产生与配偶经济犯罪行为存在密切联系,确有必要推定配偶违反了职务廉洁性要求的,方可对配偶认定为巨额财产来源不明罪。

【指导案例】毕某某等受贿、巨额财产来源不明,曲某受贿案①

1. 受贿犯罪事实

被告人毕某某于2009年至2013年,在任某银行本溪分行行长期间,伙同其妻

---

① 案号:(2013)平刑初字第00294号。

子曲某,利用职务上的便利,为他人谋取利益,多次非法收受范某某、谢某某等28人给予的贿赂款物,并占为己有,其中毕某某收受贿赂款物共计折合66万余元,被告人曲某收受贿赂款物共计折合17万余元。

2. 巨额财产来源不明犯罪事实

被告人毕某某存款共计807.1万余元,并有共计价值141.7万余元的房产两处,以及价值15.1万余元的马自达牌轿车一辆。上述财产扣除其合法收入及非法收受的款物外,仍有367.6万元无法说明合法来源。

经他人举报,检察机关侦查,被告人毕某某、曲某被抓获归案。涉案赃物OMEGA牌手表一块已被侦查机关依法扣押,涉案款项已被全部冻结。

被告人毕某某身为国家工作人员,利用职务上的便利,非法收受他人财物,数额巨大,为他人谋取利益,其行为已构成受贿罪;被告人曲某作为毕某某的妻子,利用其配偶的国家工作人员职务便利,与毕某某结伙,非法收受他人财物,数额巨大,其行为应以受贿罪的共犯论处。毕某某身为国家工作人员,财产、支出明显超过合法收入,差额特别巨大,其行为已构成巨额财产来源不明罪。公诉机关指控罪名均成立。毕某某、曲某共同故意实施受贿犯罪,系共同犯罪。在共同犯罪中,毕某某起主要作用,系主犯,应当按照其所参与的全部犯罪处罚;曲某起次要、辅助作用,系从犯,应当减轻处罚。毕某某身犯数罪,应当数罪并罚。毕某某、曲某归案后如实供述全部犯罪事实,当庭自愿认罪,系坦白,均可以从轻处罚。

第六章 罪数形态

一、收受贿赂后又利用职务上的便利为他人谋取利益应如何处理

(一) 裁判规则

受贿案件中,行为人索取或者收受他人财物后,滥用职权为他人谋取利益,当违背职务的渎职行为又触犯其他罪名时,是以一罪论处还是数罪并罚,成为理论上和司法实务中的疑难问题。从犯罪构成、罪刑相适应等角度分析,除法律特别规定以外,可以以数罪追究行为人的刑事责任。

(二) 规则适用

近年来,在拆迁管理、土地、能源资源、环境、金融民政等监管领域,渎职犯罪与贿赂犯罪共生的现象较为突出。由于理论上对刑法规定的不同认识,司法实践中对此类案件究竟是定一罪还是实行数罪并罚经常发生争议。笔者认为,对此类案件仅以一罪论处会造成轻纵犯罪、削弱此类犯罪打击力度的不良效果。理由如下:

第一,判断罪数应以犯罪构成为基准。行为具备一个犯罪构成要件的认定为一罪,行为之间相互独立并具备数个犯罪构成要件的原则上应认定为数罪,这一规则是在司法实践中贯彻罪刑法定原则的基本要求,也是实现罪刑相适应原则的必然体现。

第二,认定罪数应当遵循罪刑相适应的基本原则。根据罪刑相适应原则,刑罚的轻重应当与犯罪分子所犯罪行和承担的刑事责任相适应。唯有如此,才能真正实现刑法适用的公平与正义。实践中因受贿而为行贿人谋取利益又触犯其他罪名的情况较为普遍,如掌握国家秘密的国家机关工作人员因受贿向外商泄露国家对外贸易的秘密;司法工作人员因受贿而故意枉法追诉,枉法裁判,私放在押的罪犯,违法减刑、假释、暂予监外执行等;林业主管部门的工作人员因受贿而滥发林木采伐许可证;银行工作人员因受贿违法发放贷款造成重大损失;等。从现有的一些调研成果分析来看,受贿型渎职犯罪高发、频发,一定程度上与司法机关对此类犯罪惩治过轻、打击不力有关。笔者认为,对此类案件除刑法有特别规定以

外,原则上实行数罪并罚有利于实现量刑上的均衡。

第三,牵连犯理论难以有效解决受贿型渎职案件的罪数认定问题。根据当前牵连犯的理论研究成果,构成牵连犯必须具备以下条件:其一,行为人必须基于一个犯罪目的,这是构成牵连犯的主观要件,是认定各行为之间具有牵连关系的主要标准;其二,行为人必须实施了两个以上的相对独立的犯罪行为,数行为之间必须具有牵连关系,具体表现为手段行为与目的行为的牵连关系或原因行为与结果行为的牵连关系;其三,数个行为必须触犯不同罪名,如果数个行为只触犯一个罪名则不能成立牵连犯。必须注意的是牵连犯的处断原则,根据通说的观点,并非一律适用从一重处断原则。究竟是适用从一重处断原则还是实行数罪并罚,应进一步考量罪刑是否实现均衡。对于受贿型滥用职权案件,主张以一罪论处的观点认为,滥用职权的目的是为他人谋取利益,而受贿的目的也是谋取利益,因此两行为的目的同一,应按照牵连犯从一重处断原则以受贿罪论处。笔者认为,"为他人谋取利益"仅作为主观要件并不能涵盖所有受贿犯罪,与滥用职权之间并不必然存在牵连关系。受贿罪可分为索取型受贿和收受型受贿,索贿型犯罪并不要求"为他人谋取利益",只要行为人利用职权索贿,即构成受贿既遂。滥用职权罪也不以为他人谋取利益为要件,这一点使得受贿滥用职权案件与受贿挪用公款案件有本质的区别。如2002年4月28日全国人民代表大会常务委员会通过的《关于〈中华人民共和国刑法〉第三百八十四条第一款的解释》规定,个人决定以单位名义将公款供其他单位使用谋取个人利益的属于挪用公款"归个人使用"。按照全国人民代表大会常务委员会的这一立法解释,此处的"谋取个人利益"属于挪用公款罪的构成要件之一。如果把国家工作人员收受贿赂使用单位公款的行为认定为受贿罪,同时又把收受贿赂的行为作为挪用公款罪中的"谋取个人利益"认定,而以受贿罪和挪用公款罪数罪并罚属于对行为的重复评价。因此在这种情况下,应当择一重罪处罚而不应当数罪并罚。但在受贿型滥用职权案件中,为他人谋取利益并非滥用职权罪的主观构成要件,故不必然涉及重复评价问题。

第四,实行数罪并罚与《刑法》第 399 条第 4 款的规定并不矛盾。上述行为一方面构成了受贿罪,另一方面又触犯了刑法规定的其他罪名,是按一罪还是按数罪来定罪处罚,在 1997 年《刑法》修订前争议较少,类似情况被明确规定为两罪并均按数罪并罚原则处理。如《关于惩治贪污罪贿赂罪的补充规定》明确规定,因受贿而进行违法活动构成其他罪的,依照数罪并罚的规定处罚。问题的产生主要与修订后《刑法》增加了对徇私枉法罪及民事、行政枉法裁判罪的特别规定有关。《刑法》第 399 条第 4 款规定:"司法工作人员收受贿赂,有前三款行为的,同时又构成本法第三百八十五条规定之罪的,依照处罚较重的规定定罪处罚。"有人据此提出,因受贿而进行违法活动构成其他犯罪的,也应依照处罚较重的规定定罪处罚。笔者认为,《刑法》第 399 条第 4 款对司法工作人员作此规定有特殊的考虑,属于特别规定,仅限于该条所涉的罪名,不是刑法总则条文,不具有普遍适用的意义。

第五,实行数罪并罚与有关指导性意见协调一致。2001年,最高人民法院刑一庭审判长会议达成了以下意见:受贿兼有徇私舞弊为服刑犯减刑、假释的行为,同时符合两个罪的犯罪构成,应当认定为两罪,实行数罪并罚。① 该意见虽然不是司法解释,但对审理同类案件有指导意义。2002年7月8日,最高人民法院、最高人民检察院、海关总署联合印发的《关于办理走私刑事案件适用法律若干问题的意见》第16条第2款规定,海关工作人员收受贿赂又放纵走私的,应以受贿罪和放纵走私罪数罪并罚。虽然这是对走私类犯罪所作的规定,但也有指导意义。

【指导案例】王某峰受贿、伪造证据案②

1997年11月至1998年7月间,湖北中钢物贸有限责任公司(以下简称"中钢公司")与湖北鑫鹰物贸公司(以下简称"鑫鹰公司")口头约定购销钢材8258.605吨,总金额2415.7669万元,鑫鹰公司按约定交货后,中钢公司支付货款1945.1699万元,尚差货款470余万元。1997年11月20日,中钢公司通过武汉钢铁(集团)公司(以下简称"武钢集团")委托辽阳铁合金厂服务部、南通港务局、镇江港务局利用武钢集团内部转账支票将651万元货款汇至鑫鹰公司在武钢集团的账户上。由于是通过中间环节转入鑫鹰公司账户,鑫鹰公司的账上未反映是中钢公司付的货款。1998年6月,中钢公司法人代表赵某生因车祸身亡。由于中钢公司拖欠武钢集团货款8700余万元,武钢集团对中钢公司提起诉讼,并通过青山区人民法院查封了中钢公司的全部财产及账务;同时要求与中钢公司有业务往来的公司与中钢公司对账,否则冻结与其业务往来。鑫鹰公司于1998年9月以中钢公司拖欠货款470余万元为由向武汉市中级人民法院提起民事诉讼,武汉市中级人民法院受理后,于1998年9月作出判决,判处中钢公司支付鑫鹰公司钢材款475万余元,并支付违约金9.4万余元。中钢公司不服,向湖北省高级人民法院提出上诉。武钢集团经中钢公司认可,指派被告人王某峰担任中钢公司二审诉讼代理人。

二审期间,被告人王某峰在调查过程中,发现中钢公司于1998年1月20日通过南通港务局、镇江港务局、辽阳铁合金厂服务部三个单位,共支付给鑫鹰公司651万元。该证据证实中钢公司不仅不欠鑫鹰公司货款,而且还多支付了180.4万余元。王某峰将此情况告诉了鑫鹰公司法定代表人蒋某和总经理樊某,并说明此证据在二审时将对鑫鹰公司不利。樊某提出以中钢公司的名义出

---

① 参见《关于被告人受贿后徇私舞弊为服刑罪犯减刑、假释的行为应定一罪还是数罪的研究意见》,载《刑事审判参考》2001年(总第14辑)。
② 参见最高人民法院刑事审判第一庭、第二庭编:《刑事审判参考》(总第17辑),法律出版社2001年版,第110号案例。

个证明，让王某峰帮忙盖中钢公司的章，王某峰表示同意。樊某等人合谋伪造了一份中钢公司函件，内容为："湖北鑫鹰物资有限公司：我公司通过镇江港务局、南通港务局以及辽阳铁合金厂服务部三家付给湖北锦鹰贸易有限公司订购武钢钢坯货款共计651万元，现根据锦鹰公司的要求汇入你公司在武钢的账户上。特此证明，落款，湖北中钢物贸有限公司。1997年12月26日"。王某峰以中钢公司诉讼代理人的身份，在该函件上偷盖了中钢公司的印章从而改变了原有的法律关系。然后由鑫鹰公司律师提交给湖北省高级人民法院。湖北省高级人民法院据此认定651万元系另一法律关系，裁定驳回上诉，维持原判。事后，王某峰收受樊某给的8万元。

1998年10月，被告人王某峰作为中钢公司诉讼代理人会同青山区人民法院对江苏省常州市常州经济发展公司的债权进行清理，青山区人民法院将该公司165.872吨钢材查封后，委托中钢公司全权委托人樊某变卖。事后，王某峰陪同法院的两名工作人员到上海等地办事。回武汉后，王某峰找到樊某以有些费用不能报销为由，收受樊某给的1万元。

《关于惩治贪污罪贿赂罪的补充规定》第5条第2款"因受贿而进行违法活动构成其他罪的，依照数罪并罚的规定处罚"的规定，在1997年《刑法》第452条"附件一"中被明令宣布废止。1997年《刑法》施行以后，对于为他人谋取非法利益的行为已构成犯罪的，是否需要按照《刑法》第69条第1款的规定实行数罪并罚，实践中有争议。

法院认为，《刑法》第386条删除了《关于惩治贪污罪贿赂罪的补充规定》第5条第2款"因受贿而进行违法活动构成其他罪的，依照数罪并罚的规定处罚"的规定，是从立法技术角度考虑的，并不是说对这种情况不再适用数罪并罚的规定，而是由于《刑法》总则中对数罪并罚问题已有明确规定，没有必要在《刑法》分则具体条文中再作规定。在没有新的法律规定或者司法解释规定之前，只要行为人的行为构成了数罪，符合刑法关于数罪并罚的规定，就应当按照《刑法》第69条第1款的规定实行数罪并罚。除非法律有特别规定，如《刑法》第399条第4款规定，司法工作人员贪赃枉法，有徇私枉法或者枉法裁判犯罪行为，同时又构成受贿罪的，"依照处罚较重的规定定罪处罚"，不按照数罪并罚的规定处罚。

本案中，被告人王某峰收受8万元的行为已构成受贿罪。同时，王某峰在受委派担任中钢公司诉讼代理人过程中，利用职务上的便利，在对方当事人伪造的函件上偷盖了中钢公司的印章，帮助对方当事人伪造证据，从而改变了原有的法律关系，致使人民法院作出了错误的认定，其行为已严重干扰了诉讼活动的正常进行，已构成帮助伪造证据罪。对王某峰应以受贿罪和帮助伪造证据罪并罚。

【指导案例】黄某林滥用职权、受贿案——滥用职权同时又受贿是否实行数罪并罚①

2000年至2005年,被告人黄某林在担任洞头县民政局福利中心主任期间,每年率县福利企业年检年审检查小组到浙江恒博电气制造有限公司(2003年前称洞头县电器开关厂)检查,该企业的董事长郑某平明确告诉黄某林自己在正常员工人数上弄虚作假,瞒报企业员工人数,使残疾员工数占全部员工数的比例符合福利企业全额退税的标准,并伪造虚假的福利企业材料应付检查。黄某林发现该问题后,不履行自身职责,不对企业正常员工人数进行检查,不将该问题在年审表中如实反映,仍以企业虚报的材料为准进行检查,致使浙江恒博电气制造有限公司顺利通过福利企业的年检年审,在1999年至2004年期间享受了本不应享受的退税优惠政策,造成国家税收损失共计751.328万元。1999年底至2006年,黄某林利用担任洞头县民政局福利中心主任的职务便利,为郑某平福利企业的设立和骗取退税优惠提供帮助,先后6次收受郑某平贿赂共计10万元。黄某林因涉嫌犯滥用职权罪接受检察机关讯问后,主动交代了检察机关尚未掌握的受贿事实。案发后,黄某林已退赃款10万元。

1. 本案被告人黄某林的行为构成滥用职权罪

在本案审理过程中,有意见认为,被告人黄某林的行为并不必然导致福利企业年审年检的通过,与国家税收损失没有直接必然的因果关系,不构成滥用职权罪。法院认为,明确国家工作人员的职责是解决滥用职权定性问题的前提条件。黄某林的行为符合滥用职权罪的构成特征:

首先,黄某林对福利企业的设立开办具有监督管理职责。黄某林身为洞头县民政局福利中心主任,每年均率县福利企业年检年审检查小组到浙江恒博电气制造有限公司检查,这种检查即是履行职责的表现,也表明黄某林对该公司具有监督管理职责,符合滥用职权罪关于"职权"的条件特征。

其次,黄某林主观上明知企业存在虚报情况,具有滥用职权的主观故意。黄某林率县福利企业年检年审检查小组到恒博电气制造有限公司检查期间,多次发现该企业在正常员工人数上弄虚作假,瞒报企业的正常员工人数,其依然让该企业顺利通过年检年审享受福利企业退税的优惠政策。根据黄某林的供述,其在2000年到洞头县电器开关厂进行年检年审时就已经发现虚报正常员工人数的情况存在,且郑某平也告诉其在上报的材料中减少了正常员工的人数,使残疾员工数占全部员工数的比例达到50%以上,从而使企业能够顺利获得福利企业的退税优惠,证人郑某平的证言也印证了黄某林主观上明知这一情况。

---

① 参见最高人民法院刑事审判第一、二、三、四、五庭主办:《刑事审判参考》(总第76集),法律出版社2011年版,第652号案例。

再次,黄某林客观上实施了滥用职权行为,符合滥用职权罪的客观特征。黄某林明知企业虚报正常员工人数,仍不履行自己的监督管理职责,且滥用职权在2002年至2005年年检年审表上填上"符合福利企业年检要求",并在"安置比例"一栏中按照企业虚报的数据予以填写。

最后,被告人的行为与损害结果具有因果关系。年检年审小组的其他人员是根据企业提供的"四表一册"进行检查,在主观上不明知虚报的事实,而福利企业退还的增值税税额申请表上有年检年审是否合格一栏,年检年审合格才符合退税标准。虽然上一年度可退还的税收已经退回,但如果年检年审不符合要求,那么对企业所退回的税收将予以追缴,如果被告人能正确履行职责,该企业享受福利的资格就要被取消,从而就不能享受国家的退税优惠政策。可见正是被告人的滥用职权行为使得企业能顺利退税,致使751.328万元的国家税收流失。

2. 行为人在实施滥用职权等渎职犯罪行为的同时又收受贿赂,具备两个犯罪的构成要件,除刑法有特别规定的以外,应当认定为两罪并实行数罪并罚

本案具有一定的典型性,在审理过程中,各方对被告人黄某林滥用职权犯罪同时又收受他人贿赂的行为究竟是认定一罪还是实行数罪并罚存在分歧。一种意见认为,滥用职权的行为与收受贿赂的行为具有手段行为和目的行为的关系,两者系牵连关系,应按照牵连犯的从一重罪处断原则加以处理。本案被告人滥用职权罪应在3年以上7年以下量刑,而受贿罪应在3年以上10年以下量刑,故对本案应以受贿罪一罪处理。另一种意见认为,滥用职权是独立于受贿行为之外的犯罪行为,两者没有必然的联系,受贿罪中的"为他人谋取利益"仅是一个主观要件,并不要求客观上实际实施了为他人谋取利益的行为。本案被告人滥用职权与受贿之间不存在牵连关系,对被告人应该实行数罪并罚。浙江省洞头县人民法院以受贿罪和滥用职权罪两罪并罚,追究了黄某林的刑事责任。

二、被隐瞒的境外存款是贪污、受贿等犯罪所得时,是否适用数罪并罚

(一)裁判规则

境外存款如来自被告人的贪污、受贿所得,其隐瞒境外存款的行为构成隐瞒境外存款罪,应与贪污罪、受贿罪实行数罪并罚。

(二)规则适用

隐瞒境外存款罪,是指国家工作人员违反国家外汇管理法规和行政管理制度,将外汇存入国(境)外银行,隐瞒不报,数额较大的行为。1979年《刑法》没有关于隐瞒境外存款罪的规定,1988年《关于惩治贪污罪贿赂罪的补充规定》第11条第2款增设了隐瞒境外存款罪这一新罪名,修正后的《刑法》第395条第2款确认了这一罪名,并列入分则贪污贿赂罪一章中,规定"国家工作人员在境外的存款,应当依照国家规定申报。数额较大、隐瞒不报的,处二年以下有期徒刑或者拘役;情节较轻的,由其所在单位或者上级主管机关酌情给予行政处分"。司法实践

中,隐瞒境外存款罪的规定运用较少。公诉机关在指控被告人犯隐瞒境外存款罪的同时,还指控被告人犯有贪污罪、受贿罪,当被告人隐瞒不报的境外存款有可能来自其实施的贪污、受贿等其他犯罪行为时,应如何评价该行为的性质,实践中存在两种观点。

一种观点认为,行为人将非法所得转移、隐藏并存入境外金融机构的行为是贪污、贿赂等行为发展的当然结果,从期待可能性角度出发,应只认定为构成贪污、受贿等犯罪,对隐瞒存款不报的行为不宜追究责任。另一种观点则认为,应当以隐瞒境外存款罪和贪污罪、受贿罪实行数罪并罚。

笔者同意第二种观点。我国《刑法》第395条规定,隐瞒境外存款罪的主体是特殊主体,只能由国家工作人员构成。本罪在主观方面表现为故意犯罪,即明知在境外的存款应当依照国家规定申报而故意隐瞒不报。如果不是出于故意隐瞒,而是对国家的申报要求不明知,或准备申报而暂未申报等,都不能构成此罪。隐瞒不报境外存款的动机多种多样,但无论是何种动机,都不影响本罪的成立。本罪的客体是复杂客体,即侵犯的是国家机关的正常活动和国家对外汇的管制。本罪在客观方面表现为在境外有数额较大的存款,依照国家有关规定应当申报而隐瞒不报的行为。所谓"依照国家有关规定",是指《中华人民共和国外汇管理条例》以及《对个人的外汇管理施行细则》等有关规定。所谓"隐瞒不报",是指国家工作人员的合法收入或是非法收入不按国家有关规定申报,而隐瞒存入境外银行。隐瞒境外存款罪的构成以刑法的明文规定为特征,行为人的作为义务主要来源于刑法认可的其他法律规定,即有关国家工作人员在境外存款申报方面的国家规定。也就是说,负有境外存款申报义务的国家工作人员对数额较大的境外存款没有依法履行申报义务的,根据《刑法》第395条第2款的规定就构成本罪。我国刑法设立隐瞒境外存款罪的目的是通过将隐瞒境外存款行为犯罪化的方式,加强对国家工作人员财产状况的监管,以防止犯罪分子将违法犯罪所得存入境外银行、逃避监管,从而逃避法律追究。《刑法》第395条第2款是预防性条款而不是惩罚性条款,其主要起到提示作用,即提醒违背职责的国家工作人员,即使因证据等原因无法以贪污罪、受贿罪进行处罚,也可以本罪或巨额财产来源不明罪进行处罚。本罪意图惩罚的不是国家工作人员将款项存入境外的行为,而是没有按照法定义务进行申报的不作为行为。行为人在存款来源上的罪错,应由相应的"原罪",如贪污罪、受贿罪来规制。而从隐瞒境外存款罪的法定最高刑为2年有期徒刑来看,这种轻刑配置也表明本罪所要惩罚的仅仅是国家工作人员对数额较大的境外存款进行隐瞒不报的不作为行为,而其在存款来源上的罪错行为将依据其他规定进行惩罚。

【指导案例】张某民贪污、受贿、隐瞒境外存款、巨额财产来源不明案①

被告人张某民,原系上海市嘉定区供销合作总社(以下简称"供销社")主任、上海烟草(集团)嘉定烟草糖酒有限公司(以下简称"烟糖公司")副董事长。

1995年,张某民被国家与集体联营企业烟糖公司董事会聘任为经理,同年4月被上海市烟草专卖局任命为上海市烟草专卖局嘉定分局(系与烟糖公司两块牌子一套班子,以下简称"烟草分局")局长。1998年9月,受嘉定区委组织部委派担任集体性质的供销社副主任。2000年1月,受区委组织部委派担任供销社主任,同年4月不再担任烟糖公司经理及烟草分局局长职务。2000年6月,经烟糖公司董事会决定兼任烟糖公司副董事长。

张某民于2004年至2005年担任供销社主任期间,利用职务便利伙同他人侵吞公款共计人民币199万元,张某民从中分得99万余元。1995年至2005年,张某民担任烟草分局局长兼烟糖公司经理、供销社副主任、主任期间,利用职务便利,先后多次收受贿赂合计价值352.1686万元。

张某民另于2005年担任供销社主任期间,以其妻潘某名义在香港汇丰银行设立账户并存有巨额外币存款,未按照国家规定向主管部门如实申报,隐瞒了境外存款事实。2005年11月底,张某民委托他人赴中国香港地区将上述账户内港币253.49万元(折合人民币264.0352万元)转汇至美国。案发后,侦查机关从该账户内另查获美元存款9.9776万元(折合人民币80.6841万元)。

案发后,侦查机关依法查获张某民银行存款、房产、股票等财产,折合人民币共计2880.9681万元,查实张某民及其家庭成员的支出合计807.1659万元,张某民及其妻潘某的合法收入及其他能说明来源的合法财产合计1908.3311万元。

法院认为,被告人张某民隐瞒境外存款的行为和贪污、受贿行为是相互独立的两个行为。从本案具体情况来看,张某民于2004年至2005年在担任供销社主任期间,利用职务便利,伙同他人侵吞公款共计199万元,实得99万余元;1995年至2005年在先后担任烟草分局局长兼烟糖公司经理,供销社副主任、主任期间,利用职务便利,多次收受贿赂共计价值352万余元。如果张某民的境外存款来自贪污、受贿所得,其隐瞒境外存款和贪污、受贿的犯罪对象是同一的,但该隐瞒境外存款的行为是贪污、受贿犯罪的后续行为。隐瞒境外存款是行为人在贪污、受贿后产生的另一个主观故意,目的是为了掩盖其通过非法行为所获得的大量钱财,是事后故意。因此,贪污、受贿的前犯罪行为和隐瞒境外存款行为是被告人实施的两个不同行为,应实行数罪并罚。此外,结合本案具体情况来看,张某民于2005年担任供销社主任期间,以其妻潘某名义在香港汇丰银行设立账户并存有巨

---

① 参见薛振、张娅娅:《隐瞒境外存款罪与巨额财产来源不明罪罪行重叠时的区分》,载《人民司法(案例)》2008年第4期。

额外币存款,但未按照国家规定向主管部门如实申报,隐瞒了境外存款事实。2005年11月底,张某民委托他人赴中国香港地区将上述账户内港币253.49万元(折合人民币264.0352万元)转汇至美国。案发后,侦查机关从该账户内另查获美元存款9.9776万元(折合人民币80.6841万元)。张某民的上述行为符合《刑法》第395条第2款关于隐瞒境外存款罪的规定,应当与贪污罪、受贿罪实行数罪并罚。

三、行为人境外财产数额巨大且不能说明来源的,是否应数罪并罚

(一)裁判规则

被告人境外存款数额巨大,明显超过其合法收入,且不能说明该存款来源的,同时符合隐瞒境外存款罪和巨额财产来源不明罪的构成要件,应当进行数罪并罚。

(二)规则适用

(1)隐瞒境外存款罪和巨额财产来源不明罪在主客观方面存在较大区别。巨额财产来源不明罪与隐瞒境外存款罪规定在同一法条中,分别为《刑法》第395条第1款和第2款,因此在探讨一罪与数罪时首先必须厘清两个罪名的关系。根据《刑法》第395条第1、2款的规定,两罪的犯罪客体有部分重合,犯罪主体有部分交叉,犯罪对象在某种情况下会重叠。国家工作人员在境外的存款,如果明显超过合法收入,差额巨大,本人不能说明其来源合法的,差额部分以非法所得论,依照巨额财产来源不明罪定罪处罚。而隐瞒境外存款罪,是指国家工作人员违反国家外汇管理法规和应当申报的规定,将自己的款项存入国(境)外银行,隐瞒不报,数额较大的行为。这两个罪的区别,从主观方面来看,隐瞒境外存款罪的行为人是故意隐瞒自己在境外的财产,知道应当按照规定申报而故意不申报;而巨额财产来源不明罪的行为人则是故意占有和支配其不合法的财产。从客观方面来看,隐瞒境外存款罪的成立只要求行为人隐瞒不报数额较大的境外存款,其能否说明存款的来源对本罪的构成不产生影响;而巨额财产来源不明罪的行为人却不能说明其财产的合法来源。

(2)隐瞒境外存款罪的犯罪对象不仅包括违法犯罪所得的非法财产,还包括合法财产。当隐瞒境外存款拒不申报并不能说明其来源或不能说明其来源是合法的时候,应当如何认定?第一种观点认为,由于对隐瞒境外存款罪犯罪对象的理解并不限于合法财产,因此此种情况下应认定为隐瞒境外存款罪;第二种观点认为,只有合法财产才能成为隐瞒境外存款罪的犯罪对象,因此主张认定为巨额财产来源不明罪;第三种观点认为,应以隐瞒境外存款罪与巨额财产来源不明罪数罪并罚。笔者认为,设立隐瞒境外存款罪的立法意图是针对国家工作人员境外存款的监督,而不在于追究行为人在财产来源上的过错。也就是说,即使是合法收入,但作为国家工作人员隐瞒不报的话,同样会发生侵犯国家对国家工作人员

境外存款的监管制度的危害后果。而国家工作人员在境外的存款依照国家规定申报,是对国家工作人员财产状况进行监督的必要措施,也是防止某些犯罪分子利用境外查证难的特点,将在违法犯罪活动中所得的非法财产转移至境外、逃避监管检查的一种手段。因此,隐瞒境外存款罪中境外存款来源不仅包括非法收入,也应包括合法收入,如合法的劳动报酬、依法继承的财产等。隐瞒境外存款罪的成立不受境外存款来源是否合法的限制,不论是合法收入还是违法所得,都不影响本罪的成立。

(3)隐瞒境外存款与巨额财产来源不明犯罪不属于想象竞合犯。所谓想象竞合犯,是指行为人实施一个犯罪行为而同时触犯数个罪名的犯罪情形,前提基础是行为人只实施了一个犯罪行为,当行为人实施了两个犯罪行为,即一个是违反了有关国家工作人员境外存款申报规定的行为,另一个是当有关国家机关责令行为人说明其合法收入以外的差额部分的来源时,行为人不能说明其合法来源的行为,上述两个犯罪行为之间不存在牵连或者吸收关系。因此,隐瞒境外存款拒不申报且不能说明其合法来源的情形,不符合想象竞合犯的构成特点,对被告人也就不能以想象竞合犯择一重罪论处,而认定其构成巨额财产来源不明罪。

【指导案例】徐某敏受贿、巨额财产来源不明、隐瞒境外存款案①

2005年8、9月至2008年年初,被告人徐某敏或以"借购房款"为由或以"顾问费""津贴费"等名义,向捷顶微电子(上海)有限公司法定代表人钱某宏、上海新域信息系统有限公司法定代表人曾某伟、上海紫竹科学园区发展有限公司、北京凌讯华业科技有限公司、上海长江新成系统集成有限公司索取或者收受贿赂款共计96.5万元。上述公司在徐某敏的帮助下,获得了上海市信息化委员会的专项资金拨款。

2007年7月,徐某敏通过工商银行将存款36.0565万元兑换成港币37万元,汇至其结识的上海银行港澳台投资部总经理罗某平在香港上海商业银行的私人账户。同年10月,徐某敏又以其妻子名义,通过上海银行将存款37.452万元兑换成港币38.5万元,汇至上述账户。按照徐某敏的要求,罗某平将港币75.5万元以市价购进"国讯国际"H股股票。徐某敏系应申报本人在境外存款的国家机关领导干部,在历次财产申报时均未如实申报上述境外投资钱款。

1998年3月至2009年7月案发,徐某敏家庭银行存款、房产、股票等财产和支出总额为1576.9万元,扣除徐某敏和妻子的合法收入以及徐某敏能够说明合法来源的财产合计635.7万余元,徐某敏受贿所得96.5万元,徐某敏仍有差额财产844万余元不能说明合法来源。

---

① 参见彭卫东、沈言:《巨额财产来源不明罪的溯及力认定》,载《人民司法(案例)》2012年第2期。

法院经审理后认为,2009年7月,徐某敏因受贿罪案发,经检察机关查证,徐某敏财产、支出明显超过合法收入,差额特别巨大,且不能说明来源。徐某敏在2009年2月28日《刑法修正案(七)》颁布施行之后有巨额财产不能说明合法来源,故应以《刑法修正案(七)》第14条之规定予以处罚。徐某敏系国家机关工作人员,依照国家规定应当申报境外存款,但其隐瞒不报。徐某敏的行为分别构成受贿罪、隐瞒境外存款罪和巨额财产来源不明罪,应予数罪并罚。

隐瞒境外存款拒不申报且不能说明其来源或不能说明其来源合法的时候,应当如何认定?有观点认为,隐瞒境外存款罪的犯罪对象并不限于合法财产,故此种情况应认定为隐瞒境外存款罪;另有观点认为,只有合法财产才能成为隐瞒境外存款罪的犯罪对象,故此种情况应认定为巨额财产来源不明罪;还有观点认为,此种情况下应认定为两罪,即隐瞒境外存款罪与巨额财产来源不明罪数罪并罚。在回答这个问题之前,有必要对巨额财产来源不明罪和隐瞒境外存款罪之间的异同点展开分析。

我国《刑法》第395条第1、2款分别规定了巨额财产来源不明罪与隐瞒境外存款罪。前罪侵犯的客体为公私财产的所有权和国家的廉政建设制度,后罪侵犯的客体是国家对国家工作人员在境外存款的申报制度和国家的廉政建设制度。从主观上看,前罪系行为人故意占有和支配其不合法的财产;后罪系行为人故意隐瞒自己在境外的财产,明知应当按照规定申报而故意不申报。从客观上看,前罪表现为行为人不能说明其财产的合法来源;后罪表现为行为人隐瞒不报数额较大的境外存款,其能否说明存款的来源对该罪的成立没有影响。可见,巨额财产来源不明罪与隐瞒境外存款罪两者之间的差异明显,法律之所以将这两个看似毫无联系的罪名规定在同一条中,是因为两罪的犯罪对象在某种情况下会重叠。

第一,隐瞒境外存款罪的犯罪对象既包括合法财产也包括违法犯罪所得。设立隐瞒境外存款罪的目的是通过将隐瞒境外存款行为犯罪化的方式加强对国家工作人员财产状况的监督,以防止犯罪分子将违法犯罪所得存放于境外逃避监管从而逃避法律追究。如果将非法财产排除在隐瞒境外存款罪的犯罪对象之外,无疑与该罪的立法目的相悖;同时财产监管是一个整体概念,合法财产作为国家工作人员财产组成的主体部分不能且不应被排除在监管的范围之外。因此,无论是合法财产还是非法财产都可以成为隐瞒境外存款罪的犯罪对象。对于国家工作人员申报过的境外存款,如果明显超过其合法收入,差额巨大,本人不能说明其来源合法的,差额部分以非法所得论,依照巨额财产来源不明罪定罪处罚;当其隐瞒不报时,则同时构成隐瞒境外存款罪和巨额财产来源不明罪,应数罪并罚。

第二,行为人实施了两个独立的犯罪行为,符合两个犯罪构成要件。行为人在隐瞒境外存款拒不申报且不能说明其来源合法的情况下,是基于两个故意,即知道自己应当申报而不申报或者不如实申报的故意以及意图占有和支配其非法所得的故意;实施了两个独立的行为,即隐瞒不报数额较大的境外存款以及当国家有关机关责令其说明巨额境外存款来源时,行为人不能说明其财产的合法来源。这两个行为除了针对同一标的物之外,不存在牵连、吸收关系,完全符合两个犯罪构成,构成两个独立的犯罪,应当以巨额财产来源不明罪和隐瞒境外存款罪实行数罪并罚。

第三,对隐瞒境外存款拒不申报且不能说明其来源或不能说明其来源合法的行为予以数罪并罚,并不违背"禁止重复评价原则"。本案中,徐某敏的辩护人提出,对此类行为进行数罪并罚有违"禁止重复评价原则"。禁止重复评价原则是指,在定罪量刑时禁止对同一犯罪构成事实予以两次或者两次以上的评价,所要禁止的重复评价对象是犯罪构成要件的要素事实。法院认为,隐瞒境外存款并拒不说明其合法来源的行为虽然针对的对象同一,但该对象本身即财产并不能单独成为犯罪构成的要件事实,作为单独犯罪构成要件事实的分别是隐瞒不报的不作为行为和拒不说明财产来源合法的不能说明行为。因此,对其分别评价不存在重复的问题。

本案中,徐某敏将75.5万元钱款隐瞒于境外,拒不申报,且不能说明该笔钱款的来源,符合隐瞒境外存款罪和巨额财产来源不明罪的构成要件。因此,一、二审法院在其巨额财产来源不明的844万余元中不予扣除该笔75.5万元钱款,对徐某敏予以数罪并罚是正确的。

第七章　自首与立功

一、行贿人在纪检监察部门查处他人受贿案件时,交代向他人行贿的事实,亦属于被追诉前主动交代

(一)裁判规则

"被追诉前"通常是指纪检监察部门、司法机关立案侦查之前。行贿人向纪检监察部门、司法机关举报受贿人的受贿行为,属于被追诉前主动交代行贿行为;在纪检监察部门、司法机关查处他人受贿案件时,交代向他人行贿的事实,亦应属于被追诉前主动交代行贿行为的情形。即使相关部门已经对受贿人立案查处,行贿人作为证人接受调查,只要相关部门对行贿人尚未立案查处,行贿人承认其向受贿人行贿的事实,也应当认定为被追诉前主动交代行贿行为的情形。

(二)规则适用

2011年修正后的《刑法》第390条第2款规定:"行贿人在被追诉前主动交待①行贿行为的,可以减轻处罚或者免除处罚。"《刑法修正案(九)》将该款有针对性地修改为:"行贿人在被追诉前主动交待行贿行为的,可以从轻或者减轻处罚。其中,犯罪较轻的,对侦破重大案件起关键作用的,或者有重大立功表现的,可以减轻或者免除处罚。"这一修改体现了对行贿犯罪从严掌握从宽幅度的精神。

第一,"被追诉前主动交待"有别于刑法总则规定的特别自首。根据刑法总则规定,一般的自首可以从轻或者减轻处罚,只有情节较轻的犯罪又自首的才可以减轻或者免除处罚。而行贿人(不管轻重)在追诉前主动交代行贿行为则"可以减轻或者免除处罚",与一般自首相比从宽的幅度较大。因为"官员与行贿者是共同正犯的命运共同体,二者保持缄默的默契远高于揭露原始之犯罪行为",如果行贿人能主动交代行贿罪行,就等于揭发了受贿罪行,量刑方面应该得到比一般自首更大的优惠。

第二,"被追诉前"和交代的"主动性"是"被追诉前主动交待"这一情节必须

---

① 原文如此,与"交代"通用,后同,不再赘注。

具备的两个条件。"被追诉"是刑事诉讼活动,包括司法机关依照法定程序进行的追究犯罪嫌疑人刑事责任的一系列司法活动(立案、侦查、起诉、审判等)。《刑事诉讼法》第109条规定:"公安机关或者人民检察院发现犯罪事实或者犯罪嫌疑人,应当按照管辖范围,立案侦查。"可见,立案是公安机关或者人民检察院发现了犯罪事实或者犯罪嫌疑人,才启动的刑事诉讼追诉程序。而被追诉前与主动交代是否必须同时具备?如果纪检监察部门或者司法机关没有掌握受贿人受贿犯罪的具体事实,仅仅因为被调查对象与行贿人来往密切,有受贿嫌疑,在调查过程中行贿人交代自己行贿罪行的,交代具有一定的主动性,可以认定为"被追诉前主动交待"。如果纪检监察部门或者司法机关已经初步掌握了受贿人的受贿罪行(例如受贿人对自己的受贿罪行已经作了交代),则行贿人在配合调查或者作为证人期间对行贿行为的交代不能认定为"被追诉前主动交待",因为"行贿人在被追诉前主动交待行贿行为的"实际上是刑法中的一种特殊自首行为,而在纪检监察部门或者司法机关已经掌握了贿赂犯罪事实的情况下,一般自首都难以构成。受贿人如果供述受贿事实在先,说明行贿人作为贿赂犯罪的共犯(对合性的共同犯罪人)的嫌疑人地位已经有证据证明,充其量只是在配合调查的过程中被动承认了自己的行贿行为和自己的对合性共犯地位。这种承认尽管对证实受贿犯罪具有积极作用,但不具有揭发受贿罪行的性质,更不属于主动交代。

第三,主动交代行贿的同时揭露受贿人的受贿犯罪不属于立功。行贿的对象是行贿罪的重要内容,行贿人在交代自己的行贿罪行时,必须要交代自己的行贿对象,否则就不能说行贿人是如实交代自己的罪行,也就很难成立自首。最高人民法院、最高人民检察院2012年发布的《关于办理行贿刑事案件具体应用法律若干问题的解释》采取的也是否定说的立场,该解释第7条规定,因行贿人在被追诉前主动交代行贿行为而破获相关受贿案件的,对行贿人不适用《刑法》第68条关于立功的规定,依照《刑法》第390条第2款的规定,可以减轻或者免除处罚。此外,如果行为人的行贿行为没有被追究刑事责任,其主动揭发他人受贿行为,虽然不能认定为立功,但可以对其构成的其他犯罪酌情从轻处罚。①

【指导案例】袁某行贿案——配合检察机关调查他人受贿案件时,交代向他人行贿的事实,能否认定为被追诉前主动交代②

2010年5月,被告人袁某通过同学沈某龙(泰州市路灯管理处主任,另案处理)的介绍,与负责拆迁安置房开发建设的泰州市海陵房产开发公司经理刘某东(国家工作人员,另案处理)相识,并委托沈某龙向刘某东索要其使用的银行卡号,于2010年6月14日向该卡存入4000元,2010年9月18日向该卡存入2万

---

① 参见孙国祥:《贪污贿赂犯罪研究》(下册),中国人民大学出版社2018年版,第988—993页。
② 参见最高人民法院刑事审判第一、二、三、四、五庭主办:《刑事审判参考》(总第86集),法律出版社2013年版,第787号案例。

元,又于 2011 年 3 月 12 日向该卡存入 10 万元,总计 12.4 万元。在刘某东的帮助下,未经招标程序,被告人袁某以挂靠单位同济大学建筑设计研究院(集团)有限公司的名义承揽了泰州市迎春东路安置小区海曙颐园的规划设计项目。

2011 年 4 月 11 日,被告人袁某在配合检察机关调查刘某东问题时,交代了向刘某东行贿的事实。

被告人袁某在检察机关对其立案前交代的行贿事实,属于被追诉前主动交代的情形。

基于受贿行为所侵害的法益一般情况下比行贿行为更为严重,为鼓励行贿者揭发、举报犯罪,打破同盟关系,刑法在对行贿犯罪的处理上给了行为人更多从宽处理的机会。2011 年修正后的《刑法》第 390 条第 2 款规定:"行贿人在被追诉前主动交待行贿行为的,可以减轻处罚或者免除处罚。"通过给行贿人减轻或免除处罚的机会,换取行贿人主动交代行贿行为,揭发受贿犯罪,本质上符合维护国家公权力的廉洁性这一打击贿赂犯罪的根本目的,有利于司法机关获取贿赂犯罪的证据,重点打击受贿行为,同时还能够贯彻和体现我国刑事司法中宽严相济的刑事政策精神。

对是否属于被追诉前主动交代行贿行为情形的认定,关键在于对"被追诉"的理解。追诉是指司法机关依照法定程序进行的追究犯罪分子刑事责任的一系列司法活动,包括立案侦查、审查起诉、开庭审判等诉讼过程。1996 年《刑事诉讼法》第 83 条规定:"公安机关或者人民检察院发现犯罪事实或者犯罪嫌疑人,应当按照管辖范围,立案侦查。"从该规定分析,立案侦查是司法机关进行刑事追诉活动的开始。此外,1996 年《刑事诉讼法》第 61 条规定,公安机关对于一些特定情形的现行犯和重大嫌疑分子,可以先行拘留。因而,司法机关在立案前的某些紧急情况下依法采取的强制措施和讯问犯罪嫌疑人等活动也属于追诉活动的一部分,但只能视为一种例外情形。因此,"被追诉前"通常是指司法机关立案侦查之前,行贿行为是否属于在"被追诉前"主动交代应当以检察机关是否立案为准。

行贿人向纪检监察部门、司法机关举报受贿人的受贿行为,显然属于被追诉前主动交代行贿行为的情形。行贿人在纪检监察部门查处他人受贿案件时,交代(承认)向他人行贿的事实,亦应属于被追诉前主动交代行贿行为的情形。即使检察机关已经对受贿人立案侦查,行贿人作为证人接受检察机关调查,只要检察机关对行贿人尚未立案侦查,行贿人承认其向受贿人行贿的事实,也应当认定为被追诉前主动交代行贿行为的情形。本案检察机关未认定被告人袁某具有被追诉前主动交代行贿行为的情形,但法院根据被告人袁某在检察机关对其行贿行为立案侦查前已经交代了向刘某东行贿的事实证据,认定被告人袁某具有被追诉前主动交代行贿行为的情形。因此,结合本案的具体情况,对被告人袁某免予刑事处罚是妥当的。

二、行贿人检举揭发他人受贿犯罪是否构成立功

(一) 裁判规则

主动供述行贿事实并由此破获他人受贿案件的,其中揭发他人受贿犯罪的内容属于如实供述行贿事实的一部分,可构成行贿罪的自首,但不构成立功。

(二) 规则适用

立功是司法实践中比较常见同时也是司法认定中容易产生争议的问题。行为人因涉嫌某种犯罪到案后,在供述该犯罪事实时又供述了与该罪具有一定关联性的其他事实,甚至因此揭发他人犯罪的,如何判断行为人的供述是否超出了其对前罪如实供述的必要范围,后续供述能否构成自首或者立功,是实务中的难点。总体而言,应当以齐备犯罪构成要件包含的全部要素为标准,来界定行为人对某一犯罪的供述是否完整、充分。行为人实施犯罪的某些情节又涉及本人或者他人的其他犯罪的,如果这些情节没有超出该罪的犯罪构成,则仍然属于对该罪的如实供述,因行为人的供述又破获本人或者他人的其他犯罪的,不构成自首或者立功。因为此类情节本身属于该罪犯罪事实的组成部分,与该罪密不可分,若不如实供述此类情节,该罪的基本犯罪事实就不可能完全查清。例如,依法配枪的人员,因涉嫌非法出租、出借枪支到案后,当其供述非法出租、出借枪支事实时必然要交代出租、出借枪支的对象,即使因此提供他人非法持有枪支的犯罪线索,破获了其他案件,也不构成立功。在非法买卖假发票、假币、毒品等违禁品的犯罪中,这一点表现得尤为明显,参与非法交易的一方到案后,如实供述对方情况的,仍然属于对其本人实施的非法交易行为的供述范围。贿赂犯罪也具有这样的特点,供述受贿事实必须交代行贿人的情况;供述行贿事实,同样必须交代受贿人的情况。除必须交代贿赂的提供人、收受人外,如有利用职权谋利情节,行为人对谋利情节的供述亦属于对贿赂犯罪基本事实的供述。最高人民法院于2010年12月出台的《关于处理自首和立功若干具体问题的意见》规定:"虽然如实供述的其他罪行的罪名与司法机关已掌握犯罪的罪名不同,但如实供述的其他犯罪与司法机关已掌握的犯罪属选择性罪名或者在法律、事实上密切关联,如因受贿被采取强制措施后,又交代因受贿为他人谋取利益行为,构成滥用职权罪的,应认定为同种罪行。"根据上述规定,行为人供述的犯罪与司法机关已掌握的犯罪在"法律、事实上密切关联"的,所供犯罪不构成自首,对该规定的精神可以结合犯罪构成来理解、把握。

但如果行为人因涉嫌犯罪到案后,供述该犯罪事实的同时又供述了超出该罪犯罪构成要件相关事实的,其后续供述构成自首或者立功。行为人在供述犯罪事实时,可能会对案发起因、赃物处理等不属于犯罪构成要件的情节一并供述,此时其供述如果涉及本人其他犯罪或者他人犯罪的情况,可能构成自首或者立功。例如,行为人在供述故意杀人事实时,供称其与被害人多年前共同绑架他人,后因怕

被害人揭发而杀害被害人,其构成绑架罪的自首。在受贿犯罪中,行为人受贿后对贿赂款物的具体使用情况,并不属于受贿罪的构成要件要素,使用贿赂款物涉及其他犯罪的,对该情节的交代可能构成自首或者立功。

【指导案例】刘某受贿案——因受贿案发后又主动交代用受贿款向他人行贿的事实,使其他贿赂案件得以侦破的,是否构成立功①

2004年至2008年间,被告人刘某利用担任恒达公司经理的职务之便,收受乔某焕、庞某等人财物,共计价值18.5万元,在支付货款、租赁费等方面为乔某焕、庞某等人谋取利益。刘某到案后退回赃款15万元,如实供述司法机关没有掌握的其他受贿事实,并主动交代了其向张某行贿的事实。

本案在审理过程中,关于被告人刘某主动交代向他人行贿的事实,司法机关由此破获其他贿赂案件,刘某是否构成立功有两种不同意见:一种意见认为,刘某向司法机关供述自己向本案以外的其他国家工作人员行贿,提供了得以侦破其他贿赂案件的线索,应当认定为具有立功表现。另一种意见认为,刘某具有受贿和行贿两个事实,公诉机关已因其在行贿事实案发前如实供述行贿事实而对该事实不起诉,其提供的他人收受其贿赂的线索,属于对行贿事实如实供述,不应再被重复评价为立功。

法院同意后一种意见,认为被告人刘某因涉嫌受贿到案后供述了自己的受贿事实,同时主动交代了自己使用部分受贿款向他人行贿的事实。刘某主动供述行贿事实同时产生了两方面的积极作用:一方面,其主动交代了司法机关尚未掌握的行贿事实,司法机关据此查明该事实,节约了司法资源;另一方面,司法机关根据其供述侦破了他人受贿的案件,其供述具有揭发他人犯罪的效果。刘某主动供述行贿事实,可以认定其构成行贿罪的自首。虽然其自首行为在客观上具有揭发他人犯罪的作用,但不能再认定其构成立功,否则就是对同一行为的重复评价。刘某除了具有行贿罪的自首情节,同时还符合2011年修正后《刑法》第390条第2款关于"行贿人在被追诉前主动交待行贿行为的,可以减轻处罚或者免除处罚"的规定。根据该款规定,公诉机关已决定对刘某所犯行贿罪不予起诉,这是对其所犯行贿罪具有自首情节充分肯定的评价,法院在审判阶段自然不能再将该情节重复评价为立功。据此,一、二审法院均认定刘某不构成立功。

---

① 参见最高人民法院刑事审判第一、二、三、四、五庭主办:《刑事审判参考》(总第99集),法律出版社2015年版,第1020号案例。

三、受贿人因与其受贿有关联的人、事被查处而退还或上交财物的，不影响受贿罪的认定

(一) 裁判规则

国家工作人员受贿后，因自身或者与其受贿有关联的人、事被查处，为掩饰犯罪而退还或者上交财物的，不影响受贿罪的认定。

(二) 规则适用

第一，案发前退还或者上交财物的三种情形。一是及时退还或者上交财物。《关于办理受贿刑事案件适用法律若干问题的意见》"九、关于收受财物后退还或者上交问题"中规定："国家工作人员收受请托人财物后及时退还或者上交的，不是受贿。国家工作人员受贿后，因自身或者与其受贿有关联的人、事被查处，为掩饰犯罪而退还或者上交的，不影响认定受贿罪。""及时退还"情形要求行为人主观上没有受贿的故意，客观上表现为及时退还或者上交财物，故不构成犯罪。值得注意的是，判断行为人是否具有受贿故意，不能仅根据其本人供述，还应当结合其收受和退还财物的具体行为进行综合分析。"及时退还"情形的行为人收受他人财物并非本人意愿，往往受当时的时空条件限制不得已接受或者"误收"，如请托人放下财物即离开，无法追及；掺夹到正常物品中当时无法发现等情形。退还必须"及时"，在条件允许的情况下，一般是指即时退还。如将礼盒拿回家后发现里面放有现金，第二天即退还的。实践中，对"及时"不能作绝对化理解，只要在客观障碍条件消除后退还都算"及时"。如行为人因病无法即时退还，待数月后身体痊愈退还也应视为"及时"。二是为掩饰犯罪而退还或者上交财物。"被动退还"情形中行为人在接受财物时存在受贿故意，后因自身或者与受贿相关联的人、事被查处，为了掩饰犯罪，才被动退还或者上交财物。这种情形下，行为人退还财物的时间距离接受财物的时间相对较长，距离被正式查处的时间相对较短，行为人对犯罪并没有真实悔意，一般不影响受贿罪的认定和处罚。另外，因请托人索要财物而不得已退还的，也应属于"被动退还"情形。三是行为人虽未及时退还或者上交财物，但在收受财物后至案发前的期间内主动退还或者上交财物的。在该情形下，行为人在接受财物时存在受贿的故意，但经过一定时间后，因主客观原因等诸多因素的变化，自己主动退还或者上交收受的财物。从法理上分析，行为人既具有受贿的故意，又具有受贿的行为，且犯罪过程已经完成，因此，应当构成受贿罪（既遂）。至于后面的退还行为应当视为犯罪后的"退赃"，可以作为处罚时的量刑情节，但不能改变已然犯罪的性质。

第二，对"主动退还"情形的处理。实践中，"主动退还"的情况复杂多样，是否追究刑事责任，司法机关把握的标准不一，《关于办理受贿刑事案件适用法律若干问题的意见》对此种情形未作规定。近年来，"主动退还"被追诉的案件越来越多，如何把握此类案件被告人的刑事责任，成为法院审判中的难题。对于"主动退

还"情形,可以结合收受财物的时间长短、数额大小以及是否谋利等具体情况,对被告人进行具体量刑。

首先,"主动退还"一般不会影响犯罪的成立,但在少数情况下,行为人虽然接受财物时存在受贿故意,但在较短时间内即出现悔意,且未为对方谋取利益即主动退还财物,情节显著轻微、危害不大的,可不以犯罪论处。如某公职人员收受他人财物回家后,经亲属规劝或者自己权衡利害得失,旋即将财物退还,这种情形就不应以犯罪论处。

其次,在构成犯罪的前提下,考虑到行为人"主动退还"虽然属于"退赃"情节,但表明其有悔罪表现,主观恶性较小,对职务廉洁性的损害也相应减小,故对其从宽处罚往往能够获得民众认同。另对,对于退还财物的不同情形比较分析,在实践中,被告人到案后的"积极退赃"行为尚可作为从轻处罚的情节,"主动退还"与"积极退赃"相比,行为人的主观恶性更小,社会危害更低,举重以明轻,对"主动退还"情形更应当从宽处罚。可见,对案发前"主动退还"的行为从宽处罚有一定的法理基础、司法基础和民意基础。反之,如果无视"主动退还"与"积极退赃"的区别,不在量刑上加以区分,则容易产生"白退不如被抓住再说"的不良引导作用,不利于激励行为人及时悔罪,也与宽严相济的刑事政策背道而驰。

最后,从宽处罚的幅度把握。对此,应当考虑以下三个方面的因素:(1)从退还的时间来看,"主动退还"一般介于"及时退还"和"被动退还"之间,退还时间的迟早反映了悔罪程度的大小,一般而言,越接近"及时退还"情形,从宽处罚的幅度就越大;越接近"被动退还"情形,退还越晚,从宽处罚的幅度就越小。(2)从是否为请托人谋取利益来看,"主动退还"时已为请托人谋取了利益,尤其是非法利益的,从宽的幅度就越小;没有或者不愿为请托人谋取利益的,从宽的幅度就越大。(3)收受财物数额的大小,也影响从宽的幅度。根据以上三个方面的因素,结合行为人到案后的认罪态度等情况,分别确定从轻、减轻或免予刑事处罚。对案发前"主动退还"的,首先应当考虑从轻处罚;对数额不大且没有为他人谋利,退还时间早,犯罪情节轻微的,可免予刑事处罚;根据案件的实际情况,如果在法律规定的幅度内处罚仍明显偏重的,可以依照《刑法》第63条第2款的规定,在法定刑以下判处刑罚。

【指导案例】周某受贿案——案发前主动退还贿赂款的行为如何处理[①]

2010年7月,海南省三亚市海棠湾镇开展综合打击整治非法占用铁炉港海域从事生产、经营、建设行为,销毁非法抢建鱼排等专项工作,时任三亚市海棠湾镇委副书记的被告人周某负责这项销毁工作。其间,林某瑜的鱼排被销毁后,通过

---

① 参见最高人民法院刑事审判第一、二、三、四、五庭主办:《刑事审判参考》(总第99集),法律出版社2015年版,第1017号案例。

他人找到周某,欲要求政府部门予以补偿,并两次以为周某买茶单的形式给周某行贿现金 24 万元。2010 年年底,周某认为不能给林某瑜帮忙解决鱼排补偿事宜,害怕事情暴露,于 2010 年 12 月 6 日将 24 万元退还给林某瑜。2012 年 11 月案发。

本案在审理过程中,法院对被告人周某在案发前主动退还受贿款的行为是否属于《关于办理受贿刑事案件适用法律若干问题的意见》规定的"及时退还"的情形存在意见分歧:一种意见认为,周某具备受贿的主观故意和客观行为,其在案发前主动退还贿赂款,属于退赃行为,不属于《关于办理受贿刑事案件适用法律若干问题的意见》规定的"及时退还",不影响受贿罪的成立;另一种意见认为,周某接受他人财物后,并未为他人谋取利益且在收取钱款 5 个月后主动退还所收钱款,属于《关于办理受贿刑事案件适用法律若干问题的意见》规定的"及时退还"情形,不构成受贿罪。同时,在认定周某构成受贿罪的情况下,对其是否需要减轻处罚,也存在意见分歧:一种意见认为,周某并没有为请托人谋取任何利益,且在案发前主动退还贿赂款,案发后如实供述犯罪事实,主观恶性较小,确有悔改表现,可依照《刑法》第 63 条第 2 款的规定在法定最低刑以下判处刑罚;另一种意见认为,周某在无法为他人谋取利益的情况下,害怕犯罪暴露,主动退还贿赂款,属于一般的退赃行为,依法酌情从轻处罚即可,不应在法定刑以下判处刑罚。

法院同意前一种意见。认为本案中,被告人周某利用职务上的便利,收受他人现金 24 万元,既有收受他人贿赂的主观故意,又有接受并使用他人贿赂款的具体行为,只是因考虑到无法给请托人谋取利益,又出于害怕犯罪暴露才主动向请托人退还贿赂款,虽然属于"主动退还"情形,但不属于《关于办理受贿刑事案件适用法律若干问题的意见》规定的"及时退还"情形,故对其行为应当依法以受贿罪论处。鉴于周某在接受贿赂 5 个月后被司法机关查处 1 年前,主动退还所收财物,且未为他人谋取利益,到案后如实供述犯罪事实,体现出的社会危害程度和主观恶性较小,同时具有悔罪表现,如果按照受贿数额对其判处 10 年以上有期徒刑,明显偏重,所以法院依照《刑法》第 63 条第 2 款的规定,决定对其予以减轻处罚。

四、职务犯罪中自首的认定

(一) 裁判规则

一般而言,职务犯罪自首必须符合自动投案和如实供述犯罪事实两个条件,其认定需要考量四个要素,即自动投案、如何投案、投案机关、交代内容,具体是指在尚未受到调查谈话、讯问,或者未被宣布采取调查措施或者强制措施时就向司法机关、纪检监察部门等投案,如实交代犯罪事实。没有自动投案,如实供述办案机关已掌握的线索所针对的事实,不能认定为自首。接到办案机关电话通知后,自动到办案机关接受讯问或者调查谈话的,应认定为自动投案;又如实供述的,应认定为自首。

(二)规则适用

2009年3月,最高人民法院、最高人民检察院发布的《关于办理职务犯罪案件认定自首、立功等量刑情节若干问题的意见》规定:"成立自首需同时具备自动投案和如实供述自己的罪行两个要件。犯罪事实或者犯罪分子未被办案机关掌握,或者虽被掌握,但犯罪分子尚未受到调查谈话、讯问,或者未被宣布采取调查措施或者强制措施时,向办案机关投案的,是自动投案。在此期间如实交代自己的主要犯罪事实的,应当认定为自首。"2010年12月,最高人民法院出台了《关于处理自首和立功若干具体问题的意见》,该意见列举了应当视为自动投案的若干情形,所有列举的情形都有一个共同的特点,那就是行为人意志自由并主动选择到案。对上述规定可以从以下三个方面来理解。

第一,对自动投案的理解。对犯罪事实和犯罪分子已被办案机关掌握的案件,犯罪分子自动投案必须具备以下两个方面的条件:一是尚未受到调查谈话、讯问,或者未被宣布采取调查措施或者强制措施。从表面看是给自动投案设置了时间条件,实际上是确定行为人没有在案的一种状态。受到纪检监察部门调查谈话或者被宣布采取调查措施,表明行为人已处于办案机关的调查谈话中,或者办案机关已当面对其宣布采取调查措施,这显然是一种在案的状态。同样的道理,受到讯问或者被采取强制措施也是一种在案的状态。行为人已经在案也就无所谓自动投案,只有尚未在案才有自动投案的可能。二是向办案机关投案。这规定了行为人归案的方式。行为人从不在案到在案的过程,就是归案。归案可以是被动的,如被公安机关拘传、抓获,被群众扭送;也可以是主动的,如向办案机关投案就是主动归案。行为人主动让自己从不在案状态进入在案状态,将原来不在办案机关控制之下的自己,主动置身于办案机关的控制之下。此种情形下,行为人是否在案完全可以由自己掌握,可以选择去也可以选择不去,处在一种意志自由的状态。接到办案机关电话通知,自行到办案机关接受讯问,此种情形符合自动投案的特征。如果接到办案机关电话通知而自行到办案机关接受讯问不能被认定为自动投案,那么被网上追逃、通缉的犯罪分子,其所收到的特殊通知(通缉令),比电话通知更严厉、更有强制力,其主动、直接到司法机关接受处理,也就更加不能被认定为自动投案了。

由于职务犯罪案件往往先由纪检监察部门调查,再由检察机关介入,故也需注意检察机关介入对认定自首的影响。一方面,行为人在纪检监察部门调查时主动投案,只要没有抗拒或翻供行为,不论如何被移送至检察机关,均不影响自首的成立。具体又包括两种情形:一是行为人自动到纪检监察部门投案后,纪检监察部门将其送至检察机关或者通知检察机关到纪检监察部门接人。在这种情况下,检察机关的介入对自首的成立没有影响。但是,如果行为人知道检察机关介入后逃跑或者抗拒移送的,则其投案不具有自动性。二是行为人自动到纪检监察部门投案后,纪检监察部门让其回家等候处理,后检察机关再介入,无论是检察机关到其住所将其带走还是通过打电话通知其到检察机关接受处理,均不影响自首的成立,但有逃跑或者抗拒行为的除外。另一方面,行为人在纪检监察部门调查时没有主动投案,只是被动归案后如实供述的,在这一阶段不成立自首。但在检察机关介入阶段是否成立自首,要视具体情况而定。如果是纪检监察部门将行为人送至检察机关或者通知检察机关到纪检监察部门接人的,因其归案缺乏自动性,不成立自首。如果纪检监察部门调查、谈话后让行为人回去等候处理,检察机关介入后直接到其住所将其带走的,也不成立自首。

第二,对投案机关的理解。既然职务犯罪认定自首与其他犯罪一样必须依照刑法和相关规定,那么最高人民法院、最高人民检察院为什么还要联合出台《关于办理职务犯罪案件认定自首、立功等量刑情节若干问题的意见》呢?对此,最高人民法院有关人员在《关于办理职务犯罪案件认定自首、立功等量刑情节若干问题的意见》发布后发表的《〈关于办理职务犯罪案件认定自首、立功等量刑情节若干问题的意见〉的理解与适用》一文中有过详细的说明。文章指出,近年来,职务犯罪案件呈现出缓刑、免予刑事处罚等轻刑适用率偏高的趋势,受到了多方的关注,而职务犯罪案件轻刑适用比例高有各方面的原因,其中自首、立功等量刑情节的认定和运用不够规范、严肃尤其值得注意。比如,在被纪检监察机关采取留置、"两指"措施期间交代罪行是否认定为自首,实践中意见分歧很大,有的不加区分地将犯罪分子在纪检监察机关调查期间交代问题的一律认定为自首。因部分职务犯罪案件是经纪检监察机关查办后移交司法机关的,这样就直接导致了相当数量的案件被不当轻判。了解了上述背景,也就清楚在"没有自动投案,在办案机关调查谈话、讯问、采取调查措施或者强制措施期间,犯罪分子如实交代办案机关掌握的线索所针对的事实的,不能认定为自首"的规定中,为什么不说司法机关而是说办案机关,因为办案机关包括了纪检监察等部门。为什么多了调查谈话和采取调查措施,也是因为这些是纪检监察部门的办案手段和程序。故《关于办理职务犯罪案件认定自首、立功等量刑情节若干问题的意见》第一次将纪检监察等部门纳入有刑事意义的办案机关,其调查谈话和采取调查措施将具有刑法上的意义,在认定自首的问题上,与司法机关讯问和采取强制措施的作用和法律效果相同,填补了一直以来法律规定上的一个空白,也厘清了实践中有关自首认定的模糊之处。

第三,对交代内容的理解。没有自动投案,如实供述的事实包括两种情形:第一种是如实供述的事实未被办案机关掌握;第二种是如实供述的事实是办案机关所掌握的。对第一种情形,被采取强制措施的犯罪嫌疑人、被告人和依法宣判的罪犯,如实供述司法机关尚未掌握的罪行,以自首论。对第二种情形,所供述的事实是办案机关掌握的线索所针对的事实,不能认定为自首。所以,如果规定不特别明示"办案机关掌握的线索所针对的",行为人没有自动投案,其如实供述犯罪事实,将出现可能是自首也可能不是自首的不同结论。由此可见,本条中特别规定"办案机关掌握的线索所针对的",排除了没有自动投案而以自首论的情形,突出强调没有自动投案如实供述办案机关已掌握的线索所针对的事实,不能认定为自首。

而职务犯罪案件中"办案机关掌握的线索",不限于直接查证犯罪事实的线索,还包括与查证犯罪事实有关联的线索。由于职务犯罪案件的侦办程序有一定特殊性,职务犯罪案件中对自首的认定往往存在不少争议。在办案机关未掌握犯罪事实,但掌握相关线索的情况下,即使犯罪分子交代该线索所针对的犯罪事实,也不能认定为自首。近年来,人民群众对依法从严打击职务犯罪的呼声越来越高。《关于办理职务犯罪案件认定自首、立功等量刑情节若干问题的意见》对职务犯罪自首规定了较普通犯罪更为严格的条件,符合实践中打击职务犯罪的司法需要。既然办案机关掌握的线索是认定职务犯罪自首的重要标准,那么如何准确理解和把握"办案机关掌握的线索"范围,就成为职务犯罪认定自首关键的问题之一。"线索"本身是一个中性概念,线索不等于犯罪事实本身,有时甚至不能起到直接查证犯罪事实的作用。在刑事案件中,"线索"大致可以分为两种类型:一种是能够直接查证犯罪事实的线索;另一种是不能直接查证犯罪事实,但与所需查证的犯罪事实有关联的线索。如果办案机关掌握了第一类线索,就应视为掌握了一定的犯罪事实,犯罪分子在被据此调查谈话时交代犯罪事实的,不能认定为自首。例如,行贿人揭发受贿人受贿的事实,办案机关据此线索与受贿人谈话,受贿人交代受贿事实的,不能认定为自首。如果办案机关掌握了第二类线索,因该类线索不能直接查证犯罪事实,犯罪分子在被调查谈话期间交代犯罪事实的,是否构成自首存在争议。例如,办案人员发现国家工作人员甲在单位报销的单据中有虚假发票,根据这一线索并不能得出甲实施了贪污犯罪,因为甲完全有可能是在不明知是假发票或者是出于其他目的的情况下使用了假发票。有观点认为,在这种情况下办案人员对犯罪事实尚不掌握,犯罪线索尚未证明犯罪事实,犯罪分子在被调查谈话时交代犯罪事实的,具有主动性,依法应当认定为自首。

【指导案例】何某、梁某桃行贿案——职务犯罪自首的认定[①]

被告人何某、梁某桃(两人为夫妻关系)在不符合计划生育政策的情况下生育女儿梁甲、梁乙。2011年期间,为通过假收养方式顺利办理梁甲、梁乙入户手续,逃避缴纳社会抚养费及避免村集体罚扣其分红,何某找到李某连(另案处理)帮忙联系办理假收养计生审核及入户手续。同年5月,何某与梁某桃商议后,交给李某连16.5万元,通过李某连送给原佛山市社会福利院副院长陈某(另

[①] 参见林永春:《职务犯罪自首的认定》,载《人民司法(案例)》2016年第23期。

案处理)、广东省韶关市曲江区社会福利院院长王某明(另案处理),后何某与梁某桃在韶关市曲江区社会福利院办理了梁甲、梁乙的假收养入户手续。同年8月,为了将梁甲、梁乙的户口从韶关市曲江区社会福利院迁回佛山市禅城区南庄镇,何某、梁某桃经商议后,何某又交给李某连8万元,通过李某连送给时任佛山市禅城区南庄镇卫生和计划生育局常务副局长麦某华(另案处理)、南庄镇派出所户籍民警冼某想(另案处理),从而顺利通过了各项计生审计,使梁甲、梁乙的户口得以迁回南庄,避免了各级处罚。

2015年3月21日,检察机关在被告人梁某桃家门口将其抓获。同日,经检察院电话通知,被告人何某前往接受调查并如实交代了犯罪事实。

被告人何某归案后,如实供述其行贿的犯罪事实,因此何某是否构成自首,关键看何某是否自动投案。公诉机关认为何某犯行贿罪,行贿罪属职务犯罪,因此在适用最高人民法院《关于处理自首和立功具体应用法律若干问题的解释》第1条规定时,应该同时适用《关于办理职务犯罪案件认定自首、立功等量刑情节若干问题的意见》规定的"没有自动投案,在办案机关调查谈话、讯问、采取调查措施或者强制措施期间,犯罪分子如实交代办案机关掌握的线索所针对的事实的,不能认定为自首"。公诉机关引用《关于办理职务犯罪案件认定自首、立功等量刑情节若干问题的意见》的上述规定,认定何某不是自动投案。

法院认为,被告人何某接到反贪污贿赂局电话通知后,自行到检察院接受讯问,如实供述行贿的犯罪事实。而公诉机关认为何某不是自动投案的逻辑是,何某虽然自行到检察机关投案,但其如实供述行贿的事实是办案机关所掌握的,所以不是自动投案。如实供述的犯罪事实是办案机关所掌握的,成为否定被告人自动投案的理由和依据,显然不能成立。因为如果能够成立,司法实践中将无法认定自首。刑事案件通常情况下均系侦查机关(包括公安侦查和检察机关自侦)掌握了犯罪线索或者犯罪事实后进行侦查的,如果按照上述观点,侦查之后就不存在自动投案,自首制度的设立在司法实践中就失去了意义。

自动投案和如实供述自己的罪行是我国刑事法律规定的自首成立的两个要件,缺一不可。职务犯罪的自首认定并没有不同于其他类型的犯罪,也必须遵守以上规定。进入纪检监察部门留置、"两指"的案件当事人,的确还未受到司法机关的讯问,未被司法机关采取强制措施。在此期间如实交代犯罪事实,认定为自首似乎没有违背刑法和相关规定。但仔细推敲却不难发现,这种做法没有完整理解《关于处理自首和立功具体应用法律若干问题的解释》第1条的内容。《关于处理自首和立功具体应用法律若干问题的解释》第1条规定:"自动投案,是指犯罪事实或者犯罪嫌疑人未被司法机关发觉,或者虽被发觉,但犯罪嫌疑人尚未受到讯问、未被采取强制措施时,主动、直接向公安机关、人民检察院或者人民法院投案。"该条对自动投案的规定,包含两层意思:第一,犯罪事实或者犯罪嫌疑人未被发觉,或者虽然被发觉,但犯罪嫌疑人尚未受到讯问、未被采取强制措施;第二,主动、直接向公安机关、检察机关或者人民法院投案。不能因为犯罪嫌疑人尚未受到司法机关讯问、未被司法机关采取强制措施,而在纪检监察部门如实交代犯罪事实就得出自首的结论,犯罪嫌疑人还必须同时符合主动、直接投案的条件,才能认定为自首。

那么,公诉机关为什么会引用《关于办理职务犯罪案件认定自首、立功等量刑情形若干问题的意见》中的规定来作为认定被告人不能成立自动投案的依据呢?显然是因为没有正确理解该项规定的内容,作出了错误解读。如前所述,"没有自动投案,在办案机关调查谈话、讯问、采取调查措施或者强制措施期间,犯罪分子如实交代办案机关掌握的线索所针对的事实的,不能认定为自首"。该规定的意思非常清楚,不能认定为自首的两个基本条件是没有自动投案以及如实交代的内容为办案机关掌握的线索所针对的事实。

【指导案例】吴某、李某光挪用公款案——职务犯罪中自首的认定[①]

被告人吴某自1996年3月至2003年7月间,曾任中国农业银行天津新技术产业园区支行(以下简称"园区支行")外汇代理部主任、国际业务部经理等职务,任职期间均主管国际业务工作。被告人李某光自2004年1月任园区支行国际业务部经理。1996年12月至2004年年初,吴某单独或伙同李某光,利用职务之便,挪用公款970余万元归个人使用,部分借贷他人用于经营活动,具体事实分述如下:

1996年12月31日,吴某利用职务便利,将本单位公款16.6152万元划入张某桥经营的天津三友轻工食品有限公司(以下简称"三友公司")的银行账户,以个人名义借给张某桥使用,张某桥未予归还。

1998年4月30日,吴某利用职务便利,将本单位公款330.628万元划入其父为负责人、由其本人实际控制的天津市龙城商贸中心的银行账户。后吴某将挪用公款中的165万元划入张某桥经营的三友公司、天津市兴安食品加工厂的银行账户,以个人名义借给张某桥经营使用,张某桥未予归还;将挪用公款中的50万元偿还其个人向天津东禾脑公司的借款;将挪用公款中的110万元划入张某瞵经营的天津开发区桦栋实业发展有限公司(以下简称"桦栋公司")账户,以个人名义将公款借给该公司经营使用。后桦栋公司将110万元归还给吴某,吴某未将该款归还单位。

1998年年底,吴某介绍北京海王商贸公司天津汽车销售分公司(以下简称"海王公司")借给天津皓月商贸公司(以下简称"皓月公司")500万元,皓月公司在约

[①] 参见最高人民法院刑事审判第一、二、三、四、五庭主办:《刑事审判参考》(总第80集),法律出版社2011年版,第709号案例。

定的还款日期未能归还借款,海王公司找吴某追要。1999年3月30日,吴某挪用单位公款500万元帮皓月公司偿还了海王公司的借款。其后,吴某向皓月公司追偿,皓月公司将一批海产品交给吴某,吴某将海产品变卖得款120余万元,所得款项仍用于个人使用。

2003年7月,吴某因故被免职。2003年12月,吴某向张某瞵经营的桦栋公司和天津市日立广日电梯销售服务公司借款125万元,用于个人使用。为归还张某瞵的借款,2004年年初,吴某与接替其职务的李某光共同预谋后,由李某光将单位公款123.969万元划入张某瞵提供的天津市路华汽车销售有限公司银行账户,用于偿还吴某向张某瞵的借款。

2007年6月,因中国农业银行天津市分行与下属支行间建立电子对账系统,吴某、李某光为掩饰挪用公款970余万元的事实,制作了金额为120万美元的虚假信用证材料,在银行账目上作了虚假信用证贴现贷款记录。

另查明,2009年2月,园区支行在业务检查中发现该笔金额为120万美元的外汇贴现业务手续资料不齐,经询问当时的业务负责人李某光,李某光承认是自己制作的虚假信用证贴现记录,用于掩盖原国际业务部经理吴某挪用公款的事实。园区支行报案后,李某光通过电话指引侦查机关将吴某抓获归案。李某光到案后,进一步交代了其参与挪用部分公款的犯罪事实。此外,李某光被羁押期间,在亲属的协助下向司法机关退缴了自己参与挪用的123.969万元公款。

职务犯罪案件中,被告人须在纪检监察部门对其采取明确的调查措施前投案方能构成自动投案,在此前提下符合自首其他构成要件的,依法应认定为自首。自动投案和如实供述自己的罪行是构成自首的实质要件,职务犯罪中的自首认定同样应具备这两个实质要件。但是,由于职务犯罪的侦查具有不同于普通犯罪的特点,主要表现为一般具有纪检监察部门的前置性调查程序。因此,必须对这种前置性调查程序予以实事求是的认定,以准确界定职务犯罪案件中自首的成立标准。

由于纪检监察部门的办案活动所采取的调查谈话、调查措施与司法机关的侦查措施在内容、目的、效果方面具有相似性,立足于自首主要反映被告人认罪悔罪及有利于司法机关侦破案件的制度特征和价值取向,最高人民法院、最高人民检察院在《关于办理职务犯罪案件认定自首、立功等量刑情节若干问题的意见》中规定,"没有自动投案,在办案机关调查谈话、讯问、采取调查措施或者强制措施期间,犯罪分子如实交代办案机关掌握的线索所针对的事实的,不能认定为自首"。同时,《关于办理职务犯罪案件认定自首、立功等量刑情节若干问题的意见》对职务犯罪中的自动投案也予以了明确规定,"犯罪事实或者犯罪分子未被办案机关掌握,或者虽被掌握,但犯罪分子尚未受到调查谈话、讯问,或者未被宣布采取调查措施或者强制措施时,向办案机关投案的,是自动投案"。这里的办案机关包括纪检机关及刑事侦查机关等法定职能部门,如果犯罪分子在其犯罪事实未被司法机关掌握之前,向所在单位等办案机关以外的单位、组织或者有关负责人员投案的,应当视为自动投案。由此可见,审判机关对职务犯罪中构成自首的认定采取了严格标准。

本案中,报案材料、立案决定书、案件来源、抓获经过等相关书证显示,园区支行在业务检查中发现一笔外汇贴现业务手续资料不齐,被告人李某光在法定职能部门尚未介入的情况下承认自己挪用公款的行为,此时其并没有被采取调查措施以及强制措施,反映出李某光投案的主动性和自愿性,表明其自愿将自身置于国家控制之下,接受法律制裁,符合自动投案的要件特征。而李某光的供述则表明,其自动投案后,如实供述了自己制作虚假的外汇贴现业务资料用于掩盖吴某挪用 120 万美元公款的犯罪事实,并对自己的主体身份情况也作了如实供述。李某光到案后,又进一步交代了其参与挪用部分公款的犯罪事实,符合《关于处理自首和立功具体应用法律若干问题的解释》中规定的共同犯罪中主犯应当如实供述的犯罪事实的范围。因此,李某光具有自首情节,法院认定其构成自首是正确的。

【指导案例】刘某、姚某挪用公款案——如何认定职务犯罪案件中的自首及把握"办案机关掌握的线索"范围[①]

2004 年 10 月至 2006 年 3 月,被告人刘某在担任北京华康宾馆、北京市康乐工贸公司经理期间,指使被告人姚某 3 次使用本单位资金共计 58 万元为刘某个人购买国债,后均在当月归还。姚某在办案机关根据线索找其调查谈话期间如实交代了犯罪事实。次日,刘某主动向办案机关投案并如实交代了犯罪事实。

被告人刘某指使姚某挪用"小金库"公款为刘某购买国债的行为发生于 2004 年至 2006 年,直至 2009 年有人向被告人所在单位的上级集团公司纪委举报该单位私设"小金库",集团公司纪委在相关单位的协助下,调取了"小金库"涉及的个人银行存折的存取款记录及部分原始单据,发现"小金库"涉及的存折在 2005 年转账支出 23 万元用于为李某(刘某之妻)购买国债。集团公司纪委于 2010 年 4 月 16 日找到当时的财务主管姚某谈话,并问及李某的身份,姚某交代了 3 次使用公款为刘某购买国债的事实。次日,刘某主动到集团公司纪委交代其挪用公款购买国债的事实。经集团公司纪委向检察机关举报,检察机关到被告人单位将两人带至检察机关调查后提起公诉。在本案审理过程中,对于两名被告人行为的定性没有争议,但对两名被告人是否具有自首情节则存在不同意见。该问题实质涉及对相关规范性指导文件中"办案机关掌握的线索"和"自动投案"的理解和适用。

---

① 参见最高人民法院刑事审判第一、二、三、四、五庭主办:《刑事审判参考》(总第 84 集),法律出版社 2012 年版,第 755 号案例。

本案中，被告人姚某所在的集团公司纪委掌握了"小金库"所涉个人存折曾经转账 23 万元用于购买国债的线索，但并未掌握姚某挪用公款的事实。该转账行为在何种背景下发生、具体是为谁购买国债等问题均不清楚，完全有可能是单位集体决定以某个人的名义购买国债以增加"小金库"收益。因此，转账 23 万元用于购买国债的线索并不必然反映犯罪事实，该线索仅属于与犯罪事实具有一定关联性的线索。姚某在被调查谈话期间交代了其受被告人刘某指使挪用公款为刘某个人购买国债的事实，该犯罪事实在办案机关掌握线索的范围内，故不能认定为自首。同时，办案机关只掌握了"小金库"所涉个人存折转账 23 万元的一条线索，虽然姚某交代了 3 次挪用公款购买国债的事实，但鉴于其交代的事实与办案机关掌握的线索所针对的事实属于同种罪行，根据《关于办理职务犯罪案件认定自首、立功等量刑情节若干问题的意见》的规定仍不成立自首。

对职务犯罪案件中"自动投案"的认定，要注意此类案件的特殊性。姚某先交代犯罪事实，刘某后交代犯罪事实，法院认定刘某具有自首情节，却未认定姚某具有自首情节。之所以作出这一区别认定，是因为刘某具有"自动投案"情节，姚某则没有。在职务犯罪案件中，由于办案主体包括纪检监察部门和司法机关，办案过程通常包括接受举报、外围调查、谈话、司法机关介入等诸多环节，故犯罪分子的归案过程常常具有一定的特殊性，由此给自首的认定增加了一定的复杂性和难度。司法实践中，对职务犯罪行为人是否认定为自首，首先要看行为人是否具有归案的自动性。如果行为人明知办案机关掌握了其犯罪事实，由于幡然悔悟、迫于压力或者其他原因，自行主动到办案机关投案的，不论其基于何种动机，均属于自动投案。办案机关在掌握了犯罪事实或线索的情况下，直接找到涉案人员调查谈话，即使其如实交代犯罪事实，也因缺乏自动投案这一要件，从而不成立自首。

本案中，被告人刘某在未接到办案机关任何调查、谈话通知的情况下，主动到集团公司纪委投案，属于自动投案，且投案后如实供述了犯罪事实，符合自首的两个要件。检察机关在介入后到刘某单位将刘某带走归案，刘某没有逃跑或者抗拒，所以应当认定具有自首情节。被告人姚某是在集团公司纪委已掌握一定线索的情况下，找其调查谈话时如实交代了犯罪事实，根据《关于办理职务犯罪案件认定自首、立功等量刑情节若干问题的意见》的相关规定，在公司纪委调查谈话阶段不能成立自首；后纪检监察部门让其回去等候处理，检察机关介入后直接到单位将其带至检察机关，因此，在检察机关介入阶段也不具有归案的主动性，故不能认定为自首。值得注意的是，姚某在纪检监察部门只掌握了一条线索的情况下，如实交代了三项事实，属于《关于办理职务犯罪案件认定自首、立功等量刑情节若干问题的意见》中"办案机关仅掌握小部分犯罪事实，犯罪分子交代了大部分未被掌握的同种犯罪事实""如实交代对于定案证据的收集有重要作用"和"一般应当从轻处罚"的情形，故对姚某量刑时应当从轻处罚。同时，法院综合考虑两被告人犯罪的具体情节，且姚某系从犯，故对两被告人均作了依法减轻处罚并宣告缓刑的处理。

【指导案例】王某麓受贿、滥用职权案①

1993年至1998年,被告人王某麓在担任浙江省国际信托投资公司(以下简称"国信投资公司")董事长、总经理期间,利用职务上的便利,为浙江置地联合公司、杭州华源实业有限公司董事长兼总经理孙某山(已因非法倒卖土地使用权罪、偷税罪被判处有期徒刑6年)在资金借贷、土地转让、土地加价等事项上谋取利益,于1998年至2000年间,先后5次在其办公室或家中非法收受孙某山所给予的39万元。

1993年至1994年,被告人王某麓担任国信投资公司董事长兼总经理期间,在决策参与深圳金三元大厦和佳宾大厦项目以及上海鸿发苑项目中徇私舞弊并滥用职权,造成公司损失共计4446.7327万元。

关于被告人王某麓的辩护人提出王某麓对受贿罪具有自首情节的辩护意见,经查:中共浙江省纪委会同浙江省审计厅对国信投资公司的有关问题进行延伸审计时,就已发现国信投资公司原党组书记、董事长、总经理王某麓涉嫌严重失职和重大经济问题的线索,并对王某麓的重大经济问题予以立案调查。因此,王某麓的受贿事实已被有关部门掌握,不属于自首,其辩护人的相关辩护意见不成立。

五、余罪自首的证据要求与证据审查

(一)裁判规则

法院审查被告人是否构成自首,不能仅凭侦查机关出具的情况说明,还应审查被告人相关罪行的立案调查、侦破经过、被告人的供述、相关证人的证明及其他能够证明其自首情况的材料。在对国家工作人员贪污、贿赂犯罪案件自首情节的审查中,对先经过纪检监察部门的立案调查再移送检察机关立案侦查的案件,法院在审查被告人是否构成自首时,应当注意审查纪检监察部门在立案、调查过程中形成的相关证据,而不能仅以侦查机关出具的证明材料为准。

(二)规则适用

《关于处理自首和立功若干具体问题的意见》第7条规定:"人民法院审查的自首证据材料,应当包括被告人投案经过、有罪供述以及能够证明其投案情况的其他材料……"该规定意在强调法院应当对被告人的自首情节作为判决事实的重要组成部分进行审查,而不能单纯依赖侦查机关出具的说明材料,对于被告人归案后交代的犯罪事实是否构成自首,也应当按照该规定的精神执行。在对国家工作人员贪污、贿赂犯罪案件自首情节的审查中,还应注意的一个问题是,这些案件

---

① 案号:(2004)杭刑初字第105号。

往往先经过纪检监察部门的立案调查,再移送检察机关立案侦查,根据《关于办理职务犯罪案件认定自首、立功等量刑情节若干问题的意见》的规定,"犯罪分子向所在单位等办案机关以外的单位、组织或者有关负责人员投案的,应当视为自动投案。没有自动投案,在办案机关调查谈话、讯问、采取调查措施或者强制措施期间,犯罪分子如实交代办案机关掌握的线索所针对的事实的,不能认定为自首"。因此,人民法院在审查被告人是否构成自首时,应当注意审查纪检监察部门在立案、调查过程中形成的相关证据,而不能仅以侦查机关出具的证明材料为准。

【指导案例】王某勤贪污、受贿案——余罪自首的证据要求与证据审查[①]

贪污事实:

2000年2月,被告人王某勤利用其担任郑州煤炭工业(集团)有限责任公司超化煤矿(以下简称"超化煤矿")矿长职务之便,从该矿拨付给运销科的1999年销售承包费中取走10万元,非法占为己有。

2000年4月至2001年11月,被告人王某勤利用其担任超化煤矿矿长职务之便,从该矿运销科12次取走现金共计48万元,非法占为己有。

2001年夏天,被告人王某勤利用其担任超化煤矿矿长职务之便,将该矿一辆桑塔纳轿车以5万元价格卖给他人,将卖车款非法占为己有。

受贿事实:

1996年至1999年,被告人王某勤利用其担任郑州矿务局米村煤矿(以下简称"米村煤矿")矿长职务之便,分4次收受为继续履行承包合同的米村煤矿井下采面承包人李某亭所给予的现金30万元。

1997年上半年,被告人王某勤利用其担任米村煤矿矿长职务之便,在推荐米村煤矿副矿长候选人时,收受时任米村煤矿调度室主任李某方现金2万元。

2006年12月初,被告人王某勤被省纪委立案调查。调查期间,王某勤供述了其贪污63万元的犯罪事实,并揭发了原新密市委正县级调研员刘某法向其索要40万元购车款的受贿事实。2006年12月19日,省纪委将王某勤涉嫌贪污一案移交检察机关,在检察机关侦查期间,王某勤又主动供述了受贿30万元的犯罪事实。2007年8月7日,一审法院以受贿罪判处刘某法有期徒刑10年,刘某法上诉后,二审法院维持原判。

省纪委对被告人王某勤立案调查前,已经掌握其贪污58万元的犯罪事实,王某勤在纪委调查期间,又供述了纪检机关未掌握的贪污5万元的犯罪事实。

[①] 参见最高人民法院刑事审判第一、二、三、四、五庭主办:《刑事审判参考》(总第80集),法律出版社2011年版,第695号案例。

一审法院认定被告人王某勤的贪污犯罪和受贿犯罪均构成自首,主要依据是侦查机关出具的"情况说明",该材料表明在调查期间,王某勤主动如实供述了涉嫌贪污63万元的犯罪事实,移交检察机关办理后,王某勤又主动如实供述了涉嫌受贿30万元的犯罪事实,属于自首行为。一审法院在审理时,依据侦查机关出具的证明材料,对王某勤的两罪均认定为自首。二审法院没有受限于一审法院的认定,针对被告人的自首问题,重新审查了相关证据材料。

本案中关于被告人贪污犯罪事实发现经过的主要证据材料有:(1)证人李某民(时任运销科出纳)、崔某绎(时任超化煤矿运销科科长)、陈某亮(时任超化煤矿经营副矿长)等人的"纪委谈话记录复印件",反映在省纪委对本案调查过程中,上述3人于2006年11月23日至30日期间,向省纪委证明了王某勤按30%的比例多次提取运销科业务费约60万元及后来指使其3人将运销科账目销毁的事实;(2)纪检机关立案调查表等材料,证明12月5日省纪委决定初步核实此事,对王某勤进行调查谈话;(3)纪检机关的谈话记录证明,12月7日王某勤在谈话中承认从运销科提取了业务费,12月9日具体交代了分13次提取业务费共58万元的事实经过。根据上述证据材料,能够证明两个问题:一是王某勤系被动接受纪检机关的立案调查,没有主动投案行为;二是纪检机关在对王某勤进行调查谈话时,已经掌握其贪污公款的主要事实,这一点在纪检机关向检察机关出具的情况说明中也得到了印证。因此,王某勤对其贪污58万元事实的交代不能认定为自首。王某勤在被"双规"后又交代了纪检机关尚未掌握的5万元贪污事实,根据《关于办理职务犯罪案件认定自首、立功等量刑情节若干问题的意见》相关规定的精神,虽然不能认定为自首,但可根据《关于处理自首和立功具体应用法律若干问题的解释》第4条"被采取强制措施的犯罪嫌疑人、被告人和已宣判的罪犯,如实供述司法机关尚未掌握的罪行,与司法机关已掌握的或者判决确定的罪行属同种罪行的,可以酌情从轻处罚;如实供述的同种罪行较重的,一般应当从轻处罚"的规定,对该5万元部分的贪污罪行可酌情从轻处罚。

本案中关于被告人受贿犯罪事实发现经过的主要证据材料有:(1)侦查卷中行贿人李某亭的笔录,证明李某亭于2006年1月17日供述分4次向王某勤行贿30万元的事实;(2)侦查卷中王某勤关于受贿供述的第一份笔录形成于1月18日。从形式审查看,王某勤对其受贿犯罪事实的供述晚于行贿人李某亭的供述,对此王某勤辩解系其主动向检察机关交代,只是后来才形成的笔录。二审法院经审查后认为,纪检机关向检察机关出具的说明材料中未提到王某勤的受贿犯罪事实,可以证明该犯罪事实在纪委办案期间并未被掌握;检察机关出具的说明材料证明案件移送检察机关后,在调查期间,王某勤主动交代了受贿30万元的事实,能够印证王某勤辩解该事实由其首先向办案机关供述的说法。因此,可以认定该犯罪事实系王某勤主动供述,该事实与检察机关已经掌握的犯罪事实属不同种罪行,按照《关于办理职务犯罪案件认定自首、立功等量刑情节若干问题的意见》的相关规定以及《关于处理自首和立功具体应用法律若干问题的解释》第2条"被采取强制措施的犯罪嫌疑人、被告人和已宣判的罪犯,如实供述司法机关尚未掌握的罪行,与司法机关已掌握的或者判决确定的罪行属不同种罪行的,以自首论"的规定,应认定为自首。

六、通过电话指引侦查人员到同案犯住处将其抓获,可以认定为立功

(一)裁判规则

根据《关于处理自首和立功具体应用法律若干问题的解释》的规定,犯罪分子协助司法机关抓捕其他重大犯罪嫌疑人(包括同案犯)的,应当认定为有重大立功表现。对职务犯罪案件被告人"协助抓捕其他犯罪嫌疑人"的重大立功情节,法院需要根据司法解释规定的"协助抓捕"的本质特征,结合案件的具体情况实事求是地予以认定。① 协助抓捕行为,既包括为司法机关抓捕其他犯罪嫌疑人提供重要线索的行为,也包括直接带领司法人员去抓捕的行为。

(二)规则适用

立功制度是我国刑事法律中独具特色的法律制度,其设立宗旨在于分化、瓦解犯罪分子,通过犯罪分子的立功行为侦破案件、惩罚犯罪,本质上属于一种功利性的刑罚制度。在共同犯罪案件的侦查中,同案犯的基本情况,包括同案犯的姓名、住址、体貌特征、联络方式等是侦查人员的讯问内容之一,属于犯罪嫌疑人应如实回答的内容。犯罪嫌疑人提供同案犯的基本情况,仅仅是履行了应当承担的法律义务,而不属于协助抓捕同案犯。因此,《关于处理自首和立功若干具体问题的意见》第5条规定,单纯向司法机关提供上述情况的,不能认定为协助司法机关抓捕同案犯,犯罪分子不构成立功。但是,如果犯罪分子根据司法机关的安排,采取各种有效方式将其他同案犯所处位置予以明确,从而使侦查机关抓获其他同案犯的,该行为则超出了被告人应当供述的内容,应当认定为协助抓捕其他犯罪嫌疑人,构成立功。在《关于处理自首和立功若干具体问题的意见》中,协助抓捕其他犯罪嫌疑人分为四种具体情形:(1)按照司法机关的安排,以打电话、发信息等方式将其他犯罪嫌疑人(包括同案犯)约至指定地点;(2)按照司法机关的安排,当场指认、辨认其他犯罪嫌疑人(包括同案犯);(3)带领侦查人员抓获其他犯罪嫌疑人(包括同案犯);(4)提供司法机关尚未掌握的其他案件犯罪嫌疑人的联络方式、藏匿地址。但是,基于犯罪行为的复杂性、多样性,法律规范不可能穷尽所有协助抓捕同案犯的行为类型,需要审判人员在审判实践中予以个案认定。行为人不但如实供述了同案犯的基本情况,而且在被采取强制措施接受讯问的同时,通过电话指引侦查人员到同案犯住处将其抓获,与其本人带领侦查人员抓获同案犯的行

---

① 参见最高人民法院刑事审判第一、二、三、四、五庭主办:《刑事审判参考》(总第80集),法律出版社2011年版,第709号案例裁判理由。

为性质和效果无异,该行为与第三种情形即"带领侦查人员抓获其他犯罪嫌疑人(包括同案犯)"具有实质上的等同性,符合立功制度的价值取向和刑法设立该制度的立法本意。

【指导案例】吴某、李某光挪用公款案——职务犯罪中协助抓捕型重大立功的认定①

被告人吴某自1996年3月至2003年7月间,曾任中国农业银行天津新技术产业园区支行(以下简称"园区支行")外汇代理部主任、国际业务部经理等职务,任职期间均主管国际业务工作。被告人李某光自2004年1月任园区支行国际业务部经理。1996年12月至2004年年初,吴某单独或伙同李某光,利用职务之便,挪用公款970余万元归个人使用,部分借贷他人用于经营活动,具体事实分述如下:

1996年12月31日,吴某利用职务便利,将本单位公款16.6152万元划入张某桥经营的天津三友轻工食品有限公司(以下简称"三友公司")的银行账户,以个人名义借给张某桥使用,张某桥未予归还。

1998年4月30日,吴某利用职务便利,将本单位公款330.628万元划入其父为负责人、由其本人实际控制的天津市龙城商贸中心的银行账户。后吴某将挪用公款中的165万元划入张某桥经营的三友公司、天津市兴友食品加工厂的银行账户,以个人名义借给张某桥经营使用,张某桥未予归还;将挪用公款中的50万元偿还其个人向天津东禾脑公司的借款;将挪用公款中的110万元划入张某瞵经营的天津开发区桦栋实业发展有限公司(以下简称"桦栋公司")账户,以个人名义将公款借给该公司经营使用。后桦栋公司将110万元归还给吴某,吴某未将该款归还单位。

1998年年底,吴某介绍北京海王商贸公司天津汽车销售分公司(以下简称"海王公司")借给天津皓月商贸公司(以下简称"皓月公司")500万元,皓月公司在约定的还款日期未能归还借款,海王公司找吴某追要。1999年3月30日,吴某挪用单位公款500万元帮皓月公司偿还了海王公司的借款。其后,吴某向皓月公司追偿,皓月公司将一批海产品交给吴某,吴某将海产品变卖得款120余万元,所得款项仍用于个人使用。

2003年7月,吴某因故被免职。2003年12月,吴某向张某瞵经营的桦栋公司和天津市日立广日电梯销售服务公司借款125万元,用于个人使用。为归还张某瞵的借款,2004年年初,吴某与接替其职务的李某光共同预谋后,由李某光将单位公款123.969万元划入张某瞵提供的天津市路华汽车销售有限公司银行账户,用

---

① 参见最高人民法院刑事审判第一、二、三、四、五庭主办:《刑事审判参考》(总第80集),法律出版社2011年版,第709号案例。

于偿还吴某向张某瞒的借款。

2007年6月,因中国农业银行天津市分行与下属支行间建立电子对账系统,吴某、李某光为掩饰挪用公款970余万元的事实,制作了金额为120万美元的虚假信用证材料,在银行账目上作了虚假信用证贴现贷款记录。

另查明,2009年2月,园区支行在业务检查中发现该笔金额为120万美元的外汇贴现业务手续资料不齐,经询问当时的业务负责人李某光,李某光承认是自己制作的虚假信用证贴现记录,用于掩盖原国际业务部经理吴某挪用公款的事实。园区支行报案后,李某光通过电话指引侦查机关将吴某抓获归案。李某光到案后,进一步交代了其参与挪用部分公款的犯罪事实。此外,李某光被羁押期间,在亲属的协助下向司法机关退缴了自己参与挪用的123.969万元公款。

对职务犯罪案件被告人"协助抓捕其他犯罪嫌疑人"的重大立功情节,法院需要根据司法解释规定的"协助抓捕"的本质特征,结合案件的具体情况实事求是地认定。在本案审理过程中,控辩双方对被告人李某光是否构成重大立功产生了重大分歧。控诉方认为,在侦查机关立案侦查后,李某光的行为性质属于如实供述共同犯罪事实;而辩护方则认为,李某光的行为构成重大立功表现。因此,如何确定立功与如实供述犯罪事实的界限成为准确认定该量刑情节的关键。本案中,李某光的上述行为使侦查机关抓获了同案犯吴某,而吴某在共同犯罪中起主要作用,系主犯,应按照其参与的全部犯罪予以处罚。现有证据证明,吴某挪用公款达970余万元,数额巨大且不退还,其法定刑为10年以上有期徒刑或者无期徒刑,属于可能被判处无期徒刑的犯罪分子,而吴某最终亦被判处无期徒刑,属于上述司法解释中的"重大犯罪嫌疑人"。因此,李某光的行为应当被认定为有重大立功表现。

七、行为人检举、揭发其他犯罪嫌疑人的藏匿地点系户籍所在地,但对公安机关的抓获起实质作用的,可以认定为立功

(一)裁判规则

虽然行为人检举的其他犯罪嫌疑人的藏匿地点是其户籍所在地,公安机关对户籍所在地的情况亦已掌握,但只要其提供的线索对公安机关抓获犯罪嫌疑人起到实际帮助作用,也应当依法认定为"协助司法机关抓获其他犯罪嫌疑人"。

(二)规则适用

我国《刑法》第68条规定了立功制度,《关于处理自首和立功具体应用法律若干问题的解释》对立功的司法认定进行了细化,规定犯罪分子到案后协助司法机关抓获其他犯罪嫌疑人的,应当认定为有立功表现。司法实践中,协助抓捕行为既包括为司法机关抓捕其他犯罪嫌疑人提供重要线索的行为,也包括直接带领司

法人员去抓捕的行为。对于犯罪嫌疑人的藏匿地点是其户籍所在地,而公安机关对户籍所在地这一信息已经掌握并曾实施过抓捕但未果的情况,能否认定为立功有不同的意见。有意见认为,行为人检举犯罪嫌疑人的藏匿地点为其户籍所在地,在公安机关对此已经掌握的情况下,即使没有行为人的检举,公安机关如积极实施抓捕也能抓获犯罪嫌疑人,故不能认定为立功,但可作为酌定情节在量刑时予以考虑。

判断行为人提供的线索是否属于抓捕其他犯罪嫌疑人的重要线索,关键在于行为人提供线索的行为在公安机关的抓捕行动中是否起到实际帮助作用,并且应当以公安机关是否实际将有关犯罪嫌疑人抓捕归案作为确认依据,即行为人的检举行为和公安机关抓获其他犯罪嫌疑人之间是否具有直接的因果关系。行为人检举的犯罪嫌疑人藏匿地点是其户籍所在地,虽然该地址已为公安机关掌握,但该信息系被公安机关作为犯罪嫌疑人的基本信息而非作为其被抓获前的明确藏匿地所掌握。检举行为与公安机关抓获犯罪嫌疑人之间具有直接因果关系的,符合立功制度设立的意旨,应当认定为协助司法机关抓获其他犯罪嫌疑人。

【指导案例】汪某斌受贿案①

2008年11月至2009年3月,被告人汪某斌在担任巫溪县看守所副所长期间,为关押的犯罪嫌疑人谋取利益,先后向汪某索取2.7万元,收受李某语3000元,收受代某松1500元;并利用其职权和地位形成的便利条件,意欲通过其他国家工作人员的职务行为为犯罪嫌疑人谋取不正当利益,从中收受钟某荣5万元。汪某斌因涉嫌收受犯罪嫌疑人汪某顺之子汪某给予的好处费2.7万元被调查后,还主动供述本案认定的其他事实,且已退清全部受贿款。

另查明,犯罪嫌疑人李某某伙同他人于2006年12月22日在广东省深圳市抢劫30多万元,立案后李某某被网上追逃。2008年公安机关曾到李某某户籍所在地抓捕未果。后汪某斌在生活中获知其亲戚李某某在深圳市抢劫作案之事。2009年汪某斌涉嫌本案犯罪被逮捕后,于5月28日检举李某某现藏匿于其户籍所在地或老家,公安机关根据汪某斌的检举,于2009年6月18日在李某某户籍所在地将其抓获。

虽然行为人检举的其他犯罪嫌疑人的藏匿地点是其户籍所在地,公安机关对户籍所在地的情况亦已掌握,但只要其提供的线索对公安机关抓获犯罪嫌疑人起到实际帮助作用,就应依法认定为"协助司法机关抓获其他犯罪嫌疑人"。在本案

---

① 参见最高人民法院刑事审判第一、二、三、四、五庭主办:《刑事审判参考》(总第72集),法律出版社2010年版,第607号案例。

中,汪某斌检举的李某某的藏匿地点是其户籍所在地,虽然该地址已为公安机关掌握,但该信息系被作为犯罪嫌疑人的基本信息而非作为李某某被抓获前的明确藏匿地为公安机关所掌握。实际情况是,公安机关曾实施抓捕未果,后即失去了李某某藏匿地的线索,而正是汪某斌的检举行为明确了李某某被捉获前的藏匿地点为其户籍所在地,才使得公安机关启动指向明确的抓捕行动,并实际抓获了李某某。应当说,汪某斌的检举行为对公安机关成功抓获李某某起到了实际帮助作用,该检举行为与公安机关抓获李某某之间是有直接因果关系的。在汪某斌提供的线索指引下,公安机关及时抓获了犯罪嫌疑人,破获案件,节省了司法资源,符合立功制度设立的意旨。故汪某斌的检举行为应当认定为协助司法机关抓获其他犯罪嫌疑人,属于立功表现。

八、以所检举、揭发的他人具体犯罪行为在实际上是否可能被判处无期徒刑,作为重大立功的认定标准

(一) 裁判规则

根据《关于处理自首和立功具体应用法律若干问题的解释》第7条的规定,犯罪分子有检举、揭发他人重大犯罪行为,经查证属实的,应当认定为重大立功表现;前款所称"重大犯罪"的标准,一般是指犯罪嫌疑人、被告人可能被判处无期徒刑以上刑罚或者案件在本省、自治区、直辖市或者全国范围内有较大影响的案件。对于这里的"可能被判处无期徒刑以上刑罚",应当以犯罪分子所检举、揭发的他人具体犯罪行为在实际上是否可能被判处无期徒刑以上刑罚为标准,而不是指所检举、揭发犯罪行为的量刑幅度中包括无期徒刑这一刑种,也不是指被检举、揭发人的实际宣告刑。

(二) 规则适用

上述裁判规则中的"可能被判处无期徒刑以上刑罚"应如何理解,是司法实务中争议的焦点。立法机关设置检举、揭发型立功的主要目的在于发现犯罪,提高打击犯罪的效率。因此,这种立功的主要价值在于所检举、揭发罪行的社会危害性大小。所检举、揭发罪行的社会危害性越大,检举、揭发行为对国家和社会所作的贡献也就越大,应当得到国家更多的奖励。这一点在《关于办理职务犯罪案件认定自首、立功等量刑情节若干问题的意见》中有明确体现,"可能被判处无期徒刑以上刑罚,是指根据犯罪行为的事实、情节可能判处无期徒刑以上刑罚。案件已经判决的,以实际判处的刑罚为准"。另外,由于我国刑法规定的具体犯罪法定刑幅度都比较宽,几乎所有规定无期徒刑以上刑罚的犯罪的量刑幅度均为"十年以上有期徒刑、无期徒刑(或者死刑)"。在这种情况下,如果将《关于处理自首和立功具体应用法律若干问题的解释》第7条规定理解为所检举、揭发罪行的法定量刑幅度内包括无期徒刑这一刑种,不但与立法本意不符,也会在司法实践中模糊一般立功与重大立功的界限。在行为人所检举、揭发他人犯罪行为未经终审判

决的情况下,应根据所检举、揭发的具体犯罪行为的社会危害性大小,判断是否可能被判处无期徒刑以上刑罚,来确定其是否构成重大立功;在所检举、揭发的他人犯罪已经判决的情况下,应以实际判决情况确定其检举、揭发情节是否构成重大立功。需要注意的是,这里的实际判决情况是指在不考虑被检举、揭发人所具有的法定、酌定从宽情节下,可能被判处的刑罚。根据《关于处理自首和立功若干具体问题的意见》第6条的规定,被告人检举、揭发的他人犯罪行为应判处无期徒刑以上刑罚,但因具有法定、酌定从宽情节,宣告刑为有期徒刑或者更轻刑罚的,不影响对被告人重大立功表现的认定。

【指导案例】王某勤贪污、受贿案①

贪污事实:

2000年2月,被告人王某勤利用其担任郑州煤炭工业(集团)有限责任公司超化煤矿(以下简称"超化煤矿")矿长职务之便,从该矿拨付给运销科的1999年销售承包费中取走10万元,非法占为己有。

2000年4月至2001年11月,被告人王某勤利用其担任超化煤矿矿长职务之便,从该矿运销科12次取走现金共计48万元,非法占为己有。

2001年夏天,被告人王某勤利用其担任超化煤矿矿长职务之便,将该矿一辆桑塔纳轿车以5万元价格卖给他人,将卖车款非法占为己有。

受贿事实:

1996年到1999年,被告人王某勤利用其担任郑州矿务局米村煤矿(以下简称"米村煤矿")矿长职务之便,分4次收受为继续履行承包合同的米村煤矿井下采面承包人李某亭所给予的现金30万元。

1997年上半年,被告人王某勤利用其担任米村煤矿矿长职务之便,在推荐米村煤矿副矿长候选人时,收受时任米村煤矿调度室主任李某方现金2万元。

2006年12月初,被告人王某勤被省纪委立案调查。调查期间,王某勤供述了其贪污63万元的犯罪事实,并揭发了原新密市委正县级调研员刘某法向其索要40万元购车款的受贿事实。2006年12月19日,省纪委将王某勤涉嫌贪污一案移交检察机关,在检察机关侦查期间,王某勤又主动供述了受贿30万元的犯罪事实。2007年8月7日,一审法院以受贿罪判处刘某法有期徒刑10年,刘某法上诉后,二审法院维持原判。

省纪委对被告人王某勤立案调查前,已经掌握其贪污58万元的犯罪事实,王某勤在纪委调查期间,又供述了纪检机关未掌握的贪污5万元的犯罪事实。

---

① 参见最高人民法院刑事审判第一、二、三、四、五庭主办:《刑事审判参考》(总第80集),法律出版社2011年版,第695号案例。

本案被告人王某勤在被纪检机关"双规"后,揭发了刘某法受贿40万元一案,并经查证属实,后刘某法因该受贿犯罪被判处有期徒刑10年。王某勤及其辩护人认为所揭发的刘某法受贿犯罪属于可能被判处无期徒刑以上刑罚之罪,应认定王某勤具有重大立功表现。一、二审法院经审理,对王某勤的揭发行为均认定为一般立功表现。王某勤所揭发他人受贿40万元的事实,属于一般受贿行为,没有法定或酌定的从重处罚情节,在当前的司法实践中,不属于可能判处无期徒刑以上刑罚的犯罪,法院对该受贿犯罪的判决也反映了这一情况,因此,对于被告人王某勤的揭发行为只能认定为具有一般立功表现。

九、阻止他人犯罪活动,他人因未达刑事责任年龄而未被追究刑事责任的,行为人仍可构成立功

(一) 裁判规则

"阻止他人犯罪活动",是指行为人以制止、规劝、告发等积极主动的行为,使他人的犯罪活动在客观上停止,使法益免遭侵害或得到有效保护。此处的"犯罪活动"不等于"犯罪",不要求该"犯罪活动"完全符合犯罪主客体和主客观构成要件,也不要求该行为的社会危害性必然达到刑事违法性和应受刑罚惩罚性的严重程度。

(二) 规则适用

《刑法》第68条规定,"犯罪分子有揭发他人犯罪行为,查证属实的,或者提供重要线索,从而得以侦破其他案件等立功表现的,可以从轻或者减轻处罚"。《关于处理自首和立功具体应用法律若干问题的解释》第5条规定,"阻止他人犯罪活动,应当认定为有立功表现"。但对阻止未达到刑事责任年龄的人的盗窃行为,是否成立"阻止他人犯罪活动"立功存在争议。一种观点认为,因盗窃行为人未达到刑事责任年龄,公安机关未当作刑事案件处理,既然该行为不构成犯罪,也就不成立"阻止他人犯罪活动",故不能认定为立功。另一种观点认为,此处的"他人犯罪活动"不要求构成犯罪,不应以司法机关处理结果为标准,只要他人的行为具有社会危害性并具备某种犯罪客观要件的外在表现形式,那么阻止该行为就可以认定为"阻止他人犯罪活动"。

笔者赞同第二种观点,具体分析如下:

第一,"他人犯罪活动"不等同于犯罪。《关于处理自首和立功若干具体问题的意见》以列举的形式解释了检举、揭发或者协助抓获型立功中如何认定他人"构成犯罪",第6条第5款规定,"被告人检举揭发或者协助抓获的人的行为构成犯罪,但因法定事由不追究刑事责任、不起诉、终止审理的,不影响对被告人立功表现的认定"。这里的"构成犯罪"应从形式上理解,是指行为具有社会危害性,具备了某种犯罪构成的客观要件。至于该行为因主体不具备刑事责任能力而不追究刑事责任,或因情节显著轻微、已过追诉时效、被赦免、被告人死亡等原因而不立

案、撤销案件、不起诉、终止审理或宣告无罪的,不影响对立功的认定。从立法意图上看,"阻止他人犯罪活动"与"检举揭发他人犯罪行为""协助司法机关抓捕其他犯罪嫌疑人"是《关于处理自首和立功若干具体问题的意见》中并列的应认定为立功的几种情形之一,且对"他人犯罪活动"的表述即体现了与《关于处理自首和立功具体应用法律若干问题的解释》相一致的立法取向。从刑罚目的上考虑,当场阻止犯罪在很多情形下要承担较大的风险,体现了行为人较积极的悔罪态度。在符合立法意图的前提下,更加积极地肯定此行为,有助于促进行为人改造思想、消除犯罪意志,更好实现刑罚的特殊预防。

第二,对"犯罪活动"的理解。"阻止他人犯罪活动",是指行为人制止、规劝、告发等积极主动的行为,使他人的犯罪活动在客观上停止,使法益免遭侵害或得到有效保护。对于"犯罪活动"的理解,需要注意的是《关于处理自首和立功若干具体问题的意见》第6条规定的检举、揭发立功以及协助抓获立功中,被检举揭发人、被抓获人的行为均已实行终了,认为其行为在形式上构成犯罪是一种事后的评价,而阻止他人犯罪更多地发生在他人犯罪活动进行中,因此,不能完全套用。出于上述考虑,"阻止他人犯罪活动"中的"犯罪活动",是指具有社会危害性,具备某种犯罪构成客观要件的外在表现形式的行为。首先,此处的"活动",应是外在表现符合某种犯罪客观要件的动静形态。这里的外在表现是否符合犯罪客观要件,应以社会一般人符合常理的判断为基础,如发现别人有争吵和轻微推搡即上前制止,由于在一般情况下争吵和轻微推搡行为不符合某种犯罪客观要件的外在表现,因此,也就称不上"犯罪活动"。"犯罪活动"还要侵害刑法所保护的利益,具有社会危害性,如两名武术运动员演习刀枪对战,外在表现上似乎都是持凶器欲伤害对方身体,但由于属于正当业务行为而不具备社会危害性,因此,也不成立"犯罪行为"。其次,该"犯罪活动"不等同于"犯罪",不要求该"犯罪活动"完全符合犯罪主客体和主客观构成要件,也不要求该行为的社会危害性必然达到刑事违法性和应受刑罚惩罚性的严重程度。如行为人在街上看见甲持刀追砍乙,其上前予以阻止,应认定符合"阻止他人犯罪活动"。至于甲主观上是否有杀人或伤害的故意,以及最终甲是否将乙砍死或砍成轻伤以下的伤害程度,均不影响甲的行为已经具备了故意杀人罪或故意伤害罪客观要件的外在表现形式。此时,根据甲的客观行为,并结合乙的人身正要遭受严重侵害的情境,可以判断出,甲正在实施故意杀人或故意伤害的犯罪活动。至于甲是否达到刑事责任年龄、是否为精神病人等其他构成要件能否全部符合,以及甲是否在之后因为情节显著轻微、已过追诉时效、被赦免、自首立功等原因而不追究刑事责任,均不影响认定甲的行为是"犯罪活动"。换言之,只要某人的行为具有社会危害性,且具备了某种犯罪的客观外在表现,即可认定其行为是"犯罪活动"。

第三,对"阻止"的理解。当场阻止犯罪活动一般情况下都要具备相应的风险,但"阻止"在行为方式上并不要求一定是有高度人身危险的激烈对抗,也可以是较为和缓的劝告、说服,或者是向司法机关告发等。此外,"阻止"不但要求有"阻"的行为,还要求有"止"的效果,即他人的犯罪活动停止,或者在特定时空内不再继续,或者法益受侵犯的状态或结果及时得到控制或消除。司法实践中,若行为人虽然积极拦阻他人犯罪活动,但因势单力薄或意外事件等原因而未产生使犯罪活动在客观上停止的实际效果,那么就不能认定为立功。当然,尽管此情形不构成立功,但行为人实施此行为反映了其悔罪态度,表明其人身危险性、再犯可能性相对降低,在实际量刑中可结合行为人在阻止犯罪活动中的介入程度、作用大小等具体情形,将其作为从轻处罚的酌定情节,以此体现国家和社会对这种积极行为的肯定及鼓励,从而更好地贯彻宽严相济的刑事政策。

第四,对"他人"的理解。这里的"他人"既包括自然人,也包括单位。对于其中的自然人,不受犯罪主体中刑事责任能力的限制,包括由于年龄、精神状态等原因而无刑事责任能力或限制刑事责任能力的人。对于是否包括同案犯,理论界看法不一。笔者认为,如果阻止的是与被阻止人共同犯罪之外的其他犯罪活动,应当视为立功;如果是在共同犯罪中阻止共犯犯罪,在我国刑法中这属于共同犯罪形态的问题,不属于立功适用的范畴。

第五,"阻止他人犯罪活动"必须是在当场。这里的"当场",可以理解为行为人进行犯罪预备的现场、实施犯罪活动的现场以及当即被追捕过程中的现场。对此的理解主要涉及两个方面:其一,犯罪活动被阻止大多发生在犯罪实行中,合法权益被侵害的紧迫性较高,但在紧迫性未必很高的犯罪预备时即予以制止,依然可以成立"阻止他人犯罪活动";其二,若侵害事实已发生,但是实施犯罪活动的人尚未脱离特定时空,存在及时维护受侵害法益或使其免受进一步侵害的可能性,亦可成立"阻止他人犯罪活动"。如行为人发现甲偷了乙的手机并欲逃离,遂将甲当场抓获并归还了乙的手机,此处手机实际上已经离开了乙的控制,但甲尚未脱离特定时空即被抓获,不影响"阻止他人犯罪活动"的成立。若他人犯罪活动已经实行终了并已离开现场,行为人在之后进行检举、揭发或抓获嫌疑人的,则可能分别成立检举、揭发他人犯罪活动立功或协助司法机关抓捕其他犯罪嫌疑人立功。

【指导案例】沈某贵受贿案——阻止他人犯罪活动,他人因未达刑事责任年龄而未被追究刑事责任的,行为人的阻止行为仍构成立功①

2003年5月至2008年春节前,被告人沈某贵利用其负责南京市园林工程管理的职务之便,先后多次收受南京春燕园林实业有限公司万某兴、南京大源园林建设有限公司钟某金、南京锦江园林景观有限公司袁某绳等南京市多家园林工程

---

① 参见最高人民法院刑事审判第一、二、三、四、五庭主办:《刑事审判参考》(总第80集),法律出版社2011年版,第707号案例。

公司负责人给予的好处费共计 26.0077 万元。案发后,沈某贵退缴赃款 21 万元。

上述事实,除收受万某兴给予的钱款系纪检监察机关已掌握的事实外,其余事实均系纪检监察机关尚未掌握由被告人沈某贵主动交代的。

在二审审理期间,被取保候审的上诉人沈某贵于 2010 年 7 月 3 日 10 时许,在南京市某路口,将正在盗窃被害人陈某舞钱包(内有现金 9800 元)的犯罪嫌疑人阿某(2000 年出生)当场抓获,被盗钱包已返还被害人。后因阿某未达到刑事责任年龄,公安机关未刑事立案。

本案审理中,对于被告人沈某贵的受贿犯罪事实及行为定性均无分歧,争议点在于沈某贵阻止未达到刑事责任年龄的阿某的盗窃行为,是否成立《关于处理自首和立功具体应用法律若干问题的解释》第 5 条规定的"阻止他人犯罪活动"立功。一种观点认为,因盗窃行为人未达到刑事责任年龄,公安机关未当作刑事案件处理,既然该行为不构成犯罪,也就不成立"阻止他人犯罪活动",故不能认定为立功。另一种观点认为,此处的"他人犯罪活动"不要求构成犯罪,不应以司法机关处理结果为标准,只要他人的行为具有社会危害性并具备某种犯罪客观要件的外在表现形式,阻止该行为就可以认定为"阻止他人犯罪活动",故本案应认定为立功。

法院认为,虽然《关于处理自首和立功具体应用法律若干问题的解释》和《关于处理自首和立功若干具体问题的意见》未对"阻止他人犯罪活动"立功的要件予以具体规定,但上述特点是该类型立功的应有之义,也是认定的主要依据。本案中,被告人沈某贵在取保候审期间,制止窃取他人钱包的阿某的盗窃活动,之后因阿某未达到刑事责任年龄,公安机关未作为刑事案件处理。阿某虽不符合犯罪主体的成立要件,但其可以成为"阻止他人犯罪活动"立功中"犯罪行为"的主体;阿某盗窃他人钱包的行为,符合盗窃罪客观要件的外在表现形式,被盗钱包内有现金 9800 元,已达到盗窃罪的追诉标准,具备社会危害性且客观上侵害了刑法所保护的利益。沈某贵对阿某的盗窃活动当场予以制止,使被害人的财产利益免受侵害,属于"阻止他人犯罪活动"立功中"犯罪活动"的范畴,故可以认定为立功。

十、没有利用查禁犯罪职责获取的线索可以构成立功

(一)裁判规则

行为人在担任一定职务期间获得的立功线索,只要线索来源不是基于职务获取,可依法认定为立功。

(二)规则适用

《关于办理职务犯罪案件认定自首、立功等量刑情节若干问题的意见》对职务犯罪行为人立功的认定和处理进一步细化,明确了四种情形不能认定为立功:(1)本人通过非法手段或者非法途径获取的;(2)本人因原担任的查禁犯罪等职务

获取的;(3)他人违反监管规定向犯罪分子提供的;(4)负有查禁犯罪活动职责的国家机关工作人员或者其他国家工作人员利用职务便利提供的。司法实践中对上述第(1)(3)(4)种情形一般没有疑义,但是对第(2)种情形中获取立功的线索来源是否需要利用"职务"没有明确规定,导致产生争议。一种观点认为,根据《关于办理职务犯罪案件认定自首、立功等量刑情节若干问题的意见》第2条关于"本人因原担任的查禁犯罪等职务获取的"线索,不能认定为立功的规定,行为人有查禁犯罪的职责,则按照规定不能认定为立功;另一种观点认为,若行为人获取的线索来源没有利用其查禁犯罪的职务上的便利或者利用职务形成的便利条件,则可认定为立功。

笔者同意第二种观点,具体分析如下:

第一,从体系解释来看,在刑法、相关司法解释以及司法解释性文件中关于职务犯罪的提法,涉及"职务"以及相关用语"职权或者地位形成的便利条件""职务上的便利""职务上的行为"等都有动词"利用"加以限定。虽然《关于办理职务犯罪案件认定自首、立功等量刑情节若干问题的意见》中没有使用"利用"一词,但不能由此认为,这里不需要利用职务上的便利。从法律对于职务犯罪的规定来看,刑法惩治的是利用"职务"的渎职行为,《关于办理职务犯罪案件认定自首、立功等量刑情节若干问题的意见》亦是针对职务犯罪专门出台的。负有查禁犯罪职责的行为人在案发前有报告、移送或者处置违法犯罪案件的职责,但没有及时报告、移送或处置的,是一种不履行职责的渎职行为。犯罪后将犯罪线索检举揭发,实质上是对其职责的急于履行,只能视为对渎职的补救。《关于办理职务犯罪案件认定自首、立功等量刑情节若干问题的意见》规定的四种不能认定为立功的情形中,第(1)(3)(4)种情形均系违法行为。任何人不应从其违法行为中获利,这是基本的司法准则。因此,对于职务犯罪行为人利用职务获取的立功线索、材料,依法不应当认定为立功。但对于没有利用职务获取的犯罪线索应依法认定为立功。因为刑法规定的身份犯都是相对的,任何职务犯罪行为人除了其刑法评价的法定身份以外还有作为一般犯罪主体的非法定身份,对于具有特定身份的人基于非特定身份实施的行为,其身份对基于非特定身份实施的行为的刑法评价不产生影响。例如,国家工作人员没有利用职务便利实施一般盗窃行为时,国家工作人员的身份对其定罪量刑是没有法定影响的。如果职务犯罪行为人没有利用其职务实施犯罪行为,难以构成职务犯罪。同理,没有利用职务获取立功线索、材料,对职务犯罪中立功等量刑情节的评价是不产生影响的。

第二,从刑法规定来看,法律设立立功制度的目的在于鼓励犯罪分子检举揭发其他犯罪行为,协助司法机关及时侦破案件。成立立功的结果是犯罪分子可能被从轻或者减轻处罚,其实质根据主要有两点:一方面,犯罪分子在犯罪后揭发他人犯罪行为或者提供重要线索从而得以侦破其他案件,将功抵过,体现了犯罪分子一定的悔罪态度;另一方面,犯罪分子在犯罪后揭发他人犯罪行为或者提供重要线索,有利于司法机关及时发现、侦破其他犯罪案件,有利于节约司法资源,降低司法成本。可见,功利与公正并重是立功制度的本质特征。从制定《关于办理职务犯罪案件认定自首、立功等量刑情节若干问题的意见》的背景来看,主要是由于司法实践中职务犯罪案件轻刑适用比例偏高,立功等量刑情节的认定和运用不够规范,导致职务犯罪案件刑罚适用的统一性和严肃性大打折扣,致使部分职务犯罪案件在处理上失之于宽,需要严格加以规范。《关于办理职务犯罪案件认定自首、立功等量刑情节若干问题的意见》解决的是在立功线索来源上公正和功利两种价值诉求的内在平衡问题,即不能以牺牲公正为代价获取功利,行为人如果利用查禁犯罪的职务获取立功线索,则不应当认定为立功。同理,没有利用职务获取的立功线索应依法认定为立功。

第三,《中华人民共和国人民警察法》(以下简称《人民警察法》)第19条规定:"人民警察在非工作时间,遇有其职责范围内的紧急情况,应当履行职责。"《人民警察法》第6条将公安机关人民警察的职责分为十三类,公安机关的内设机构也是根据《人民警察法》的规定相应地分为交通警察、刑事侦查警察、治安警察、户籍及出入境管理警察等,每个人民警察的职责依其所在部门和职位而确定。例外的情况是,根据《人民警察法》第21条的规定,人民警察遇到公民人身、财产安全受到侵犯或者处于其他危难情形,应当立即救助。由以上规定出发,公安人员除遇到公民人身、财产受到侵犯或者处于其他危难情形以外,是不能随便超越职权行使职责的。

【指导案例】汪某斌受贿案——没有利用查禁犯罪职责获取的线索可以构成立功[①]

2008年11月至2009年3月,被告人汪某斌在担任巫溪县看守所副所长期间,为关押的犯罪嫌疑人谋取利益,先后向汪某索取2.7万元,收受李某语3000元,收受代某松1500元;并利用其职权和地位形成的便利条件,意欲通过其他国家工作人员的职务行为为犯罪嫌疑人谋取不正当利益,从中收受钟某荣5万元。汪某斌因涉嫌收受犯罪嫌疑人汪某顺之子汪某给予的好处费2.7万元被调查后,还主动供述本案认定的其他事实,且已退清全部受贿款。

另查明,犯罪嫌疑人李某某伙同他人于2006年12月22日在广东省深圳市抢劫30多万元,立案后李某某被网上追逃。2008年公安机关曾到李某某户籍所在地抓捕未果。后汪某斌在生活中获知其亲戚李某某在深圳市抢劫作案之事。2009年汪某斌涉嫌本案犯罪被逮捕后,于5月28日检举李某某现藏匿于其户籍所在地或老家,公安机关根据汪某斌的检举,于2009年6月18日在李某某户籍所在地将其

[①] 参见最高人民法院刑事审判第一、二、三、四、五庭主办:《刑事审判参考》(总第72集),法律出版社2010年版,第607号案例。

抓获。

汪某斌在担任看守所副所长期间获得的立功线索,只要线索来源不是基于职务获取,可依法认定为立功。本案中,汪某斌获取的立功线索并没有利用职务上的便利,而是基于与被检举犯罪嫌疑人的亲友关系在生活中获取,与《关于办理职务犯罪案件认定自首、立功等量刑情节若干问题的意见》规制的相关范围并不一致,因此认定汪某斌的行为构成立功符合对刑法的体系解释。且其提供的线索实现了节省司法成本的效果,体现了一定的悔罪态度,认定立功符合刑法设立立功制度的目的。此外,汪某斌的立功线索针对的是该犯罪嫌疑人已经实施的犯罪行为,是已发生了的犯罪事实,并不属于《人民警察法》第21条规定的公安机关的人民警察应当立即予以处理的情形。对于犯罪事实的侦查和犯罪嫌疑人的追捕按照相关规定也应由相关侦查人员负责,汪某斌作为异地看守所副所长,并没有侦破此案件的法定职责,因而认定汪某斌的行为构成立功并不违反《人民警察法》的规定。

第八章 贪污罪

一、截留实质上是本单位财产权利的回扣、手续费的行为应如何定性

（一）裁判规则

在经济往来中，国家工作人员利用签订、履行合同的职务便利，收受交易对方以各种名义给付的回扣、手续费等，需结合交易的真实情况，具体分析行为人所获财物是属于经济往来的对方单位给予其个人的，还是付给行为人单位的，以此认定行为人的行为性质。若行为人收受的各种名义的回扣、手续费，实际上属于本单位的额外支出或应得利益的，应以贪污罪论处。

（二）规则适用

贪污罪是指国家工作人员利用职务上的便利，侵吞、窃取、骗取或者以其他手段非法占有公共财物的行为。受贿罪是指国家工作人员利用职务上的便利，索取他人财物，或者非法收受他人财物，为他人谋取利益的行为。二者均为国家工作人员利用职务上的便利获取财物，在手段上贪污罪表现为侵占、窃取、骗取或者以其他手段非法占有公共财物，而受贿罪则是索取或者非法收受他人财物。仅就手段分析，贪污罪与受贿罪均为利用职务上的便利获取财物，因而无法对两者进行真正的界定。例如《刑法》第385条第2款规定："国家工作人员在经济往来中，违反国家规定，收受各种名义的回扣、手续费，归个人所有的，以受贿论处。"根据该条规定，在经济往来中，国家工作人员利用签订、履行合同的职务便利，收受交易对方以各种名义的回扣、手续费等形式给付其个人的财物时，在形式上符合受贿罪的要求，但不能一概认定为《刑法》第385条第2款规定的受贿罪，而是应结合交易的真实情况，具体分析行为人所获得的财物实际上是属于经济往来的对方单位给予其个人的，还是付给行为人单位的，审慎加以区分后，才能准确认定其行为的性质。若是行为人所收受的各种名义的回扣、手续费，实际上为本单位额外支出或应得到的利益，即截留实质上是本单位财产权利的回扣并非法占有，因其侵犯的是本单位的公共财物，属于一种变相的贪污行为，应以贪污罪认定。这是因为贪污罪是犯罪分子利用其主管或经营本单位公共财物的职务之便，非法占有财

物的行为,其侵犯的客体为复杂客体,不仅侵犯了国家机关、国有企业、事业单位的正常活动以及职务行为的廉洁性,还侵犯了公共财物的所有权。因而贪污罪要求犯罪所得只能是犯罪分子本单位的公共财物,换言之,公共财物遭受直接损失的只能是犯罪分子所在单位。而受贿罪是犯罪分子利用职务便利,索取或非法收受他人财物的行为,是典型的"钱权交易"行为,因而要求受贿者所获取的财物,不管是公共财物还是私人财物,都应当是行贿方作为交换代价自愿付出的财物,而不可能是本单位的财物,即受贿者所在单位在财产上没有直接损失。

【指导案例】胡某能贪污案——截留并非法占有本单位利润款的贪污行为与收受回扣的受贿行为的区分①

被告人胡某能,任重庆市农业生产资料总公司(以下简称"重庆市农资总公司")总经理期间,于1996年10月至1998年12月,在将13.7万吨进口化肥配额指标转卖给广东省珠海市农业生产资料总公司的过程中,要求该公司总经理陈某兴将应付给重庆市农资总公司利润款中的491万元,以支付现金的方式交给其个人。陈某兴按照胡某能的要求将现金461万元交给了胡某能,将现金30万元交给了胡某能之子胡某松。

1997年3月至下半年,被告人胡某能在将3万吨进口化肥配额指标转卖给广东省从化市农业生产资料公司的过程中,要求该公司经理张某颜将应付给重庆市农资总公司利润款中的50万元,以支付现金的方式交给其个人。后张某颜将现金50万元交给了胡某能。

1998年10月至1999年8月,被告人胡某能在将4万吨进口化肥配额指标转卖给广东省汕头市农业生产资料总公司的过程中,要求该公司总经理周某耀将应付给重庆市农资总公司利润款中的180万元,以支付现金的方式交给其个人。后周某耀将现金180万元交给了胡某能。

1999年3月至7月,被告人胡某能在将6.5万吨进口化肥配额指标转卖给广西广源贸易公司的过程中,要求该公司总经理莫某柱将应付给重庆市农资总公司利润款中的320万元,以支付现金的方式交给其个人。后莫某柱将现金320万元交给了胡某能。

1999年4月至10月,被告人胡某能在将2万吨进口化肥配额指标、3万吨进口实物化肥转卖给中国农业生产资料广州公司的过程中,要求该公司化肥科科长张某将应付重庆市农资总公司利润款中的150万元,以支付现金的方式交给其个人。张某按照胡某能的要求,先后将现金50万元交给胡某能;将75万元兑换美元8.24万元交给胡某能;将25万元转到了广东省增城市农业生产资料公司的账上。

---

① 参见最高人民法院刑事审判第一庭、第二庭编:《刑事审判参考》(总第35集),法律出版社2004年版,第275号案例。

在本案中,被告人胡某能在转卖进口化肥配额指标及进口实物化肥过程中所收受的巨额款项,尽管从形式上看是通过合同对方以给付所谓回扣或者手续费的名义取得的,但是胡某能收取的这些款项均是其要求合同对方将应付给重庆市农资公司的配额指标及实物化肥转让款中以支付部分现金的方式交给其个人的,无证据证明该款项系合同对方给付其个人的贿赂款。本案的证人证言和书证均证实,胡某能收取的现金是各购入公司本应付给重庆市农资公司的转让(转卖)款。

从犯罪对象及后果方面来看,被告人胡某能所在单位要么承受不必要的额外开支,要么丧失了可获得的财产利益,实际上遭受财产损失的是单位,而非交易对方。从行为方式来看,胡某能是以欺骗本单位为手段,在单位不知情或者不知真情的情况下,通过要求交易对方支付部分现金的方式,将应当归本单位所得的利润截留后直接据为己有。从胡某能的主观故意来看,也是出于贪污的故意而非受贿的故意,即行为人主观上就是为了在交易过程中假对方之手非法占有本单位的利润,而不是为了通过为交易对方谋取利益,从交易对方处收取回扣、手续费等好处。不仅胡某能明知其占有的是本单位的财产而非对方单位的财物,交易对方也明知相关款项并非从己方财产或者可得利益中支付。因而,将胡某能在受国家机关委托担任重庆市农资总公司总经理期间,利用职务便利,将本应归公司所有的1191万元的经营进口化肥配额指标及实物化肥的利润款据为己有的行为,依法认定为贪污罪。

二、侵吞本单位股票发行差价的行为,能否构成贪污罪

(一)裁判规则

在没有明确规定或约定的情况下,国家工作人员利用可以调拨股票的职务之便,出售本公司未上市股票,交回股本认购金后将股票发行差价非法占为己有的行为,应认定为贪污罪。

(二)规则适用

对侵吞本单位股票发行差价的行为定性,可以从以下几个方面进行分析论证:

首先,国家工作人员利用可以调拨股票的职务之便,出售公司未上市股票并交还股本认购金的行为系职务行为,并非个人认购后的炒卖行为,不具有个人行为特征。因此,在该过程中因股票出售募集的资金系本单位的经营所得,具有公共财物的性质。股票认购是指按公司章程筹集公司资本时对公司发行的股票的认购,认购秉持自愿出资、风险共担、利益共享、公开公平的基本原则。同时,根据《中华人民共和国证券法》(以下简称《证券法》)第4条的规定:"证券发行、交易活动的当事人具有平等的法律地位,应当遵守自愿、有偿、诚实信用的原则。"可见正常的股票认购是需要支付与股票相对应的价款的。

但在国家工作人员利用可以调拨股票的职务之便出售公司未上市股票,其后再交回股本认购金的情形下,表明行为人是通过管理、发行股票职务便利从公司

董事会处直接领取股票,并未支付购买股票所需的相应价款,因而并不存在个人认购行为;此外,作为公司可调拨股票的工作人员,对公司的股票具有管理、发行等职责,因而在否认个人认购的前提下,出售公司股票的行为实则为代表公司所为的履职行为。

其次,在公司股票发行之前,存在的是股票的原始股价格,而根据《公司法》第127条的规定:"股票发行价格可以按票面金额,也可以超过票面金额,但不得低于票面金额。"可知股票发行价格与原始股价格并非一致。那么,在发行过程中以高于原始股的价格出售未上市的股票,获得高于预期利益的收益,属于股票交易过程中的正常情况。因而,在履职过程中出售股票所得收益均为股票募集款项,即使超出公司预期利益,亦不影响其公司财物之性质,在没有明确规定或约定的情况下,属于本单位财物。

最后,国家工作人员利用职务上的便利,出售本公司未发行的股票,虽然交回股本认购金后,在形式上未对本单位造成损失,但将股票发行差价非法占为己有的行为,实际上使得公司应得的利益减少,显然对本单位财物造成了损失,符合贪污罪规定的国家工作人员利用职务上的便利,侵吞、窃取、骗取或以其他手段非法占有公共财产的行为要素,应认定为贪污罪。

【指导案例】江某生等贪污案——贪污罪犯罪对象的理解与认定①

1994年6月,经中共四川省委组织部川组任〔1994〕146号批复和中共中国东方电气集团公司党组东司党组干字〔94〕第021号批复,被告人江某生任东方锅炉(集团)股份有限公司(以下简称"东锅公司")董事长,程某峰为副董事长、执行董事,马某中为副董事长、总经理,何某明为执行董事、副总经理。

1996年11月,东锅公司的股票准备在上海证券交易所挂牌上市,被告人江某生、马某中、何某明、程某峰利用可以调拨股票的职务便利,经商议,先后两次由程某峰从董事会秘书贺某强保管的股票中,领出80万股,何某明、程某峰到成都分别以每股7元、8.8元的价格卖给北京天龙股份有限公司,获款650万元。除将本金交还外,差额部分由程某峰、何某明用化名存入银行,存折由程某峰保管。

1996年11月,被告人江某生、何某明、马某中、程某峰考虑到政府规定不允许公司董事买卖自己公司的股票,便由何某明出面,用东锅公司的20万股股票换回四川银山化工(集团)股份有限公司20万股股票后,四人各分5万股。后何某明、程某峰两人将四人手中的该20万股股票酌价卖给北京比特股份有限公司,获款270万元。何某明在交还本金后,将差额款用化名存入银行,存折仍交由程某峰保管。

1996年12月,东锅公司决定以奖励股票的方式奖励公司领导和部分中层干

---

① 参见最高人民法院刑事审判第一庭、第二庭编:《刑事审判参考》(总第39集),法律出版社2005年版,第311号案例。

部。会后,被告人江某生、何某明、马某中、程某峰利用职务之便,擅自决定四人各多分 8 万股,由何某明办好托管手续后,分别交本人自行处理。江某生获利 73.5304 万元,何某明获利 92.596 万元,马某中获利 73.9328 万元,程某峰获利 69.6904 万元。

被告人江某生、何某明、马某中、程某峰四人利用管理、支配公司股票的职务便利,先后出售本公司股票共计 132 万股,获得 1229.7496 万元。除按规定比例交还股本认购金外,其余 904.1496 万元差价款则全部为四被告人私分。

法院认为,四名被告人身为国有绝对控股的东锅公司的主要领导人,利用管理、发行股票职务之便,将未发行的 132 万股公司管理的股票违规出售后再交回公司原定的股本金,此行为是发行行为而非认购后的炒卖行为。四名被告人将本该交回公司的巨额差价款占为己有,属利用职务之便侵吞溢价发行款的贪污行为。

首先,被告人江某生、马某中、何某明、程某峰受有关组织人事部门委派在东锅公司担任领导职务、行使管理职权,且具有国家干部身份,根据行为时和审理时的相关法律规定,均应认定为国家工作人员。根据行为时的法律即《关于办理违反公司法受贿、侵占、挪用等刑事案件适用法律若干问题的解释》第 4 条关于"国家工作人员,是指在国有公司、企业或者其他公司、企业中行使管理职权,并具有国家工作人员身份的人员"的规定,认定四名被告人为国家工作人员当无疑问。根据 1997 年《刑法》第 382 条关于贪污罪及第 93 条关于国家工作人员的范围规定,贪污罪的主体由国家机关工作人员、以国家工作人员论的人员及受委托管理、经营国有财产人员三部分构成。其中,以国家工作人员论的人员又可细分为:国有单位工作人员、国有单位委派人员和其他依法从事公务的人员三类。其中 1997 年《刑法》第 93 条第 2 款规定的"国家机关、国有公司、企业、事业单位委派到非国有公司、企业、事业单位、社会团体从事公务的人员"中的"委派",意即委任、派遣,其形式多种多样,如任命、批准等。

在本案中,江某生等四名被告人任职公司的董事、董事长、副董事长,从形式上看确实是经公司的股东会、董事会选举产生,兼任总经理也是董事会聘任,但不能据此排除对其受委派从事公务主体资格的认定。第一,如前述所言,委派的形式可以多种多样,依照何种程序、形式取得非国有公司的管理职位以及取得何种管理职位,对于是否属于受国有单位委派的认定并不具有决定性意义。随着国有企业改革的深化和人事制度的完善,股份制将成为国有资本的主要实现形式。除了国有独资公司的董事会成员由相关部门直接委派之外,其他公司的董事会成员和总经理均需由股东会选举或者董事会决定,而国有出资单位依法仅享有提名、推荐权。第二,江某生等四名被告人在东锅公司的任职不属于"二次委派"。江某生等四名被告人之所以能够在东锅公司谋取董事职位进入公司管理层,与有关组织人事部门的派遣直接相关,事实上也是经过有关组织人事部门的批准后,四名被告人才得以在公司任职;所以代表并维护国有资本的利益,既是四名被告人享有的权利,也是四名被告人应尽的义务。

其次,被告人江某生、马某中、何某明、程某峰利用管理、发行股票的职务之便,非法占有的股票发行差价为本公司财物。在本案中,法院认为四名被告人的行为系代表公司的发行行为,所得款项是公司发行股票募集的资金,非个人炒股利润。具体理由如下:第一,根据公司董事不得买卖本公司股票的相关规定,江某生等四名被告人没有购买公司股票的合法依据,对此四名被告人主观上是明知的,从他们有意规避该规定,将本公司股票与他公司股票交换后再予以出售的行为事实,足以说明此点。第二,对公司股票进行管理、发行,是江某生等四名被告人的职责所在,这至少为认定四名被告人出售公司股票行为属于代表公司所为的职务行为提供了一个合理的前提。第三,股票是四名被告人通过管理、发行股票职务从公司董事会秘书处直接支领的,四名被告人在领取股票时并没有支付购买股票所需的相应价款,有关先买后卖的辩解、辩护意见与事实不符。第四,本案行为在支领、出售直至返回股本金整个过程中,即便在名义上也没有反映出四名被告人的个人特征。第五,出售股票之后返回股本金,属于事后行为,对于出售行为性质的认定不具有决定性意义。第六,本案股本金之外的收益归属,根本上取决于出售股票行为是个人行为还是单位行为。在没有明确规定或者约定的情况下,将职务行为所取得的、公司预期利益之外的收益视为个人收益是不成立的,凡是应归公司所有而没有归公司的,便是给公司造成了损失。

最后,四名被告人利用管理、发行股票的职务之便,将未发行的132万股公司管理的股票出售后再交回公司原定的股本金,而将本该交回公司的巨额差价款占为己有的行为,已然彰显其非法占有股票发行差价的主观故意。综上所述,四名被告人的行为完全符合利用职务之便侵吞、窃取、骗取或以其他手段非法占有本单位财物的特征,构成贪污罪。

三、本单位占有的违法所得能否成为贪污罪的对象

(一) 裁判规则

贪污罪中行为人非法占有的财物,在财产的合法性上并不以合法所有或者持有的财物为限,即使是违法、违规所得也可成为贪污罪的对象;在财产的法律归属上,并不要求本单位对该财物具有法律上的最终所有权属关系,只要该财物在行为当时处于国家机关、国有公司、企业、集体企业和人民团体等单位占有、持有的状态下,即使是违法、违规所得,也可以认定为贪污罪的对象。

(二) 规则适用

贪污罪是国家工作人员利用职务上的便利,侵吞、窃取、骗取或者以其他手段非法占有公共财物的犯罪。关于单位的违法、违规所得能否成为贪污罪的对象,有不同的观点。否定的观点认为,确定贪污罪对象时,必须审查单位的相关规

定以明确单位所得收入是否合法合规,不合法合规的财物不能作为贪污罪的对象。肯定的观点认为,贪污罪的财物并不局限于本单位合法所有或者持有的财物,即使侵占的是本单位因违反国家法律或规定的非法收入,亦不能将其排除在刑法保护之外而否定行为人的贪污行为。笔者赞同肯定的观点。

一方面,刑法作为权利保障的最后一道防线,其保护的财产权利源于相关民事、行政法律法规的规定,更多强调财产的经济价值性,而非合法性。即使不受民法保护或者为相关法律、行政法规所明文禁止持有的财物,如赌资、赃物、违禁品等,只要具有一定的经济价值,并且与刑法的基本保护精神不相违背,同样可以成为财产犯罪的对象,并应当受到刑法的保护。例如,2000年最高人民法院在《全国法院审理毒品犯罪案件工作座谈会纪要》中指出:"盗窃、抢劫毒品的,应当分别以盗窃罪或者抢劫罪定罪。"最高人民法院《关于审理抢劫、抢夺刑事案件适用法律若干问题的意见》第7条第2款规定:"抢劫赌资、犯罪所得的赃款赃物的,以抢劫罪定罪,但行为人仅以其所输赌资或所赢赌债为抢劫对象,一般不以抢劫罪定罪处罚。构成其他犯罪的,依照刑法的相关规定处罚。"从最高司法机关关于盗窃罪、抢劫罪、抢夺罪以及诈骗罪的司法解释中可以看出,凡有经济价值之物,无论其为合法所有或占有之物,抑或事实上占有的非法财物(例如毒品等违禁品),皆被认为是"公私财物",能够成为财产犯罪的犯罪对象。

另一方面,贪污罪要求行为人侵占的是行为人所在单位的公共财产,对于公共财产的认定,关键不在于某一财产在法律上的最终所有权属关系,而是行为当时该财产的占有、持有及与之相对应的责任关系。《刑法》第91条第2款明确规定:"在国家机关、国有公司、企业、集体企业和人民团体管理、使用或者运输中的私人财产,以公共财产论。"由于此时的责任主体是国家机关、国有公司、企业、集体企业和人民团体,如果期间财产遭受到了损失,这些单位将承担赔偿责任。因而只要在行为当时处于国家机关、国有公司、企业、集体企业和人民团体等单位占有、持有状态下的私人财产,也均应认定为公共财产。

综上,即使国家工作人员利用职务上的便利,侵吞、窃取、骗取或者以其他非法手段非法占有本单位因违反国家法律、规定而获取的,仅在行为当时处于国家机关、国有公司、企业、集体企业和人民团体等单位占有、持有状态下的私人财产,也应认定为贪污罪。

【指导案例】尚某多等人贪污案——学校违规收取的"点招费"能否视为公共财产[①]

在原四川商业高等专科学校(以下简称"商专")2001年招生工作中,被告人

---

① 参见最高人民法院刑事审判第一庭、第二庭编:《刑事审判参考》(总第39集),法律出版社2005年版,第312号案例。

尚某多和被告人李某明负责招生录取领导小组的工作,学生处处长彭某斌具体负责收取和保管"点招费"。2001年10月招生工作结束后,经尚某多、李某明、彭某斌三人清点,除用于招生工作的开支,"点招费"余款为34.2万元。三人商量后决定,只向学校汇报并上缴14.2万元。2001年11月28日,彭某斌将20万元转入以其子名义开设的私人账户。2002年春节前,尚某多、李某明和彭某斌共谋将截留的20万元私分,议定三人各得6万元,给原商专校长张某南2万元。后尚某多单独找到彭某斌商定:李某明仍得6万元,尚某多得5万元、彭某斌得4万元,张某南得5万元。后彭某斌给李某明6万元,存入尚某多个人户头5万元,以学生处所留活动费的名义送给张某南5万元,但张某南当即退回了该款。

法院认为,《刑法》第382条第1款规定:"国家工作人员利用职务上的便利,侵吞、窃取、骗取或者以其他手段非法占有公共财物的,是贪污罪。"本案中,被告人尚某多、李某明身为教育事业单位中从事公务的国家工作人员,利用负责学校招生工作的职务之便,伙同彭某斌共同侵吞公款20万元,尚某多个人还侵吞公款5万元,其行为已构成贪污罪。

首先,在本案中被告人尚某多、李某明等所侵占的20万元,属于本单位的公共财物。具体体现理由如下:第一,财产犯罪的对象范围不以合法所有或者持有的财物为限,不能以本案中"点招费"的收取违反了国家有关规定、不属于合法收入为由,将其排除在刑法保护之外。刑法上的财产,更多强调的是财产的经济价值性,而非合法性。即使不受民法保护或者为相关行政法规所明文禁止持有的财物,如赌资、赃物、违禁品等,只要具有一定的经济价值,并且与刑法的基本保护精神不相违背,则同样可以成为财产犯罪的对象,并应当受到刑法的保护。第二,公共财产的认定,关键不在于某一财产在法律上的最终所有权属关系,而是行为当时该财产的占有、持有及与之相对应的责任关系。在本案中,"点招费"的收取系经原商专校务会研究决定,并以原商专学校的名义作出的,且收取后的"点招费"实际处于原商专学校的占有、支配之下,虽属非法财产,但仍应属于原商专学校的公共财产。综合上述两点,该部分财产属于原商专学校的公共财物。

其次,尚某多和李某明利用职务便利,实施了侵吞、窃取、骗取公共财物的行为。第一,在奖金的分配权限方面,学校并没有赋予尚某多、李某明两名被告人将"点招费"作为奖金进行分配的权限。学校确实有支付部分"点招费"用于奖励招生人员的规定,且此前也有先例,但这并不意味着尚某多、李某明两名被告人可以自行作出决定。相关证据证明,招生领导小组只有在请示同意后才可以对招生人员进行奖励,而且这一点两名被告人是清楚的,因为此后有一笔正常的奖金是通过彭某斌向学校打报告得到有关领导签字同意后才支取、发放的。因此,尚某多和李某明所获取的财物并非分配所得的奖金。第二,两名被告人有意隐瞒"点招费"实际收支情况并将所截留的20万元"点招费"在少数人范围内进行私分,为个人行为而非单位行为。若作为单位行为,单位首先应当对此知情,至少应当在事后让有权代表单位的机构或者人员知悉实情。但在本案中两名被告人对"点招费"实际收支情况的刻意隐瞒,学校其他负责人员对于20万元"点招费"作为"奖金"进行分配一事,事前事后均不知情,并不能认定为单位的奖金分配行为。

最后,尚某多、李某明两名被告人主观方面具有明显的个人非法占有目的。通过采取隐瞒手段化公为私之后,为逃避追查,两名被告人商定统一口径,订立攻守同盟,约定谁都不许对外提私分一事,因而可以认定两人对"点招费"的非法占有目的。

综上,分别任职原商专副校长、党委副书记的被告人尚某多、李某明,伙同他人利用负责学校招生工作的职务便利,自行决定将招生过程中违规收取的20万元"点招费"予以截留并作为奖金私下进行分配的行为,名为单位奖励,实为个人侵吞,构成贪污罪。

【指导案例】郭某鳌、张某琴、赵某贪污、挪用公款案——证券营业部工作人员利用职务便利私分单位违规自营炒股盈利款的行为如何定性①

1996年下半年,中国经济开发信托投资公司内蒙古证券营业部常务副总经理李某林(另案处理)召集时任中国经济开发信托投资公司内蒙古证券营业部财务部经理的被告人张某琴和时任中国经济开发信托投资公司内蒙古证券营业部交易部经理的被告人赵某,研究决定本单位自营炒股,并商定了自营炒股的资金数额及来源。后赵某在李某林的指使下,以转账存款方式,虚增账户资金透支代理股民证券交易的资金1952.5万元,又将本单位从内蒙古哲里木盟国债服务部借用的1996年七年期国债1000万元卖出,得款983.40211万元,同时将在本单位开设的金宇集团账户期初结存股票卖出,得款17.49467万元,及黎明账户资金期初余额1241.75元,共计2953.520955万元,先后用在本单位开设的柳某翘账户、丁某明账户、张某勉账户等14个账户进行自营炒股,共计盈利864万余元。

1997年下半年,时任中国经济开发信托投资公司内蒙古证券营业部总经理的被告人郭某鳌在得知自营炒股获利后,命令停止自营炒股,并指使被告人张某琴、赵某将盈利款提出,以个人名义存入银行。1998年4、5月份,郭某鳌、张某琴、赵某伙同李某林在某饭店研究决定将其中的500万元盈利款四人私分。其中,郭某鳌分得180万元,李某林分得120万元,张某琴、赵某各分得100万元。

2000年下半年至2001年10月,国家审计署对中国经济开发信托投资公司内蒙古证券营业部进行审计。为掩盖私分自营炒股获利款,被告人郭某鳌指使李某林及被告人张某琴、赵某多次共谋策划,联系炒股大户刘某国,与其订立攻守同

---

① 参见最高人民法院刑事审判第一、二、三、四、五庭主办:《刑事审判参考》(总第48集),法律出版社2006年版,第383号案例。

盟,让其承担中国经济开发信托投资公司内蒙古证券营业部透支炒股及借哲里木盟 1000 万元国债炒股的责任,并伪造两份透支协议书,企图逃避法律追究。后刘某国用张某琴给付的 17 万元向中国经济开发信托投资公司内蒙古证券营业部交纳了所谓的透支款利息。张某琴实得赃款 83 万元。

在本案中,中国经济开发信托投资公司内蒙古证券营业部郭某鳌等人私分本单位主要利用透支代理股民证券交易的资金,违规自营炒股获得的盈利款的行为构成贪污罪。

首先,中国经济开发信托投资公司内蒙古证券营业部违规自营炒股的盈利款属于公共财产。中国经济开发信托投资公司是国有公司,内蒙古营业部系其分支机构,系国有公司。对其自营炒股盈利款的性质,可从以下三个方面理解:一是从盈利款的来源看,该盈利款是中国经济开发信托投资公司内蒙古证券营业部违规自营炒股所得。虽然自营炒股违反了国家规定,但并不因此改变盈利款属于内蒙古营业部所有的性质。二是从炒股所用的资金看,既有营业部透支代理股民证券交易的资金,又有营业部自有资金和被告人赵某以本单位名义借的 1000 万元国债资金。所透支的代理股民证券交易的资金虽然在量上占主要部分,并且在最终的所有权上属于股民个人所有,但是,根据《刑法》第 91 条第 2 款的规定,"在国家机关、国有公司、企业、集体企业和人民团体管理、使用或者运输中的私人财产,以公共财产论",该股民资金亦应认定为公共财产。营业部自营炒股所用的资金属于公共财产,其孳息即炒股盈利款显然属于公共财产。三是从最终归属看,该盈利款亦应认定为公共财产。2004 年《证券法》第 134 条规定,"证券公司自营业务必须以自己的名义进行,不得假借他人名义或者以个人名义进行"。第 191 条规定:"综合类证券公司违反本法规定,假借他人名义或者以个人名义从事自营业务的,责令改正,没收违法所得,并处以违法所得一倍以上五倍以下的罚款;情节严重的,停止其自营业务。"第 141 条第 2 款规定,"证券公司接受委托买入证券必须以客户资金账户上实有的资金支付,不得为客户融资交易"。同时第 186 条规定:"证券公司违反本法规定,为客户卖出其账户上未实有的证券或者为客户融资买入证券的,没收违法所得,并处以非法买卖证券等值的罚款。对直接负责的主管人员和其他直接责任人员给予警告,并处以三万元以上三十万元以下的罚款。构成犯罪的,依法追究刑事责任。"中国经济开发信托投资公司内蒙古证券营业部作为从事证券经营业务的公司,不仅假借他人名义和以他人名义非法从事证券自营业务,还通过虚增客户资金账户上资金的方式,非法从事融资交易,其盈利款当属《证券法》第 191 条和第 186 条规定的非法所得,应当予以没收,上缴国库。但在没有依法对其非法经营行为进行处理前,该盈利款暂由中国经济开发信托投资公司内蒙古证券营业部管理,依据《刑法》第 91 条第 2 款的规定,"在国家机关、国有公司、企业、集体企业和人民团体管理、使用或者运输中的私人财产,以公共财产论",宜认定属于公共财产。

其次,对贪污罪的犯罪构成进行分析可得,被告人郭某鳌系中国经济开发信托投资公司内蒙古证券营业部的总经理,被告人赵某、张某琴于1996年11月分别被中国经济开发信托投资公司内蒙古证券营业部正式聘任为交易部、财务部经理,1998年4月至5月发生私分盈利款时三名被告人符合国家工作人员的主体身份;三名被告人利用管理财物的职务便利,自营炒股并将炒股所获盈利款加以私分,上文将盈利款的性质定义为本单位的公共财产,因而符合利用职务上的便利,以侵吞、窃取、骗取的手段非法将本单位公共财物占为己有的要求,即客观行为符合贪污罪的要求;而三名被告人共谋私分炒股营利款500万元的客观行为,其占有具有明显的主观故意。

综上,被告人郭某鳌、赵某、张某琴作为国家工作人员,利用职务上的便利,私分炒股盈利款的行为,应认定为贪污罪。

四、不动产能否成为贪污罪的犯罪对象

(一)裁判规则

贪污罪的对象不以动产为限,国家工作人员利用职务上的便利,通过侵吞、窃取、骗取等手段非法占有公有房屋的行为,应以贪污罪定罪处罚。

(二)规则适用

刑法理论上,对不动产能否成为贪污罪的对象,存在否定说和肯定说之争。否定说认为,不动产不能移动,其所有权的转移受限于法定的登记程序,是一种要式法律行为,不符合贪污罪客观方面中"非法占有"的条件,所以不动产本身就具有"不能被贪污"的性质,贪污不动产是不可能实施的。肯定说认为,不动产在特定情况下可以成为贪污罪的对象。因为财物的非法占有并不必须以财物在空间上的移动为条件,实践中行为人以欺骗手段进行不动产产权登记,以所有人自居行使权利的案件很多,完全符合贪污罪的特征。笔者赞同肯定说,认为公有房屋可以成为贪污犯罪的对象,不应以房屋属于不动产为由,而将公有房屋排除在贪污罪的犯罪对象之外。

首先,根据《刑法》第382条规定,贪污罪的对象为公共财物。根据《刑法》第91条关于公共财产的解释规定,"公共财物"是指以下四类财物:即国有财物、劳动群众集体所有的财物、用于扶贫和其他公益事业的社会捐助或者专项基金,以及在国家机关、国有公司、企业、集体企业和人民团体管理、使用或者运输中的私人财物。由上述规定可知,内含于公共财产、财物之内的不动产,在贪污罪的立法规定上,并未被排除在公共财产或者公共财物之外,属于公共财产的不动产自然能够成为贪污犯罪的对象。

其次,利用职务便利非法侵占公有不动产,具有现实可能性,运用刑法对公有不动产进行保护是必要的。在实际生活中,财产犯罪中的抢劫罪、抢夺罪因以"当

场"为要件,盗窃罪、聚众哄抢罪因一般需以对象物的物理移动方可完成,挪用类犯罪因立法上明确规定其对象为资金或者公款而不可能以不动产作为犯罪对象,除此之外,诈骗罪、(职务)侵占罪、敲诈勒索罪、故意毁坏财物罪等均可以不动产作为其侵害的对象。比如一个人完全可以通过诈骗手段,达成对他人所有的不动产的事实上的占有,甚至是以产权变更登记的形式实现"法律上"的占有。作为职务性的财产犯罪,就实施及完成犯罪行为方面而言,贪污罪与诈骗罪、侵占罪等一般财产犯罪并无两样,而且较之于后者,贪污行为人因其有着职务上的便利可资利用,更易于得逞。

最后,根据《联合国反腐败公约》第17条的规定,"公职人员贪污、挪用或者以其他类似方式侵犯财产",公职人员为其本人的利益或者其他人员或实体的利益,贪污、挪用或者以其他类似方式侵犯其因职务而受托的任何财产、公共资金、私人资金、公共证券、私人证券或者其他任何贵重物品,各缔约国均应当采取必要的立法和其他措施,将该行为规定为犯罪。该公约第2条规定,公约中的财产系指各种资产,不论是物质的还是非物质的、动产还是不动产、有形的还是无形的,以及证明对这种资产的产权或者权益的法律文件或者文书。以上规定可以反映当今世界的共识和立场,即不动产可以成为贪污等腐败犯罪的对象。

【指导案例】于某红贪污案——不动产能否成为贪污罪的犯罪对象[①]

被告人于某红原系白山市房地产管理局八道江房产管理所(以下简称"房管所")房管科副科长。1992年底,白山市建设银行房地产综合开发公司(以下简称"开发公司")归还因开发建银小区而占用房管所商企房面积321.52平方米(5户),于某红利用负责房管所回迁工作之机,于1993年12月18日在给财务科填报经租房产增加、减少通知单时,将开发公司归还的面积填报为305.75平方米,并将其中4户面积加大,从中套取商企房1户,面积为52.03平方米,价值9.3133万元,用于个人出租谋利。同年,开发公司开发建银小区时,于某红利用负责因开发建银小区拆迁房管所管理的房屋工作之机,在其母亲孙某香购买拆迁户房屋面积时,虚添拆迁面积17平方米,价值1.632万元,并将开发公司归还房管所面积顶交其母所购买房屋取暖费、热水费2669.55元。综上,于某红利用职务上的便利,非法占有公共财物合计价值11.2123万元。

本案被告人于某红系经白山市房地产管理局八道江房产管理所任命的国家工作人员,负责房屋拆迁回迁工作,其在从事公务过程中,采用欺骗手段套取公房,显然在主体身份和利用职务上的便利的行为方式方面均满足贪污罪的犯罪要

[①] 参见最高人民法院刑事审判第一庭、第二庭编:《刑事审判参考》(总第29辑),法律出版社2003年版,第216号案例。

求。至于能否认定为贪污罪,需要考虑作为不动产的公有房屋,在被于某红侵占至案发时一直未办理产权登记,是否能作为侵占的公有财物,即能否构成贪污罪的犯罪对象。一方面,贪污罪的犯罪对象为公共财产。包括国有财产、劳动群众集体所有的财产、用于扶贫和其他公益事业的社会捐助或者专项基金,以及在国家机关、国有公司、企业、集体企业和人民团体管理使用或者运输中的私人财产。对于公共财物并无任何法律规定将不动产排除在外,因此,可以将不动产作为贪污罪的犯罪对象。另一方面,例如诈骗罪、(职务)侵占罪等,可以将不动产作为其侵害的对象,而贪污罪与诈骗罪等一般财产犯罪除在犯罪主体及侵害法益上并无两样以外,由于贪污行为人有职务上的便利,反而在通常情况下更易于得逞。因此,有必要运用刑法手段对不动产予以保护。在本案中,于某红利用负责拆迁回迁工作之机,采取不下账少下账、虚添拆迁面积和虚添住户的手段,从中套取商企房、住宅房各 1 户,加上用面积顶交的取暖费、热水费,总价值 11.2123 万元,认定其行为构成贪污罪是适当的。

五、财产性利益能否成为贪污罪的犯罪对象

(一)裁判规则

贪污罪的犯罪对象为公共财物,其不仅包括现金和实物财产,也应包括公司、企业的债权、土地使用权、股权等财产性利益。若行为人采取侵吞、窃取、骗取或其他手段非法占有该财产性利益的,应认定为贪污罪。

(二)规则适用

对财产性利益能否成为贪污罪的犯罪对象,可以从以下几个方面进行分析:

首先,《刑法》第 382 条规定的贪污罪是指,国家工作人员利用职务上的便利,侵吞、窃取、骗取或者以其他手段非法占有公共财物的行为。据此,贪污罪的犯罪对象为公共财物,根据《刑法》第 91 条关于公共财产的解释规定,"公共财物"是指以下四类财物:即国有财物、劳动群众集体所有的财物、用于扶贫和其他公益事业的社会捐助或者专项基金,以及在国家机关、国有公司、企业、集体企业和人民团体管理、使用或者运输中的私人财物。需要注意的是,对贪污罪的犯罪对象的理解不能拘泥于字面含义,而应在字面含义的基础上结合司法实践作出不超出立法本意的适度解释。虽公共财物作为贪污罪的犯罪对象,通常以公款或公物的形式存在,但也不排除以财产性利益的方式存在。所谓财产性利益,是指虽然不直接以钱款或物品的形式存在,但具有财产价值或财产属性的权利凭证或者有价证券等。最高人民法院、最高人民检察院《关于办理商业贿赂刑事案件适用法律若干问题的意见》第 7 条指出,"商业贿赂中的财物,既包括金钱和实物,也包括可以用金钱计算数额的财产性利益,如提供房屋装修、含有金额的会员卡、代币卡(券)、旅游费用等。具体数额以实际支付的资费为准"。商业贿赂犯罪是对发生于商业领域的贿赂犯罪的统称,既包括以国家工作人员为犯罪主体的贿赂犯

罪,也包括以非国家工作人员为犯罪主体的贿赂犯罪。在国家工作人员实施的贿赂犯罪中,财产性利益可作为贿赂而存在。依据刑法解释理论中的体系解释原则,贪污犯罪中的公共财物当然也包括归国家或集体所有的财产性利益。

其次,分析具体个案中贪污的对象,必须考查其是否具有经济价值,如果具有一定的经济价值,则不必拘泥于该对象的存在形式。作为财产性利益如债权,可以通过债务人履行债务将债权转化为财产,其经济价值并不能被否认,因而无论是有形的财产,还是无形的财产性利益,均可作为贪污罪的犯罪对象。

最后,作为财产性利益存在被侵害的可能性。《刑法》第224条合同诈骗罪规定的行为表现方式之一就是"收受对方当事人给付的货物、货款、预付款或者担保财产后逃匿"。货物、货款、预付款都是财物,但担保财产不限于普通财物,而且包括了债权等财产性利益,这表明财产性利益是有被侵害的可能的。另《刑法》第210条第2款规定:"使用欺骗手段骗取增值税专用发票或者可以用于骗取出口退税、抵扣税款的其他发票的,依照本法第二百六十六条的规定定罪处罚。"增值税专用发票以及可以用于骗取出口退税、抵扣税款的其他发票,虽然本身是有形的,但其实质上也属于财产性利益,亦有受侵害的可能。因此,有必要将财产性利益作为贪污罪的犯罪对象加以保护。

【指导案例】吴某莉贪污案[①]

1994年4月,上海市公用事业管理局出资100万元成立上海公欣工程建设监理公司(以下简称"公欣监理"),被告人吴某莉担任公司法定代表人、经理,全面负责公司经营管理工作。2008年10月,公欣监理转入国有上海交通建设管理有限公司管理(以下简称"交建公司"),并于同年12月更名为上海公欣工程建设监理中心有限公司(以下简称"公欣公司"),由徐某某担任法定代表人、董事长;吴某莉继续全面负责经营管理公司。

2009年11月底,公欣公司经上级主管单位交建公司同意开始转制评估。其间,被告人吴某莉利用职务便利,将公欣公司与上海市自来水市南有限公司等多家单位之间产生的项目监理费用应收款4012万余元,隐匿于账外,不纳入评估范围,并向上级主管单位及审计、评估单位提供虚假的企业经营损益报表,致使公欣公司的价值被严重低估。2010年5月21日,公欣公司仅以143万余元的价格被整体转让给非国有的上海住远建设工程监理有限公司(以下简称"住远公司")。吴某莉和公欣公司副总经理汪某某以个人名义持有转制后公司49%的股权并经住远公司授权,由吴某莉自主经营、独立核算、自负盈亏。

关于被告人吴某莉作为国有公欣公司的主管人员,利用职务便利,伙同他人

---

① 案号:(2012)沪高刑终字第123号。

在经营、管理国有企业及改制过程中,将公欣公司与上海市自来水市南有限公司等多家单位之间产生的项目监理费用应收款4012万余元,隐匿于账外,不纳入评估范围,并向上级主管单位及审计、评估单位提供虚假的企业经营损益报表,致使公欣公司的价值被严重低估的行为,构成贪污罪,应依法承担相应的刑事责任。

关于该案中被告人吴某莉能否认定为贪污罪,其争议焦点在于债权能否成为贪污罪的犯罪对象。否定意见认为债权不属于贪污罪的犯罪对象,理由是:刑法规定贪污罪的犯罪对象是公共财物,对公共财物的范围也作了详细说明,其中并未包括债权;不能直接将"债"等同于"物",债权只是一种请求权,属于财产性利益,仅仅取得债权并不等于直接取得了财物;债权具有不确定性,债权能否实现,债权能否转化为财产权,债权人能否实际取得财物,取决于债务人是否实际履行债务;依据罪刑法定原则,在刑法没有明确规定的情况下,不宜将债权纳入贪污罪的犯罪对象。肯定意见认为,隐匿债权系企业改制过程中一种特殊的贪污犯罪行为。虽然债权仅仅是一种请求权,但其对应的是企业应收款,在实现债权的同时取得了对应财物的所有权。而且,企业改制过程中的资产评估,是对企业资金、实物、知识产权、债权债务等进行整体评估作价的,债权本身就是企业财产权的一个重要组成部分。因此,债权也可作为贪污罪的犯罪对象。

法院赞同肯定意见。具体理由如下:首先,《〈最高人民法院、最高人民检察院关于办理国家出资企业中职务犯罪案件具体应用法律若干问题的意见〉的理解与适用》中认为债权可作为贪污罪的犯罪对象并列明具体理由:(1)民法上区分债权和物权,主要体现的是两者在表现形式和实现方式上的差别,并不否认两者均属于实体性经济利益。从企业的资产构成上看,不仅包括资金、厂房、设备等,也包括企业的债权等财产性利益。(2)债权是一项受法律保护、具有可预期性的财产性利益。债权被隐瞒、侵占,已经给债权人造成了事实上的利益损失。债权的最终实现情况如何,并不能改变这一事实。(3)刑事司法判断侧重于实质性而非形式性判断,刑法中的财物包括财产性利益,已为刑事司法实践广泛认可。如《关于审理盗窃案件具体应用法律若干问题的解释》规定,有价支付凭证、有价证券、有价票证等均属盗窃罪的对象;《关于办理商业贿赂刑事案件适用法律若干问题的意见》规定,商业贿赂中的财物,包括可以用金钱计算数额的财产性利益。其次,刑法中以财物为对象的犯罪,解释论上大都也涵盖了债权。例如最高人民法院1998年发布的《关于审理盗窃案件具体应用法律若干问题的解释》将有价支付凭证、有价证券、有价票证等作为盗窃罪的对象;最高人民法院2002年发布的《关于审理非法生产、买卖武装部队车辆号牌等刑事案件具体应用法律若干问题的解释》指出,使用伪造、变造、盗窃的武装部队车辆号牌,骗免养路费、通行费等各种规费,数额较大的,也应成立诈骗罪。故此,应当肯定债权可以成为贪污犯罪的犯罪对象。

因此,在肯定债权的财产性利益能够作为贪污罪的犯罪对象前提下,被告人吴某莉所隐匿的"应收监理费"作为转制前国有公欣公司确定享有的债权,作为企业预期可实现的利益,在转制过程中,理应作为企业财产权纳入资产评估范围。但归属于该企业的4012万余元应收债权却被吴某莉在企业改制过程中隐匿于账外,导致国有资产价值被低估,这部分债权所对应的财产性利益随着国有公欣公司出售工作的完成而流失。因而本案中吴某莉的行为应认定为贪污罪。

【指导案例】杨某虎等贪污案[①]

被告人杨某虎1996年8月任中共浙江省义乌市委常委,2003年3月任义乌市人大常委会副主任,2000年8月兼任中国小商品城福田市场(2003年3月改称中国义乌国际商贸城,以下简称"国际商贸城")建设领导小组副组长兼指挥部总指挥,主持指挥部全面工作。2002年,杨某虎在得知义乌市稠城街道共和村将列入拆迁和旧村改造范围后,决定在该村购买旧房,利用其职务便利,在拆迁安置时骗取非法利益。杨某虎遂与被告人王某芳(杨某虎的妻妹)、被告人郑某潮(王某芳之夫)共谋后,由王某芳、郑某潮两人出面,通过共和村王某某,以王某芳的名义在该村购买赵某某的三间旧房(房产证登记面积61.87平方米,发证日期1998年8月3日)。按当地拆迁和旧村改造政策,赵某某有无该旧房,其所得安置土地面积均相同,事实上赵某某也按无房户得到了土地安置。2003年3、4月份,为使三间旧房所占土地确权到王某芳名下,在杨某虎指使和安排下,郑某潮再次通过共和村王某某,让该村村民委员会及其成员出具了该三间旧房系王某芳1983年所建的虚假证明。杨某虎利用职务便利,要求兼任国际商贸城指挥部分管土地确权工作的副总指挥、义乌市国土资源局副局长吴某某和指挥部确权报批科人员,对王某芳拆迁安置、土地确权予以关照。国际商贸城指挥部遂将王某芳所购旧房作为有村证明但无产权证的房屋进行确权审核,上报义乌市国土资源局确权,并按丈量结果认定三间旧房的占地面积为64.7平方米。

此后,被告人杨某虎与郑某潮、王某芳等人共谋,在其岳父王某祥在共和村拆迁中可得25.5平方米土地确权的基础上,于2005年1月编造了由王某芳等人签名的申请报告,谎称"王某祥与王某芳共有三间半房屋,占地90.2平方米,两人在1986年分家,王某祥分得36.1平方米,王某芳分得54.1平方米,有关部门确认王某祥房屋25.5平方米、王某芳房屋64平方米有误",要求义乌市国土资源局更正。随后,杨某虎利用职务便利,指使国际商贸城指挥部工作人员以该部名义对该申请报告盖章确认,并使该申请报告得到义乌市国土资源局和义乌市政府认可,从而让王某芳、王某祥分别获得72和54平方米(共126平方米)的建设用地审批。按王某祥的土地确权面积仅应得36平方米建设用地审批,其余90平方米系非法所得。2005年5月,杨某虎等人在支付选位费24.552万元后,在国际商贸城拆迁

[①] 案号:(2009)浙刑二终字第34号。

安置区获得两间店面72平方米土地的拆迁安置补偿(案发后,该72平方米的土地使用权被依法冻结)。该处地块在用作安置前已被国家征用并转为建设用地,属国有划拨土地。经评估,该处每平方米的土地使用权价值3.527万元。杨某虎等人非法所得的建设用地90平方米,按照当地拆迁安置规定,折合拆迁安置区店面的土地面积为72平方米,价值253.944万元,扣除其支付的24.552万元后,实际非法所得229.392万元。

法院认为杨某虎等人构成贪污罪。本案的争议焦点在于土地使用权作为财产性利益,是否属于《刑法》第382条第1款规定的"公共财物",能否成为贪污罪的犯罪对象。

法院认为,土地使用权属于"财物"的范围。虽然土地所有权实行公有制,但是土地所有权与使用权可以分离,个人或者单位可以拥有土地使用权,对土地能够进行占有、使用、开发、经营,并可以带来相应的经济利益。因此,土地使用权具有财产性利益,属于"财物"范围。

其次,土地使用权可以成为贪污罪的犯罪对象已为有关规范性文件所肯定。根据《关于办理国家出资企业中职务犯罪案件具体应用法律若干问题的意见》第1条第1款的规定,国家工作人员或者受国家机关、国有公司、企业、事业单位、人民团体委托管理、经营国有财产的人员利用职务上的便利,在国家出资企业改制过程中故意通过低估资产、隐瞒债权、虚设债务、虚构产权交易等方式隐匿公司、企业财产,转为本人持有股份的改制后公司、企业所有,应当依法追究刑事责任的,依照《刑法》第382条、第383条的规定,以贪污罪定罪处罚。国家国有资产管理局1993年发布的《国有资产产权界定和产权纠纷处理暂行办法》第8条规定,有权代表国家投资的部门和机构以货币、实物和收益权属于国家的土地使用权、知识产权等形成的资产,界定为国有资产。由此可以得出在国家出资企业改制过程中故意低估土地使用权,转为本人持有股份的改制后公司、企业所有的,可以构成贪污罪。

最后,土地使用权能够被非法占有。虽然土地等不动产所有权的转移需要登记,但所有权的转移与贪污罪构成要件中的"非法占有"是不同概念,非法占有可能并不具备形式上的所有权。土地使用权虽与房产等实物财产有所不同,但土地使用权是国家集体所有土地财产权的重要部分,具有占有、使用、收益的权能,具有财产性利益,能够被国家工作人员利用职务便利非法占有。

在土地使用权能够作为贪污罪犯罪对象的前提下,被告人杨某虎等人明知王某芳不符合拆迁安置条件,却利用杨某虎的职务便利,通过将王某芳所购房屋谎报为其祖传旧房、虚构王某芳与王某祥分家事实,骗得旧房拆迁安置资格,骗取国有土地确权的行为,构成贪污罪。

六、贪污罪中的特定款物如何认定

(一) 裁判规则

判断一种款物是否属于特定款物,首先要看其是否属于《关于办理贪污贿赂刑事案件适用法律若干问题的解释》明确规定的类型,即救灾、抢险、防汛、优抚、扶贫、移民、救济、防疫、社会捐助,如果符合条文列举的九种类型则当然属于特定款物。如果不属于前述九种类型,则看其是否与列举的款物具有同样的性质,并且应当贯彻谦抑性原则,审慎对待。进一步而言,司法实践中认定犯罪对象是否属于特定款物,不仅要看具体款物的表现形式,还要通过贪污方式看其本质特征,只有在公款已经类型化为特定款物且妨害了特定事项办理或者侵犯了特殊群体权利的情况下,才认定为特定款物。

(二) 规则适用

根据《关于办理贪污贿赂刑事案件适用法律若干问题的解释》第1条的规定,贪污救灾、抢险、防汛、优抚、扶贫、移民、救济、防疫、社会捐助等特定款物的,贪污数额1万元以上不满3万元的属于"其他较重情节",可以定罪处罚。在司法解释对特殊款物作出相应规定的情况下,认定贪污罪的犯罪对象是否为特定款物就具有了实质意义。如果贪污数额在1万元以上3万元以下,是否属于特定款物会决定罪与非罪。如果贪污数额在3万元以上,贪污对象是否属于特定款物不会影响定罪,但会影响量刑。虽然司法解释没有规定贪污特定款物需从重处罚,但是入罪标准上的差别就决定了在数额相同的情况下,贪污特定款物量刑应当重于贪污一般款物。也就是说,司法解释中蕴含着贪污特定款物从重处罚的量刑原则。按照量刑规范化的基本原理,对贪污特定款物的案件,在确定量刑起点和基准刑时,应区别于一般案件。例如,同样是贪污100万元,当对象是一般款物时,应以贪污20万元确定量刑起点,以超出的80万元增加刑罚量确定基准刑。由于贪污一般款物20万元以上300万元以下,对应的法定刑为有期徒刑3年以上10年以下,相当于在20万元的基础上数额每增加40万元即增加基准刑1年,贪污100万元对应的基准刑为有期徒刑5年。而如果贪污特定款物100万元,应当以10万元确定量刑起点,以超出的90万元增加刑罚量确定基准刑。贪污特定款物10万元以上150万元以下,对应的法定刑为有期徒刑3年以上10年以下,相当于在10万元的基础上,数额每增加20万元即增加基准刑1年,特定款物100万元对应的基准刑为有期徒刑7年6个月。所以,犯罪对象是否属于特殊款物,对被告人的定罪量刑具有实质意义。在办案的过程中,需要对犯罪对象进行准确界定。

就养老(助残)服务券而言,从服务券本身的特点来看属于特定款物。《关于办理贪污贿赂刑事案件适用法律若干问题的解释》第1条第2款第(一)项对贪污特定款物的表述在列举了九种类型的特定款物之后,又用了"等"的表述方式,那么服务券是否属于特定款物呢?首先要看其是否属于《关于办理贪污贿赂刑事案件适用法律若干问题的解释》明确规定的类型,如果符合条文列举的九种类型则当然属于特定款物;如果不属于前述九种类型,则看其是否与列举的款物具有同样的性质。当然,这种解释应当贯彻谦抑性原则,审慎对待。养老(助残)服务券是社会福利制度发展的体现,是对老年人和残疾人这一特殊群体进行救助而发放的具有一定面额的纸质券,领取对象具有特定性。从这一角度看,服务券可以理解为救济款物的一种。即使其不属于典型的救济款,也可以通过对"等"的解释将其纳入特定款物。但是,判断一种款物是否属于特定款物,不仅要看其外在的表现形式,还要看其代表事项的重要性、用途的特定性以及时间的紧迫性。服务券由政府向老年人、残疾人发放,相关人员领取到服务券后可以到政府指定的服务商处消费或者接受服务。社区工作人员的工作职责是向政府报告辖区内符合领取服务券人员的数量和金额,并代为领取,领取后向符合条件的人员发放。如果采取虚报人数的方式,从政府多领取服务券,然后按照实有人数发放,这样就产生了差额,差额部分由行为人截留后套现。该种方式是以虚报的手段,骗取政府多付的资金,而非截留政府按实际名额发放的资金,其行为性质与贪污政府公款无实质差异。如果行为人根据实有符合条件人数领取服务券后,没有发放给相应的老年人或者残疾人,而是自己截留,从而使社会救济对象没有得到社会救济,则其行为对象已定型化为特定款物,应认定为特定款物。在这种情况下,行为人的行为使特定群体不能得到救济,危害性更大。

综上所述,司法解释蕴含了贪污特定款物从重处罚的原则,在办案过程中区分犯罪对象是否属于特定款物直接影响对被告人的定罪量刑。而司法实践中认定犯罪对象是否属于特定款物,不仅要看具体款物的表现形式,还要通过贪污方式看其本质特征,只有在公款已经类型化为特定款物且妨害了特定事项办理或者侵犯了特殊群体权利的情况下,才能认定为特定款物。

【指导案例】周某武等二人贪污案——贪污特定款物的司法认定[①]

被告人周某武、周某在北京市朝阳区安贞街道社区服务中心从事居家养老服务工作,共同负责安贞街道办事处居家养老(助残)服务券(以下简称"服务券")的申领、发放工作。2012年至2014年间,经周某武提议,二被告人共同利用职务便利,虚报养老(助残)人数申领服务券,然后按照实有人数发放,从中截留面值共计91.69万元的服务券据为己有。后由周某武通过北京康复信和商贸有限公司等朝阳区养老服务商将其中面值81.4573万元的服务券兑换成钱款,并将其中部分钱款分配给周某。二被告人于2015年1月9日主动投案,并各自退赃30万元。尚未兑换现金的服务券10.2327万元,起获后已退回朝阳区安贞街道社区服

[①] 参见最高人民法院刑事审判第一、二、三、四、五庭主办:《刑事审判参考》(总第106集),法律出版社2017年版,第1139号案例。

务中心。在法院审理期间,周某武亲属退缴13.4573万元,周某亲属退缴8万元。

本案的犯罪对象不应按照特定款物认定。

根据《关于办理贪污贿赂刑事案件适用法律若干问题的解释》第1条的规定,贪污一般财物数额在3万元以上以上不满20万元的,属于"数额较大",应当定罪处罚。而贪污救灾、抢险、防汛、优抚、扶贫、移民、救济、防疫、社会捐助等特定款物,数额达到1万元以上以上不满3万元的,即认定为"其他较重情节",应当定罪处罚。救灾等特定款物具有特定用途,专用于特定的事项或者特定的人。行为人贪污此类款物,有可能会影响专项工作,或者影响特定人的生活保障,相对于贪污其他财物,具有更大的社会危害性。换个角度看,对于这些特定款物都能动贪污之念的行为人,其主观恶性也显然更大。鉴于多种因素的考量,司法解释对特定款物作了特别规定,加大了保护的力度。而本案中二被告人的行为,没有侵犯特定的老年人或者残疾人的受救济权利,没有妨害国家的救济制度,只是造成了财政款的流失,所以应当认定其犯罪对象为普通款物。

七、共同贪污与私分国有资产的界定

(一)裁判规则

根据我国刑法的规定,贪污罪的对象为"公共财物"。参照《刑法》第91条关于公共财产的规定,这里的"公共财物"一般包括以下四类财物:即国有财物;劳动群众集体所有的财物;用于扶贫和其他公益事业的社会捐助或者专项基金;以及在国家机关、国有公司、企业、集体企业和人民团体管理、使用或者运输中的私人财物。可见,贪污罪的犯罪对象既包括动产,也包括不动产。使用公款以个人名义购买房屋构成贪污罪的,犯罪对象是公款而不是房屋。

(二)规则适用

集体共同贪污与私分国有资产在客观表现上有一定的相似之处,但两罪在犯罪主体、主观故意、行为对象、行为方式方面均存在明显不同,就本案而言,区分两罪的关键在于客观行为方式和主体:首先,在客观行为方式上,集体共同贪污一般是少数人以侵吞、窃取、骗取或者其他手段秘密进行的,对单位内部其他多数成员是不公开的,多会采取做假账或平账的手法以掩人耳目;私分国有资产一般是在本单位内部以公开、表面合法的形式进行的,比如以发红包、发福利、发奖金的形式进行私分,一般在财务账上不会隐瞒私分的国有资产,只是会采取不按规定记账的方法来应付各种监督。其次,在主体方面,集体共同贪污属于个人共同犯罪,一般是利用职务便利非法占有公共财产的个别单位成员,因此承担刑事责任的主体是参与贪污犯罪的自然人;私分国有资产属于单位犯罪,参与私分国有资产的一般是单位一定层次、规模的所有人或大多数人,其中大多数人是被动分到国有资产的,承担刑事责任的主体只是对私分国有资产直接负责的主管人员和其

他直接责任人员。

【指导案例】高某华等贪污案——使用公款购买房屋构成贪污的,犯罪对象是公款还是房屋①

被告人高某华、岳某生、张某萍、许某成等二七区铭功路办事处领导在办事处"党委扩大会"上,商量并决定将拆迁补偿费82.4103万元用于购买私房,高某华将二七区房管局企业保证金9.6万元据为己有。另查明,1997年3月,高某华为购买私房,利用担任二七区房管局局长职务之便,指使时任局长助理的张某华到二七区拆迁办公室,将应补偿给二七区房管局的苑陵街拆迁补偿费26.46万元在不入该局财务账的情况下私自取出,直接在郑州市南阳路中享花园为高某华购房一套,并将剩余的款项用于装修使用。案发时,办理了公房租赁手续。案发后,该房已被追回。

1. 共谋"集资购房",将公款用于单位多人购买私房,构成共同贪污

在本案中,被告人高某华、岳某生、张某萍、许某成等办事处领导在办事处"党委扩大会"上,商量并决定动用作为公款的拆迁补偿费为参加会议的领导及服务公司财务人员共9人"集资购房"是构成贪污罪还是构成私分国有资产罪,在审理过程中存在一定争议。本案中,高某华、岳某生、张某萍、许某成都是该办事处的领导成员,在党委扩大会上研究决定使用公款为其个人"集资"购买私房时,均利用了自己的职务便利,形成了明确的侵吞公款的共同主观故意,该扩大会实质上是被告人利用领导管理层决策的形式来掩盖共同实施贪污的手段。会后,各行为人又相互配合,各自按会议预谋方案用公款购买个人私房,将公款据为己有。从非法占有公款的主体看,基本上是参与会议的少数人员,并不是单位大多数人或者所有人。从该行为的公开程度看,会议要求对单位其他职工保密,且单位正式财务账上不显示这一支出,因为是以个人名义购房,在单位固定资产上也不进行房产登记。因此,本案第一起事实不符合私分国有资产罪的特征,而是完全符合共同贪污犯罪的构成要件,应追究参与会议决策的各被告人的刑事责任,一、二审法院以贪污罪对该起事实进行定性是正确的。

从行为对象看,被告人高某华等动用的铭功路办事处的拆迁补偿款,所有权应当属于该办事处,性质应为该办事处的公款。高某华等人用该笔公款以个人名义所购买的房屋,未在单位进行固定资产登记,该房屋不属于公房,而是高某华等人将贪污所得款项的处理结果。从犯罪结果看,铭功路办事处因四名被告人的贪污行为损失了公款,遭受的是财产损失,并不是公房损失。因此,在第一起犯罪事

---

① 参见最高人民法院刑事审判第一、二、三、四、五庭主办:《刑事审判参考》(总第58集),法律出版社2008年版,第462号案例。

实中,高某华等人贪污的对象不是单位的公房,而是公款,一审法院将此笔事实认定为贪污公房不准确,二审法院采纳抗诉理由,将高某华等人的贪污对象认定为公款是适当的。

2. 私自截留公款以单位的名义买房,由个人非法占有,构成贪污罪

本案在一审过程中,针对起诉书指控的第二起事实,即被告人高某华利用职务便利,指使局长助理直接将应给本单位的公款 26.46 万余元用于为高某华自己买房,剩余款项用于装修房屋,并私盖公章,以房管局的名义签订购房协议,并在案发时办理了公房租赁手续,公诉机关与一审法院对其行为的性质认定不一致,争议的焦点问题是,该起事实性质上是贪污犯罪还是一般违纪行为?事后办理公房租赁手续能否说明是公款买公房?对此,公诉机关认为,高某华具有非法占有目的,完成了将公款占为己有的过程,侵害的是单位对公款的所有权,应认定为贪污罪;一审法院认为,因该住房的产权不可能发生实质性转移,且案发前高某华已向产权单位办理了公房租赁手续,该房产已纳入单位管理,其行为不具备贪污罪的客观要件。

二审法院认为,虽然被告人高某华利用职务之便,私盖公章,以单位名义签订购房协议,但并不意味着实质上该房屋就由单位实际掌控了。从客观行为上看,在购房协议上所盖的单位公章是高某华私自偷盖的,签的经办人张某华也系高某华伪冒,单位并不知情,并不代表单位本意,以单位名义买房的目的就是为了事发后能混淆视听、掩盖真相。从客观结果上看,这套房屋在单位除了高某华、张某华两人外,无其他人知晓,拆迁办应付给房管局的这 26 万余元公款没有入房管局财务账,单位财务账上也没有记载说明,高某华离任时也未给原单位领导或主管部门登记或说明。也就是说,该笔款项从 1997 年 3 月起就已经脱离了单位的控制,而被高某华实际控制和占有,其私自以单位名义买房的行为实质是为掩盖个人贪污公款的本质。如果不案发,则该笔款项以及该房屋则将一直被高某华实际控制。从主观上看,高某华 1997 年 3 月指使局长助理张某华买房时,侵吞公款的意图就已十分明确,就是想自己在中享花园购买商品房自己去住。高某华让张某华将拆迁办给的拆迁补偿款直接交到房地产公司,并交代张某华不要跟其他人说此事,单位其他人也并不知道该套房屋的存在,可见高某华没有为单位购买公房的意图,在案发前长达近 4 年的时间内,该房屋事实上也是一直由高某华前妻实际居住。综上,高某华已经完成了将公款侵吞、由个人非法占有的贪污行为,已构成贪污罪,而不仅是一般的住房违纪行为。至于案发时高某华将房屋办理公房租赁手续,此时距公款被其私吞已近 4 年之久,单位早已完全丧失对该笔公款的控制,其贪污行为已全部实施完毕,显然属于贪污既遂后的事后退赃,并不能改变其 4 年前侵吞公款的行为性质。

因此,被告人高某华利用职务之便,私自侵吞公款,假以单位名义购买并长期占有所购房屋的行为已构成贪污罪,二审法院据此改判高某华的行为构成贪污罪是正确的。

八、隐匿国有资产转入改制后的公司、企业占有、使用的行为定性

(一) 裁判规则

对于行为人隐匿国有资产并全部作为个人在改制后的公司、企业的出资或转入行为人持有大部分股份或居于控股地位的改制后公司、企业占有、使用的,应认定为贪污罪。对于行为人隐匿国有资产并转入改制后的公司、企业占有、使用,原国有单位员工或一定职级的员工在改制后的公司、企业中集体持有大部分股份的,只有当公司、企业员工或绝大部分员工在改制后的公司、企业中共同持股,且决策层与其他员工的持股比例相对均衡时,才可认定私分国有资产罪,否则以贪污罪认定。对于行为人隐匿国有资产并转入改制后自己不持股或持股比例极低的公司、企业占有、使用的,不以贪污罪认定。

(二) 规则适用

行为人利用企业改制之机,隐匿资产转入改制后的公司、企业共有三种情形。

一是行为人利用企业改制之机,采取隐匿资产等手段将公共财物全部作为个人在改制后公司、企业的出资,或转入行为人持有大部分股份或居于控股地位的改制后公司、企业占有、使用,此种情形与行为人个人非法占有公共财物没有本质区别,应认定为贪污罪。首先,对于行为人将公共财物采取隐匿方式转到改制后公司、企业的行为,虽然在形式上看是改制后的单位非法占有了该部分财产,但从实质上分析,该部分财产是以行为人的名义,作为个人投资全部转入改制后的公司、企业的,再根据公司法及公司章程的相关规定,个人可以获取所占公司股份的部分分红,亦可以通过转让股权的方式将股权与个人财产进行转换,实质上就是个人对该部分公共财产造成实质侵害。无论行为人是将隐匿的资产转归改制后的公司、企业所有还是处分给其他股东,均属于对赃物的具体处置,不影响行为性质的认定。客观上行为人已经实际控制了非法利益,符合刑法关于贪污罪的本质规定。

二是对行为人隐匿国有资产并转入改制后公司、企业占有、使用,原国有单位员工或一定职级的员工在改制后公司、企业中集体持有大部分股份的,如何定罪存在不同意见。一种观点认为,此种情形符合单位决定、集体私分国有资产的构成特征,可依法认定为私分国有资产罪;另一种观点认为,只有当公司、企业员工或绝大部分员工在改制后公司、企业中共同持股,且决策层与其他员工的持股比例相对均衡时,才可认定为私分国有资产罪,否则,还是认定为贪污罪更适宜。笔者赞同第二种观点。私分国有资产与共同贪污是两种形式相似但罪质差异悬殊的犯罪,其本质区别在于前者是有权者利用职权为大家(即小集体成员)谋私利,后者是有权者利用职权仅为自己谋利益。在构成特征上,一般可从以下三个方面来区分:其一,参与分配的人员范围。前者系少数决策者为单位内多数员工谋利益,在决策者之外应有多数员工参与分配利益。后者系少数决策者或知情者

以权谋私,仅有共犯成员参与分赃。其二,分配利益的标准及比例。前者往往依据单位内部不同员工的工龄、职位等客观标准确定分配方案,决策者一般只是按份获得其中小部分利益;后者往往依据各行为人在共同犯罪中的不同地位和作用来分赃,全部利益在共犯间被瓜分。其三,行为方式的隐秘性。前者在国有单位内具有相对的公开性;后者通常由共犯秘密操作完成。

三是行为人隐匿国有资产并转入改制后自己不持股或持股比例极低的公司、企业占有、使用,对此种情形下的定罪也存在两种观点。一种观点认为,此类行为人主观上的非法占有故意往往较弱,其隐匿国有资产的行为多与特定历史环境具有较大关联性。因此,对于造成严重危害后果的,可以认定为国有公司、企业人员滥用职权罪或者徇私舞弊低价折股、出售国有资产罪。另一种观点认为,刑法上非法占有目的的表现形式既包括行为人本人占有,也包括处分给他人甚至是公司、企业占有。因此,即使行为人在改制后的公司、企业中并未持股,或仅占极少股份,并不影响贪污罪的认定。笔者同意第一种观点。行为人在改制后的公司、企业中不持股或持股比例极低,此时以贪污罪全额认定所隐匿的国有资产数额,常常难以体现主客观相一致的定罪原则,易导致量刑畸重。相对而言,认定国有公司、企业人员滥用职权罪,通常更能体现危害行为的本质特征及罪刑相当原则的基本要求。

【指导案例】徐某、罗某德贪污案——在国有企业改制中隐瞒资产真实情况造成巨额国有资产损失的行为如何处理①

路桥燃料公司原系国有企业。1998年,路桥燃料公司进行产权制度改革,在资产评估过程中,被告人徐某明知公司的应付款账户中有3笔共计47.4357万元系上几年虚设,而未向评估人员作出说明,隐瞒该款项的真实情况,从而使评估人员将该3笔款项作为应付款评估并予以确认。同年12月,路桥区政府发文件同意路桥燃料公司产权制度改革实施方案。此后,路桥燃料公司在21名职工中平均配股。2000年4月,被告人罗某德从徐某处得知公司资产评估中存在虚报负债的情况。同年6月,二被告人在部分职工得知内情要求私分的情况下,商定召开职工大会,经讨论并确定虚报负债部分用于冲减企业亏损或上缴国有资产管理部门。6月30日,路桥燃料有限公司股东大会选举产生董事会,董事长为徐某、副董事长为罗某德。尔后,二被告人和应某伟等5人收购了其他16名股东的全部股份,并于2000年8月17日正式成立路桥燃料有限公司。自2000年4月份以来,罗某德明知公司资产评估中存在虚报负债的情况,而未向有关部门报告并继续同徐某一起到有关部门办理企业改制的后继手续。2000年9月7日,路桥燃料有限公司

---

① 参见最高人民法院刑事审判第一庭、第二庭编:《刑事审判参考》(总第19辑),法律出版社2001年版,第121号案例。

向路桥区财政局缴清路桥燃料公司国有资产购买款465.3969万元。随后,徐某、罗某德等人积极办理公司产权转移手续。案发时,手续尚在办理之中。

法院认为,被告人徐某身为国有公司工作人员,为达到非法占有的目的,在国有企业改制的资产评估中,对公司虚设负债款不作说明,从而骗取评估人员的确认;被告人罗某德明知该公司在资产评估中存在着虚报负债的情况,而积极与徐某一起到有关部门办理企业改制后继手续,造成国有资产即将转移的结果。徐某、罗某德的行为均已构成贪污罪未遂。

首先,两名被告系路桥燃料公司(国有公司)的工作人员,在企业改制完成之前,均应认定为国有公司工作人员,而改制完成日应确定为2000年9月7日被告等人缴清国资款时。因此,两名被告人符合贪污罪主体要件。其次,本案中,两名被告人趁国有公司改制之机,利用职务上的便利,采取隐瞒真相的手段将应当上缴的国有资产转入以其自己为股东的新公司中,作为其个人在新公司中的出资,主观上具有非法占有国有资产的故意,客观上也实施了非法占有国有资产的行为。虽然在职工大会后,评估结论中的"水分"已为全体职工知悉,但并未告知职工详细的国有资产管理去向,且国有资产管理部门并不知晓资产评估存在问题。两名被告人通过"骗取"的手段将该笔隐匿的资产"非法占有",符合贪污罪的主客观要件。最后,正是由于被告人利用职务上的便利将国有资产非法占为己有,侵害了职务行为的廉洁性以及公共财物的所有权,符合贪污罪的客体要求。因而对本案中两名被告人均以贪污罪定罪处罚。至于犯罪形态的认定,则应以行为人是否实际控制财物作为区分既遂与未遂的标准。本案中,路桥燃料有限公司于2000年9月7日缴清国资款后,该47万余元资产虽脱离国资部门的控制,但由于资产转移手续一直在办理之中,尚未到达改制后的路桥燃料有限公司账上,即没有为两名被告人所实际控制,因此,可以认定两名被告人的行为构成贪污罪未遂。

九、隐匿国有资产转入改制后的公司、企业之贪污数额认定

(一)裁判规则

在国有公司、企业改制过程中,国家工作人员或者受国家机关、国有公司、企业、事业单位、人民团体委托管理、经营国有财产的人员利用职务上的便利,故意隐匿公司、企业财产并非法占为己有的,以贪污罪定罪处罚,其个人贪污数额一般应以所隐匿财产全额计算;但改制后公司、企业仍有国有股份的,应按股份比例扣除归于国有的部分。

(二)规则适用

国家工作人员或者受国家机关、国有公司、企业、集体企业、人民团体委托管理、经营国有财产的人员利用职务上的便利,在国家出资企业改制过程中故意通过低估资产、隐瞒债权、虚设债务、虚构产权交易等方式隐匿公司、企业财产,转为

本人持有股份的改制后公司、企业所有,应当依法追究刑事责任的,依照《刑法》第382条、第383条的规定,以贪污罪定罪处罚。关于贪污数额的认定则有"比例认定说"和"全额认定说"等不同观点。

比例认定说认为应按照改制后的企业所占股份比例来确定,其余部分作为造成的国有财产损失在量刑时予以考虑,其在司法实践中也得到了适用。例如有判决认为,国有企业法定代表在企业改制前的资产评估过程中,利用职务上的便利,以隐瞒部分应收款的方式侵吞国有资产,应根据《刑法》第382条的规定,以贪污罪论处。但贪污数额应以被告人在改制后的企业所占股份比例来确定,其余部分作为造成的国有财产损失在量刑时予以考虑。全额认定说认为应以全部资产作为认定数额。《关于办理国家出资企业中职务犯罪案件具体应用法律若干问题的意见》中指出,"贪污数额一般应当以所隐匿财产全额计算;改制后公司、企业仍有国有股份的,按股份比例扣除归于国有的部分"。

由上述规定可以看出,一般情况下应以全额认定说为标准来认定贪污数额。这是因为:其一,在企业改制中的贪污犯罪,行为人侵犯公共财物的数额大小,是表现本罪危害程度的主要指标。因此,按个人持股比例计算贪污数额不能客观反映公共财物遭受行为人侵害的真实状况及危害程度。只要行为人已实际支配、控制国有财产,无论行为人在其中占有多少份额,其余股东在其中占有多少份额,隐匿、非法占有的全部犯罪数额都已经受到了实质性的侵害,因而,作为受侵害的犯罪对象应以全额认定更为妥当;其二,若以行为人在改制后的公司、企业所占股份比例来确定贪污数额,实际上违背了罪责刑相一致的原则。若仅将其余部分财产损失作为量刑考量因素,可能会使得行为人的贪污数额难以达到相应法定刑刑期档,但实际上该部分财产也是在贪污罪中受到侵犯的犯罪对象,仅以比例认定不利于打击犯罪、保护国有财产与国家工作人员职务的廉洁性。但在改制后的公司、企业中仍占有一定比例的国有股份的情况下,在数额认定时对国有股份所占比例部分应予扣减,这是因为贪污罪的实质是对公共财产造成损失。在改制后的公司、企业中仍有一定比例的国有股份的情况下,国有单位对被隐匿至公司、企业改制后的财产仍享有相应的权利,行为人实际上没有侵害到该部分的国有资产,故应将其予以扣减。

【指导案例】王某兴贪污、受贿、职务侵占案——对国有公司改制中利用职务便利隐匿并实际控制国有资产的行为,如何认定①

新长征集团是由上海市普陀区长征镇人民政府(以下简称"长征镇政府")和其投资成立的上海长征城乡建设开发有限公司(以下简称"长征城建公司")共同

---

① 参见最高人民法院刑事审判第一、二、三、四、五庭主办:《刑事审判参考》(总第82集),法律出版社2012年版,第734号案例。

出资设立。2004年至2005年,长征镇政府决定对新长征集团实行改制,由国有公司改制为非国有公司,并委托上海万隆资产评估有限公司进行资产评估。其间,被告人王某兴利用担任长征镇党委书记兼新长征集团董事长等职务便利,指使新长征集团会计金某,在新长征集团资产评估前即2004年7月至2005年5月,秘密将长征镇政府拨给新长征集团发展资金等共计9700万元划到由其个人控制和管理的长征镇集体经济合作联社账外账户,没有计入新长征集团的评估资产中,导致新长征集团改制的资产价值仅为1.7亿余元。2005年10月和2006年7月,王某兴辞去了长征镇党委书记的职务,新长征集团通过两次改制,将其资产以1.7亿余元的价格转让给包括王某兴在内的个人和其他私营性质的单位,其中王某兴占有5%的股份。2005年12月至2007年2月,王某兴又指使金某将上述9700万元转到其个人控制和管理的原新长征集团账外账户,并将其中的2000余万元用于改制后新长征集团发放奖金、购买基金等。

法院认为被告人王某兴在新长征集团改制期间,利用担任长征镇党委书记兼新长征集团董事长等职务的便利,非法将9700万元国有资产隐匿在其个人控制的账户中,使长征镇政府失去了对该笔国有资产的控制,其行为构成贪污罪既遂。

其一,被告人王某兴作为长征镇党委书记,符合国家工作人员的主体身份要求;其二,客观上王某兴在集团改制过程中利用职务上的便利,秘密将长征镇政府拨给新长征集团的发展资金等共计9700万元划拨到由其个人控制和管理的长征镇集体经济合作联社账外账户,没有计入新长征集团的评估资产中,符合利用职务之便非法占有公共财产的客观行为;其三,关于王某兴的主观方面是否具有非法占有新长征集团9700万元的故意,王某兴辩护称自己不具有该主观故意,因而不构成贪污罪。但法院认为,王某兴符合贪污罪的主观要求,构成贪污罪。

首先,贪污罪主观上表现为以具有非法占有公共财物为目的。对刑法中的"非法占有"应从两方面理解:一是非法占有侵犯的是刑法保护的财产所有权和对该财产实际掌握和控制的状态;二是对非法占有不能狭义地理解为据为己有。本案被告人王某兴在长征镇担任主要领导职务期间,以长征镇政府等名义开设了多个账户,但该账户只由王某兴等少数人员控制和管理,并不公开。在新长征集团改制为非国有公司后,王某兴已不具有公职人员身份,此时其应当将控制和管理的上述所有账户移交给长征镇政府管理,或者向长征镇政府作出说明。然而,王某兴不仅继续隐匿账户,还将属于长征镇政府所有的资金9700万元秘密转入其隐匿账户,实际控制了该隐匿账户中的9700万元资金,长征镇政府实际上失去了对该笔资产的控制,王某兴的行为应当认定为刑法中的非法占有。

其次,贪污罪在主观上必须具有使公共财产遭受损失的直接故意。这里的直接故意是指明知自己的行为会造成公共财产损失,并且积极追求或者希望国有资产损失的一种心理态度。本案被告人王某兴在明知的情况下,利用职务便利,将改制前新长征集团的国有资产予以隐匿并转移到改制后的非国有公司,王某兴希望长征镇政府失去对该笔国有资产的控制并为其本人控制和使用的主观心理状态可见一斑。

再次,在该案中,贪污犯罪数额是以隐匿的全部国有资产金额认定的。根据《关于办理国家出资企业中职务犯罪案件具体应用法律若干问题的意见》的规定,贪污数额一般应当以所隐匿财产全额计算。本案被告人王某兴在担任长征镇政府党委书记期间秘密设立了账户,且该账户由其个人控制和管理,后王某兴在镇政府投资的新长征集团改制时又秘密将国有资产9700万元转移至该账户隐匿,意味着长征镇政府已失去了对该笔资金的控制。所以,对王某兴实际非法控制的9700万元应全额作为贪污犯罪数额认定。

最后,在该案中,贪污罪的犯罪形态为既遂。根据《全国法院审理经济犯罪案件工作座谈会纪要》的规定,"贪污罪是一种以非法占有为目的的财产性职务犯罪,与盗窃、诈骗、抢夺等侵犯财产罪一样,应当以行为人是否实际控制财物作为区分贪污罪既遂与未遂的标准",在该案中,自被告人王某兴将隐匿的9700万元国有资产秘密转移到其个人控制和管理的账户时,王某兴就已经非法占有了该笔国有资产,应当认定为贪污罪既遂。

十、承包者占有或支配本人上缴完定额利润后的盈利是否构成贪污罪

(一)裁判规则

行为人与国家机关、国有公司、企业、事业单位等签订承包协议,约定个人经营、资金自筹、自负盈亏且实行定额上缴利润承包,在承包者上缴完定额利润后,占有或支配本人上缴定额利润后的盈利部分,不构成贪污罪。

(二)规则适用

《刑法》第382条第2款规定:"受国家机关、国有公司、企业、事业单位、人民团体委托管理、经营国有财产的人员,利用职务上的便利,侵吞、窃取、骗取或者以其他手段非法占有国有财物的,以贪污论。"其中,1999年《关于人民检察院直接受理立案侦查案件立案标准的规定(试行)》将"受委托管理、经营国有财产"解释为,因承包、租赁、聘用等而管理、经营国有财产。2003年最高人民法院印发的《全国法院审理经济犯罪案件工作座谈会纪要》中,对"受委托管理、经营国有财产"也明确是指"因承包、租赁、临时聘用等管理、经营国有财产"。由此可见,司法机关将承包、租赁、临时聘用作为受委托管理、经营国有财产的主要方式,承包人有可能成为贪污罪的主体。

但是,如果在签订的承包协议中约定企业个人经营、资金自筹、自负盈亏,且约定实行定额上缴利润的承包的情况下,定额承包者上缴定额利润后,即并不存在国有财物,即使占有或支配超出定额利润的盈利部分,也不构成贪污罪。承包经营合同是指由发包方与承包方就企业实行承包经营责任制的各项事宜协商一致后,达成的确定双方权利义务关系的书面协议。《全民所有制工业企业承包经营责任制暂行条例》第 9 条规定承包上交国家利润的形式包括微利企业上交利润定额包干,该种承包方式约定在承包期间内,承包人对承包的国有资产具有独立的控制和使用权。发包单位享有不依赖于承包经营业绩的定额利润,承包人除上缴定额利润以外,承包经营的超额部分全部留给企业。根据承包经营协议约定企业个人经营、资金自筹、自负盈亏,因而定额承包者上缴定额利润后超额部分即归自负盈亏的承包者个人所有,并不存在任何国有财物,那么承包人的行为就不具有刑法意义上的犯罪危害性,其占有或支配本人上缴定额利润后的盈利部分并不构成贪污罪。

【指导案例】肖某华贪污、挪用公款案——定额承包占有或支配本人上缴定额利润后的盈利部分是否构成贪污罪①

1993 年 3 月,抚顺市司法局筹建抚顺市宏光物资经贸公司,决定由时任司法局副局长的被告人肖某华为经理。该公司性质为独立核算、自负盈亏的集体所有制企业,隶属司法局领导。同年 5 月,经有关部门批准,领取了营业执照。6 月,司法局为扩大经济实体,决定宏光物资经贸公司与该局先前成立的永盛综合劳动服务公司、仪器设备成套公司、建筑安装工程公司联合组成宏光物资贸易总公司,肖某华任总经理(未注册登记)。7 月 7 日,肖某华与司法局签订了承包协议。协议约定:总公司及各分公司实行独立核算、自负盈亏、自主分配;资金自筹解决;所创利润在上缴承包利润后,剩余部分的利润分配自行确定等。11 月,上级有关部门下发文件清理整顿机关所办的经济实体。

1994 年 1 月 31 日,在司法局解决上述总公司及所属 4 个公司的脱钩善后问题、被告人肖某华向局务会汇报各公司经营情况时,谎称宏光物资经贸公司赢利只 45 万元,隐瞒了部分利润。同年 5 月,司法局局长换任,肖某华在新任局长向其询问现有资产情况时,称尚有免税所得 5 万元左右。6 月 14 日上午,宏光物资经贸公司会计王某将从建行抚顺河北支行利民储蓄所取出的 8.7195 万元交给了肖某华;8 月 5 日,王某又按肖某华的要求,从建行抚顺河北支行台东储蓄所取出现金 5099 元及两张定额存单共 5.5 万元交给了肖某华(同年 12 月 17 日,上述两张存单到期,肖父肖某墨将本息共 6.1343 万元取出);8 月 8 日,肖某华让王某从一张 4 万元定期存单中提前支取 6 千元,并于 9 月的一天上午,让王某将此款送到肖某华的家中;12 月下旬,肖某华让王某将此存单剩余的 3.4 万元改为活期存款,其后,肖某华以各种理由,于 1995 年 1、2 月间先后 4 次通过王某从该存单中提取公款共计 3.2 万元,余下的 2 千元肖某华则用于购买副食品。以上肖某华经手公款共 19.3638 万元,除其用于向

---

① 参见最高人民法院刑事审判第一庭编:《刑事审判参考》(总第 8 辑),法律出版社 2000 年版,第 63 号案例。

司法局财务处上缴现金 4.95 万元外,其余 14.4138 万元均被肖某华据为己有。

被告人肖某华根据所在单位决定兴办的经济实体,具有集体所有制企业的营业执照,其所办公司是其所在单位执行上级有关文件精神、享受某些特殊优惠政策下的产物,受其原所在司法局管理。但由于肖某华与司法局签订承包协议,约定实行定额上缴利润承包,即所谓的"大包干"。当所在单位清理整顿所办实体时,肖某华按承包协议足额上缴了利润。免税部分虽然没有用于发展基金购置资产,但也足额上缴了。即肖某华按照约定足额上缴了定额利润,超额部分应全部留给企业。同时,肖某华兴办的该经济实体,抚顺市司法局没有投资、没有贷款和集资,也没有按集体所有制企业管理机制进行管理,完全由肖某华自筹资金、自聘人员、自主经营,对剩余的所创利润,按承包协议,应当由承包人肖某华自主分配,为有权处分。因而,肖某华所占有的这笔款项不是公共财产,不可能成立贪污罪。故肖某华是作为一个经营者而不是副局长同司法局签订了承包协议;协议采取的承包方式决定了在上缴足额利润后不存在可贪污的公共财产;定额承包者占有或支配本人承包经营应得利润不构成贪污罪。

十一、国家工作人员假借执行职务、履行职责之名获取财物,能否构成贪污罪

(一) 裁判规则

国家工作人员假借执行职务的便利,私自实施侵占他人财物的行为,不符合贪污罪"利用职务上的便利"的客观行为要求,获取的也非本单位的公共财物,故不能认定为贪污罪。

(二) 规则适用

国家工作人员假借执行职务上的便利,私自实施侵占他人财物的行为,并不构成贪污罪。具体理由如下:

第一,行为人并没有利用职务之便。在贪污罪等职务犯罪案件中,行为人需利用职务上的便利实施相关行为才能构成犯罪,而在实践中对行为人假借职务上的便利,私自实施侵占他人财物的行为应如何认定存在争议。一种意见认为,行为人假借职务便利不属于"利用职务上的便利",不能构成贪污等职务犯罪;另一种意见认为,行为人假借职务上的便利亦属于"利用职务上的便利",可以构成相关职务犯罪。笔者赞同第一种意见,因为贪污罪意义上的职务之便,是指主管、管理、经手公共财物的便利,利用该便利占有单位财物,而不是指行为人脱离单位,利用他人对该职务的信任而占有他人的财物。假借单位的名义或者以执行职务为名,则说明行为人并没有获得主管、管理、经手该财物的合法的便利条件,也就没有利用贪污罪所要求的"职务上的便利"。

第二,行为人欺骗的对象并非本单位。行为人在实施贪污行为过程中也可能

实施欺骗(包括冒用职务)行为,但直接欺骗的对象是本单位,而不应该是与本单位没有关系的他人。如果侵害的并非本单位的公共财物,而是他人的财物,即该财物并不是行为人因执行公务而取得的,而是行为人通过欺骗或者勒索的方法从受害人处获得的。对单位来讲,他人的财物不会因为行为人的欺骗行为而成为本单位的公共财物,本单位也不会因为行为人在工作之外的诈骗行为而受到财产的损失,故其行为不具有渎职性,并未侵害贪污罪所要求的犯罪客体即职务行为廉洁性,不构成贪污罪而应以其他相关犯罪论处。

【指导案例】田某平诈骗案——银行出纳员用自制"高额利率订单"对外虚构单位内部有高额利率存款的事实,将吸存的亲朋好友的现金占为己有的行为如何定性①

被告人田某平原系中国银行平顶山市分行建东支行橡胶坝分理处出纳员。1999年8月至2002年1月16日,田某平采用自制"高额利率定单",再盗盖单位储蓄业务专用章、同班业务人员印鉴,对外虚构银行内部有高额利息存款的事实的手段,共吸纳亲朋好友等人现金90.1万元,用于归还个人债务、购买、装修房屋等。2002年9月7日,田某平主动到平顶山市公安局经侦大队投案,积极退赃41.4万元。

一方面,在本案中,检察机关起诉指控的罪名是贪污罪,但是法院认为田某平的行为并不构成贪污罪。根据《刑法》第382条的规定,贪污罪是指国家工作人员或者受国家机关、国有公司、企业、事业单位、人民团体委托管理、经营国有财产的人员,利用职务上的便利,侵吞、窃取、骗取或者以其他手段非法占有公共财物或者国有财物的行为。贪污罪侵犯的对象必须是公共财物或国有财物。根据《刑法》第91条的规定,所谓公共财产,是指国有财产;劳动群众集体所有的财产;用于扶贫和其他公益事业的社会捐助或者专项基金的财产以及在国家机关、国有公司、企业、集体企业和人民团体管理、使用或者运输中的私人财产。原则上,储户存入国有商业银行的资金,肯定属于在国有企业管理使用中的私人财产,以公共财产论。但本案田某平所吸收的资金,并非个人储蓄存款,因为单位实际上并没有开展所谓的高额利率存款的业务,该项业务纯属田某平虚构。田某平吸收的资金也没有进入其单位的资金账户,而是落入田某平的口袋。故田某平亲朋好友交给她的现金是不可能转化为个人储蓄存款的,即不属于公共财物。

另一方面,贪污罪在客观上表现为行为人利用职务上的便利,以侵吞、窃取、骗取或者其他手段非法占有公共财物。"利用职务上的便利",是指行为人利用本

---

① 参见最高人民法院刑事审判第一庭、第二庭编:《刑事审判参考》(总第38集),法律出版社2004年版,第301号案例。

人职务范围内主管、支配和具体负责经营公共财物所形成的便利条件,以行使职务的名义、借口和便利,不为人知地或者"名正言顺"地将公共财物非法占为己有。田某平的职务是银行出纳员,向储户吸纳存款的业务并非其职权范围,况且其所在银行并未开展高额利率存款业务,"高额利率定单"完全是其自造的。根据银行内部储蓄规定,存单须有出纳、会计共同审核盖章并加盖银行储蓄专用章后方能生效。田某平系出纳,只负责保管本人印鉴和银行储蓄专用章,并不负责保管其他工作人员的印鉴。"高额利率定单"上的公、私章均是田某平在同班人员疏忽大意且完全不知的情况下利用工作上的便利条件偷盖的,使定单看起来像银行存单,让亲朋好友误以为是真实有效的银行存单。可见,田某平的行为不是利用职务上的便利条件,而是利用工作上的便利条件,因此不符合贪污罪的客观要件。

综上,田某平的行为所侵犯的财产性质及其手段均不符合贪污罪的构成要件,不能认定为贪污罪。

【指导案例】王某贪污案[①]

民警王某约李某(社会待业人员)商量,晚上去旅馆抓赌,收缴他们的赌资。李某当即同意随其前去,来到某旅馆后,王掏出警官证,让服务员把各间房门打开,要进行查夜。当打开12房时,看见四人正在打麻将,桌上每人身边放了一小部分现金。王某对他们说:"我是民警,来抓赌的,你们把身上的赌资拿出来,免得罚款。"大家一看王某穿着公安的警服,都乖乖地把钱拿出来了,经点数共有6000元。然后王某对他们说:"要收据的话,明天来派出所领。今天没有带收据和扣押单来。"临走时,王某又补充了一句:"如明天要来打收据,你们还要交罚款。"就这样,王某与李某没有开具任何收据就走了,事后王某给了李某2000元,其余自己私吞。

案发后,对王某私自抓赌,将取得的赌资据为己有的行为如何定罪,形成了两种不同的意见:一种意见认为,王某的行为应定性为贪污罪。王某身为国家工作人员,本应依法执行公务,收缴的赌资应归国库所有,然而其利用职务上的便利,不将收缴的赌资上交国库,不开任何收据,将赌资据为己有,侵吞此款,应定性为贪污罪。另一种意见认为,王某的行为应定性为敲诈勒索罪。王某借执法之名,以威胁或要挟的方法使赌博的人感到恐惧、害怕,无奈之下把身上的钱交出来。而王某声明身份、身穿制服,在外形上以执行公务表现出来,这实际上是一种特殊的威胁、恫吓。对赌博者来说,是因害怕被罚款或拘留而交出赌资,故应定性为敲诈勒索罪。

---

① 参见尧在富:《警察私自抓赌如何定性》,载中国法院网(网址:http://www.chinacourt.org/article/detail/2002/10/id/14288.shtml),最后访问时间:2020年12月24日。

法院认为王某的行为不构成贪污罪。王某所谓的"抓赌"行为，并非是履行职务的行为，而是出于非法占有的目的，打着"抓赌"的幌子实施的侵占他人财产的行为。王某的行为只是假借执行职务名义，并没有取得主管、管理、经手该财物的合法的便利条件，与贪污罪所要求的"利用职务上的便利"截然不同；且所得财物并不是因行为人执行公务而取得的，而是行为人招摇撞骗或者敲诈勒索所获得的赃款，其行为并不具有渎职性，因而不构成贪污罪。

十二、对以单位名义索要"赞助款"并占为己有的行为定性

（一）裁判规则

在犯罪客观方面，受贿罪是通过索取他人财物或非法收受他人财物、为他人谋取利益的行为实施的，而贪污罪则是通过侵吞、窃取、骗取等方式非法占有公共财物来实施的。

在犯罪客体上，受贿罪侵犯的是简单客体，即职务行为的廉洁性；贪污罪侵犯的是复杂客体，不仅包括职务行为的廉洁性还包括公共财产所有权，即贪污罪中犯罪分子所在单位的公共财物会受到直接损失。

在犯罪主体上，受贿罪的犯罪主体包括国家工作人员、准国家工作人员。贪污罪的犯罪主体更为广泛，不仅包括上述二者，还包括受国家机关、国有公司、企业、事业单位、人民团体委托管理、经营国有财产的人员。

在犯罪主观方面，受贿罪是以非法获取他人财物为目的，而贪污罪是以非法占有自己合法主管、经营的公共财物为目的。

（二）规则适用

国家工作人员利用职务上的便利，以单位名义向有关单位索要"赞助款"并占为己有的行为，系索贿还是贪污，有不同意见。贪污罪与受贿罪，都是利用职务便利来获取财物的犯罪类型，但二者在犯罪主体、实现犯罪的目的、利用的职务便利、行为方式、侵害的对象等方面均存在差异。

首先，贪污罪与受贿罪都以国家工作人员为犯罪主体，但二者的犯罪主体范围并不完全相同，贪污罪的主体范围更为广泛。依照刑法关于受贿罪的规定，受贿罪的犯罪主体只能由国家工作人员构成。《刑法》第93条对国家工作人员的概念作了明确规定："本法所称国家工作人员，是指国家机关中从事公务的人员。国有公司、企业、事业单位、人民团体中从事公务的人员和国家机关、国有公司、企业、事业单位委派到非国有公司、企业、事业单位、社会团体从事公务的人员，以及其他依照法律从事公务的人员，以国家工作人员论。"依据上述规定，受贿罪的犯罪主体由国家工作人员和准国家工作人员两类构成。而按照《刑法》第382条的规定，贪污罪的主体不仅包括上述国家工作人员及准国家工作人员，还包括受委托经营、管理国有资产的非国家工作人员。因而，贪污罪的犯罪主体比受贿罪的主体更为广泛。

其次，贪污罪与受贿罪都是为了获取利益的犯罪，但两罪在犯罪主观目的方面仍有区别。贪污罪是犯罪分子出于非法占有自己合法主管、经营的公共财物的目的，利用主管、经营公共财物的便利，实施侵吞、窃取等手段，使得本单位财物遭受损失。但受贿罪则是为了非法获取他人财物，无论是索取还是非法收受他人财物，所非法占有的均为他人财物而非本单位财物，因而两罪的主观目的不同。

最后，贪污罪与受贿罪都是职务犯罪，但两罪的客观方面并不完全相同。受贿罪侵犯的是简单客体，即国家工作人员的职务廉洁性，行为人利用职务便利，索取或者非法收受他人的财物，可能是公共财物也可能是私人财物，但不能是本单位的财物，应是行贿方作为交换代价而自愿付出的，受贿罪犯罪分子所在单位在财产上不能有直接损失。但贪污罪侵害的是复杂客体，除职务行为的廉洁性以外，还包括公共财物所有权，其侵害本单位国有财产，犯罪所得只能是犯罪分子本单位的公共财物。贪污罪的职务便利要求必须是管理、经营公共财物的便利，但受贿罪的职务便利并无该种要求。根据《刑法》第385条第1款规定："国家工作人员利用职务上的便利，索取他人财物的，或者非法收受他人财物，为他人谋取利益的，是受贿罪。"因此，受贿罪一方面通过向他人索取财物，另一方面通过非法收受他人财物并为他人谋取利益来实现其获取财物的目的；而贪污罪则是国家工作人员利用职务上的便利，采取侵吞、窃取、骗取或者以其他手段非法占有公共财物。

【指导案例】阎某民、钱某芳贪污、受贿案——国家工作人员利用职务上的便利以单位的名义向有关单位索要"赞助款"并占为己有的行为是索贿还是贪污①

1996年1月，被告人阎某民（省体改委及市场协会的领导）以江苏省市场协会（以下简称"市场协会"）需投资为由，向苏州商品交易所（以下简称"苏交所"）索要80万元"赞助款"。阎某民、钱某芳为方便该款的取得，商议开设市场协会的银行临时账户。经阎某民向钱某芳提供市场协会相关证件，由钱某芳办理了开户事宜。后钱某芳持阎某民提供的市场协会介绍信直接到苏交所办理了该80万元转至市场协会上述临时账户的手续。该款到账后，钱某芳按阎某民的要求提现并交给阎某民50万元及以9.9904万元购买的面值为10万元的国库券一张，余款20.0096万元被钱某芳个人取得。苏交所事后要市场协会就以上80万元出具手续，阎某民遂向江苏省体制改革委员会（以下简称"体改委"）工会要了一张空白收据并加盖市场协会公章，经钱某芳以借款为由填写内容后直接交苏交所入账。因群众举报，在江苏省纪委对此事进行调查时，阎某民经与钱某芳及其丈夫谷某（另案处理）共谋，由钱某芳、谷某伪造了市场协会与其他单位的投资协议及财务凭

---

① 参见最高人民法院刑事审判第一庭、第二庭编：《刑事审判参考》（总第42集），法律出版社2005年版，第334号案例。

证,钱某芳还向江苏省纪委调查人员提供了虚假证言,以掩盖其伙同阎某民非法占有80万元的犯罪事实。

贪污罪侵犯的客体主要是职务行为的廉洁性及公共财物所有权,而受贿罪侵犯的客体主要是国家工作人员职务的廉洁性,在本案中需要对苏交所80万元的"赞助款"权属进行分析,即对80万元赞助款的权属是否已合法转移至市场协会这一事实的认定,是确认阎某民行为性质的关键。

首先,从苏交所的主观认知度看,阎某民作为省体改委及市场协会的领导出面以市场协会名义要钱,并提供了市场协会银行账号用于转账,且经银行有效划转。对于苏交所而言,该银行账户为市场协会的账户的事实显然具有无可置疑的确定性,此乃形式要件。从该账户办理开户的过程看,阎某民与钱某芳为方便80万元的取得,经商议由阎某民提供市场协会的事业单位法人资格证书、介绍信、相关印鉴等,由钱某芳至相关金融机构办理了市场协会银行账户的开户手续。对于金融机构而言,以上账户是以真实、完备的手续开设的市场协会的合法账户,此乃实质要件。因此,苏交所也必然认为该笔赞助款是给市场协会而非阎某民本人,故并不存在行贿的主观故意与客观行为,苏交所只有向市场协会提供资金的意图和行为。

其次,阎某民作为省体改委分管领导和市场协会的法定代表人,其根据苏交所的要求事后以市场协会的名义出具了凭证即借款手续是合法有效的,虽案发前苏交所从未向市场协会提出还款要求,但若苏交所在诉讼时效内,依据上述真实的银行转账票据和借款收据主张该债权,市场协会显然不能对该债务提出抗辩。既然市场协会对该80万元负有偿还责任,与之相应,对苏交所"出借"的80万元资金即应享有所有权。

综上所述,苏交所依其真实的意思表示将赞助市场协会的80万元转账至市场协会银行账户时,该款的所有权即转移至市场协会,被告人阎某民利用职务上的便利,伙同被告人钱某芳将其从苏交所拉来的80万元赞助款予以侵吞的行为,符合贪污罪的构成要件,应以贪污罪定罪处罚。

第九章 挪用公款罪

一、对利用职务便利借用下级单位公款进行营利活动的行为定性

(一) 裁判规则

上下级单位存在隶属关系,对担任领导职务的国家工作人员,即使其是通过属于自己主管的本单位或者下级单位的国家工作人员的职务便利挪用公款的,也应当认定为"利用职务上的便利",从而认定为挪用公款罪。

(二) 规则适用

《刑法》第384条挪用公款罪条款中的"利用职务上的便利",是否包含上级领导利用下级企业相关人员的职务便利,司法实践中对此存在争议。一种意见认为,上下级企业如果都是独立的企业法人,依照《公司法》的规定各自独立经营,上级领导不能直接依自己的职权经管、支配下级企业的财物,故上级领导不能直接利用下级相关人员的职务便利。另一种意见认为,上级企业对下级企业有人事、经营等方面的管理职责,上级领导通过属于自己主管的下级企业挪用款物的,可以认定利用职务便利挪用公款。笔者赞同后一种意见。"利用职务上的便利"是指利用国家工作人员职务活动的一切便利,包括利用本人对下属单位领导、管理关系中的各种便利。担任单位领导职务的国家工作人员通过自己主管的下级部门的国家工作人员实施违法犯罪活动的,应当认定为"利用职务上的便利"。

从我国国有企业的实际情况来看,大量的国有企业是由上级国有企业出资设立的,下级企业的主要领导也是由上级企业任命的,上下级企业虽然都具备《公司法》规定的独立法人资格,但实质上仍有较强的行政领导特点。这就意味着上下级企业间的行政关系可以超越一般意义上独立法人之间相对平等的财产关系,使得上级法人享有对下级法人人事和经营活动的监督、管理的权力。由于这种隶属关系的存在,在司法实践中对《刑法》第385条第1款规定的"利用职务上的便利",应当作出实事求是的理解,对那些担任领导职务的国家工作人员,即使其是通过属于自己主管的本单位或者下级单位的国家工作人员的职务挪用公款的,也应当认定为"利用职务上的便利"。与此相对应,挪用公款罪中的公款,应指国家

工作人员利用职务便利能够挪用的所有公款,既包括国家工作人员依职务直接经管、支配的公款,也包括国家工作人员因职务或者职权便利所涉及的下级单位经管、支配的公款。

需要指出的是,下级单位人员受上级单位领导指使挪用公款,不一定都构成挪用公款罪的共犯。对下级单位人员应区分情况,分别依法处理。如果下级单位人员与上级单位领导共谋,给上级领导挪用公款出谋划策,帮助上级单位领导完成挪用公款的,则下级单位人员已具有帮助上级单位领导挪用公款的主观故意和行为,应以挪用公款罪共犯论处;如果下级单位人员不知道上级单位领导划拨款项的真实意图,仅仅出于执行上级单位领导的指示而办理划拨手续的,则下级单位人员不应承担刑事责任;如果上级单位领导将挪用公款的意图告诉下级单位人员,下级单位人员迫于上级单位领导的压力而挪用公款归上级单位领导使用的,一般也不宜以挪用公款罪论处,构成犯罪的,可依照刑法其他有关规定处理。

【指导案例】万某英受贿、挪用公款案①

甘肃省白银市白银有色金属公司(以下简称"白银公司")是国有公司,被告人万某英系白银公司副总经理。1998年3、4月间,白银公司决定修建安居工程,具体由白银公司下属的建安公司承担,由万某英主管。万某英的妹夫周某成要求万某英帮其承揽部分工程,万某英答应找建安公司经理车某说情。1998年5月,因万某英要出国考察,周某成以出国花费大为由,送给万某英1万元。万某英回国后给车某"打招呼",让车某关照周某成。周某成因此承揽了白银公司7600平方米的安居建筑工程。同年8月,周某成再次找万某英,要求承建白银公司的党校建筑工程。万某英指使周某成直接找白银公司下属的房产公司经理杨某和科长李某。周某成由此又承揽了白银公司党校8400平方米的建筑工程。1999年春节前,周某成送给万某英1万元。

此外,被告人万某英于1994年至1999年间先后9次收受白银公司公安处、劳资处、生活服务公司综合公司、清洁队及6名职工春节期间送的"奖金""红包"等共计3.88万元。

1997年4月,被告人万某英为炒期货向其分管的白银公司疗养院院长李某提出借公款5万元。5月2日,李某让单位财务人员从该院下属的滨河贸易公司开出5万元转账支票,交给万某英。万某英将此5万元及自筹的15万元用于炒期货,后获利7万元。1998年1月4日,万某英归还了上述5万元公款。

案发时,被告人万某英家中共有130.2289万元的财产,其中有44.9082万元不能说明合法来源。

---

① 参见最高人民法院刑事审判第一庭、第二庭编:《刑事审判参考》(总第29辑),法律出版社2003年版,第217号案例。

被告人万某英利用职务上的便利"借"用下属单位5万元公款用于炒期货的行为,构成挪用公款罪。万某英向其分管的疗养院院长李某提出借5万元,李某安排本单位财务人员从该院下属的滨河贸易公司开出5万元转账支票,交给万某英用于个人炒期货。由于万某英不是出于生活所需借款,且借款对象和数额也不符合财务规定,所以万某英的行为肯定不是借用公款。但是,万某英"借"用这笔公款是否利用了职务便利,成为对万某英的行为应否认定为挪用公款罪的重要条件。

从形式上看,白银公司和疗养院及疗养院的下属单位滨河贸易公司都是独立的企业法人,依照《公司法》的规定各自独立经营,万某英分管疗养院,但对疗养院及滨河贸易公司的财物,不能直接依自己的职权经管、支配;万某英作为一个使用人,也没有事先与李某共谋。由此,认定万某英利用职务上的便利挪用公款,形式上似乎存在一定的障碍。这也是本案控辩双方争论的焦点之一。

本案中,被告人万某英不具有直接经管、支配疗养院及滨河贸易公司财产的权力,但是万某英作为白银公司主管疗养院的副总经理,在职务上对疗养院具有管理职权,其打电话给疗养院院长李某,提出"借"款5万元供自己使用,正是利用了他主管疗养院的职权。法院认为,万某英以属于借贷关系作出辩解,其辩护人以未利用职务便利为由提出辩护意见,认为万某英不构成挪用公款罪的辩解、辩护理由不能成立。

二、利用公款存单为本人或者他人质押贷款,构成挪用公款罪

(一)裁判规则

国家工作人员利用职务上的便利,挪用公款存单为本人或者他人质押贷款的,属于挪用公款行为,构成犯罪的,应当依照《刑法》第384条的规定定罪处罚。其一,存单作为一种有价支付凭证,是一种典型的财产权利凭证,在社会生活中发挥着与货币相同的作用,可以在许多场合下使用。因此,公款并非仅限于货币状态,也应当包括存单在内的各种财产权利凭证。其二,挪用公款存单进行质押属于财产权利的使用。挪用公款存单进行质押,公款的使用权丧失,处分权也受到了限制。这样会使公款处于风险之中,可能发生公款被扣兑的风险,与挪用货币状态下的公款为他人提供担保没有实质性的区别,符合刑法关于挪用公款罪的规定,应以挪用公款罪定罪处罚。

(二)规则适用

对于利用管理公款的职务便利,挪用公款存单为本人或者他人质押贷款的行为定性,有三种意见:第一种意见认为,挪用公款用于质押,不构成犯罪。公款应处于货币状态,挪用公款应是以货币形式挪用,而不是以票据、存单等形式挪用。对法律未明文规定的,不应作扩大解释,而只应按字面意思来理解。第二种意见认为,是否构成挪用公款罪,要区分两种情况:一是将存单质押后,不能按期归还

贷款,导致存单被扣兑的,构成挪用公款罪,其挪用数额以被扣兑的金额认定;二是将存单质押后,按期归还贷款的,不构成挪用公款罪。理由是:存单质押属于权利质押,不改变公款的所有人;存单质押,贷款人使用的款项并非是存单上的公款,而是银行贷款,并向银行支付了利息,存单上的公款仍然在原银行存放未动,不存在挪用公款的问题;如果被告人需要挪用公款,可以直接从存单上取钱,而不必再质再贷,增加不必要的麻烦,这也可以说明被告人没有挪用公款的故意;另外,如果将存单、票据、股票、国库券直接用于支付或偿债,属于挪用公款,而用于质押没有进入流通领域,则不构成挪用公款罪。第三种意见认为,将公款存单质押构成犯罪。理由是:存单是金融机构给储户的货币权利凭证,体现着货币权利,是货币的一种特殊表现形式。在有些场合,存单还可以直接用于支付或偿债,因此公款存单应当列入公款的范畴。公款存单在被质押后,尽管其所有权关系没有改变,但由于在该物上又设定了他物权,存单交付于贷款银行,使体现货币权利的存单的占有权发生转移,原权利人的使用权丧失,其处分权也受到了限制,还可能发生被扣兑的风险责任。因此,挪用存单质押实质上使公款上的权利在质押期内由存款人转移给了贷款银行,存款人无法使用存款,存款用途因存单被质押而发生改变,挪用人凭借挪用存单上的权利,出质人凭借出质存单上的权利,才换来了银行的贷款。这种挪用虽然变换了形式,但是仍然符合挪用公款罪的特征。①

笔者同意第三种意见,国家工作人员利用职务上的便利,挪用公款存单为本人或者他人质押贷款的,属于挪用公款行为。主要原因如下:

首先,公款存单等财产权利凭证可以成为挪用公款罪的犯罪对象。公款虽然通常处于货币状态,但不能机械地将对公款的理解仅限于货币状态,其他财产权利凭证也就属于公款的界定范围。随着社会主义市场经济的发展,社会生活中出现了大量的非货币状态的有价支付凭证、有价证券、有价票据和金融凭证,这些有价支付凭证、有价证券、有价票据和金融凭证都是财产权利凭证,而且在现代社会生活中大量存在。存单作为一种有价支付凭证,是一种典型的财产权利凭证,在社会生活中发挥着与货币相同的功能,可以在许多场合下使用。因此,公款并非仅限于货币状态,也应当包括存单在内的各种财产权利凭证。

其次,挪用公款存单进行质押,性质上属于财产权利的使用。根据《中华人民共和国担保法》第75条的规定,汇票、支票、本票、债券、存款单、仓单、提单、依法可以转让的股份、股票、依法可以转让的商标专用权、专利权、著作权中的财产权以及依法可以质押的其他权利可以质押。正是由于上述法律规定存款单可以进行权利质押,因此实践中存在以存单进行质押的情况。挪用公款存单质押贷

---

① 参见《挪用公款存单为本人或者他人质押贷款的行为应如何定性》,载《刑事审判参考》2002年(总第27辑)。

款,虽然没有直接使用存单上的公款进行经济活动,但是用于经济活动的钱款从实质上而言是由公款存单的质押贷出的,正是凭借挪用的公款存单的质押,才换来银行的贷款。从民法的角度看,使用存单进行质押,表明该存单作为财产权利,正发挥着其担保物权的功能,属于该财产权利的使用。而且,挪用公款存单质押,公款的使用权丧失,处分权也受到了限制,使公款处于风险之中,可能发生被扣兑的风险,与挪用货币状态下的公款为他人提供担保没有实质性的区别,符合刑法关于挪用公款罪的规定,应以挪用公款罪定罪处罚。

最后,"按期归还贷款"对是否构成挪用公款罪的影响。前述争议意见中,第二种意见以是否按期归还贷款作为是否构成挪用公款罪的标准,笔者认为这种意见值得研究。在存单质押的情形下,虽然贷款人使用的款项并非是存单上的公款,而是银行贷款,但是挪用人毕竟是挪用了公款存单进行质押,在利用存单进行质押这一点上还是挪用了公款;并且以此为基础,利用质押得到的贷款进行其他活动。因此,不管挪用人是否按期归还贷款,挪用存单为自己和他人质押贷款,都属于挪用公款行为,不因是否按期归还或者是否造成损失而改变其挪用行为的性质。挪用公款罪并非结果犯罪,不以造成后果作为构成犯罪的要件,而是以实施挪用行为作为构成要件。

【指导案例】向某高等挪用公款、挪用资金案①

东湖经济发展有限责任公司(以下简称"东湖发展公司")成立于1995年11月21日,注册登记为有限责任公司,由国有事业单位东湖泵站出资开办,法定代表人为被告人向某高。阳光电气公司成立于2003年1月27日,为有限责任公司,法定代表人为被告人李某国。

2008年3月,李某国因阳光电气公司生产、经营资金周转困难,找向某高帮忙借款200万元,并许诺按月息2个点支付利息,二人商议通过用东湖发展公司银行存款存单质押贷款的方式,借给李某国所在的阳光电气公司使用。同年3月26日,向某高让东湖发展公司会计刘某、出纳吴某将东湖发展公司银行存款200万元转到武汉市汉南区信用社(现为农商行汉南支行)月亮湾分社定期存款1年。次日,向某高以"查看银行存单"为由,从刘某处将存单借出,与其妻龚某来到汉南区信用社月亮湾分社用该存款存单作质押,以其女儿向某名义从汉南区信用社月亮湾分社贷款180万元,然后分4次将款电汇至阳光电气公司188.8万元(其中含自筹款8.8万元),向某高同时自筹资金11.2万元,共计200万元借给李某国所在的阳光电气公司,进行生产、经营活动。

2009年4月,李某国找到向某高,提出用上述方法质押贷款,向某高表示同意。后向某高安排出纳吴某到农商行池口支行用东湖发展公司存款办理230万元

---

① 案号:(2018)鄂01刑终228号。

定期存款1年。2009年4月29日,吴某将230万元定期存款办好后,交会计刘某入账。向某高找刘某将存单借出,到农商行沌口支行用该存单作质押,以其女儿向某名义贷款200万元,期限1年。当天,向某高让龚某将200万元贷款转账至李某国账户。然后,李某国通过转账方式向东湖发展公司还款180万元,其余20万元汇入阳光电气公司账户。

2010年9月,李某国找到向某高,提出继续用上述方法质押贷款,向某高表示同意。同年9月8日,向某高再次用东湖发展公司230万元定期存款存单作质押,以向某的名义从农商行沌口支行贷款200万元,由龚某将此款转账到李某国账户。同月9日、10日,李某国将此款以50万元、150万元分2次转给阳光电气公司,用于偿还借款及周转。

2011年7月,李某国再次找到向某高,请求帮忙继续到银行贷款。同年7月20日,向某高找会计刘某将东湖发展公司230万元银行定期存单借出,然后用此存单作质押,以向某名义从农商行沌口支行贷款200万元。次日,该款转账到李某国账户。随后,李某国转账给阳光电气公司180万元,支付向某高借款利息20万元。

综上,向某高利用东湖发展公司银行存款共计890万元的存单,向银行质押贷款共计780万元,供李某国所在的阳光电气公司进行生产、经营活动及偿还借款。

另查明,阳光电气公司因无力偿付到期银行贷款,先后4次向东湖发展公司借款共计680万元,用于偿还上述存款存单抵押贷款。向某高利用武汉特种工业泵厂的借款100.7222万元,偿还了余下贷款100万元。

向某高在东湖发展公司担任法定代表人期间,为了帮助李某国融资贷款,与李某国预谋后,利用职务之便,于2008年3月至2011年7月,先后4次指使本单位财务人员将本单位的公款每次以200万元或230万元存作定期存款,尔后,向某高用将该定期存款存单作质押的方式,以其女儿向某的名义在银行贷款4次,共计贷款780万元,以个人名义借给李某国的公司使用。向某高的行为使存单上的公款处于若贷款不能按时归还,需用该存单上的公款归还贷款的风险之中。向某高的后次贷款行为均是在前次贷款归还后,再指使本单位财务人员到银行再行办理定期存款,并以存单质押再次贷款,循环往复。向某高的行为并不是以后次挪用的公款归还前次挪用的公款,故其挪用公款的数额依法应累计计算。法院认定挪用公款数额为890万元正确。向某高及其辩护人关于认定挪用公款890万元系认定事实错误的上诉理由和辩护意见不能成立。

向某高系事业单位依法从事公务的人员,在其事业单位出资的公司中从事公务,以国家工作人员论。向某高利用职务上的便利,挪用本单位的金融凭证890万元用于个人贷款质押,贷款780万元给李某国经营的阳光电气公司从事经营活动,李某国与向某高共谋实施上述行为,其行为均已构成挪用公款罪,且情节严重。

三、挪用本单位国债给他人进行营利活动,构成挪用公款罪

(一) 裁判规则

单位国债系单位公款。在现行刑法中,公款并非只有货币资金一种形式,还包括特定款物。在认定公款时,应当从挪用公款行为通过利用货币的结算、支付职能侵犯"公共财产使用收益权"的角度,准确把握挪用公款罪中公款的特征,即公款首先代表公共财产所有权,并且具有可以流动及进行结算、支付等特点。因此,对公款的理解不能仅仅局限于货币,如国家所有的外汇是国家财力的表现之一,应当认定为公款。所以,挪用国债的行为亦可以构成挪用公款罪。

(二) 规则适用

行为人挪用本单位国债给他人进行营利性活动的行为构成挪用公款罪。单位国债系单位公款。公款的表现形式,一般是指处于货币形态的公有资金,如库存现金、银行存款等。但是,这并不意味着货币是我国公款的唯一形式。根据刑法规定,作为挪用公款罪犯罪对象的公款,包括以下四个方面内容:一是《刑法》第91条规定的公共财产中的款项,二是《刑法》第384条第2款规定的特定款物,三是《刑法》第185条及其修正案规定的非国有金融机构自身及客户的资金,四是《刑法》第272条第2款规定的非国有、集体性质公司、企业或者其他单位的资金。因此,在现行刑法中,公款并非只有货币资金一种形式,还包括特定款物。在认定公款时,应当从挪用公款行为通过利用货币的结算、支付职能侵犯"公共财产使用收益权"的角度,准确把握挪用公款罪中公款的特征,即公款首先代表公共财产所有权,并且具有可以流动及进行结算、支付等特点。因此,对公款的理解不能仅仅局限于货币,如国家所有的外汇是国家财力的表现之一,应当认定为公款。根据1997年修正的《中华人民共和国外汇管理条例》第3条之规定,外汇是指以外币表示的可以用作国际清偿的支付手段和资产,包括以下几种:(1)外国货币,包括纸币、铸币;(2)外币支付凭证,包括票据、银行存款凭证、邮政储蓄凭证等;(3)外币有价证券,包括政府债券、公司债券、股票等;(4)特别提款权、欧洲货币单位;(5)其他外汇资产。支票、股票、国库券、债券等有价证券直接代表一定数额的货币,是财产的书面表现形式,可据以提取或换取现金,司法实践中,有价证券可以成为盗窃罪的犯罪对象。

作为有价证券之一的国债不仅能够成为盗窃罪的对象,还应当能够成为贪污、挪用等犯罪行为的对象。国债即政府证券,是政府为了筹集财政资金或者建设资金,以其信誉作为担保,按照一定程序向社会公众投资者募集资金并发行的债权债务凭证。我国的政府证券仅指中央政府债券,包括国库券、国家重点建设债券、财政债券及特种国债。国债虽不能直接作为货币使用,但可在二级市场流通转让,自由买卖,随时变现为人民币。同时,国债具有储蓄和投资等功能,作为法律保护的财产权利,在一定程度上具有货币的某些特征。因此,国债是一种特

殊形态的公款。另外,最高人民检察院《关于挪用国库券如何定性问题的批复》也可以印证单位国债的公款性质。根据该批复,国家工作人员利用职务上的便利,挪用公有或本单位的国库券的行为以挪用公款论;符合《刑法》第384条、第272条第2款规定的情形构成犯罪的,按挪用公款罪追究刑事责任。

【指导案例】郭某鳌、张某琴、赵某贪污、挪用公款案①

1997年11月13日,被告人郭某鳌利用担任内蒙古自治区财政厅国债服务中心主任的职务便利,个人私自决定将本单位1996年三年期国债2000万元借给内蒙古伊利实业集团股份有限公司证券部经理关某军和上海市无业人员蒋某用于个人炒股,后两人将1801万元国债卖出,得款2313.3412万元进行炒股。同年11月25日,关某军、蒋某将2000万元国债全部归还。

另查明,被告人赵某因涉嫌犯挪用公款罪归案后,在司法机关尚未掌握其伙同他人贪污犯罪事实的情况下,主动交代了其与被告人郭某鳌、张某琴共同贪污的犯罪事实。赵某还于2002年11月份,检举郭某鳌在任内蒙古自治区财政厅国债服务中心主任期间,曾于1997年11月,将国债服务中心2000万元国债借给内蒙古伊利实业集团股份有限公司证券部经理关某军及上海无业人员蒋某个人炒股使用的事实。

被告人郭某鳌挪用本单位国债2000万元给他人进行营利性活动的行为构成挪用公款罪。根据《刑法》第384条的规定,挪用公款罪是指国家工作人员利用职务上的便利,挪用公款归个人使用,进行非法活动,或者挪用公款数额较大,进行营利活动,或者挪用公款数额较大,超过三个月未还的行为。关于"挪用公款归个人使用"的认定,2002年4月28日第九届全国人民代表大会常务委员会第二十七次会议通过的《关于〈中华人民共和国刑法〉第三百八十四条第一款的解释》规定,有下列情形之一的,属于挪用公款归个人使用:(一)将公款供本人、亲友或者其他自然人使用的;(二)以个人名义将公款供其他单位使用的;(三)个人决定以单位名义将公款供其他单位使用,谋取个人利益的。本案中,郭某鳌利用担任内蒙古自治区财政厅国债服务中心主任的职务便利,将本单位2000万元国债挪用给内蒙古伊利实业集团股份有限公司证券部经理关某军和上海市无业人员蒋某变现后用于炒股,属于挪用公款供其他自然人使用的情形,符合《刑法》第384条规定的挪用公款归个人使用,数额较大,进行营利活动的情形,构成挪用公款罪。应当注意的是,对于营利型的挪用公款犯罪,不需要"超过三个月未还"的时间限制,只要行为人实施了挪用数额较大的公款供他人进行营利活动的行为,即可追

---

① 参见最高人民法院刑事审判第一、二、三、四、五庭主办:《刑事审判参考》(总第48集),法律出版社2006年版,第383号案例。

究其刑事责任。因此，尽管郭某鳌挪用公款供他人炒股的时间不过十几天，但其行为仍然构成犯罪。

四、利用职务便利内外勾结违规透支信用卡的行为定性

(一) 裁判规则

与银行等金融机构中的国家工作人员相勾结，利用国家工作人员的职务之便，违规进行信用卡透支的行为，究竟构成信用卡诈骗罪、贪污罪还是挪用公款罪，不能忽视内外勾结的职务因素，同时还要审查行为人对银行资金的主观心态是"非法占有"还是"非法使用"。如果行为人通过信用卡透支只是为了暂时使用银行公款，并无非法占有银行公款的目的，则其行为符合挪用公款罪的犯罪构成，应以挪用公款罪定罪处罚。

(二) 规则适用

与银行等金融机构中的国家工作人员相勾结，利用国家工作人员的职务之便，违规进行信用卡透支的行为，究竟构成信用卡诈骗罪、贪污罪还是挪用公款罪，实践中存在争议。一种意见认为，行为人利用他人身份证擅自办理空卡，属于冒用他人名义办理伪造的信用卡，符合信用卡诈骗罪的犯罪构成，应定性为信用卡诈骗罪。另一种意见认为，所办信用卡虽然违规，但系在信用卡业务部（以下简称卡部）管理混乱，允许一人持有多卡、授权透支管理不严、卡部不少人均将此作为一种"放贷"手段的情况下发生的，且卡部其他人员均知晓行为人违规办卡，故不应视为使用伪造的信用卡、冒用他人信用卡。行为人利用职务便利，擅自透支信用卡进行营利活动，根据主观故意系"非法占有"还是"非法使用"来分别认定构成贪污罪或者挪用公款罪。

笔者同意第二种意见。与银行等金融机构中的国家工作人员相勾结，利用国家工作人员的职务之便，违规进行信用卡透支的行为，究竟构成信用卡诈骗罪、贪污罪还是挪用公款罪，主要取决于行为人对银行资金的主观心态是"非法占有"还是"非法使用"。如果行为人以非法占有为目的，以信用卡透支获取银行资金的，根据《刑法》第382条第2款和《关于审理贪污、职务侵占案件如何认定共同犯罪几个问题的解释》第1条的规定，应构成贪污罪的共犯，而不是构成信用卡诈骗罪的共犯。上述第一种意见忽略了内外勾结犯罪的职务因素，其立论基础是错误的。如果行为人通过信用卡透支只是为了暂时使用银行公款，并无非法占有银行公款的目的，则其行为符合挪用公款罪的犯罪构成，应以挪用公款罪定罪处罚。

【指导案例】冯某华、张某祥挪用公款案①

1997年9月，被告人冯某华、张某祥协议合伙成立"钟山区祥华汽车配件经营部"。由张某祥出资20万元，冯某华出资10万元，股份分为6股，每股5万元，双方按出资所占股份承担亏损和分配利润，张某祥担任经理，冯某华为副经理。该协议已经公证。由于没有注册资金，冯某华在六盘水市农业银行金穗信用卡业务部开了一张证明张某祥在该部有30万元存款的虚假证明到市会计师事务所验资，然后在钟山区工商分局骗领了营业执照。冯某华、张某祥二人在无固定资产和经营所需资金的情况下，冯某华利用工作之便擅自授权张某祥用信用卡透支资金进行经营活动。其中：

1997年8月19日至12月底，冯某华、张某祥用张某祥的65001号、07301号、66801号信用卡共透支60万余元。其中经卡部领导同意授权透支的有30万元，其余为冯某华擅自授权透支。

1997年12月31日，冯某华、张某祥用胡某生等20人的身份证办卡，其中19张卡是空卡，无起存金。经冯某华擅自授权，用20张卡透支100万，转到张某祥使用的65001号卡41.7万元，07301号卡9万元、66801号卡14.7万元，转了3.638万元到吴某云使用的65308号卡为张某祥还欠款，转了30.962万元到冯某华用的曾某品的66807号卡上。其中10万元为曾某品用，在案发时已退还。

1998年1月12日，冯某华、张某祥用靳某陆等18人的身份证办了18张空卡，由冯某祥授权，透支90万元，转了80万元到胡某生等人的16张卡上盖账，转了10万元到张某祥的07301号卡上。

1998年1月26日，经冯某华擅自授权，冯某华、张某祥用胡某生等人的19张卡透支100.755万元，转到靳某陆等人的20张卡上盖账。

1998年2月14日，冯某华、张某祥用靳某陆等人的19张卡透支11.081万元，转到胡某生等人的19张卡上盖账，错转了10.055万元到吴某云使用的成某林的07803号卡上，吴某云已归还此款。

1998年2月27日，冯某华、张某祥用胡某生等人的15张卡透支115.086万元，转到靳某陆等人的20张卡上盖账。

综上所述，被告人冯某华、张某祥用信用卡透支共115.086万元，其中应减去冯某华、张某祥使用的43张卡的存款余额及利息2047元，信用卡部领导同意透支的30万元，错转到成某林卡上的10.055万元，转卡利息1.2912万元及张某祥消费透支的2.5889万元。冯某华实际擅自授权透支总额为70.946万元。案发后，冯某华、张某祥共退还款物69.7641万元。

---

① 参见最高人民法院刑事审判第一庭、第二庭编：《刑事审判参考》（总第45集），法律出版社2006年版，第356号。

本案中，被告人冯某华、张某祥利用信用卡业务部管理混乱，打卡与授权不分，会计核算制度形同虚设之便，冯某华用张某祥所提供的亲朋好友及熟人的身份证为张某祥办理了40余张信用卡（无起存金且未设立担保），张某祥一旦需要资金即与冯某华约定，冯某华即前往信用卡业务部值班，擅自授权张某祥透支信用卡用于二人营利活动。同时，因六盘水市农业银行规定，信用卡透支利息在15天之内为15‰，超过15天为30‰，超过30天则为60‰，二行为人将其所持40余张卡分为两组，先用其中一组卡透支以供挪用及盖前账，在15天内又用另一组卡透支弥补前一组，后15天内又用前一组卡透支弥补后一组，如此反复透支"转卡盖账"使用透支款项并规避超期的高额利息。本案中，冯某华擅自授权情况均能从卡部电脑系统得到反映，行为人只是暂时非法得到透支款项的使用权，且须归还透支部分款项本金及支付利息。可见，二被告人只是利用冯某华的职务便利，对公款非法占有、使用，并从中获得收益，并非以非法占有为目的，因此，本案中二被告人构成挪用公款罪。

五、以使用公物的变价款为目的的挪用非特定公物的行为构成挪用公款罪

（一）裁判规则

最高人民检察院2000年3月发布的《关于国家工作人员挪用非特定公物能否定罪的请示的批复》中对"挪用非特定公物归个人使用的行为"不以挪用公款罪论处的规定，是指以追求公物使用价值为目的的挪用非特定公物的行为，而不应当理解为也包括以追求实际使用公物的变价款为目的的挪用非特定公物的行为。挪用公物予以变现归个人使用的行为，其本质与一般的挪用公款行为是一致的，构成犯罪的，应以挪用公款罪论处。

（二）规则适用

对于国家工作人员挪用公物的行为，如何适用刑法，实践中存在争议。侵犯财产使用权的挪用性质犯罪，在我国刑法中共有三种，分属侵犯财产罪和贪污贿赂罪，前者为挪用资金罪、挪用特定款物罪，后者为挪用公款罪。一般认为，如果挪用救灾、抢险、防汛、优抚、扶贫、移民、救济等特定物品归非个人使用的，可以按照《刑法》第273条规定的挪用特定款物罪追究刑事责任；如果挪用特定款物归个人包括私有公司、企业使用的，则按照《刑法》第384条规定的挪用公款罪定罪处刑。由于刑法没有规定挪用一般公物罪，所以挪用一般公物的，不能以犯罪论处。实践中，往往有国家工作人员挪用公物然后予以变卖，使用所得款项，这种行为从形式上看，与纯粹的挪用公款或者挪用公物行为不同，有一定的特殊性，因此，必须把行为过程联系起来，整体把握行为的本质，才能准确判定行为的性质。挪用公物予以变现归个人使用的行为，其本质与一般的挪用公款行为是一致的，构成犯罪的，应以挪用公款罪论处。

首先,公物一旦进入流通领域,就成了商品。商品具有价值和使用价值两个基本属性,区分行为人的行为是挪用公物还是挪用公款,必须与商品的属性联系起来判断。如果行为人在实施行为时追求的是公物的使用价值,那么其行为构成挪用公物;反之,如果追求的是公物的价值,那么其行为就构成挪用公款。挪用公物予以变现使用的行为追求的是公物的价值,其性质应是挪用公款。

其次,挪用公物是指利用职务之便,挪用国家机关、国有企事业单位的物品,擅自归自己使用,超过一定期限未归还的行为。行为人在实施挪用行为时追求的是公物的使用价值,正因为追求的是公物的使用价值,所以被挪用的公物一般不会进入流通领域,不会实现其价值,案发时往往还在行为人的实际控制之下,社会危害相对较轻,因此,一般由主管部门按政纪处理。《关于国家工作人员挪用非特定公物能否定罪的请示的批复》中对"挪用非特定公物归个人使用的行为"不以挪用公款罪论处的规定,就是指这种以追求公物使用价值为目的的挪用非特定公物的行为,而不应当理解为也包括以追求实际使用公物的变价款为目的的挪用非特定公物的行为。

再次,关于挪用公物予以变现并使用的行为,行为人在实施挪用行为时追求的就是公物的价值,公物被挪用后,往往通过进入流通领域实现其价值,变现的款项又为行为人擅自使用。在这种情况下,可以说行为人挪用的公物已不是具有使用价值意义上的物,而是公物价值的载体即公款。行为人将公物予以变现,则公物转化为公款,而且行为人最终也使用了该笔公款,这尽管是一个从公物到公款的过程,但本质上与挪用公款是一样的,完全符合挪用公款的一切特征,故应当依法以挪用公款罪论处。

最后,透过挪用公物变现归自己使用的现象看清其挪用公款的本质,对于正确、充分运用刑法打击各种形式的利用职务便利侵犯公共财产犯罪,具有重要意义。如果行为人利用职务之便,将公共财物恣意变卖,并擅自使用变卖价款而不受到刑事追究,国有资产的实际管理将不再存在,也放纵了有意或者无意规避法律的犯罪分子,属于机械执行法律,执法者成了"法律的工匠",无疑有悖于刑法的立法本意。

【指导案例】王某言挪用公款案——以使用变价款为目的挪用公物的行为是否构成挪用公款罪[①]

1993年10月至1998年1月,被告人王某言任上海机械进出口集团实业公司(以下简称"实业公司")出口材料部经理,负责经营有色金属、黑色金属等原材料业务。

[①] 参见最高人民法院刑事审判第一庭编:《刑事审判参考》(总第10辑),法律出版社2000年版,第75号案例。

1995年11月,经单位领导同意,王某言将实业公司99.235吨电解铜出借给上海市有色金属总公司铜带分公司(以下简称"铜带分公司")使用,1997年4月借铜合同履行完毕。但这批铜仍置放在铜带分公司。

1995年初,王某言经人介绍认识了南京市金属材料总公司(以下简称"南京总公司")兰州公司(以下简称"兰州公司")个人承包经营者邱某南,至同年8月,由王某言经手实业公司与兰州公司两次发生购销业务。在履约过程中,兰州公司违约,欠实业公司货款180万元。实业公司领导于1996年专门责成王某言和单位职工孙某高向邱某南追讨,经多次催讨未果。不久,邱某南去向不明。同年底,王某言和孙某高至南京总公司,要求确认兰州公司的债务。负责接待的人员告知兰州公司名义上挂靠在南京总公司,实际上是邱某南个人承包经营,债权债务应由兰州公司自行负责。

为了找到邱某南,王某言于1997年5月在南京通过他人认识了邱某南的朋友胡某信,同时,又认识了胡某信的朋友姚某康。胡某信、姚某康分别系南京情侣服饰设计中心和扬子江资源经济开发总公司的个人承包者,当时均发生经营资金短缺的困难。王某言通过胡某信与在外地的邱某南通了电话,邱某南要王某言想办法替他先向实业公司归还100万元的货款,并答应在同年7、8月间归还王某言垫付的钱款。为了减轻未追回货款的压力,王某言产生了将铜带分公司归还本单位的近100吨电解铜变价后替邱某南还债的意图。王某言同胡某信、姚某康策划,由扬子江公司出面将置放在铜带分公司的电解铜借用变价,变价后,其中40吨电解铜的变价款由王某言用于为邱某南归还所欠实业公司的部分货款,其余变价款归胡某信、姚某康在经营活动中使用。

1997年5月12日,王某言按照与胡某信、姚某康的策划,在南京擅自以实业公司出口材料部的名义与扬子江公司签订了出借电解铜100吨的协议。至同月底,王某言与胡某信、姚某康一起将99.235吨电解铜分四次予以变卖,得款226.9753万元,用于替邱某南归还所欠实业公司的部分货款和胡某信、姚某康的经营活动中。

至案发时止,王某言归还了124万元,尚有102万元未予归还。

本案中,被告人王某言的行为构成挪用公款罪。王某言从实施挪用行为时起,追求的就不是近100吨电解铜的使用价值,事实上王某言和胡某信、姚某康也根本不需要电解铜,其追求的是近100吨电解铜的价值,此时的近100吨电解铜已成为相应价款的载体,直接体现为226万余元公款,最后王某言将电解铜予以变卖,擅自将所得款项用于他人的经营活动,并有巨额资金至案发时未能归还。可以说,其行为完全具备了挪用公款罪的主客观要件。

六、无法区分行为人利用何种职务便利、挪用何种款项时的行为定性

(一) 裁判规则

无法区分行为人利用何种职务便利,被挪用款项的性质也无法界定的,根据刑法的谦抑性原则,应从有利于被告人的角度出发,以刑罚较轻的罪名对被告人进行定罪处罚,即以挪用资金罪追究行为人的刑事责任。

(二) 规则适用

《全国人民代表大会常务委员会关于〈中华人民共和国刑法〉第九十三条第二款的解释》,对于协助人民政府从事行政管理工作七项事务的村基层组织人员以国家工作人员论。由于七项事务中所涉及的款项为公款,利用的是从事公务之便,故村基层组织人员利用此职务之便挪用上述款项的构成挪用公款罪;如果村基层组织人员从事的并非上述七项事务,而是村内自治管理服务工作,其所利用的是村内自治管理服务工作之便,故利用此职务之便挪用村集体资金的构成挪用资金罪。在能够准确区分所挪用的款项来源,确定所利用的职务便利性质的情况下,对村基层组织人员的挪用行为可以准确定性。但当村基层组织人员挪用的资金既有村出租集体土地的租金收入,又有征地补偿款,在不能确定村委会对上述款项的管理是纯粹属于协助人民政府从事行政管理工作,还是从事村自治范围内的管理村公共事务和公益事业的工作时,也就是无法查明行为人挪用有关款项利用的是从事特定公务之便,还是村内自治管理服务工作之便时,由于无从确定行为人的主体身份,对定性也就存在争议。根据刑法的规定,挪用公款罪与挪用资金罪除了犯罪主体上的区别外,在行为对象和行为特征上也存在明显不同:挪用公款罪的行为对象必须是公款,而挪用资金罪的行为对象则为公司、企业或其他单位的资金;挪用公款利用的是从事公务之便,而挪用资金利用的则是从事公司、企业或其他单位的特定职务之便。在农村基层组织人员所挪用款项的具体性质以及利用何种职务之便无法查清的情况下,由于无法区分他们究竟是利用何种职务便利挪用何种款项,主体身份无法明确,因此根据刑法的谦抑性原则,应从有利于被告人的角度出发,以刑罚较轻的罪名对被告人进行定罪处罚。

【指导案例】陈某林等挪用资金、贪污案——无法区分村民委员会人员利用职务之便挪用款项性质的如何定罪处罚①

被告人陈某林自 2000 年 11 月至 2005 年上半年任潮安县彩塘镇和平村村民委员会主任。被告人杨某浩从 2000 年 11 月至 2005 年 7 月任潮安县彩塘镇和平村村民委员会委员、出纳员。在二被告人任职期间,经该村村委会决定,将村集体

---

① 参见最高人民法院刑事审判第一、二、三、四、五庭主办:《刑事审判参考》(总第57集),法律出版社 2007 年版,第 454 号案例。

资金交由杨某浩存入其个人的银行账户中。

和平村2000年11月现金结余131.7532万元,2000年12月至2005年2月,现金收入共2934.5607万元,总收入共计3066.3139万元。上述现金收入主要是该村的集体土地租金,仅有2001年该村的集体土地被征用于潮汕公路改道工程的补偿款111.4874万元属征地补偿款,该项征地补偿款全部记入该村总账,未设独立科目,也没有存入专项资金账户。2000年12月至2005年2月,该村的现金支出共2607.4424万元,截至2005年2月28日,出纳现金日记表余额为458.8714万元。

和平村的111.4874万元征地补偿款由彩塘镇财政所分九次通过银行划拨,其中有四笔共80万元实际划入和平村账户。但对该四笔资金和平村村民委员会没有专门设立账目并存入专项资金账户,而是与其他资金混同使用。而其余五笔均没有实际划入该村账户,其中四笔共16.4874万元由和平村村民委员会委托彩塘镇财政所直接转账用于缴纳该村2001年度至2004年的农业税;另一笔15万元由和平村村民委员会委托彩塘镇财政所直接转账划入彩塘镇规划建设办的账户,用于缴纳该村的生活用地基础设施配套费。

2004年间,陈某林利用职务之便,多次从杨某浩处借出由杨某浩保管的该村集体资金,用于赌博,并以借付工程款的名义立下六单借条,具体为:(1)2004年3月27日借77万元;(2)2004年4月19日借64.7万元;(3)2004年5月3日借178.1万元;(4)2004年7月13日借35万元;(5)2004年10月22日借34万元;(6)2004年11月29日借23.7万元,上述六单共计412.5万元。所有款项被陈某林用于赌博输光,案发后无法追回。

杨某浩在明知陈某林借钱不是用于支付和平村的工程款或其他公共开支而是另作他用的情况下,仍按陈某林的指令连续、多次把和平村的上述集体资金共412.5万元借给陈某林个人使用。期间还按陈某林的授意用假存折和假利息单据来冲抵被陈某林借走的资金数额,以欺瞒、应付村查账小组的查账。

2005年4月,和平村村民委员会换届选举,陈某林落选,后于2005年7月25日潜逃,杨某浩遂于同月26日向检察院报案,后陈某林被抓获归案。

在本案中,被告人陈某林、杨某浩在2000年11月任职时,潮安县彩塘镇和平村结余现金合计131.7532万元。同年12月至2005年2月,二被告人任职期间,和平村的集体经济收入共计2934.5607万元。上述两项资金总额合计3066.3139万元,本案现有证据显示上述款项除111.4874万元征地补偿款属公款性质以外,其他款项均为该村的集体资金。本案证据还证明,该村111.4874万元征地补偿款中的31.4874万元由和平村村民委员会委托彩塘镇财政所直接转账用于缴纳农业税和生活用地基础设施配套费外(即没有实际划入和平村的资金账户),只有80万元实际划入和平村的资金账户。由于这80万元征地补偿款在账务上只记入该村总账,而没有设独立科目,也没有存入专项账户,而是与该村的集体资金混合使用,没有与其他集体资金区分开来,导致本案中二被告人每次所挪用的资金性质不明,它们既可能均是集体资金,也有可能均是征地补偿款,或者是两者兼有。由于公诉机关无法举证证明二被告人所具体挪用的六笔资金的性质,二被告人究竟是利用何种职务便利挪用何种款项,主体身份无法明确,因此根据刑法的谦抑性原则,应该从有利于被告人的角度出发,以挪用资金罪对被告人定罪处罚。

七、挪用公款帮人揽储而个人未获利的,不属于进行营利活动

(一) 裁判规则

在挪用公款给他人使用的情况下,应结合挪用人的主观意图、认知能力及实际使用方式,根据主客观相统一原则具体加以分析。为帮助他人完成揽储任务而个人未实际获利的行为,不属于挪用公款进行营利活动。

(二) 规则适用

挪用公款帮人揽储的行为是否属于进行营利活动,有两种意见。第一种意见认为构成营利活动。1998年最高人民法院《关于审理挪用公款案件具体应用法律若干问题的解释》第2条第1款第(二)项规定:"挪用公款数额较大,归个人进行营利活动的,构成挪用公款罪,不受挪用时间和是否归还的限制。在案发前部分或者全部归还本息的,可以从轻处罚;情节轻微的,可以免除处罚。挪用公款存入银行、用于集资、购买股票、国债等,属于挪用公款进行营利活动。所获取的利息、收益等违法所得,应当追缴,但不计入挪用公款的数额。"该解释明确规定挪用公款存入银行即属于进行营利活动。第二种意见认为不构成营利活动。行为人为在银行工作的亲友揽储,大部分利息已入单位账,在行为人没有将利息据为己有或者获取其他收益的情况下,不能认定行为人帮人揽储的行为属于进行营利活动。笔者认同第二种意见,理由如下。

首先,对挪用公款进行营利活动要有一个正确的理解。对挪用公款存入银行的行为不能一概而论,因为实践中挪用公款存入银行的行为具有不同的情形,有的行为人是出于赚取利息的目的,有的行为人是出于转移单位资金的目的,也有的行为人是出于帮助他人完成揽储任务的目的等。而所谓营利活动是一种获取经济利益的行为,挪用公款存入银行是能够产生孳息的,《关于审理挪用公款案件具体应用法律若干问题的解释》所表述的存入银行属于进行营利活动,指的就是当事人获取所挪用公款孳息的行为。对于行为人主观上无营利故意,客观上也未得利者,不应认定为挪用公款进行营利活动,只有那些主观上为了获取利息等个人利益的,才能视为进行营利活动。

其次,应从挪用人的主观意图、认知能力及实际使用方式等方面对挪用行为进行综合分析。挪用公款进行营利活动的认定并不以行为人本人具有营利目的

为必要,如明知他人进行营利活动而挪用公款给他人使用,同样应认定为进行营利活动,如用于偿还债务则需要从债务产生的原因角度判断公款使用类型。但公款私存之目的在于帮助他人完成揽储任务,主观上不具有营利目的,所获取的利息交单位入账而未占为己有,且银行工作人员既未将公款实际用于生产经营、投资理财等经济活动以获取利润,也非为了进行经营活动做准备,即使存在完成揽储任务进而提高业绩、获取考核资金等情况,也不属于以公款为资本进行营利性活动。

最后,挪用公款帮人揽储的行为属于挪用公款归个人使用。挪用公款罪所侵害的法益是国家工作人员职务行为的廉洁性及单位对公款的占有权、使用权、收益权,行为人利用职务之便将公款挪用归个人使用,使得公款处于流失及不可回收的风险状态,由于侵害了上述法益而被科处刑罚。因此,应当从是否侵害法益角度判断行为是否属于挪用公款归个人使用。行为人为帮助银行工作人员完成揽储任务而将公款以个人名义存入银行,个人通过对公款的支配达到了帮助他人目的,银行工作人员则通过对公款的支配实现了完成揽储的任务目标,均符合"使用"的文义。更重要的是,该挪用行为将公款存放于个人名下,使得公款不可避免地处于风险之中,例如在个人面临诉讼的情况下,公款存在被司法机关冻结、扣划的风险。

【指导案例】钱某清、钱某亚挪用公款案——挪用公款帮人揽储不属于进行营利活动①

江阴市月城供销合作社原系江阴市供销合作总社于1950年7月成立的全民所有制企业。1989年,供销社企业性质由全民所有制变为集体所有制,同时扩股吸纳社员股金。1998年,江阴市月城供销合作社进行企业改制并清退社员股金,清退后剩余资产均为国有资产。2000年,江阴市月城供销合作社划归江阴市月城镇人民政府管理。现江阴市月城供销合作社的工商登记性质为集体所有制企业,主管部门为江阴市月城镇人民政府,具体由国有事业单位江阴市月城镇农村经济服务中心负责管理。被告人钱某清2006年3月被任命为江阴市月城供销合作社主任、党支部书记,2016年9月被免去江阴市月城供销合作社党支部书记职务,同年10月被免去江阴市月城供销合作社主任职务;被告人钱某亚在此期间担任江阴市月城供销合作社出纳会计职务。

2013年1月、2015年10月,钱某清、钱某亚分别利用担任江阴市月城供销合作社主任、出纳会计职务上的便利,共同分两次挪用江阴市月城供销合作社公款共计138万元归个人使用,超过3个月未还。具体犯罪事实分述如下:

---

① 参见楼炯燕、成志昀:《挪用公款帮人揽储不属于进行营利活动》,载《人民司法(案例)》第2018年第17期。

2013年1月29日,钱某清为帮助其子(在中国农业银行江阴青阳支行工作)完成银行揽储任务,指使钱某亚将江阴市月城供销合作社公款100万元存入钱某清中国农业银行个人账户,后又应银行工作人员要求将该款以个人存单形式继续存放于银行。2014年10月,钱某亚为帮助朋友钱某(时任中国邮政储蓄银行江阴市月城支行行长)完成银行揽储任务,向钱某清提出将上述款项转存至中国邮政储蓄银行江阴市月城支行,钱某清表示同意,钱某亚即于当月30日将上述100万元转入钱某清中国邮政储蓄银行账户。2015年9月1日,钱某清、钱某亚将该款退还给江阴市月城供销合作社。

2015年10月,钱某亚为帮助其子购置房产,向钱某清提出借用江阴市月城供销合作社公款使用,钱某清表示同意。钱某亚于当月27日将江阴市月城供销合作社公款38万元转入其个人银行账户用于交纳房款,后钱某亚于2016年2月16日将该款退还给江阴市月城供销合作社。

另查明,2012年7月至12月,钱某清为帮助其子完成银行揽储任务,还先后分别指使钱某亚将江阴市月城供销合作社公款50万元、50万元、120万元、110万元、100万元、100万元存入其中国农业银行个人账户,后均予以退还,使用时间为1日至11日不等。2016年1月19日,钱某清为帮助其子完成银行揽储任务,指使钱某亚将江阴市月城供销合作社公款80万元存入其中国农业银行个人账户,后于2016年2月16日退还给江阴市月城供销合作社。2016年2月25日、6月3日,钱某亚为帮助朋友钱某完成银行揽储任务,经钱某清同意先后两次将江阴市月城供销合作社公款100万元存入钱某亚个人名下中国邮政储蓄银行账户,后分别于2016年3月31日、7月11日退还。

根据被告人钱某亚交代,挪用公款转存的利息共计约4万余元,而被告人钱某清交给供销社入账的利息共计3.3429万元,加上钱某清储蓄银行卡上未入账的利息1万余元,两者数字基本吻合。而且,留在钱某清卡上的1万余元利息虽然没有入账,但该卡一直由钱某亚保管在单位,钱某清也没有向其要过利息。亦无其他证据证明钱某清、钱某亚通过挪用行为从中获益。本案中,一方面钱某清、钱某亚为帮助银行工作人员完成揽储任务而将公款以个人名义存入银行,个人通过对公款的支配达到了帮助他人的目的,银行工作人员则通过对公款的支配实现了完成揽储任务目标,均符合"使用"的文义。更重要的是,该挪用行为将公款存放于个人名下,使得公款不可避免地处于风险之中。虽然钱某清、钱某亚辩称银行卡、存单均存放于单位保险柜,但上述风险仍现实存在。另一方面,钱某亚为支付住房首付款而向单位借款,虽已向单位支付利息,也未有证据证明其有炒房行为,但该笔款项系超过3个月后才归还。因此,两名被告人挪用公款超过3个月未还的部分应当属于挪用公款归个人使用的行为而受到刑事追究。

八、挪用公款为他人担保的行为认定

(一) 裁判规则

以公款使用权为侵犯客体的挪用公款罪,其行为特征表现为公款私用,即以个人使用为目的,非法改变单位公款的占有状态,将公款置于个人控制、支配之下。所以,成立挪用公款罪,必须具备以下两个方面的要件:一是前提要件,即公款的特定化;二是实质要件,即公款占有关系的转移。满足上述两方面要件的担保行为可以构成挪用公款罪。保证担保行为未转移公款的占有关系,公款仍在本单位控制、支配之下,公款的占有权、使用权和收益权并未因担保行为而发生改变,不符合上述要件,不属于挪用行为。

(二) 规则适用

行为人以公司名义为他人贷款提供保证担保的行为应如何定性,存在两种不同意见。一种意见认为,行为人为他人贷款提供担保,虽然公司户头未被冻结,但其行为与挪用股票、国库券、债券等有价证券以及存折、存单等金融凭证为他人提供担保一样,同样侵犯了相应款项的使用权,并有可能使被挪用单位遭受经济损失,其后果与直接挪用公款为他人提供担保没有实质的区别。虽然当时款项还处于公司占有之下,但被告人的行为使这种占有权处于风险和不确定状态,一旦担保责任被追究,公司就失去了款项的占有权,符合挪用公款归个人使用的特征。另一种意见认为,行为人以公司名义为他人贷款提供保证担保,其单位账户当时并未冻结,也就是说公司的资金仍在本单位控制之下,其占有权、使用权和收益权均未因担保而改变,因而不构成挪用公款罪,但为他人贷款提供保证担保并造成国有公司严重损失的行为,应以国有公司人员滥用职权罪追究刑事责任。

挪用公款罪属于广义上的渎职犯罪,第一种意见与以国有公司人员滥用职权罪定罪的第二种意见在行为人存在滥用职权行为事实的认定方面并无原则分歧。两种意见的主要分歧在于能否将行为人的渎职行为进一步认定为挪用公款罪,故对行为人以公司名义为他人贷款提供保证担保的行为能否认定为挪用公款行为需要予以详细地分析。保证担保属于信用担保,在保证担保期间,公款仍在本单位控制、支配之下,公款的占有权、使用权和收益权并未因担保行为而发生改变,为他人贷款提供保证担保的行为不符合挪用公款的基本行为特征。以公款使用权为侵犯客体的挪用公款罪,其行为特征表现为公款私用,即以个人使用为目的,非法改变单位公款的占有状态,将公款置于个人控制、支配之下。所以,成立挪用公款罪必须具备以下两个方面的要件:一是前提要件,即公款的特定化;二是实质要件,即公款占有关系的转移。那么,保证担保行为是否具备了该方面的特征呢?答案是否定的。

根据担保法规定,保证担保是指保证人和债权人约定,当债务人不履行其债务时,保证人将按照约定代为履行债务或者承担责任的一种担保方式。作为担保的一种具体形式,保证担保的特征在于:第一,保证担保中用作担保标的的主要是保证人的信用,提供保证担保,只需签订一份保证合同即可,无需指定具体的担保财产,可能用于清偿担保债务的财产是不确定的;第二,保证担保期间,即保证责任发生之前,保证人无需向债权人移交财产,可能用于清偿担保债务的财产仍然处于保证人完全的控制、支配之下,财产的占有权、使用权和收益权及正常处置不会因保证担保的存在而受到任何影响。保证担保所体现出来的财产的非特定化和财产占有、使用的完整性特征,正好与前述挪用公款的两方面要件形成鲜明对比,所以,不应将为个人提供保证担保的行为认定为挪用行为。

需要说明的是,保证担保行为不属于挪用行为,并不意味着所有形式的担保行为均不构成挪用公款罪。以特定公款为抵偿债权标的的担保,符合前述挪用公款的两方面要件要求的,同样可以构成挪用公款罪。比如,在直接挪用公款为个人支付定金以及挪用可以直接兑换确定金额的货币的票据、股票、债券等权利凭证为个人提供质押担保的情形中,用于担保的公款占有关系均已经移转,公款的使用权已经受到实际侵犯,故应认定为挪用公款行为。正是基于此,最高人民法院《全国法院审理经济犯罪案件工作座谈会纪要》第4条规定,"挪用金融凭证、有价证券用于质押,使公款处于风险之中,与挪用公款为他人提供担保没有实质的区别,符合刑法关于挪用公款罪规定的,以挪用公款罪定罪处罚,挪用公款数额以实际或者可能承担的风险数额认定"。

【指导案例】林某清挪用公款案①

被告人林某清在担任永泰县医药公司经理期间,出于私情擅自以公司名义先后十余次为柯某基等人银行贷款25.5万元提供保证担保。后柯某基等人无力偿还贷款,永泰县医药公司承担连带赔偿责任,致使公司账户被中国工商银行永泰县支行和永泰县人民法院划走贷款本息等共计32.504万元。

被告人林某清为他人提供担保,致使公司被扣划公款32万余元,数额巨大,且未能归还,为他人贷款提供保证担保并造成国有公司严重损失的行为,应以国有公司人员滥用职权罪追究刑事责任。

九、多次挪用公款的犯罪数额认定

(一)裁判规则

关于多次挪用公款的数额认定问题,《关于审理挪用公款案件具体应用法律若干问题的解释》第4条对此予以明确:"多次挪用公款不还,挪用公款数额累计

---

① 参见《为他人贷款提供保证担保的行为是否构成挪用公款罪》,载《刑事审判参考》2005年(总第39集)。

计算;多次挪用公款,并以后次挪用的公款归还前次挪用的公款,挪用公款数额以案发时未还的实际数额认定。"具体可分为三种情况:第一,多次挪用公款不还,挪用公款的数额累计计算。第二,多次挪用公款,并以后次挪用的公款归还前次挪用的公款,挪用的公款数额以案发时未还的实际数额认定。但是,应当予以区分的是,当行为人不是挪用后次还前次,而是挪用以后做生意、赚钱之后归还前次的,挪用公款的数额仍累计计算。第三,针对同一笔公款多次挪用的,应当以行为人单次最高挪用的公款数额认定,行为人多次挪用公款的行为可作为量刑情节考虑。行为人虽然多次挪用公款,但每次使用后随即归还,其各次累计的挪用公款数额并非是实际占用的公款数额,不应累计计算。

(二) 规则适用

针对同一笔公款多次挪用的,犯罪数额应当如何计算,有两种意见。

第一种意见认为,应当将各次挪用的公款数额累计计算。虽然行为人每次都在使用后归还,但行为人每一次的挪用公款行为都是既遂的独立犯罪,属于刑法理论上的连续犯,应比照多次盗窃、贪污、受贿犯罪数额累计计算的做法,对行为人各次挪用公款数额累计计算,以此作为挪用公款的总数额。

第二种意见认为,应当以行为人单次最高挪用的公款数额认定,行为人多次挪用公款的行为可作为量刑情节考虑。行为人虽然多次挪用公款,但每次使用后随即归还,其各次累计的挪用公款数额并非是实际占用的公款数额,不应累计计算。同时,《关于审理挪用公款案件具体应用法律若干问题的解释》第 4 条也规定,当行为人以后次挪用的公款归还前次公款时,不能简单地将各次挪用数额累计相加,而应当以行为人实际占用的公款认定。此种情况与反复挪用同一笔公款有一定的相似性。①

笔者倾向于第二种意见。

【指导案例】冯某华、张某祥挪用公款案——多次挪用公款的如何计算犯罪数额②

1997 年 9 月,被告人冯某华、张某祥协议合伙成立"钟山区祥华汽车配件经营部"。由张某祥出资 20 万元,冯某华出资 10 万元,股份分为 6 股,每股 5 万元,双方按出资所占股份承担亏损和分配利润,张某祥担任经理,冯某华为副经理。由于没有注册资金,冯某华在六盘水市农业银行金穗信用卡业务部开了一张证明张某祥在该部有 30 万元存款的虚假证明到市会计师事务所验资,然后在钟山区工商分局骗领了营业执照。冯某华、张某祥二人在无固定资产和经营所需资金的情

---

① 参见上海市第一中级人民法院刑事审判第二庭:《关于就贪污贿赂刑事案件法律适用制定司法解释(二)的调研报告》(未公开发表)。
② 参见最高人民法院刑事审判第一庭、第二庭编:《刑事审判参考》(总第 45 集),法律出版社 2006 年版,第 356 号案例。

况下,冯某华利用工作之便擅自授权张某祥用信用卡透支资金进行经营活动。其中:

1997年8月19日至12月底,冯某华、张某祥用张某祥的65001号、07301号、66801号信用卡共透支60万余元。其中经卡部领导同意授权透支的有30万元,其余为冯某华擅自授权透支。

1997年12月31日,冯某华、张某祥用胡某生等20人的身份证办卡,其中19张卡是空卡,无起存金。经冯某华擅自授权,用20张卡透支100万,转到张某祥使用的65001号卡41.7万元,07301号卡9万元,66801号卡14.7万元,转了3.638万元到吴某云使用的65308号为张某祥还欠款,转了30.962万元到冯某华用的曾某品的66807号卡上。其中10万元为曾某品用,在案发时已退还。

1998年1月12日,冯某华、张某祥用靳某陆等18人的身份证办了18张空卡,由冯某华授权,透支90万元,转了80万元到胡某生等人的16张卡上盖账,转了10万元到张某祥的07301号卡上。

1998年1月26日,经冯某华擅自授权,冯某华、张某祥用胡某生等人的19张卡透支100.755万元,转到靳某陆等人的20张卡上盖账。

1998年2月14日,冯某华、张某祥用靳某陆等人的19张卡透支11.081万元,转到胡某生等人的19张卡上盖账,错转了10.055万元到吴某云使用的成某林的07803号卡上,吴某云已归还此款。

1998年2月27日,冯某华、张某祥用胡某生等人的15张卡透支115.086万元,转到靳某陆等人的20张卡上盖账。

综上所述,冯某华、张某祥用信用卡透支共115.086万元,其中应减去冯某华、张某祥使用的43张卡的存款余额及利息2047元,信用卡部领导同意透支的30万元,错转到成某林卡上的10.055万元,转卡利息1.2912万元及张某祥消费透支的2.5889万元。冯某华实际擅自授权透支总额为70.946万元。案发后,冯某华、张某祥共退还款、物69.7641万元。

本案中,被告人冯某华、张某祥利用信用卡业务部管理混乱,打卡与授权不分,会计核算制度形同虚设之便,冯某华用张某祥所提供的亲朋好友熟人的身份证为张办理了40余张信用卡(无起存金且未设立担保),张某祥一旦需要资金即与冯某华约定,冯即前往信用卡业务部值班,擅自授权张透支用于两人营利活动。同时,因六盘水市农业银行规定:信用卡透支利息在15天之内为15‰,超15天为30‰,超过30天则为60‰,两行为人将其所持40余张卡分为两组先用其中一组卡透支以供挪用及盖前账,在15天内又用另一组卡透支弥补前一组,后15天内又用前一组卡透支补后一组如此反复透支"转卡盖账"使用透支款项并规避超期的高利息。对于冯某华、张某祥挪用的公款数额应以案发时未还的实际数额认定。

对于多次挪用公款数额如何计算的问题,刑法没有明确规定。《关于审理挪用公款案件具体应用法律若干问题的解释》第 4 条,分两种情况对此予以明确:"多次挪用公款不还,挪用公款数额累计计算;多次挪用公款,并以后次挪用的公款归还前次挪用的公款,挪用公款数额以案发时未还的实际数额认定。"对于前种情况,司法实践中没有争议。有争议的是后种情况,有的认为应累计计算,有的认为应以案发时未还的计算,司法解释考虑到以后次挪用款项归还前次挪用款项,毕竟与多次挪用公款不归还不同,所以规定对此种情况以案发时未还的实际数额计算。

对理解司法解释的上述规定,要注意三个问题:一是挪用公款的时间以挪用公款达到构成犯罪的标准那天开始计算。二是解释规定的"案发时未还的实际数额",实际上是指的案发时,行为人挪用公款的总额扣除了已归还的数额,不能简单理解为如果案发时行为人全还了就不定罪。三是正确认定"以后次挪用的公款归还前次挪用的公款"的情形。如行为人第一次挪用公款 5 万元,第二次又挪用了 5 万元,挪用 5 万元以后不是挪用后次还前次,而是挪用以后做生意、赚了钱后把前面那次还了。这种情况挪用公款的数额还是要累计计算,因为他是通过赚来的钱还前一次,不属于拆东墙补西墙的情形,其主观恶性与社会危害性与司法解释规定的情形有较大差别,数额应当累计计算。

本案中,两名被告人反复透支"转卡盖账"的行为,属于典型的多次挪用公款,并以后次挪用的公款归还前次挪用的公款的情况。一、二审法院减去冯、张使用的 43 张卡的存款余额及利息 2047 元,信用卡部领导同意透支的 30 万元,错转到成群林卡上的 10.055 万元,转卡利息 1.2912 万元及张某祥消费透支的 2.5889 万元,认定冯某华实际擅自授权透支总额 70.946 万元。对于两名被告人多次挪用公款的数额不是累计计算,而是以案发时未还的实际数额 70.946 万元认定。

另外,对于经信用卡部主任同意透支的 30 万元应否扣除存在争议。有种意见认为不应扣除,理由是:尽管一开始 30 万元系经卡部领导同意,但后来两行为人多次"转卡盖账"。"转卡盖账"本身就是挪用,且 30 万元同样用于两行为人的营利活动。法院认为,应该扣除,理由是:其一,30 万元系张某祥找卡部主任办理,与冯某华无关,其中 20 万元办有抵押担保手续;其二,"转卡盖账"主要是为规避高额利息,不能简单等同于挪用;其三,检察院起诉时已将 30 万元扣除,人民法院二审若要追加认定为挪用金额,则混淆了法院的裁判职能与检察院的起诉职能。

十、如何认定以挪用公款手段实施的贪污犯罪

(一) 裁判规则

贪污罪与挪用公款罪区别的关键在于行为人主观上是否以非法占有为目的,客观上是否实施了侵吞公款的行为。因此,正确界定行为人的主观故意对区分其行为是贪污还是挪用的性质至关重要。司法实践中,应当根据以下客观事实判定是否构成贪污:其一,行为人是否采取弄虚作假的手段,使自己占有公款的事

实在账目上难以发现。如使用虚假发票、对账单等会计凭证的,使其占用的公款已难以在单位财务账目上反映出来的,一般应当认定为贪污行为。对于行为人采取了弄虚作假的手段平账,但由于受到某种条件的制约,不能完全平账的,也不能仅以账未做平作为不定贪污罪的理由。其二,行为人销毁有关账目的。该行为不仅仅是逃避侦查的行为,也是掩饰公款去向,试图隐匿公款的行为,反映出行为人主观上有非法占有的目的,是侵吞公款的贪污行为。其三,行为人截取收入不入账的。行为人利用职务上的便利,将本单位的收入直接截留,使账目上不能反映该款项,是直接侵吞公款的贪污行为。

(二) 规则适用

贪污罪和挪用公款罪都是国家工作人员利用职务上的便利实施的犯罪,在构成特征上有许多共同之处,如犯罪主体都是国家工作人员,犯罪对象都可以是公款,客观上都必须是利用职务上的便利,尤其是对于行为人以挪用公款的手段进行贪污,和挪用公款后因无法归还而畏罪潜逃的情形,两罪很容易混淆。但是,贪污罪是以非法占有公共财物为目的,而挪用公款罪则是以非法使用公款为目的,两罪有本质区别,区别的关键在于行为人主观上是否以非法占有为目的,客观上是否实施了侵吞公款的行为。因此,正确界定行为人的主观故意对区分其行为是贪污还是挪用的性质至关重要。

首先,准确界定非法占有目的。非法占有的目的是主观要件,但在审判实践中有些案件往往是很难认定行为人主观上是否具有非法占有目的,因此在审理案件中应当根据主客观相一致的原则,不仅要考虑被告人的供述,而且要从行为人的客观行为分析认定。就行为特征而言,贪污和挪用公款犯罪在将公款转移到行为人控制之下这一过程是相似的,但由于主观目的的不同,其客观行为也会有不尽相同之处。贪污行为由于行为人的主观意图在于永久占有公款,其必然尽其所能掩盖、隐匿公款的真实去向,尽量在有关账目上不留痕迹;挪用公款行为则由于行为人的初衷只是临时性地使用公款,所以一般总要给使用的款项留个"后门",使其在有条件的情况下可以顺利归还。

其次,准确分析客观行为。司法实践中,应当根据以下客观事实判定是否构成贪污:其一,行为人是否采取弄虚作假的手段,使自己占有公款的事实在账目上难以发现。如使用虚假发票、对账单等会计凭证的,使其占用的公款已难以在单位财务账目上反映出来的,一般应当认定为贪污行为。对于行为人采取了弄虚作假的手段平账,但由于受到某种条件的制约,不能完全平账的,也不能仅以账未做平而作为不定贪污罪的理由。其二,行为人销毁有关账目的。该行为不仅仅是逃避侦查的行为,也是掩饰公款去向,试图隐匿公款的行为,反映出行为人主观上有非法占有的目的,是侵吞公款的贪污行为。其三,行为人截取收入不入账的。行为人利用职务上的便利,将本单位的收入直接截留,使账目上不能反映该款项,是直接侵吞公款的贪污行为。

最后,准确考量携带挪用公款潜逃行为。根据《关于审理挪用公款案件具体应用法律若干问题的解释》第6条的规定,携带挪用的公款潜逃的,依照《刑法》第382条、第383条的规定定罪处罚。据此,行为人携带挪用的公款潜逃的,对其携带的部分公款以贪污罪定罪已无争议,但对其已经挪用但未携带的部分公款如何定罪,实践中有不同认识。有的认为应仍以挪用公款定罪,不记入贪污数额;有的认为应全部定贪污罪。不能仅因被告人潜逃而简单地推定其对全部公款都具有非法占有的目的。大多数情况下,行为人潜逃是因为其实施了挪用公款的犯罪行为且畏惧承担刑事法律责任而潜逃,是一种畏罪行为,其主观上是出于畏惧的心理。行为人挪用公款已属犯罪既遂,其畏惧案发而潜逃不影响其犯罪行为的性质,也就是说对未携带的公款,其主观上不一定转化为不打算归还该公款,该公款仍是客观上不能归还。当然,对于行为人潜逃时携带的挪用的公款,以及如果查明行为人有能力归还挪用的公款而拒不归还,如采取隐匿、转移挪用的公款的手段拒不归还,则说明行为人的主观犯意已由非法使用公款转化为非法占有公款,应当以贪污罪定罪处罚。

【指导案例】彭某军贪污、挪用公款案——如何认定以挪用公款手段实施的贪污犯罪[①]

1998年7月2日至1999年12月13日,被告人彭某军利用其担任陕西省人民警察学校财务科出纳员的职务之便,先后5次使用伪造的现金交款单入账,制造自己经手的款项已上交本单位在中国农业银行西安市支行长安结算部账户的假象,将本单位现金共计221.0275万元骗出归个人使用。又先后42次从本单位农业银行长安县支行结算部账户上提取现金共计386.0032万元,不记账,归个人使用,并于1999年12月13日私自将该账户销户。在此期间,彭某军为掩盖事实,以虚假的银行对账单欺骗单位,通过转账归还12万元;用虚假现金支票存根记收入7笔共归还单位现金27.8万元;个人支付单位费用36.0942万元。其余531.1365万元被彭某军占为己有。

1999年7月,彭某军将本单位朱某交来用于冲抵原借款的8000余元发票和4000余元现金不入账,并将其中的4000余元现金占为己有。

1999年8月20日至1999年12月15日,彭某军分别将该校学员白某军等20人的捐资助学款15.5万元和其中19人的代办费6.935万元、98级4班自费生的住宿费1800元、学员李某强、陈某林补交的学费8300元,共计23.445万元,收取后未上财务账,占为己有。

1999年9月17日,彭某军收取本单位王某交3505元报销单据入账,但未冲抵

[①] 参见最高人民法院刑事审判第一庭、第二庭编:《刑事审判参考》(总第31辑),法律出版社2003年版,第236号案例。

王某原3000元借款账,又支现金3505元,将505元给王某后,剩余3000元占为己有。

2000年1月11日至2000年6月12日,彭某军先后将单位门面房租金收入9笔,共计9.036万元现金收取后未上财务账,占为己有。

2000年7月初,陕西省人民警察学校决定让彭某军从中国农业银行西安市支行长安结算部账户将500万元转出另作他用。彭某军自知该账户已销户,且因赌博输掉公款,无款可还,其罪行即将败露,便将自己因赌博输掉大量公款事实告知姚某旭(同案被告人,已判刑)。7月7日,彭某军乘为单位提取现金之机,多开了一张现金支票提取现金9.9万元;7月10日,彭某军因公提取公款20万元现金,当晚彭某军携上述两笔公款同姚某旭潜逃。

此外,彭某军于1997年1月至2000年7月间,将其保管的学生服装费、代办费、教材费、党费和库存现金等共计102.7582万元,先后挪归其个人使用未归还。

综上所述,彭某军利用职务上的便利,侵吞公款共计594.2175万元,将公款挪归其个人使用未归还102.7582万元,上述被其侵吞和挪用的公款大部分被其赌博输掉。案发后,追回赃款26.4218万元、赃物折价4.3798万元。

本案中被告人彭某军用虚假对账单、现金交款单给会计做账,单位账目是平的,但单位账目与银行存款有缺口,即所谓"大账"不平。彭某军虽然没有将账目完全做平但其有采取弄虚作假手段的做账行为,达到了从单位账目上难以发现其占用公款的目的,是以骗取手段贪污的行为。当单位发生用款事项而账上实际资金已不足支付时,为了不暴露其犯罪事实,彭某军不得已自己支付了单位的部分用款,这不是为减少给国家造成的损失而归还的行为,而是为了使其犯罪行为不被发现的一种掩盖行为,所以其所谓的"归还"行为实质上是掩盖其犯罪的行为、不能据此认定其没有非法占有的目的。但是已"归还"的部分不应再计算为侵吞公款的数额。最高人民法院的判决根据彭某军的客观行为特征,分别认定了贪污罪和挪用公款罪。即对于彭某军采取了欺骗手段弄虚作假,或者截留公款不入账的手段,直接认定为贪污行为;对于彭某军挪用公款后没有掩饰、隐匿行为,也没有在有关账目上做假,只是其负责的款项发生了短款现象,认定贪污证据不足,以挪用公款定罪。

十一、如何通过客观行为判断行为人主观上的非法占有目的

(一)裁判规则

贪污罪与挪用公款罪的犯罪主体相同,主观方面都是出于故意,客观方面均是利用了职务上的便利,在客体上都是对公共财产权的侵犯,两罪在很大程度上有相似之处。但两罪还是有实质性的不同。判断行为人的主观故意,除了行为人自己的供述外,更重要的是通过客观的外在行为表现来分析,其中包括行为人动

用公款的手段、对账目的处理、公款的用途和归还情况等。

(二) 规则适用

1979年《刑法》没有规定挪用公款罪,之后的有关司法解释中规定挪用公款归个人使用或进行非法活动的,以贪污罪论处。1988年全国人民代表大会常务委员会《关于惩治贪污罪贿赂罪的补充规定》中首次规定了挪用公款罪,并规定挪用公款数额较大不归还的,以贪污罪论处。1997年《刑法》规定挪用公款数额巨大不退还的,不再以贪污罪论处,此后的司法解释又明确规定携带挪用的公款潜逃的,按贪污罪定罪处罚。从上述规定可以看出,挪用公款罪脱离于贪污罪,且在一定条件下可以转化为贪污罪,加之两罪在犯罪构成要件上存在诸多的共同之处,实践中区分两者的界限存在一定的难度。

挪用公款罪与贪污罪在构成要件上虽然相似,但还是有实质性的不同:(1)在犯罪主体上,挪用公款罪只能由国家工作人员构成,而贪污罪除了国家工作人员外,受国家机关、国有公司、企业、事业单位、人民团体委托管理、经营国有财产的人员也可以构成;(2)在主观目的上,挪用公款罪是以非法使用公款为目的,而贪污罪是以非法占有公共财物为目的,这是两罪最本质的区别;(3)在客观行为上,挪用公款罪的行为人通常采取的是不经批准或许可,擅自改变公款用途,将公款归本人或他人使用,而未采取转移公款所有权的伪造单据、销毁账目等手段,挪用公款的行为一般在单位账上可体现出来;贪污罪的行为人往往通过直接侵吞、秘密窃取或骗取的方法,使财产的所有权发生转移,通常采用伪造单据、涂改账目、销毁凭证等手段,以达到其行为从账目上不被发现,从而占有公共财物的目的;(4)在侵犯的客体上,虽然两罪都侵犯了公务活动的廉洁性和公共财产关系,但对公共财产所有权的侵犯程度不同。挪用公款罪侵犯国家对公款的使用权,是对所有权的不完全侵犯,贪污罪从根本上侵犯了公共财产的所有权,是对财产权的完全侵犯。两罪的区分通常是看行为人有无平账的行为,但是否平账只是判断构成贪污罪还是挪用公款罪的一般标准,而不是唯一标准。例如,行为人挪用公款后为应付查账而暂时平账,不能因其暂时平账改变挪用公款的定性;又如行为人直接侵吞公款并挥霍殆尽,即使未平账也应认定其构成贪污罪。因此,对行为人行为定性的关键还在于看其主观上对于公共财物是具有非法占有还是非法使用的故意。那么如何判断行为人的主观故意,除了行为人自己的供述以外,更重要的是通过客观的外在行为表现来分析,其中包括行为人动用公款的手段、对账目的处理、公款的用途和归还情况等,仔细鉴别是"不想还"还是"不能还"。"不想还"是指行为人有能力归还而不归还,反映出其主观上非法占有的故意,有较大的主观恶性;"不能还"是指行为人想归还但客观上没有能力归还,行为人主观上只有挪用公款的故意,其主观恶性相对较小,不能因公款未还,而不问原由就推定行为人主观上要非法占有公款,这种客观归罪对于行为人有失公允。

【指导案例】梁某挪用公款,张某挪用公款、盗窃案——如何通过客观行为判断行为人主观上的非法占有目的①

1996年8月至1999年9月间,被告人梁某伙同被告人张某,利用梁某担任某国家机关老干部局行政处财务科会计职务上的便利,采取支出款项不记账、销毁支票存根及银行对账单的手段,使用现金支票和转账支票从梁某分管的银行账户中,先后150余次提款、转款共计670万元,梁将大部分赃款交由张某用于营利活动,小部分赃款被二人挥霍。其间,因单位用款,二被告人恐罪行败露,先后拿出145万元支付单位用款。二被告人实际侵吞520余万元。1999年10月8日,在司法机关接到群众举报,告知梁某所在单位,单位对其经管的账目进行核查时,梁某向单位投案。案发后追缴23万元,扣押铃木牌吉普车一辆,价值22万余元。

1991年年初,张某与关某武、高某(均已判刑)预谋盗窃高某驾驶的北京乐达利实业公司的丰田海艾斯牌面包车(价值29万元),张某联系了销赃,高某配制了该车的钥匙。同年5月15日18时许,高某因公将该车停放在某酒店停车场并通知了张某、关某武,关某武用配制的钥匙将车开出,与张某等人到河北省销赃,赃款被瓜分。

本案中被告人梁某利用担任会计的职务便利,支取公款不记账,销毁银行对账单和支票存根,但其未采用虚假票据平账。如果使用虚假票据平账,账面与实际资金情况一致的,这样对于单位来说,其账上的资金已被用于合理的支出,账上已没有这笔款,这样行为人支取公款的行为被完全掩盖,其可以达到侵吞公款的目的,这种情况才属于真正意义上的平账。而在本案中,虽然从单位账面上看似乎是平的,但实际上账面与库存资金情况根本不符,对于单位来说账上仍有670余万元,而实际上已被梁某支取,这样单位如果用钱,很容易发现账上的亏空,而该账户是由梁某分管,她有责任说明,在这种情况下梁某是不能够达到侵吞公款的目的的,她将145万元支付单位用款正说明了这一点。因此,梁某尚未做到真正意义上的平账。

在本案中,被告人梁某是否具有非法占有公款的主观故意呢?首先,从被告人的供述方面来看,梁某始终辩称自己并非要占有公款,只是私自支出使用公款;其次,从公款的用途看,梁某将公款大部分给张某用于经营活动,两人挥霍了小部分。如果被告将公款全部或大部分挥霍,那么就根本不存在归还的可能性,其关于将来归还的辩解就不攻自破。但事实上她将大部分公款用于经营活动,主观上是想要营利,这样就存在归还公款的可能性;第三,从公款不归还的理由看,是由于张某在经营中亏损及被骗造成公款不能归还,而不是梁某、张某有能力归还而

---

① 参见最高人民法院刑事审判第一庭、第二庭编:《刑事审判参考》(总第27辑),法律出版社2002年版,第194号案例。

不归还。

综上，法院认为，虽然被告人私自支取公款的数额大、次数多、时间长，但从现有证据看，尚不足以认定被告人梁某具有非法占有公款的主观目的，二审法院认定梁某构成挪用公款罪是适宜的。被告人张某唆使梁某挪用公款，取得并使用挪用的公款，依据《关于审理挪用公款案件具体应用法律若干问题的解释》第8条"挪用公款给他人使用，使用人与挪用人共谋，指使或者参与策划取得挪用款的，以挪用公款罪的共犯定罪处罚"的规定，亦构成挪用公款罪。

【指导案例】陈某龙挪用公款案——以假贷款合同掩盖挪用公款的行为如何定罪①

1994年4月至12月，被告人陈某龙先后收到罗定市城南经济发展公司、罗定市交通局养征站、罗定市罗城镇细坑居委会、罗定市居民谭某等单位和个人储户存入广海办事处的委托贷款共计75.5万元，全部不入账，归其个人使用。为掩盖犯罪，又采用偷支储户存款等方法，用公款归还了其中的73万元。到案发时止，尚有储户谭某存入的委托贷款2.5万元未归还。由于陈某龙偷支储户存款，致广海办事处的库存现金与账面不符。陈某龙为了达到账款相符，隐瞒其侵占公款的罪行，于1995年11月至12月，指使梁甲、梁乙、陈某3人与广海办事处签订了共计55万元的虚假贷款合同并入账，从而侵占公款55万元。

1994年10月18日，陈某龙收到贷款户范某归还广海办事处的贷款10万元后，既不交回单位也没有入账，私自将10万元投入股市买卖股票，占为己有。

综上所述，陈某龙挪用公款73万元，贪污公款67.5万元，将公款用于赌博、经营客车营运、投入股市买卖股票、购买家具以及装修住房等非法、营利、享乐活动。案发后，陈某龙退出赃款11.02万元，尚有56.4799万元无法归还。

贪污罪与挪用公款罪的犯罪主体相同，主观方面都是出于故意，客观方面均是利用了职务上的便利，在客体上都是对公共财产权的侵犯，两罪在很大程度上有相似之处。正确处理本案的关键，是对以假贷款合同将银行贷款账面平衡，以应付检查的行为性质的认定，即其行为侵犯的是公共财产权的哪一部分？

贪污罪与挪用公款罪的区别在于：首先，二者对犯罪客体，即公共财产权的侵犯程度不同。贪污罪侵犯的是公共财产所有权中的四种权能，即占有、使用、收益、处分权，而挪用公款罪只侵犯公款的占有、使用和收益权。其次，二者主观故意的具体内容不同。贪污罪的主观故意是非法占有该公共财物，不准备归还；而挪用公款罪的主观故意是暂时占有并使用该公款，以后要予以归还。这是区别两

---

① 参见最高人民法院刑事审判第一庭编：《刑事审判参考》（总第7辑），法律出版社2000年版，第55号案例。

罪的主要所在。再次,二者的行为方式不同。贪污罪在客观上表现为使用侵吞、盗窃、骗取等方法将公共财物据为己有,由于行为人往往采取销毁、涂改、伪造单据、账目等手段,因此,实际生活中很难发现公共财产已被非法侵占;而挪用公款罪的行为人总会在账面留下痕迹,甚至会留下借条,没有平账,通过查账能够发现公款被挪用的事实。

从本案的情况看,陈某龙为了掩盖亏空现金 55 万元的事实,让梁甲、梁乙、陈某办理假贷款 55 万元,以平广海办事处的账。表面看他把账平了,但梁甲等人却欠下了银行 55 万元的贷款,银行终究是要按贷款协议收回贷款的。事实也是如此,银行发现这么多贷款没有归还后,即找梁甲等人,要他们归还贷款。这三人又找到陈某龙和他的家人,让他们写下了 55 万元的欠条。也正由此才确定了贷款合同的真与假。从上述情况看,陈某龙为了掩盖挪用公款的事实,让梁甲等人办假贷款并入账,并不能算真正平账。范某归还的贷款 10 万元,陈某龙没有入账,用去炒股,这也未能平账。因为账上还挂着范某欠贷款 10 万元,银行还要找范归还贷款,且范某归还贷款时,广海办事处主管会计朱某在场,陈某龙没有将此款入账,朱某曾追问陈某龙,陈某龙说过他已使用此款。因此,这 10 万元也不能认定为陈某龙已将其据为己有。因此,从被告人陈某龙的作案手段看,反映出其行为不是侵吞,是较典型的挪用公款行为。

同时,本案公款的去向也能从侧面表明挪用公款的性质。被告人陈某龙挪用公款以后主要用于汽车运输、炒股、购买房子等,没有证据证明其没有归还的主观故意。陈某龙因委托贷款没有入账,贷给、借给他人或自己使用,是一种用账外客户资金非法拆借的行为,当委托贷款到期无法归还时,他采用偷支储户存款的方式用银行的钱归还委托贷款,构成了挪用公款的行为。

对于挪用公款不退还的,全国人民代表大会常务委员会《关于惩治贪污罪贿赂罪的补充规定》第 3 条第 1 款规定:"……挪用公款数额较大不退还的,以贪污论处。"由于本案一审期间,1997 年《刑法》还未施行,因此,一审法院按照当时的法律,认定被告人陈某龙挪用的公款 75 万元中,有 2.5 万元未归还,加上收回贷款户范某的 10 万元未入账,以及以虚假贷款合同平账的 55 万元,共贪污公款合计 67.5 万元,因此构成贪污罪。但将陈某龙以虚假贷款合同入账、冲减了库存现金的 55 万元,在认定挪用公款罪和贪污罪时,重复计算,是错误的。本案二审期间,1997 年《刑法》已公布实施。根据 1997 年《刑法》,挪用公款数额巨大不退还的,不再以贪污罪论处。根据从旧兼从轻的原则,本案应适用 1997 年《刑法》。二审法院注意了 1997 年《刑法》实施以后,挪用公款不能退还的不再以贪污论处的法律规定,未将陈某龙挪用公款未归还的 12.5 万元认定为贪污罪,但对陈某龙以虚假贷款合同入账、冲减了库存现金、增加了贷款余额、使得广海办事处的账面平衡的 55 万元的事实,仍认定为贪污,是不妥的,属于重复计算。

最高人民法院认为,以假贷款 55 万元的合同掩盖挪用同样数额公款的行为,实际仍是原挪用公款55万元不能归还,实际并未增加挪用或者贪污的数额。被告人陈某龙只是为了应付支行的检查,找到梁甲、梁乙、陈某等人,让他们签订了假贷款合同,办理了假贷款55万元,以冲减现金的亏空,使账面与现金平衡。但这样一来,银行账上仍存在应收回的贷款55万元,这55万元应纳入未归还的数额,即原已挪用的公款数额,实际并未增加或者减少。

综上,从该案被告人陈某龙的主观故意、作案手段、公款去向等方面看,陈某龙以虚假贷款合同掩盖55万元的行为属于挪用公款的性质。因此,最高人民法院复核对二审法院认定被告人贪污公款55万元依法改判,以挪用公款罪判处陈某龙无期徒刑,剥夺政治权利终身。

十二、个人决定以单位名义将公款借给其他单位使用,没有谋取个人利益的,不构成挪用公款罪

(一) 裁判规则

根据《刑法》第384条的规定,成立挪用公款罪的客观行为有三种,即国家工作人员利用职务上的便利,挪用公款归个人使用,进行非法活动的;或者挪用公款数额较大、进行营利活动的;或者挪用公款数额较大、超过3个月未还的。行为人以个人名义将公款挪给他人使用的,不要求谋取个人利益,属于"归个人使用";当行为人个人决定以单位名义将公款供其他单位使用,只有谋取个人利益的,才属于"归个人使用",进而才能认定为挪用公款罪。

(二) 规则适用

根据《刑法》第384的规定,成立挪用公款罪的客观行为有三种,即国家工作人员利用职务上的便利,挪用公款归个人使用,进行非法活动的;或者挪用公款数额较大、进行营利活动的;或者挪用公款数额较大、超过3个月未还的。个人决定以单位名义将公款借给其他私立学校使用的,是否属于挪用公款进行营利活动?有观点认为,私立学校是以营利活动为目的的学校,行为人明知私立学校的性质和借款用途仍予以借款,就是挪用公款进行营利活动。笔者认为,首先,不应将公款借给私立学校进行筹建工作就认定为进行营利活动,对于具有公益性和营利性双重性质的私立学校,单纯地扩大某一方面的属性都不合适,应当具体分析所借公款的用途,将公款用于筹建学校不等同于将公款直接投入经营营利活动。其次,对于认为私立学校是以营利为目的的全收费学校并根据《关于审理挪用公款案件具体应用法律若干问题的解释》第2条第2款关于"挪用公款给他人使用,明知使用人用于营利活动或者非法活动的,应当认定为挪用人挪用公款进行营利活动或者非法活动"的规定,认为行为人就是挪用公款进行营利活动的观点,属于对司法解释的误读,挪用公款的本质是公款私用、谋取私利,但在行为人没有谋取个人私利的情形下,与公款私用、以公款谋取个人私利的挪用公款行为,具有本质上的区别。那么挪用公款给私立学校是否属于挪用公款归个人使用的情形?全国

人民代表大会常务委员会《关于〈中华人民共和国刑法〉第三百八十四条第一款的解释》将挪用公款"归个人使用"解释为三种情形：(1)将公款供本人、亲友或者其他自然人使用的；(2)以个人名义将公款供其他单位使用的；(3)个人决定以单位名义将公款供其他单位使用，谋取个人利益的。私立学校也系单位，行为人在没有以个人名义，也没有谋取个人利益的情形下，亦不属于挪用公款归个人使用。

【指导案例】张某同挪用公款案——个人决定以单位名义将公款借给其他单位使用，没有谋取个人利益的，不构成挪用公款罪①

2002年8月底，酒泉三正世纪学校董事长王某红以该校资金紧张为由，向被告人张某同提出想从张某同所在的新村村委会贷款200万元，月息为0.8%，张某同在未与村委会其他成员商议的情况下，安排村委会文书兼出纳柴某荣将村里的征地补偿款共210万元分别于2002年9月2日、10月11日、10月21日三次借给三正世纪学校使用，约定月利息为0.8%。2002年10月，王某红再次找张某同提出向新村村委会借款600万元，包括前面已经借出的210万元，张某同便于2002年10月30日召集村委会委员会议就是否给三正世纪学校借款进行讨论，张某同未将此前已经借款给三正世纪学校210万元的情况向会议说明，会上大家一致同意借款600万元给三正世纪学校，会后新村村委会与三正世纪学校签订了600万元的贷款合同，约定月利息0.6%，2003年9月30日归还。合同签订后，新村村委会实际只给三正世纪学校借款531.5万元，包括开会研究之前借给三正世纪学校的210万元。2003年9月24日三正世纪学校归还220万元，案发时尚未归还的311.5万元通过司法程序大部分已经追回。

本案中，被告人张某同系西峰乡新村村委会主任，不属于国家工作人员，然而其利用职权借给三正世纪学校的是人民政府发放给村民的征地补偿款，根据2000年全国人民代表大会常务委员会《关于〈中华人民共和国刑法〉第九十三条第二款的解释》的规定，其作为村委会主任管理征地补偿款的行为属于村基层组织人员协助人民政府从事土地征用补偿费用的管理和发放的行政管理工作，因此应当认定为1999年修正的《刑法》第93条第2款规定的"其他依照法律从事公务的人员"，以国家工作人员论，所以张某同构成挪用公款罪的主体。在此前提下，认定张某同利用职权借给三正世纪学校210万元征地补偿款的行为是否构成挪用公款罪，根据罪刑法定原则，应主要考查其行为是否符合《刑法》第384条规定的三种情形之一。

被告人张某同决定出借的210万元征地补偿款，从现有证据上看，是以村委

---

① 参见最高人民法院刑事审判第一、二、三、四、五庭主办：《刑事审判参考》(总第63集)，法律出版社2008年版，第502号案例。

名义借出的,不是以个人名义借出,张某同在村委会开会研究借出600万元公款给三正世纪学校使用之前,就已将210万元公款借给了三正世纪学校,此210万元虽然是张某同个人决定借出,没有向村委会说明,却不能认定是以个人名义借款。这是因为,从210万元转账的凭证上看,付款人均写明是新村村委会,收款人是三正世纪学校;从三正世纪学校的收据上看,亦均写明收到的是新村村委会借款;从办理借款及还款的程序来看,张某同并不是私下将公款借给了三正世纪学校,而是通过村委会成员文书兼出纳的柴某荣经手办理,使该款始终控制在村委会名下,直至到期还款,三正世纪学校也是直接将款还给了新村村委会,而不是还给张某同个人。可见,没有证据证明张某同是以个人名义借款给三正世纪学校,个人决定借出公款和以个人名义将公款借出是完全不同的两回事,二者之间的根本区别在于公款的所有权单位对公款的真实去向是否知情,借款人是否隐瞒了款项的真实用途,借出的款项是由单位直接控制还是由借款人背着单位私下控制,借款人是否用公款谋取了个人私利,本案村委会对210万元公款的去向用途都是知道的,并且直接控制借据按期收回,故张某同的行为不属于全国人民代表大会常务委员会《关于〈中华人民共和国刑法〉第三百八十四条第一款的解释》中规定的"以个人名义将公款供其他单位使用的"情形,因此一审判决认定张某同是"以个人名义将公款挪给他人使用"不当。

被告人张某同决定借出210万元后,经村委会讨论决定,向三正世纪学校借出600万元,张某同虽在村委会研究时对先前借出的210万元未作说明,但在与三正世纪学校履行合同时实际上包含了这210万元,且没有任何证据证明张某同因此谋取了个人利益,故其行为不属于全国人民代表大会常务委员会《关于〈中华人民共和国刑法〉第三百八十四条第一款的解释》中规定的"个人决定以单位名义将公款供其他单位使用,谋取个人利益的"情形。

综上,被告人张某同将公款借给三正世纪学校,既不是"以个人名义将公款挪给他人使用",也不是"个人决定以单位名义将公款供其他单位使用,谋取个人利益",所以张某同个人决定借出公款给三正世纪学校使用的行为不符合立法解释规定的挪用公款"归个人使用",因此不构成挪用公款罪,二审据此改判张某同无罪是正确的。

第十章　受贿罪

一、受贿与人情往来、感情投资的区别

(一)裁判规则

在社会生活中,逢年过节出于各种不同的目的,以所谓的"奖金""福利""慰问金"等名义送钱送物的情况较为普遍。收受钱物的一方是否构成受贿,应当区分不同情况,结合受贿犯罪的构成要件即是否具有为他人谋取利益这一点来加以具体认定。仅仅出于人情往来,不具有为他人谋取利益的意图及行为,属于一般的违纪行为,不应认定为受贿犯罪。① 以"感情投资"方式多次收受数额巨大的财物,被告人接受具体请托为请托人谋利的,应将多次收受的财物数额予以累计,以受贿犯罪论处。② 朋友之间的人情往来应有合理的理由和对价。③

(二)规则适用

近年来,"感情投资"一词在受贿案件中频频出现,不少国家工作人员不再直接索取或收受贿赂,而是以"感情投资"为名行权钱交易之实,行贿人不再针对具体请托事项向国家工作人员赠送或许以财物,而是以人情往来为名长期向国家工作人员赠送所谓的"礼金",该种行为更具有隐蔽性和现实危害性。但对国家工作人员收受"礼金"的行为性质,在司法实践中一直争议较大。2016年最高人民法院、最高人民检察院发布的《关于办理贪污贿赂刑事案件适用法律若干问题的解释》第15条第2款规定:"国家工作人员利用职务上的便利为请托人谋取利益前后多次收受请托人财物,受请托之前收受的财物数额在一万元以上的,应当一并计入受贿数额。"有学者认为这是另辟蹊径,通过构成要件要素的扩大解释,有条

---

① 参见最高人民法院刑事审判第一庭、第二庭编:《刑事审判参考》(总第29辑),法律出版社2003年版,第218号案例裁判理由。
② 参见最高人民法院刑事审判第一、二、三、四、五庭主办:《刑事审判参考》(总第59集),法律出版社2008年版,第470号案例裁判理由。
③ 参见最高人民法院刑事审判第一、二、三、四、五庭主办:《刑事审判参考》(总第70集),法律出版社2010年版,第584号案例裁判理由。

件地将部分收受"礼金"的行为入罪化。笔者认为,对于收受"礼金"的"感情投资"行为是否入罪,要从以下几个方面进行分析论证。

第一,厘清收受"礼金"行为入刑的理论争议。对于国家工作人员收受"礼金"的行为是否构成受贿罪,理论界有肯定说、否定说和区别对待说。肯定说认为,在司法实践中,"一事一贿"的贿赂模式已基本遭到淘汰,取而代之的是"感情投资""放长线钓大鱼"的模式,行贿人在进行投资时,并无明确的请托事项,受贿人也心知肚明,知道行贿人是冲着其手中的权力而给予其财物,但在收受贿赂后并不立即为行贿人谋取利益,这样一旦东窗事发,就能以"友人馈赠"的名义蒙混过关。因此,收受礼金、红包等"灰色收入"的实质是贿赂的隐蔽形式。① 否定说则立足于刑法规范立场的角度,认为《刑法》第 385 条明文规定得很清楚,收受他人财物须同时具备利用职务便利为他人谋取利益的条件方能构成犯罪,若当事人行贿只是为了博感情,并未提出具体的请托事项,而受贿人收下财物,并不为当事人谋取任何利益,这一收受财物的行为并不构成犯罪。② 区别对待说则认为,收受"礼金""红包"的行为是否构成犯罪,不能一概而论,关键在于是否与行为人的职务因素有关。既不能说领导干部逢年过节收受礼品的行为全部是受贿,也不能说全部不是受贿,而要看礼品背后所隐藏的目的,以及领导干部对这种动机和目的的认识态度。如果送礼只是为了对送礼对象表示礼貌和联络感情,由于没有希望对方为自己谋取利益的目的,则不属于行贿,收礼方也就不属于受贿。如果以送礼为名,行收买对方为自己谋取利益之实,则属于行贿,收受财物方如果在收受财物后为送礼方谋取利益的,则属于受贿。③ 笔者赞同区别对待说。

第二,准确界分"感情投资"和"人情往来"。若理论上的争议不休,司法实践中又会是怎样一番情形?"感情投资"收受礼金是否可以入刑,首先要将"感情投资"与"人情往来"予以有效的区分。"感情投资"是行为人出于拉近关系、培养感情的考量而向国家工作人员赠送财物的行为,由于赠送财物时没有提出具体的请托事项,从表面上看是一种单纯的送礼或者示好,但与正常的"人情往来"相比仍有明显的不同。从产生的基础来看,"人情往来"是亲友之间基于情感而发生的正常赠予,以礼物寄托情谊,且双方互有往来。而"感情投资"是投资者基于对特定利益的长远打算,对拥有特定职务的国家工作人员所进行的长期且单向的"投资行为",即使偶尔互有往来也是存在回赠财物价值严重失衡的情形。且这种单向"投资"行为也与双方之间利益关系的消长紧密相连,起于一方有求于对方的国家工作人员身份职权,终于对方身份的消失或者贿赂目的之达成。从财物的价值来

---

① 参见李洁:《官员的灰色收入当属贿赂犯罪隐蔽形式》,载《政府法制》2005 年第 14 期。
② 参见谢红星:《唐代受贿罪研究——基于现代刑法的视角》,中国政法大学出版社 2011 年版,第 290 页。
③ 参见赵秉志主编:《中国刑法案例与学理研究(第六卷贪污贿赂罪、渎职罪)》,法律出版社 2004 年版,第 183 页。

看,"感情投资"所赠予财物的价值一般超过了正常馈赠的范围,这种高出一般礼金数额的"礼金"已失去了其所承载的人情往来的价值,成为官员权力寻租和变相受贿的一种手段。

第三,揭示收受"礼金"行为背后的权钱交易本质。权钱交易的本质决定了权力与贿赂的对价关系。司法实务中,权钱交易的表现形式是多种多样的,既有显性赤裸裸的"一手交钱一手开权"的典型模式,也有隐性"放长线钓大鱼"的非典型模式。有的行贿人一开始并不以直接的、具体的利益交换而交付财物,而是假借联络感情的幌子收买"期权"。换言之,"礼金"不过是赠送者收买公权力的一种策略,是对贿赂的一种遮掩。虽然收礼之时尚未公权私用,但却是基于收受人所拥有的职务身份以及对其实施职务行为的期许。从社会的一般观念可以推知,在不属于正常礼尚往来的情况下,送礼人不会无缘无故地将高额礼金给予公职人员,而是出于长期或者将来某些谋利需求的考虑,以礼金作为交换特定职务行为的对价,该种行为依然侵害了对国家工作人员职务行为不可收买性的法益侵犯。故从本质上而言,上述收受"礼金"的行为本质仍是权钱交易,只不过在交付时间上双方不同步。

第四,解析"收受礼金"构罪的基本要素。《关于办理贪污贿赂刑事案件适用法律若干问题的解释》规定,国家工作人员索取、收受具有上下级关系的下属或者具有行政管理关系的被管理人员的财物价值3万元以上,可能影响职权行使的,视为承诺"为他人谋取利益"。此处的规定并非对法律的拟制,而是一种推定。在中国目前的社会文化之下,贿赂大多具有人情关系行为和市场功利行为的双重性质,处于礼物赠予和市场交易之间的状态。《关于办理贪污贿赂刑事案件适用法律若干问题的解释》通过一系列事实的基础设置,进行了类型化的规定。一是收受财物的基础事实要素是数额在3万元以上。财物的价值是收受财物构罪的最基础事实,在缺乏亲情关系背景之下,只有达到一定数额才能反映出收受"礼金"的行为已经超越了日常生活中人情往来的范畴,从而具有异常性以及权钱交易的可能性。二是送礼者的身份要素是"具有上下级关系的下属""具有行政管理关系的被管理人员"。行为人的行政职权应当与他人具有上下级的隶属关系,或者尽管不存在隶属关系,但只要是国家工作人员行政管理权限范围内的事项所涉及的人员均应属于"被管理的人员"。上下级隶属关系性质上是领导与被领导的关系、服从与被服从的关系,是人事关系,而行政管理的关系是行政管理机关与行政相对人之间基于某种特定事项产生的管理关系。三是裁量性要素"可能影响职权行使"。一方面这是一种经验性的判断。判断收受"礼金"与职务是否具有关联性,应当审查领导干部的权力、地位对于对方在政治、经济等方面是否存在一定的影响力,或者说行为人赠送的礼金是否能够作为收受人特定职务行为允诺的诱因,是否足以交换收受人特定职务行为的行使、不行使以及如何行使。另一方面这也是一种可能性的判断。根据财物的数额、行送的时间、职权对行送人利益客观上的制约关系,结合一般社会上的观念综合判断。

第五,严格厘定收受"礼金"入罪的裁判规则。国家工作人员收受"礼金"可以根据受贿罪的构成要素有条件地入罪并予以严格厘定。一是亲朋好友之间的人情往来不应入罪。国家工作人员也是社会的一分子,离不开必要的社会交往,亲友之间的人情往来重的是"礼"而非"金",对赠送者来说目的是为了维系亲情、友情,故对此不能一概认定为受贿。二是收受小额"礼金"的行为不应入罪。对腐败行为的"零容忍"并非刑法入罪的"零容忍",社会治理过度刑法化并不可取,对收受"礼金"采用定性加定量的定罪模式也契合了我国二元化的法律体系,同时,对于不够入罪标准的轻度行为,可依规给予党纪政纪处分。① 三是不可能影响职权行使的收受"礼金"行为不构成犯罪。如果职权的行使事实上没有受到实质制约关系以及利益输送的影响,收受者的职务与送礼者的利益之间缺乏紧密的联系,就可以阻断"为他人谋取利益"的推定。

【指导案例】姜某受贿案——逢年过节收受下级单位"慰问金"的行为如何定性②

被告人姜某,原系江苏省淮安市公安局清浦区分局局长。1999 年 7 月至 2001 年春节期间,姜某多次利用职务之便,索取他人财物或非法收受他人财物,共计折合人民币 2.166 万元和日产学习机 1 台,并为他人谋取利益。另查明,姜某在春节、中秋节等期间多次收受他人礼金等,非法所得共计 1.35 万元。

被告人姜某在春节期间收受下级单位的"慰问金",因不具有为下级单位谋取利益的主观故意,故所收受的"慰问金"部分不应计入受贿数额。在社会生活中,下级单位逢年过节期间出于各种不同的目的,以给上级单位及其工作人员发放所谓的"奖金""福利""慰问金"等名义送钱送物的情况较为普遍。收受钱物的一方是否构成受贿?对此,应当区分不同情况,结合受贿犯罪的构成要件即是否具有为他人谋取利益这一点来加以具体认定。仅仅出于人情往来,不具有为他人谋取利益的意图及行为,属于不正之风,应按一般的违纪处理,不应认定为受贿犯罪;如借逢年过节这些传统节日之机,明知他人有具体请托事项,或者根据他人提出的具体请托事项、承诺为他人谋取利益而收受他人财物的,则不管是单位还是个人,均应认定为受贿行为。本案中,姜某于 1998 年和 1999 年春节前的一天,先后两次收受时任清浦公安局闸口派出所所长唐某东所送的共计 1800 元,以及于 2000 年和 2001 年春节前的一天,先后两次收受时任清浦公安局盐河派出所所长陈某中所送共计 2500 元。这些款项系基层派出所经集体研究在春节之际慰问干

---

① 构成犯罪,判刑的同时也要求进行党纪政纪处分。
② 参见最高人民法院刑事审判第一庭、第二庭编:《刑事审判参考》(总第 29 辑),法律出版社 2003 年版,第 218 号案例。

警家属时将时任局长的姜某一并作为慰问对象所发放的"慰问金",相关基层派出所在送钱给姜某时并无特定的目的和动机,仅仅是出于一般的联络感情的考虑,不具有权钱交易性质。故法院未将该笔"慰问金"数额认定为受贿数额,是妥当的。

【指导案例】周某华受贿案①

2006年年初至2007年年底,被告人周某华在担任湖州市工商局南浔区分局经检科副科长兼经检大队副大队长(主持工作)期间,利用其对辖区内市场进行监管和对违法经营的企业、个人进行查处等职务便利,为他人谋取利益,分别收受冯某兴等人现金和礼卡,合计价值2.54万元。其中2006年9月,董某富在周某华单位门口,将浙北大厦价值1800元的购物券放在月饼盒中,送给周某华,周某华予以收受。

另查明,2006年上半年,湖州市东迁建筑工程有限公司直港巷分公司(以下简称"东迁分公司")经理周某荣因无照经营被南浔工商分局经检大队查处。事后,周某华通过东迁建筑有限公司总经理董某富,安排其妻子张某仙的妹妹张某莲到东迁分公司担任会计。从2006年4月起至2007年年底,无会计从业资格的张某莲担任东迁分公司的会计。其间,张某莲在其有会计证的姐姐张某仙的帮助和指导下,完成了东迁分公司2006年度及2007年度的会计工作。周某荣分别在2006年及2007年的年底,先后两次以工资名义交付给周某华现金3万元(其中2006年度为2万元,2007年年底周某荣以2007年度工作量较少给付1万元)。周某华拿到钱后将钱交给其妻张某仙,张某仙将其中的一部分给予张某莲。

2007年年初,周某华妻子的表弟沈某良准备购买湖州巨赢置业有限公司(以下简称"巨赢公司",系私营企业)开发的住房。为此,周某华多次向巨赢公司董事长冯某兴要求对沈某良购房给予优惠。后沈某良购买标为33.5088万元的住房1套,享受销售单位的优惠后,房价为32.7423万元,并以此价由沈某良与巨赢公司、湖州远大房地产代理经营有限公司签订了购房合同,购房的首付款收据开票额为14.7098万元,但沈某良实付11.7098万元。对该套房屋,沈某良实付总房款为29.7423元(比签订合同的价格少3万元)。

2008年4月2日,周某华因涉嫌索取巨赢公司董事长冯某兴3万元,被检察院传唤,周某华到案后主动交代了上述犯罪事实。案发后,周某华向检察院退缴全部赃款。

朋友之间的人情往来应有合理的理由和对价。

---

① 参见最高人民法院刑事审判第一、二、三、四、五庭主办:《刑事审判参考》(总第70集),法律出版社2010年版,第584号案例。

被告人收受董某富以中秋节送礼为名而给的购物券1800元,对该行为是否构成犯罪,有两种意见,公诉机关认为构成受贿罪,被告人和辩护人认为不构成犯罪。

一审法院同意公诉机关的意见。国家工作人员利用职务便利,收受他人以人情往来为名义的贿赂款,为他人谋取利益,应当认定为受贿罪。在实践中区分是受贿还是正常的人情往来,情况比较复杂,不能仅仅看双方的口供,还要根据实际情况来分析认定。2008年11月,最高人民法院、最高人民检察院联合发布了《关于办理商业贿赂刑事案件适用法律若干问题的意见》,对正确区分贿赂与亲友正当馈赠作出明确规定,划清了罪与非罪的界限:(1)发生财物往来的背景,如双方是否存在亲友关系及历史上交往的情形和程度;(2)往来财物的价值大小;(3)财物往来的缘由、时机和方式,提供财物方对于接受方有无职务上的请托;(4)接受方是否利用职务上的便利为提供方谋取利益。

本案中,被告人周某华因查处董某富所在公司,两人因而相识。2006年9月,董某富借中秋节之机,送给周某华购物券1800元,应认为构成受贿,主要原因为:(1)被告人辩称是人情往来,却并无相应的人情事由。况且在我国并无中秋节送现金、礼券的习俗。(2)双方的来往是单向的,只是董某富送给周某华,周某华并无回送董某富,而且在本案中,董某富并不欠周某华人情,也不存在要还情的必要。(3)两人是因董某富所在的公司被周某华查处而相识,之后在短短的半年时间内相互交往。(4)董某富给周某华购物券1800元,是放在月饼盒中送出的,并不是光明正大地交给周某华,周某华也明知这一点。综上,周某华明知董某富希望得到周某华职权上的照顾,而借中秋节之名,送给他购物券,仍予以收受,构成受贿罪。

二、合法债权债务与非法收受他人财物的区分

(一)裁判规则

财产性利益也经常表现为某种债权债务关系,包括积极财产的增加和消极财产的减少,如使自己或第三人取得债权、使他人免除自己或第三人的债务、债务延期履行等。准确界定贿赂犯罪的界限,认定行为是受贿还是正常的债权债务关系,关键还是要把握"权钱交易"这个本质特征。要判断行为人是否利用了职务上的便利为对方谋取到利益,债权债务关系是否符合正常的市场交易规则。对于明显有违公平原则、加重一方义务的合同要注意审查双方订立合同的本意,依法打击以"合同"之名行贿赂之实的行为。

(二)规则适用

债是按照合同的约定或者依照法律的规定,在当事人之间产生的特定的权利和义务关系;债权是指得请求他人为一定行为(作为或不作为)的权利。相对于债权者为债务,即必须为一定行为(作为或不作为)的义务。基于权利义务相对原

则,债权和债务都不能单独存在。引起债权债务关系发生的最主要、最常见的依据则是当事人之间的契约行为。合同的订立应当遵守平等、自愿、公平、诚实信用和善良风俗原则,合法的债权债务关系受法律保护,反之,违反上述原则的合同不受法律保护。

实践中,行为人为了逃避侦查,常常将行贿、受贿行为伪装成合法的债权债务关系,常见的有欠条形式、交易形式、收受干股、合作投资、委托理财等。对此,应当结合具体案情,对涉案行为进行实质审查,符合权钱交易本质的,应当认定为受贿。所谓"权"指的就是国家工作人员的"职权",既包括本人职务上主管、负责、承办某项公共事务的职权,也包括利用职务上有隶属、制约关系的其他国家工作人员的职权,还包括担任单位领导职务的国家工作人员通过不属自己主管的下级部门的国家工作人员的职务而获得的"间接职权"。因而,当国家工作人员收受的财物与其职权密切相关时,即可认定是"非法收受"。

有观点认为,债务免除属于财产性利益。而对于财产性利益,《关于办理贪污贿赂刑事案件适用法律若干问题的解释》第12条规定,"财产性利益包括可以折算为货币的物质利益如房屋装修、债务免除等,以及需要支付货币的其他利益如会员服务、旅游等。"实践中经常出现的财产性利益主要有两种:一是行贿人支付货币购买后转送给受贿人消费;二是行贿人在社会上作为商品销售的自有利益,免费提供给受贿人消费。两种情况实质相同,均应作为贿赂犯罪处理。财产性利益也经常表现为某种债权债务关系,包括积极财产的增加和消极财产的减少,如使自己或第三人取得债权、使他人免除自己或第三人的债务、债务延期履行等。准确界定贿赂犯罪的界限,认定行为是受贿还是正常的债权债务关系,关键还是要把握"权钱交易"这个本质特征。首先要判断行为人是否利用了职务上的便利为对方谋取了利益,其次要判断债权债务关系是否符合正常的市场交易规则。对于明显有违公平原则、加重一方义务的合同要注意审查双方订立合同的本意,依法打击以"合同"之名行贿赂之实的行为。

【指导案例】孙某明受贿案 如何区分合法的债权债务关系与非法收受他人财物的情形[①]

北京科技园建设(集团)股份有限公司(以下简称"北科建集团")成立于1999年11月,2008年5月重组后股东变更为北京国有资产经营公司等三家公司,其中北京国有资产经营公司持股70.77%。北科置地公司成立于2000年9月,股东有北科建集团等六家公司,其中北科建集团持股80%。2007年12月至2011年12月,长丰房地产开发公司的股东为北科置地公司和昆明星耀体育运动城有限公司

---

① 参见最高人民法院刑事审判第一、二、三、四、五庭主办:《刑事审判参考》(总第106集),法律出版社2017年版,第1144号案例。

(以下简称"昆明星耀公司"),其中北科置地公司持股51%;2012年2月长丰房地产开发公司的股东变更为北科置地公司、北科建集团和昆明星耀公司,北科置地公司和北科建集团分别持股51%和34.52%。2009年8月,经北科建集团党委、北科建集团和北科置地公司推荐,被告人孙某明任长丰房地产开发公司董事长。2011年5月、12月,孙某明利用负责云南长丰星宇园房地产工程的职务便利,接受工程分包方恒安消防工程公司法定代表人刘某某的请托,为恒安消防工程公司解决工程款拖欠问题,并在北京市海淀区中国人民大学和云南省昆明世纪金源大酒店等地,先后两次收受刘某某给予的好处费各10万元。

2012年2月至2013年3月,孙某明假称与刘某某买卖房屋,签订购房协议,陆续收取刘某某给予的"房款"130万元,其间还以租金的名义向刘某某返还4.3万元。后因孙某明调动工作到北京,刘某某向孙某明索要100万元,并称将剩余30万元作为孙某明之前帮忙的好处费,孙某明同意并返还刘某某100万元。后孙某明因得知有人因类似问题被查处,于2014年2月25日找到刘某某补写了一张30万元的欠条以应付检查。通过上述手段,孙某明共收取刘某某给予的好处费25.7万元。综上,孙某明共计受贿45.7万元,均未退缴。

本案中,被告人孙某明提议刘某某用房屋买卖合同加高倍违约金的方式支付贿赂款。孙某明起草了房屋买卖协议,协议约定刘某某同意自协议签订之日起7个工作日内支付孙某明首付款100万元,每延迟一天付款,刘某某需支付房屋出售价的1%的违约金。孙某明办理好有关房屋产权手续后7个工作日内通知刘某某支付尾款并协助刘某某办理过户手续。刘某某接到孙某明支付尾款通知之日起7个工作日内支付尾款,每延迟一天付款刘某某则需支付房屋出售价的1%的违约金,若刘某某在1个月内未足额付清尾款,则孙某明不再将本房屋出售给刘某某,且已经收取的房屋首付款100万元不退还。如果孙某明未能在2013年6月底前办理好本房屋产权手续,孙某明须将所收刘某某100万首付扣掉刘某某首付违约金后退还。事实上,孙某明的房子是单位集体盖的,无法过户,合同实质上无法履行。事过半年后,孙某明因得知有人因类似问题被查处之后,找到刘某某补写了一张30万元的欠条,但欠条上未署还款日期。孙某明在法庭审理中提出30万元房款系民事债务,不应当认定为受贿。

一、二审法院均认为:第一,从购房协议的内容看,双方存在不对等的权利义务关系,即刘某某违约时需支付高额的违约金,而被告人孙某明违约时不但无须承担任何责任,在退还首付款时还要扣除刘某某需支付的违约金,这些约定有悖于正常的市场交易。第二,孙某明所售房屋不能过户,协议不具备实际履行的条件。第三,从借条可以看出,孙某明在返还刘某某首付款时,未就差额部分出具欠条,而是在半年后为了逃避审查才补写欠条,且未就还款情况作出约定,孙某明在客观上也没有偿还刘某某款项的具体行为。第四,案中证据反映,长丰房地产开发公司在向总包方和分包人支付工程款方面处于主导地位,孙某明作为长丰房地产开发公司的董事长,在支付工程款方面具有决定权。长丰房地产开发公司支付工程款的进度直接决定了恒安消防工程公司获得工程款的时间。刘某某的证言也证明正基于此,其才会与孙某明签订一份不可能履行的房屋买卖合同。根据上述因素综合判断,孙某明与刘某某并不存在真实的债权债务关系,而是以借款为名,非法收受他人财物。

需要注意的是,在案件审理过程中,有意见认为,涉案的30万元属于《关于办理贪污贿赂刑事案件适用法律若干问题的解释》第12条规定的"财产性利益"。本案中,虽然"合同"中写明被告人孙某明在不履行合同义务的情况下不退还刘某某违约金,表面上符合"债务免除"的规定,但究其本质,其合同乃至合同规定的债务关系都是虚拟的,而"财产性利益"中"债务免除"的前提是双方存在真实的债权债务关系,因而涉案的30万元钱款属于被告人非法收受的货币,而不是财产性利益。

三、免除第三人的债务能否成为受贿罪的对象

(一) 裁判规则

受贿对象不仅包括财物、财产性利益,还应当包括其他非财产性利益,如免除债务、免费旅游、提供劳务等可以直接用货币计算的利益。免除债务可以作为一种财产性利益解释为《刑法》第385条规定的"财物",且索取或者收受贿赂包括请托人向第三人提供贿赂的情形,所以免除第三人债务可以成为受贿罪的对象。

(二) 规则适用

需要明确的第一个问题是免除债务能否成为受贿罪的对象?长期以来,我国刑法学关于受贿罪犯罪对象的争议一直不断并且十分激烈。主要有以下三种观点:一是财物说。该观点认为受贿罪对象应当仅限于有形的财物,即金钱和物品。二是财产性利益说。该观点认为贿赂通常是指金钱和物品,物品包括动产和不动产,但在某些特定场合,贿赂也可以指财产性利益,如债权、劳务等。三是利益说。该观点认为受贿对象不仅包括财物、财产性利益,还应当包括其他非财产性利益。司法实践倾向于第二种观点,具体理由如下:一是虽然以财物说来认定受贿对象是我国刑法学界的传统观点,但是随着受贿犯罪手段的不断翻新,行受贿犯罪变得更为隐蔽、复杂,财产性利益事实上已经成为贿赂的一种常见形式,财物说已不能适应打击职务犯罪的形势要求。二是利益说是对现行法律法规的"财物"的无限扩大解释,这种无限扩大解释背离了立法本意。三是财产性利益说既符合现实的需要也不违背立法精神。根据相关司法解释的规定,贪污贿赂犯罪中的"财物"已不局限于传统意义上的金钱和物品。2007年最高人民法院、最高人民检察院《关于办理受贿刑事案件适用法律若干问题的意见》出台后,对"财物"的解释有所扩张,"财物"不再限于金钱和物品。2008年最高人民法院、最高人民检察院联合

发布的《关于办理商业贿赂刑事案件适用法律若干问题的意见》第7条明确规定："商业贿赂中的财物,既包括金钱和实物,也包括可以用金钱计算数额的财产性利益,如提供房屋装修、含有金额的会员卡、代币卡(券)、旅游费用等。具体数额以实际支付的资费为准。"2016年最高人民法院、最高人民检察院发布的《关于办理贪污贿赂刑事案件适用法律若干问题的解释》第12条更是明确规定："贿赂犯罪中的'财物',包括货币、物品和财产性利益。财产性利益包括可以折算为货币的物质利益如房屋装修、债务免除等,以及需要支付货币的其他利益如会员服务、旅游等。后者的犯罪数额,以实际支付或者应当支付的数额计算。"可见,在相关指导性规范文件中,受贿对象已不限于有形的财物,在特定场合,受贿对象也可以是财产性利益,如免除债务、免费旅游、提供劳务等可以直接用货币计算的利益。

需要明确的第二个问题是免除第三人债务能否成为受贿罪的对象?基于前述分析,免除债务能够成为受贿罪的对象,但免除第三人债务,能否成为受贿罪的对象仍有争议。笔者认为,《刑法》第385条没有明确规定国家工作人员索取或者收受他人贿赂必须是自己直接占有,因此行为人索取或者收受贿赂,由第三人占有的,也可以成立受贿罪。《关于办理受贿刑事案件适用法律若干问题的意见》第7条第1款规定:"国家工作人员利用职务上的便利为请托人谋取利益,授意请托人以本意见所列形式,将有关财物给予特定关系人的,以受贿论处。"既然免除债务可以作为一种财产性利益解释为《刑法》第385条规定的"财物",且索取或者收受贿赂包括请托人向第三人提供贿赂的情形,那么免除第三人债务理所当然可以成为受贿罪的对象。

【指导案例】雷某富受贿案——以不雅视频相要挟,使他人陷入心理恐惧,向他人提出借款要求且还款期满后有能力归还而不归还的,是否属于敲诈勒索以及利用职务便利为他人谋取利益,授意他人向第三人出借款项,还款义务最终免除的,是否属于受贿[①]

2007年7月至2008年12月,被告人雷某富利用职务之便,为重庆勇智实业开发有限公司(以下简称"勇智公司")承接工程项目等提供帮助。

2008年1月,重庆华伦达服饰有限公司(以下简称"华伦达公司")法定代表人肖某(另案处理)等人为谋取非法利益,安排赵某(另案处理)偷拍赵某与雷某富的性爱视频。同年2月14日,雷某富与赵某在金源大饭店再次开房时被肖某安排的人当场"捉奸",假扮赵某男友的张某、假扮私家侦探的严某(另案处理)对雷某富播放了雷某富与赵某的性爱视频,双方为此发生纠纷。肖某接赵某的电话通知,来到饭店后假意协调解决,让雷某富离开。

[①] 参见最高人民法院刑事审判第一、二、三、四、五庭主办:《刑事审判参考》(总第93集),法律出版社2014年版,第885号案例。

2008年2月16日,肖某以张某要闹事为由,以借为名向雷某富提出"借款"300万元,雷某富担心不雅视频曝光,在明知其被肖某设局敲诈的情况下,要求勇智公司法定代表人明某智"借款"300万元给肖某的公司。同年2月18日,肖某向勇智公司出具借条。次日,勇智公司向华伦达公司转账300万元。

同年8月18日,该"借款"期满后,肖某个人及其重庆永煌实业(集团)有限公司(以下简称"永煌公司")的账上均有足额资金,但未归还。雷某富得知肖某未归还后向明某智表示由其本人归还,明某智提出不用雷某富归还,雷某富予以认可。

2010年11月,雷某富害怕事情败露,经与肖某共谋后,为掩饰该事实,于2010年11月16日,以"还款"的名义,由永煌公司转账100万元到勇智公司账上。

在本案审理过程中,对被告人雷某富的行为是否构成受贿罪,以及如果认定构成受贿罪,雷某富授意明某智支付肖某的300万元,是肖某的公司与明某智的公司之间的民间借贷,还是雷某富的受贿款,存在不同意见。

第一种意见认为,肖某是通过被告人雷某富向明某智的公司借款,并以华伦达公司的名义出具了借条,该借条合法有效,之后也履行过还款的义务,未还款项仍在两个公司账上显示。雷某富不认为其被肖某敲诈勒索,而是帮肖某介绍借款,介绍借款的行为并不导致借款人明某智丧失该300万元。明某智亦不知道雷某富涉及不雅视频,作为正常借贷将300万元借出,不具有向雷某富行贿的主观故意和客观行为。明某智找肖某还钱未果,在法定期限内未使用合法手段维护债权,雷某富出面介绍借钱的因素起到很大的作用,但并不能据此将民法调整的公司间民间借贷认定为明某智向雷某富的行贿款。

第二种意见认为,肖某等人拍摄被告人雷某富的不雅视频,设计"捉奸",以此相要挟,要求雷某富提供资金,雷某富在明知被敲诈的情形下,找到自己曾利用职权为之谋利的勇智公司法定代表人明某智,要求明某智"借款"给肖某。明某智基于雷某富的职权影响而答应"借款",且"还款"到期肖某拒绝还款后,雷某富主动积极将该债务揽为自己承担,明某智亦基于之前得到雷某富的职权关照并想继续得到雷某富的关照,提出免除该债务,雷某富予以认可,即明某智与雷某富达成了无需还款的合意,两人此时达成了行受贿的合意。此款名为公司之间的借贷,实为一种权钱交易行为,是明某智为雷某富被肖某敲诈300万元买单的行贿款。

法院赞同第二种意见,具体理由如下。

利用职务便利为他人谋取利益,授意他人向第三人出借款项,还款义务最终被免除的,属于受贿行为。本案的争议焦点是明某智按照被告人雷某富的要求将300万元出借给肖某,肖某拒绝还款后,雷某富自揽债务责任,明某智表示免除债务责任,能否认定为雷某富受贿。争议的原因在于此案的特殊性:一是雷某富并没有直接收到明某智的300万元;二是明某智免除的并非是雷某富本人的债务。

本案中,被告人雷某富利用职务便利为明某智谋取利益,授意明某智向肖某出借款项,还款义务被免除的,构成受贿罪,具体分析如下。

其一,被告人雷某富利用职务之便为明某智谋取了利益。明某智与证人邓某、廖某、梁某的证言、雷某富在侦查阶段的供述、相关会议记录等,均证实雷某富在勇智公司承接工程及工程提前回购、支付工程款等事项中为勇智公司谋取了利益。雷某富的供述、明某智的陈述还证实,明某智得到雷某富的帮助后,曾向雷某富许诺会表示感谢。

其二,明某智"出借"给肖某的钱款是基于被告人雷某富的要求及其所需,实际等同于"出借"给雷某富,免除肖某的债务实际等同于免除雷某富的债务,更何况明某智是在雷某富自揽还款责任后免除,即实质上免除的是雷某富本人的还款义务。本案中,肖某与雷某富具有敲诈与被敲诈的经济利益关系,肖某敲诈的是雷某富,明某智实际是代雷某富支付敲诈款。肖某不愿归还明某智300万元债务,是因为其敲诈的本是雷某富,在其看来,雷某富出面出借的300万元,无须由其归还,如要归还,也应当由雷某富归还;在雷某富看来,明某智出借给肖某300万元,显然是基于其职务的影响,肖某是将自己作为敲诈对象,且名义上是借款,实质上是非法占有;而在明某智看来,其最初是基于雷某富的职务影响才将300万元出借给肖某,还款期满肖某搪塞不还时,雷某富提出该笔还款由雷本人来还,其经权衡便当即免除雷还款的义务。因此,明某智免除肖某的债务,实质上是免除雷某富的债务。

其三,明某智出借300万元以及后来免除该笔债务都是基于被告人雷某富的职务影响。雷某富之所以在受到肖某要挟时联系明某智"借款",原因在于勇智公司此前在承接工程等事项上得到雷的帮助,并希望继续得到关照,为此明某智还向雷某富许诺会表示感谢。明某智与肖某事前并不认识,对肖某个人信用、公司经营状况、资产情况毫不知情,之所以出借巨额资金给肖某是基于雷某富的要求以及雷以前和今后对勇智公司的帮助。在肖某明确不归还涉案300万元,雷某富主动表示承担该债务时,明某智表示免除该债务亦是基于雷某富此前对勇智公司的帮助以及想继续得到雷某富的关照。

其四,明某智表示免除债务时双方即达成行受贿合意。肖某提出"借款"300万元,是以"借款"的名义行敲诈之实。被告人雷某富虽然明知肖某敲诈,授意明某支付巨额资金给肖某,但其主观上是希望肖某归还的,之后还为肖某介绍工程,为肖某还款提供条件。明某智此时是基于雷某富的职务影响才出借300万元,但双方尚未达成行受贿的合意。在"借款"到期后,明某智多次向肖某催收,肖某以资金紧张为由予以搪塞。明某智告知雷某富后,雷某富主动表明由自己承担还款义务,明某智遂提出无须归还,即对肖某的债务予以免除,雷某富也予以认可。可见,双方就肖某300万元"借款"不用归还的合意,实质上是雷某富与明某智达成了行受贿的合意。明某智免除肖某的债务,放弃通过诉讼等正当程序向肖某及其公司主张权利,是基于雷某富职务的影响,明某智放弃对该款的追索,获益的是雷某富本人,其实质是雷某富与明某智的权钱交易。

综上,本案300万元"借款"实际上是明某智通过出借资金的方式,为肖某敲诈被告人雷某富的款项买单,无论是明某智答应借款给肖某,还是放弃对该"借款"的追索,目的都是出于雷之前对其公司关照的感谢,并希望继续得基于雷某富的职权的关照。至于明某智是否知道雷某富牵涉到不雅视频,不影响对案件性质的认定。本案表面上看雷某富本人没有获得财物,但请托人的行贿指向是明确的,最后免除第三人肖某的债务,完全是基于国家工作人员雷某富的意思,而第三人之所以获利,完全源于雷某富与明某智之间的权钱交易和雷某富最终对该财产的处分意思。该笔款项名为肖某公司与明某智公司的民间借贷款,实为明某智与雷某富之间的权钱交易款,属于贿赂款的性质。

四、职务行为、劳务行为交织情形下收受钱款的行为定性

(一) 裁判规则

区分国家工作人员受贿与收取合理劳务报酬的界限在于国家工作人员是利用职务便利为他人谋取利益而收受财物,还是利用个人技术换取报酬。在纷繁复杂的个案中,如何正确区分正当的劳务报酬与非法的行贿受贿的界限,司法中应当注意从以下几个方面进行综合把握:(1)国家工作人员是利用职务便利为他人谋取利益收受财物,还是利用个人技术换取报酬;(2)是否确实提供了有关服务;(3)接受的财物是否与提供的服务等值。

(二) 规则适用

在受贿过程中,国家工作人员为了达到逃避法律追究的目的,往往采用表面上合法的形式来掩盖其非法目的,使受贿的方式更具有隐蔽性和复杂化。实践中,国家工作人员利用职务上的便利为请托人谋取利益,同时双方通过口头或者书面约定以支付"劳动报酬"的方式领取,双方签有正式劳务合同,甚至有的国家工作人员也付出了一定的劳务,如何对其行为定性是本文研究的对象。

一是通过劳务报酬方式受贿的表现形式。司法实践中,通过劳务报酬方式受贿通常表现为以下几种形式:(1)行受贿双方在贿赂时均未提出提供劳务的意思表示,案发后行为人以所谓劳务报酬的名义进行辩解;(2)行受贿双方有提供劳务的意思表示,但客观上行为人未按约定提供有关劳务;(3)行受贿双方有提供劳务的意思表示,客观上行为人也为请托人提供了一定的劳务,但收受的劳务报酬远高于正常的劳务所得;(4)行受贿双方有提供劳务的意思表示,客观上行为人也提供了劳务,但多少是用于支付劳务多少是因职务行为难以分清。对于前两种情形,因不具有真实的劳务行为,故不存在与职务行为的交织情形,故本文不再赘述,本文要研究的是后两种情形。

二是通过劳务报酬受贿与不当得利的界限。合法报酬是指行为人在国家政策和法律允许的范围内,利用自己的知识和技能或者劳务,进行创作或提供服务

及劳动所获得的报酬。但根据我国《公务员法》的相关规定,公务员不得从事或者参与营利性活动,在企业或者其他营利性组织中兼任职务。但实践中,仍存在着党员领导干部及普通公务员违反相关规定,私下从事商业活动的现象。如果公职人员在提供劳务或其他服务过程中没有利用职务上的便利,即使获得的劳务报酬不符合国家工作人员廉洁自律的相关规定,但因该劳务报酬系行为人利用私务而获取,不应认定为受贿款项。

三是对含有劳务因素的收受钱款的行为定性。受贿与收取合理报酬的区分关键在于国家工作人员是利用职务上的便利为他人谋取利益而收受财物,还是利用个人技术为他人提供服务取得相应报酬。对此界分应坚持主客观相一致的原则,不仅要考虑行为人对收受财物行为的主观认知,还要考虑行为人客观上是利用职务便利与金钱做交易。如果行为人认识到收受他人支付的劳务报酬,交换的对价是利用自己的职务之便,而非单纯的劳务付出,具有明显的权钱交易,则该行为可以认定为受贿。

四是对含有劳务因素的收受钱款的数额认定。国家工作人员利用职务上的便利为他人谋取利益并收受他人财物,本质上符合权钱交易的特征,行为人在其中出于某种考虑向行贿方提供个人少量技术服务,原则上不能对数额产生影响。只有在利用职务便利为他人所谋利益较小,提供个人技术服务较多的情况下,才考虑对数额的影响。对于能够区分公务成分和劳务成分的具体比例和数额,有确切的证据证明行为人所收受的财物中有劳务所得,则应当从受贿数额中予以扣除。如果无法区分,仍应按照罪责刑相适应的原则进行认定,必要时可以通过劳动工资等机构作出鉴定。但如果就同一笔钱款具有双重意思表示,既有买卖权力也有支付劳务报酬的意思情形下,则须结合具体情况进行综合分析后作出判断。如果请托时行送人无意要求行为人提供技术、管理帮助的,即使事后行为人提供了相应的帮助也不影响受贿数额的认定;如果请托时或之后,双方约定提供技术、管理帮助,又有具体的帮助行为,则应予以扣除;如果请托时或之后在双方约定的技术、管理报酬之外另有好处费的,则不应扣除。

【指导案例】方某受贿案——国家工作人员以"劳务报酬"为名收受请托人财物的应认定为受贿①

慈溪市园林管理处系国有事业单位。2000年12月,被告人方某被聘任为慈溪市园林管理处副主任,分管绿化建设及绿化养护等工作,对绿化建设、养护等工程的方案、招投标、竣工验收等方面具有一定的决定权。

2000年12月到2002年11月间,慈溪市海逸园林有限公司多次与慈溪市园林

---

① 参见最高人民法院刑事审判第一、二、三、四、五庭主办:《刑事审判参考》(总第51集),法律出版社2006年版,第407号案例。

管理处签订了绿化养护工程合同,承接了慈溪市园林管理处发包的绿化养护增绿工程。为了方便工程竣工验收,以及在"养护工程邀请招标时予以考虑",慈溪市海逸园林有限公司经理施某耀与方某达成口头协议,约定方某利用休息日及业余时间为施某耀所在公司承建的慈溪市西大门景观绿地建设工程提供技术支持和进行质量监督管理,慈溪市海逸园林有限公司付给方某12万元报酬。此后,方某并未实际参与慈溪市海逸园林有限公司的任何工作。2002年12月5日,慈溪市海逸园林有限公司经理施某耀送给方某面额为12万元的现金支票一张。嗣后,方某通过委托他人将该支票兑现并藏匿于家中。案发后,此款已被侦查机关收缴。

区别国家工作人员受贿与收取合理劳务报酬的界限在于国家工作人员是利用职务便利为他人谋取利益收受财物还是利用个人技术换取报酬。

受贿行为的社会危害本质在于职务便利与金钱交易(通常表述为"权钱交易"),侵犯国家工作人员的职务廉洁性。对于国家工作人员利用职务之便,为他人谋取利益收受财物的,应认定为受贿;对于国家工作人员没有利用职务便利,仅仅是利用个人的技术、管理专长为他人提供服务,收取相应报酬的,因为没有职权与金钱交易性质,故该报酬属于合理收入,不应认定为受贿。可见,受贿与收取合理劳务报酬的区分,关键在于国家工作人员是利用职务便利为他人谋取利益而收受的财物,还是利用个人技术为他人提供服务取得相应报酬。

在贿赂犯罪的实行过程中,为了达到掩人耳目逃避法律追究的目的,行贿人与受贿人之间往往以某种合法形式来掩盖权钱交易的非法实质,本案就属于一种典型的以所谓劳务报酬的形式掩盖行贿受贿的情形,对这些情况在司法实践中需要予以特别注意。例如,双方在行送财物过程中均无提出有关服务的意思表示,案发后被告人无中生有地以所谓劳务报酬名义进行辩解,应当认定为受贿;双方在行送财物过程中有过提供服务的意思表示并达成一致,但客观上国家工作人员并未按约提供有关服务,而是利用职务便利为他人谋取利益,收取所谓的劳务报酬,这是借劳务之名收取贿赂,当然应认定为受贿。

本案中,被告人方某身为慈溪市园林管理处分管绿化建设、养护工程的副主任,在慈溪市西大门景观绿地建设工程中,具有绿地建设工程验收、考核参与权、后续绿化养护工程的组织管理权,行贿人正是看重其上述职权才以所谓劳务报酬名义给予其财物的,具有行贿受贿的动机,所谓的工程谈判、指导服务系属于被告人职责范围内的事项。从本案证据上看,辩方并未提供说明方某具体提供了哪方面的技术、管理服务的证据,相反,本案却有证据能够证实方某没有参加相关土建工程的分包谈判和施工的指挥和指导,故方某与施某耀之间即使形成口头聘用合同,也不等于方某向对方提供了与职务无关的技术服务,故有关劳务报酬的辩解不能成立。而且,行贿人施某耀交代,在该工程中其公司外聘一位资深的项目经理,月薪也不会超过1万元,可见,从方某在本案中收取的远远超出正常标准的所谓报酬数额本身也充分反映出其性质不是劳务报酬。综上，方某与行贿人施某耀之间是借劳务聘用名义，行贿赂之实，方某的行为构成受贿罪。

国家工作人员，尤其是专业部门的工作人员，一般会具有相关行业的技术、管理等方面的知识专长和经验，在请托人向其行贿以利用其职权谋取利益时，也可能同时要求其提供技术、管理等方面的服务，而应允请托的国家工作人员确也接受了提供某方面服务的要求或者其主动提出要为请托人提供某方面的服务，收受了请托人给予的报酬，这时往往行贿财物与所谓劳务报酬表现为同一笔款项，买权（卖权）与买（卖）技术服务交织在一起，这种情况如何认定，法院认为，国家工作人员如果利用职务上的便利为他人谋取利益，收受他人财物，本质上符合权钱交易的特征，应当属于受贿，在此过程中行为人出于某种考虑也会有向行贿方提供个人技术服务的活动，这在原则上不能对定罪产生影响，如果是为掩饰受贿提供了少量的技术服务，对量刑都不应当产生影响。只有在利用职务便利为他人所谋利益较小，而收受财物同时掺杂了较大量的提供个人技术服务因素的情形下，才可能成为影响量刑的酌定情节。这样处理既有法律根据，也符合社会生活实际。否则，对于这种具有技术服务内容的受贿，被告人均会以其提供了技术服务为名逃避法律追究，这显然不利于惩治腐败，也不符合刑法的立法原意。对于单纯利用个人技术、管理专长为他人提供服务而收取合理数额报酬的，不宜认定为受贿。这里所说的合理数额报酬，是说收受的劳务报酬在数额上应与其提供服务的正常市场价值相当，如果明显超出市场同类服务报酬数额的，这种行为的性质就发生了转化，超出了正常劳务报酬的范畴，因为如果没有国家工作人员的身份职权影响，这种情况是不可能发生的，这明显属于利用合法报酬之名掩盖非法权钱交易之实，应当全额认定为受贿。

由以上可以看出，在纷繁复杂的个案中，如何正确区分正当的劳务报酬与非法的行贿受贿的界限，司法中应当注意从以下三个方面进行综合把握：（1）国家工作人员是利用职务便利为他人谋取利益收受财物还是利用个人技术换取报酬；（2）是否确实提供了有关服务；（3）接受的财物是否与提供的服务等值。

五、事先未约定回报，离职后收受财物的行为认定

（一）裁判规则

已办理退休手续，但仍然实际享有控制公款权力的国家工作人员，可以构成挪用公款罪主体。对处于离退休阶段的人员是否属于国家工作人员的认定，应从实际出发，从单纯以身份本身来判断主体性质的标准转变为以职权和职责为主，兼顾身份作为判断主体性质的标准，强调职权和职责对于主体性质的关键性。具体而言，应以行为人实际交接工作的时间为准，认定其是否具有国家工作人员相应的职权和应履行的相应职责，从而确定其行为是否属于"从事公务"。

(二) 规则适用

事先未约定回报,离职后收受财物的行为有三个关键点:一是如何理解"离职",二是如何理解"约定",三是对"连续收受"的认定。

一是如何理解"离职"。离、退休人员属于离职并无争议,有争议的是离开现有职位、调离等是否属于离职的范畴?笔者认为,对此问题要从两个方面分析:一方面是具有离开现有职位的表象特征,退休、离休、辞职、调离等系离职原因,均符合离开现有职位的表现形式;另一方面离职后不具有国家工作人员身份。对于因单位调动离开现有职位但仍具有国家工作人员身份的,不能认定为离职。因为国家工作人员离职后收受财物相对于普通受贿而言,具有明显的特殊性,离职后收受财物的主体经历了从国家工作人员到非国家工作人员身份的转换,对其是否符合受贿罪的主体会存在争议。有一种观点认为,受贿罪的主体是特殊主体,只能是国家工作人员。但对离职后的行为危害性进行分析,可以看出其与普通受贿行为的危害程度相当。《关于办理受贿刑事案件适用法律若干问题的意见》第10条规定,国家工作人员利用职务上的便利为请托人谋取利益之前或者之后,约定在其离职后收受请托人财物,并在离职后收受的,以受贿论处。国家工作人员利用职务上的便利为请托人谋取利益,离职前后连续收受请托人财物的,离职前后收受部分均应计入受贿数额。可以看出,在国家工作人员离职后受贿的行为中,受贿故意的产生、职务便利的利用、为他人谋取利益等均产生于在职时,仅仅是收受财物的行为具有时间上的延迟,与在职时收受贿赂没有本质区别,国家工作人员离职后收受财物的行为已损害了国家工作人员职务的廉洁性和不可收买性,符合受贿罪的一般构成要件。但此处出现了"约定""连续收受"的限定条件,需要进一步分析。

二是如何理解"约定"。现行司法解释将"约定"作为认定离职型收受贿赂的一个限定条件,我们就需要分析"约定"的具体表现形式与实质内涵,分析其是一个客观要件还是主观要件。犯罪的客观要件是指犯罪所必须具备的客观事实,如犯罪行为、方法、结果等要素。犯罪主观要件是指行为人对自己行为的认识以及对危害后果的心理状态,包括罪过、目的、动机等心理要素。如果"约定"系主观要件,则其仅要求行受贿双方就"以权谋财、职后受贿"达成合意,并不要求双方有明确的意思表示,双方的默契、心照不宣等均可以成立合意,均属于"约定"的范畴。如果"约定"系客观要件,则要求行受贿双方具有"约定"的具体行为,可以是就"离职后收受财物"达成协定或承诺,也可以是书面形式或者口头形式。"约定"的设置规范了司法认定的标准,如果将"约定"限定了必须要有明确的意思表示或者承诺,则将对离职后收受财物行为难以有效制裁。一方面,贿赂行为具有较强的隐蔽性,行受贿双方很少有就权钱交易订立明确协定或者书面约定的情形,明确的承诺也不多见,双方往往不会把话说透,而是以心照不宣的方式模糊收受财物行为。另一方面,贿赂犯罪往往发生在一对一的场合,证明约定存在的证据形式单一且较为薄弱,基于侦查机关对口供的高度依赖性,如果行受贿双方刻意隐瞒,则进一步加剧了取证的难度。故对于"约定"不应该设置较高的标准和要求。

三是对"连续收受"的认定。《关于办理受贿刑事案件适用法律若干问题的意见》对国家工作人员离职后受贿规定了两种典型情形:一是"约定收受"型离职受贿,上文已作阐述;二是"连续收受"型离职受贿,即国家工作人员利用职务上的便利为请托人谋取利益,离职前后连续收受了请托人财物,此种情形下无需行受贿双方有明确的"约定",只要侦查机关能够证明国家工作人员离职前后收受财物的行为具有刑法意义上的连续性即可。"连续收受"型离职受贿行为既要符合受贿罪的本质特征,也要遵循连续犯的一般理论。对"连续收受"可以从四个方面加以判断:一是行为的时间性,即职务行为、离职前后收受财物的行为在时间上是否存在关联性;二是请托主体的一致性,即行为人离职前后收受的财物是否来自同一请托对象;三是受贿事由的一致性,即行为人必须存在同一个概括的故意,连续收受财物,若请托人并非基于请托事由而送予财物,则不能一并计入受贿数额;四是行为主体的明知性,即行为人每次收受财物时,均对于财物性质的有一个明确的内心判断,知晓财物与职务行为的关联性,以此与正常人情往来相区别。

【指导案例】万某炜受贿案——事先未约定回报离职后收取财物构成受贿[①]

被告人万某炜于1993年7月至2000年9月在上海市浦东新区综合规划土地局(以下简称"浦东规土局")先后担任副局长、党组书记、局长,全面负责浦东新区土地的规划、开发、管理、监督等工作。2000年9月至2009年8月先后担任上海市浦东新区发展计划局党组书记和上海市公积金管理中心党委书记、副主任、主任,2009年8月退休。万某炜在浦东规土局任职期间,先后应金大元(上海)有限公司等多家房产开发公司负责人的请托,为这些单位开发房产项目的审批、签订合同、增加建筑面积等方面提供帮助,相关人员为此曾多次表示要感谢万某炜。1999年至2013年,万某炜在任职期间和离职后收受多家房地产商给予的财物共计595万余元。其中,20万元现金系万某炜在浦东规土局任职期间收受,价值309万余元的财物系万某炜离开浦东规土局后退休前收受,价值98万余元的财物系万某炜退休前后连续收受,价值167万余元系万某炜退休后收受。

对事先没有约定具体回报离职后收受财物的行为能否以受贿罪认定,成为本案主要争议焦点。

第一种观点认为,被告人万某炜虽然在职时利用职务上的便利为多家房产开

---

① 参见周芝国、费晔:《事先未约定回报离职后收取财物构成受贿》,载《人民司法(案例)》2016年第5期。

发公司谋取利益,离职后也收受了相关人员的财物,但在为多家房产开发公司谋利时,主观上并不具有索取或者非法收受相关人员财物的目的,客观上也没有收受财物的行为,认定其受贿不符合主客观相一致的原则,故不能以受贿罪定罪处罚。

第二种观点认为,从表面上看,被告人万某炜收受多家房产开发公司负责人给予的财物前,并没有事先约定具体回报,收受财物时也没有利用职务之便,其行为不符合受贿罪的犯罪构成,但这只是万某炜为规避法律制裁而故意制造的一种假象,并不能掩盖其收受财物与职务行为的关联性。受贿罪侵犯的客体是国家工作人员职务行为的不可收买性,而非法收受与职务相关的不正当财物必然侵犯了职务行为的不可收买性,万某炜对此是明知的,应当以受贿罪追究万某炜的刑事责任。

我国现有关于认定离职国家工作人员受贿的司法性文件就是2007年7月发布的《关于办理受贿刑事案件适用法律若干问题的意见》。其中规定,国家工作人员利用职务上的便利为请托人谋取利益之前或者之后,约定在其离职后收受请托人财物,并在离职后收受的,以受贿论处。国家工作人员利用职务上的便利为请托人谋取利益,离职前后连续收受请托人财物的,离职前后收受部分均应计入受贿数额。由此可以看出,若要对离职后收受财物的行为以受贿罪论处,除应具备一般受贿犯罪的构成要件外,还应符合三个特征:一是在职时利用职务的便利为请托人谋取利益,二是离职之前或之后约定离职后收受请托人财物,三是离职后收受了请托人财物。

第一,从利用职务便利为他人谋利上看,我国刑法对职务便利中的"职务"一般是作宽泛的解释,既包括本人主管、负责、经办某项公共事务的职权,也包括职务上有隶属、制约关系的其他国家工作人员的职权,只要行为人的这种职务行为对请托人的请托事项具有事实上的制约作用就是刑法所规定的利用职务上的便利为请托人谋取利益的内容。至于行为人在离职后才收受请托人财物,只是其在职时利用职务上的便利为请托人谋取利益并想要获得回报这一行为的延续,不能因为行为人离职后收受请托人财物时已经没有相应的职权而否认前一行为,两者具有因果关系,不能割裂。本案中,被告人万某炜在浦东规土局任职,全面负责土地的规划、开发、管理、监督等工作期间,先后受多名房产开发公司负责人的请托,为他们开发相关房产的项目审批、合同签订、建筑面积增加等提供了诸多帮助,甚至对某些房产开发公司超面建设、建筑间距不合规定等违规行为不仅不予制止,反而批准同意。房产开发公司的负责人也是基于万某炜对他们公司开发的相关房产项目具有决定性的制约力,才通过各种关系或渠道纷纷找万某炜帮忙,事实上万某炜对这些公司最终能顺利完成相关房产项目开发也确实起到了关键作用。因此,万某炜具备《关于办理受贿刑事案件适用法律若干问题的意见》中有关国家工作人员利用职务上的便利为他人谋取利益的特征。

第二，从离职前后的约定上看，《关于办理受贿刑事案件适用法律若干问题的意见》所规定的离职之前或之后约定离职后收受请托人财物的实质就是约定受贿，而刑法中的"约定"是指受贿人与行贿人双方就贿赂事宜进行协商所达成的合意。对于约定受贿，其方式或内容应当是多样的，既可以是具体的、明确的约定，也可以是概括的、不确定的约定，甚至可以是默认方式的约定等。尤其要注意的是，有些国家工作人员为了规避法律风险，改变了以往那种赤裸裸的权钱交易的约定方式，取而代之的是采用双方心照不宣、互相默认、长期感情投资等默示方式变相约定，具体表现为国家工作人员在请托人提出要给予其财物等利益或者仅仅有这种意思表示时，既不表示接受也不明确拒绝，而是选择日后在适当时机以各种名义明里暗里收取请托人给予的好处。本案中，被告人万某炜就是在相关房产开发公司负责人没有提出具体回报内容，仅仅表示要感谢万某炜的情况下，不仅没有拒绝，而且在日后根据自己的需要，以领取挂名工资、收取所谓咨询服务费以及购买房产、合作开办公司等种种名义接受房产开发公司给予的好处。由此推定，万某炜当初在多名房产开发公司负责人表示要感谢时没有拒绝，实质上就是双方以默认方式约定了相关人员择机给予万某炜回报的具体表现，事先没有约定具体回报并不等于没有约定，这是一种较为隐蔽的特殊约定方式，而万某炜离职后收受相关财物的行为正是这种约定的兑现。所以，万某炜符合《关于办理受贿刑事案件适用法律若干问题的意见》中关于约定在离职后收受请托人财物的特征。

第三，从离职后收受财物上看，有必要对《关于办理受贿刑事案件适用法律若干问题的意见》规定"离职"一词的演变过程作全面分析。在《关于办理受贿刑事案件适用法律若干问题的意见》发布前，最高人民法院曾以《关于国家工作人员利用职务上的便利为他人谋取利益离退休后收受财物行为如何处理问题的批复》规定，"国家工作人员利用职务上的便利为请托人谋取利益，并与请托人事先约定，在其离退休后收受请托人财物，构成犯罪的，以受贿罪定罪处罚"。两相比较，《关于办理受贿刑事案件适用法律若干问题的意见》除将《关于国家工作人员利用职务上的便利为他人谋取利益离退休后收受财物行为如何处理问题的批复》中的"离退休""事先约定"分别改为"离职""之前或者之后"外，其余内容均没有实质上的变化。由此可以认为，《关于办理受贿刑事案件适用法律若干问题的意见》中"离职"不仅仅是指离退休，还是指离开能够对请托人获取利益有影响或决定作用的岗位，因为只有这个岗位才是影响或决定请托人是否可以获得利益的关键，才谈得上刑法规定的国家工作人员利用职务上的便利为请托人谋取利益的问题。本案中，能够对多家房产开发公司的开发项目具有决定作用的岗位就是被告人万某炜在浦东规土局从事的工作，故万某炜在离开浦东规土局后收受的绝大部分财物，应当视为《关于办理受贿刑事案件适用法律若干问题的意见》中的离职后收受财物。此外，万某炜知道其离职后收受的大量财物是房产开发公司相关人员给予的，在主观上也意识到这是其在浦东规土局任职期间为这些公司谋取利益后以默示方式约定的不当回报,故其离职后收受财物之行为与在职时的职务行为具有必然联系。

作为国家工作人员的被告人万某炜,利用职务上的便利非法收受他人财物,并为他人谋取利益,侵害了国家机关正常工作秩序和国家工作人员职务行为的不可收买性,应以受贿罪追究其刑事责任。

六、行为人利用职务便利要求合作单位为其亲属提供低价住房的行为构成受贿罪

(一)裁判规则

受贿罪的构成并不以行为人直接占有该财物为必要条件,行为人利用其职权便利,向他人索要财物,要求他人将财物交由特定关系人,即使自己并不直接占有该财物,仍应当以受贿罪论处。

(二)规则适用

受贿罪是职务犯罪的一种,其本质是一种权钱交易的行为,侵犯的是国家工作人员职务行为的廉洁性。受贿罪的行为类型有两种:一种是收受贿赂型,一种是索取贿赂型。在索取贿赂型的受贿犯罪中,行为人只要实施了利用职务便利向他人索取财物的行为,即可以认定成立受贿罪,即受贿罪的构成并不以行为人直接占有该财物为必要条件,因为行为人在利用其职务便利向他人索取贿赂时,就具备了权钱交易的性质,侵犯了国家工作人员职务行为的廉洁性。实践中,行为人利用其职务便利,向他人索取财物,可能并不要求其直接交给自己,而要求其交由特定人,借以掩盖受贿事实,但只要行为符合了受贿罪的犯罪构成,就应以受贿罪论处,财物是否由其直接占有并不影响受贿行为的认定。相关的司法文件中也体现了这一观点,《全国法院审理经济犯罪案件工作座谈会纪要》关于受贿罪中共同受贿犯罪的认定规定,国家工作人员利用职务上的便利为他人谋取利益,并指定他人将财物送给其他人,构成犯罪的,应以受贿罪定罪处罚。因此,行为人为给其亲属谋取利益,向他人索取贿赂的行为,虽然其本人并未获利,但仍然侵犯了国家工作人员职务行为的廉洁性,索取数额达到定罪标准的,应当认定为受贿罪。国家工作人员利用职务便利,要求他人为其亲属提供房产,虽然其本人并未直接占有该房产,但仍然应当以受贿罪论处。

【指导案例】李某受贿案——利用与其他单位共同开发房地产的职务便利要求合作单位为其亲属提供低价住房的行为是否构成受贿罪[①]

位于济南市经十路的济南市汽车修制厂(以下简称"汽修厂")系集体所有制

[①] 参见最高人民法院刑事审判第一庭、第二庭编:《刑事审判参考》(总第43集),法律出版社2005年版,第340号案例。

企业,是济南市交通局的下属单位。1992年8月,经济南市交通局党委研究决定由被告人李某任汽修厂厂长。1995年年底,汽修厂搬迁至济南市槐荫区美里湖开发区。汽修厂计划在原厂址与人合作开发房地产,建职工宿舍楼和商业住宅楼。山东房地产集团公司副总经理马某听说汽修厂拟开发房地产后,经人介绍与李某进行了洽谈。1995年10月31日,汽修厂与山东房地产集团公司签订了一期住宅楼的合作开发合同,约定汽修厂出地皮,并负责施工现场的水电协调,山东房地产集团公司负责出资金进行施工;所建住宅楼双方各得50%;二期工程由双方在前期合作基础上另行协议,山东房地产集团公司保留优先合作开发权。

1997年9月,李某给山东房地产集团公司副总经理马某打电话称,其弟李某1拟购买山东房地产集团公司开发的1套住宅,要求在价格上给予优惠。李某提出只交5万元购房款。山东房地产集团公司商议后认为5万元太低,但因担心影响以后的合作,最后商定按10.1万元签订买卖合同,李某先交5万元,余款能给就给,不给就不要了。同年10月,山东房地产集团公司与李某1签订了10.1万元的房屋买卖合同,并在收到李某交纳的5万元购房款后,决定将住宅出售给李某1。但在办理房产证的过程中,济南市房管局认为该住房的出售价格过低,不给办理。于是双方签订了一份价值40.15万元的虚假房屋买卖合同,并于1998年1月为李某1办理了房屋所有权证。经济南市新永基房地产评估交易有限公司鉴定,该套住宅价值28.5万元。

被告人李某在合作开发房地产过程中,要求山东房地产集团公司为其亲属提供低价住宅,实质上属于利用职务便利索要财物。索取的财物是否为被告人自己占有,不影响受贿罪的成立。

本案中,由于汽修厂外迁,留有闲置场地,就与房地产公司协议共同开发一住宅小区。协议约定,由汽修厂提供土地,房地产公司出资并进行施工,所建住宅楼双方各得50%。同时,还约定二期工程由双方在前期合作基础上另行协议,房地产方保留优先合作开发权等(双方后来又签订了第二份、第三份联合开发住宅楼合同)。李某作为汽修厂厂长,对本单位与房地产公司合作开发住宅小区具有重要作用,其要求对方为其弟在购房价格上给予"优惠",就是利用了职务上的便利。通常情况下,房地产公司在房屋销售方面都会有一定幅度的价格优惠,如果行为人要求对方提供这种正常范围内的价格优惠,虽然利用了职务上的便利,一般也不构成索贿。但在本案中,李某提出价格优惠要求后,还亲自看房、选房,经手签订购房协议,代缴购房款5万元。李某对所购房屋的实际价值及购买该套住房实际付款之间存在的巨大差价是明知的,要求该种"优惠"实际上属于变相索要财物,表明其主观上具有索贿的故意。房地产公司基于李某的厂长身份及其在双方合作中的重要作用,同意给予价格"优惠",实际售价仅为5万元。经鉴定该套房屋时价为28.5万元,"优惠"23.5万元之巨,显然不是一般的民事行为。房地产公司虽然在李某提出价格优惠后积极迎合其的要求,但这并不影响李某索贿行为的性质。

受贿犯罪案件中,存在利用职务便利为请托人谋取利益的行为人没有直接占有受贿款物的情形,如本案中,被告人李某是为其弟索要住房,巨额差价款个人也没有直接所得,而是由其弟所得,但这并不影响其受贿罪的成立。《全国法院审理经济犯罪案件工作座谈会纪要》中关于受贿罪中共同受贿犯罪的认定规定,"国家工作人员利用职务上的便利为他人谋取利益,并指定他人将财物送给其他人,构成犯罪的,应以受贿罪定罪处罚"。李某利用本人职务上的便利,直接要求房地产公司以"优惠"价格卖一套住房给其弟,符合规定中"指定他人将财物送给其他人"的特征,对其应以受贿罪论处。

七、行为人低价购买违章建筑物的,构成受贿罪

(一) 裁判规则

以明显低于市场的价格向请托人购买违章建筑物的行为可以构成交易型受贿。刑法意义上的占有实际上都是非法占有,它与物权法上的合法占有是两个不同的概念,二者占有的认定标准也不完全一样,刑法上的非法占有目的的实现并不以得到法律上的确认为条件。只要行为人实际上已经占有房屋,具备使用该房屋的权益,就达到了刑法意义上的占有的要件要求。

(二) 规则适用

行为人以明显低于市场的价格向请托人购买违章建造的房屋的行为是否构成了交易型受贿,在实践中存在较大争议。2007年5月中共中央纪委发布的《关于严格禁止利用职务上的便利谋取不正当利益的若干规定》和2007年7月最高人民法院、最高人民检察院发布的《关于办理受贿刑事案件适用法律若干问题的意见》规定,国家工作人员利用职务上的便利为请托人谋取利益,以下列交易形式收受请托人财物的,以受贿论处:(1)以明显低于市场的价格向请托人购买房屋、汽车等物品的;(2)以明显高于市场的价格向请托人出售房屋、汽车等物品的;(3)以其他交易形式非法收受请托人财物的。要认定"以明显低于市场的价格向请托人购买房屋、汽车等物品"的交易型受贿,必须具有以下特点:一是交易性质为权钱交易,交易目的是利用职务上的便利获取非法利益,其交易行为具有非法性。二是交易价格具有较大的随机性和任意性。行受贿双方的见机行事、讨价还价掺杂着利用职务之便谋取利益的因素,导致请托人事前无法依据房地产销售的市场规则定价。三是交易价格具有绝对性和排他性。交易价格并不适用于普通的消费者,只有利用职务之便为请托人谋取利益的国家工作人员及其近亲属、情妇(夫)、其他共同利益关系人等特定关系人才能享受。四是交易价格具有无因性、非理性。房产交易的优惠让利作为一种价格营销方式,其基础原因通常为加快资金回流、降低积压商品库存、扩大市场销售份额等。受贿型交易价格明显违背商

业惯例和市场规则,以损失经济利益的形式来换取权力腐败带来的暴利性、排他性回报。

在判断是否属于明显低于或明显高于市场价格时,需要把握的一个基本原则是:既要考虑相差的金额数,又要考虑相差的比例。一方面,相差的金额数必须较大;另一方面,相差的比例较大。在市场经济条件下,优惠让利是一种正常而普遍的销售方式,法律不能在惩治受贿的同时剥夺国家工作人员正常的优惠购物权利。鉴于此类交易行为的对象多为房屋、汽车等大宗贵重物品,稍微降低几个百分点,数额就可能达到数万元甚至数十万元,如果不看具体比例就以受贿论处,很可能会将一般的优惠购物与受贿混淆,不适当地扩大打击面。在具体判断是否明显背离市场价格时,应当综合衡量绝对金额和相对比例两个方面因素,并结合当地物价水平和收入水平衡量,不可片面化、绝对化。

没有经过任何部门对土地、建筑等手续进行审批的违章建筑物是否具有所有权,是否具有市场价值,行为人低价购买违章建筑物的行为是否构成受贿又是一个新类型问题,实践中存在两种截然不同的观点。

第一种观点认为,不构成受贿。虽然《关于办理受贿刑事案件适用法律若干问题的意见》第 8 条规定,"收受请托人房屋、汽车等物品,未变更权属登记或者借用他人名义办理权属变更登记的,不影响受贿的认定"。但此条文所指的房屋,应该是请托人在拥有物权法所规定的合法产权的前提下进行交易的房屋;这里所指的未变更权属登记,实际上指的是能取得而没有取得权属登记的情形。这种规定,主要是为了防范受贿人为了规避法律制裁而采取的行为,所以,这种情况不影响受贿的认定。但违章建筑物本身就不具备物权法意义上的产权,这种没有产权的房屋不可能取得房屋的所有权,这实际上是不能取得权属登记的情形,这与能取得而没有取得的情形显然不同。所以,在该房屋没有物权法意义上的合法产权的前提下讨论刑法意义上的占有,哪怕它是一种非法占有,也显得于法无据:这种违章建筑随时都有可能被行政执法部门列入强制拆迁的范围,对这样一种在法律意义上尚不确定的收益,显然不能肯定它会取得合法的产权,没有这个基础,房屋的所有权就无从谈起;没有所有权,就不可能实现所有权所包含的占有、处分、使用、收益等权益,没有这些权益的建筑物就没有市场价值。

第二种观点认为,构成受贿罪。探究中共中央纪委发布的党内法规和司法解释本意,就是要通过惩治低买高卖等交易型受贿行为,维护国家工作人员的职务廉洁性。违章建筑物虽然没有经过土地、建筑等相关主管部门审批,但以房产公司名义开发,也向有关部门交纳了一定的费用,也就是说房屋建造并非毫无依据。刑法意义上的占有,实际上都是非法占有,与物权法上的合法占有是两个不同的概念,二者占有的认定标准也不完全一样,刑法上的非法占有目的的实现并不以得到法律上的确认为条件。违章建筑物虽然未获得房屋的所有权证,但不能以所有权的四项权益来全面评价该房屋是否具有市场价值,而是应该认识到双方有明确的送、收的意思表示,具备了房屋的使用权益,就达到了刑法意义上的占有的要件要求。笔者赞同该种观点。

【指导案例】毛某洪受贿案①

被告人毛某洪,原浙江省杭州市萧山区人民政府农业和农村工作办公室副主任,曾任杭州市萧山区益农镇镇长。2003年年底至2006年年底,毛某洪在担任杭州市萧山区益农镇镇长期间,利用职务便利,为浙江大立建设有限公司法定代表人傅某剑、杭州洪晨包装有限公司原总经理俞某良、杭州萧山益农沙地绿色纯品瓜果蔬菜实验场负责人俞某马、浙江荣盛控股集团有限公司董事长李某荣等16人谋取利益,先后50次非法收受上述人员所送的现金,共计价值人民币71.92万元、美元0.8万元和港币1万元。其中,毛某洪除收受俞某良所送美元0.1万元外,还在该处低价购买店面房一间,详情如下:

2003年上半年,俞某良通过协议从杭州市萧山区益农镇人民政府获得了益农大道南北两侧土地的开发使用权,并在未办理相关开发手续的情况下,在益农大道南侧建造了一幢3层商住一体的店面房,并于2005年上半年开始面向社会公开销售。2005年8、9月份至2006年6月份左右,被告人毛某洪利用自己担任益农镇镇长的职务便利,为俞某良个人及其公司在高峰用电协商、土地开发等方面谋取利益。2006年上半年,毛某洪欲购买俞某良开发的店面房。俞某良为感谢毛某洪在其违法建造店面房等方面的关照,将这套市场价值鉴定为46.54万元的店面房以30万元的价格销售给毛某洪。为掩盖低价出售的事实,毛某洪以其妻子的名义,用46万元的价格与杭州洪晨包装有限公司签订了虚假集资建房协议,并由俞某良的妻子在协议上注明"款已全付"的字样,从而以低于市场价16.54万元的价格购得此店面房。

被告人毛某洪以明显低于市场的价格向请托人购买违章建造的房屋的行为是否构成了交易型受贿,在实践中存在较大的争议。如果撇开本案是违章建筑物这一点而言,毛某洪以明显低于市场价格16万余元的价格购买俞某良开发的市场价值达46万余元的店面房,其优惠比例高达35%左右,符合认定交易型受贿规定的两个条件:一是相差的金额较大,二是相差的比例较大,是可以认定为受贿行为的。但是,本案中毛某洪购买的店面房,是没有经过任何部门对土地、建筑等手续进行审批的违章建筑物,违章建筑物是否具有所有权,是否具有市场价值,是本案争论的焦点。

法院认为,被告人毛某洪的行为构成了受贿罪。探究中共中央纪委发布的党内法规和"两高"的司法解释本意,就是要通过惩治低买高卖等交易型受贿行

---

① 参见苟红兵:《低价购买违章建筑物的受贿认定》,载《人民司法(案例)》2009年第20期。

为,维护国家工作人员的职务廉洁性。在本案中,毛某洪所购买的店面房虽然没有经过土地、建筑等相关主管部门审批,属于违章建筑物,但俞某良以公司名义开发房产,已向镇政府交纳了一定的费用,也就是说房屋建造并非毫无依据。毛某洪和俞某良以协议价格46万元签订购房协议,实际上仅付了30万元,就由俞某良的妻子在协议上注明"款已全付",这就是为了掩盖毛某洪以明显低于市场价格的方式购买此房屋。而且,刑法意义上的占有,实际上都是非法占有,与物权法上的合法占有是两个不同的概念,二者占有的认定标准也不完全一样,刑法上的非法占有目的的实现并不以得到法律上的确认为条件。本案中,尽管毛某洪购买的是违章建筑物,毛某洪在案发时也尚未获得该房屋的所有权证,但不能以所有权的四项权益来全面评价该房屋是否具有市场价值,而是应该认识到双方有明确的送、收的意思表示,毛某洪实际上已经占有了该房屋,也具备了使用该房屋的权益,这就达到了刑法意义上的占有的要件要求。所以,尽管这种占有是非法占有,也不能用物权法意义上的合法占有来否认本案中毛某洪的实质占有。

八、行为人收受房产,未变更权属登记或借用他人名义办理权属变更登记的,不影响受贿的认定

(一)裁判规则

根据2007年最高人民法院、最高人民检察院发布的《关于办理受贿刑事案件适用法律若干问题的意见》的规定,国家工作人员利用职务便利为请托人谋取利益,收受房屋、汽车等物品,但未作权属变更登记的或借用他人名义办理权属变更登记的,不影响受贿的认定。刑法上的取得标准与民法上合法所有的标准有所不同,财物的权能要素是否完备、房屋登记公示效力如何,不是判断刑法意义上"占有财物"以及受贿犯罪既遂的必要要件。

(二)规则适用

对于国家工作人员利用职务便利为请托人谋取利益,收受房屋、汽车等物品,但未作权属变更登记的如何处理,现存在四种不同观点:第一种观点认为,虽然行为人表面上未获得物品的所有权,但实质上已获取了物品的占有、使用和收益的权利,应当认定为构成受贿罪。第二种观点认为,房屋、汽车等物品未作权属变更登记,从法律上讲行为人没有真正获得上述物品,特定的危害结果没有发生,故不构成受贿罪。第三种观点认为,未变更权属登记不影响受贿罪的成立,影响的是受贿金额的认定,应当按照行为人实际占有所收受物品的期限和在当地取得对该种类物品的使用权应支付的市场对价折算来认定受贿的数额。第四种观点认为,行为人构成受贿罪,但由于并没有获得完整的财产所有权,故应认定受贿行为已经着手但没有最终完成,从而构成受贿罪未遂。

《关于办理受贿刑事案件适用法律若干问题的意见》规定,"国家工作人员利用职务上的便利为请托人谋取利益,收受请托人房屋、汽车等物品,未变更权属登

记或者借用他人名义办理权属变更登记的,不影响受贿的认定"。此类案件一般都具有以下几个特征:一是行为人已经对物品形成较长时间的实际控制;二是未变更权属登记大多是有意而为之,一般是出于逃避处罚或者兼顾更便捷地使用贿赂物品的多种考虑;三是行为人往往提出"借用""临时保管"等辩解。

对此类行为的认定可以从以下四个方面入手:一是双方之间的关系。正常的借用关系与行为人的职务没有密切联系,双方并不存在某种交易。而以"借用"为名往往以职权作为媒介,缺乏借用关系存在的信任基础。二是借用的事由。正常的借用关系往往存在合理的借用事由,而以"借用"为名则缺乏对物品的急需条件,行为人经济宽裕无借款必要,而请托人有时无财产出借却要奔波筹措。三是是否有归还的意思表示。此类案件中,请托人往往不会对送出去的物品主张权利,行为人也没有归还的意思以及积极的归还行为。四是归还的条件。行为人占有物品时间较长,就归还的时间、归还的对象等方面而言,归还条件成熟,但仍长时间占有。其借用的基础越不稳固,认定其主观收受贿赂的理由就越充分。

【指导案例】张某文受贿、挪用公款案[①]

2010年至2016年,被告人张某文利用担任鄂州职业大学财务处处长、分管副校长的职务便利,在工程款拨付上为鄂州市凤凰建筑安装工程有限公司(施工负责人洪某)提供帮助。2011年下半年的一天,洪某在张某文办公室向张某文提出送给张某文一套大小约80平方米、位于海南省海口市的房子,张某文表示要与妻子高某商量后决定。2012年2月,洪某向张某文索要身份证复印件用于办理前述房屋买卖合同,张某文将高某的身份证复印件交给洪某。2012年3月下旬的一天,洪某将房屋买卖合同交给张某文,该合同买受人为高某,并已在海口市房产局备案,张某文将合同存放于家中。2013年9月20日,为掩盖赠与房屋的实际情况,在洪某、张某文的指使下,高某将洪某妻子程某提供的现金40万元存入自己的银行卡,随即将40万元转入洪某的银行账户。与此同时,洪某从张某文处取回房屋买卖合同办理房屋产权证,后因开发商的原因未能成功办理。2015年6月,张某文从洪某处取回房屋买卖合同并对该房进行了个人财产申报。2017年元宵节后的一天,为规避巡查,洪某从张某文处取回该房屋买卖合同。2010年春节至2016年8月期间,张某文还在自己办公室内,先后6次收受洪某所送现金共计16.5万元。上述房屋价值及现金共计折合69.5898万元。

辩护人提出,洪某送给张某文房屋一套,买卖合同上的"买受人高某"是他人替代签名,合同无效,张某文未实际取得该房屋的所有权。2017年2月张某文将购房合同退还给了洪某,属犯罪中止。控方认为,犯罪行为本身就是对固有法律

---

① 案号:(2018)鄂07刑初2号。

秩序的侵犯和破坏,涉案财物的占有、使用权的转移本就不是按照正常的民事法律关系进行的,财产所有权的设立、变更等要件,不应作为判断刑事违法及犯罪形态的标准。张某文主观上有受贿故意,客观上有收受财物的行为,实现了对财物的占有状态,受贿犯罪即为既遂。不动产未登记或借用他人名义登记,不影响受贿罪的认定。

经查,洪某的证言及张某文的供述均证实,洪某提出将抵偿工程款所得的商品房送张某文一套,张某文答应与妻子高某商量再定,后向洪某提供了用于办理购房合同所需的高某身份证复印件。洪某委托他人持上述身份证复印件以高某名义签订购房合同一份,同时在海口市房管部门备案登记。洪某后将已备案的购房合同交予张某文保管,张某文采取以洪某提供现金40万存入高某银行卡,再汇给洪某账户的方式,虚构出资买房的假象,后又在领导干部申报个人事项时将该房屋作为家庭财产予以申报。涉案房屋实际具备入住条件,只因开发商交纳税费、规划手续等原因导致未能办理产权登记,张某文领钥匙入住,随时可以实现。2017年2月,因鄂州职业大学接受组织巡查,洪某担心送房之事被查,向张某文要回购房合同。

综上事实,法院认为,张某文收受洪某所送房屋的受贿事实,不应以取得所有权或者实际意义的"占有"为依据。根据《关于办理受贿刑事案件适用法律若干问题的意见》第8条的规定,国家工作人员利用职务之便为请托人谋取利益,收受请托人房屋、汽车等物品,未变更权属登记或者借用他人名义办理权属变更登记的,不影响受贿的认定。辩方关于代签购房合同无效、涉案房屋未办理登记、合同备案不产生所有权公示效力,故张某文未取得涉案房屋所有权,受贿不成立等辩护理由的逻辑依据,都是建立在民法角度,针对平等主体间的民事法律关系的分析判断,但本案是涉贿赂犯罪的刑事案件,涉案房产属于贿赂犯罪的赃物,张某文取得不动产的前提具有违法性,其法律后果当然是无效的。但是,刑法上的取得标准与民法上合法所有的标准显然不同,加之受贿犯罪本就具有非法性、隐蔽性的特点,应当进入刑事规范的领域,不能片面地适用民事法律规范衡量。财物的权能要素是否完备、房屋登记公示效力如何,不是判断刑法意义上"占有财物"以及受贿犯罪既遂的必要要件。受贿犯罪是否既遂,应结合主客观方面综合分析,现有证据证明洪某决意将房屋送给张某文,张某文主观上也明知是"送"而不是"买","钱权交易"的故意是明显的。客观上利用职务之便,为他人谋取利益。张某文获得的购房合同,已经房产管理部门备案登记,其妻高某的"买受人"身份得到公示确认。事后张某文报告个人事项填报了该房产。虽然表面上未实际交付,但事实上领钥匙入住随时可以实现,客观上具备了排他地对受贿房屋实现占有的状态。《全国法院审理经济犯罪案件工作座谈会纪要》认为,收受财物应当以行为人是否实际控制为标准,而不应以其是否将财物"依法"登记转移为标准。综上,法院同意控方观点,本案自购房合同备案之日起,权钱交易行为的实质危害性已经产生,张某文收受贿赂的犯罪已属既遂形态。辩方提出该项事实不构成受贿或者受贿犯罪中止的辩护意见都不成立。

九、行为人利用职务便利为非特定关系人优惠购房,未通谋也未共同占有财物的,不构成受贿罪

(一)裁判规则

对于不属于特定关系人,也不属于双方通谋后收受财物共同占有的情形,根据《关于办理受贿刑事案件适用法律若干问题的意见》的有关规定,行为人的行为不构成受贿罪。

(二)规则适用

国家工作人员收受他人财物成立受贿罪,主要有三种情形:一是本人直接收取并归本人所有;二是本人直接收取后交给其指定的第三人;三是本人不直接收取,而是授意他人将有关财物直接交给其指定的第三人。对于前两种情形,根据法律规定应认定为国家工作人员收受财物,第三种情形则较为复杂。《关于办理受贿刑事案件适用法律若干问题的意见》第7条规定:"国家工作人员利用职务上的便利为请托人谋取利益,授意请托人以本意见所列形式,将有关财物给予特定关系人的,以受贿论处。特定关系人与国家工作人员通谋,共同实施前款行为的,对特定关系人以受贿罪的共犯论处。特定关系人以外的其他人与国家工作人员通谋,由国家工作人员利用职务上的便利为请托人谋取利益,收受请托人财物后双方共同占有的,以受贿罪的共犯论处。"

据此可见,对于上述第三种情形是否认定为受贿,在判断时应当首先区分实际收受财物的人是否属于特定关系人。根据《关于办理受贿刑事案件适用法律若干问题的意见》规定,特定关系人是指"与国家工作人员有近亲属、情妇(夫)以及其他共同利益关系的人"。近亲属是个法律术语,具有特定含义,根据我国《刑事诉讼法》第108条第(六)项的规定,近亲属是指"夫、妻、父、母、子、女、同胞兄弟姊妹",其他共同利益关系的人,关键在于该人是否与国家工作人员有共同利益关系。对于共同利益关系的理解,应注意把握两点:一是共同利益关系主要是指经济利益关系,纯粹的同学、同事、朋友关系不属于共同利益关系,因为受贿罪的本质是权钱交易,没有经济利益往来的不符合受贿罪的本质特征;二是共同利益关系不限于共同财产关系,除共同财产关系外,情夫情妇等关系亦属于特定关系。对于不属于特定关系人,也不属于双方通谋后收受财物共同占有的情形,根据《关于办理受贿刑事案件适用法律若干问题的意见》的有关规定,行为人的行为不构成受贿罪。

【指导案例】周某华受贿案①

2007年年初,被告人周某华妻子的表弟沈某良准备购买湖州巨赢置业有限公司(以下简称"巨赢公司",系私营企业)开发的巨赢花园小区的住房,为此,周某华多次向巨赢公司董事长冯某兴要求对沈某良购房给予优惠。后沈某良购买标价为33.5088万元的住房1套,享受销售单位的优惠后,房价为32.7423万元,并以此价由沈某良与巨赢公司、湖州远大房地产代理经营有限公司签订了购房合同,购房的首付款收据开票额为14.7098万元,但沈某良实付11.7098万元。对该套房屋,沈某良实付总房款为29.7423万元(比签订合同的价格少3万元)。

对于周某华向房产销售老板提出购房优惠要求后,其妻子的表弟沈某良购房享受了3万元优惠的事实,是否能够将周某华的行为认定为受贿,审理中有两种意见,公诉机关认为被告人的行为构成受贿罪,被告人和辩护人则认为不构成受贿罪。法院同意后一种意见,具体理由如下:

本案中,被告人周某华妻子的表弟沈某良购买商品房,周某华利用自己的身份和职务便利,向房产销售老板提出给予购房优惠的要求。老板明知购房人为沈某良,但为了与周某华搞好关系,被迫答应其提出的优惠要求,主动提出并落实了3万元优惠。沈某良因周某华的身份而获利,周某华实际并未得利益,周某华的行为应属于前文所述的第三种情形。沈某良因为周某华的出面说情而得到了3万元的购房优惠,其系周某华妻子的表弟,显然与周某华并非近亲属关系,沈某良购买房屋,并实际付款和居住,在事前事后周某华均未和沈某良商量其要从这优惠的3万元中得到什么利益,事实上也确实没有得到任何经济利益。因此,沈某良不属于周某华的特定关系人,也不属于双方通谋后,对收受财物共同占有的情形,根据《关于办理受贿刑事案件适用法律若干问题的意见》的有关规定,周某华的行为不构成受贿罪。

需要指出的是,《刑法修正案(七)》第13条增加了一条新罪——利用影响力受贿罪,根据该条规定,国家工作人员的近亲属或者其他与该国家工作人员关系密切的人,通过该国家工作人员职务上的行为,或者利用该国家工作人员职权或者地位形成的便利条件,通过其他国家工作人员职务上的行为,为请托人谋取不正当利益,索取请托人财物或者收受请托人财物的,应当成立利用影响力受贿罪。据此,如果本案发生在《刑法修正案(七)》实施之后,则被告人周某华妻子的表弟沈某良作为与周某华关系密切的人,通过周某华利用其职务便利向房产销售老板索要购房优惠的行为,在一定条件下可以构成利用影响力受贿罪。同时,司法实践中应当注意的是,在《刑法修正案(七)》实施之后,由于增加了新的罪名,在认定

---

① 参见最高人民法院刑事审判第一、二、三、四、五庭主办:《刑事审判参考》(总第70集),法律出版社2010年版,第584号案例

国家工作人员与其近亲属及关系密切的人是否构成受贿罪共犯的问题上有所变化。

十、如何区分国家工作人员以优惠价格购买商品房与以交易形式收受贿赂

（一）裁判规则

应当从以下两个方面来区分国家工作人员以优惠价格购买商品房与以交易形式收受贿赂：其一，从受贿罪权钱交易的本质进行区分；其二，从"优惠价格"的本质特征进行区分。具体而言，第一，交易型受贿具有受贿罪权钱交易的本质特征。在交易型受贿中，从形式上看，行贿人和受贿人双方存在一般市场交易行为，以金钱和物品的对价进行支付，通常包含打折、让利等优惠，但是上述优惠并不是一般商品买卖活动中为了促销而进行的正常销售手段，而是为了通过这种优惠换取国家工作人员手中的公权力。所谓市场交易只不过是权钱交易的幌子，权钱交易才是交易型受贿的本质特征。第二，"优惠价格"是正常市场优惠。交易型受贿中的"市场价格"包括"事先设定的不针对特定人的优惠价格"，应当从是否"事先设定"和"不针对特定人"两个基本方面，结合案件实际来判断国家工作人员所享受的"优惠价格"是正常市场优惠还是交易型受贿。①

（二）规则适用

最高人民法院、最高人民检察院发布的《关于办理受贿刑事案件适用法律若干问题的意见》规定，国家工作人员利用职务上的便利为请托人谋取利益，以明显低于市场的价格向请托人购买房屋等物品的，以受贿论处。受贿的数额按照交易时的市场价格与实际支付价格的差额计算。《关于办理受贿刑事案件适用法律若干问题的意见》的出台，使交易型受贿这一新类型受贿行为受到理论与实务界的高度关注，也使这一更具有隐蔽性的新型受贿行为在认定贿赂犯罪时有明确的指导依据。然而市场经济现象纷繁复杂，优惠让利也是一种房产交易中正常而普遍的销售方式，国家工作人员虽然具有特定的主体身份，但同时也是一名普通的消费者，如何区分交易中的正常优惠与以交易形式受贿的界限是司法实践中的一个难题。对此，《关于办理受贿刑事案件适用法律若干问题的意见》中也作出了明确规定："前款所列市场价格包括商品经营者事先设定的不针对特定人的最低优惠价格。根据商品经营者事先设定的各种优惠交易条件，以优惠价格购买商品的，不属于受贿。"故后文"胡某富受贿案"根据上述意见精神，抓住"不针对特定人""最低优惠价格"两个关键点，分别认定哪些行为属于优惠购房，哪些行为属于收受贿赂是合理的。具体阐述如下：

---

① 参见最高人民法院刑事审判第一、二、三、四、五庭主办：《刑事审判参考》（总第97集），法律出版社2014年版，第975号案例裁判理由。

根据商品经营者事先设定的各种优惠条件，以优惠价格购买商品的不属于受贿。但交易本身就是以获取利益为目标的市场行为，合法性交易与犯罪性交易的界限十分模糊。因此，在受贿犯罪司法实践中，直接从购销行为内部抽离以交易形式收受贿赂予以查处并不可行。"低买高卖"的交易型受贿发生在商品购销环节，明确区分以优惠价格购买商品与以交易形式收受贿赂，必须落位于市场交易的核心——价格。以优惠价格购买商品对应于优惠型交易价格；以交易形式收受贿赂对应于贿赂型交易价格。第一，优惠型交易价格具有事先设定性，贿赂型交易价格具有见机调整性。优惠型交易价格通常按照经营者事先确定的折扣操作，而不是由主管人员根据情况直接拍板。优惠价格的事先设定性排除了交易双方通过差价利益给付或者收受贿赂的行为故意；明显偏离市场标准的见机调整性价格，印证了国家工作人员间接从中谋取非法个人利益的犯罪意图。第二，优惠型交易价格具有不特定性或者相对特定性，贿赂型交易价格具有绝对特定性。优惠型交易价格也有可能明显偏离同类商品市场一般价格，但优惠型交易价格的交易相对人是不特定的，或者根据经营者规定的条件在一定幅度内享受折扣。而国家工作人员不符合优惠条件或者不具有优惠身份而享受优惠价格的，属于以贿赂型价格进行腐败交易，其交易价格并不及于一般受众，其享受者局限于经营者认为需要依托其权力谋取经济利益的国家工作人员及其亲属、情妇（夫）或其指定的其他人员。第三，优惠型交易价格具有有因性，贿赂型交易价格具有无因性。优惠是商品购销中的让利，是经营者在销售商品时以明示且如实入账的方式给予交易相对方的价格竞争优势，本质上是经营者所采取的一种价格营销策略。而贿赂型交易价格是非法价格行为，违背诚实信用，通过暂时性地亏本买卖换取权力腐败而形成的排他性回馈，其并不存在优惠的合法合理原因，买卖合同权利义务关系不对等、缺乏商业惯例依据、无视价格法律法规。贿赂型交易价格的无因性从商品市场流转的角度证明了国家工作人员与经营者之间形成的腐败交易的对价关系。

综上所述，后文"胡某富受贿案"从"不针对特定人""最低优惠价格"等方面准确区分了优惠购房、贿赂购房是合理的。

【指导案例】胡某富受贿案——如何区分国家工作人员以优惠价格购买商品房与以交易形式收受贿赂[①]

常山县城市规划管理所为全额拨款事业单位，对常山县天马镇（即县城所在地）范围内建设项目的选址、建设用地和建设工程规划许可证的核发、建筑设计方案的审查以及工程验收、批后管理、组织综合验收、配合依法查处各类违章违法建

---

① 参见最高人民法院刑事审判第一、二、三、四、五庭主办：《刑事审判参考》（总第97集），法律出版社2014年版，第975号案例。

设等方面具有职权。被告人胡某富于1988年1月至2003年4月在常山县规划建设局规划办(后改为城市规划管理所)工作,2003年4月30日任常山县城市规划管理所副所长,2007年1月任所长。

2002年,江山市民建房地产有限公司(以下简称"民建公司")在常山县天马镇东苑小区A-2地块开发商住楼。同年11月1日,被告人胡某富的妻子徐某向民建公司常山县开发项目部负责人周某明预定了东苑小区商品房一套,购房联系单上载明,优惠1%后房价计15.7155万元,同日胡某富交纳首付5.7155万元。2003年,胡某富及其弟弟胡某贵到该公司购买东苑小区两套商品房时,胡某富要求周某明给予优惠,周某明经与民建公司总经理姜某益商量后同意给予优惠,但考虑到查账等原因,周某明让胡某富仍旧按市场基准价签订购房合同并付款,事后由胡某富向公司提供一张以他人名义开具的购货发票,再将优惠的钱以报销的形式返还给胡某富,胡某富表示同意。2003年3月25日、9月4日,胡某贵和胡某富分别以优惠1%的价款与公司签订了买卖合同,并付清房款,后胡某富凭购货发票从民建公司获取现金5万元。民建公司针对不特定对象售楼的最高优惠幅度为3%,胡某富和胡某贵实际支付给该公司的房款比该公司售房的最优惠价格少4万余元。

2004年,浙江晨源置业有限公司(以下简称"晨源公司")在常山县天马镇开发柚香城综合大楼。2006年10月,晨源公司因市场需要调高房价,并实际以8.8左右的折扣向社会销售。2007年10月左右,晨源公司进入尾房销售阶段,时任该公司销售主管的汪某芳以7.3折的优惠价购房一套,后又经公司老总的同意以7.5折的优惠价为其父亲的朋友郑某购房一套,并从中赚取差价3万元。为此,公司不再支付汪某芳2007年的年终奖。2007年11月,胡某富的妻子徐某(曾在该公司工作过)得知公司已经进入尾房销售阶段,且汪某芳已经以7.5折的优惠价购得一套房屋后,便与胡某富商量后到晨源公司以7.5折的优惠价购买一套商品房。晨源公司经理缪某勋、茅某如陈述如果不考虑胡某富的职务因素,仅考虑徐某本身在公司做过销售,最多只能优惠到7.9折,与7.5折之间差价为1.9万余元。

此外,胡某富在常山县规划建设局工作及任常山县城市规划管理所副所长、所长期间,利用其职务便利收受刘某林、费某志、严某炎共计10万元,案发前胡某富将该10万元分别退还刘某林、费某志、严某炎。胡某富归案后,又退出赃款10万元。

本案在审理过程中,对被告人胡某富和胡某贵从民建公司购房比该公司针对不特定对象售房时最优惠价格还优惠的4万余元和胡某富从晨源公司以7.5折购买的一套商品房中优惠的1.9万余元房款是否属于受贿性质,存在三种观点:第一种观点认为,两起优惠胡某富均存在以明显低于市场价购房的行为,属于国家工作人员利用职权,以交易的方式受贿,均应认定为受贿。第二种观点认为,第一起优惠,胡某富属于国家工作人员利用职权,以交易的方式受贿,第二起优惠不能认定胡某富受贿。第三种观点认为,两起优惠胡某富均存在真实的商品房交易行为,在交易的过程中尽可能追求低价符合购房者正常心理,是否属受贿,界限难以把握,故均不宜认定为受贿。笔者同意第二种意见,理由如下:

最高人民法院、最高人民检察院发布的《关于办理受贿刑事案件适用法律若干问题的意见》规定,国家工作人员利用职务上的便利为请托人谋取利益,以明显低于市场的价格向请托人购买房屋等物品的,以受贿论处。受贿的数额按照交易时的市场价格与实际支付价格的差额计算。《关于办理受贿刑事案件适用法律若干问题的意见》的出台,使交易型受贿这一新类型受贿行为受到刑法的规制。然而,在市场经济条件下,优惠让利也是一种正常而普遍的销售方式,作为消费者的国家工作人员同样可以"砍价",要求得到"优惠",不能将其获得正常优惠的行为认定为受贿。因此,必须严格区分交易中的正常优惠与以交易形式受贿的界限。对此,《关于办理受贿刑事案件适用法律若干问题的意见》也作出了明确规定:"前款所列市场价格包括商品经营者事先设定的不针对特定人的最低优惠价格。根据商品经营者事先设定的各种优惠交易条件,以优惠价格购买商品的,不属于受贿。"据此,笔者认为,应当从以下两个方面来区分国家工作人员以优惠价格购买商品房与以交易形式收受贿赂。

1. 从受贿罪权钱交易的本质进行区分

交易型受贿仍然具有受贿罪权钱交易的本质特征。在交易型受贿中,从形式上看,行贿人和受贿人双方存在一般市场交易行为,以金钱和物品的对价进行支付,通常包含打折、让利等优惠,但是上述优惠并不是一般商品买卖活动中为了促销而进行的正常销售手段,而是为了通过这种优惠换取国家工作人员手中的公权力。所谓市场交易只不过是权钱交易的幌子,权钱交易才是交易型受贿的本质特征。

具体到本案中,民建公司在常山县天马镇东苑小区 A-2 地块开发商住楼,2002 年 11 月 1 日胡某富的妻子徐某向民建公司预定的购房联系单上载明的优惠幅度仅为 1%,胡某富后来在其本人和弟弟购房时向民建公司提出再给予一定优惠本属正常,也符合普通购房人的普遍心理。但是在民建公司提出给予 5 万元优惠时,因其本人购房的总房款也仅为 15.7155 万元,即便加上其弟弟胡某贵的房款,总房款也仅为 31 万余元,该 5 万元的优惠相对于房款幅度太大。对于长期与房地产企业具有业务联系,时任城市规划管理所副所长的胡某富来说,其熟知本地的房地产市场行情,正常购房是不可能达到如此之大的优惠幅度的,民建公司给予其这样的优惠,且提出采用在购房合同外让胡某富用其他发票向民建公司报销的方式给予优惠,唯一的解释就是因为胡某富担任城市规划管理所副所长职务,对工程建设项目具有审批、验收等权利,对民建公司具有职务上的监管权力。

胡某富对此是心知肚明的,故主观上具有利用职权,采用超过正常的最大优惠幅度购房,以交易方式占有4万余元购房差价款的故意。胡某富与民建公司商定先按市场基准价签订购房合同并付清房款,再向民建公司提供购货发票予以报销,最终得到了所谓的5万元"优惠",整个购房及报销发票的过程本质上具有权钱交易的特征。

相比之下,胡某富在向晨源公司购房的过程中,是听妻子徐某说以前工作过的晨源公司有便宜的尾房销售,且销售主管汪某芳以7.5折的价格购买了房产,同意妻子以同样折扣从晨源公司购房,其并无明显的利用职务便利在购房时寻求额外优惠的主观故意。在该起购房中胡某富也没有实施积极的行为,以追求获得额外优惠。虽然晨源公司的缪某勋、茅某如陈述如果不考虑胡某富的职务因素,仅考虑徐某本身在公司做过销售,最多只能给7.9折的优惠,但这只是侦查机关事后取证,且证人主观上也如此认为。购房当时相关人员并未将此情况告诉徐某,胡某富更不知情,故该起购房中没有体现出明显的权钱交易特征。

2. 从"优惠价格"的本质特征进行区分

根据《关于办理受贿刑事案件适用法律若干问题的意见》的规定,交易型受贿中的"市场价格"包括"事先设定的不针对特定人的最低优惠价格"。笔者认为,应当从是否"事先设定"和"不针对特定人"两个基本方面,结合案件实际来判断国家工作人员所享受的"优惠价格"是正常市场优惠还是交易型受贿。"事先设定"是指在正常的市场优惠购房中,交易价格通常是由经营者预先设定的,事先确定折扣幅度,按照事先制定的程序进行销售和结算;而交易型受贿犯罪中的房产优惠价格往往具有较大的随机性和任意性,经营者会根据交易对象(国家工作人员)的具体情况来临时确定房产价格优惠幅度、结算方式等,因而难以事先确定优惠幅度。"不针对特定人"是指在正常的市场优惠购房中,能够以优惠条件购买房产的人是不特定的多数人,所有愿意支付相关对价的(符合相关法律政策规定的)人均可参与优惠购买房产。而在交易型受贿犯罪中,优惠房价仅针对特定的国家工作人员等个别对象,社会上的不特定多数人是不可能享受到同等优惠的。

本案中,胡某富和其弟弟胡某贵从民建公司购买的两套房屋共计优惠5.3万余元(包括购房合同中按1%优惠的部分),而从公诉机关提供的证据——其他多份购房合同来看,民建公司售房的最大优惠幅度仅为3%,也就是说,按该公司出售给不特定对象的最低优惠价格,仅能优惠不足1万元。显而易见,3%的优惠幅度是民建公司事先确定的购房最低折扣,面向不特定的人,而胡某富所享受的优惠幅度达总房款的13%以上,是民建公司根据胡某富个人身份临时确定的优惠幅度,仅针对胡某富个人,故胡某富在该起购房中所享受的优惠不是正常的市场优惠,而是变相收受贿赂。胡某富、徐某夫妇向晨源公司以7.5折的优惠价购买一套商品房,在胡某富、徐某夫妇购房前,晨源公司已向汪某芳、郑某按同等或更优惠的价格出售过房产,7.5折的优惠属于晨源公司事先设定的优惠幅度,且不仅仅针对胡某富个人,将胡某富在该起购房中享受的优惠认定为正常的市场优惠购房更为准确。

综上,法院认定胡某富与民建公司在房产交易中得到额外优惠的4万余元为受贿款,不认定其在购买晨源公司房产过程中收受贿赂是正确的。采用贵重物品交易的方式收受贿赂是一种新型的受贿手段,具有隐蔽性高、不易查处等特征,但是其本质特征仍是权钱交易。实践中,对此类行为的认定,要严格按照《关于办理受贿刑事案件适用法律若干问题的意见》规定的精神,准确厘清罪与非罪的界限,做到不枉不纵。

十一、受贿房产的数额应如何认定

(一) 裁判规则

当受贿财物为房产时,行为人受贿的数额应当是受贿当时房产的实际价值与实际支付价款的差额;如果当事人之间存在书面合同,该合同仅为行为人掩盖其犯罪事实采取的手段时,合同约定价款与实际支付价款之间的差价不属于民事欠款,应计入受贿数额。

(二) 规则适用

在受贿的财物为房产时,受贿数额的认定涉及对房产价值的认定。实践中,行为人在收受房产时,经常会通过签订虚假的书面合同或者支付少量价款等方式借以掩盖受贿的犯罪事实。因此,在认定受贿房产的价格时,需要解决房产的市场价与实际支付的价款之间的关系问题。1985年7月18日最高人民法院、最高人民检察院联合发布的《关于当前办理经济犯罪案件中具体应用法律的若干问题的解答(试行)》在关于国家工作人员利用职务上的便利,为他人谋取利益,接受对方物品,只付少量现金,可否认定为受贿以及受贿金额应如何计算的问题中指出:"国家工作人员利用职务上的便利,为他人谋取利益,收受物品,只付少量现金,这往往是行贿、受贿双方为掩盖犯罪行为的一种手段,情节严重,数量较大的,应认定为受贿罪。受贿金额以行贿人购买物品实际支付的金额扣除受贿人已付的现金额来计算。行贿人的物品未付款或无法计算行贿人支付金额的,应以受贿人收受物品当时当地的市场零售价格扣除受贿人已付现金额来计算。"这一规定明确了收受财物价值的计算方法,根据这一规定,当受贿财物为房产时,受贿数额的认定应当是行贿人购买房产实际支付的金额扣除受贿人实际支付的金额。当房产为行贿人自己开发的房产,不存在购买金额时,受贿数额则以受贿当时房屋的市价与实际支付价款之间的差额计算。

实践中,部分案件会涉及合同约定价款应当如何处理的问题。合同约定价款与实际支付价款之间的差价应当如何认定需要结合具体的案件情况审查判断,合同约定了高额价款,实际仅支付少量价款,可以证明购房合同非当事人的真实意思表示时,合同约定的价款与实际支付价款之间的差价应当认定为受贿数额。在此情形下,购房合同仅是行为人为掩盖其犯罪事实采取的手段,并非当事人的真实意思表示,不能按照民事欠款处理,合同约定的价款与实际支付价款之间的差价不应当从受贿数额中扣除。如购房合同确实系双方当事人的真实意思表示,则合同约定的价款和实际支付价款之间的差价属于民事欠款。

因此,对于国家工作人员利用职务之便,要求他人为其亲属提供低价房的行为,依法仍然可以成立受贿犯罪。一般情形下,受贿数额为受贿当时房产的实际价值与实际支付价款的差额。如果当事人之间存在书面合同,且该合同仅为行为人掩盖其犯罪事实采取的手段时,合同约定价款与实际支付价款之间的差价不属于民事欠款,应计入受贿数额。

【指导案例】李某受贿案——利用与其他单位共同开发房地产的职务便利要求合作单位为其亲属提供低价住房的行为是否构成受贿罪[①]

位于济南市经十路的济南市汽车修制厂(以下简称"汽修厂")系集体所有制企业,是济南市交通局的下属单位。1992年8月,经济南市交通局党委研究,决定由被告人李某任汽修厂厂长。1995年年底,汽修厂搬迁至济南市槐荫区美里湖开发区。汽修厂计划在原厂址与人合作开发房地产,建职工宿舍楼和商业住宅楼。山东房地产集团公司副总经理马某听说汽修厂拟开发房地产后,经人介绍与李某进行了洽谈。1995年10月31日,汽修厂与山东房地产集团公司签订了一期住宅楼的合作开发合同,约定汽修厂出地皮,并负责施工现场的水电协调,山东房地产集团公司负责出资金进行施工;所建住宅楼双方各得50%;二期工程由双方在前期合作基础上另行协议,山东房地产集团公司保留优先合作开发权。

1997年9月,李某给山东房地产集团公司副总经理马某打电话称,其弟李某1拟购买山东房地产集团公司开发的1套住宅,要求在价格上给予优惠。李某提出只交5万元购房款。山东房地产集团公司商议后认为5万元太低,但因担心影响以后的合作,最后商定按10.1万元签订买卖合同,李某先交5万元,余款能给就给,不给就不要了。同年10月,山东房地产集团公司与李某1签订了10.1万元的房屋买卖合同,并在收到李某交纳的5万元购房款后,决定将住宅出售给李某1。但在办理房产证的过程中,济南市房管局认为该住房的出售价格过低,不给办理。于是双方签订了一份价值40.15万元的虚假房屋买卖合同,并于1998年1月为李某1办理了房屋所有权证。经济南市新永基房地产评估交易有限公司鉴定,该套住宅价值28.5万元。

李某支付少量购房款用以掩盖索贿犯罪行为的,其受贿数额应为房屋当时的

[①] 参见最高人民法院刑事审判第一庭、第二庭编:《刑事审判参考》(总第43集),法律出版社2005年版,第340号案例。

实际价值与实际支付价款的差额。

对于国家工作人员利用职务上的便利,索要财物后支付少量现金的行为,能否以受贿犯罪追究刑事责任,以及认定为受贿犯罪,犯罪数额如何计算,司法实践早已有比较成熟的做法。如1985年7月18日最高人民法院、最高人民检察院联合发布的《关于当前办理经济犯罪案件中具体应用法律的若干问题的解答(试行)》在关于国家工作人员利用职务上的便利,为他人谋取利益,接受对方物品,只付少量现金,可否定为受贿以及受贿金额应如何计算的问题中指出:"国家工作人员利用职务上的便利,为他人谋取利益,收受物品,只付少量现金,这往往是行贿、受贿双方为掩盖犯罪行为的一种手段,情节严重,数量较大的,应认定为受贿罪。受贿金额以行贿人购买物品实际支付的金额扣除受贿人已付的现金额来计算。行贿人的物品未付款或无法计算行贿人支付金额的,应以受贿人收受物品当时当地的市场零售价格扣除受贿人已付现金额来计算。"这一规定仍具有现实意义。参照这一规定的精神,本案对房屋当时的实际价值与实际支付价款之差额,认定为受贿数额是正确的。

本案的特殊之处还在于,行为人与房地产公司之间存在一份购房协议,协议金额远远高于实际支付金额。那么,实际支付金额与协议金额的差价属于民事欠款还是受贿金额,就成为本案争议的一个焦点问题。从审理查明的事实看,房地产公司在商量李某购房之事时,确定让李某先交5万元,签订10.1万元的购房合同,余款能给就给,不给就不要了。合同订立后,房地产公司收到了李某亲手交纳的5万元房款,并将公司开具的收款收据交给了李某。此后直到案发数年间,李某及其弟均再无交款的行为及表示,房地产公司对此交易已作平账处理,没有打算再向李某追要剩余房款。由此可见,本案中所谓的购房合同只是双方掩盖贿赂真相的手段,并非当事人真实的意思表示,未交足的购房款不能按民事欠款处理。参照上述规定的精神,不应将未交纳的协议房款从李某的受贿数额中扣除。

十二、以房产交易形式收受贿赂的犯罪数额认定问题

(一)裁判规则

以明显低于市场价格向请托人购买房屋的,受贿数额应当按照交易时该房产的市场价格与实际支付价格的差额计算。这里的"交易时当地市场价格",指的是交易双方签订房产买卖合同并开始依约支付价款之时的价格。在无有效价格证明涉案房产交易时当地市场价格的情况下,可以通过委托估价机构估价,将鉴定价格认定为交易时的市场价格,将该价格与实际支付的房款之间的差价认定为行为人收受的贿赂款。

(二)规则适用

司法实践中,国家工作人员利用职务上的便利为请托人谋取利益,主动提出或者应允以低价买入、高价卖出等方式与请托人进行房产交易,并从中获取请托

人财物的情况时有发生,这类行为被称为房产交易型受贿。最高人民法院、最高人民检察院发布的《关于办理受贿刑事案件适用法律若干问题的意见》对房产交易型受贿犯罪案件的法律适用问题作出了较为明确的规定,国家工作人员利用职务上的便利为请托人谋取利益以明显低于市场的价格向请托人购买房屋的,以明显高于市场价格向请托人出售房屋的,或者以其他交易形式非法收受请托人财物的,以受贿论处,受贿数额按照交易时当地市场价格与实际支付价格的差额计算。那么此处的"交易时"是指什么时候、犯罪数额计算的基准时间如何确定,值得研究。在下文"马某、沈某萍受贿案"中,认定"交易时当地市场价格"指的是交易双方签订房产买卖合同并开始依约支付价款之时的价格,有一定的合理性。

房屋买卖经历签订合同、交付房屋、产权登记等交易时间。在上述三个核心环节转换过程中,房屋价格会发生实质性变化,故分别选择定约时、交付时或过户时作为交易型受贿案件的"交易时",当地市场价格与实际支付价格差额的计算结果会有很大不同。实践中对于"交易时"的具体确定存在以下两种观点:一是以办理房屋权属登记为"交易时"的节点。因为只有当房屋产权登记转移后,受贿人才取得房屋产权,受贿行为才得以完成;二是以房屋交付作为计算当地市场价格的时间基点。因为房屋交付使用后,受贿人才在事实上占有房屋,方可认为行贿人与受贿人的权钱交易完成。但实践中,有的受贿人收受"期房"后转手倒卖给第三方,亦有受贿人收受房屋后并不办理产权变更登记转而出租谋利。此类受贿人始终未办理房屋产权登记,请托人也未将房屋交付给受贿人使用,按照上述观点无法进行受贿数额的计算,故以交易双方签订房产买卖合同并开始依约支付价款之时作为"交易时"更具有可操作性。交易型贿赂案件中的腐败交易,集中表现为行贿人与受贿人之间的犯罪性意思表示,贿赂双方的犯罪合意以房屋、汽车等贵重物品为对象,犯罪行为以买卖合同为表面形式,以贿赂为实质内容,故从买卖合同出发更加能够揭露权钱交易的犯罪流程。《中华人民共和国民法典》(以下简称《民法典》)第215条规定,"当事人之间订立有关设立、变更、转让和消灭不动产物权的合同,除法律另有规定或者合同另有约定外,自合同成立时生效;未办理物权登记的,不影响合同效力"。在以房产交易形成收受贿赂的案件中,将签订合同以及支付价款的时间作为"交易时",就是考虑了双方签订合同并支付价值时,房屋买卖合同真正成立,受贿人与行贿人已经具备贿赂犯罪的意思表示。

【指导案例】马某、沈某萍受贿案——以房产交易形式收受贿赂的犯罪数额认定问题[①]

1996年前后,时任黔江县副县长的被告人马某及其妻沈某萍与叶某军相识。

[①] 参见最高人民法院刑事审判第一、二、三、四、五庭主办:《刑事审判参考》(总第59集),法律出版社2008年版,第470号案例。

2000年年初,叶某军被重庆市天龙房地产开发有限公司(以下简称"天龙公司")聘为公司副总经理,后经叶某军引见,该公司总经理刘某华认识了二被告人。马某、沈某萍在与天龙公司的多次房产交易中共同收受天龙公司财物共计折合205.5763万元;在此期间,天龙公司总经理刘某华等人于2003年年初向马某提出到铜梁县投资水泥项目,马某多次利用其职务之便为天龙公司在铜梁县投资的金江水泥项目的引进、文件审批、用地审批、办理采矿许可证、贷款、道路建设等方面谋取利益。具体收受贿赂的事实如下:

2000年9月23日,被告人马某、沈某萍与天龙公司签订合同,购买其开发的金紫大厦2套住宅,房价29.4273万元,沈某萍当日支付现金15.4273万元,并约定欠款14万元由银行按揭支付。2001年2月,天龙公司向沈某萍出具购房全款发票。2002年3月28日,中国建设银行南坪支行将沈某萍申请的按揭贷款15万元划至天龙公司账上。2002年10月,马某、刘某华等人约定将金紫大厦住宅15万元按揭款作为马某、沈某萍另欲购买的天龙公司开发的天龙广场门面房房款,并约定原欠房款免交。2004年,天龙公司清理财务账时发现账上还挂着沈某萍购买金紫大厦的住宅欠款,刘某华考虑到天龙公司正在铜梁县进行金江水泥项目,为取得马某对金江水泥项目的支持,安排财务人员按照约定将该笔欠款从公司账上冲销平账。2005年11月,沈某萍取得金紫大厦住宅房地产权证。至案发,二被告人一直未支付应交的14万元欠款。综上,马某、沈某萍非法收受天龙公司财物14万元。

2001年2月,被告人马某、沈某萍以其女儿马某某的名义签订合同,以每平方米1万元的低价购买天龙公司开发的南坪商业大楼2间商铺,面积为27.5平方米,总价27.5万元。2002年年底,因商铺出现经营困难等原因,天龙公司有意按原价返购已售出的商铺,后由于公司资金困难,取消了返购计划。2003年6月左右,刘某华、叶某军为了争取马某对天龙公司在铜梁县投资的金江水泥项目的支持,决定单独返购二被告人所购商铺,并与其约定返购价为每平方米2万元。同年7月7日,天龙公司支付沈某萍返购款54.68万元。二被告人以此方式非法收受天龙公司财物27.18万元。

2001年下半年,被告人马某、沈某萍得知天龙公司准备开发天龙广场项目,便对刘某华、叶某军提出优惠购买门面房,并初步选定现中国银行所处的位置,价格约定为每平方米5000元。2001年12月沈某萍向天龙公司付款25万元。2002年10月7日,马某、沈某萍按照此前与刘某华、叶某军的约定,将金紫大厦住宅15万元银行按揭贷款作为交纳天龙广场门面房的购房款。2002年8月,天龙广场开盘预售后,二被告人发现其原先选定的门面房已出售给中国银行,遂对刘某华、叶某军表示不满。刘某华、叶某军当即陪同二人另选了门面房。2003年年初,沈某萍与天龙公司签订天龙广场门面房购房合同,约定每平方米5000元,总价49.275万元。在此期间,刘某华和叶某军为了争取马某对金江水泥项目的支持,以补偿门面房为由,提出将天龙广场另一门面房送给马某,二被告人认为送门面房不妥,叶某军便提出按每平方米2000元计算,后沈某萍与天龙公司签订天龙广场另一门面房的购房合同,每平方米2000元,总价12.672万元。沈某萍于2004年7月29日、2005年7月23日分别取得2间门面房房产证。会计师事务所《房价比较报告》载明:天龙广场2间门面房区域平均销售价分别为每平方米2.0296万元、每平方米5000元。扣除已付现金,二被告人以低价购房形式非法收受天龙公司财物164.3963万元。

以房产交易形式收受贿赂的,受贿数额应当按照交易时该房产的市场价格与实际支付价格的差额计算。

本案中二被告人以明显低价购买行贿方天龙公司开发的住宅、商业大厦商铺和天龙广场门面房的行为,较之于直接收受财物的典型受贿手法虽有所不同,但只不过是以形式上支付一定数额的价款来掩盖其受贿犯罪行为的一种手段,并不能改变双方权钱交易的实质,应以受贿论处。对此,有关司法解释已有定论。最高人民法院、最高人民检察院早在1985年7月18日发布的《关于当前办理经济犯罪案件中具体应用法律的若干问题的解答(试行)》第2条第(二)项中就规定:"国家工作人员利用职务上的便利,为他人谋取利益,收受物品,只付少量现金,这往往是行贿、受贿双方为掩盖犯罪行为的一种手段,情节严重,数量较大的,应认定为受贿罪。"《关于办理受贿刑事案件适用法律若干问题的意见》亦明确规定,国家工作人员利用职务上的便利为请托人谋取利益,以下列交易形式收受请托人财物的,以受贿论处:(1)以明显低于市场的价格向请托人购买房屋、汽车等物品的;(2)以明显高于市场的价格向请托人出售房屋、汽车等物品的。需要指出的是,根据《关于办理受贿刑事案件适用法律若干问题的意见》的规定,这里的市场价格包括商品经营者事先设定的不针对特定人的最低优惠价格,如果根据商品经营者事先设定的各种优惠交易条件,以优惠价格购买商品的,不属于受贿情形。

关于受贿数额的认定,《关于当前办理经济犯罪案件中具体应用法律的若干问题的解答(试行)》规定,受贿金额以行贿人购买物品实际支付的金额扣除受贿人已付的现金额来计算。行贿人的物品未付款或无法计算行贿人支付金额的,应以受贿人收受物品当时当地的市场零售价格扣除受贿人已付现金额来计算。《关于办理受贿刑事案件适用法律若干问题的意见》规定,"受贿数额按照交易时当地市场价格与实际支付价格的差额计算"。从上述规定可以看出,对于以房产交易形式收受贿赂如何认定受贿数额的基本原则,两个解释的精神是一致的,司法实践中一般应当按照交易时当地市场价格与实际支付价格的差额计算。这里的"交易时当地市场价格",指的是交易双方签订房产买卖合同并开始依约支付价款之时的价格。本案涉及的房产交易中,由于被告人取得产权证时或实际处分房产时与签订房屋买卖合同、支付对价时存在较长的时间差异,导致同一房产在这些时点之间的市场价格差异甚大,根据《关于办理受贿刑事案件适用法律若干问题的意见》的规定,应当将每笔房产交易签订合同并按约支付对价时的市场价格认定为"交易时当地市场价格",其与实际支付价格的差额认定为受贿数额。这是因为,从签订合同并履约时起,以后房产价格的涨跌幅度属于市场规律起作用的范畴,既有可能上涨,亦有可能下跌,并非行受贿人所能控制,究竟应以哪个时间点的价格认定不能统一,难以操作;另一方面,从主客观相一致的定罪原则出发,以签约并支付对价时的市场价格与实际支付价格之差认定受贿数额符合行贿、受贿双方的客观认识,更具实质合理性。

具体而言,本案涉及的三笔收受房产贿赂的数额认定情况如下。

1. 二被告人购买天龙公司开发的金紫大厦2套住宅受贿数额的认定

马某、沈某萍与天龙公司于2000年9月签订合同,购买其开发的金紫大厦2套住宅,按市场价房价为29.4273万元,沈某萍当日支付现金15.4273万元,并约定欠款14万元由银行按揭支付。但后来马某、刘某华等人约定并将金紫大厦住宅按揭款作为马某、沈某萍另欲购买的天龙公司开发的天龙广场门面房房款,并约定原欠房款免交。2005年11月,沈某萍取得金紫大厦住宅房地产权证,至案发,二被告人一直未支付应交的14万元欠款。因此,此笔受贿数额应认定为马某、沈某萍未交的房款14万元。

2. 二被告人购买天龙公司开发的商业大厦2间商铺受贿数额的认定

2001年2月,马某、沈某萍以其女儿马某某的名义签订合同,以每平方米1万元的价格购买商业大厦2间商铺,面积为27.5平方米。根据会计师事务所调查报告,该大厦商铺当时的市场平均价格为每平方米2.1586万元。因此,双方的交易明显是低价购买。此时如果案发,受贿数额应根据二被告人购买该商铺时市场价格而计算出商铺的市场价格再减去其实际支付价格。但此后因商铺出现经营困难等原因,天龙公司为了争取马某对天龙公司在铜梁县投资的金江水泥项目的支持,决定单独返购二被告人所购商铺,并与其约定返购价为每平方米2万元,天龙公司为此支付沈某萍返购款54.68万元。考虑到出售、返购行为均系天龙公司所为,前后出售、返购行为具有因果联系,二被告人属于以低价购买高价出售商铺进行受贿,同时符合《关于办理受贿刑事案件适用法律若干问题的意见》规定的"以明显低于市场的价格向请托人购买房屋的"和"以明显高于市场的价格向请托人出售房屋的"两种受贿行为方式,但鉴于交易对象为同一房产,从二被告人最终实际获取利益来看,即为返售商业大厦2间商铺价格减去购买价格所得差价27.18万元,应以二被告人实际最终所得差价27.18万元认定为该笔犯罪受贿数额。

3. 二被告人购买天龙公司开发的天龙广场2间门面房受贿数额的认定

2003年年初,被告人沈某萍与天龙公司签订天龙广场门面房购房合同,约定每平方米5000元,总价49.275万元;与天龙公司签订天龙广场另一门面房购房合同,每平方米2000元,总价12.672万元。至2005年,沈某萍已分别取得2间门面房房产证。根据会计师事务所房价鉴定报告,2003年时天龙广场2间门面房区域平均销售价分别为每平方米 2.0296 万元和每平方米 5000 元,符合《关于办理受贿刑事案件适用法律若干问题的意见》规定的"以明显低于市场的价格向请托人购买房屋的"受贿形式,因此根据当时市场平均价格计算,将被告人按市场价格应付的房款总额减去被告人实际支付的房款总额的差额 164.3963 万元认定为其受贿数额。

综上,被告人马某、沈某萍在与天龙公司的多次所谓房产交易中,利用行贿人免除部分房款、低价出售高价返购、明显低价出售门面房的手段获取不正当利益共计 205.5763 万元,在此期间马某多次利用其职务之便为天龙公司在铜梁县投资的金江水泥项目的引进、文件审批、用地审批、办理采矿许可证、贷款、道路建设等方面谋取了利益,已构成受贿罪。沈某萍在主观方面有与马某共同受贿的故意,客观上实施了与行贿人商谈购房事宜、具体签订合同、交款、办理结算、产权手续等行为,与马某构成受贿的共犯,但考虑到沈某萍在受贿犯罪中所起的实际作用,在共同受贿犯罪中沈某萍并未利用其本身的国家工作人员身份受贿,只是作为家庭成员在共同受贿中进行了协助,法院对沈某萍酌情从轻处罚是恰当的。

【指导案例】姜某富受贿案——以交易形式收受贿赂的数额计算①

2003 年,被告人姜某富向上海剑桥置业有限公司(以下简称"剑桥置业公司")的法定代表人姚某明提出以优惠价购买剑桥置业公司投资建造的别墅(建筑面积 347.96 平方米),姚某明同意以 7 折左右的价格销售。2003 年 9 月,姜某富授意其子姜某办理了购房手续,以姜某富儿媳、孙子作为产权人,以 156.1275 万元的价格购得上述别墅。经鉴定,2003 年 9 月该房产的市场价格为 233.39 万元,姜某富以交易形式收受差价 77.2625 万元。2009 年 10 月,姜某夫妇以 765 万元出售该别墅,获利 608.8725 万元,其中非法收益 175.9866 万元。

近年来,随着经济和社会的发展变化,国家工作人员的受贿手段不断翻新,更具隐蔽性、复杂性。本案中,被告人姜某富主要通过非由本人直接收受钱款,而是由特定关系人以低价购房来收受贿赂。《关于办理受贿刑事案件适用法律若干问题的意见》第 1 条规定,国家工作人员利用职务上的便利为请托人谋取利益,以明显低于市场的价格向请托人购买房屋、汽车等物品的交易形式收受请托人财物的,以受贿论处。受贿数额按照交易时当地市场价格与实际支付价格的差额计算。本案中,由于无有效价格证明认定 2003 年 9 月涉案房产交易时的市场价格,对如何认定当时的市场价格存在不同意见。

第一种观点认为,应根据被告人与行贿人约定的折扣率,按照被告人实际支付的房款,计算得出交易时涉案房产的市场价格。本案中,姜某富与姚某明约定 2003 年 9 月以 7 折优惠价购买涉案别墅,即应以姜某富实际支付的 156.1275 万元

---

① 参见王宗光、沈言:《以交易形式收受贿赂的数额计算》,载《人民司法(案例)》2017 年第 11 期。

计算得出当时涉案别墅的市场价为223万余元,且该价格不存在明显不合理的情况,故无需委托估价。现经过估价,计算得出的折扣约为6.7折,反而与姚某明、姜某富的约定不一致,且估价的233万余元高于计算得出的223万余元,根据"存疑时有利于被告人"的原则,也应就低认定223万余元为当时的房产市场价格,以223万余元与156万余元之间的差价66万余元作为认定姜某富收受姚某明的贿赂款,并以此为依据计算出售别墅后所获得的非法收益。

第二种观点认为,在无有效价格证明认定交易时涉案房产价格的情况下,可以通过专业机构对交易时的涉案房产进行评估,得出一个相对合理、确定的价格。本案中,姜某富与姚某明对于2003年9月姜某富购买涉案别墅时的优惠价的说法不完全一致,在无有效价格证明认定当时涉案房产的市场价的情况下,将上海市价格认证中心对该别墅所作的估价233.39万元认定为交易时的市场价格客观公正。且根据鉴定结论,姜某富购买房产时的折扣约为6.7折,与姚某明所称的7折左右能够相互印证,故应以该评估价格与姜某富实际支付的房款156.1275万元之间的差价77.2625万元认定为姜某富收受姚某明的贿赂款,并以此为依据计算出售别墅后所获得的非法收益。

根据《关于办理受贿刑事案件适用法律若干问题的意见》的规定,国家工作人员以交易形式收受贿赂的,受贿数额按照交易时当地市场价格与实际支付价格的差额计算。因此,如何准确认定交易时涉案财物的市场价格,将直接影响被告人受贿数额的认定。本案中,行受贿双方曾对涉案财物的交易价格有过约定,而公诉机关亦委托专业评估机构进行了评估,要作出合法、公正的裁决,应当把握好以下两点。

1. 审查与分析相关证据

本案中,行贿人姚某明的证言证实,姜某富向他提出优惠购房要求,他同意以7折左右价格销售,把单价部分零头抹去,以每平方米4500元的价格销售上述别墅,该房产的销售采取一房一价。虽然姚某明与姜某富就涉案房产的优惠价有过口头约定,但是两人的说法不完全一致,姚某明称是以7折左右的价格销售,姜某富称是以7折的价格销售,在证据一对一的情况下,不能仅仅根据姜某富所称的打7折来推算涉案别墅当时的市场价格。

根据最高人民法院、最高人民检察院《关于办理盗窃刑事案件适用法律若干问题的解释》关于盗窃数额的认定,"被盗财物有有效价格证明的,根据有效价格证明认定;无有效价格证明,或者根据价格证明认定盗窃数额明显不合理的,应当按照有关规定委托估价机构估价"。由于无有效价格证明认定当时该套别墅的市场价格,故应当参照《关于办理盗窃刑事案件适用法律若干问题的解释》的规定,委托估价机构估价。

本案中,价格认证中心接受委托后,价格鉴定人员对鉴定标的进行了现场实地勘验,并查阅了基准日期间相关房地产交易案例和资料,开展了市场调查,采用市场比较法进行价格鉴定,程序合法,所作结论客观、公正,应当以其作出的鉴定意见认定该套别墅 2003 年 9 月时的市场价格为 233.39 万元。且根据该价格与姜某富实际支付的 156.1275 万元,计算得出姜某富优惠购房的折扣约为 6.7 折,与姚某明所称的 7 折左右能够相互印证。

2. 准确理解适用存疑时有利于被告人原则

存疑时有利于被告人的原则发源于古老的刑法格言。其基本的含义是:在对事实存在合理的疑问时,应当作出有利于被告人的判决、裁定。该原则在具体适用中可能表现为多种情形:当事实在有罪与无罪之间存在疑问时,应该按照无罪来处理;当事实在重罪与轻罪之间存在疑问时,应该认定为轻罪;就从重处罚情节存在疑问时,应当否认从重处罚情节;当无法确信某一犯罪行为是否超过追诉时效时,应当不再追诉。当前,在刑事司法实践中,司法实践部门基本上已经接受了存疑时有利于被告人这一原则,但是同时存在着不管待决案件是否存有疑问,也不论疑问来自法律还是事实,更不检讨这种疑问是否是一种合理的怀疑,一律作出对被告人有利裁决的倾向。然而,并非越是有利于被告人就越正确、越合理,对存疑时有利于被告人原则的理解不能片面化、极端化,有必要明确该原则的适用条件。

第一,只有存在疑问时才适用有利于被告人原则。法益保护与自由保障是刑法的两大机能:法益保护机能所强调的是防止一般人对他人(含国家与社会)法益的侵害,因而有必要处罚犯罪;保障机能所强调的是防止国家刑罚权的恣意发动所导致的对被告人自由的侵害,因而必须限制国家的刑罚权。所以,刑法不仅是善良人的大宪章,还是犯罪人的大宪章。同时,需要设置一套法律规范的程序,来对司法机关的侦查、起诉、审判、执行活动进行规制。当事实没有疑问地符合刑法的规定时,当根据刑事诉讼法的规定必须对被告人采用某种强制措施时,无论结局对被告人多么不利,都必须按照刑法、刑事诉讼法的规定来处理,这既是依法办事,也是罪刑法定原则的要求。因此,在没有疑问的场合,只能完全依照刑法、刑事诉讼法的规定处理,而不可能适用所谓的有利于被告人原则。

第二,存在疑问是指对案件事实存在合理的疑问,而不是对法律存在疑问。罪刑法定原则要求以成文的法律规定犯罪与刑罚,这里的"成文"显然是指本国国民通晓的文字。因为文字可以固定下来,可以反复斟酌,可以广为传播,成为立法机关表达立法意图的唯一工具。可是,在所有的符号中,语言符号是最重要、最复杂的一种。几乎任何用语的意义都会由核心意义向边缘扩展,使之外延模糊;绝大部分用语都具有多种含义,法律制定以后,其所使用的文字还会不断产生新的含义,而且言不尽意的情况总是存在。尽管立法机关在制定刑法时,对许多用语进行了科学的界定,但是一般而论,科学的定义要比词语的通俗意义狭隘得多,因此实际上也达不到足够的精确、真实。当法律存在疑问或争议时,应当依一般的法律解释原则消除疑问。当各种解释方法得出不同的解释结论时,最终起决定性作用的是目的论解释,而不是有利于被告人。如果说解释目标是有利于被告人,则意味着只有缩小解释是可取的,其他解释方法都得舍弃,但这显然是不可能的。

第三,存在疑问是指对证据的合理怀疑,而不是无端猜疑或片面怀疑。任何与人为事务有关并且依赖于人为证据的东西都容易存在可能的或想象中的怀疑。客观的证据只能证成一种可能,而证据上的每一个环节都会有许多不同的假设。因此,只有存在合理怀疑时才选择有利于被告人;如果某种怀疑毫无根据、不具道理,纯属无中生有、无端猜测,则不能视为合理怀疑。所谓合理怀疑,在司法实践中应当具备三个条件:其一,合理怀疑构成的依据是客观事实,而非随意猜测,即提出的怀疑是基于证据,而不是基于纯粹心理上的怀疑。其二,合理怀疑的判断标准是理智正常且不带偏见的一般人的认识,所以,当被告人或辩护人提出怀疑之后,要由法官根据一般人的观念、不带偏见地作出判断。只有被告人认为法官应当产生合理怀疑时,还不足以构成合理怀疑;只有当法官以中立人的身份认为未能达到确信程度时,才属于合理怀疑。其三,合理怀疑的成立标准是证明有罪证据尚不确实、充分,换言之,如果有罪证据已经确实、充分,那么合理怀疑是不可能成立的。

本案中,价格认证中心对涉案房产所作评估的鉴定程序合法,认定涉案房产2003年9月时的市场价格为233.39万元的事实已经确定,该证据确实、充分,不存在合理怀疑。因此,在这种情况下,不应当适用存疑时有利于被告人的原则。

综合上述分析,法院同意第二种观点,即在无有效价格证明涉案房产交易时当地市场价格的情况下,可以通过委托估价机构估价,将鉴定价格233.39万元认定为交易时的市场价格,将该价格与姜某富实际支付的房款156.1275万元之间的差价77.2625万元认定为姜某富收受姚某明的贿赂款,并以此为依据,计算得出姜某富亲属出售别墅后所获得的非法收益为175.9866万元。

十三、以明显高于市场的价格向请托人出租房屋,所收取的租金与市场价格的差额是否应当认定为受贿数额

(一)裁判规则

明知他人有与自己职务相关的请托事项,仍然将自己的房屋以明显高于市场的价格租给请托人的,视为承诺为他人谋取利益。以明显高于市场的价格让请托人租赁其房屋,实质上是一种变相收受请托人财物的行为,属于采取交易形式变相收受贿赂。①

(二)规则适用

从《刑法》第385条受贿罪的罪状表述来看,只是对受贿罪的构成作了性质

---

① 参见最高人民法院刑事审判第一、二、三、四、五庭主办:《刑事审判参考》(总第99集),法律出版社2015年版,第1019号案例裁判理由。

(即权钱交易)上的规定,并没有限定具体的受贿行为方式。《关于办理受贿刑事案件适用法律若干问题的意见》明确了实践中出现的几种新型收受财物的方式及数额认定标准,其中在"关于以交易形式收受贿赂问题"中,明确了三种交易方式:以明显低于市场的价格向请托人购买房屋、汽车等物品的;以明显高于市场的价格向请托人出售房屋、汽车等物品的;以其他交易形式非法收受请托人财物的。对于"以其他交易形式非法收受请托人财物",《关于办理受贿刑事案件适用法律若干问题的意见》虽然没有如前两种行为方式限制"明显低于""明显高于"的条件,但在具体认定时,比较具体交易行为与正常市场交易行为的差距是合理的,是结合实际发生的新情况对受贿行为的具体诠释,符合刑法立法精神和原意。从以交易形式收受贿赂本身来看,如以低于市场的价格购买或者以高于市场的价格出售房屋、汽车等物品,虽然支付了一定费用或者有实物出卖,形式上好像是自由买卖,但是实际上明显违反等价交换原则,是一种以象征性交易来掩盖背后权钱交易的行为,与直接收受财物的典型受贿并无质的不同。从惩治腐败犯罪的现实需要来看,近年来受贿案件出现了一些新情况、新特点,以交易名义实施的、更为隐蔽的受贿大量发生,为适应新形势下反腐败斗争的需要,确有必要依法严厉打击形形色色的受贿犯罪。但现实生活中的交易形式是多种多样的,《关于办理受贿刑事案件适用法律若干问题的意见》正是考虑到这一点,为了防止挂一漏万,除列举低价买入、高价卖出两种常见形式外,还概括规定了一个兜底条款。那么"其他交易形式"还有哪些呢?主要有以下几种:一是以高价回购的方式进行交易,即先将房屋等低价卖给国家工作人员,再高价购买回来,通过对向交易完成行贿和受贿;二是以物易物的形式进行不等值置换,如以旧换新、以次换好等;三是以支付有价证券进行交易,如支付走跌的股票等;四是以赊购方式进行交易,即行为人支付一定款项,其余款项赊欠;五是以租赁方式进行交易。总之,对表面上看似为商品交易的现象,是否属于受贿要进行综合分析,重点看其是否明显违反等价交换原则,是否与物品的正常市场价格悬殊明显,是否与国家工作人员职务行为进行交换。如果交易只是幌子,实质是以象征性交易来掩盖背后权钱交易的,则应当认定为受贿行为。

【指导案例】凌某敏受贿案——以明显高于市场的价格向请托人出租房屋,所收取的租金与市场价格的差额是否应当认定为受贿数额[①]

2003年至2011年,被告人凌某敏担任人力资源和社会保障部养老保险司待遇处副处长,负责对农垦企业基本养老保险专项转移支付资金进行分配、监督。在此期间,凌某敏利用职务便利,将其房产以明显高于市场的价格租赁给吉林省

[①] 参见最高人民法院刑事审判第一、二、三、四、五庭主办:《刑事审判参考》(总第99集),法律出版社2015年版,第1019号案例。

扶余华侨农场,以此方式收受该农场贿赂款63.3864万元。案发后赃款已全部退缴。

1. 明知他人有与自己职务相关的请托事项,仍然将自己房屋以明显高于市场的价格租给请托人的,视为承诺为他人谋取利益

利用职务便利为他人谋取利益是收受型受贿犯罪的构成要件之一,包含两个方面:为他人谋取利益以及谋取利益与行为人职务相关。首先,要准确理解"为他人谋取利益"。为他人谋取利益是一个行为过程,包括主观故意的发生即行贿、受贿双方形成合意,具体的谋取利益行为即利用职务便利实际为他人谋取利益和最终的结果即行贿人因受贿人的职务行为谋取到了利益三个部分。只要具备其中一个部分,就可以认定具备了"为他人谋取利益"的构成要件。《全国法院审理经济犯罪案件工作座谈会纪要》明确指出,为他人谋取利益包括承诺、实施和实现三个阶段的行为,只要具有其中一个阶段的行为,就应认定为他人谋取利益。值得注意的是,实施谋利行为并不一定要经过承诺或者合意阶段。国家工作人员在正常工作中,通过职务行为为他人谋利后,获利人为感谢而送与财物,国家工作人员予以收受的,尽管事前获利人没有专门请托国家工作人员利用职务为其谋利,双方没有就谋利和收送财物进行共谋,也不影响受贿罪的成立。之前国家工作人员正常的履职行为同样符合受贿罪中"利用职务便利为他人谋取利益"的构成要件。

承诺可以是明示的方式,也可以是默示的方式。明示的方式就是当请托人请托时,国家工作人员明确答应帮忙办事。默示的方式是当请托人请托时,国家工作人员不明确表态是否帮忙,但通过行为可以判断出其态度,如收下了请托人的财物。按照《全国法院审理经济犯罪工作座谈会纪要》的规定,"明知他人有具体请托事项而收受其财物的,视为承诺为他人谋取利益"。

其次,要全面把握谋取利益与职务行为的相关性。受贿罪的一个典型特征就是权钱交易。"权"就是"职务",整个受贿犯罪行为都是围绕国家工作人员的职务行为展开的。受贿人为行贿人谋取的利益必须与其职权有关,也就是利用了职务上的便利,但职务便利不要求必须在自己工作的职责范围内具体主管、负责、承办某项公共事务,也不必须是自己的本职工作。如果处在职权的控制、制约、影响范围内,也可以认定为存在职务便利;通过自己职权控制、制约、影响的其他国家工作人员的行为来完成,也属于利用职务便利为他人谋取利益。如担任单位领导职务的,通过单位内部的下属(不论是否属于自己的主管部门)或者下级单位的国家工作人员的职务为他人谋取利益。

谋取利益的行为方式可以是积极的作为,也可以是消极的不作为。作为就是按照请托人的请托,利用职务便利,为请托人实施谋利行为;不作为就是发现请托人的行为存在违规之处,负有调查处理责任的国家工作人员有意不履行自己的职

责,不查处请托人的违规行为,从而实现请托人的利益。谋取利益的行为可以是非正常履职行为,即谋取不正当利益,也可以是正常履职行为;可以是决定性行为,也可以是非决定性行为。国家工作人员的职务行为可能只是请托人谋取利益过程中所经的一个环节,如需要层层审批的行政事务,最终的批准权可能在于某个领导,但在交由领导审批前,也需要经过各部门相关人员的审查。虽然这种审查只是工作程序中的一个环节,并不能最终决定事项是否批准,但这一审查程序同样是这些人员的职务行为。

本案中,凌某敏作为负责农县企业(包括扶余华侨农场)参加养老保险有关政策的制定和后续专项资金分配工作的人员,负有监管资金使用的职责,发现问题后应当及时纠正。但在此过程中,凌某敏明知扶余华侨农场有与其职权相关的请托事项,仍然以明显高于市场的价格向扶余华侨农场出租自己的房屋,实质上是收受请托人的财物,可以视为凌某敏默示同意为扶余华侨农场谋取利益。

2. 以明显高于市场的价格让请托人租赁其房屋,实质上是一种变相收受请托人财物的行为,属于采取交易形式变相收受贿赂

《关于办理受贿刑事案件适用法律若干问题的意见》明确了实践中出现的几种新型收受财物的方式及数额认定标准,其中在"关于以交易形式收受贿赂问题"中,明确了三种交易方式:以明显低于市场的价格向请托人购买房屋、汽车等物品的;以明显高于市场的价格向请托人出售房屋、汽车等物品的;以其他交易形式非法收受请托人财物的。

对于前两种方式比较容易理解,明显低于市场的价格购买和明显高于市场的价格出售这两种行为形式上是一种市场买卖行为,系双方自愿处置财产,看似合法合理,但从内容看,这两种行为明显违背市场交易规律,低价买入和高价卖出对买卖的相对方都是不利的,在正常的市场交易中不会出现。因此,这两种行为表面上是平等的交易,实质上包含了一种权钱交易。请托人之所以接受这样的交易价格,不是因为物有所值,而是因为其中包含了国家工作人员利用职务便利为其谋取利益的对价,超出市场价格的差额就是"权钱交易"的价格。对于"以其他交易形式非法收受请托人财物",《关于办理受贿刑事案件适用法律若干问题的意见》虽然没有如前两种行为方式限制"明显低于""明显高于"的条件,但在具体认定时,仍然需要比较具体交易行为与正常市场交易行为的差距。对于明显违背市场交易规律,国家工作人员由此获取了非法利益的,可以认定为"以其他交易形式非法收受请托人财物"。而收受财物的具体数额,应当为实际支付的价格与交易时当地市场价格的差额。

本案中,2003年至2011年间,凌某敏将房屋出租给扶余华侨农场,其中2003年至2009年每年租金10万元,2010年、2011年每年租金12万元,9年间共计收取租金94万元。而按照价格认证中心的鉴定意见,该房屋在上述时间段的市场租金总计只有30.6136万元。凌某敏实际收取的租金是市场同期租金的3倍多,明显

高于市场价格,故这种"租赁"表面是一种市场交易行为,实际属于"以其他交易形式非法收受请托人财物",非法收受的财物数额为实际支付价格与交易时当地市场价格的差额,即 63.3864 万元。

综上,凌某敏在明知扶余华侨农场有与其职权相关的请托事项的情形下,仍以明显高于市场价格的租金向请托人出租房屋,属于变相收受请托人的财物,其行为构成受贿罪,受贿数额为实际收取的租金与市场租金的差额。

十四、收受无具体金额的会员卡,受贿数额以送卡人实际支付的资费计算

(一) 裁判规则

国家工作人员利用职务便利,为他人谋取利益,索取或者收受无具体金额的会员卡,因为无具体金额的会员卡实际上支持正常的持卡消费,所产生的全部资费都是由请托人承担,故应当以实际支付的资费为准,计算行为人的受贿数额,认定其是否构成受贿罪。

(二) 规则适用

最高人民法院、最高人民检察院《关于办理商业贿赂刑事案件适用法律若干问题的意见》第 7 条规定:"商业贿赂中的财物,既包括金钱和实物,也包括可以用金钱计算数额的财产性利益,如提供房屋装修、含有金额的会员卡、代币卡(券)、旅游费用等。具体数额以实际支付的资费为准。"该规定将商业贿赂中的"财物"外延解释为既包括金钱和实物,又包括可以用金钱计算数额的财产性利益。虽然该规定是针对商业贿赂案件作出的,但是我们在处理受贿案件遇到类似问题时,也可参照执行上述司法解释。理由是:一方面,商业贿赂犯罪与国家工作人员的贿赂犯罪是同类型犯罪,其犯罪的本质特征具有共通性,是发生在不同领域的贿赂行为,只是因为实施的主体不同,刑法将其分别规定为不同的罪名而已。两种犯罪的客观构成要件相同,即均要求行为人利用职务便利,索取或收受他人财物,为他人谋取利益,具备适用同一解释的前提。另一方面,国家工作人员贿赂犯罪的社会危害性比商业贿赂犯罪的危害性更大,商业贿赂侵犯的只是公司、企业正常的经营活动秩序,但国家工作人员贿赂犯罪侵犯的是整个国家的公务管理秩序和公务行为的廉洁性。从法定刑看,非国家工作人员受贿罪和对非国家工作人员行贿罪的法定最高刑分别为 15 年有期徒刑和 10 年以下有期徒刑,而受贿罪和行贿罪的最高法定刑分别为死刑和无期徒刑。根据举轻以明重的原理,既然非国家工作人员受贿罪中的"财物"可以解释为包括"可以用金钱计算数额的财产性利益",受贿罪中的"财物"当然也应当适用这样的解释。综上,在处理受贿案件时,参照适用商业贿赂的解释规定,并不违背罪刑法定原则。

无具体金额的会员卡不等于不含有金额,其与含有金额的会员卡没有本质区别。上述司法解释所指的"会员卡"系含有金额的会员卡,但实践中,无具体金额

的会员卡虽未设定金额,但并不等于不含有金额、不能实现消费功能,实际上此类卡片的持卡人可以正常持卡消费,所产生的全部资费由请托人承担,与含有金额的会员卡在使用功能方面没有本质区别。因此,国家工作人员利用职务上的便利,索取或者非法收受无具体金额的会员卡后消费,为他人谋取利益,该消费金额由对方负担的行为,应当构成受贿罪。

根据《关于办理商业贿赂刑事案件适用法律若干问题的意见》第 7 条的规定,对"含有金额的会员卡、代币卡(券)"以"实际支付的资费"作为计算受贿数额的标准,主要原因在于,实践中,许多含有金额的会员卡、代币卡(券)所标注的金额通常要高于该卡(券)实际可消费的金额,如果以标注金额认定被告人的受贿金额,与被告人实际所获利益不符,有违评价的客观准确;另一方面,有的案件中,也可能出现行贿人与受贿人为规避法律制裁,卡(券)面标注的金额往往远低于实际可消费的金额,甚至不标注金额而让持卡(券)人无限制地消费,这时如果仍以标注金额计算受贿金额明显不符合案件的客观事实,给犯罪分子留下逃避处罚的机会,因此,解释"以实际支付的资费为准"计算具体受贿数额,符合刑法主客观相一致的定罪原则。

【指导案例】梁某琦受贿案——收受无具体金额的会员卡、未出资而委托他人购买股票获利是否认定为受贿①

被告人梁某琦先后担任重庆市规划局总规划师、副局长,重庆市江北嘴中央商务区开发投资有限公司(国有独资公司)董事长兼党委书记。2005 年初,梁某琦应重庆国际高尔夫俱乐部有限公司总经理杨某全的请托,调整了国际高尔夫俱乐部的规划,增加了居住用地、商业用地和公共绿地。为此,杨某全送给梁某琦 18 万元和一张免费高尔夫荣誉会员消费卡,梁某琦使用该卡实际消费 1.2292 万元。

根据最高人民法院、最高人民检察院《关于办理商业贿赂刑事案件适用法律若干问题的意见》第 7 条的规定,商业贿赂中的财物包含含有金额的会员卡,具体数额以实际支付的资费为准。参照上述标准,本案中,请托人给付的无具体金额的会员卡,其性质与含有金额的会员卡并没有本质区别,本案涉及的会员卡虽未设定金额,但不等于不含有金额、不能实现消费功能,实际上此类卡片的持卡人可以正常持卡消费,所产生的全部资费由请托人承担,与含有金额的会员卡在使用功能方面没有本质区别。本案中,重庆国际高尔夫俱乐部有限公司总经理杨某全送给梁某琦一张该高尔夫俱乐部荣誉会员卡,承诺持卡人所有消费均享受免费待遇,由于该俱乐部所有会员卡均没有实际对外销售,办案部门走访了有关鉴定机

---

① 参见最高人民法院刑事审判第一、二、三、四、五庭主办:《刑事审判参考》(总第 68 集),法律出版社 2009 年版,第 562 号案例。

构,无法对该卡价值进行鉴定和价格评估,该会员卡的价值无法确定,故应以梁某琦夫妇持该卡在俱乐部签单免费消费的 1.2292 万元来计算其本次受贿金额。

十五、利用职务便利假借投资之名索要高额投资回报的,构成受贿罪

(一) 裁判规则

国家工作人员利用职务上的便利,为他人谋取利益,而后假借投资合伙经营,实际上并未经营的情况下,强要"合伙"相对方支付高额投资回报的行为,属于利用职务之便索取贿赂的行为,应当以受贿罪论处。

(二) 规则适用

国家工作人员进行投资,获取合理收益的行为,一般不认为构成受贿犯罪,但是国家工作人员利用职务上的便利,为他人谋取利益,后假借投资之名,索取高额回报的行为,具备权钱交易的性质,应当以受贿罪论处。由此可见,在处理此类案件时,是否成立受贿罪,关键在于两个方面:一是国家工作人员是否具有真实投资,二是国家工作人员是否利用职权之便为他人谋取利益。

首先,需要考查国家工作人员是否具有真实的投资。在投资合伙经营中,真实的投资一般需要遵循平等自愿、共同出资、共同经营、共担风险、共享收益等基本规则。实践中,可能存在如下情形:其一,国家工作人员单方面要求合伙,并起草合伙协议,确定协议内容,其他当事人迫于其身份地位而与之签订该协议的,因为合伙协议的内容实际上是违背当事人真实意思表示的,并非真实有效的合伙协议,故不能认定为真实投资行为。其二,国家工作人员表面上与当事人订立合伙协议,但是并未真实出资,而是由请托人垫付出资,不能认定国家工作人员具有真实投资。其三,合伙企业的经营一般要求合伙人共同经营,国家工作人员仅履行出资义务,不参与合伙经营,不负责合伙企业的任何事务,仅收取回报,也不能认定其属于真实投资。其四,投资是一种风险与收益并存的行为,要求投资人应当自担风险。国家工作人员在协议中直接约定定期收取一定利率的回报或者约定每年的最低回报率,实际上是一种不承担风险的投资行为,不符合投资的基本特征,因此,不能认定为是真实的投资。国家工作人员只有属于真实投资的情形时,才具备获取投资收益的基础,如果国家工作人员并无真实投资,或者在有真实投资的情况下,索取超出合理范围的投资回报,则其索取回报的行为即属于索取他人财物的行为。

其次,从受贿罪的本质角度讲,受贿是一种权钱交易的行为,因此,在认定受贿罪的过程中,需要重点考查国家工作人员是否利用了职务上的便利。根据《全国法院审理经济犯罪案件工作座谈会纪要》第 3 条的规定,"利用职务上的便利,既包括利用本人职务上主管、负责、承办某项公共事务的职权,也包括利用职务上有隶属、制约关系的其他国家工作人员的职权"。国家工作人员利用职务上的便利,为他人谋取利益,索取或收受他人财物,即国家工作人员收受财物或者索

取财物与其职权行为相联系,就可以初步判断,其获取财物是基于职权行为,谋取利益与收受财物之间形成了对价关系,即具备了权钱交易的基本特征,具备了受贿罪的前提条件。在投资合伙经营等项目的过程中,如果国家工作人员利用其职务上的便利,没有真实投资而索取投资回报,或者虽然有真实投资,但索取超出合理范围的投资回报,均应当以受贿罪论处。

综上,国家工作人员利用职务之便,为他人谋取利益,而后假借投资合伙经营之名,向他人索取所谓的投资回报,实际上是恃权借机索取财物的行为,虽然受贿的方式有所变化,但是贿赂的本质,即国家工作人员利用职权索取或非法收受他人财物,为他人谋取利益的性质没有变,仍然是权钱交易的行为,有违国家工作人员职务行为的廉洁性,依法应当以受贿罪论处。

【指导案例】胡某群受贿案——国家工作人员利用职务便利索要高额投资回报的行为是否构成受贿罪①

被告人胡某群先后于1995年5月任原上饶地区行署副专员,2000年10月任上饶市人民政府常务副市长,2002年8月至案发前任中共上饶市委副书记。

2001年下半年,上饶市信州区商业局下属企业华联商厦改制并在原址开发建设"时代广场",需筹措资金。上饶市民营企业江西龙江实业有限公司(以下简称"龙江公司")有意收购,其法人代表姚某禄邀请上海瑞文实业有限公司董事长陆某湖合伙开发。2001年10月,姚某禄将陆某湖介绍给胡某群,陆某湖向胡某群说明了意图,并请胡某群帮忙。嗣后,胡某群先后两次给信州区区委书记蒋某明打电话,建议将该项目卖给姚某禄和陆某湖。其后,上海瑞文实业有限公司和上饶市华联有限公司因故退出项目建设,由龙江公司独家开发建设。在姚某禄办理时代广场土地使用证等手续过程中,胡某群还多次出面给有关部门"打招呼",要求关照。

2002年2月,胡某群得知姚某禄准备在上海经营出租车业务,即向姚某禄提出要参与投资,姚某禄考虑到其项目的进行有求于胡某群,便同意了胡某群的要求。同年3月初,胡某群让其子胡某雄起草了投资协议,甲方是上海贵禄实业有限公司,乙方是胡某雄,协议约定:乙方投资10辆车,每辆以23万元计,共计投资230万元,先期投资115万元,另一半以利润冲抵;每辆车每月利润5000元。乙方不参与经营管理,但按约定分享经营权益。到3月中旬,胡某群先后付给姚某禄现金115万元。2002年年底,胡某群到上海,打电话要姚某禄到其住处来结算一次。胡某群提出:按10个月结算,每个月每辆车收益5000元,10辆车共计50万元,用来冲抵投资欠款。并要求姚某禄写了一张收条给胡某雄。2003年10月,胡

---

① 参见最高人民法院刑事审判第一、二、三、四、五庭主办:《刑事审判参考》(总第48集),法律出版社2006年版,第384号案例。

某群得知姚某禄的车要卖掉,提出要其子胡某雄和姚某禄结算投资。在姚某禄表示生意失利,没有收购到出租车的情形下,胡某群仍要求姚某禄结算其投资款项,提出按照本金115万元,每辆车每月收益5000元,10辆车20个月收益100万元,卖车升值45万元,总金额应为260万元。据此,胡某群要求姚某禄写了一张260万元的借条交给其子胡某雄,并要求其回到上海后需把钱交付给胡某雄。姚某禄于2003年11月至2004年2月,先后共付给胡某群260万元,扣除胡某群自己原有的115万元,胡某群实际从姚某禄处获得145万元。

被告人胡某群利用了职务上的便利,为姚某禄谋取利益,具备了受贿犯罪的前提条件。姚某禄是上饶本地商人,为了收购当地的华联商厦能享受域外投资的优惠,即找了一家上海企业"合伙",目的达到后,该企业很快就退出,由姚某禄的龙江公司独家收购,并享受了域外投资商的优惠待遇。在龙江公司收购华联商厦过程中,胡某群向华联商厦所在地区区委书记两次在电话中"打招呼",并提出明确意见。收购后在办理有关手续过程中,还向有关部门"打招呼"。胡某群的这些行为,均利用了其任上饶市政府常务副市长的职务便利,并使得龙江公司在收购华联商厦当中谋取到了利益,即使是被动收受姚某禄的财物,也已经具备了受贿罪的前提条件。

胡某群以合伙经营为名,利用职务便利强行要求姚某禄支付高额投资回报,属于索贿行为。随着反腐斗争的愈加深入,腐败分子收受贿赂的方式也逐渐发生变化,由赤裸裸地直接收受财物,演变为间接地收受物品,如只付少量现金,或者赌博时光赢不输或者采取以合伙经营的形式收受"高额回报"等方式。无论收受贿赂的方式如何变化,贿赂的本质,即国家工作人员利用职权索取或非法收受他人财物,为他人谋取利益的性质都没有变。只要符合这一本质特征,就是贿赂犯罪。

本案中,胡某群利用其国家工作人员职务便利,强行要求姚某禄支付145万元投资收益及汽车升值款,不是其投资产生的合理利润,而是变相向姚某禄索贿。理由是:第一,姚某禄没有与胡某群合伙经营出租车业务的意向,是胡某群单方面要求与之合伙,并起草合伙协议,确定协议内容。姚某禄是鉴于胡某群的身份地位以及其还要在上饶做业务的实际情况而违心地签订该协议的。第二,所谓的合伙协议未规定胡某群参与共同经营,胡某群也不承担合伙经营的风险,合伙经营业务最终未开展起来,合伙经营既无事实依据,也无法律依据。第三,胡某群与姚某禄从未进行真正的结算,两次所谓的结算都是胡某群单方要钱,不仅要100万元的"投资收益",而且还要协议未规定、实际未产生的45万元汽车"升值款";投资115万元、年获利60万元的合伙条件完全背离了经营出租车业务盈利的实际。第四,姚某禄没有主动向胡某群借钱,没有证据显示其经营遇到资金困难,缺乏借钱的前提;60%左右的年利率不符合资金借贷的现实。第五,胡某群在整个过程中恃权借机要钱的真实面目暴露无遗,姚某禄自始至终认为胡某群要求与他合伙就是制造投资回报的借口向他要钱,他签订这个协议就准备让胡某群来拿钱。二者索贿与被索贿的关系非常明确。辩护人辩护提出姚某禄占用了胡某群115万元资金达20个月,应当计算收益,抵扣胡某群受贿金额。对此意见,法院未予以采纳。

十六、行为人以"合办"公司名义获取"利润",但没有实际出资和参与经营管理的,构成受贿罪

(一) 裁判规则

国家工作人员以本人或者他人的名义,参与合办公司或者进行其他合作投资,以经营利润的名义收受财物,是否以受贿论处,关键在于国家工作人员本人有无实际、真实的出资。国家工作人员利用职务上的便利为请托人谋取利益,并与请托人以"合办"公司的名义获取"利润",没有实际出资和参与经营管理的,应当以受贿论处。

国家工作人员采取交易形式收受财物,要重点分析其是否明显违反等价交换原则,与物品的正常市场价格悬殊明显,其是否与国家工作人员职务行为进行交换,受贿数额按照交易时当地市场价格与实际支付价格的差额计算。

(二) 规则适用

1. 以"合办"公司为名的受贿行为分析

在受贿犯罪中,行为人往往会采用表面上合法的行为,以掩盖受贿事实。对于以"合办"公司为名,收受请托人财物的行为,2007年7月8日最高人民法院、最高人民检察院发布的《关于办理受贿刑事案件适用法律若干问题的意见》第3条已明确规定,"国家工作人员利用职务上的便利为请托人谋取利益,以合作开办公司或者其他合作投资的名义获取'利润',没有实际出资和参与管理、经营的,以受贿论处"。在认定国家工作人员与他人合办公司的行为是否构成受贿罪时,关键在于国家工作人员是否有实际、真实的出资。

在判断是否真实出资时,首先,要审查国家工作人员是否实际出资,即是否实际履行出资协议中约定的出资额,如果实际履行了出资额则应当认定为真实出资。其次,在国家工作人员并未实际履行出资额的前提下,需要审查其是否参与公司的经营管理,因为是否实际出资与是否参与经营管理是相互关联的,可以相互印证,"不参与经营管理"是判断是否虚假出资的一个方面。同时,经营管理行为在一定情况下(如个人以劳务出资合伙)也可能成为合伙出资的一种方式。就本质而言,是否认定为受贿,坚持的标准仍然是名义、虚假出资还是实际、真实出资。

在认定国家工作人员虚假出资的基础上,要区分不同情况分别作出处理。如果国家工作人员既没有实际出资,又没有参与管理、经营,以合作开办公司或者进行其他合作投资名义获取"利润",即"虚假出资、虚假合作",国家工作人员出资数

额没有明确,或者虽然协议中有明确的出资数额,但是国家工作人员只是虚假出资和虚假合作,都没有获取所谓"利润"的任何正当理由和法律依据,属于打着合办公司或者其他合作投资的幌子,行权钱交易之实的变相受贿行为,其获取的所谓"利润"数额应当认定为受贿数额。如果国家工作人员没有出资,由请托人出资,合作开办公司或者进行其他合作投资,此种情形属于"虚假出资、真实合作",即国家工作人员的出资额虽然由请托人出资,系虚假出资,但是其出资数额在协议中有明确记载,且国家工作人员参与了经营管理,并分担经营风险,有真实合作成分。其受贿数额为出资额,经营利润应当认定为受贿资本的非法孳息。其主要理由是:首先,将收受出资及其利润割裂开来合并计算,忽视了出资不同于其他物品的特殊性和利润对出资资本的依附性,有重复评价之嫌;其次,此种情形与前述第一种情形有所不同,国家工作人员虽然虚假出资,但是其参与经营管理,并分担经营风险,有真实合作成分。

2. 以交易形式的受贿行为分析

有关受贿数额的认定,《关于办理受贿刑事案件适用法律若干问题的意见》中规定,以交易形式的受贿数额应当按照交易时当地市场价格与实际支付价格的差额计算。之所以以市场价格而非成本价格作为计算房屋等物品的计价基准,是因为成本价虽然比市场价便于评估计算,但是房屋等商品的成本价与市场价相差较大,以成本价为基准,不当地抬高了此类受贿罪的定罪门槛,会使一部分受贿不能得到依法惩治;二者比较,市场价更合理,是商品购买者应当支付的费用,即使市场价格波动较大的,也可以通过专业机构对交易时当地物品价格进行评估和鉴定,得出一个相对合理的确定价格。

关于交易形式受贿与优惠购物的界限区分,以优惠价格购买商品不是受贿,但有时二者难以区分,需要根据国家工作人员的职务内容、该职务与提供财物者的关系、当事人之间的亲疏、优惠价与市场价的差额、取得财物的经过等情况,进行综合分析判断。区分这二者的界限,关键在于准确理解裁判要点中的"明显低于市场的价格",受贿与国家工作人员的职务行为有关联性和对价关系。结合《关于办理受贿刑事案件适用法律若干问题的意见》的有关规定,认定以优惠购物形式的受贿要同时具备两个条件:一是这种优惠只针对国家工作人员,不具有普遍性,其他社会公众不能享受同等的优惠待遇。由于在市场经济条件下公司、企业有自主经营权,优惠让利是一种比较普遍的正常营销方式,优惠价格有多种表现形式,不同层级的销售人员可以确定不同的优惠价格,所以这里的"市场价格"包括商品经营者事先设定的不针对特定人的最低优惠价格,而不限于向社会公众明示或者公开的价格。根据商品经营者事先设定的各种优惠交易条件,以优惠价格购买商品的,不属于受贿。二是这种优惠价格明显低于市场价格。所谓"明显"是指,优惠的价格与物品的正常市场价格非常悬殊,甚至低于成本价,违反价值规律的等价交换原则。之所以强调"明显"低于市场价格,是因为考虑到房屋、汽车等属于贵重物品,稍微优惠几个百分点,优惠数额可能达到数万元甚至数十万元,如果对此均以受贿罪论处,不仅打击面过宽,也不利于区分受贿犯罪与正常优惠购物、一般违法违纪行为的界限,难以确保刑罚打击的准确性和谦抑性。

【指导案例】潘某梅、陈某受贿案①

2003年8、9月间,被告人潘某梅、陈某分别利用担任江苏省南京市栖霞区迈皋桥街道工委书记、迈皋桥办事处主任的职务便利,为南京某房地产开发有限公司总经理陈某1在迈皋桥创业园区低价获取100亩土地等提供帮助,并于9月3日分别以其亲属名义与陈某1共同注册成立南京多贺工贸有限责任公司(简称"多贺公司"),以"开发"上述土地。潘某梅、陈某既未实际出资,也未参与该公司经营管理。2004年6月,陈某1以多贺公司的名义将该公司及其土地转让给南京某体育用品有限公司,潘某梅、陈某以参与利润分配名义,分别收受陈某1给予的480万元。

2004年上半年,潘某梅利用担任迈皋桥街道工委书记的职务便利,为南京某发展有限公司受让金桥大厦项目减免100万元费用提供帮助,并在购买对方开发的一处房产时接受该公司总经理许某某为其支付的房屋差价款和相关税费61万余元(房价含税费121.0817万元,潘某梅支付60万元)。2006年4月,潘某梅因检察机关从许某某的公司账上已掌握其购房仅支付部分款项的情况而补还给许某某55万元。

本案中,被告人潘某梅时任迈皋桥街道工委书记,陈某时任迈皋桥街道办事处主任,对迈皋桥创业园区的招商工作、土地转让负有领导或协调职责,两人分别利用各自职务便利,为陈某1低价取得创业园区的土地等提供了帮助,属于利用职务上的便利为他人谋取利益;在此期间,潘某梅、陈某与陈某1商议合作成立多贺公司用于开发上述土地,公司注册资金全部来源于陈某1,潘某梅、陈某既未实际出资,也未参与公司的经营管理。因此,潘某梅、陈某利用职务便利为陈某1谋取利益,以与陈某1合办公司开发该土地的名义而分别获取的480万元,并非所谓的公司利润,而是利用职务便利使陈某1低价获取土地并转卖后获利的一部分,体现了受贿罪权钱交易的本质,属于以合办公司为名的变相受贿,应以受贿论处。

同时,本案被告人潘某梅购买的房产,市场价格含税费共计应为121万余元,潘某梅仅支付60万元,明显低于该房产交易时当地市场价格。潘某梅利用职务之便为请托人谋取利益,以明显低于市场的价格向请托人购买房产的行为,是以形式上支付一定数额的价款来掩盖其受贿权钱交易本质的一种手段,应以受贿论处,受贿数额按照涉案房产交易时当地市场价格与实际支付价格的差额计算。

---

① 最高人民法院指导案例3号。

十七、行为人以"合作"投资房产为名获取"利润",有部分"出资"行为但不承担风险的,构成受贿罪

(一)裁判规则

行为人利用职务便利为他人谋取利益后,参与"合作"投资房产,有部分出资行为,但不承担投资风险,在项目获得利润后收受投资本金和收益的,应当以受贿罪论处。

(二)规则适用

收取贿赂型受贿的行为表现为行为人利用职务上的便利非法收受他人财物,为他人谋取利益。国家工作人员利用职务上的便利为他人谋取利益后,以合作开办公司或者进行合作投资的名义收受财物,是近年来司法实践中经常出现的情况,对此种情形能否认定为收受贿赂或者索取贿赂,2007年7月8日最高人民法院、最高人民检察院联合发布的《关于办理受贿刑事案件适用法律若干问题的意见》中已有明确规定,国家工作人员利用职务上的便利为请托人谋取利益,由请托人出资,"合作"开办公司或者进行其他"合作"投资的,以受贿罪论处,受贿数额为请托人给国家工作人员的出资额。国家工作人员利用职务上的便利为请托人谋取利益,以合作开办公司或者其他合作投资的名义获取"利润",没有实际出资和参与管理、经营的,以受贿罪论处。据此,以合作开办公司或者进行其他合作投资名义收受财物,是否构成受贿罪,关键在于国家工作人员本人有无实际出资。在判定国家工作人员本人是否有实际出资时,需要综合考虑国家工作人员是否有给付钱款的行为、是否参与管理和经营以及是否承担投资风险等情况,国家工作人员虽然有给付钱款的行为,但实际上并未参与经营和管理,也不承担任何投资风险,不能认定其有实际出资。在国家工作人员没有实际出资的情形下,由请托人出资,"合作"投资房产,其行为实质上是国家工作人员收受了请托人的出资款项,其并无实际出资,也无真实合作的意思。

【指导案例】朱某林受贿案——如何认定以"合作投资房产"名义收受贿赂①

2004年10月,湖州市人民政府决定对位于该市环渚乡西白鱼潭地块进行城建项目开发,开发商为日月置业有限公司(简称"日月公司"),时任环渚乡政府领导的被告人朱某林负责整个拆迁工作。由苏某荣实际所有的融达公司整体厂房属拆迁范围,经朱某林和朱某毛(时任环渚乡党委书记,另案处理)多次与日月公司沟通,最后日月公司赔偿苏某荣240万元。期中,苏某荣还通过虚假的转让协议使得三间厂房得到原评估价三倍的赔偿。为感谢朱某林和朱某毛在此事中提供

---

① 参见最高人民法院刑事审判第一、二、三、四、五庭主办:《刑事审判参考》(总第81集),法律出版社2012年版,第724号案例。

的帮助,苏某荣提出日后朱某林和朱某毛购房时,由其补贴每人30万元,朱某林及朱某毛均未拒绝。

2006年4至5月份,苏某荣有意购买日月城小区商务楼,让时任环渚乡副乡长的朱某林出面与日月公司谈价,最终谈定价格为1280万元。为感谢朱某林在融达公司拆迁过程中的帮助和购买商务楼过程中谈价钱的帮助,同时也为兑现以前关于购房时补贴30万元的允诺,苏某荣邀请朱某林参与购买该房产转手获利,并约定每人出资50%,朱某林同意。2007年4月28日,苏某荣缴纳了第一笔定金60万,朱某林表示先让苏某荣帮其垫付其中的50%,即30万元。5月初,二人商定加价180万转售给下家,因下家暂无现金支付,故出具了60万元的借条(债权人为朱某林)。5月10日,朱某林向苏某荣支付了由其垫付的30万元定金。根据约定,二人尚有40万元定金没有支付。7月18日,苏某荣又向日月公司缴纳了40万元。而朱某林并未支付其中的50%,即20万元。8月1日,下家又出具了60万元的借条(债权人为苏某荣)。因朱某林不断向苏某荣及下家催讨本金和溢价款,10月22日、11月1日,苏某荣分别向朱某林支付20万元和30万元。11月9日,苏某荣将下家支付的首笔现金20万元转入朱某林的账户(朱某林将其中的10万元转入苏某荣的账户),至此朱某林已经收到现金60万元(本金30万元,利润30万元)。至案发时,朱某林实际收到现金110万元(本金30万元,利润80万元)。

利用职务便利为他人谋取利益后,仅有投资之名但不承担投资风险,在项目获得利润后收受投资本金和收益的,应认定为受贿罪。被告人朱某林与苏某荣一起购买日月城小区22号商务楼,然后加价180万元卖给下家,朱某林因此共收受110万余元,其中投资50万元,其余为投资收益。关于该行为是否构成受贿罪,有两种意见:第一种意见即公诉机关的指控意见,认为朱某林的行为构成受贿罪;第二种意见即被告人和辩护人的辩护意见,认为朱某林与苏某荣合作投资商务楼,系正常的投资行为,且朱某林有实际出资,其行为不构成受贿罪。

法院同意第一种意见。具体理由如下。

1. 被告人朱某林利用职务便利,为苏某荣谋取利益,具备了受贿罪的前提条件。受贿罪的客观方面表现为两种情况:一种是行为人利用职务上的便利,索取他人财物;另一种是行为人利用职务上的便利非法收受他人财物,为他人谋取利益。前者为索贿,后者为普通受贿。本案中,开发商日月公司对环潜乡西白鱼潭地块进行城建开发,朱某林身为湖州市吴兴区织里镇政府机关的工作人员,负责拆迁工作。朱某林为苏某荣厂房的赔偿数额问题,利用自身职务便利,与日月公司进行协商,经过多次谈判,最终确定赔偿数额。在安置补偿中,苏某荣所在的融达公司通过签订假协议得到了240万元的赔偿。因此,朱某林已经实施了利用职务上的便利为他人谋取利益的行为。

2. 被告人朱某林以"合作投资"为名,却未实际投资,在项目获得利润后收受"合作者"苏某荣的投资本金,属于非法收受他人财物。国家工作人员利用职务上的便利为他人谋取利益,以合作开办公司或者进行合作投资的名义收受他人财物,是近几年来司法实践中出现的新情况。对此种情形能否认定为收受贿赂或索取贿赂,2007年7月8日最高人民法院、最高人民检察院联合发布的《关于办理受贿刑事案件适用法律若干问题的意见》明确规定,国家工作人员利用职务上的便利为请托人谋取利益,由请托人出资,"合作"开办公司或者进行其他"合作"投资的,以受贿论处;国家工作人员利用职务上的便利为请托人谋取利益,以合作开办公司或者其他合作投资的名义获取"利润",没有实际出资和参与管理、经营的,以受贿论处。据此,以合作开办公司或者进行其他合作投资的名义收受财物,是否构成受贿罪,关键在于国家工作人员本人有无实际出资。

本案中,从表面来看,被告人朱某林曾经付给苏某荣30万元,但实质上,其在合作投资房产中并未出资,也未参与管理和经营,更未承担投资风险,其行为不属于真正意义上的出资合作投资行为。

第一,被告人朱某林未按约出资(交付定金)。日月公司与苏某荣约定,购房须付定金100万元。虽然苏某荣与朱某林就投资房产约定每人出资50%,但朱某林没有按约支付定金,第一笔定金60万元,全部由苏某荣支付,第二笔定金40万元也全部由苏某荣支付。

第二,被告人朱某林与日月公司谈价格的行为不属于合作投资中的管理、经营行为。苏某荣有意购买日月公司的日月城小区22号商务楼,让朱某林(时任环绪乡副乡长)出面与日月公司谈价,最终确定价格为1280万元。朱某林在与苏某荣合作投资之前,已谈定了购房价格,而且朱某林是利用自己的身份为苏某荣购买房产取得较低的价格,该行为不属于合作投资中的管理、经营行为。

第三,被告人朱某林虽然向苏某荣支付由苏某荣垫付的30万元,但是在苏某荣已找到下家,并谈妥由下家加价180万元购买房产之后支付的。因此,朱某林在合作投资中的出资行为是不承担投资风险的,其在已经明确可以取得巨额利润时,才给付苏某荣"垫付款"。当下家因资金短缺,未能及时支付苏某荣相应的款项时,朱某林又多次向苏某荣催讨并得到"本金"和"利润"。朱某林的"出资"不符合投资的本质,其从苏某荣处要回的投资款性质上属于非法收受他人财物,而其所谓的"利润"也不是"出资"的合法收入。

3. 被告人朱某林主观上具有受贿的故意。本案中,苏某荣在日月公司陆续支付240万元补偿款后,为感谢朱某林、朱某毛的帮助,提出对朱某林、朱某毛日后购房时各补贴30万元,朱某林未予拒绝。之后,苏某荣看到日月城商务楼比较好,认为如果买得便宜肯定会赚钱,于是想借机分给朱某林利润,以感谢朱某林的帮助。通过朱某林与日月公司谈价,苏某荣以较低的价格购得商务楼,从而转手倒卖获利。朱某林明知苏某荣与其"共同投资"、分享利润,是感谢其曾经利用职务上的便利为苏某荣谋取利益,仍多次向苏某荣催要"利润"款,符合权钱交易的本质特征。

【指导案例】蒋某、唐某受贿案①

2002年上半年,被告人蒋某、唐某确立情人关系后,共谋由唐某出面为开发商办理规划手续和规划调整业务并收受钱财,利用蒋某担任重庆市规划局领导的职务之便协调关系,解决调规问题。2004年11月,唐某在蒋某的帮助下成立重庆嘉汇置业顾问有限公司,取得丙级城市规划资质等级。为了让该公司顺利开展代办规划业务,蒋某要求下属市规划局用地处原处长陈某关照唐某的业务,陈某表示同意。

2005年7月,蒋某、唐某商议后成立重庆瑜然房地产开发有限公司,并在蒋某的帮助下取得房地产开发资质。后蒋某向唐某提出将位于重庆市江北区花果小区一地块性质由绿化用地调整为居住用地后,供该公司进行房地产开发。唐某找到重庆市利丰达房地产开发公司柏某福,提议合作开发。2006年5月,唐某与柏某福签订合同,约定唐某出资100万元,柏某福出资1900万元;唐某负责该地块的取得、地块性质调整等,柏某福负责项目资金的筹措、项目建设和销售策划;项目利润分配由唐某占49%,柏某福占51%。后唐某为调整该项目规划事宜找到蒋某,蒋某利用职务之便协调相关单位和职能部门,办理了相关规划手续。至2008年12月,该项目完成一期工程,净利润为1486.1253万元,扣除实际投入的本金折合股份,唐某应当分得利润653.8951万元。

国家工作人员和特定关系人共谋后,特定关系人和请托人"合作"投资,国家工作人员利用职务之便为该投资项目谋取利益,以较少投资获取高额利润的,应当认定为国家工作人员和特定关系人共同受贿。

《关于办理受贿刑事案件适用法律若干问题的意见》根据司法实践中审理受贿案件遇到的一些新情况,明确列举了受贿罪中国家工作人员直接收受财物的具体方式。但这些收受财物的具体方式也可能通过特定关系人和其他第三人来实施,如收受干股,以开办公司等合作投资名义受贿,以委托请托人投资证券、期货或者其他委托理财的名义受贿,以赌博形式受贿等。本案中,唐某与柏某福合作开发经济适用房项目获取利润,蒋某利用职务之便为该项目的实施提供便利,主要涉及是否符合《关于办理受贿刑事案件适用法律若干问题的意见》规定的以开办公司等合作投资名义收受贿赂问题。

《关于办理受贿刑事案件适用法律若干问题的意见》规定的"以开办公司等合

---

① 参见最高人民法院刑事审判第一、二、三、四、五庭主办:《刑事审判参考》(总第70集),法律出版社2010年版,第585号案例。

作投资名义收受贿赂"的方式中明确了两种行为:一是国家工作人员利用职务上的便利为请托人谋取利益,由请托人出资,"合作"开办公司或者进行其他"合作"投资的,以受贿罪论处。受贿数额为请托人给国家工作人员的出资额。二是国家工作人员利用职务上的便利为请托人谋取利益,以合作开办公司或者其他合作投资的名义获取"利润",没有实际出资和参与管理、经营的,以受贿罪论处。也就是说,国家工作人员没有实际出资或参与管理、经营的,应当将接受"出资额"或"利润"认定为受贿中国家工作人员收受财物的方式。本案被告人蒋某、唐某在共谋后,由唐某与他人合作开发项目,蒋某为该项目提供便利,唐某以较小出资获得高额利润,行为方式与《关于办理受贿刑事案件适用法律若干问题的意见》规定的"以开办公司等合作投资名义收受贿赂"也不完全相同。此时能否认定蒋某、唐某是共同受贿,仍然要根据其行为是否符合受贿罪权钱交易的本质来判断。

具体来看,被告人唐某与他人合作开发经济适用房项目,签订了《房地产开发项目联合投资建设合同书》,约定唐某除出资 100 万元,享有 49%的利润分配比例。唐某以实际占该项目5%的出资比例却获取49%的利润,明显不合常理,而之所以柏某福同意并与唐某签订该合同,就是其明知唐某是蒋某情人,希望借助其特殊身份取得蒋某的支持,在联系项目、土地及办理项目有关手续等方面得到蒋某的职务帮助,才与唐某合作开发项目,并违反常理约定唐某以较少出资而获得高额利润。因此,蒋某和唐某共谋由唐某与他人"合作"开发项目,蒋某利用职务为该项目的实施提供便利,并由唐某获得高额利润的行为符合受贿罪权钱交易的本质,对两人应当认定为受贿共犯。关于此项事实的受贿数额,笔者认为,虽然唐某享有49%的利润分配比例,但是考虑到唐某在该项目中毕竟实际有5%的出资,故不能直接以该项目49%的利润作为蒋某、唐某的受贿数额,两人共同受贿的数额应当是唐某在该项目中占有的高于实际出资比例的那部分利润。

十八、利用职务便利为自己与他人合作的项目谋取利益,后明显超出出资比例获取分红的行为构成受贿罪

(一) 裁判规则

利用职务便利为自己与他人合作的项目谋取利益,后明显超出出资比例获取分红的行为,应认定为受贿罪,受贿数额为超过出资比例获得的分红款。首先,"利用职务便利"为项目谋利,不属于股东正常参与项目的经营管理行为。其次,为自己谋利的同时为他人谋利亦符合"为他人谋利"的要件。最后,其他投资人考虑到行为人的职务帮助而让渡给行为人的部分,属于行为人超出出资比例获取的分红款,应认定为"非法收受他人财物"。

(二) 规则适用

对于以交易形式收受财物的行为,在《关于办理受贿刑事案件适用法律若干问题的意见》中已经有所规定。从以交易形式收受贿赂本身来看,如以低于市场

的价格购买或者以高于市场的价格出售房屋、汽车等物品,虽然支付了一定费用或者有实物出卖,形式上好像是自由买卖,但是实际上明显违反等价交换原则,与物品的正常市场价格悬殊明显,是一种以象征性交易来掩盖背后权钱交易的行为,与直接收受财物的典型受贿并无质的不同,理应认定为受贿罪。从惩治腐败犯罪现实需要来看,近年来受贿案件出现了一些新情况、新特点,以交易名义实施的、更为隐蔽的受贿大量发生,为适应新形势下反腐败斗争的需要,确有必要依法严厉打击形形色色的受贿犯罪。

关于具体交易形式,《关于办理受贿刑事案件适用法律若干问题的意见》第1条列举了以下交易形式:(1)以明显低于市场的价格向请托人购买房屋、汽车等物品的;(2)以明显高于市场的价格向请托人出售房屋、汽车等物品的;(3)以其他交易形式非法收受请托人财物的。其实,现实生活中的交易形式是多种多样的,《关于办理受贿刑事案件适用法律若干问题的意见》也正是考虑到这一点,为了防止挂一漏万,除列举低价买入、高价卖出两种常见形式外,还概括规定了一个兜底条款。除上述交易形式外,比较常见的其他交易形式主要有以下几种:(1)以高价回购方式进行交易,即先将房屋等低价卖给国家工作人员,再高价购买回来,通过对向交易来完成行贿和受贿;(2)用以物易物的形式进行不等值置换,如以旧换新、以次换好等;(3)以支付有价证券的方式进行交易,如支付走跌的股票等;(4)以赊购方式进行交易,即行为人支付一定款项,其余款项赊欠;(5)以租赁方式进行交易。上述几种行为方式中均没有包含行为人以明显超出出资比例获取分红的行为方式,但笔者认为,该种行为实质上也是以交易形式非法收受请托人财物,表面上看行为人有出资行为,属于正常的交易,但实质上对于超出出资比例所获取的分红有其明显的职务因素在内,请托人也是基于行为人的职务要素才愿意超出行为人的出资比例给其利润,故该种行为是更为隐蔽的受贿行为,应以受贿罪追究行为人的刑事责任。

总之,对表面上看似商品交易的现象,是否属于受贿罪,要进行综合分析,重点看其是否明显违反等价交换原则,与物品的正常市场价格悬殊明显,其是否与国家工作人员职务行为进行交换。如果交易只是幌子,实为以象征性交易来掩盖背后权财交易的,则应当认定为受贿行为。

【指导案例】张某受贿案——利用职务便利为自己与他人合作的项目谋取利益,后明显超出出资比例获取分红的行为定性[①]

2004年4月,时任安徽省太和县建设委员会副主任的被告人张某与太和籍开发商张某亮、合肥商人孙某发、刘某忠、胡某传、许某权等人商议在太和共同投资

---

① 参见最高人民法院刑事审判第一、二、三、四、五庭主办:《刑事审判参考》(总第113集),法律出版社2019年版,第1250号案例。

房地产开发项目。同年6月,几人以安徽诚发置业有限公司(以下简称"诚发公司")名义竞得政府挂牌出让的太和县环城东路旧城改造的一宗土地。在竞买过程中,张某亮和太和经济适用房公司先期缴纳竞拍保证金120万元,张某引入诚发公司参与竞拍后,因该公司未缴纳竞拍保证金不具备竞拍资格,张某为此向太和县国土局土地储备中心主任杨某"打招呼"并在杨某的关照下,让太和经济适用房公司和张某亮分别出具证明,证明其缴纳的竞拍保证金系替诚发公司缴纳。

竞得土地后,张某又分别向太和县城建局规划科科长张某恒、办证科科长王某华"打招呼",得以顺利办理规划许可证。竞得土地后,为便于项目运作,张某、张某亮与诚发公司负责人孙某发等人签订合伙投资开发协议书,在太和县注册成立了诚发公司太和分公司。并约定首期投资总额约1000万元,其中孙某发和刘某忠二人各出资21%;张某、张某亮二人各出资20%;胡某传出资8%;许某权出资10%,并按出资比例承担风险、分享利润。张某考虑到自己是党员领导干部,便以其胞弟张某峰名义入股。协议签订后,几人以该分公司的名义投资开发了"太和世家"商住小区。后项目实际投资总额为897.4420万元,除张某实际缴纳投资款139.186万元后表示再也拿不出钱投资,其余人基本按实际总投资比例足额投入资金。张某亮与刘某忠商议,开发过程中有很多事情需张某关照解决,就不再让张某继续投入资金,将来仍按20%分红。刘某忠和孙某发等人表示同意。2008年年底,张某等人分别收回各自的投资本金后,将"太和世家"剩余的75间门面房作为利润分成五份予以分配。投资较少的胡某传、许某权二人一份,张某等其余四人每人一份,即每人分到利润总额的20%。根据当时房屋的实际市场销售价格计算,作为利润分配的门面房总价值为3254.6056万元。张某按照20%的比例分到的门面房,在找补差价后,实际价值为650.9211万元。而按其实际投资占总投资比例的15.51%计算,其应得利润为504.7893万元,即张某获得超额利润146.1317万元。

另查明,被告人张某在担任太和县经济适用房公司经理期间,利用职务便利收受工程承包人礼金8万元,为上述人员谋取利益。

根据刑法及相关规定,受贿罪的基本构成要件有三个方面:一是利用职务上的便利,这一要件以主体要件适格为前提;二是为他人谋取利益,这一要件以他人请托或知情并因此给予财物为条件;三是权钱交易,即索取或非法收受他人财物。三者缺一不可。本案被告人张某主体要件适格,其为自己实际出资、与他人合作的项目谋取利益,从项目获取财物的基本事实没有争议,问题的焦点在于:(1)被告人"利用职务便利"为项目谋利,是否属于股东正常参与项目的经营管理行为;(2)被告人为自己谋利的同时是否也为他人谋利;(3)被告人获取的分红中是否有他人份额,也即是否收受了他人财物。现解析如下:

1. 被告人张某"利用职务便利"为项目谋利,不属于股东正常参与项目的经营管理行为。对于这个问题,存在两种意见:第一种意见认为,被告人为自己投资的项目协调关系属于股东参与自己所投资项目的经营管理行为。第二种意见认为,被告人为项目协调关系利用的是其职务赋予的公权便利,不属于普通的经营管理行为。法院同意第二种意见,认为受贿犯罪的对象是公权力,公权力的题中之义是其不可私用性。一旦行为人利用了职务便利使之为私人获利,不论该"私人"是否包含自己,由于其侵犯了公权力的不可私用性,均不属于普通的经营管理行为。

本案中,被告人张某时任太和县建设局副局长,对建设项目用地和审批等有直接的职务便利,张某亮、刘某忠等人会选择与张某合作该项目正是基于对张某该职务便利的期待,双方对这一点均明知。合作后,张某积极利用了其职务便利为项目谋利。证人杨某证明,其时任太和县土地局土地储备中心负责人,张某曾向其"打招呼",杨某考虑到平时好多事情需要张某的关照,就答应了张某的请托,通过一系列操作行为使本没有竞拍资格的诚发公司获得资格并顺利拍得土地。证人张某恒、王某华证明,两人分别负责项目审批和办证,张某曾要求两人快速办理"太和世家"项目的规划许可证,张某系单位领导,安排的事情很快就办了。上述证人所证内容,得到项目股东张某亮、刘某忠、孙某发等证人证言的印证,张某亦始终供认,足以认定。由此可见,张某利用的是其担任建设局副局长这一领导职务的便利,使与其有制约或者事属关系的他人按照其要求为涉案项目谋取利益,而非利用地缘、人缘等职务外便利或普通工作上的便利,不属于辩方所提正常参与项目经营的行为,其侵犯了公权的不可私用性,具备受贿犯罪的第一个要件。

2. 被告人张某为自己谋利的同时亦为他人谋利。对于这个问题,亦存在两种意见:第一种意见认为,被告人为自己投资的项目协调关系是为自己谋利,缺乏"为他人谋利"这一受贿罪构成要件。第二种意见认为,被告人并非该项目的独立或主要投资受益人,其为自己谋利的同时,也为其他股东谋取了利益并因此成为其他股东让渡收益的原因。权钱交易特征明显。法院同意第二种意见,理由如下:

太和世家项目不论发起、出资、分配利润,自始至终不是被告人张某一人,张某仅在其中占有少量比例(约定20%,实际只出资15%余),项目所获利润并非张某一人所有,其完全明知自己是在为整个项目的土地获得和顺利进行而向他人"打招呼",是为项目所涉每个股东谋取利益;此后的分红情况和证人证言进一步证明,张某拥有并利用了能为项目协调解决问题、为股东谋取利益的职权,这是其他股东同意张某出资15%余却按20%分红的原因所在。因此,尽管张某自己在项目中亦有所出资,亦有利益,不影响认定其主观明知并客观在为自己谋利的同时为他人谋取了利益,并成为后面其要求从其他股东的份额里获得超额分红的对价,从而具备了受贿犯罪的第二个要件。

3. 被告人张某获取的超额分红中应含有他人的份额,亦即收受了他人财物。受贿犯罪侵犯的核心法益是公权的廉洁性,即不可收买性。如果张某没有收受他人财物的故意和行为,即使其利用了职务便利为项目谋取利益,同时符合上述两个构成要件,亦不能构成受贿罪。本案中,张某未足额投资,但其他股东考虑到需要其职务帮助,同意其仍按约定比例分红,后其按约定比例而非实际投资比例获得分红,而其多获得的分红款正是本属于其他股东而由其他股东让渡的利润。结合被告人及其辩护人提出的意见,具体分析如下:

(1)如上所述,相关证人证言、书证及被告人供述等证据充分证明,被告人张某实际出资额为15%余,但按20%分红,究其原因正如其他股东张某亮、刘某忠、孙某发所证实,"张某出资达不到约定比例,仍按照20%分红给他主要是考虑到他是建设局副局长,没有他的协调,我们拿不到土地,也不会顺利办到规划许可证,后面还有很多事情需要张某协调"。在张某已通过职务行为为项目实际谋取到利益的情况下,各股东同意其超出出资比例分红,既有对其前期行为的感谢也有对其后续行为的期待。张某显然明知利益的获取与其职务行为有关,而其他股东也显然不是基于平等自愿的意思自治同意多给张某股份,而正是看中张某职务所能带来的便利和利益,把自己应得的利润让渡给了张某。故权钱交易特征明显。

(2)关于张某及其辩护人所提"其他股东均未足额出资"。相关书证和证人证实,合作协议约定总投资额约为1000万元,刘某忠、孙某发各21%,张某、张某亮各20%,许某权10%、胡某传8%。后实际出资情况如下:刘某忠、孙某发各199.5万元,张某亮188万余元,张某(张某峰名下)139万余元,许某权95万元,胡某传76万元,共计897.44万余元。1000万元是协议时预计的项目投资总额,而最终实际投资总额为897.44万余元,各投资人应按实际总额对应自己的投资比例履行出资义务。由此可以看出,刘某忠等人均比约定的比例多出资5%左右,而不是未足额出资(如刘某忠、孙某发按897.44万元的21%出资应为188.46万元,但实际出资199.5万元,占比约22.23%);只有张某一人未足额出资(实际出资139.186万元,占比约15.51%),其他股东多出资的部分正是补了张某未出资部分。

综上,本案被告人张某利用职务便利,为自己与他人合作的项目谋取利益,后在项目中获取明显超出出资比例分红的行为,构成受贿罪。

十九、索要正当合伙承包经营分成的,不构成受贿罪

(一)裁判规则

国家工作人员参与了相关经营活动,并以此索要正当合伙承包经营的分成,不构成受贿罪。此种情形下,行为人不构成受贿罪需满足以下条件:一是国家工作人员参与了相关经营活动,付出了劳动,应当取得相应的报酬;二是索要的是正当合伙承包经营的分成,而非额外的非法的钱款。

(二) 规则适用

最高人民法院、最高人民检察院《关于办理受贿刑事案件适用法律若干问题的意见》第 3 条对"关于以开办公司等合作投资名义收受贿赂问题"分别用了两款予以规定,第 3 条第 1 款规定"国家工作人员利用职务上的便利为请托人谋取利益,由请托人出资,'合作'开办公司或者进行其他'合作'投资的,以受贿论处",此款即被称为"代为出资型";第 3 条第 2 款规定"国家工作人员利用职务上的便利为请托人谋取利益,以合作开办公司或者其他合作投资的名义获取'利润',没有实际出资和参与管理、经营的,以受贿论处",此款即被称为"直接获利型"。判断是否以开办公司等合作投资名义收受贿赂,关键点在于"合作"的真实性以及"参与经营管理"的有效性。

一方面"合作"的真实性是罪与非罪的区分标准。如果国家工作人员进行了真实的投资行为,即使没有实际参与管理、经营活动,也将排除在受贿罪之外。对于是否存在真实的合作行为,其根本性的标准是看合作投资过程中是否有权钱交易行为,权力因素是否介入了经济投资活动中。具体标准上,可以考量以下几个要素:第一,投资资本是否来自自有资金。如果投资资本是请托人代为出资的,则要审查双方投资的真实动机以及受托人是否存在利用职务便利为请托人谋取利益的情况。如果受托人声称投资资本是请托人"借贷"而非"赠与",也要看双方借贷法律关系的真实性。第二,投资内容是否具有独立性。如果投资内容属于国家工作人员的职权范围或者与其有密切关系,则双方存在行贿受贿事实的可能性比较大。但投资运营是否具有较之国家工作人员职权内容的独立性,只是确定"合作"投资真伪性的辅助判断标准,还要结合其他情况共同判断。第三,投资主体是否具有平等性。在真实的投资关系中,各投资主体地位平等,而在合作投资型受贿中,请托人和国家工作人员之间不具有地位的对等性,国家工作人员一般更为强势。第四,投资收益的分配方式是否符合常理。真实的合作投资中,投资双方要负担投资的风险,投资项目一般符合经营规律,投资收益符合正常的市场预期,如果投资收益明显高于投资项目的通常市场收益,则难以排除系以投资之名行贿赂之实。

另一方面"参与管理、经营"的有效性。如何认定参与管理、经营,是实践中存在较多争议的问题之一。可以将能否影响企业的主要业务决策方向、能否处于核心业务的决策层作为重要考量因素。参与管理、经营必须具备实质的有效性,即能够对投资、决策产生足够的影响力,能够对合作投资作出实质性的贡献。因为"参与管理、经营"是一种职权行为,在实践中还应当注意区分参与管理、经营与不具有职权内容的劳务活动的区别。如果所取证据不足以证明被告人没有参与经营和管理的,只能做出有利于被告人的认定。

【指导案例】刘某祥被控受贿案——索要正当合伙承包经营的分成不构成受贿罪①

1992年6月至1994年3月,被告人刘某祥帮助本公司业务员赵某青开展承包业务,先后从赵某青手中拿走现金11.9万余元。案发后,检察院追回6.025万元。

本案被告人刘某祥向赵某青索要的款项属于正当合伙承包经营所得的分成,有以下证据证实。

1. 赵某青共有六次证言:第一次说被告人刘某祥硬找他要走16万元,第二次说刘某祥从他那儿拿走或借走共计9.2万元,第三次又说刘某祥硬要走13.4万元,第四次说刘某祥要走10多万元,第五次说得很具体,说总共从他那儿拿走或借走11.9万元。前五次证言均否认刘某祥参与了他的业务活动,称不是合伙承包,刘某祥只是对其业务活动有过指导,不应参与其业务费分成。而第六次即二审法院向其取证时,赵某青承认承包当时自己原不想包,是刘某祥要他承包的,刘某祥说,"不得亏,万一亏了我负责",并且承认,"从文字依据上来说,合同是我签订的,但从实际来讲,也可以说是一种合伙行为,因为我的业务他也帮助我搞。不光是联系业务,而且销售也搞"。当二审法院审判人员问道为什么以前所讲与现在不一样时,赵某青答是受客观外界压力所致。

2. 被告人刘某祥前后交代和陈述共11次,自始至终都说自己参与了赵某青的业务,从赵手中拿走11.9万元是业务收入分成,是自己应得的。自己与赵某青合伙搞业务的事,公司人人都知道,与赵某青合伙搞业务这件事,他曾请示过石首市中药材公司魏某铭经理:与赵某青也有口头协议,赢了,各得50%,亏了由刘某祥自己负责。在业务活动中,80%以上的业务是刘某祥自己联系的。二审法院调查时,刘某祥还拿出了他联系业务时的部分开支明细账、请客吃饭、住宿的凭证及他与赵某青核对部分账目时赵某青在他的笔记本上亲笔写的对账数字。

3. 石首市中药材公司出具证明证实,该公司经理魏某铭、药品科科长袁某林、业务员袁某红、原副经理李某伟、王某敏均证实该公司人人都可以跑业务,虽然公司"四放开"承包方案上没写明副经理也可以跑业务,但魏某铭经理在会上多次讲过,李某伟、王某敏两位副经理就跑过业务。被告人刘某祥与赵某青合伙跑业务,公司人人都知道。当初刘某祥想自己跑业务,魏经理叫他不要自己跑,带个业务员一起跑。搞承包时,其他片的业务都有人承包,唯独湖南常德片无人承包,刘某祥给赵某青做工作,让赵某青接下来,并在承包会上向赵某青担保:每月至少让赵某青得500元,赢了,对半分,如果亏了,自己出大头。赵某青是在此情况下才签字承包的。对上述情况,还有中药材公司参加经理会议的9人联名签字证实。另

---

① 参见最高人民法院刑事审判第一庭编:《刑事审判参考》(总第2辑),法律出版社1999年版,第15号案例。

外,业务员袁某红证实:"1993年8月份,我就在这片上跟刘某祥、赵某青学习业务。1994年7月我签合同时,刘某祥到我家去做工作,说他帮我跑,如果赚了两人平分,如果亏了,他出大头,现在一直未结账。"袁某红的上述证词可以间接印证刘某祥与赵某青口头协议的内容。因为袁某红是接赵某青手的,两人均属业务不熟悉不敢承包。

4. 业务单位湖南澄县人民医院药剂科的龙某昂,湖南津市市新州医院的陈某群、田某政,津市市新州镇中心卫生院的徐某和,津市市人民医院的张某德,以及湖南石门县人民医院等均证实了被告人刘某祥联系业务的经过,石门医院及龙某昂、张某德更是证明他们只与刘某祥发生业务往来。此外,二审法院提取了赵某青承包业务期间的部分"选购药品合同",其中,有刘某祥和赵某青各自单独签订的,也有两人共同签订的,而刘某祥单独签字的合同所占比例很大。同时,石首市中药材公司明确规定,谁联系的业务谁签合同,谁负责收回货款。

5. 赵某青提出不搞业务后,于1995年10月22日在交接账上明确写道:"以前所有业务往来单位1992年3月至1993年12月份的业务遗留问题,当时刘某祥经理说都由刘某祥本人负责清收。"业务员袁某红证实刘某祥1994年承担业务费用1万元,1995年承担业务费用5000元。这进一步证明,从1992年3月至1993年12月份的业务系刘某祥与赵某青合伙跑的,否则刘某祥不会承担这份责任,赵某青也不会要刘某祥负责清收。二审期间提取的刘某祥部分回收货款的原始单据,也证明刘某祥确实参与了赵某青的业务,而不是一般意义上的"参与行政管理、业务协调和对业务员进行业务指导"。

6. 石首市审计事务所对被告人刘某祥与赵某青所跑业务进行了审计,认为被告人刘某祥确实参与了赵某青的业务,刘某祥应分得报酬。

根据上述证据,可以得出如下结论。

第一,被告人刘某祥参与了赵某青的业务活动。两人之间共同经营关系虽然没有书面协议,但能够认定。刘某祥的行为是参与赵某青的业务,而不是抗诉书上所说的"只参与行政管理、业务协调和对业务员进行业务指导"。业务指导是宏观行为,参与业务活动是微观行为,是具体的活动。刘某祥从联系业务、制定价格、签订合同、供货直到货款回收全过程都参加了,这就大大超出了行政管理、业务协调和对业务员进行业务指导的范畴。

第二,被告人刘某祥参与赵某青的业务活动,得到了公司领导与公司职工认可,本公司又有开展承包活动的规定,因而是合法的。

第三,被告人刘某祥参与了业务活动,付出了劳动,应当取得相应的报酬。

综上,被告人刘某祥参与赵某青承包经营,向赵索要11.9万元,不是索贿,不构成受贿罪,检察机关的抗诉理由不能成立,原判宣告被告人无罪是正确的。

二十、行为人未出资而委托他人购买股票获利的行为,构成受贿罪

(一) 裁判规则

国家工作人员利用职务上的便利,为他人谋取利益,以委托理财的名义,委托他人购买股票,但未实际出资的,应当以受贿罪论处。

(二) 规则适用

2007年最高人民法院、最高人民检察院联合发布的《关于办理受贿刑事案件适用法律若干问题的意见》对投资理财形式的受贿行为进行了具体规定,"国家工作人员利用职务上的便利为请托人谋取利益,以委托请托人投资证券、期货或者其他委托理财的名义,未实际出资而获取'收益',或者虽然实际出资,但获取'收益'明显高于出资应得收益的,以受贿论处。受贿数额,前一情形,以'收益'额计算;后一情形,以'收益'额与出资应得收益额的差额计算"。这一规定对理财投资形式的受贿做了一般性的规定,实践中,在处理理财投资形式受贿案件中,需要结合三个方面对理财投资形式的受贿作出认定。

首先,从构成要件的角度出发,国家工作人员职务行为与收受财物之间应当存在事实性的因果关系。国家工作人员利用职务上的便利为请托人谋取利益,以委托理财的名义获取高额收益的情形下,国家工作人员获取偏离一般水平的高额收益回报应当与其职务行为密切相关,即请托人与国家工作人员之间的委托理财关系建立在国家工作人员利用职务之便谋取利益的基础上。请托人接受国家工作人员的出资是基于国家工作人员地位与职务的考虑,则可以初步证明获取收益与职务行为的关联性,认定国家工作人员的行为具有权钱交易的性质。

其次,从投资规律的角度看,双方不存在真实有效的理财投资关系。正常的投资行为应当遵循平等自愿,意思表示真实,投资项目明确,投资者需自担投资风险,投资收益具有不确定性。国家工作人员单方面制定理财协议、确定回报率,双方并无具体的投资项目,投资方不承担风险,只定期收取一定比率的收益。在此情形下,国家工作人员获取的投资收益是确定的、无风险的,不符合投资获利的基本特征,是一种变相受贿的行为,其交付资金是为了掩饰、隐瞒受贿事实,不影响受贿罪的成立。

再次,从承诺内容的角度看,国家工作人员与请托人之间的委托理财协议大多会约定特定的收益率或者约定最低收益率,即所谓的"保底条款"。根据《民法典》第153条的规定,违反法律、行政法规的强制性规定的民事法律行为无效。而《证券法》第135条即明确规定,证券公司不得以任何方式对客户证券买卖的收益或者赔偿证券买卖的损失作出承诺。中国证券监督管理委员会《关于规范证券公司受托投资管理业务的通知》(已失效)对此进一步细化规定为:证券公司必须与委托人签订受托投资管理合同,以委托人的名义设置证券账户和资金账户,并通过委托人的账户进行受托投资管理;合同中须列明具体的委托事项,受托人根据

合同约定的方式有权收取受托投资管理佣金,但不得向委托人承诺收益或分担损失。国家工作人员与请托人之间的"保底条款",违反了《证券法》的有关强制性规定,依据《民法典》第153条,该条款应归于无效。同时,由于该条款涉及合同的核心利益,因而整个委理财关系亦应当归于无效。① 因此,国家工作人员与请托人之间的委托理财协议大多会约定特定的收益率或者约定最低收益率,已违反《民法典》《证券法》以及相关证券规则的规定,不具有委托理财合同的法律效力,国家工作人员据此索取或者收受"投资回报"的行为,不存在合法性依据。

因此,国家工作人员利用职务上的便利,为他人谋取利益,以委托理财的名义索取或收受他人财物的,应当以受贿罪论处。

【指导案例】梁某琦受贿案——未出资而委托他人购买股票获利是否认定为受贿②

被告人梁某琦于2002年至2008年1月先后担任重庆市规划局总规划师、副局长和重庆市江北城开发投资有限公司董事长期间,利用审批规划调整、建设工程选址定点和检查董事会决议执行、签署董事会文件文书等职权,27次为请托人谋取利益,非法收受财物折合1370万余元。

2005年年初,梁某琦应重庆国际高尔夫俱乐部有限公司总经理杨某全的请托,调整了国际高尔夫俱乐部的规划,增加了居住用地、商业用地和公共绿地。为此,杨某全送给梁某琦18万元和一张免费高尔夫荣誉会员消费卡,梁某琦使用该卡实际消费1.2292万元。

2005年下半年,梁某琦应重庆浦辉房地产开发公司董事长曾某浦的请托,通过调整规划,将该公司开发的"海棠晓月"商业街二期17号、18号楼,改建为滨江温泉大酒店,并扩大了"海棠晓月"B区城市之窗滨江花园商务区项目建设用地规模。同年9月,曾某浦将其公司开发的"海棠晓月"B区2套住宅以每平方米3000元,总价86.32万元的价格销售给梁某琦。梁某琦安排妻子于2005年9月24日支付了全额房款,重庆浦辉房地产开发公司开具了销售不动产专用发票。经鉴定,该房在价格鉴定基准日(2005年9月24日)的价格为186.5万元。此外,曾某浦还两次送给梁某琦共计21.5万元。

2005年,梁某琦应重庆中渝物业发展有限公司总经理曾某才的请托,通过调整规划,将该公司渝北区新溉路北侧18号、19号地块内的学校用地规模减少,开发用地增加,容积率上调,满足了该公司的要求,并为曾某才的加州高尔夫练习场搬迁选址提供了帮助。2007年5月,梁某琦得知一支港股要涨一倍多,在没有给

---

① 参见谢杰、谷晓丽:《理财型受贿犯罪若干疑难问题的司法认定》,载《中国检察官》2011年第8期。

② 参见最高人民法院刑事审判第一、二、三、四、五庭主办:《刑事审判参考》(总第68集),法律出版社2009年版,第562号案例。

付股本金的情况下,让曾某才在香港帮其买100万股,同年7月又让曾某才将该股卖出,获利50万港币,后曾某才将50万港币按照梁某琦的指示换成50万元人民币交给梁某琦。另外,曾某才还先后送给梁某琦人民币20万元和港币5万元。

梁某琦将收受他人的财物用于个人购房、购买股票、家庭日常开支、借与他人等,案发后已收缴涉案的款物折合人民币共计900余万元。

未出资而委托他人购买股票获利的应当认定为受贿。

委托理财是近年来我国逐渐兴起的投资理财的方式,对于实现客户资金的保值增值具有一定的作用,但也成为滋生腐败、权钱交易的新土壤。国家工作人员借委托请托人投资证券、期货或者其他委托理财的名义收受请托人财物的情况时有发生。为了打击这类犯罪,《关于办理受贿刑事案件适用法律若干问题的意见》第4条对此作了规定:"国家工作人员利用职务上的便利为请托人谋取利益,以委托请托人投资证券、期货或者其他委托理财的名义,未实际出资而获取'收益',或者虽然实际出资,但获取'收益'明显高于出资应得收益的,以受贿论处。受贿数额,前一情形,以'收益'额计算;后一情形,以'收益'额与出资应得收益额的差额计算。"实践中,以投资理财名义收受贿赂的情形十分复杂,在计算受贿数额时,应当区分具体情况进行处理。

(1)国家工作人员未实际出资,由请托人出资以国家工作人员名义购买记名股票等证券,其受贿数额应当为请托人为购买该记名股票等证券的出资额。至于国家工作人员所得的股票等证券的收益,应按受贿孳息处理。

(2)国家工作人员未实际出资,由请托人出资为其购买无记名股票等证券,如果股票等证券获利后,请托人收回购买股票等证券的出资额,应以国家工作人员所持股票等证券的实际收益计算其受贿数额;如果请托人没有收回购买股票等证券的出资额,应以请托人购买股票等证券的出资额加上国家工作人员所持股票的实际收益计算受贿数额;案发时股票等证券还未转让出售的,应以案发时该股票等证券的市场行情计算受贿数额。

(3)国家工作人员并未实际出资,而委托请托人购买股票等证券,请托人也未交付股票等证券,而是直接将收益交付国家工作人员,这种情况下,无论请托人是否真正购买股票等证券,其交付给国家工作人员的资金即为受贿数额。

本案中,被告人梁某琦利用职务上的便利,为请托人重庆中渝物业发展有限公司谋取利益,在始终未出资的情况下,委托该公司的总经理曾某才在香港为其购买股票,并获取收益50万元,其行为应以受贿论处。曾某才在梁某琦始终未出资的情况下为梁某琦购买了股票,但曾某才并未将股票交付给梁某琦,而是直接将获利的50万元交给了梁某琦,该情形符合上述解释中的第三种情形,故应认定梁某琦在本次受贿中的受贿数额就是曾某才交给其的股票收益50万元。

二十一、款项的去向与受贿罪的认定

(一) 裁判规则

国家工作人员出于受贿的故意,非法收受他人财物之后,将赃款赃物用于单位公务支出或者社会捐赠的,不影响受贿罪的认定,既不影响定性,也不影响受贿数额的认定,不得从受贿数额予以扣除,但在量刑时可以酌情考虑。

(二) 规则适用

最高人民法院、最高人民检察院《关于办理贪污贿赂刑事案件适用法律若干问题的解释》第 16 条第 1 款规定,"国家工作人员出于贪污、受贿的故意,非法占有公共财物、收受他人财物之后,将赃款赃物用于单位公务支出或者社会捐赠的,不影响贪污罪、受贿罪的认定,但量刑时可以酌情考虑"。可以看出,只要基于个人非法所有为目的而实施贪污、受贿行为,不管事后赃款赃物的去向如何,均不影响贪污、受贿罪的认定。该规定的道理在于,贪污、受贿犯罪既已实施完毕,赃款赃物的事后处分不影响刑事定罪。具体表现在以下两个方面:一是赃款赃物的具体去向,在一些情形下特别是用于公务支出的情形下与贪污、受贿故意的认定是存在关联的,这也是《关于办理贪污贿赂刑事案件适用法律若干问题的解释》强调只有当贪污、受贿故意得以认定时,用于公务支出或者社会捐赠才不影响定罪的原因所在。对于行为时犯罪故意不明确或者不能证明存在贪污或者个人受贿故意的,则应根据案件事实并结合赃款赃物具体去向实事求是地加以认定。二是对于赃款赃物用于公务支出或者社会捐赠的,量刑时应予酌情考虑。但同时需要注意两个问题:

一是收受财物及时退还或者上交的性质问题。最高人民法院、最高人民检察院《关于办理受贿刑事案件适用法律若干问题的意见》第 9 条第 1 款规定,"国家工作人员收受请托人财物后及时退还或者上交的,不是受贿"。有观点认为,上述规定与《关于办理贪污贿赂刑事案件适用法律若干问题的解释》规定相矛盾。笔者认为,两个解释的规定并不矛盾。《关于办理贪污贿赂刑事案件适用法律若干问题的解释》强调的是当贪污、受贿行为构成后,钱款用于公务支出或者社会捐赠,不影响贪污罪、受贿罪的认定。而《关于办理受贿刑事案件适用法律若干问题的意见》强调的是行为人收到财物后及时、全额上交,主观上没有受贿的故意,客观上收受了他人财物,在行为没有构成受贿前提下对款物的处分。例如,甲利用职权为朋友乙实际谋取了利益,乙为表示感谢,送给甲价值 800 元的两盒茶叶,其中一盒内置现金 3 万元,甲当时未详加查看,发现藏有现金后及时退还。此种情形下,甲虽客观收受了他人财物,但自始至终均无受贿故意,没有侵犯职务行为的廉洁性,当然不应认定为犯罪。但如果甲没有及时退还或上交,且没有任何无法退还或上交的客观理由,应认定其实际收受财物后,主观心理发生了变化,产生了非法占有故意,应认定为受贿。

二是收受财物后退还或者上交部门、行为方式问题。行为人收受他人财物后上交有关部门,是不是一概认定行为人不具有受贿的主观故意?也不尽然。有的行为人虽然上交了相关钱款,但从交存款物的部门、知情范围及处分情况来看,也不能证明行为人不具有受贿的故意。比如交存款物的部门既非纪律检查部门,亦非廉政专用账户,而是行为人主管、便于控制的相关部门;知情者极少且知情内容有限;交存款物的支取,必须经过行为人同意或安排,行为人具有绝对的控制、处分权等。存在上述情形的上交或者退还行为,不属于《关于办理受贿刑事案件适用法律若干问题的意见》第9条"及时退还或者上交",而是借此混淆视听,逃避查处,依然可以认定行为人具有受贿的故意和行为。

【指导案例】毋某良受贿案——赃款、赃物用于公务支出,是否影响受贿罪的认定①

2003年至2012年间,被告人毋某良利用担任萧县人民政府副县长、县长,中共萧县县委副书记、书记等职务便利,在工程项目、征地拆迁、干部调整等方面为他人谋取利益,非法收受他人财物,共计人民币1869.2万元、美元4.2万元、购物卡6.4万元以及价值3.5万元的手表一块。

2006年12月至2012年2月间,毋某良累计23次将现金人民币1790余万元及美元、购物卡、手表等物品交存到萧县招商局、县委办,知情范围极其有限,款物的使用、支配由毋某良决定、控制。后1100余万元用于公务支出,400余万元用于退还他人、为退休领导违规配车及招待费用等,尚有余款280余万元及购物卡、物品等。2012年年初,毋某良在与其有关联的他人遭查处、办案机关已初步掌握其涉嫌受贿犯罪线索后,始退还部分款项,并向县委班子通报、向上级领导报告收受他人1600余万元及交存情况。

行为人出于受贿故意,非法收受他人财物后,部分赃款交存于国有单位,后大部分用于公务支出,仍以受贿论处。根据罪刑法定原则,行为人的行为是否构成犯罪,应以刑法规定的犯罪构成要件为标准,对司法解释的理解和适用亦应遵循该原则,与立法本意一致而不能随意脱离、相悖。受贿罪作为故意犯罪,只要国家工作人员具有受贿故意,利用职务上的便利,为他人谋取利益,或者利用本人职权或者地位形成的便利条件,通过其他国家工作人员职务上的行为,为请托人谋取不正当利益,并实际索取、收受他人财物的,即应认定为受贿既遂。《关于办理受贿刑事案件适用法律若干问题的意见》第9条第1款"国家工作人员收受请托人财物后及时退还或者上交的,不是受贿"的规定,是针对实践中国家工作人员主观

---

① 参见最高人民法院刑事审判第一、二、三、四、五庭主办:《刑事审判参考》(总第106集),法律出版社2017年版,第1149号案例。

上没有受贿故意,但客观上收受了他人财物,并及时退还或者上交,并非针对受贿既遂后退还或者上交的情形。该款明确表述为"收受请托人财物后",而非第 2 款表述的"受贿后",并强调"及时退还或者上交",索贿情形被排除在外即为此意。第 2 款所明确的不影响认定受贿罪的行为,与第 1 款规定的行为性质迥异,旨在避免第 1 款在司法实践中被错用、滥用,不能错误理解为行为人受贿后,在自身或者与其受贿有关联的人、事被查处前,主动上交、退还的,视为第 1 款规定的不构成受贿的及时退交。

就本案所查明的全部犯罪事实而言,被告人毋某良均具有受贿故意,并为他人实际谋取或承诺谋取利益,部分谋利行为积极主动,甚至置法律、组织原则于不顾,不惜严重损害国家利益。以毋某良收受吴某芝、周某青 900 万元的事实为例,周某青就其欲与吴某芝共同开发萧县老火车站地块,通过毋某良的原秘书姜某杰向毋某良提出请托,并承诺按照净利润的 20%给予回报,毋某良同意后通过姜某杰向周某青透露涉案土地的拍卖标底,致使该地块的最终出让价格仅高于底价 200 万元。此外,毋某良在加大拆迁力度、证照办理以及周某青承接其他工程等方面,均给予积极帮助,先后三次、每次 300 万元,共收受吴某芝、周某青给予的 900 万元。再以毋某良收萧县体育局局长邢某、县卫生局副局长兼疾控中心主任王某乐 28 万元为例,邢某系萧县原教育局长,因无证游医参与学生体检事件被免职,毋某良应邢某、王某乐夫妇之请托,在三常委小范围酝酿干部人选时罔顾其他两位异议,坚持并实际安排邢某担任体育局长,承诺调整王某乐任萧县人民医院院长。毋某良的此种利用职权积极为请托人谋利,收受甚至索取财物的行为,在本案中极为常见。再就毋某良交存款项的数额、时间及来源看,2003 年至 2005 年间分文未交,2009 年收少交多,其他年份收多交少,并非及时、全部交存且差异明显,部分源于所查明的受贿事实和非法礼金,部分并不在查明事实之列而是源于其他收入甚至非法收入。从交存款物的部门、知情范围及处分情况来看,也能证明毋某良有受贿故意及心存侥幸:一是交存款物的部门既非纪律检查部门,亦非廉政专用账户,而是毋某良主管、便于控制的县招商局和县委办;二是知情者极少且知情内容有限,通报相关情况系迫于压力;三是交存款物的支取,必须经过毋某良同意或安排,毋某良具有绝对的控制、处分权。因此,毋某良案发前退还、交存部分款物,不属于《关于办理受贿刑事案件适用法律若干问题的意见》第 9 条"及时退还或者上交",而是借此混淆视听,逃避查处,相应数额不应从受贿数额中扣除。

被告人毋某良交存款物后主要用于公共支出,系其受贿犯罪既遂后对赃款、赃物的处置,属自由行使处分权的范畴,不影响受贿犯罪的性质及故意犯罪完成形态的认定,仅作为量刑情节考虑。因为贪污、受贿犯罪既已实施完毕,赃款赃物的事后处分不影响刑事定罪。对赃款赃物去向与贪污、受贿故意的认定关系问题,《关于办理贪污贿赂刑事案件适用法律若干问题的解释》第 16 条第 1 款进一步明确:"国家工作人员出于贪污、受贿的故意,非法占有公共财物、收受他人财物之后,将赃款赃物用于单位公务支出或者社会捐赠的,不影响贪污罪、受贿罪的认定,但量刑时可以酌情考虑。"

【指导案例】胡某金受贿、行贿案①

2007年10月至2008年4月,被告人胡某金担任四川省都江堰市玉堂镇党委副书记并主持工作;2008年4月至2014年10月,胡某金担任该镇党委书记,主持该镇党委全面工作。在此期间,胡某金利用主管玉堂镇全面工作的职务便利,在征地拆迁、项目报建、工程承接等方面为贺某、唐某等个人或者公司谋取利益,非法收受贺某、唐某等给予的现金共计166万元。

另查明,胡某金在都江堰市任职期间将其受贿所得用于公务支出75.6万元。其中,胡某金向都江堰市财政集中收付中心交款18万元;为处理该镇拆迁及遗留问题,胡某金向该镇村民黄某支付23.6万元,向袁某支付14万元,向该镇永康村九组支付10万元;向该镇龙凤村支付10万元,用于该村预支工程款。

关于上诉人胡某金所提其向都江堰市财政集中收付中心交款18万元应从受贿总额中予以扣除的上诉理由。经查,2014年,由于都江堰市财政困难,镇政府为解决拖欠丁某的烟酒款8万元、赵公山旅游开发公司的土地整理款10万元,胡某金拿18万元现金交给财政所给付对方,为镇政府解决了实际问题。受贿赃款的去向只有胡某金清楚,胡某金供认这18万元就是其受贿所得,根据有利于被告人原则,可以认定该18万元来源于胡某金的受贿款,但无确实充分的证据证明胡某金何时收受他人给付的18万元,不能证明胡某金受贿后及时退还,其受贿行为已经完成,不能从受贿总额中予以扣除。故该上诉理由不能成立,法院不予采纳。

关于上诉人胡某金及其辩护人所提原判未认定胡某金给付的75.6万元用于公务支出,量刑上未体现,原判量刑过重的上诉理由和辩护意见。经查,都江堰市玉堂镇镇政府在解决拖欠丁某的烟酒款、赵公山旅游开发公司的土地整理款、永康村钉子户拆迁遗留问题、龙凤村财神桥修建问题、袁某拆迁土地赔偿款、北京上访户黄某拆迁安置补偿问题时,本应由镇政府出钱解决,因镇政府财政困难无力支付,胡某金借给镇政府给付当事人共计75.6万元,帮助镇政府解决了历史遗留问题,处理的是公共事务,视为用于公务支出,在量刑时可予以酌情从轻处罚。该上诉理由和辩护意见成立,法院予以采纳。

---

① 案号:(2017)川刑终259号。

【指导案例】高某甲受贿、行贿案[①]

被告人高某甲担任吕梁市住房公积金中心主任期间,苏某(另案处理)向高某甲推广其所在的深圳市恒泰丰科技公司的公积金系统软件,并向高某甲介绍采购北京希益丰科技有限公司的配套硬件设备,许诺给其好处费。高某甲利用职务便利,安排苏某将硬件设备的技术参数提供给吕梁市住房公积金管理中心综合科负责网络维护、软硬件维护工作的王某,高某甲审阅后安排王某按该配置方案向吕梁市政府采购服务中心申请进行招投标,后北京希益丰科技有限公司中标,并与该中心签订网络设备 IBMi515 服务器项目的购销合同,合同总价为 61 万元。同时在苏某的暗示下,高某甲对公积金系统的软件向吕梁市财政局采购办申请自行采购,并与苏某所在深圳市恒泰丰科技有限公司签订销售合同,合同总价为 17.8 万元,在上述两份合同签订后,苏某于 2008 年 12 月 1 日、2009 年 4 月 9 日、2009 年 9 月 4 日、2010 年 10 月 26 日分别将 1 万元、2.48 万元、5.4 万元、2.8 万元的好处费转入高某甲指定,并由其使用的成某甲中国建设银行账户。高某甲于 2010 年 1 月将前三笔款取出用于购房,并据为己有。2.8 万元案发时在账户中未动。

被告人高某甲提出其从事公务中为单位垫支过不少无法正常报销的费用,应从本案受贿数额中核减的上诉理由。经查,《关于办理贪污贿赂刑事案件适用法律若干问题的解释》第 16 条规定,国家工作人员出于受贿的故意,非法收受他人财物之后,将赃款用于单位公务支出的,不影响受贿罪的认定。故本案中无论高某甲是否将受贿所得用于单位公务开支,都不应从受贿数额中核减,该上诉理由法院不予采纳。

二十二、案发前主动退还贿赂款的行为如何处理

(一)裁判规则

行为人退还或者上交贿赂款的,应当区分三种情形进行处理。第一,"及时退还或者上交的",行为人主观上没有受贿的故意,客观上表现为及时退还或者上交,不存在犯罪故意,故不构成犯罪。第二,"为掩饰犯罪而退还或者上交",行为人接受财物时具有受贿故意,可以构成受贿罪。第三,行为人虽未及时退还或者上交,但在收受财物后至案发前的期间内主动退还或者上交的,行为人既具有受贿的故意,又具有受贿的行为,且犯罪过程已经完成,因此,应当构成受贿罪(既遂),至于后面的退还行为,应当视为犯罪后的"退赃",可以作为处罚时的量刑情节,但不能改变已然犯罪的性质。

(二)规则适用

《关于办理受贿刑事案件适用法律若干问题的意见》第 9 条规定:"国家工作

---

① 案号:(2017)晋 11 刑终 178 号。

人员收受请托人财物后及时退还或者上交的,不是受贿。国家工作人员受贿后,因自身或者与其受贿有关联的人、事被查处,为掩饰犯罪而退还或者上交的,不影响认定受贿罪。"这一司法解释体现了宽严相济的刑事政策精神,为解决收受他人财物后又退还或上交是否以受贿罪论处的实践难题提供了明确答案和具有可操作性的判断标准。

实践中,国家工作人员收受请托人财物后,在案发前退还或上交所收财物的情况复杂,主要有三种情况:第一种是并无收受财物的故意,行贿人送财物时确无法推辞而收下或者系他人代收,事后立即设法退还或者上交的;第二种是收受财物未立即退还或者上交,但在案发前自动退还或者如实说明情况上交的;第三种是收受财物后,因自身或与其受贿有关联的人被查处,为掩饰犯罪而退还或者上交的。第一种情况说明其主观上没有受贿故意,因此不是受贿;第三种情况说明其主观上并无悔罪意思,符合受贿罪的构成要件,应当定罪处罚;但是对于第二种情况认识分歧较大。分歧点主要在于以下三个方面。

一是收受财物后退还或者上交是否影响受贿罪的认定。最高人民法院、最高人民检察院的司法解释虽然规定国家工作人员收受财物后及时退还或者上交不构成受贿罪,但是《关于办理受贿刑事案件适用法律若干问题的意见》第9条还规定了除外情况,"国家工作人员受贿后,因自身或者与其受贿有关联的人、事被查处,为掩饰犯罪而退还或者上交的,不影响认定受贿罪"。司法实践中,比较常见的一种现象是在纪检监察机关或司法机关介入调查后,受贿人由于担心受到法律的追究而退还贿赂款物,这种情况应当如何处理?应当区分为两种情况:(1)如果在纪检监察机关或司法机关介入调查后,主动向有关机关说明情况,并将贿赂款物如实上交,应当视为改过自新的罪后表现,给予从轻、减轻或者免除处罚。(2)如果在纪检监察机关或司法机关介入调查后,不主动向有关机关说明情况,而是将贿赂款物退还请托人,并订立攻守同盟的,不仅构成受贿罪,而且其试图逃避惩罚,应当视为犯罪情节恶劣,予以从重处罚。

二是此处的"收受请托人财物"是指收受财物型受贿还是指收受财物的行为过程?根据《刑法》第385条的规定,受贿罪可以分为收受贿赂型受贿罪和索取贿赂型受贿罪两种类型。收受贿赂型受贿罪的成立,要求国家工作人员被动收受财物并为请托人谋取利益;索取贿赂型受贿罪,只要索取请托人财物,即使没有为请托人谋取利益,也构成受贿罪。最高人民法院、最高人民检察院《关于办理受贿刑事案件适用法律若干问题的意见》第9条规定的"收受请托人财物"特指的是收受财物型受贿罪,而不是泛指"收受财物"这样一个行为过程。理由在于:索取贿赂型受贿罪的社会危害性远比收受财物型受贿罪的社会危害性重,《刑法》第386条规定索贿的应当从重处罚就是明证。国家工作人员以损害请托人某种合法利益相威胁,勒索请托人财物的,不仅构成受贿罪还构成敲诈勒索罪,属于想象竞合犯。收受贿赂型受贿罪侵害的法益,是职务行为的不可收买性;索取财物型受罪侵害的法益,不仅包括职务行为的不可收买性,而且可能侵犯公民的财产权益——尤其是在请托人被勒索行贿的情况下。只要国家工作人员索取请托人财物,就必然表明其具有受贿的故意;索贿又是受贿罪的从重处罚情节,具有该情节就不能说"情节显著轻微危害不大",因而不能以《刑法》第 13 条的规定来认定索取财物后又及时退还或者上交不构成受贿罪。

三是如何理解"及时"。最高人民法院、最高人民检察院发布的《关于办理受贿刑事案件适用法律若干问题的意见》没有对"及时"的时间作出明确的限制性规定,而是留待司法裁判者在个案中进行具体的实质性判断。实践中存在如下三种典型情况:①请托人送来贿赂款物,国家工作人员没有拒绝或假意拒绝,受贿后由于不放心或者担心而在一定期限后、案发前将贿赂款物退还请托人的;②请托人送来贿赂款物,国家工作人员当即表示拒绝,请托人强行将贿赂款物放下就走,受贿人在事后没有立即退还、也没有立即上交,而是在一定期限以后,将贿赂款物送还请托人;③请托人送来贿赂款物,国家工作人员当即表示拒绝,请托人强行将贿赂款物放下就走,受贿人在事后没有立即退还、也没有立即上交的。笔者认为,从及时的含义来看,是指国家工作人员在收受请托人财物后,应当立即采取合理措施上交或者退还。如果存在正当的、可谅解的理由,退还或者上交的时间可以适当迟延。上海市高级人民法院、上海市检察院的《研讨会纪要》将上交或者退还的时间限定在 3 个月以内。笔者认为,对"及时"作出一个限制性的时间规定是有必要的:一来可以督促国家工作人员尽快上交或者退还收受的财物;二来也避免实践中处理案件的分歧。

【指导案例】周某受贿案——案发前主动退还贿赂款的行为如何处理[①]

2010 年 7 月,海南省三亚市海棠湾镇开展综合打击整治非法占用铁炉港海域从事生产、经营、建设行为,销毁非法抢建鱼排等专项工作,时任三亚市海棠湾镇委副书记的被告人周某负责这项销毁工作。其间,林某瑜的鱼排被销毁后,通过他人找到周某,欲要求政府部门予以补偿,并两次以为周某买茶单的形式给周某行贿现金 24 万元。2010 年年底,周某认为不能给林某瑜帮忙解决鱼排补偿事宜,害怕事情暴露,于 2010 年 12 月 6 日将 24 万元退还给林某瑜。2012 年 11 月案发。

本案在审理过程中,对被告人周某在案发前主动退还受贿款的行为是否属于《关于办理受贿刑事案件适用法律若干问题的意见》规定的"及时退还"的情形,存在分歧:一种意见认为,周某具备受贿的主观故意和客观行为,其在案发前主动退

[①] 参见最高人民法院刑事审判第一、二、三、四、五庭主办:《刑事审判参考》(总第 99 集),法律出版社 2015 年版,第 1017 号案例。

还贿赂款,属于退赃行为,不属于《关于办理受贿刑事案件适用法律若干问题的意见》规定的"及时退还",不影响受贿罪定性;另一种意见认为,周某接受他人财物后,并未为他人谋取利益且在收取钱款5个月后主动退还所收钱款,属于《关于办理受贿刑事案件适用法律若干问题的意见》规定的"及时退还"情形,不构成受贿罪。

同时,在认定被告人周某构成受贿罪的情况下对其是否需要减轻处罚,也存在意见分歧:一种意见认为,周某并没有为请托人谋取任何利益,且在案发前主动退还贿赂款,案发后如实供述犯罪,主观恶性较小,确有悔改表现,可依照《刑法》第63条第2款的规定在法定最低刑以下判处刑罚;另一种意见认为,周某在无法为他人谋取利益的情况下,害怕犯罪暴露,主动退还贿赂款,属于一般的退赃行为,依法酌情从轻处罚即可,不应在法定刑以下判处刑罚。法院同意前一种意见,具体理由如下。

行为人在案发前主动退还贿赂款的行为,应当区分三种情形进行处理:

1. 案发前退还财物的三种情形。《关于办理受贿刑事案件适用法律若干问题的意见》第9条规定:"国家工作人员收受请托人财物后及时退还或者上交的,不是受贿。国家工作人员受贿后,因自身或者与其受贿有关联的人、事被查处,为掩饰犯罪而退还或者上交的,不影响认定受贿罪。"

《关于办理受贿刑事案件适用法律若干问题的意见》列举了案发前退还(上交)财物的两种情形:一种是"及时退还或者上交的",可简称为"及时退还";另一种是"为掩饰犯罪而退还或者上交"的,可简称为"被动退还"。其中"及时退还"情形,要求行为人主观上没有受贿的故意,客观上表现为及时退还或者上交,不存在犯罪故意,故不构成犯罪。值得注意的是,判断行为人是否具有受贿故意,不能仅根据其本人供述,还应当结合其收受和退还财物的具体行为进行综合分析。首先,"及时退还"情形的行为人收受他人财物并非本人意愿,往往受当时的时空条件限制不得已接收或者"误收",如请托人放下财物即离开,无法追及的;掺夹到正常物品中当时无法发现的;等等。其次,退还必须"及时",在条件允许的情况下,一般是指即时退还。如将礼盒拿回家后发现里面放有现金,第二天即退还的。实践中,对"及时"不能作绝对化理解,只要在客观障碍条件消除后退还都算"及时"。如行为人因病无法即时退还,待数月后身体准愈退还也应视为"及时"。而"被动退还"情形,行为人在接受财物时存在受贿故意,后因自身或者与受贿相关联的人、事被查处,为了掩饰犯罪,才被动退还或者上交。这种情形下,行为人退还的时间距离接受财物的时间相对较长,距离被正式查处的时间相对较短,行为人对犯罪并没有真实悔意,一般不影响受贿罪的认定和处罚。另外,因请托人索要财物而不得已退还的,也应属于"被动退还"情形。

除《关于办理受贿刑事案件适用法律若干问题的意见》列举的两种退还情形外,在实践中还有一种情形,即行为人虽未及时退还或者上交,但在收受财物后至案发前的期间内主动退还或者上交的。此种情形可以简称为"主动退还"。在该情形下,行为人在接受财物时存在受贿的故意,但经过一定时间段后,因主客观原因等诸多因素的变化,自己主动退还或者上交收受的财物。从法理分析,行为人既具有受贿的故意,又具有受贿的行为,且犯罪过程已经完成,因此,应当构成受贿罪(既遂),至于后面的退还行为,应当视为犯罪后的"退赃",可以作为处罚时的量刑情节,但不能改变已然犯罪的性质。

本案中,被告人周某利用职务上的便利,收受他人现金24万元,既有收受他人贿赂的主观故意,又有接受并使用他人贿赂款的具体行为,只是因考虑到无法给请托人谋取利益,出于害怕犯罪暴露而主动向请托人退还贿赂款,虽然属于"主动退还"情形,但不属于《关于办理受贿刑事案件适用法律若干问题的意见》规定的"及时退还"情形,故对其行为应当依法以受贿罪论处。

2."主动退还"情形的处理。实践中,"主动退还"的情况复杂多样,是否追究刑事责任司法机关把握的标准不一,故《关于办理受贿刑事案件适用法律若干问题的意见》对此种情形未作规定。近年来,"主动退还"被追诉的案件越来越多,如何把握此类案件被告人的刑事责任,成为人民法院审判中的难题。法院认为,对于"主动退还"情形,可以结合收受财物的时间长短、数额大小以及是否为请托人谋利等具体情况,选择适用不以犯罪论处,依法从轻、减轻或者免除处罚。

(1)如上所述"主动退还"一般不会影响构成犯罪,但在少数情况下,行为人虽然接受财物时存在受贿故意,但在较短时间内即出现悔悟,且未为对方谋取利益即主动退还财物,情节显著轻微危害不大的,可不以犯罪论处。如某公职人员收受他人财物回家后,经亲属规劝或者自己权衡利害得失,旋即将财物退还。这种情形,就不应以犯罪论处。

(2)在构成犯罪的前提下,考虑到行为人"主动退还"虽然属于"退赃"情节,但表明其有悔罪表现,主观恶性较小,对职务廉洁性的损害也相应减小,故对其从宽处罚往往能获得民众认同。另对不同退赃行为比较分析,在实践中,被告人到案后的"积极退赃"行为尚可作为从轻处罚的情节,"主动退还"与"积极退赃"相比,行为人体现的主观恶性更小,社会危害更低,举重以明轻,对"主动退还"情形更应当从宽处罚。可见,对案发前"主动退还"的行为从宽处罚有一定的法理基础、司法基础和民意基础。反之,如果无视"主动退还"与"积极退赃"的区别,则容易产生"白退不如抓住再说"的不良引导作用,不利于激励行为人及时悔罪,也与宽严相济的刑事政策背道而驰。

在具体案件中,对从宽处罚幅度的把握应当考虑以下三个方面的因素:①从退还的时间来看,"主动退还"一般介于"及时退还"和"被动及时退还"之间,退还时间的迟早反映了悔罪程度的大小,一般而言,越接近"及时退还"情形的,从宽处罚的幅度就越大;越接近"被动退还"情形,退还越晚的,从宽处罚的幅度就越小;②从是否为请托人谋取利益来看,"主动退还"时已为请托人谋取了利益,尤其是非法利益的,从宽的幅度就越小,没有或者不愿为请托人谋取利益的,从宽的幅度就越大;③收受财物数额的大小,也影响从宽的幅度。根据以上三个方面的因素,结合行为人到案后的认罪态度等情况,分别确定从轻、减轻或免予刑事处罚。对案发前"主动退还"的,首先应当考虑从轻处罚;对数额不大,且没有为他人谋利,退还时间早,犯罪情节轻微的,可免予刑事处罚;根据案件的实际情况,如果在法律规定的幅度内处罚仍明显偏重的,可以依照《刑法》第63条第2款的规定,在法定刑以下判处刑罚。

本案中,鉴于被告人周某在接受贿赂5个月后、被司法机关查处1年前,主动退还所收财物,且未为他人谋取利益,到案后如实供述犯罪,体现出的社会危害程度和主观恶性较小,同时具有悔罪表现,如果按照受贿数额对其判处10年以上有期徒刑,仍然明显偏重,所以万宁县人民法院依照《刑法》第63条第2款的规定,对其减轻处罚。

二十三、特定关系人"挂名"领薪型受贿

(一)裁判规则

国家工作人员利用职务上的便利为请托人谋取利益,要求或者接受请托人以给特定关系人安排工作为名,使特定关系人不实际工作却获取所谓薪酬的,以受贿论处。但国家工作人员利用职务便利要求给特定关系人安排工作,特定关系人实际付出相应劳动的,不属于挂名领取薪酬的情形,不能认定为受贿。

(二)规则适用

根据最高人民法院、最高人民检察院《关于办理受贿刑事案件适用法律若干问题的意见》第6条的规定,"国家工作人员利用职务上的便利为请托人谋取利益,要求或者接受请托人以给特定关系人安排工作为名,使特定关系人不实际工作却获取所谓薪酬的,以受贿论处"。从条文本身看,国家工作人员是先要求请托人或者接受请托人为"特定关系人"安排工作,然后"特定关系人"不工作却取得"薪酬"。但实践中此类案件较为复杂,是否构成犯罪不能一概而论。

首先,特定关系人"挂名"领取薪酬收受请托人财物情形。国家工作人员要求或者接受请托人以给特定关系人安排工作,特定关系人不实际参与工作,"挂名"领取薪酬的,应属于典型的受贿。此种受贿形式在近年来高官腐败案件中屡见不鲜。应当注意的是,特定关系人是否实际从事工作,是一个实体判断问题,形式上、象征性的工作,如名义上的顾问等,不能认定为实际从事工作。通常,可以从特定关系人是否有特定的工作岗位,是否签订有劳动合同形成劳动关系,是否受单位的劳动纪律约束,发放的薪酬是否计入单位的工资明细等方面分析。特定关系人在单位没有正常的工作岗位,没有正常的上下班时间,也不受劳动纪律约束,作为薪酬也没有明确的记载,就大致可以认定为"不实际工作"。此外,特定关系人不实际从事工作领取薪酬,需以基于国家工作人员的意思或者国家工作人员

有主观明知为条件,否则不能将特定关系人的行为归之于国家工作人员。

其次,特定关系人虽然参与工作,但领取的薪酬明显高于该职位正常薪酬的情形。此种情况能否认定为受贿?理论界和实务界对此认识不一。据介绍,《关于办理受贿刑事案件适用法律若干问题的意见》征求意见稿曾规定"特定关系人虽参与实际工作,但获取的薪酬明显高于该职位正常薪酬的,差额部分应认定为受贿数额"。对此,有意见认为,由于当前工资体系较为混乱,尤其是一些私营企业,有些岗位薪酬差别较大且不透明,如何认定领取的薪酬明显高于该职位正常薪酬,如何认定受贿数额,均存在困难。鉴于认识分歧较大,《关于办理受贿刑事案件适用法律若干问题的意见》对该种情况未作明确规定。

仅从理论和实体法的角度分析,将此种情况认定为受贿罪是没有障碍的,在最高人民法院、最高人民检察院《关于办理受贿刑事案件适用法律若干问题的意见》规定的交易型受贿认定中,以明显低于市场的价格购买商品,以及委托理财收益明显高于实际出资应得收益,均可作为受贿所得认定,自然此种情况也具有相似之处,没有理由不作为受贿所得认定。当然,有些企业工资标准差异很大,即使是同一岗位,差别待遇也屡见不鲜。为慎重起见,对此类情况的认定必须分析请托人给付高薪酬时有无正当的理由,不能轻易地作为犯罪处理。只有排除了被告人合理辩解理由并明显高于正常的薪酬,特定关系人获得高于正常薪酬背后掩盖了国家工作人员利用职务之便为请托人谋利益的事实,才能以受贿罪论处;否则,不能作为受贿罪认定。

最后,特定关系人正常工作并领取正常薪酬情形。国家工作人员要求或者接受请托人为特定关系人安排工作,特定关系人根据请托人的安排实际工作并领取正常报酬的,虽然安排工作也是一种利益,特别是一些热门单位、热点岗位,普通人要获得该工作岗位十分困难,但工作岗位毕竟不是直接的物质利益,获取薪酬毕竟有实际工作的情况,因此此种情况不构成犯罪。[1]

【指导案例】周某华受贿案[2]

2006年上半年,湖州市东迁建筑工程有限公司直港巷分公司(以下简称"东迁分公司")经理周某荣因无照经营被南浔工商分局经检大队查处。事后,被告人周某华通过东迁建筑有限公司总经理董某富,安排其妻子张某仙的妹妹张某莲到东迁分公司担任会计。从2006年4月起至2007年年底,无会计从业资格的张某莲担任东迁分公司的会计。其间,张某莲在其有会计证的姐姐张某仙的帮助和指导下,完成了东迁分公司2006年度及2007年度的会计工作。周某荣分别在2006年及2007年年底,先后两次以工资名义交付给周某华现金3万元(其中2006年度为

---

[1] 参见孙国祥:《贪污贿赂犯罪研究》(下册),中国人民大学出版社2018年版,第859—862页。
[2] 参见最高人民法院刑事审判第一、二、三、四、五庭主办:《刑事审判参考》(总第70集),法律出版社2010年版,第584号案例。

2万元,2007年年底,周某荣以2007年度工作量较少为由,给付1万元)。周某华拿到钱后将钱交给其妻张某仙,张某仙将其中的一部分给予张某莲。

国家工作人员利用职务便利要求给特定关系人安排工作,但特定关系人实际付出相应劳动的,不属于挂名领取薪酬的情形,不能认定被告人构成受贿罪。

被告人周某华通过东迁建筑有限公司总经理董某富,安排其妻子张某仙的妹妹张某莲到东迁分公司担任会计,周某荣先后两次以工资名义交付给周某华现金共计3万元,周某华拿到钱后将钱交给其妻张某仙,张某仙将其中的一部分给予张某莲,对此行为能否认定为《关于办理受贿刑事案件适用法律若干问题的意见》第6条规定的所谓特定关系人"挂名"领取薪酬的受贿情形,存有一定争议。

法院认为,根据《关于办理受贿刑事案件适用法律若干问题的意见》第6条规定,"国家工作人员利用职务上的便利为请托人谋取利益,要求或者接受请托人以给特定关系人安排工作为名,使特定关系人不实际工作却获取所谓薪酬的,以受贿论处"。反之,如果特定关系人系从事了正常工作并领取相应正常薪酬的,所领取薪酬为合法劳动所得,不存在非法收受财物问题,不能以受贿罪处理,当然,虽从事了一定实际工作,如果薪酬明显不成比例的则另当别论。本案中,东迁分公司原有会计做账,但因工作不能令人满意而遭到辞退。被告人周某华通过董某富安排其妻子的妹妹张某莲担任会计,虽然张某莲没有会计从业资格,但张某莲在其有会计证的姐姐张某仙的帮助和指导下,完成了东迁分公司2006年度及2007年度的会计工作,应当视为实际进行了工作。董某富给原来的会计每年几千元,但是给周某华妻妹的工资分别是2万元和1万元,工资交给周某华,由周某华转交。虽然领取的薪酬高于该单位相应职位的过去薪酬水平,但在本案中,不能认为是变相受贿。因为当前一些企业,特别是私营企业,薪酬发放标准仍不规范,完全由老板说了算,认定该职位正常应发放多少薪酬才属合理没有统一标准,较难把握,原来的会计薪酬发放标准可以参考,但又不能完全按照原来的发放标准,因为两者在工作能力上有所区别,原来的会计并不能胜任该工作,因而被辞退。综上,在不能认定本案所领取薪酬明显不成比例,而特定关系人从事了实际相应工作的情况下,不能认定该3万元系周某华受贿所得。

二十四、截留并非法占有本单位利润款的贪污行为,与收受回扣的受贿行为之区别

(一)裁判规则

受贿罪与贪污罪的区别,关键在于三个方面:第一,占有的财产性质和来源不同;第二,获得财产的方法不同;第三,"利用职务之便"的含义不同。行为人所取得的财物系他人(包括单位)的财物,即为受贿;所取得的财物系本单位的公共财物(包括本单位管理、使用或者运输中的私人财物),即为贪污。但是,在经济往来中国家工作人员利用签订、履行合同的职务便利,经由交易对方以各种名义的回扣、手续费等形式给付其个人的财物,应当结合交易的真实情况,具体分析行为人所获得的财物实际上是属于经济往来的对方单位,还是行为人单位,审慎加以区分,然后准确认定其行为的性质。

(二) 规则适用

我国刑法所规定的贪污罪和受贿罪虽然是两个不同的罪名,但存在着很多相似的地方,在司法实践中也往往引起定性的争议。贪污罪是指国家工作人员和受国有单位委托管理、经营国有财产的人员,利用职务上的便利,侵吞、窃取、骗取或者以其他手段非法占有国有财物的行为。受贿罪是指国家工作人员利用职务上的便利,索取他人财物,或者非法收受他人财物,为他人谋取利益的行为。上述两罪均属国家工作人员利用职务之便所实施的侵害国家机关及工作人员信誉、廉洁性的犯罪,都属于以权谋私的行为,具有渎职犯罪和经济犯罪的双重性,行为人主观上也都出于故意并有非法占有公私财物的目的。

在刑法理论上,受贿罪与贪污罪并不难区分。首先,侵害的法益不同。受贿罪的法益是职权或者职务行为的不可交易性或者不可收买性;贪污罪的法益是国家工作人员职务的廉洁性和公共财产所有权。其次,在犯罪的客观方面,二者有所区分。其一是利用的职务不同,受贿罪利用的是自己职权范围内所享有的权力,贪污罪利用的是自己管理、经手公共财物的权力。其二是利用职务便利的方式不同,受贿罪存在权钱交易的行为,而贪污罪不存在这种交易行为,而是采取侵吞、窃取、骗取或者以其他手段非法占有公共财物。其三是获得财物的时间不同,受贿罪可以在犯罪行为发生的事前、事中或事后获得财物,而贪污罪只能在事后获得财物。再次,犯罪主体的主体不同。受贿罪主体是国家工作人员,还包括全民所有制企业事业单位、机关、团体;而贪污罪的主体范围除国家工作人员外,还包括受国有单位委托管理、经营国有资产的人员,但不包括法人。最后,犯罪的对象不同。受贿罪对犯罪的对象没有要求,既可以是公共财物,也可以是私人所有的财物,但不应是本单位所有的财物,而贪污罪的犯罪对象原则上为公共财物,且是犯罪行为人管理、经手的公共财物。

上述区分似乎是泾渭分明,但如仔细分析,这些区别中仍有不少共同之处。两罪侵害的客体相互交叉,贪污罪和受贿罪都是对权力的一种背叛。再就其他要件而言,如前所述两罪客观上都利用了职务之便,主体范围也大致相同,主观上也都有非法占有财物的目的。因此,根据泛泛而论的区别并不能完全划分两罪的界限。准确界定受贿罪与贪污罪的区别,关键应抓住以下三个方面。

其一,占有的财产性质和来源不同。贪污罪非法侵占的是公共财物,即《刑法》第91条规定的国有财产、劳动群众集体所有的财产,用于扶贫和其他公益事业的社会捐助或者专项基金的财产,以及在国家机关、国有公司、企业、集体企业和人民团体管理、使用或者运输中的私人财产。其来源通常是自己主管、经营、经手的公共财物。如领导干部侵占依其职权范围或职务地位形成的调拨使用或以其他方式支配的某项公共财产,会计、出纳、保管员等利用其保管、经手财产的便利条件,非法占有的公共财物。此外,《刑法》第394条规定,国家工作人员在国内公务活动或者对外交往中接受礼物,依照国家规定应当交公而不交公,数额较大的,以贪污罪论处,因为应交公的财产属于公共财产。受贿罪非法占有的财物既可能是公共财物,也可能是私人财物,这些财产是他人(包括其他单位)所有的,不属于受贿者本人主管、经管、经手的公共财物。换句话说,可以通过审查涉案款项的性质,以此作为贪污与受贿界分的重要依据。如果涉案财物本来就是他人所有的,国家工作人员帮助其获得本该由其所得的款项,无论是事后还是事前收受他人的好处费,国家工作人员的行为应认定为受贿罪;反之,如果涉案财物本不应由他人所有,而是处于国家工作人员管理下的公共财产,行为人利用职务之便与他人相勾结予以侵吞的,本质上符合贪污罪的特征,一般应认定为贪污罪。

其二,获得财产的方法不同。根据刑法规定,贪污罪采用的是侵吞、盗窃、骗取或以其他手段占有公共财物。侵吞,就是利用职务上的便利,将自己合法管理、使用的公共财物直接非法占有;盗窃,是采取秘密窃取的方法,占有自己经手、管理的公共财物,即监守自盗;骗取,则是利用职务上的便利,采用欺骗方法,非法占有公共财物。尽管贪污的手段多种多样,但其共同之处都表现为行为人积极、主动实施直接侵占公共财物的行为,无需他人配合也能完成。受贿罪采取的方法是收受或索取贿赂。收受贿赂,指行为人接受行贿人主动贿送的财物;索取贿赂,是指行为人主动向他人索要贿赂。两种方式都与他人有关,即需他人配合(行贿者行贿)才能完成。

其三,"利用职务之便"的含义不同。贪污罪与受贿罪虽然都是"利用职务之便"实施的,但其内涵与外延均有一定的区别。两罪"职务"指向的对象不同。具体而言,对于贪污罪中"利用职务上的便利"而言,职务指向的对象主要是"公共财物";与之不同的是,对于受贿罪中的"利用职务上的便利"而言,职务指向的对象主要是"公共事务"。换言之,贪污罪之"利用职务上的便利"中的"职务"必须是与公共财物密切相关的职务,而受贿罪之"利用职务上的便利"的"职务",则没有这样的限制。因此,单纯从职权范围的大小来看,后者的范围比前者的范围要大得多。从相关司法解释中也可以发现两罪"职务之便"的区别。贪污罪中的"利用职务上的便利",是指国家工作人员"利用其职务上主管、管理、经手公共财物的便利条件",不包括因为工作关系而形成的方便条件,如出纳员仅是利用对本单位情况熟悉的条件,盗窃由其他国家工作人员保管的财物,或者售货员仅是利用对商店情况熟悉的条件,盗窃其他售货员经管的货物或售货款,均不构成贪污罪。而受贿罪中的"利用职务上的便利"则不一样,它既包括利用本人职务范围内的权力,也包括虽然不是直接利用职权,但利用了本人的职权和地位形成的便利条件,还包括那些不是直接利用本人职权,而是利用本人职权和地位形成的便利条件,通过其他国家工作人员职务上的行为,为请托人谋利益的情况。由此可见,受贿罪"利用职务上的便利"的范围要比贪污罪广。

一般而言,通过犯罪对象,可以对贪污与受贿作出清楚的界定。行为人所取得的财物系他人(包括单位)的财物,即为受贿;所取得的财物系本单位的公共财物(包括本单位管理、使用或者运输中的私人财物),即为贪污。但是,在经济往来中国家工作人员利用签订、履行合同的职务便利,经由交易对方以各种名义的回扣、手续费等形式给付其个人的财物,不能不加区别地一概认定为《刑法》第385条第2款规定的受贿行为,而应当结合交易的真实情况,具体分析行为人所获得的财物实际上是属于经济往来的对方单位,还是行为人单位,审慎加以区分,然后准确认定其行为的性质。在购销活动中,如果购入方行为人收受的各种名义的回扣、手续费等实际上来源于虚增标的金额,或者卖出方行为人收受的各种名义的回扣、手续费,实际上来源于降低标的金额者,因该回扣或者手续费实质上属于本单位的额外支出或者应得利益,实际上侵犯的是本单位的财产权利,就应当特别注意是否是一种变相的贪污行为。①

【指导案例】胡某能贪污案——截留并非法占有本单位利润款的贪污行为与收受回扣的受贿行为的区分②

被告人胡某能在任重庆市农业生产资料总公司(以下简称"重庆市农资总公司")总经理期间,在公司以联营形式向其他单位转卖进口化肥配额指标或实物化肥的经营过程中,利用职务便利,侵吞公司利润款。具体如下:

1996年10月至1998年12月,胡某能在将13.7万吨进口化肥配额指标转卖给广东省珠海市农业生产资料总公司的过程中,要求该公司总经理陈某兴将应付给重庆市农资总公司利润款中的491万元,以支付现金的方式交给其个人。陈某兴按照胡某能的要求将现金461万元交给了胡某能,将现金30万元交给了胡某能之子胡某松。

1997年3月至下半年,胡某能在将3万吨进口化肥配额指标转卖给广东省从化市农业生产资料公司的过程中,要求该公司经理张某颜将应付给重庆市农资总公司利润款中的50万元,以支付现金的方式交给其个人。后张某颜将现金50万元交给了胡某能。

1998年10月至1999年8月,胡某能在将4万吨进口化肥配额指标转卖给广东省汕头市农业生产资料总公司的过程中,要求该公司总经理周某耀将应付给重庆市农资总公司利润款中的180万元,以支付现金的方式交给其个人。后周某耀将现金180万元交给了胡某能。

---

① 参见孙国祥:《贪污贿赂犯罪研究》(下册),中国人民大学出版社2018年版,第723—725页。
② 参见最高人民法院刑事审判第一庭、第二庭编:《刑事审判参考》(总第35集),法律出版社2004年版,第275号案例。

1999年3月至7月,胡某能在将6.5万吨进口化肥配额指标转卖给广西广源贸易公司的过程中,要求该公司总经理莫某柱将应付给重庆市农资总公司利润款中的320万元,以支付现金的方式交给其个人。后莫某柱将现金320万元交给了胡某能。

1999年4月至10月,胡某能在将2万吨进口化肥配额指标、3万吨进口实物化肥转卖给中国农业生产资料广州公司的过程中,要求该公司化肥科科长张某将应付给重庆市农资总公司利润款中的150万元,以支付现金的方式交给其个人。张某按照胡某能的要求,先后将现金人民币50万元交给胡某能;将人民币75万元兑换成美元8.24万元交给胡某能;将25万元转到了广东省增城农业生产资料公司的账上。

综上,胡某能侵吞重庆市农资总公司利润款人民币1116万元、美元8.24万元,共计人民币1191万元。案发后,追缴赃款等共计折合人民币870余万元。

被告人胡某能利用职务便利,在转卖本公司进口化肥配额指标及进口实物化肥中,将属于本公司应得的利润款据为己有,其行为应以贪污罪定罪处罚。一般而言,通过犯罪对象,可以对贪污与受贿作出清楚的界定。行为人所取得的财物系他人(包括单位)的财物,即为受贿;所取得的财物系本单位的公共财物(包括本单位管理、使用或者运输中的私人财物),即为贪污。但是,在经济往来中国家工作人员利用签订、履行合同的职务便利,经由交易对方以各种名义的回扣、手续费等形式给付其个人的财物,不能不加区别地一概认定为《刑法》第385条第2款规定的受贿行为,而应当结合交易的真实情况,具体分析行为人所获得的财物实际上是属于经济往来的对方单位,还是行为人单位,审慎加以区分,然后准确认定其行为的性质。在购销活动中,如果购入方行为人收受的各种名义的回扣、手续费等实际上来源于虚增标的金额,或者卖出方行为人收受的各种名义的回扣、手续费,实际上来源于降低标的金额者,因该回扣或者手续费实质上属于本单位的额外支出或者应得利益,实际上侵犯的是本单位的财产权利,就应当特别注意是否是一种变相的贪污行为。

本案被告人胡某能在转卖进口化肥配额指标及进口实物化肥中所收受的巨额款项,尽管从形式上看是通过合同对方以所谓回扣或者手续费的名义取得的,但是,胡某能收取的这些款项均是其要求合同对方将应付给重庆市农资公司的配额指标及实物化肥转让款中以支付部分现金的方式交给其个人,无证据证明该款项系合同对方给付其个人的贿赂款。本案的证人证言和书证均证实,胡某能收取的现金是各购入公司本应付给重庆市农资公司的转让(转卖)款。对此,汕头市农资公司总经理周某耀、广源公司总经理莫某柱、中农广州公司化肥科科长张某、从化农资公司经理张某颜、珠海农资公司总经理陈某兴均在证言中指出,本公司在从重庆市农资公司购买进口化肥配额指标的过程中付给胡某能的现金,均是作为向重庆市农资公司支付的购买进口化肥配额指标的配额款的一部分支付给胡某能的。从犯罪对象及后果方面来看,胡某能所在单位要么承受不必要的额外开支,要么丧失了可获得的财产利益,实际上遭受财产损失的是本单位,而非交易对方;从行为方式方面来看,胡某能是以欺骗本单位为手段,在本单位不知情或者不知真情的情况下,通过要求交易对方支付部分现金的方式,将应当归本单位所得的利润截留后直接据为己有;从胡某能的主观故意来看,也是出于贪污的故意而非受贿的故意,即行为人主观上就是为了在交易过程中假对方之手非法占有本单位的利润,而不是为了通过交易为对方谋取利益,并从交易对方收取回扣、手续费等好处。不仅胡某能明知其占有的是本单位的财产而非对方单位的财物,其交易对方也明知相关款项并非从己方财产或者可得利益中支付。最高人民法院根据复核查明的事实,将胡某能在受国家机关委派担任重庆市农资总公司总经理期间,利用职务便利,将本应归公司所有的1191万元的经营进口化肥配额指标及实物化肥的利润款据为己有的行为,依法认定为贪污罪。这样定罪,更准确地反映了犯罪行为的性质,符合本案的实际,符合刑法的规定。

二十五、以单位名义索要"赞助款"并占为己有的行为定性

(一) 裁判规则

以单位名义索要"赞助款",就给付财物的相对方而言,既无对行为人个人索贿的主观认知,亦无向行为人个人行贿的主观故意和客观行为,不具有行为的违法性。就行为人一方而言,其职务行为的效力一般以行为人的权限为客观评价标准,而与行为人的动机和该行为在单位内的公知程度等因素不产生必然联系,即动机的违法性和行为的隐蔽性不能改变行为人基于职务和权限所形成的职务行为的基本特征,其以单位名义索要的赞助款权属归于单位,其将归属于单位的钱款占为己有,应以贪污罪追究其刑事责任。

(二) 规则适用

根据《刑法》第385条规定,受贿罪是国家工作人员利用职务上的便利,索取他人财物,或者非法收受他人财物,为他人谋取利益的行为,本质上体现为一种钱权交易关系。在具体的受贿犯罪中,国家工作人员(受贿或索贿主体)与"他人"(行贿主体)间,应当具有主观认知上的对应性和客观行为上的互动性。但行为人以单位名义向其他单位索要财物并占为己有,其犯罪手段和犯罪对象均较为特殊,是定贪污罪还是受贿罪存在争议。就行为人的角度而言,以单位名义向其他单位索要财物,其用心显然在于不希望被人觉察其个人非法占有财物之真实意图,故具有一定的索贿性质;以单位名义索要,不过是规避法律的手段。但就给付财物的相对方而言,认为提供赞助亦属情理之中,既无对行为人个人索贿的主观认知,亦无向行为人个人行贿的主观故意和客观行为,不具有行为的违法性。在此情形下,如果将行为人的行为认定为索贿性质,势必相应地形成对相对方的行

为具有行贿性质的法律评价,该结论显然与事实和法律不符。

由于贪污罪侵犯的客体主要是公共财产所有权,受贿罪侵犯的客体主要是国家的廉政制度,故对行为人以单位名义索要赞助款并占为己有的行为性质评价,前提需要判断赞助款的权属是否已经合法转移至行为人所属单位。就给付赞助款的一方主观认知度而言,行为人以单位名义要款,并提供了相关银行账号用于转账,且经银行有效划转,对于钱款给付对象为行为人单位这一事实具有无可置疑的确定性。就索要赞助款的行为人一方而言,其职务行为的效力一般以行为人的权限为客观评价标准,而与行为人的动机和该行为在单位内的公知程度等因素不产生必然联系,即动机的违法性和行为的隐蔽性不能改变行为人基于职务和权限所形成的职务行为的基本特征,其以单位名义索要的赞助款权属归于单位。行为人将归属于单位的钱款占为己有,应以贪污罪追究其刑事责任。

【指导案例】阎某民、钱某芳贪污、受贿案——国家工作人员利用职务上的便利以单位的名义向有关单位索要"赞助款"并占为己有的行为是索贿还是贪污①

1996年1月,被告人阎某民利用担任江苏省体制改革委员会(以下简称"体改委")副主任、江苏省市场协会(体改委下设机构,以下简称"市场协会")理事长的职务便利,以市场协会投资需要为由,向其下属的苏州商品交易所(以下简称"苏交所")索要80万元的"赞助"。由于苏交所是市场协会的会员,且阎某民作为体改委的领导及市场协会的理事长,对苏交所多次给予关照,故苏交所按阎某民的要求为市场协会办理了80万元的付款转账手续。该款汇入阎某民、钱某芳私设的账户后,钱某芳按照阎某民的要求提现,并交给阎某民50万元现金及9.9904万元国库券。其后,因群众举报,江苏省纪委对此事进行调查。阎某民经与钱某芳及钱某芳的丈夫谷某(另案处理)共谋,由钱某芳、谷某伪造了虚假的投资协议及账目凭证,并且钱某芳向江苏省纪委调查人员提供了虚假证言,以掩盖阎某民非法索取80万元的犯罪事实。

1998年间,阎某民利用职务便利,收受苏交所装修好的住宅一套,价值38.81万元。

1996年11月至1998年12月间,阎某民利用职务便利,先后17次将本人及家庭成员的各类消费发票拿到苏交所报销,金额共计4.8628万元。

本案中,被告人阎某民利用职务上的便利,以市场协会的名义向苏交所索要80万元后,被告人钱某芳协同阎某民开设账户,办理转账手续,提现后与阎某民私分,并使用虚假手段平账,还在有关部门调查时,提供虚假证言,对钱某芳行为的

---

① 参见最高人民法院刑事审判第一庭、第二庭编:《刑事审判参考》(总第42集),法律出版社2005年版,第334号案例。

认定应当取决于阎某民的行为性质:如果阎某民的行为构成受贿罪,则因没有证据证实钱某芳与阎某民事前通谋,对钱某芳只能以《刑法》第 310 条第 1 款规定的窝藏、包庇罪定罪处罚;如果阎某民的行为构成贪污罪,则因钱某芳有与阎某民共同侵吞公共财产的行为和故意,应当对钱某芳以贪污罪的共犯追究刑事责任。

在审理过程中,一审法院认为,被告人阎某民的行为意在利用其职务之便向苏交所索贿,虽然被索贿单位并无向阎某民个人行贿的目的,索贿行贿的双方不存在对合关系,但因索贿人所在单位对该 80 万元并无真实的需求和取得的合理依据,该款实际也未入市场协会公知账户,在不能确认该款应为市场协会所有的前提下,不能认定阎某民利用职务之便非法占有了本单位的财产,故对其行为仍应认定为受贿罪。同案人钱某芳明知阎某民非法索取他人财物占为己有而伪造证据,提供虚假证言,意图拖盖阎某民的犯罪事实,其行为则构成包庇罪。

二审法院则认为,被告人阎某民利用职务之便以单位名义向苏交所索款,开设本单位账户,并将苏交所汇至其单位账户中的款项与他人秘密私分的行为,缺乏索贿行为中被索贿人对索贿人行为意图的认知和向索贿人付款之行为指向的目的特征,故不属受贿罪的性质。对其以骗取的手段取得公款的行为应以贪污罪定性。被告人钱某芳为顺利取得苏交所赞助市场协会的款项,利用上诉人阎某民的职务之便,伙同阎某民实施了开设市场协会账户,持市场协会介绍信至苏交所办理 80 万元转账手续,提现后与阎某民私分,填写阎某民交付的空白单位收据后交给苏交所充账,向有关部门作假证明等,其行为构成贪污罪。

上述两种意见分歧的焦点在于:被告人阎某民利用职务之便伙同钱某芳共同占有 80 万元的行为,究竟是变相的索贿性质还是非法占有本单位财产的性质?

二审法院的判决于法有据,也能够全面、准确地评价本案被告人行为的社会危害性。理由如下:

(1) 被告人阎某民系以单位名义向苏交所索要财物,苏交所不具备向阎某民个人行以贿赂的主客观要件。

根据《刑法》第 385 条规定,受贿罪是国家工作人员利用职务上的便利,索取他人财物,或者非法收受他人财物,为他人谋取利益的行为,本质上体现为一种钱权交易关系。在具体的受贿犯罪中,国家工作人员(受贿或索贿主体)与"他人"(行贿主体)间,应当具有主观认知上的对应性和客观行为上的互动性。本案的特殊性在于,被告人没有利用职务上的便利直接占有本单位原有的公共财物、而是将以单位名义向其他单位索要的财物占为己有。这种较特殊的犯罪手段和犯罪对象,是本案定贪污罪还是受贿罪存在争议的根源所在。由于阎某民在其多年行使职权的过程中,对苏交所予以关照,如其以个人名义向苏交所索取财物,从后来苏交所送阎某民房产的事实看,苏交所可能不会拒绝,而被告人阎某民却以市场协会名义向苏交所拉"赞助"且为此特地以本单位名义秘密开设银行账户,向苏交所出具本单位介绍信和收据,尔后将该"赞助"款以暗度陈仓的方式据为己有,其用心显然在于不希望苏交所和本单位的人员觉察其个人非法占有该款之真实意图。因此,阎某民的行为具有一定的索贿性质,以单位名义索要,不过是其规避法律的手段。从这一角度来看,公诉机关以受贿罪提起公诉,一审法院以受贿罪对阎某民定罪处罚,有一定的道理。

但是,由于被告人阎某民是以市场协会需投资为名向苏交所拉"赞助",而作为其相对方的苏交所,也是考虑到苏交所系市场协会的会员,阎某民作为省体改委的领号及市场协会对苏交所一向多有帮助,故向市场协会提供赞助亦属情理之中,遂按阎某民的要求为市场协会办理了80万元的付款转账手续。因此,苏交所既无对阎某民个人索贿的主观认知,亦无向阎某民个人行贿的主观故意和客观行为,不具有行为的违法性。在此情形下,如果将阎某民的行为认定为索贿性质,势必相应地形成对苏交所的行为具有向阎某民个人行贿性质的法律评价,其结论显然与事实和法律不符。

(2)被告人阎某民伙同被告人钱某芳开设的单位账户是市场协会的有效账户,其占有的80万元系市场协会的公款。

由于贪污罪侵犯的客体主要是公共财产所有权,受贿罪侵犯的客体主要是国家的廉政制度。故而在本案中,对80万元赞助款的权属是否已经合法转移至市场协会事实的认定,是确认阎某民行为性质的关键。第一,从苏交所的主观认知度看,被告人阎某民作为省体改委及市场协会的领导出面以市场协会名义要钱,并提供了市场协会银行账号用于转账,且经银行有效划转。对于苏交所而言,该银行账户为市场协会之账户的事实显然具有无可置疑的确定性,此乃形式要件。第二,从该账户办理开户的过程看,阎某民与钱某芳为方便80万元的取得,经商议由阎某民提供市场协会的事业单位法人资格证书、介绍信、相关印鉴等,由钱某芳至相关金融机构办理了市场协会银行账户的开户手续。对于金融机构而言,以上账户是以真实、完备的手续开设的市场协会之合法账户,此乃实质要件。第三,职务行为的效力一般以行为人的权限为客观评价标准,而与行为人的动机和该行为在单位内的公知程度等因素不产生必然联系。作为省体改委分管领导和市场协会的法定代表人,阎某民具有决定开设市场协会银行账户和取得、持有相关开户手续的职权。虽然其开设单位账户系出于私利,且不为单位其他人员知晓,但动机的违法性和行为的隐蔽性不能改变其基于"一把手"的职务和权限所形成的职务行为的基本特征,因此其开设单位账户之职务行为是有效的。第四,无论阎某民的"借款"之说能否成立,都不影响该80万元系市场协会公款的认定。从阎某民开户转账行为的后果看,由于苏交所的本意系应阎某民的要求向市场协会提供赞助,故尽管阎某民事后以市场协会的名义出具了借款手续,但案发前苏交所从未向市场协会提出还款要求。假如苏交所在诉讼时效内,依据上述真实的银行转账票据和借款收据主张该债权,市场协会显然不能对该债务提出抗辩。既然市场协会对该80万元负有偿还责任,与之相应,对苏交所"出借"之80万元资金即应享有所有权。由此可见,阎某民利用职务之便开设并被其控制的单位账户,就其本质而言,无异于单位使用的其他银行账户,因而是有效的市场协会之账户。苏交所依其真实的意思表示将赞助市场协会的 80 万元转账至该账户后,该款的所有权即转移至市场协会,故阎某民伙同钱某芳占有该 80 万元系非法占有本单位财产的行为。

综上,被告人阎某民利用职务上的便利,伙同被告人钱某芳将其从苏交所拉来的 80 万元赞助款予以侵占的行为,符合贪污罪的构成特征,应当以贪污罪定罪处罚。

二十六、索取型受贿与敲诈勒索的区别

(一)裁判规则

索贿行为与敲诈勒索罪有许多相同之处,但也存在明显区别,具体体现在犯罪主体、行为方式、给付财物的心理状态和危害性四个方面。第一,在犯罪主体上,前者是特殊主体,后者并无限制;第二,索贿通常以不给予某种利益相威胁、要挟,而敲诈勒索罪多以人身安全威胁为内容;第三,给付财物时是否丧失自由意志存在不同;第四,索贿的社会危害性一般比敲诈勒索更为严重。一般来说,如果行为与国家工作人员的职务履行有关,其索取财物的行为应认定为受贿而非敲诈勒索。

(二)规则适用

"敲竹杠"的索贿行为与敲诈勒索罪尽管有许多相同之处,但区别也是明显的,可以从以下几个方面进行区分。

第一,犯罪主体。索贿的主体是特殊主体,仅限于国家工作人员、集体经济组织工作人员和其他从事公务的人员,利用手中的职权明目张胆地索要。而敲诈勒索罪则无此限制,多数系非国家工作人员所为,系一般主体。

第二,行为方式。索贿是利用职务上的便利而实施,职务上的便利是勒索贿赂的工具,一般不涉及人身安全威胁等方面的内容,行为人通常以不给予某种利益相威胁、要挟,而一旦相对方交出财物后,行为人就有可能为其谋取某种利益。而敲诈勒索罪系单纯地使用恐吓、威胁的方法实施,多以人身安全威胁为内容,财物取得后也并不为他人谋取利益。

第三,给付财物的心理状态。虽然给付财物都带有被迫的性质,但索贿的情况下,相对方并没有完全丧失自由意志,是在对取得的利益与给付财物之间权衡之下交付财物,在获得利益后会成为受益者。敲诈勒索罪则是受害人在丧失意志自由下被迫交付,始终是受害者。

第四,危害性。索贿是赤裸裸的以权换利、权钱交易的表现,以国家工作人员的权力、职能为条件,最终落脚点是交易,从主客观相一致的定罪原则来看,索贿人因某种事由要挟对方以索取财物,但其故意中有为对方谋利与对方做交易的内

容。索贿犯罪既违反了国家工作人员职务行为不可交易性,又侵害了被索贿人的财产所有权,社会危害性比一般受贿严重,比一般敲诈行为也严重。在刑法中敲诈勒索罪的最高法定刑为15年有期徒刑,受贿罪的最高刑为死刑,《刑法》第386条还特别强调"索贿的从重处罚",如果将索贿定为敲诈勒索罪,只能是重罪轻判,产生索贿比一般受贿处刑轻的难以论理的矛盾。由此,索贿在一般情况下不仅不能按敲诈勒索罪处罚,还应按受贿罪从重处罚,这样才能体现出"罪责刑相适应"的刑法原则。①

【指导案例】张某受贿案②

2015年6月29日,中共遂昌县新路湾镇委员会和新路湾镇人民政府向下辖各村党支部、村委会及镇属各单位发文,成立衢宁铁路新路湾段征迁工作指挥部,被告人张某、周某、叶某作为村基层组织人员协助新路湾镇人民政府进行土地征迁及政策处理工作。中铁十二局集团第四工程有限公司衢宁铁路浙江段站前工程2标二分部(以下简称"中铁十二局")为处置隧道掘进过程中产生的碎石,在遂昌县新路湾镇蕉川村设立胡家碎石加工厂(以下简称"碎石厂")并确定由与中铁十二局合作多年的宋某承包经营,张某、周某在得知这一信息后,遂利用其协助新路湾镇人民政府从事土地征迁及政策处理工作的职务便利,多次向中铁十二局提出经营该碎石厂的要求,中铁十二局考虑到铁路建设顺利推进需要张某、周某等村干部在政策处理上的帮助,被迫与宋某解除合同,并将碎石厂承包给张某、周某等人经营,张某、周某遂以王某的名义与中铁十二局签订协议。期间叶某得知张某、周某从中铁十二局处索得碎石厂承包权,也要求加入,并由张某、周某每人匀出5%的股份给叶某。2016年5月份左右,王某与张某、周某、叶某在经营过程中产生纠纷,退出合伙。张某、周某、叶某另行约定了碎石厂的各自股份比例:张某、周某各占40%、叶某占20%。

因张某、周某、叶某三人没有经营碎石厂的能力,遂商议通过介绍他人获取中铁十二局碎石厂经营权从中获取好处费。后楼某与张某之子张某甲取得联系,希望张某甲能让张某帮忙把碎石厂的承包权给自己。随后,楼某在遂昌元立国际饭店大厅喝茶的地方向张某、张某甲表示,如果其能拿到碎石厂承包权,将每个月支付2.5万元给张某甲,张某提出,每个月除支付给其子张某甲2.5万元之外还要支付给张某、周某、叶某三人钱款,楼某表示同意。后商定楼某每个月支付给张某、周某、叶某三人共计12万元。随后张某、周某、叶某利用三人协助人民政府从事土地征迁及政策处理的职务便利,又向中铁十二局提出将碎石厂交由楼某经营的要求,中铁十二局考虑到铁路建设顺利推进需要张某、周某、叶某等村干部在政策处

---

① 参见孙国祥:《贪污贿赂犯罪研究》(下册),中国人民大学出版社2018年版,第717—718页。
② 案号:(2017)浙1123刑初118号。

理上予以帮忙遂同意,后楼某开始经营该碎石厂。楼某为了感谢张某、周某、叶某的帮助,按约定从2016年8月至2017年6月,每月以现金、银行转账或以碎石料抵款等方式支付给三人共计90.4040万元,扣除其中清淤费用16.1865万元,三人实得好处费共计74.2175万元。同时,楼某为了感谢张某甲及其父张某的帮助,按约定从2016年8月至2017年5月,按月以现金、银行转账或以碎石料抵款等方式支付给张某甲共计19.5万元。

2017年7月27日,张某、张某甲因涉嫌敲诈勒索罪被遂昌县公安局传唤到案,次日被刑事拘留,归案后均如实供述了上述犯罪事实;同年7月27日,叶某经遂昌县公安局民警电话通知在家等候并被传唤归案,次日被刑事拘留,归案后其如实供述了上述犯罪事实;同年7月27日周某主动到遂昌县公安局北界派出所说明案件情况,因其是县人大代表故未被采取强制措施,并于同年8月5日主动向遂昌县监察委员会投案,并如实供述上述犯罪事实,同年8月24日经遂昌县人大常委会许可被遂昌县人民检察院依法逮捕。2017年8月21日叶某退出违法所得14.8435万元。

关于被告人的辩解和辩护人的辩护意见,综合评判如下:

(1) 关于被告人张某、周某、叶某是否国家工作人员。经审核,衢宁铁路新路湾段土地征收及后续政策处理工作均由新路湾镇人民政府实施,张某等三人实际是在协助镇政府实施与职权相关的公共事务,应属于协助人民政府从事行政管理工作,应以国家工作人员论。故前述相关辩护意见,不予采纳。

(2) 关于共同受贿的问题。经审核:①被告人叶某明知张某、周某利用职务之便从中铁十二局项目部索要项目,仍积极向张某、周某索要份额并获得份额,且参与管理后共同帮助楼某获取碎石加工厂经营权,收取好处费,主观上具有共同受贿的故意,应以受贿罪共犯论处。②被告人张某甲明知楼某希望利用其父亲张某的职权便利获取碎石加工项目,仍与张某相互勾结收受楼某的好处费,并为楼某谋取利益,应以受贿罪共犯论处。故前述相关辩护意见,不予采纳。

(3) 关于被告人张某、周某、叶某是否索贿。经审核,楼某向张某等人提出接手碎石加工项目的意愿,而被告人张某等人则要求楼某支付钱款给三人,后被告人张某等人陪同楼某到中铁十二局项目部取得碎石加工项目,楼某接手后按约定支付钱款,三名被告人的行为应认定为索贿。故前述相关辩护意见,不予采纳。

法院认为,被告人张某、周某、叶某结伙利用国家工作人员职务便利索取他人财物共计74.2175万元,数额巨大,被告人张某、张某甲结伙利用国家工作人员职务便利收受他人财物共计19.5万元,数额较大,并为他人谋取利益。其行为均已构成受贿罪。被告人张某、周某、叶某有索贿情节,应当从重处罚;被告人张某归案后如实供述其犯罪事实,可以从轻处罚;被告人周某主动投案后如实供述其犯罪事实,是自首,予以减轻处罚;被告人叶某经电话通知到案后如实供述自己的犯罪事实,是自首,予以减轻处罚;被告人叶某在被调查期间,退清违法所得,可以酌情从轻处罚;被告人张某甲归案后如实供述自己的犯罪事实,并当庭自愿认罪,可以从轻处罚。

二十七、以欺骗方式让行贿人主动交付财物的,应认定为索贿

(一)裁判规则

诈骗与受贿区分的关键在于是否利用职务上的便利,如果行为人利用了职务上的便利,即便存在欺骗行为,也应构成受贿罪;反之,并无职务或职务上的便利,则应构成诈骗罪。

(二)规则适用

诈骗罪是指以非法占有为目的,使用虚构事实、隐瞒真相的方法,骗取公私财物数额较大的行为。一般情况下诈骗罪与受贿罪并不难区分,但对行为人以欺骗方式让对方主动交付财物的,是否构成索贿则有不同意见。客观方面两者有相似之处,行为人均向他人作出利用职务之便为其谋取利益的许诺,实施了向他索要或收受财物的行为,但仔细分析两者并不相同。一方面在主观故意上,诈骗罪只具有故意编造虚假事实而骗取他人财物的目的,在以虚假承诺利用职务之便为他人谋取利益的案件中,行为人并不真正打算利用职务之便为他人谋利,而是以这种虚假承诺作为骗取对方交付财物的手段。而受贿罪的主观故意则是双重的,既具有非法获取他人财物的目的,也具有利用职务便利为他人谋取利益的目的。另一方面在客观方面,诈骗罪中行为人所作的承诺是不真实的、虚假的,是骗取他人信任的一种手段;而受贿罪中的承诺是真实的,虽然具有虚假的成分或者虚假的行为,但为他人谋取利益的目的是真实的,也实际为请托人谋取了利益。

此外,对索贿行为还必须结合行为人利用职务上的便利实施犯罪的背景来准确定性。形式上,行为人以欺骗手段让对方交付财物,似乎也符合诈骗罪的犯罪构成,但就给付财物的一方而言,其对送出财物以满足行为人的要求,进而借助行为人的权力谋取利益有清晰的认识,其关注的重点不在于何人收取贿赂,而在于能否用贿赂换取利益。故以虚构事实、隐瞒真相的方式向行贿人施加压力进而索要财物,并利用职务上的便利为行贿人谋取利益的行为,属于索贿。

【指导案例】吴某徕受贿案——以欺骗方式让行贿人主动交付财物的,应认定为索贿[①]

2006年至2013年3月,被告人吴某徕在担任湖南省高速公路管理局养护工程公司副经理、湖南省郴州至宁远高速公路筹备组组长、湖南省郴宁高速公路建

[①] 参见最高人民法院刑事审判第一、二、三、四、五庭主办:《刑事审判参考》(总第106集),法律出版社2017年版,第1147号案例。

设开发有限公司总监、湖南省洞口至新宁高速公路筹备组组长和湖南省洞新高速公路建设开发有限公司(以下简称"洞新公司")经理期间,利用职务之便,在未宜高速维护业务,郴宁高速公路、洞新高速公路的土建工程、监理、路面工程、材料供应及驻地建设等业务的招投标,以及工程质量监督、工程管理、工程款支付等方面为他人谋取利益,单独或伙同其情妇赵某某(另案处理)、其妻成某某共同收受其他单位和个人财物。吴某徕收受财物共计折合1223.0789万元。其中,2010年下半年,吴某徕担任洞新公司经理期间,某公司股东徐某某多次找到吴某徕,要求承接某高速所需钢绞线全部供应业务。吴某徕原计划安排赵某某承接该业务,便以"让领导的朋友退出"为由,要徐某某给予"领导的朋友"好处费100万元,徐某某表示同意。之后,吴某徕利用职权,决定由徐某某以三家公司的名义承接总额7000余万元的钢绞线供应业务。2010年9月底,徐某某按约定联系吴某徕交付100万元好处费。吴某徕带徐某某与赵某某的弟弟见面,谎称赵某某的弟弟系领导的朋友。赵某某的弟弟收到徐某某所送的100万元后将该笔钱款转交给赵某某。

本案中,被告人吴某徕多次收受他人财物,利用职务便利为行贿人谋利,其行为构成受贿罪,对此并无异议。但对其以欺骗方式收受徐某某100万元的行为是否构成索贿,审理过程中存在不同意见:一种意见认为,徐某某为顺利承揽工程,在得知有"领导的朋友"介入后主动向吴某徕提出给予对方好处费,以换取对方退出竞争,不能认定吴某徕索贿。另一种意见认为,吴某徕得知徐某某有意承揽工程后,通过虚构有"领导的朋友"介入的事实给徐某某施加压力,在徐某某表示愿意支付好处费后即提出100万元的补偿要求,最终通过赵某某等人收取该笔贿款,构成索贿,应酌情从重处罚。法院同意第二种意见,具体分析如下:

一方面,必须准确把握"索贿""索取他人财物"的含义。根据《刑法》第385条第1款的规定,受贿罪的行为方式分为"索取他人财物"和"非法收受他人财物"两种,《刑法》第386条又规定"索贿的从重处罚"。"索贿"即是指"索取他人财物",刑法及相关司法解释未对"索贿"或"索取他人财物"的含义作出规定,在司法实践中可以按照上述用语的通常含义来认定索贿。只要行为人主动向他人索要财物,即属于"索取他人财物","索贿"只是刑法对"索取他人财物"的简便表述,二者含义相同。因此,认定行为人是否构成索贿关键看其是否主动要求对方交付财物作为对价。本案中,被告人吴某徕表面上似乎并未直接向行贿人徐某某索要财物,而是以要给"领导的朋友"好处费为由主动要求徐某某交付财物给第三人。这一行为能否认定为索贿?法院认为,吴某徕虽然采取欺骗手段使徐某某相信确有"领导的朋友"介入并"自愿"向"领导的朋友"支付好处费,但吴某徕在徐某某"自愿"交付之前已向其传递出明确的信号,即徐某某不付出一定代价不可能顺利承揽业务,徐某某面对这种情况并无多少选择余地,在徐某某表示愿意给对方好处费后，吴某徕立即提出100万元的数额要求。该起受贿事实中，吴某徕与徐某某的沟通过程符合索贿犯罪中受贿人积极地主导权钱交易进程，而行贿人比较被动地按照受贿人的要求给付财物的特点，犯罪情节较一般的被动接受贿赂的受贿犯罪更为恶劣，理应认能为索贿并酌情从重处罚。至于吴某徕使用的欺骗手段，并不改变其主动向徐某某索要巨额贿赂的实质。

另一方面，对索贿行为必须结合行为人利用职务上的便利实施犯罪的背景准确定性。有观点认为，被告人吴某徕虚构事实、隐瞒真相促使徐某某交付财物的行为符合诈骗罪的犯罪构成。法院认为，单纯地看该起事实，形式上似乎也符合诈骗罪的犯罪构成，但吴某徕实施上述行为时充分利用了职务上的便利，徐某某也是基于对吴某徕职权的信任交付财物，后在吴某徕的帮助下承接了相关业务。徐某某虽误以为其所送财物交给了"领导的朋友"，但其对送出财物以满足吴某徕的要求，进而借助吴某徕的权力谋取利益有清晰的认识，其关注的重点不在于何人收取贿赂，而在于能否用贿赂换取利益，事实上徐某某也确实通过行贿获得了巨额利益。因此，以索贿而不是诈骗来评价吴某徕在本起事实中的行为性质更为准确。

综上，以虚构事实、隐瞒真相的方式向行贿人施加压力进而索要财物，并利用职务上的便利为行贿人谋取利益的行为，属于索贿。

二十八、行为人虚构谋取的利益，不影响受贿罪的认定

(一) 裁判规则

行为人虚构了谋取的利益，但行贿人是基于行为人的职务便利而非错误认识的基础上给付钱款的，不影响行为人受贿罪的认定。

(二) 规则适用

行为人虚构谋取的利益，进而多要好处费的行为构成诈骗罪还是受贿罪，司法实践中存在争议。一种意见认为，行为人虚构谋取的利益，使相对方基于错误认识从而多付出钱款，符合诈骗犯罪的构成要件。另一种意见认为，行为人的行为本质还是利用职务之便，为他人谋取利益，并向他人索贿，至于具体要帮对方谋取多少利益，只是一个概括故意，故应定受贿罪。利用身份犯罪类案件中如何区分诈骗罪和受贿罪是司法实践中的一个难点。诈骗罪指以非法占有为目的，虚构事实或者隐瞒真相，骗取数额较大的公私财物行为。受贿罪是指国家工作人员利用职务上的便利，索取他人财物或者非法收受他人财物，为他人谋取利益的行为。二者在犯罪主体、客体及其行为表现形式方面都不同。受贿罪的犯罪主体是特殊主体，构成受贿罪的主体也可能构成诈骗罪。受贿罪侵犯的主要客体是国家机关的正常管理活动，而诈骗罪侵犯的只是公私财产所有权。二者本质的区别在于受贿罪的行为人利用职务之便，索取他人财物或非法收受他人财物，诈骗罪的行为人是虚构事实、隐瞒真相，骗取他人财物。从表面上看，行为人侵犯了相对方的利

益,使他们多出了好处费,但实质上相对方在整个过程中是受益对象,而非被侵害的受害对象,也正在基于行为人利用职务之便帮助相对方谋取了利益,相对方才愿意给予好处费,并非基于错误的认识,故行为人的行为符合受贿罪的客观要件,构成受贿罪而非诈骗罪。

【指导案例】谢某等受贿案——是否虚构谋取的利益不影响受贿罪的构成①

2011年至2015年期间,被告人谢某任浙江有色金属地质勘查局地质环境研究院驻台州办事处主任,在代表浙江有色金属地质勘查局承接各项地质类勘查及报告编写等任务中,多次指示衣某、张某在编写报告中,通过扩大采空区范围等方式隐瞒采石场的实际资源储量,从而使他们获益,采石场支付给谢某不同程度的好处费。在承接采石场保有资源储量估算等业务中,谢某多次指示衣某隐瞒资源储量,分别获得好处费240万元、40万元、50万元,并分给衣某25万元、2万元、3万元;谢某指示张某隐瞒部分资源储量,分别获得好处费30余万元、50万元,并分给张某25万元。此外,谢某承接某采石场地质勘查及资源储量核实等业务后,与采石场合伙人泮某、潘某等人商定,由谢某帮助该采石场在编写的地质类报告中隐瞒一定的资源储量,该采石场给予谢某好处费200万元,衣某根据谢某的指示,通过增加剥离量、扩大采空区等方法在报告中帮助该采石场隐瞒了一定的资源储量。2013年7月左右,合伙人潘某向谢某提出,由谢某对泮某再多虚报隐瞒100万吨的资源储量进而多要好处费40万元,并让谢某将此40万元给潘某,基于两人关系,谢某表示同意并予以操作。后泮某等人送给谢某好处费共计240万元,谢某将其中的40万元给予潘某。公诉机关认为,谢某、衣某、张某作为国家工作人员,在从事地质勘查局业务过程中,收受他人财物,为他人谋取利益,另谢某以非法占有为目的,虚构事实,骗取他人财物,谢某的行为构成受贿、诈骗罪,衣某、张某的行为构成受贿罪。

本案在审理过程中,争议焦点主要集中在谢某与他人合伙向采石场虚报隐瞒的资源储量,进而多要好处费的行为构成诈骗罪还是受贿罪?第一种意见认为,公诉机关指控被告人谢某40万元部分构成诈骗罪的定性准确。理由是谢某虚构了100万吨储量的行为使得采石场的股东泮某等人基于错误认识而多给谢某40万元,并造成泮某等人财产损失,谢某帮助潘某获利,符合诈骗犯罪的构成要件。第二种意见认为,公诉机关指控被告人谢某构成诈骗罪的指控不当,理由是该行为的本质还是谢某利用职务之便,为他人谋取利益,并向他人索贿,至于具体要帮对方谋取多少利益,只是一个概括故意,故应定受贿罪。本案中,谢某任有色地质环境研究院某市办事处主任,代表有色金属地质勘查局承接某采石场地质

---

① 案号:(2016)浙10刑终1218号。

勘查及资源储量核实等业务,并指示衣某在做报告中为采石场隐瞒资源储量,从而使采石场受益,事后向对方多索要财物。首先,从表面上看,该行为侵犯了采石场的利益,使得他们多出了好处费。但实质上,谢某与衣某在报告中没有正当履行职责,帮助采石场隐瞒资源储量,从而造成国家财产的流失。采石场在整个过程中是受益对象,而非被侵害的受害对象;其次,在整个行为表现形式上,谢某利用了职务之便,也确实帮助采石场谋取了利益,正基于此,采石场才愿意给予谢某好处费,并非基于错误的认识,符合受贿罪的客观要件。不能把整个行为割断,只看谢某向采石场多报谋取的利益而认为其是虚构事实从而骗取财物,是否虚构谋取利益的事实不改变受贿罪的构成,至于被告人具体要帮对方谋取多少利益,只是一个概括故意;最后,对于谢某拿到240万元后,按照事先与潘某约定给予他的40万元只是事后赃款去向问题,不能将其剥离出来另外作为犯罪定罪处罚。综上,被告人谢某的行为构成受贿罪,不构成诈骗罪。

第十一章 利用影响力受贿罪

一、"关系密切的人"的认定范围

(一)裁判规则

我国刑法规定的利用影响力受贿罪的主体包括国家工作人员的近亲属和与国家工作人员关系密切的人。认定是否属于"关系密切的人",关键在于行为人是否对国家工作人员具有"影响力",从对国家工作人员的影响力角度作实质性判断,即凡是能够在请托人与国家工作人员之间搭建起桥梁,使国家工作人员承诺为请托人谋取不正当利益的,就足以推定行为人为"关系密切的人"。

(二)规则适用

2009年颁布的《刑法修正案(七)》第13条规定,在《刑法》第388条后增加一条作为第388条之一,即"国家工作人员的近亲属或者其他与该国家工作人员关系密切的人,通过该国家工作人员职务上的行为,或者利用该国家工作人员职权或者地位形成的便利条件,通过其他国家工作人员职务上的行为,为请托人谋取不正当利益,索取请托人财物或者收受请托人财物,数额较大或者有其他较重情节的,处三年以下有期徒刑或者拘役,并处罚金;数额巨大或者有其他严重情节的,处三年以上七年以下有期徒刑,并处罚金;数额特别巨大或者有其他特别严重情节的,处七年以上有期徒刑,并处罚金或者没收财产"。对于上述条文规定的"关系密切"的人的范围,司法实务中有不同理解。笔者认为,对"关系密切的人"的认定是司法裁判者的内心判断,不能仅从形式上加以理解,而是应根据行为人是否对相关国家工作人员产生实质的影响力来反证是否具有"关系密切的人"的地位。换言之,认定是否属于"关系密切的人",关键在于"关系密切的人"是否对国家工作人员具有"影响力",而以国家工作人员的影响力角度作实质性判断。凡是能够在请托人与国家工作人员之间搭建起桥梁,使国家工作人员承诺为请托人谋取不正当利益的,就可以推定行为人为"关系密切的人"。这种推定似乎可以使与国家工作人员相识的所有人都有可能成为本罪的犯罪主体,以至于有学者担心本罪有口袋罪的嫌疑,但这种担心是缺乏依据的。所谓扩大,无非是指本不属于某一犯罪规制范围的行为,通过司法将其纳入犯罪范围,这显然有违罪刑法定原则。但无论是近亲属还是"关系密切的人",抑或形式上无法直接认定为"关系密切的人",如果不属于"关系密切"范围,是很难对国家工作人员的职务行使有实际的影响力,并通过国家工作人员的职务便利为请托人谋取不正当利益。故通过推定的方式将请托国家工作人员,并利用工作人员的职务便利为相关人员谋取利益的人推定为"关系密切的人",不是扩大范围,而是能将该立法精神落到实处。故对本罪可以采取实质判断的立场,即使行为人与国家工作人员没有沾亲带故,只要事实上关系密切,就可以认定为"关系密切的人"。①

【指导案例】刘某浪利用影响力受贿、行贿案②

2010年3月,东莞市田氏化工的母公司香港某某有限公司股东连某某(另案处理)和田氏化工"三旧"改造项目负责人卢某某(另案处理)为确保企业用地进行"三旧"改造,使企业获得最大收益,在明知企业用地不符合改造条件,通过正常途径无法申报的情况下,找到与时任东莞市虎门镇镇委书记吴某某(另案处理)关系密切的上诉人刘某浪帮忙,提出愿意花钱运作此事,并先后多次支付给刘某浪共计人民币3032万元和港币200万元。刘某浪找到吴某某帮忙,吴某某交代分管"三旧"改造的副书记郑某某(另案处理)跟进此项目,使虎门镇政府在田氏化工的改造面积不足5公顷、捆绑报送未完善办证手续的土地0.1537公顷等不符合申报条件的情况下,通过了田氏化工的"三旧"改造申请。

对于上诉人刘某浪上诉及其辩护人提出刘某浪与吴某某之间不能认定为关系密切的人,刘某浪没有利用吴某某职务上的行为,亦未对吴某某实施影响力,没有为田氏化工谋取不正当利益,刘某浪收取的是佣金,其行为不构成利用影响力受贿罪的意见,经查:第一,刘某浪与吴某某有亲戚关系,且关系很好,经常联系,社会上的人也知道他们关系密切,刘某浪还帮助吴某某在香港买房、装修及垫付相关的费用,后为吴某某持有房产,足以认定两人关系密切,上述事实有刘某浪的供述和吴某某、郑某某、卢某某等证人证言证实。第二,为了田氏化工的"三旧"改造事宜,吴某某介绍刘某浪与分管"三旧"改造的镇委副书记郑某某认识,并告诉郑某某刘某浪参与了田氏化工"三旧"改造,吴某某还在镇领导班子会上指示郑某某牵头制订改造方案。第三,根据《东莞市"三旧"改造实施细则(试行)》的规定,三旧项目拆迁改造面积不小于5公顷,而田氏化工可开发土地面积仅为4.1775公顷,且捆绑报送一并改造的0.1537公顷土地尚未完善用地手续,不符合"三旧"改造的条件。田氏化工在明知项目不符合"三旧"改造条件的情况下,通过

---

① 参见孙国祥:《贪污贿赂犯罪研究》(下册),中国人民大学出版社2018年版,第912—913页。
② 案号:(2013)粤高法刑二终字第268号。

向相关人员贿赂的方式,使虎门镇政府同意其"三旧"改造,属于谋取不正当利益的情形。综上,足以认定刘某浪作为与吴某某关系密切的人,利用吴某某职务上的便利条件,通过郑某某等人实施职务行为,为请托人田氏化工谋取不正当利益,收取田氏化工财物,刘某浪的行为构成利用影响力受贿罪。故刘某浪上诉及其辩护人提出刘某浪不构成犯罪与事实不符,也缺乏法律依据,不予采纳。

【指导案例】刘某忠利用影响力受贿案[①]

被告人刘某忠作为河南工程学院的教师,与该院院长胡某某经常在一起吃饭、下棋,关系密切。2010年11月份河南工程学院教师周转房第三标段的土建工程开始招标,九冶建设有限公司(以下简称"九冶公司")项目经理包某某找到刘某忠,请其提供帮助以达到九冶公司中标的目的,并许诺给予好处费,刘某忠同意为其帮忙,并表明了其与胡某某的关系。之后刘某忠找到胡某某让其在河南工程学院教师周转房第三标段的土建工程招标中给予关照,胡某某表示同意。2011年1月底学院党委会在研究决策时胡某某考虑到九冶公司得分最高,以及刘某忠曾经要求其关照九冶公司,就倾向于九冶公司中标,后学院党委会集体研究决定九冶公司中标第三标段教工周转房工程。九冶公司顺利中标之后,包某某表示要感谢刘某忠,后刘某忠于2011年6月、2011年11月、2012年2月三次按约定收受包某某现金共计40万元,并存入自己与他人开办的郑州现太光能科技有限公司账户中。案发后上述40万元现金退还。

被告人刘某忠与院长胡某某是老乡,关系密切,经常一起下棋、吃饭,是二十多年的老交情。其也确实给胡某某打了招呼,胡某某也表示予以考虑,并在实际定标中明确表示基于该公司评标得分第一,和刘某忠打了招呼才倾向于九冶公司中标。因此,刘某忠与院长胡某某属于关系密切的人。此前包某某曾投过该学院工程标的却没有中标,这次作为请托人的包某某完全相信刘某忠与胡某某的关系密切,也力求利用刘某忠的影响力所起的重要作用,达到中标的目的。最终实现了中标目的,且中标后刘某忠由此收受了包某某基于此而给的40万元钱款。这一事实有刘某忠的多次供述予以证实,又有证人胡某某的证言相印证,以及证人包某某等相关证人证言相佐证,上述证据能够形成完整的证据链,足以认定。

二、利用影响力受贿与共同受贿的区别

(一)裁判规则

一般而言,可以将行为人("关系密切的人")是否与国家工作人员存在通谋,作为判断构成利用影响力受贿罪还是受贿罪共犯的标准。如果行为人与国家

[①] 案号:(2013)舞刑初字第220号。

工作人员存在事先共谋,利用国家工作人员职务便利为他人谋取不正当利益的,行为人与国家工作人员成立共同受贿;如果国家工作人员并不知情,行为人利用国家工作人员职务便利为他人谋取不正当利益的,构成利用影响力受贿罪。特殊情况下,国家工作人员事后知情并认可的,二者构成共同犯罪,行为人构成受贿罪共犯。

(二) 规则适用

根据《刑法》第25条的规定,行为人具有共同的犯罪故意和共同的犯罪行为的成立共同犯罪。国家工作人员与特定关系人构成受贿罪共犯需要同时满足共同的受贿故意和共同的受贿犯罪行为两个条件。《全国法院审理经济犯罪案件工作座谈会纪要》和《关于办理受贿刑事案件适用法律若干问题的意见》分别对受贿罪共同犯罪进行了明确的规定。其中,《全国法院审理经济犯罪案件工作座谈会纪要》规定,"非国家工作人员是否构成受贿罪共犯,取决于双方有无共同受贿的故意和行为。国家工作人员的近亲属向国家工作人员代为转达请托事项,收受请托人财物并告知该国家工作人员,或者国家工作人员明知其近亲属收受了他人财物,仍按照近亲属的要求利用职权为他人谋取利益的,对该国家工作人员应认定为受贿罪,其近亲属以受贿罪共犯论处。近亲属以外的其他人与国家工作人员通谋,由国家工作人员利用职务上的便利为请托人谋取利益,收受请托人财物后双方共同占有的,构成受贿罪共犯。国家工作人员利用职务上的便利为他人谋取利益,并指定他人将财物送给其他人,构成犯罪的,应以受贿罪定罪处罚"。《关于办理受贿刑事案件适用法律若干问题的意见》指出,特定关系人与国家工作人员通谋,由国家工作人员利用职务上的便利为请托人谋取利益,同时授意请托人将有关财物给予特定关系人的,构成受贿罪共犯。特定关系人以外的其他人与国家工作人员通谋,由国家工作人员利用职务上的便利为请托人谋取利益,收受请托人财物后双方共同占有的,以受贿罪的共犯论处。

分析上述法律关系,可以看出共同受贿一共分为四种情形:一是特定关系人向国家工作人员代为转达请托事项,收受请托人财物并告知该国家工作人员;二是国家工作人员明知特定关系人收受了他人财物,仍按照其要求利用职权为他人谋取利益;三是特定关系人以外的其他人与国家工作人员通谋,由国家工作人员利用职务上的便利为请托人谋取利益,收受请托人财物后双方共同占有;四是国家工作人员与特定关系人通谋,国家工作人员利用职务上的便利为请托人谋取利益,并授意请托人将财物给予特定关系人。

利用影响力受贿罪是2009年《刑法修正案(七)》规定的新罪名,是指与国家工作人员关系密切的人,通过该国家工作人员职务上的行为,或者利用该国家工作人员职权、地位形成的便利条件,通过其他国家工作人员职务上的行为,为请托人谋取不正当利益,索取请托人财物或者收受请托财物,数额较大或者有其他较重情节的行为。其立法宗旨在于弥补法律漏洞,惩处利用国家工作人员职权和地位收受贿赂的与国家工作人员关系密切的人。这些人主要指与国家工作人员有血缘、亲属、情人、同学、同事、朋友、战友等关系或者其他特殊利益关系的人。正因为这种密切的关系,行为人可以对国家工作人员施以影响,使国家工作人员利用职务便利为他人谋取不正当利益;或者不必直接通过该国家工作人员的职权便利,而是利用其身份和地位便利影响其他国家工作人员,直接利用他们的职权便利为请托人谋取不正当利益。利用影响力受贿罪中与行为人关系密切的国家工作人员在不知情的情况下,其身份、地位及职权成为行为人获取非法利益的工具。

与国家工作人员关系密切的人员收受请托人财物,利用国家工作人员的职权和地位,为请托人谋取不正当利益的行为,既可能构成受贿罪的共犯,也可能构成利用影响力受贿罪。从刑法理论上看,此种情形可能会形成法条竞合关系,行为人和国家工作人员同时符合利用影响力受贿罪的共同犯罪和受贿罪的共同犯罪。区分的关键在于国家工作人员与特定关系人之间是否存在共同的受贿故意和共同的受贿行为,即通谋。如果存在通谋,不论是否共同占有贿赂,谋取利益是否正当,都以共同受贿论处;如果没有通谋,只是特定关系人利用国家工作人员的地位和职权实施的行为,那么该国家工作人员因为没有犯罪故意和犯罪行为而不构成犯罪,特定关系人不构成受贿罪的共犯,而应当以利用影响力受贿罪论处。

【指导案例】黄某伦受贿案①

2012年初,陈某甲约被告人黄某伦一起做建筑施工工程,并对黄某伦表示向时任普定县水利局局长的黄某友(系黄某伦之兄)转告要做普定县水利局的水利工程的意思,黄某伦同意并将陈某甲的要求及要与陈某甲一起做工程的事告诉了黄某友。2012年7月5日,陈某甲以贵州长禹建设工程有限公司的名义中标"普定县2011年中央财政小型农田水利重点县建设项目工程"4标段(上、下堡村片区)和5标段(玉屯村片区),之后,黄某友授意陈某甲由黄某伦参与该工程。后黄某友要求黄某伦不要抛头露面去工地搞管理,陈某甲提出给黄某伦15万元。黄某伦同意后,陈某甲为表示感谢,于2012年12月1日、2013年4月11日将10万元存入黄某伦在中国邮政储蓄银行普定县马场镇营业所开户的账户上。黄某伦在收受了陈某甲的10万元后,将收钱的事告知了黄某友。2014年4月15日,黄某伦在中国共产党普定县纪律检查委员会退回赃款10万元。

被告人黄某伦通过时任普定县水利局局长的其兄黄某友职务上的行为形成的便利条件,为陈某甲得到水利局的工程向黄某友"打招呼",并告知黄某友其要参与陈某甲的工程,黄某友表示同意。陈某甲得到普定县水利局的中标工程

---

① 案号:(2015)安市刑终字第34号。

后,黄某友又授意陈某甲,要求黄某伦参与该工程,黄某伦在未参与工程投资和施工管理的情况下,接受了陈某甲给予15万元的提议并收受了10万元,事后黄某伦和陈某甲也告知了黄某友有关陈某甲的提议及黄某伦收受这10万元的事实,黄某伦与黄某友的行为共同构成受贿罪。

【指导案例】成某甲利用影响力受贿案①

涟钢集团原名湖南华某钢铁集团有限责任公司涟钢分公司,系由湖南省冶金集团公司于1997年11月20日独家出资注册成立的国有独资公司。1997年12月25日,湖南华某钢铁集团有限责任公司涟钢分公司更名为涟钢集团,股东变更为湖南华某钢铁集团有限责任公司(以下简称"华某集团",系1997年年底经湖南省人民政府办公厅批复同意,由湖南省冶金集团公司下属的湘潭钢铁公司、涟钢集团、衡阳钢管厂改组而成的国有独资公司)。2004年1月16日,涟钢集团的股东变更为华某集团、湖南省土地资本经营有限公司(国有独资企业)。2009年11月24日,涟钢集团的股东变更为华某集团、湖南发展投资集团有限公司(国有独资企业)。2010年3月24日,涟钢集团的股东变更为华某集团。在股东多次变化的过程中,涟钢集团系国有企业的性质没有发生变化。

湖南华某涟源钢铁有限公司(以下简称"华某涟钢")系于2005年6月22日注册成立的股份有限公司,当时该公司注册资本为20亿元,股东为湖南华某管线股份有限公司(华某集团系该公司的最大的股东和实际控制人,持88.32%的股份)、涟钢集团(持11.68%的股份)。2007年3月16日,华某涟钢的股东变更为湖南华某管线股份有限公司、涟钢集团、华某集团。2008年3月28日,华某涟钢的股东变更为湖南华某管线股份有限公司、涟钢集团。2008年5月27日,华某涟钢的股东变更为湖南华某管线股份有限公司、华某集团。2008年10月24日,华某涟钢的股东变更为湖南华某钢铁股份有限公司、涟钢集团。2011年1月27日,华某涟钢的股东变更为湖南华某钢铁股份有限公司。

涟钢集团、华某涟钢一直实行"两块牌子、一套班子",即涟钢集团班子成员同时兼任华某涟钢的同一职务。

2001年至2010年8月10日,上诉人成某甲的姐夫郑某某(已判刑)先后担任涟钢集团常务副总经理、执行董事(法人代表)、总经理及华某涟钢副总经理、执行董事(法人代表)、总经理等职务;2010年8月11日被免去华某涟钢执行董事(法人代表)、总经理职务;2010年8月12日,郑某某被湖南省人民政府国有资产监督管理委员会、中共湖南省国资委委员会任命为华某集团副总经理、党组成员。

2003年6月29日,林某、谭某等人合伙成立的涟钢大同水质稳定剂有限公司(以下简称"大同水质公司")为了获得涟钢集团水质稳定剂业务,以涟钢大同工贸

---

① 案号:(2017)湘12刑终114号。

有限责任公司(系涟钢集团内部的一家集体性质的企业)的名义,向涟钢集团呈交了《关于请求优先使用大同公司生产的水质稳定剂的报告》,称该公司引进上海久安水质稳定剂的生产技术和工艺,成立了大同水质公司,要求涟钢集团优先使用该公司的产品。之后,林某请求成某甲帮助,成某甲即找其姐夫、时任涟钢集团副总经理的郑某某,要求郑某某帮助解决;同年7月16日,郑某某在上述报告上签字同意该公司在同等条件下参与竞标。2004年1月17日,涟钢集团企业管理部根据郑某某等人的指示,召集非钢产业部、技术中心、采购部及涟钢大同工贸有限责任公司就大同水质公司生产水质稳定剂问题进行了专题讨论,议定由技术中心对该公司水质稳定剂的生产资质、设备、技术及产品更新换代质量检验报告等进行认定,如能试用则制订试用方案进行试用,并根据试用情况出具试用评估报告;如试用质量符合要求、价格合理,由采购部根据相关规定及技术中心提供的试用评估报告将其列入合格分承包方名录,参与涟钢集团的招标或议标。2004年7月12日,大同水质公司的水处理药剂产品经涟钢集团动力厂试用一个月,试用效果合格;2004年9月15日,林某以涟钢大同工贸有限责任公司的名义向涟钢集团非钢产业部提交了《关于请求将我公司水质稳定剂产品列入集团公司产品目录的报告》。后大同水质公司的水处理药剂正式进入涟钢集团内部市场,并被列入涟钢集团内部市场产品目录。

2004年年底,林某为了在涟钢集团内能承揽到更多的水处理药剂业务,邀约成某甲以入干股的形式合伙经营大同水质公司,许诺共同分享利润。此后,成某甲多次利用其与郑某某的关系及郑某某地位所形成的影响力,给涟钢集团热电厂等单位负责人"打招呼",帮大同水质公司承揽到相关水处理药剂业务。2007年,林某通过成某甲向时任涟钢集团、华某涟钢总经理的郑某某提出请托,郑某某即给华某涟钢冷轧厂负责人"打招呼",帮助大同水质公司承揽了该厂净水循环系统水处理药剂业务。2008年年底,林某、谭某新成立大同化工公司,继续承揽水处理药剂业务。2009年,华某涟钢成立能源环保中心,林某通过成某甲向郑某某提出请托,郑某某即给时任该中心主任蔡某(已判刑)"打招呼",要求蔡某关照大同化工公司。2009年3月18日,为了能降低华某涟钢水质稳定剂的采购成本,华某涟钢能源环保中心提出了水质稳定剂总包方案;林某通过成某甲向郑某某打听华某涟钢对该总包方案的态度,郑某某告知华某涟钢支持该方案,让成某甲转告林某,要林某的公司不要与其他公司产生矛盾。同年6月2日,郑某某在华某涟钢能源环保中心提交的《水处理总包议标情况汇报》上签署意见,肯定了所提出的总包议标方案,要求该能源环保中心拿出具体措施并立即组织实施。后来包括大同化工公司在内的三家公司继续成为总包方案中水处理业务企业,并增加了在华某涟钢的水处理药剂业务的市场份额,避免了与外部企业竞争。

2005年至2009年,大同水质公司在华某涟钢的业务量共计4537.6345万元。2009年至2010年,大同化工公司在华某涟钢的业务量共计2551.2290万元。期间,林某为了感谢郑某某和成某甲的帮忙,多次以分利润为名,采取转款委托他人炒股、通过他人的银行账户转款等形式,分给成某甲好处费共计1115.4865万元,并告诉成某甲上述好处费中包含了感谢郑某某的部分,其中:2006年3月23日,林某以帮成某甲支付购房款的形式分给成某甲好处费37.0775万元。2007年以转款委托王某某炒股的形式,分给成某甲好处费300万元;2009年1月7日至5月13日,林某采取先将款转至汤某、肖某夫妇的公司的银行账户上,再由汤某、肖某夫妇转存至梁某的银行账户,然后由梁某的银行账户转至成某甲的表弟李某某的银行账户,最后由李某某的银行账户转到成某甲的银行账户的方式,分给成某甲好处费共计291万元。2009年7月10日至2010年12月27日,林某又通过汤某、肖某夫妇将分给成某甲的649.585万元好处费转存至李某某的银行账户上,李某某收到该款后将其中的645万元转至成某甲的银行账户或成某甲指定的银行账户上,剩余的4.585万元被留在李某某的银行账户上。其间,成某甲于2009年5月13日、11月4日为林某支付了购房款及车位款共计162.176万元。

2009年8月,成某甲因林某曾告知其所得的好处费中包含了感谢郑某某的部分,便告诉郑某某之妻成某乙(另案处理)其欲将从林某处所得的好处费中转一部分分给郑某某,并提出以其向成某乙借款帮成某乙炒股的方法来掩盖分给郑某某好处费;成某乙表示同意,并将此事告诉了郑某某。2009年8月28日至10月26日,成某乙先后给成某甲的银行账户上转款共计274.1万元。2010年4月6日、2011年2月17日,成某甲先后2次给成某乙的银行账户上转入好处费各150万元共计300万元,事后成某乙又将此事告诉了郑某某。

2011年底至2014年3月,郑某某得知谭某被检察机关查处及纪委、检察机关在调查自己和家人后,为掩盖受贿的事实,要成某甲和成某乙统一口径,将成某甲分给自己的好处费说成是成某甲归还之前为炒股所借的借款及利息,并要成某甲、成某乙不要再通过银行转款,还要成某甲与林某统一口径。同时,因担心成某甲归还借款会被引起怀疑,郑某某夫妇商定让成某甲以后通过其他方式归还借款;成某甲因此未敢归还借款,欲待风声过后再归还借款。

2014年9月6日、12月22日,成某甲两次向检察机关退还赃款共计400万元。

上诉人成某甲系国家工作人员郑某某的妻弟,与郑某某具有姻亲关系,属《刑法》第388条之一规定的与国家工作人员关系密切的人,且属《关于办理受贿刑事案件适用法律若干问题的意见》第11条规定的特定关系人。成某甲通过国家工作人员郑某某的职务行为,或者利用国家工作人员郑某某的职权、地位所形成的便利条件,通过其他国家工作人员职务上的行为,为请托人林某的公司在水处理药剂业务方面谋取不正当利益,非法收受请托人林某支付的好处费共计1115.4865万元;其间,因林某曾告知其所得的好处费中包含了感谢郑某某的部分,成某甲向其姐成某乙提出以向成某乙借款炒股的名义掩盖分给郑某某好处费,成某乙表示同意并将此事告诉给郑某某;接着,成某甲将其中的300万元好处费转到成某乙的银行账户上,成某甲个人实得好处费800.4865万元;成某乙在收到成某甲转入的好处费后,又将成某甲分给郑某某好处费之事告诉了郑某某。成某甲的上述行为分别构成利用影响力受贿罪和受贿罪,且两罪的数额均特别巨大。在共同受贿犯罪中,成某甲帮助郑某某收受、转入好处费,起帮助作用,系从犯。成某甲利用影响力受贿犯罪及其与成某乙、郑某某共同受贿犯罪所得的赃款,依法应当予以追缴。案发后,成某甲能退还部分赃款,可酌情从轻处罚。成某甲在一二审期间拒不认罪,认罪态度不好,可酌情从重处罚。成某甲利用影响力受贿和受贿的行为分别发生在《刑法修正案(九)》和《关于办理贪污贿赂刑事案件适用法律若干问题的解释》实施前,对成某甲应依照《刑法》第12条第1款、第388条之一、第385条第1款、第386条、第383条第1款第(二)项、第2款、第25条第1款、第27条、第52条、第53条第1款、第69条、第64条,《关于适用刑事司法解释时间效力问题的规定》第3条和《关于办理贪污贿赂刑事案件适用法律若干问题的解释》第3条第1款、第10条第1款、第18条、第19条之规定进行处罚。

三、利用影响力受贿与斡旋受贿的区别

(一)裁判规则

国家工作人员利用其他国家工作人员职务行为,收受贿赂的,既可能是斡旋受贿,构成受贿罪,也可能构成利用影响力受贿罪。具体而言,国家工作人员同时具备本人的职权或者地位形成的便利条件和其与其他国家工作人员的密切关系,原则上应当依照《刑法》第388条的规定,构成斡旋受贿,以受贿罪论处;但确有证据证实国家工作人员仅利用了其与被其利用的其他国家工作人员的密切关系的,应当依照《刑法》第388条之一的规定,以利用影响力受贿罪论处。

(二)规则适用

国家工作人员利用其他国家工作人员职务行为,收受贿赂的,是斡旋受贿、构成受贿罪,还是利用影响力受贿罪,司法实务界有不同观点。第一种观点认为,对于此种既有国家工作人员身份,又有密切关系身份的人如亲属、情人等实施的"斡旋受贿"行为,究竟认定为受贿罪还是利用影响力受贿罪,应根据其影响其他国家工作人员的职务行为是其公职人员身份还是亲属、情人等身份。第二种观点认为,《刑法》第388条之一的犯罪主体应限定为非国家工作人员,作这样的理解可以避免产生上述争议。第三种观点认为,《刑法》第388条将"国家工作人员利用本人职权或者地位形成的便利条件"的影响力受贿作为一般受贿定罪量形,不但混淆了利用影响力受贿与一般受贿的界限,而且也与罪刑相适应原则相悖,弥补

的办法就是将《刑法》第 388 条"国家工作人员利用本人职权或者地位形成的便利条件"的斡旋受贿与《刑法》第 388 条之一的利用影响力受贿罪合二为一,统一于"利用影响力受贿罪",同时对国家工作人员实施的利用影响力受贿行为,可作为加重情节处理。

正确区分《刑法》第 388 条规定的受贿与《刑法》第 388 条之一规定的利用影响力受贿的界限,不能忽视立法演变所体现的立法原意。1979 年《刑法》只规定了国家工作人员利用职务上的便利收受贿赂,应追究刑事责任。1997 年《刑法》修订时,增设了应当追究国家工作人员利用本人职权或者地位形成的便利条件受贿的情形。随着近年来,与国家工作人员有亲属关系、亲密关系的人利用国家工作人员职务行为的影响实施的受贿行为增多,2009 年《刑法修正案(七)》增设了利用影响力受贿的情形。这种立法变化反映立法者严密法网,不断加大受贿犯罪惩治力度的立法初衷。在利用影响力受贿过程中,行为人对国家工作人员(或者离职的国家工作人员)是用亲属、友情、同乡等关系施加影响,并无权力制约关系、职权或者地位形成的便利条件,社会危害性相对较低,故刑法规定适用相对轻缓的刑罚。因此,对具有国家工作人员身份,又具有亲属、情人等身份的行为人利用第三人的职务行为受贿的定性,往往会面临《刑法》第 385 条与第 388 条、第 388 条与第 388 条之一的适用争议。如果我们能够注意到立法的前后变化,准确把握立法意图和司法政策精神,就不难确立上述争议的解决原则。

上述第一种观点不但会带来证明的困难,而且与立法意图和政策精神背道而驰。在现实生活中,除了言词证据,很难获得其他能够界定究竟是以国家工作人员身份还是亲属、情人等身份来影响其他国家工作人员职务行为的证据。如果行为人主观上避重就轻,不愿如实供述,那么几乎所有的此类案件就只能以利用影响力受贿罪论处。立法者当初之所以增设利用影响力受贿罪,就是为了严密法网,加大对受贿犯罪的打击力度;但如果增设罪名的结果却是使本应适用较重处罚的罪名变得只能适用较轻处罚的罪名,其中不合理性不言自明。上述第二种观点固然可以较好地避免定性争议,但忽视了定罪处罚最根本的罪质原理。如果一味强调利用影响力受贿的主体必须具有非国家工作人员身份,显然会使部分人逃避刑罚处罚,与修订刑法的初衷不符。第三种观点不失为解决上述争议的一条途径,但在现行法律框架下,该观点并不可取。

究竟以哪个罪名进行处断,笔者认为,只要国家工作人员同时具备本人的职权或者地位形成的便利条件和其与其他国家工作人员的密切关系,原则上应当依照《刑法》第 388 条的规定,以受贿罪论处;但确有证据证实国家工作人员仅利用了其与被其利用的其他国家工作人员的密切关系的,应当依照《刑法》第 388 条之一的规定,以利用影响力受贿罪论处。

【指导案例】陆某受贿案——国家工作人员通过其情人职务上的行为收取贿赂,为他人谋取不正当利益的行为如何定性[①]

2009年年底至2010年5月期间,被告人陆某利用其担任某市某区新城管委会办公室主任及某市某区发展和改革局副局长这一职权、地位形成的便利条件,通过刘某(与陆某系情人关系)担任某市某区人民政府副区长、中共某区新城工委书记并全面负责某区新城建设的职务上的行为,使不具备投标资格的某区森林地面工程有限公司,通过挂靠有资质的企业参与某区新城4个建设工程的投标并中标,为该公司谋取不正当利益,先后4次收受该公司法定代表人薛某所送的现金合计70万元。

2009年年底至2010年5月期间,陆某又利用自己职权形成的便利条件,通过刘某职务上的行为,使某市建设管理咨询有限公司违规承接了某区新城建设项目编标业务,为该公司谋取不正当利益,先后2次收受该公司董事长陈某所送的现金合计15万元。

2010年春节前,陆某以同样的手段,使不具备投标资格的某市市政工程有限公司,通过挂靠有资质的企业参与某区道路及排水工程的投标并中标,为该公司谋取不正当利益,收受该公司董事长薛某所送的现金1万元。

2011年1月10日,证人陈某在接受调查时交代向陆某行贿的事实,陆某在同月10日、11日分别接受某市人民检察院和某市某区人民检察院调查时均否认有收受他人贿赂的行为,某市某区人民检察院于同月12日将陆某抓获归案。案发后,陆某退出赃款86万元。

行为人既是国家工作人员,又与被其利用的其他国家工作人员之间具有不正当男女关系,其利用本人职权或者地位形成的便利条件的行为应适用《刑法》第388条的规定,而不是第388条之一的规定。被告人陆某除了是刘某的下属,有工作上的联系外,其还与刘某有不正当的男女关系。一方面,其与刘某有工作联系,可以利用本人职权形成的便利条件,通过刘某职务上的行为为请托人谋取不正当利益;另一方面,其与刘某有情人关系,不能排除其可通过"枕边风"影响刘某,进而通过刘某职务上的行为为请托人谋取不正当利益。

【指导案例】王某锐利用影响力受贿案[②]

2010年9月至2011年5月,在洪湖市人民医院整体搬迁规划设计和建筑设计招投标过程中,被告人王某锐身为原洪湖市市委书记幸某甲外甥,利用幸某甲的职权和地位形成的便利条件,通过原洪湖市人民政府副市长胡某和洪湖市卫生局

---

① 参见最高人民法院刑事审判第一、二、三、四、五庭主办:《刑事审判参考》(总第84集),法律出版社2012年版,第754号案例。

② 案号:(2015)鄂洪湖刑初字第00004号。

副局长张某甲职务上的行为,为广东建筑艺术设计院有限公司武汉分公司经理李某甲招投标中标提供帮助。王某锐于2010年9月至2011年5月先后三次索取和收受李某甲贿赂款30万元,王某锐将其中5万元送给胡某的丈夫李某乙,王某锐实际收受25万元。

2011年4月,在荆州品信棉织有限公司老厂区土地变性过程中,王某锐允诺张某丙让其幺舅原洪湖市市委书记幸某甲为该公司土地变性提供帮助。2011年4月,王某锐收受张某丙贿赂款19万元。

2007年至2013年,在洪湖市烈士陵园基础设施建设项目招投标过程中,王某锐与其二舅幸某利用原洪湖市市委书记幸某甲职权和地位形成的便利条件,通过原洪湖市发展和改革局局长黄某职务上的行为,为孙某承揽该工程项目提供帮助。2007年10月,王某锐与幸某共同收受孙某10万元,王某锐分得5万元。2008年11月,王某锐分三次收受和向孙某索要好处费6万元。

另查,王某锐在办案机关调查期间,如实供述调查机关已掌握的利用影响力受贿和尚未掌握的收受王某乙、刘某乙、熊某等人贿赂的事实,且王某锐已退缴全部赃款。

对于被告人王某锐提出收受张某丙10万元,不应定受贿罪而应定利用影响力受贿罪,且在该起犯罪中自己是从犯的辩解,经查,根据在案证据证实,王某锐在担任洪湖市发展和改革局企改科科长时,时任发展和改革局驻汉办主任白某告知王某锐省里有一个技术改造财政贴息项目,要王某锐联系一家好的企业找洪湖市发展和改革局直接向省发改委申报,白某负责在省发改委跑项目,并要王某锐事成后找企业要点费用。王某锐得到消息后很快联系了荆州品信棉织有限公司,与白某共同为张某丙的荆州品信棉织有限公司成功申报2007年技术改造项目贷款贴息资金30万元提供帮助。事后王某锐以送人情为由找张某丙索要20万元,王某锐分得10万元,分给白某8万元。王某锐与白某身为国家机关从事公务的人员,利用自己职务带来的便利条件,为他人谋取利益,索取他人财物,其行为符合受贿罪的犯罪特征,构成受贿罪。且在共同犯罪中,王某锐与白某系分工合作、互相配合,其作用是主要的,不应认定为从犯。因此,起诉认定为受贿罪定性准确。对于王某锐的该项辩解,法院不予采纳。

对于辩护人提出被告人王某锐收受李某甲25万元不应定受贿罪应定利用影响力受贿罪。经查,根据在案证据证实,王某锐是2011年7月至2014年5月任洪湖市行政服务中心副主任,同时分管洪湖市招投标监督管理局业务和办公室工作。而王某锐接受李某甲的请托的时间是2010年9月,王某锐接受李某甲的请托后,是通过洪湖市卫生局副局长张某甲和原洪湖市政府副市长胡某的职务上的行为为李某甲顺利中标提供帮助,且张某甲、胡某亦是因为王某锐是原洪湖市市委书记幸某甲的外甥才给予帮助的。因此,王某锐在该起犯罪中没有利用自己职务上的便利,而是利用自己是原洪湖市市委书记幸某甲关系密切的人,利用幸某甲职权和地位形成的便利条件,通过其他国家工作人员职务上的行为,为请托人谋取不正当利益,收受请托人财物,其行为符合利用影响力受贿罪的犯罪特征,应定利用影响力受贿罪。起诉时对该起犯罪定性为受贿罪不准确,应改为利用影响力受贿罪。故辩护人的该项辩护意见,法院予以采纳。

对于辩护人提出被告人王某锐收受张某丙19万元,不构成利用影响力受贿罪的辩护意见,经查,根据在案证据证实,王某锐接受张某丙请托,承诺让其幺舅原洪湖市市委书记幸某甲为张某丙的荆州品信棉织有限公司老厂区土地变性提供帮助,并通过王某锐联系,张某丙也因此事与幸某甲见过面并得到幸某甲满意的答复,最终该公司老厂区的土地经幸某甲同意由工业用地变为商业用地,且该公司的土地变性不是经过正常的程序申请。因此,虽然没有直接证据证实王某锐就此事请求过幸某甲给予张某丙帮助,但从客观事实可以判断幸某甲为张某丙提供了帮助。根据最高人民法院《全国法院审理经济犯罪案件工作座谈会纪要》的规定,为他人谋取利益,包括承诺、实施和实现三个阶段的行为,只要具有其中一个阶段的行为,就具备了为他人谋取不正当利益的要件。王某锐明知他人的具体请托事项,承诺让幸某甲为他人谋取不正当利益,收受他人财物,具备了通过幸某甲职务上的行为为他人谋取不正当利益的要件,构成利用影响力受贿罪。因此,对辩护人的该项意见法院不予采纳。

对于辩护人提出被告人王某锐收受孙某1万元不构成利用影响力受贿罪的辩护意见。经查,根据在案证据证实,王某锐接受孙某的请托后,要求孙某请其二舅幸某出面,并将幸某介绍给原洪湖市政府分管水利工作的副市长刘某甲认识,通过刘某甲给原洪湖市发展和改革局局长黄某"打招呼",王某锐又要求幸某送5万元给黄某,与幸某一起到黄某家楼下,由幸某将5万元送给黄某。黄某亦是因为幸某系原洪湖市市委书记幸某甲哥哥的关系,利用自己的职务便利为孙某承揽洪湖烈士陵园基础设施建设项目顺利中标提供帮助。王某锐在该起犯罪中与幸某作为原洪湖市市委书记幸某甲的近亲属和关系密切的人,共同利用幸某甲职权和地位形成的便利条件,通过其他国家工作人员职务上的行为,为请托人在招投标中谋取竞争优势,属于为他人谋取不正当利益,索取和收受请托人财物的行为,符合利用影响力受贿罪的犯罪特征,构成利用影响力受贿罪。对辩护人的该项意见,法院不予采纳。

【指导案例】刘某龙受贿、利用影响力受贿案[①]

被告人刘某龙原系中共辽宁省大连市纪律检查委员会(以下简称"大连市纪委")工作人员,2012年9月起任办公厅秘书处处长。2010年2月至2012年11月

[①] 案号:(2014)大刑二终字第197号。

间借调中共中央纪律检查委员会(以下简称"中纪委")惩治和预防腐败体系建设工作领导小组办公室,任处长、副处长。2012年12月调入国家安全生产监督管理总局中国安全生产报社(中国煤矿报社)工作,未安排领导职务,该报社系事业单位。

  2012年11月,刘某龙接受其朋友石某(另案处理)请托,为石某朋友郭某在大连市公安系统工作正接受大连市公安局内部调查的朋友王某甲帮忙打听处理结果。刘某龙以大连市纪委干部现借调到中纪委的身份,向大连市公安局纪委相关人员打听情况,提前得到尚未对外宣布的处理结果并告知石某,事后收受石某朋友郭某给予的5万元。

  2013年春节前,石某的朋友周某锋的儿子周某丞因与交警发生冲突,被刑事拘留,石某受周某锋请托找刘某龙帮忙,希望在春节前能把人放出来。刘某龙找到大连市纪委相关人员帮忙,该人又联系办案单位负责人协调此事。2013年2月7日,周某丞被取保候审。刘某龙通过石某向周某索要5万元。

  2013年9月,刘某龙将上述款项退还石某,其中5万元被检察机关扣押。

  上诉人刘某龙身为国家工作人员,利用本人职权或地位形成的便利条件,通过其他国家工作人员职务上的行为,为请托人谋取不正当利益,收受请托人财物5万元,其行为已构成受贿罪。刘某龙利用与其关系密切的国家工作人员职权或者地位形成的便利条件,通过其他国家工作人员职务上的行为,为请托人谋取不正当利益,索取请托人5万元,数额巨大,其行为已构成利用影响力受贿罪。关于刘某龙及其辩护人提出的上诉理由和辩护意见,经查,刘某龙时任大连市纪律检查委员会办公厅秘书处处长,其利用职务便利,向大连市公安局纪委副书记联系打听未公开案情并"打招呼"的事实,有相关证人证言予以证实,足以认定其为请托人谋取不正当利益,事后收受他人贿赂,构成受贿罪;刘某龙借调至中国安全生产报社后,联系前单位领导帮忙协调处理案件,其实质上是利用其他国家工作人员职权或者地位形成的便利条件,为请托人谋取不正当利益,事后索取贿赂,构成利用影响力受贿罪;现尚无证据证实本案犯罪事实系在未被掌握的情况下由刘某龙主动交代,故无法认定其系自首。上诉人的上诉理由和辩护人的辩护意见,无事实和法律依据,法院不予支持。

第十二章　单位受贿罪

一、单位受贿与单位乱收费的区别

(一) 裁判规则

区分单位受贿和单位乱收费，关键在于是否存在权钱交易。单纯的单位乱收费行为，没有利用职权谋利意思的，属于违法违纪行为，不构成犯罪；单位以收费为名行权钱交易之实，非法收受他人财物，为他人谋取利益的，构成单位受贿罪。

(二) 规则适用

单位受贿罪的成立条件比受贿罪的成立条件严格一些，索取贿赂型的受贿罪只要求索取财物即构成受贿罪，而不以"为他人谋取利益"为要件，而单位受贿罪无论是索贿型还是被动收贿型都要求"为他人谋取利益"。索取财物有两个特征：一是主动性，二是交易性。所谓主动性，就是指国有单位要求来本单位办理事务的人员或者单位，向本单位缴纳一定数额的法定收费标准以外的其他费用，或者要求办理事务者给予本单位全体工作人员一定的"手续费"等。主动性，通常表现为积极地提出财物要求，但是也可能是国有单位直接责任人员予以暗示、提醒，而并非一律带有勒索性。交易性，是指索取财物与该国有单位正在处理的事务有关，也正是基于某些个人或者单位有求于该国有单位，该国有单位才借机要求对方单位或者个人给予本单位财物或者其他财产性利益。

时下，国有单位乱收费的现象层出不穷，对此能否定性为单位受贿罪有不同意见。一种意见认为，没有法律上的收费理由，而向有关当事人收取一定费用并基于此给该当事人以某种法律之外的优惠，可以构成单位受贿罪。另一种观点认为，由于我国的特殊国情和基于刑事政策的考虑，司法机关对超出规定乱收费的案件大多不予处理，多数由行政部门查处，该行为具有一般违法的属性，不构成犯罪。笔者认为，上述两种观点带有绝对化的色彩，均有可斟酌之处。不是所有超出法律规定的乱收费行为均属于刑法意义上的单位受贿，是否构成犯罪要看行为所侵害的法益是否严重到需要追究刑事责任的程度。也不是所有的乱收费行为均属一般犯罪行为，违法和犯罪的界限需要理性把握，但不意味着止步于违法而不追究刑事责任。对于单位乱收费并带有明显权钱交易性质的行为,非法收受他人财物并为他人谋取利益的,可以单位受贿罪追究刑事责任。

【指导案例】梅河口市公安局交通管理大队等单位受贿案①

2007年10月梅河口市公安局交警大队搬迁新址后,马某找到交警大队大队长李某,想在交警大队院里干车辆拓印、照相等业务,李某表示同意,但提出让服务部给出"送礼"的费用。2007年10月8日,马某租用交警大队办公楼一楼楼梯下方6平方米开始经营活动。2008年4月22日,马某注册了个体工商户梅河口市顺通车辆服务部,经营场所变更为梅河口市张家交警队院内。2013年4月,该服务部终止营业。

2007年年末至2010年9月期间,时任交警大队大队长的李某通过本单位车辆科科长王某转告,或者直接打电话对马某说队里用钱,马某分10余次送交李某现金共计51万元,李某用于处理工作关系等单位支出。

2007年至2010年期间,马某在过年、节时支出4万余元给交警大队车辆科用于福利,并经王某暗示,分4次送交王某现金共计4万元,王某用于处理工作关系等单位支出。2008年7月至2009年7月期间,马某邀请交警大队车辆科人员去辽宁鲅鱼圈、海龙水库、三角龙湾旅游,支出费用3万余元。

2012年8月,时任交警大队大队长的赵某安排其女友亲属王某甲(另案处理)到梅河口市顺通车辆服务部收款。2013年3月,赵某让王某甲转告马某把钱拢一下去他那里,马某带10万元到赵某办公室交给赵某,赵某返给马某3万元,余款自己留下,后又返给马某顺通车辆服务部设备款2万元。

被告单位交警大队诉讼代表人及辩护人认为,交警大队不构成单位受贿罪。理由如下:本案表面上是交警大队收取马某服务部部分收入,但交警大队是按双方约定取得的这些收入,双方是合作关系。服务部的设立,是为交警大队谋取利益,不是为马某谋取利益。拓印业务是车辆科车辆检验一项必须具备的业务,但由于这项业务不符合国家行政事业单位收费项目,交警大队收取属违规收费,交警大队每年走访等活动经费不能正常报销,用这种方式可以应付上级检查,又可以解决经费问题,于是双方约定,一些费用由服务部出,双方是互惠互利合作关系,收的不是马某的钱,而是交警大队依照约定应得的钱,不是他人财产。服务部实际不是马某个人的,基于双方的约定,而是一种附条件的合同关系。交警大队当时派两名协警在服务部工作,工资由交警大队支付,服务部设在车辆科,外来办事人员都认为这个窗口是车辆科的窗口,最开始由交警大队收费员刘某香负责收费,赵某主持工作后,安排王某甲收取费用,并控制服务部收入。服务部日常工作

---

① 案号:(2016)吉0581刑初496号。

受车辆科管理和监督。马某最开始以职务侵占罪被立案侦查,足以证明顺通服务部是交警大队的,不是马某个人的。李某证实,服务部是交警大队的小金库,服务部的办公桌椅设备是交警大队提供的。另外,福利4万元和旅游3万元数额不准确。故交警大队收取马某的费用,是根据约定的一种利益分成行为,不构成犯罪,是违规违纪行为。

针对被告单位交警大队辩护人及被告人李某辩护人提出被告单位及李某不构成单位受贿罪的辩护意见,经查,被告人李某、马某的供述及其他在案证据足以证明梅河口市顺通车辆服务部虽经交警大队相关领导同意,在交警大队收取拓印、照相等费用,但该服务部性质系马某个体经营,其收取的费用应归马某个人所有,马为获取更多利益,交给李某、王某的钱款及给车辆科工作人员搞福利、旅游,是对交警大队及其部门的行贿行为,交警大队及李某均构成单位受贿罪。两位辩护人提出马某与交警大队是合作关系,对交警大队及李某不构成犯罪的辩护意见不予采纳。

被告单位交警大队及其直接负责的主管人员李某,非法收受他人财物,为他人谋取利益,情节严重,其行为触犯了《刑法》第387条,构成单位受贿罪;被告人马某为谋取不正当利益,给予国家机关及其部门财物,其行为触犯了《刑法》第391条,构成对单位行贿罪,应依法予以惩处。

【指导案例】武安市保安服务公司、郭某栓单位受贿案①

2001年6月15日,河北省武安市公安局按照中华人民共和国公安部〔88〕公某14号文件的规定,经河北省公安厅冀公治〔2001〕177号文件批准设立武安市保安服务公司,注册资本50万元,由武安市财政局拨付,登记性质为全民所有制企业,受武安市公安局领导。2004年6月9日,被告人郭某栓任武安市保安服务公司法定代表人。武安市公安局武公〔2011〕字第67号文件规定,保安服务公司要以经济发达的乡镇派出所为单位设立保安大队,建制根据厂矿企业的分布情况设立中队或分队,在派出所和保安服务公司的共同领导下工作,搞好执勤、巡逻和其他保卫任务,维护好辖区的治安秩序。武安市公安局武某〔2004〕39号文件规定,在二科和各派出所分别设立保安大队,保安大队受二科或驻地派出所和保安公司的双重领导,负责向辖区有关单位派驻保安人员,安排保安工作,管理保安队伍。各保安大队可根据派驻保安人员的规模和人员分布情况设立中队或分队,并与用人单位签订合同,收取保安服务费,制定值勤方案,组织学习训练,进行工作检查、考核、考勤、发放工资、奖金和后勤保障等。2004年6月8日,武安市公安局任命郭某栓为保安服务公司总经理。被告人史某相于2007年9月至2011年5月任武安市公安局淑村派出所所长,在此期间史某相共向用人企业收取保安服务费

---

① 案号:(2018)冀04刑终153号。

112.14 万元,以淑村派出所名义报销电费、汽油费、购买电脑费用、维修费、特勤奖等共计 20.5391 万元。

被告人邹某勇 2010 年 1 月至今任武安市淑村派出所负责人,邹某勇在职期间未见其向武安市保安服务公司上缴服务费,以淑村派出所名义报销电费及值班补助 10.2075 万元。

2004 年 6 月 8 日,武安市公安局任命郭某栓为保安服务公司总经理,2008 年 4 月至 2014 年 6 月,郭某栓在任期间经相关领导批准为淑村派出所报销电费 12.8776 万元、汽油费 7.6541 万元、购买电脑费用 1.1850 万元、维修费 3.678 万元、特勤奖 5000 元,报销值班补助 4.9518 万元,上述合计 30.8466 万元。

原审被告单位武安市公安局淑村派出所作为国家机关武安市公安局的内设机构,非法收受其他单位财物,为该单位谋取利益,情节严重,其行为已构成单位受贿罪;原审被告人史某相、邹某勇作为武安市公安局淑村派出所直接负责的主管人员,其行为亦构成单位受贿罪。上诉人(原审被告单位)武安市保安服务公司为谋取不正当利益,给予国家机关财物,其行为已构成对单位行贿罪;上诉人(原审被告人)郭某栓作为武安市保安服务公司直接负责的主管人员,其行为亦构成对单位行贿罪。

二、单位决策过程未形成会议记录,不影响单位意志的认定

(一)裁判规则

单位整体意志的认定应符合下列条件:一是在决策主体方面,单位犯罪的决策主体应是本单位的决策机构、法定代表人、主管人员或其授权的代理人;二是在决策方式方面,需要经过单位决策机构讨论形成决议,或单位负责人依职权作出决定;三是在决策程序方面,应符合会议研究或依职权决定所应具备的程序,如研究事项的提交、研究讨论、作出决策等程序。符合以上条件的,可以依法认定为单位整体意志。单位犯罪决策过程未形成会议记录的,不影响单位意志的认定。

(二)规则适用

单位意志的形成和确定的程序不能千篇一律,要考虑单位实际的运行机制、规模大小、单位目标、议事程序、监督程序、文化氛围等特征。单位意志的判断需要结合单位既定或法定的决策程序以及决议事项的不同分别考量,不可机械理解单位犯罪的构成要件和特征。比如一些夫妻公司、个人控股公司的公司负责人一人以公司名义实施的行为完全可以代表公司的意志,但村委会、财团法人、机关、上市公司等单位的决策结构、决策程序都会因为决策事项的不同,法律或单位内部规章有明确的规定而有所不同。在规模层面上,大型企业与中小型企业的决策议事程序一定会有所不同,中小型企业尤其是小型企业负责人"一言堂"的现象实属正常,但大型企业、公众公司、上市公司必然有既定的议事程序,通常出现在

公司章程中，负责人违反相关规则作出的决定是否能够代表单位意志即使运用表见代理等规定尚有待商榷，在认定单位犯罪意志时更需倍加谨慎。在议事程序上，如果相关公司明文规定，所有决议必须经过合规部门和风控部门审核批准后方可实施，当未经上述程序时，即由公司领导交付实施，不宜认定为单位意志。但经过一定决策程序形成单位意志，只是未形成会议记录的，对单位意志的认定不产生影响。

【指导案例】安徽省淮南市谢家集区教育局、王某先、袁某苏、鲁某云单位受贿案①

2006年至2011年期间，安徽省淮南市谢家集区教育局利用职权帮助淮南市新华书店在区属各学校征订教辅资料，收受淮南市新华书店以宣传推广费名义给付的教辅资料发行回扣款52.3924万元。时任谢家集区教育局局长的王某先经教育局局务会研究，将所收受的回扣款不直接转入区教育局账户，而是作为区教育局的小金库，用于给全局职工分发节日福利、慰问和看望丧病职工、组织局职工、学校校长外出活动或游玩等。每次收受回扣款，王某先安排袁某苏等人向新华书店提供维修费、印刷费、餐饮费、办公用品等发票，并提供转账账号。转账到指定账户后，王某先安排袁某苏等人提现交给担任局会计的被告人鲁某云，由鲁某云负责保管和发放。王某先就回扣款的来源、性质和使用在区教育局局务会上作过通报和说明，但未做会议记录。2006年至2013年中秋节，王某先在担任淮南市谢家集区教育局局长期间，利用职务上的便利，先后多次非法收受他人价值80.92万元的财物，并为他人谋取利益。2007年至2013年，袁某苏在担任淮南市谢家集区教育局副局长期间，利用分管学校基建等职务便利，先后多次非法收受他人31.13万元财物，并为他人谋取利益。

单位犯罪决策过程未形成会议记录，不影响单位意志的认定。

本罪是单位犯罪，体现的是国有单位受贿犯罪的整体意志，在主观方面表现为直接故意，反映的是单位的整体罪过，且违法所得由单位支配。单位整体意志的认定应符合下列条件：一是在决策主体方面，单位犯罪的决策主体应是本单位的决策机构、法定代表人、主管人员或其授权的代理人；二是在决策方式方面，需要经过单位决策机构讨论形成决议，或单位负责人依职权作出决定；三是在决策程序方面，应符合会议研究或依职权决定所应具备的程序，如研究事项的提交、研究讨论、作出决策等程序。符合以上条件的，可以依法认定单位整体意志。

本案中，时任淮南市谢家集区教育局局长的被告人王某先组织召开教育局局

---

① 参见李兆杰、牛艳：《单位犯罪决策未形成会议记录仍可认定为单位意志》，载《人民司法（案例）》2016年第17期。

务会研究,决定将收受的回扣款不直接转入区教育账户,而是作为区教育局里的小金库,并就回扣款的来源、性质和使用,在局务会上向局领导班子成员作了通报和说明。其收受回扣款作为小金库使用的行为,经过淮南市谢家集区教育局局务会这一决策机构研究后,具备了研究事项的提交、讨论、决策等程序,可以认定是该单位的整体意志。研究讨论内容未形成会议记录,主要是考虑将回扣这一不合法收入发放给员工是违规的,未做会议记录不影响单位整体意志的认定,相反恰恰证明了单位对行为违法性的明知。

三、单位受贿罪与受贿罪的区分

(一) 裁判规则

单位受贿罪与受贿罪的区别主要有二:其一为是否以单位名义实施;其二为所得非法利益是否归单位所有或支配。同时满足以单位名义和非法利益归单位所有或支配两个条件的,是单位受贿,否则系个人受贿。

(二) 规则适用

单位受贿罪与受贿罪在构成要件要素或行为方式的性质和含义方面相同。一是"收受他人财物"中的"他人",均包括自然人和单位,因为国有单位或国家工作人员以出卖公共权力为对价而收受单位的财物同样侵害刑法所保护的法益。二是"财物"包括财产性利益,即可以用金钱计算数额的利益,因为以财产性利益收买国有单位或者国家工作人员,与以金钱或者其他财物收买本质上相同。三是"为他人谋取利益"属于客观要件,只要"承诺"为他人谋取利益,都应被认为具备了为他人谋取利益的要件。四是事后受财都是成立犯罪的一种方式。

单位受贿罪与受贿罪在犯罪主体、犯罪意志等方面又有所不同。一是单位受贿罪的主体是国有单位,包括国家机关、国有公司、企业、事业单位、人民团体,受贿罪的主体则是个人即国家工作人员。二是单位受贿罪体现的是国有单位的犯罪意志,这种犯罪意志具有整体性,即必须反映单位整体的罪过,而受贿罪体现的是国家工作人员的个人意志。三是在意志的体现上,国有单位的受贿犯罪意志表现为国有单位索取、非法收受他人财物,是经过国有单位集体研究决定的或者由单位负责人员决定的。单位故意犯罪的集体意志在很大程度上是通过决策主体体现出来的,要判断犯罪行为是不是体现了单位的集体意志,首先考查的是犯罪行为是否经单位集体研究决定或者由有关负责人员决定。对于盗用国有单位名义实施的受贿犯罪,违法所得全部或者主要由实施犯罪的个人私分的,即使是由国有单位有关负责人员决定的,也应当依照自然人犯罪即受贿罪定罪处罚。有的受贿行为虽然不是盗用国有单位名义实施,而是事先经单位集体研究决定,但国有单位在受贿后财物又由个人占有了,也应当以个人的受贿罪定罪处罚。

【指导案例】赵某等人单位受贿案①

某县教育局教育研究室负责全县中小学教学辅导材料、试卷的发行工作,2009年至2011年共购进价值140万元的教学辅导材料和试卷。该县新华书店、书商王某、崔某按照与教育研究室主任被告人赵某的约定,先后给赵某"手续费"13.9万元。赵某将此款交予内勤被告人严某保管。赵某根据任务完成情况,以"误餐费""交通补助费"的名义,每学期给予教育研究室每人不等的金额,三年共发放12.8万元,其中赵某分得现金1.3万元,严某分得1.2万元,余下1.1万元用于科室杂项开支。

单位受贿罪与受贿罪的区别主要有二:是否以单位名义实施、所得非法利益是否归单位所有或支配。教育研究室作为教育局内设机构,是一个相对独立且具有很大行政权力的主体,符合单位受贿主体的范畴。赵某与书店、书商协商并收受"手续费",所得13.9万元全额交给内勤,其行为是在单位意志支配下,以单位名义实施的,所得的非法利益归教育研究室集体所有,钱款的去向为本单位的具体开支,并非是假借单位名义索取、收受他人财物,并将财物个人占为己有的行为。

据此,该教育研究室为他人谋取利益,非法收受他人财物,数额达13.9万元(立案标准为10万元),符合单位受贿罪的构成要件,应对直接责任人员被告人赵某、严某追究刑事责任。

【指导案例】王某受贿案②

某市一税务所系国有事业单位(内设机构,不具备法人资格),张某任所长,李某任副所长,被告人王某任该所普通工作人员,所里还有赵某、钱某两名职工。2008年,王某伙同张某和李某(李某、张某均另案处理)利用负责税务征收和管理等职务之便,经预谋后,以单位需要费用的名义向辖区内某公司负责人黄某索要16万元(不开票,不入账)。过了一段时间,张某提出单位钱不紧张,不需要费用,把钱分掉,王某和李某表示同意。后王某、张某、李某各分得4万元,赵某、钱某各分得2万元。

单位受贿罪能否成立,关键在于本案是否符合单位受贿犯罪的特征。单位受贿罪,是指国家机关、国有公司、企业、事业单位、人民团体,索取、非法收受他人财物,为他人谋取利益,情节严重的行为。本罪主观方面只能出于故意,并且是为了单位的利益,如果收受财物归国家工作人员个人所有,则成立前述受贿罪。本案

---

① 参见贾长青:《教研室私分教辅手续费如何定性》,载《检察日报》2014年2月9日第3版。
② 参见孙祥俊:《以单位名义索要钱款行为的定性与处罚》,载《人民法院报》2011年11月17日第7版。

中,被告人王某等人索要的 16 万元虽然是以单位名义索要的,但却被税务所的工作人员私吞,单位分文未得,故本案也不符合单位受贿罪的构成要件。

被告人王某的行为构成受贿罪,不属共同犯罪。首先,《刑法》第 387 条第 2 款规定,前款所列单位,在经济往来中,在账外暗中收受各种名义的回扣、手续费的,以受贿论。本案中情形属于该款规定的情形。其次,根据最高人民法院《关于审理单位犯罪案件具体应用法律有关问题的解释》第 3 条的规定:"盗用单位名义实施犯罪,违法所得由实施犯罪的个人私分的,依照刑法有关自然人犯罪的规定定罪处罚。"据此,本案不应认定为单位受贿,而是个人受贿。最后,实践中,共同受贿必须有共同故意、共同行为、共同占有三个要件,一般来讲,只有夫妻关系、情人关系才定为共同占有。本案中,税务所中的赵某、钱某对于 16 万元不知情,王某、张某和李某预谋时也只是讲为单位要些费用,后来才产生分钱的故意,王某没有共同占有 16 万元总额的犯罪故意,本案不符合共同受贿的构成要件,不能按照总额来定罪处罚,故王某的行为应按其个人实得 4 万元来定罪处罚。

四、如何认定单位领导个人决定的行贿行为

(一)裁判规则

单位意志与个人意志的区分和为单位谋取利益,是判断构成单位行贿罪还是个人行贿罪的关键所在。具体而言,应当通过决策的作出、资金的来源和不正当利益是否归于单位三个方面的审查作出认定。

(二)规则适用

确定是否属于单位行为、构成单位犯罪,应从两方面来把握:一是以单位名义实施犯罪,即由单位集体研究决定,或者由单位的负责人或者被授权的其他人员决定、同意;二是为单位谋取利益或者违法所得大部分归单位所有。收受回扣款虽经单位领导集体研究决定,但主观方面不是为了单位利益,而是名为单位、实为单位领导个人谋取私利,故不应认定为单位受贿,应对单位具体参与的人员以个人受贿罪定罪处罚。

【指导案例】左某等受贿、贪污、挪用公款案——单位领导研究决定收受回扣款并为少数领导私分行为的定性[①]

1995 年 10 月,公司领导决定由左某在负责购进生猪业务中收取回扣款。1995 年 10 月至 1996 年 6 月间,左某在购进生猪业务过程中,收取廖某、刘某、欧某昌、林某芬等生猪供应商的回扣款 22 万余元,邓某超得知此情况后,便向左某提出索要回扣款或者左某有时亦主动将回扣款付给邓某超,左某共分给邓某超 4.6 万

---

① 参见最高人民法院刑事审判第一庭、第二庭编:《刑事审判参考》(总第 27 辑),法律出版社 2002 年版,第 195 号案例。

元回扣款,自己占有8.16万元。之后公司领导班子共同策划将左某收取的回扣款不入账并进行私分,由左某从保管的回扣款中发给左某、邓某超、陈某祥、黎某辉等8名中层以上公司领导,每人得8000元。因此,左某共分得回扣款8.96万元、邓某超分得5.4万元、陈某祥分得8000元。左某归案后如实供述了司法机关尚未掌握的上述事实。

1998年12月至2000年9月间,左某、邓某超、陈某祥与公司总经理黎某辉共同策划,决定将保险公司赔付或返还给公司的生猪综合保险费及公司收到的代扣税手续费不入账,用于私分和账外开支,并决定由陈某祥负责执行。陈某祥将收取到的上述两项款,采取不入账的方法,依公司领导的决定,将其中的10.4875万元分给有关人员,其中左某分得1.505万元、邓某超分得1.505万元、陈某祥分得1.3675万元。

2000年1月,公司收到其下属贸易行上调的饲料回扣款4万元不入账,被告人左某、邓某超、陈某祥与公司总经理黎某辉等人共同策划,于同年9月将其中的2.1万元分给左某、陈某祥、邓某超等7人,各得3000元。

1998年1月至1999年12月间,陈某祥、彭某杰经密谋后,收到保险公司赔付给公司的生猪综合保险金17.6637万元后,采取多收少报的方法,两人共同将其中的2.4万元占为己有,各得1.2万元。

1997年9月至1999年11月间,彭某杰先后5次在保险公司领取到食品协保员手续费1.3647万元,经与陈某祥密谋,决定将有关款项不入账,除支付300元会议费外,将其余的1.3347万元共同占有,其中陈某祥得款5728.5元,彭某杰得款7619.2元。

2000年11月13日,彭某杰挪用公款3万元存进其在广东发展银行罗定办事处账户,用于炒买股票;2001年1月4日,彭某杰挪用公款5万元存进上述账户,用于炒买股票。彭某杰归案后,如实供述了司法机关尚未掌握的上述事实。

此外,广东省罗定市食品企业集团公司系全民所有制企业;左某、邓某超、彭某杰均系全民所有制企业职工,陈某祥系国家干部;4被告人积极退出赃款。

左某、邓某超等被告人经单位领导研究决定收受、私分回扣款的行为,属名为单位、实为单位领导个人谋取私利,应以个人共同受贿定罪处罚。

作为本案争议的焦点,收受回扣究竟是单位行为还是个人行为,对于本案的定性、量刑均有着至关重要的意义,是本案审理过程中首先应予解决的一个前提性问题。如认定收受回扣属于单位行为,左某、邓某超等被告人收受回扣,继而私分,不仅要承担单位受贿的刑事责任,同时还将构成贪污罪。在本案,由左某在购进生猪业务中收取回扣款,系经单位领导研究决定的,并无争议。但左某在根据公司决定收取回扣款后,未如实向单位汇报,而是自己占有8.16万元,私自分给邓某超 4.6 万元,剩下的回扣款也是由公司的 8 名中层以上领导人员以每人 8000 元瓜分了事,因此,该贿赂款并未归单位所有。综上分析,本案收受回扣款虽经单位领导集体研究决定,但主观方面不是为了单位利益,而是名为单位、实为单位领导个人谋取私利,故不应认定为单位受贿,应对单位具体参与的人员以个人受贿罪定罪处罚。

第十三章 行贿罪

一、对行贿罪中"谋取不正当利益"的理解

(一) 裁判规则

"为谋取不正当利益"是行贿罪的法定构成要素,是指行贿人谋取的利益违反法律、法规、规章、政策规定,或者要求国家工作人员违反法律、法规、规章、政策、行业规范的规定,为自己提供帮助或者方便条件。行贿人谋取不正当利益的主观目的一般不取决于受贿人的行为性质,且行贿人谋取不正当利益与给予国家工作人员财物应具有对应关系。

(二) 规则适用

根据2012年最高人民法院和最高人民检察院联合发布的《关于办理行贿刑事案件具体应用法律若干问题的解释》第12条第1款的规定:"行贿犯罪中的'谋取不正当利益',是指行贿人谋取的利益违反法律、法规、规章、政策规定,或者要求国家工作人员违反法律、法规、规章、政策、行业规范的规定,为自己提供帮助或者方便条件。"在认定是否构成"谋取不正当利益"时,应注意以下问题。

第一,利益归属不影响行贿人谋取不正当利益的认定。《关于办理行贿刑事案件具体应用法律若干问题的解释》第12条第1款规定:"行贿犯罪中的'谋取不正当利益',是指行贿人谋取的利益违反法律、法规、规章、政策规定,或者要求国家工作人员违反法律、法规、规章、政策、行业规范的规定,为自己提供帮助或者方便条件。"从文义解释的内容上看,似乎只有行贿人在要求国家工作人员"为自己"谋取不正当利益的情况下才构成行贿。当然,一般情况下,行贿人行贿是为自己谋取不正当利益,但实践中也有为他人的不正当利益而行贿的。

第二,行贿人谋取不正当利益的主观目的一般不取决于受贿人的行为性质。理论上有观点认为:"'为谋取不正当利益'并非一个纯主观的想法,还要求行为人所谋取的利益在客观上具有不正当性。换言之,虽然'为他人谋取利益'是一个主观要素,但利益是否正当,则需要进行客观的判断。如果客观上属于正当利益(即按照法律、法规、政策等判断属于正当利益),而行为人误以为是不正当利益的,不

能认定为行贿罪。"有观点举例认为,在招投标中投标单位符合投标条件的,尽管其向招标单位负责人、评标小组成员等送去了财物,但如果相关人员并没有泄露投标秘密,或者没有暗中提供帮助,或者没有实施倾向性的投票行为,则不属于谋取不正当利益。这种观点并非全面。①

对于实践中存在认识错误的情况,是否影响行贿罪的成立,应作具体分析:一是行为人以为谋取的是非法利益,出于谋取不正当利益的故意,向国家工作人员或者有关单位给付数额较大的钱财,但根据相关法律、法规、规章和国家政策的规定,行为人所谋取的利益是正当的,实际上该利益属于行为人应得的合法利益,此种情况下行为人由于主观认识错误,事实上不存在行为人谋取的不正当利益。二是行为人主观上出于谋取正当利益的目的而行送财物,事实上国家工作人员却违背职务要求为行为人谋取利益。实务中,行贿人谋取的利益不具有违法性,也没有向请托人要求提供违法的帮助,但受贿人在为行贿人谋利益的过程中提供了违法的帮助,对此能否认定行贿人具有谋取不正当利益的主观目的?有观点认为,受贿人是否实际利用职务便利提供违法性帮助,对于认定行贿犯罪"谋取不正当利益"并不具有决定作用,如果行贿人谋取的利益并没有违反国家规定,受贿人在接受行贿人财物后提供了违法(违规)的帮助,但行贿人没有提出要求的,不能认定为"谋取不正当利益"。笔者认为,一般情况下,请托人给予了贿赂,受贿人事实上又提供了违法的帮助或方便条件,就应推定行贿人主观上具有"谋取不正当利益"的目的,该利益事实上应被依法评价为不正当利益,则请托人应构成行贿罪。只有在请托人提出相反证据的情况下,如明确向国家工作人员提出不要提供法律政策不允许的帮助,请托人也确实不知道国家工作人员是通过违法的帮助而获取利益的,才能认定行为人主观上缺乏"谋取不正当利益"的目的。三是行为人要求国家工作人员提供违法的帮助为其谋取利益而行送财物,国家工作人员收受财物后并没有实施违法帮助的职务行为,只要行贿人提出"谋取不正当利益"的要求,就表明行为人有"谋取不正当利益"的主观目的,至于受贿人事实上有无为其提供违法的帮助或者便利条件,不影响行贿罪的司法认定。

第三,行贿人谋取不正当利益与给予国家工作人员财物应具有对应关系。实务中,一些行为人在逢年过节以"感情投资"的方式给予国家工作人员财物,给予财物时并没有直接提出谋取利益的要求,案发时国家工作人员也没有为行为人谋取不正当利益的事实,对行为人该行为能否认为为了"谋取不正当利益"进而认定为行贿罪?笔者认为,行为人平时逢年过节送钱送物,大都出于谋取利益的长期投资,推定行为人送礼是为了谋取利益具有合理性,但不能推定出该种谋取利益就是为了谋取不正当利益。就行贿罪的司法认定而言,行送财物应与谋取不正当利益有对应关系,对于没有明确谋取不正当利益要求的"感情投资"式的给予财物

---

① 参见孙国祥:《贪污贿赂犯罪研究》(下册),中国人民大学出版社2018年版,第968—972页。

行为,不能简单推定为"谋取不正当利益"。

【指导案例】王某某行贿案①

被告人王某某为谋取不正当利益,自2008年中秋节至2013年6月,数次向时任宁陵县县长、县委书记的李某某送款610万元。2014年1月20日,王某某到方城县人民检察院投案。

另查明,王某某逢年过节送给李某某现金50万元,系春节看望,没有具体的请托事项。王某某于2010年12月份,为麻袋厂一事送给李某某现金100万元,系催办已经购买的麻袋厂土地问题。

被告人王某某为谋取不正当利益,送给时任县委书记的李某某现金460万元,其行为已构成行贿罪,且情节特别严重。关于王某某上诉及其辩护人辩称其属于单位犯罪、430万元不构成行贿罪的意见与查明的事实、证据不符,法院不予支持。关于出庭检察员认为王某某逢年过节所送现金50万元以及为麻袋厂一事所送现金100万元、不能认定为谋取不正当利益、不构成行贿罪的理由与法院查明的事实一致,理由成立,予以支持;故王某某实际行贿数额应认定为460万元。故该项上诉理由及辩护意见合理合法,予以支持。

二、行政审批和经济往来中的"加速费"是否属于"不正当利益"

(一)裁判规则

行政审批和经济往来中的"加速费"可认定为"不正当利益",行为人为了加快获取某种确定的合法利益而给予国家工作人员财物的,可以构成行贿罪。

(二)规则适用

"加速费"作为法律上的概念,最初源于美国《反海外贿赂法》的"facilitating or expediting payment"词语,英国贿赂罪立法中将其称之为"facilitation payment",这两个表述都含有"通融、便利支付"之意。在我国贿赂犯罪的语境中,"加速费"并非局限于商业领域,而是泛指行为人为了加快获取、享有某种确定的合法利益而给予国家工作人员财物。现实的社会生活中,支付"加速费"的现象并不鲜见,例如在行政管理领域,被管理方为了加快行政审批的进度给予国家工作人员以财物;在商业领域乙方承包的工程完工以后,为了及时结算工程款,而给予甲方经办人员财物。性质上,国家工作人员索取或者收受"加速费"属于受贿行为,应构成受贿罪,但"加速费"的给付者是否成立对应的行贿罪,在我国司法实务中并未形成统一的裁判规则。

理论界形成否定说和肯定说两种观点。否定说的主张者认为,支付"加速费"

---

① 案号:(2015)南刑一终字第00081号。

的行为不构成行贿罪,"因为行为人没有谋取'不正当利益',其获得的利益属于'应得利益'"①。也有观点进一步认为,"支付目的仅在于加速官员例行职权行使的加速费时,行贿人能否获得加速是不确定的,受贿人对是否加速也有自由裁量权,但如果一概以行贿罪追究刑事责任显然畸重,也有违社会公众的一般认识"②。肯定说的主张者则指出,"加速费"的支付目的也是为了获取某种利益,而只要谋取"本来不应当得到的利益,或者说虽然应当得到,但采取非法手段取得这样的利益,都属于'不正当利益'……凡是单位采用行贿手段去谋取利益的行为,都属于'不正当利益'……只有当单位不是为了谋取利益的情况下,给国家工作人员以财物,才不属于单位行贿的行为"③。也就是说,只要给予财物与获取利益有关,就应该直接认定为"为谋取不正当利益",进而认定为行贿罪。

司法实务中,类似于"加速费"的行贿案件也有不少是以"谋取不正当利益"的行贿罪定罪量刑的。我国司法实务中,对于"加速费"的支付行为,更趋向于行贿罪的认定,不过入罪路径有不同的选择。一是认为支付"加速费"属于明显的手段不正当,而手段不正当属于谋取不正当利益的一种形式。这种入罪逻辑实际上认为只要手段不正当,所取得的利益必定也是不正当的,与前述肯定说的分析路径一致。二是认为只要"加速费"发生在经济往来中,就不需要谋取不正当利益的限制。理论界一直有观点认为,我国《刑法》第389条第2款规定的"在经济往来中,违反国家规定,给予国家工作人员以财物,数额较大的,或者违反国家规定,给予国家工作人员以各种名义的回扣、手续费的,以行贿论处"④。一些判决也体现了此种观点。

在国外,对"加速费"的性质同样有不同的界定。在美国的《反海外贿赂法》中,为了加速或者确保外国官员、政党或者政党官员的某一日常政府行为的履行而支付给该外国官员、政党或者政党官员的推动或加速费用不属于该法规定的贿赂。另一些国家基于反腐败"零容忍"的刑事政策,并没有规定"加速费"可以作为免责事由,原则上成立贿赂犯罪。如《德国刑法典》第331条和第333条的规定,接受利益与给予利益的犯罪构成要件中,并不以谋取特定的不当利益为要件。英国的2010年《贿赂法》制定过程中,围绕着"通融费"是否免责也曾存在争议,为了彰显英国治理贿赂行为的决心,该法最后没有将其作为免责事由。

笔者认为,国家工作人员根据一定程序依职权履行职务,如果存在主观上有意懈怠放慢履职速度,人为造成速度缓慢,行贿人不得以被迫支付"加速费"的,因主观上不具有谋取违法利益的目的,故不能认定为"不正当利益";但国家工作人

---

① 鲁建武、覃俊:《行贿罪之"不正当利益"认定中的疑难问题》,载《中国检察官》2014年第19期。
② 夏伟、王周瑜:《对行贿罪中不正当谋取利益的理解》,载《人民司法》2015年第13期。
③ 刘方:《贪污贿赂犯罪的司法认定》,法律出版社2016年版,第334页。
④ 周道鸾、张军主编:《刑法罪名精释》第(四)版(下),人民法院出版社2013年版,第1060页。

员依正当程序履行职务,行为人为尽快获得某种利益,给付国家工作人员"加速费",其主观上具有了谋取不正当利益的故意,应当认识到"加速费"其实是一种贿赂行为,为了打击贪污贿赂犯罪,应当致力于识别并消除该种贿赂。

【指导案例】何某燕行贿案①

被告人何某燕挂靠四川煤矿基本建设工程公司承揽到神华宁夏煤业集团有限责任公司灵新煤矿六采区2013年度矿建工程,为了使矿建工程顺利进行并能及时结算工程款,何某燕于2013年中秋节前及2014年春节前先后两次,到时任灵新煤矿矿长苟某(另案处理)的办公室,送给苟某共计30万元。

最高人民法院、最高人民检察院《关于办理行贿刑事案件具体应用法律若干问题的解释》第12条规定:"行贿犯罪中的'谋取不正当利益',是指行贿人谋取的利益违反法律、法规、规章、政策规定,或者要求国家工作人员违反法律、法规、规章、政策、行业规范的规定,为自己提供帮助或者方便条件。违背公平、公正原则,在经济、组织人事管理等活动中,谋取竞争优势的,应当认定为'谋取不正当利益'。"在侦查阶段,被告人何某燕供述其向苟某行贿30万元是要求苟某帮助协调工程顺利进行和苟某尽快结算、支付工程款,该目的符合上述解释规定要件,应认定何某燕行贿行为是谋取不正当利益。何某燕向苟某行贿30万元,情节严重,其行为已触犯刑法,构成行贿罪,原一、二审定罪准确。再审庭审中,何某燕否认给苟某行贿30万元属于回扣或是手续费用,因此,其辩护人提出何某燕的行贿行为属《刑法》第389条第2款规定的"在经济往来中,违反国家规定,给予国家工作人员以财物,数额较大的,或者违反国家规定,给予国家工作人员以各种名义的回扣、手续费的,以行贿论处"的理由不能成立。何某燕在追诉前主动交代了行贿行为,依法可以减轻处罚,不受最高人民法院、最高人民检察院《关于办理行贿刑事案件具体应用法律若干问题的解释》第10条的规定,向三人以上行贿、因行贿受过行政处罚或刑事处罚、为实施违法犯罪活动而行贿等情形的限制,亦没有证据证明何某燕有上述规定的事实和行为,原二审虽对何某燕减轻处罚,但认为何某燕不符合缓刑适用条件不当。在再审庭审中,何某燕认为其行为构成行贿罪,结合其原一审中出具的悔过书,可以认定何某燕具有悔罪表现,根据社区矫正机关出具的评估意见,证实其没有再犯罪危险,其居住地的社区也同意接纳其在社区服刑改造,不会对社区产生重大不良影响,故何某燕符合宣告缓刑的条件,应当对其适用缓刑。

---

① 案号:(2015)卫刑再终字第2号。

三、被动"给予"国家工作人员指定的特定关系人财物的,构成行贿罪

(一)裁判规则

行贿罪要求"给予国家工作人员以财物","给予"对象包括国家工作人员及其指定的特定关系人;"给予"的形式包括主动"给予"和被动"给予",被动"给予"不同于"被勒索",被勒索给予国家工作人员以财物,没有获得不正当利益的,不是行贿罪,被勒索给予国家工作人员以财物但是获得不正当利益的,构成行贿罪。①

(二)规则适用

两个问题在此需要厘清。

一是行贿罪要求的行为对象是否包含国家工作人员指定的特定关系人。刑法规定的行贿罪的行为对象是明确的,即"国家工作人员",如果直接将财物给予国家工作人员,其行为构成受贿罪并无异议。有疑问的是,根据《关于办理受贿刑事案件适用法律若干问题的意见》规定,国家工作人员利用职务上的便利为请托人谋取利益,授意请托人将有关财物给予特定关系人的,以受贿罪论处。相应的,请托人是否构成行贿罪。肯定的观点认为,"请托人根据国家工作人员的要求将财物给予特定关系人,或者主动向国家工作人员提议将财物交给特定关系人的,与直接将财物给予国家工作人员没有本质不同,亦应当以行贿罪论处"。否定的观点认为,法条明确规定的"给予国家工作人员以财物",如果将财物给予了国家工作人员的家庭成员,毫无疑问,国家工作人员是可以实际控制这笔财物的,可以认定为给予了国家工作人员;如果给予了其他特定关系人,特定关系人与国家工作人员经济各自独立,将给予此类特定关系人的财物解释为"给予国家工作人员以财物",还是存在一定的法理障碍的。

从刑法的实质判断角度看,国家工作人员授意请托人将有关财物给予特定关系人,与国家工作人员自己收受贿赂作相同的评价,相应的,请托人按照国家工作人员的授意或者自己向国家工作人员提议将财物给予国家工作人员的特殊关系人,与直接给予国家工作人员财物也应作同一评价,两者并不存在法理上的障碍。如果请托人主观上是为了谋取不正当利益,应作为行贿罪认定。

二是"给予"的形式是否包含被动"给予"。主动"给予"是指行贿人主动向国家工作人员提出权钱交易的要求,并给予国家工作人员财物。在解释论上,行贿人给予财物的方式多种多样,有直接的面对面交易,也有转手的间接给予;有在获取不正当利益之前给予,也有在获取不正当利益后给予。被动"给予"是指在国家工作人员主动提出权钱交易要求(索贿)的情况下,行贿人在没有受到勒索的情况下同意"给予"国家工作人员财物。目前,无论是理论界还是司法实务部门,均将被动"给予"作为"被勒索"来认定,实际上,被动"给予"与"被勒索"是两个不同的

---

① 参见孙国祥:《贪污贿赂犯罪研究》(下册),中国人民大学出版社2018年版,第954—957页。

概念,应在实践中加以区别。在没有被勒索的情况下,即使是被动"给予",也属于"给予"的一种形式。换言之,在被动"给予"的情况下,受贿人应属于索贿,但行贿人未必是"被勒索"。

《刑法》第 389 条第 3 款规定:"因被勒索给予国家工作人员以财物,没有获得不正当利益的,不是行贿。"第 389 条第 3 款实际上是从行贿罪的构成要素反向推导出来的,理论上通常将此种规定称为"消极构成要素"。实际上,行为人具有谋取不正当利益的目的,也有给付财物的行为,职务行为的不可交易性也受到了侵害,应该是符合行贿罪的定性,但在被国家工作人员勒索的情况下,行为人的意思自由受到一定的压抑,如果行为人"因被勒索给予国家工作人员以财物,没有获得不正当利益的",其行为的社会危害性不大,立法上将此作为出罪事由是可行的。

第一,关于"被勒索"的含义。狭义地理解"被勒索",是指"用威胁的手段逼取财物"。换言之,行为人不是出于自愿而是被迫交付财物。如此理解,"被勒索"与索贿并不是相对应的概念。索贿,作为国家工作人员的受贿人只是主动地提出权钱交易的要求,但不一定以威胁的手段提出,行贿人也不一定是被迫的,此种情况下交付财物的行贿行为不能称为"被勒索"。

第二,"被勒索"必须与"谋取不正当利益"联系起来分析。行为人为了合法利益在没有受到勒索的情况下主动行贿,在现行刑法中不是行贿犯罪,如果为谋取正当利益而被勒索行贿,更不应该评价为行贿,所以,不应属于排除性规定的内容。只有国家工作人员以不给予财物就要作出对行贿人不利的合法处理相要挟时,行贿人于无奈,被迫交付了财物,才属于"被勒索"的范围。

第三,关于"被勒索"的排除性规定不是绝对的。只有在没有获得实际不正当利益的客观后果的情况下,才不构成犯罪。如果行为人客观上获得了不正当利益,纵然是被勒索而给予国家工作人员以财物的,也应认定为行贿犯罪。2000 年最高人民检察院《关于行贿罪立案标准的规定》也明确:"因被勒索给予国家工作人员以财物,已获得不正当利益的,以行贿罪追究刑事责任。"也就是说,即使是被动行贿也是行贿犯罪。[1]

【指导案例】倪某龙行贿案[2]

2007 年至 2010 年期间,被告人倪某龙为使其经营的沈阳万泰建筑装饰工程有限公司、沈阳尚佳建筑装饰工程有限公司能够承揽沈阳城市通有限公司(原沈阳天龙金卡有限公司)的网点装修改造工程,先后多次给予城市通公司总经理刘某、行政部部长王某某好处费,共计 22.9 万元。

---

[1] 参见孙国祥:《贪污贿赂犯罪研究》(下册),中国人民大学出版社 2018 年版,第 954—957 页。
[2] 案号:(2015)沈中刑三终字第 8 号。

被告人倪某龙为谋取不正当利益，给予国家工作人员以财物，其行为已构成行贿罪，应予惩处。对于倪某龙及其辩护人提出的倪某龙是由于被勒索而给予国家工作人员以财物，没有获得不正当利益，不是行贿的上诉理由和辩护意见，经查，倪某龙在招投标活动中，违背公平原则，给予相关人员财物，以谋取竞争优势，根据最高人民法院、最高人民检察院《关于办理受贿刑事案件适用法律若干问题的意见》第9条第2款之规定其行为属于"谋取不正当利益"，且其已在之后的多次招标投标活动中，承揽到相关工程，并获得了不正当利益，故不论其是否因被勒索而给予国家工作人员以财物，均应认定为行贿犯罪，对上诉人及其辩护人的该项上诉理由和辩护意见，法院不予支持。对于辩护人提出沈阳万泰建筑装饰工程有限公司、沈阳尚佳建筑装饰工程有限公司具有企业资质，倪某龙作为上述公司的实际经营者为单位谋取利益，其行为属单位犯罪的辩护意见，经查，万泰、尚佳公司登记的股东陆某某、冯某某并未实际出资、参与公司经营和利益分配，倪某龙作为上述公司的实际经营者，独立实施了行贿行为，因行贿取得的不正当利益也归其个人所有，不能认定为单位犯罪，故对于辩护人的该项辩护意见，法院不予支持。

第十四章 对单位行贿罪

一、如何区分对单位行贿罪与行贿罪

(一) 裁判规则

对单位行贿罪与行贿罪在犯罪主体和犯罪对象上有所不同,对单位行贿罪的主体包括自然人和单位,行贿罪的犯罪主体只能是自然人;在犯罪对象上,对单位行贿罪是对单位行贿,行贿罪是对自然人行贿。

(二) 规则适用

对单位行贿罪与行贿罪的区别主要体现在三个方面。一是主体范围有所不同。对单位行贿罪的主体既包括自然人犯罪主体,又包括单位犯罪主体,而行贿罪的主体只包括自然人犯罪主体。二是两罪的犯罪对象不同。对单位行贿罪的犯罪对象是国有单位,即国家机关、国有公司、企业、事业单位、人民团体,而行贿罪的犯罪对象则是国家工作人员,也就是说,两罪的行贿对象不同,前者针对的是单位,后者针对的是个人。三是两罪的法定刑不同。对单位行贿罪的法定刑,当其犯罪主体是自然人时,处3年以下有期徒刑或者拘役,当其犯罪主体是单位时,则对单位判处罚金,对单位的责任人员处3年以下有期徒刑或者拘役,而行贿罪的法定刑则分为三个档次:处5年以下有期徒刑或者拘役;情节严重的,或者使国家利益遭受重大损失的,处5年以上10年以下有期徒刑,并处罚金;情节特别严重的,或者使国家利益遭受特别重大损失的,处10年以上有期徒刑或者无期徒刑,并处罚金或者没收财产。

【指导案例】原审被告单位息县农业技术推广站犯对单位行贿罪,原审被告人王某某对单位行贿罪,原审被告人付某某对单位行贿罪抗诉、上诉案①

2006年至2008年7月,被告人王某某代表被告单位息县农业技术推广站(以下简称"息县农技站")与被告人任某某一起或被告人任某某受王某某安排,以单

---

① 案号:(2013)信刑终字第88号。

位名义给项目主管单位息县农业开发办公室送交现金31.5万元,给主管单位农业局送交现金23万元,以达到本单位可继续借实施有关国家农业项目的名义套取专项资金的非法目的。

2008年8月以来,被告人付某某代表单位安排任某某,以单位名义给予项目管理单位息县农业开发办公室现金6万元,垫付农业开发办公室公务开支款6万元,计款12万元,给予农业局10万元整,以达到本单位可继续借实施有关国家农业项目之名套取专项资金的非法目的。

原判认为,被告人息县农技站为谋取不正当利益,给予息县农业开发办公室、息县农业局行贿总数额达76.5万元,其行为构成对单位行贿罪。被告人王某某系息县农技站行贿罪的直接负责的主管人员,亦构成对单位行贿罪;被告人付某某系息县农技站行贿罪和受贿罪的直接负责的主管人员,亦构成对单位行贿罪。

上诉单位息县农技站上诉辩称:向上级单位送的钱是跑项目中必然要产生的一种支出,且跑的项目均是本单位应该实施的项目,单位没有谋取不正当利益,因此不构成对单位行贿罪。上诉人付某某上诉辩称:息县农技站完成主管机关息县农业局和息县农办交办的项目后,根据两单位要求支付其跑项目的费用,息县农技站并没有谋取不正当利益,因此,上诉人并不构成对单位行贿罪。

关于上诉人息县农技站、付某某上诉称不构成对单位行贿罪的上诉理由,经查,王某某、付某某在分别担任息县农技站站长期间,为该站获取实施农业项目,以达到套取更多国家涉农资金之目的,以单位名义向有关单位行贿共计76.5万元,其中,王某某任站长期间行贿54.5万元,付某某任站长期间行贿22万元。为此,息县农技站构成对单位行贿罪,王某某、付某某分别系对单位行贿的决定者和实施者,两人的行为也构成对单位行贿罪。故该上诉理由不成立。

【指导案例】龚某犯对单位行贿罪案①

2008年2月至2013年1月,被告人龚某在任苏州甲医疗器械有限公司业务员期间,为向灌云县人民医院骨科(以下简称"骨科")推销医疗器械,先后多次送给骨科李某、张某甲等人回扣款共计185.82万元(其中送给骨科李某组等人回扣款104.97万元,送给骨科张某甲组等人回扣款80.85万元)。

原审法院认为,被告人龚某为谋取不正当利益,多次给予国有事业单位内设机构负责人回扣用于私分,其行为构成行贿罪,且行贿数额达100万元以上,属情节特别严重。

上诉人龚某及其辩护人提出的上诉理由、辩护意见是:龚某的行为构成对单

---

① 案号:(2015)连刑二终字第00079号。

位行贿罪,原审判决认定其行为构成行贿罪错误。出庭检察员当庭发表的出庭意见是:龚某给予单位回扣,应认定为对单位行贿罪。

法院认为,上诉人龚某为谋取不正当利益,违反国家规定,在经济往来中,给予灌云县人民医院骨科回扣,其行为构成对单位行贿罪。关于龚某及其辩护人提出"龚某的行为构成对单位行贿罪,原审判决认定其行为构成行贿罪错误"的上诉理由、辩护意见,经查,龚某为谋取不正当利益,给予国有事业单位灌云县人民医院的内设机构骨科以财物,符合对单位行贿罪的构成要件,原审判决认定龚某犯行贿罪定性错误,适用法律不当。故该上诉理由、辩护意见成立,法院予以采纳。

二、如何区分对单位行贿罪与单位行贿罪

(一)裁判规则

对单位行贿罪与单位行贿罪的区别主要在于:第一,两罪的主体范围有所不同;第二,两罪的犯罪对象不同。

(二)规则适用

根据《刑法》第391条的规定,对单位行贿罪是指为谋取不正当利益,给予国家机关、国有公司、企业、事业单位、人民团体以财物的,或者在经济往来中,违反国家规定,给予各种名义的回扣、手续费的。《刑法》第393条规定,单位行贿罪是指单位为谋取不正当利益,或者违反国家规定,给予国家工作人员以回扣、手续费的。对单位行贿罪与单位行贿罪之间存在诸多相似之处,如都一定程度地表现为给予他人以财物达一定数额;主体都包含单位;主观方面都表现为直接故意等,但两罪在主体和主观上的差别也较为明显。

单位行贿罪的犯罪对象既可以为国家工作人员,也可以为非国有单位,对单位行贿罪的犯罪对象仅为国有单位。故而单位行贿罪的客观方面表现为如下三种行为类型:事业单位、机关、公司、企业、团体为了谋取不正当利益,给国家工作人员以财物,情节严重的行为;事业单位、机关、公司、企业、团体为谋取不正当利益,给予非国有单位以财物,情节严重的行为;公司、企业、团体、事业单位、机关违法国家规定,给予国家工作人员以手续费、回扣,情节严重的行为。而对单位行贿罪的客观方面表现为两种行为方式:自然人、单位为了谋取不正当利益,而给予国家机关、国有公司、事业单位、企业、人民团体以财物;自然人、单位于经济往来之中,违反了我国的规定,给予国家机关、国有公司、企业、事业单位、人民团体以各种名义的手续费、回扣的行为。因此,当单位对单位行贿时,首先应该确定受贿单位的形式。如为国有单位的,则构成对单位行贿罪;如为非国有单位的,则构成单位行贿罪。

对单位行贿罪的犯罪客体为何,一直存在争议,有"正常管理活动说""不可收买性""公正性说""不可收买性和职务行为的公正性说""职务行为的廉洁性说"

等。笔者认为,单位犯罪作为刑法拟制的人,其作为人格化的社会实体,其意志的整体性、博弈性、程序性等特点决定了其意志的自由性和自主性。故从贿赂犯罪客体通说观点的视角,对单位行贿罪所侵犯的客体是单位职务行为的廉洁性。而单位行贿罪所侵犯的客体随着所侵犯的犯罪对象的不同呈现出区别,当犯罪对象为国家工作人员时,其客体为国家工作人员职务行为的廉洁性;当单位行贿罪的犯罪对象是非国有单位时,其犯罪客体为非国有单位职务行为的廉洁性。

【指导案例】常某犯单位行贿罪、对单位行贿罪案[①]

单位行贿事实:

被告人常某原系哈药集团三精加滨药业有限公司[公司类型:有限责任公司(国有控股)]业务员。1996年,常某负责向黑河市第一人民医院(机构类型:事业法人,以下简称"黑河医院")销售药品工作。在开展业务期间,常某向黑河医院推销穿琥宁、司乐平、大脑组织液等药品,常某找到时任黑河医院药剂科主任的周某甲(另案处理),让其帮忙采购所推销的药品,并表示按公司规定给周某甲个人一定比例的药品回扣,以保障公司药品销量。

周某甲在采购药品过程中,在同类药品中首选常某推销的药品。常某为了感谢周某甲,于2002年10月18日在中国建设银行股份有限公司黑河分行以常某名义开设账户,并存入药品回扣款8.2591万元。随后,常某在黑河与周某甲吃饭过程中,将此存折交给周某甲,并告知其密码,周某甲推托后便收下此存折。2003年6月9日,常某找到周某甲表示再往存折内存些钱,周某甲同意,并让常某在办完存款事宜后将存折交给其爱人周某乙。常某将存取回后向该账户存入27.1275万元,之后将该存折交给周某乙,周某乙将此存折拿回家中并将此事告知周某甲。后周某甲陆续从此存折中支取共计19万元。2011年7月8日,周某甲让周某乙与常某一起将该存折中剩余的款项全部转入周某乙在中国建设银行股份有限公司黑河分行账户中,并将该存折销户。以上款项被周某甲用于购买房产、车辆及平时花销等。

综上,哈药集团三精加滨药业有限公司业务员常某向周某甲行贿35.3867万元。

对单位行贿事实:

2010年4月23日,常某从哈药集团三精加滨药业有限公司内退。因国家规定必须具有配送资质的医药公司才可以向医院销售药品,2010年5月,常某找到具有配送资质的医药公司黑龙江华通医药发展有限公司(公司类型:有限责任公司,以下简称"华通公司")的法定代表人苗某斌,常某与苗某斌约定,常某以公司业务员的身份向黑河医院销售药品,进货的药厂由常某联系,公司按常某每次销

---

① 案号:(2016)黑1102刑初11号。

售药品总额的3%收取相关配送费用。常某赚取药品销售价与制药厂供应价之间的差价,常某从差价款中给付华通公司配送费用和黑河医院药品返利款,剩余部分为常某获利所得。

后常某向黑河医院推销葡萄糖注射液、甘露醇、注射用炎琥宁等药品,在销售药品过程中,常某按照一定的比例给黑河医院返利,并按黑河医院的要求将返利款汇入黑河医院财务科李某某(另案处理)个人账户内,自2010年5月27日至2013年5月22日,常某向李某某账户共计汇款19笔,合计75.7944万元。

2015年4月20日,常某在黑龙江省哈尔滨市被传唤到案。案发后,检察机关依法扣押了常某向黑河医院销售药品所获得的收益20万元。

法院认为,哈药集团三精加滨药业有限责任公司违反国家规定,给予国家工作人员回扣,情节严重,被告人常某为直接责任人员,其行为已构成单位行贿罪;常某在经济往来中,违反国家规定,给予黑河市第一人民医院回扣,其行为已构成对单位行贿罪。公诉机关指控常某单位行贿35.3867万元,对单位行贿75.7944万元的事实清楚,证据确实、充分,指控罪名成立,应予支持。对常某所犯单位行贿罪、对单位行贿罪,均应依法惩处,并数罪并罚。

第十五章　介绍贿赂罪

一、介绍贿赂罪与行贿、受贿罪共犯的区别

(一) 裁判规则

基于罪刑法定原则,介绍贿赂罪与受贿、行贿罪的共犯应该是并行不悖的。介绍贿赂行为的定罪量刑应区分情况加以处理:(1)单纯帮助行贿人的,应根据行贿人的情况认定为介绍贿赂罪或者行贿罪;(2)帮助受贿人,应认定为受贿罪的共犯;(3)直接代他人实施行贿行为的,应认定为行贿罪的共犯;(4)帮助他人行贿,他人不构成犯罪,不排除介绍贿赂罪的成立;(5)受贿的同时,又介绍贿赂的,应构成受贿罪和介绍贿赂罪。

(二) 规则适用

在大多数情况下,介绍贿赂罪也可以成立行贿、受贿的共犯,那么在司法实践中,介绍贿赂罪与行贿、受贿的共犯如何区分?对此,理论上提出过不同的观点。有观点认为其"关键是看行为人有没有介绍贿赂的故意",即是否明知"是在为受贿人与行贿人进行贿赂交易作中介而故意地促成这一交易"。还有一种观点认为,是独立的介绍贿赂行为还是行贿、受贿的帮助犯,应根据各自的主观目的来分析。介绍贿赂的行为人主观目的只是为行受贿的实现进行沟通联系、撮合条件,其本身没有行贿、受贿的目的,如有此目的的就成了行贿、受贿的共犯了。因此,"一般情况下,仅仅进行沟通关系,帮助联系,进行撮合的,应当以介绍贿赂罪认定,而不能以行贿、受贿共犯认定,但是,如果行为人教唆他人产生行贿、受贿故意,积极代为收受财物或者代为送出财物,其行为属于超出'介绍'的范畴",应认定为共犯。从上述观点可以看出,均单纯以是否具有介绍贿赂的故意或者目的为标准来区分介绍贿赂行为与一般的行贿、受贿帮助行为,在司法实践中存在界限难以分清、语焉不详的问题,不具有可操作性。①

---

① 参见孙国祥:《贪污贿赂犯罪研究》(下册),中国人民大学出版社2018年版,第1027—1035页。

实务中,此类案件的处理也无章法,存在混乱现象,大致有三种做法:一是根据是否直接转交贿赂,区分行贿罪与介绍贿赂罪;二是以行为人是否与行贿人有利益关系,区分行贿罪与介绍贿赂罪;三是以行为人是否存在独立的利益,区分行贿罪与介绍贿赂罪,只要行为人没有独立的利益,就认定为介绍贿赂罪。上述判例的区分方法都是缺乏依据的。首先,以是否直接转交、经手贿赂,决定行贿共犯还是介绍贿赂是简单的,因为传统的介绍贿赂概念中,一直没有排除过贿赂的转交。其次,以是否具有共同利益关系作为行贿还是介绍贿赂的区分标准,同样失之偏颇。共同犯罪是建立在共同的行为以及共同故意基础上的,是否有共同的利益关系,并不影响共同犯罪的成立。最后,将有无为自己谋利益作为行贿还是介绍贿赂的区分标准,更没有依据。行贿是收买国家工作人员的公权力,由国家工作人员为行贿人谋利益,行为人介绍贿赂,不论是否从行贿人或者受贿的国家工作人员中间拿到好处,不论是否已得到"介绍费",也不论拿到的钱物多少,均不影响介绍贿赂罪的成立。换句话说,即使介绍贿赂的行为人有通过介绍贿赂为自己谋取利益的打算,也不是通过行贿谋取利益,而是通过介绍贿赂谋取利益,将这两者混为一谈,是对行贿罪谋取利益的一种误读。

基于罪刑法定原则,介绍贿赂罪与受贿、行贿罪的共犯应该是并行不悖的。介绍贿赂行为的定罪量刑应区别情况处理:(1)单纯帮助行贿人的,应根据行贿人的情况认定为介绍贿赂罪或者行贿罪;(2)帮助受贿人,应认定为受贿罪的共犯;(3)直接代他人实施行贿行为的,应认定为行贿罪的共犯;(4)帮助他人行贿,他人不构成犯罪,不排除介绍贿赂罪的成立;(5)受贿的同时,又介绍贿赂的,应构成受贿罪和介绍贿赂罪。

【指导案例】籍某行贿案[①]

2013年1月至5月,某市看守所管教被告人籍某为使自己管理的在押人员刘某在判刑时能够从轻处罚,多次将自己的银行账户提供给刘某用于其筹集资金跑关系,同时介绍律师王某担任辩护人,帮助刘某跑关系。其间,因王某与主审法官素不相识,籍某便利用工作之便介绍王某与该法官相识,并将该法官的家庭住址及生活喜好告知王某,后王某向该法官行贿。

本案被告人籍某为谋取不正当利益,伙同他人给予国家工作人员以财物,属共同犯罪,应以行贿罪论处。介绍贿赂罪与行贿罪共犯有如下区别。

首先,介绍贿赂罪具备独立的犯罪构成,介绍贿赂行为并不是行贿罪的帮助行为,其与行贿者并不形成共犯关系。从社会危害性角度而言,介绍贿赂者在行

---

① 参见刘建章、李站军、张明:《帮人行贿是行贿罪的共犯》,载《人民法院报》2014年12月4日第7版。

贿者与受贿者之间进行撮合，促成贿赂成功，是导致贿赂现象蔓延的一个重要原因，其社会危害性独立于行贿者和受贿者，有进行独立评判的必要。行贿共犯是指与他人共同构成行贿罪，即为了谋取不正当利益，伙同他人给予国家工作人员以财物的行为。犯罪主体为两人以上，主观上有共同行贿的故意，客观上有教唆、帮助、实施行贿等行为。

其次，介绍贿赂罪的行为人明知自己是处于第三方的地位而进行介绍贿赂，其目的是通过自己和双方的联系、撮合而促成贿赂结果的实现。若行贿、受贿双方本就有贿赂意图，行为人只是为行受贿双方进行沟通、联系或代为传递钱物，则应认定行为人与行受贿人的共同故意不明显，行为人构成介绍贿赂罪。而行贿罪的共犯明知自己是在帮助行贿一方。若行贿方本没有行贿的意思，而因行为人的行为诱发了行贿意图，行为人与行贿人具有共同行贿的主观故意，行为人与行贿人共同构成行贿罪。

再次，介绍贿赂罪通常表现为为双方牵线搭桥，介绍贿赂人处于中间位置，作为行贿、受贿双方的中介，想方设法创造条件让双方认识、联系，或者代为传递信息或转递财物，帮助双方完成行贿受贿行为。行贿共犯是为了帮助行贿方实施行贿，谋取不正当利益而实施的各种行为，如出谋划策、筹集资金等，最终使行贿人完成给予国家工作人员财物的目的。

最后，介绍贿赂罪的主体是不依赖于受贿或行贿方的第三人，对利益的享有是单独的、独立的；而行贿共犯依附于行贿罪，不能独立存在。也就是说，介绍贿赂罪行为人本身利益的实现不以行受贿人利益的实现为前提，即使行贿人无法获取不正当利益或者受贿人未能实际利用职务之便为行贿人谋利的，均不影响中间人利益的实现，其获取的利益往往是中介行为的有偿报酬。而行贿共犯行为人与行贿方有共同的利益需求，该利益实现必须以行贿人直接利益的实现为必要前提，往往是通过国家工作人员的职务行为实现的物质或非物质利益，但是不正当利益的实现与否并不影响其行贿罪的认定。

本案中，被告人籍某作为看守所管教，在得知自己管理的在押人员想向审判其案件的主审法官行贿，从而达到判处缓刑的目的后，便介绍律师王某作为刘某的辩护人，通过王某向主审法官行贿。同时，籍某又在王某与主审法官之间牵线搭桥，便于王某向该法官行贿。最终，在籍某的联系、介绍、指使下，王某向该法官行贿。籍某并非是行贿、受贿双方的中介，而是积极帮助行贿方实施行贿的帮助犯。获取不正当利益的方式上，籍某的行为是为了帮助刘某获得缓刑，得到从轻处罚的不正当利益，且该利益需要通过国家工作人员的职务行为才能实现。

综上，被告人籍某为谋取不正当利益，伙同他人给予国家工作人员以财物，其行为构成行贿罪，该案属于共同犯罪，籍某在共同犯罪中积极主动，起主要作用系主犯，应按行贿罪主犯追究其刑事责任。

【指导案例】杨某行贿罪、介绍贿赂罪案①

2009年,安徽财经大学文学与艺术传媒学院第一次在南通进行招生,被告人杨某在招生咨询中认识了安徽财经大学文学与艺术传媒学院副院长石某。在专业课考试后,为了所带的两名学生能够被安徽财经大学文学与艺术传媒学院录取,杨某与两名学生家长商议,给予石某一定的好处费。后由杨某带领一名家长到石某在南通住宿的宾馆,给予石某现金6万元,请石某在录取两名学生时给予帮助,石某收下6万元钱并答应帮忙。后因两名学生未被录取,石某将6万元钱退还给杨某。

2011年,杨某为帮助所带学生丁某乙考取安徽财经大学,主动联系安徽财经大学文学与艺术传媒学院副院长石某,请其给予关照,并许诺给予好处。在石某的帮助下,丁某乙美术专业考试顺利过线。在杨某与丁某乙的父亲丁某甲商议后,丁某甲来到安徽财经大学,在石某的办公室送给其现金5万元。

2011年,杨某为帮助所带的另一名学生考取安徽财经大学,在专业课考试期间主动联系石某,请其给予帮助,并承诺给予其好处费。评分时,石某将杨某请托的事情交由其下属王某办理。后该学生专业课顺利过线,石某将过线情况告诉了杨某,并让杨某将好处费汇给王某。之后杨某通过工商银行将3.8万元汇给了王某,王某把3.8万元取出,自己留下8000元,又将余下的3万元钱分给石某。

辩护人认为起诉书指控的第一、三起犯罪事实,应当认定为介绍贿赂罪。经查,在该两起犯罪事实中,被告人杨某为谋取不正当利益,直接将现金给予国家工作人员,符合行贿罪的构成要件,故对辩护人的此点辩护意见,不予采纳。辩护人对起诉书指控的第二起事实,认为被告人的行为不构成犯罪。经查,证人丁某甲为了自己孩子上大学,找到杨某帮忙,通过杨某介绍,向国家工作人员行贿,杨某的行为构成介绍贿赂罪,故对辩护人的此点辩护意见,不予采纳。

【指导案例】寸某甲介绍贿赂案②

2012年,陇川县章凤镇芒拉村桤木窝村小组、拉勐村腊宛新寨汉一组、汉二组、城子镇永幸社等村寨申报兴边富民工程项目时,委托被告人寸某甲帮忙活动,并凑钱交给寸某甲作为"活动经费"。寸某甲在接受委托后,请其在德宏州发展和改革委员会担任地区经济发展科科长的亲戚番某为上述村寨申报的项目提供帮助,并送给番某现金共计25万元。

被告人寸某甲与各村寨之间并无关系,村寨的工程项目是否能够得到审

---

① 案号:(2015)蚌刑终字第00142号。
② 案号:(2014)陇刑初字第170号。

批,并不对其造成影响,寸某甲送给番某的钱是由村寨筹集的"活动经费",其主要是居中联系,代为传递财物,促成贿赂,应以介绍贿赂罪论处。

【指导案例】陈某甲介绍贿赂案①

2009年上半年,被告人陈某甲为感谢陈埭镇原副镇长王某(另案处理)对陈埭镇涵口村村民陈某乙违建房屋的关照,在王某的办公室,帮陈某乙转送给王某现金5万元。

2010年上半年,被告人陈某甲为感谢王某对陈埭镇溪边村村民丁某甲违建房屋的关照,在晋江市青阳街道"爱乐"酒店停车场,帮丁某甲转送给王某三张储值各为1万元的购物卡。

2010年下半年,被告人陈某甲为取得晋江市行政执法局原陈埭中队协助负责人留某贵(已被判刑)对晋江市陈埭镇涵口村村民陈某丙违规加建楼层的关照,在晋江市"豪富"大厦地下停车场,帮陈某丙转送给留某贵现金1万元,使得陈某丙的厂房顺利加层。

2011年上半年,被告人陈某甲为取得王某对陈埭镇坪头村村民丁某乙违建房屋的关照,在王某的办公室,帮丁某乙转送给王某现金5万元,使得丁某乙的违建房屋顺利建好。

2011年上半年,被告人陈某甲伙同晋江市行政执法局原青阳中队工作人员林某章(另案处理)经预谋,为帮助陈埭镇霞村村民谢某违规加建楼层,由林某章经手,在晋江市行政执法局原陈埭中队工作人员吕某(另案处理)单位宿舍楼下,帮谢某转送给吕某现金5000元,使得谢某的房屋顺利加层。

2011年7、8月份,被告人陈某甲伙同林某章经预谋,为帮助陈埭镇涵口村村民杨某违规加建楼层,收受杨某支付的关系费2万元,后由林某章经手,在吕某单位宿舍楼下,贿送给吕某现金5000元,使得杨某的房屋顺利加层。

公诉机关指控的第一起至第五起案情中,被告人陈某甲主观上有向国家工作人员介绍贿赂的故意,客观上也在行贿人与国家工作人员之间进行沟通、撮合,并代为转交贿赂款物,促使行贿、受贿得以实现,其行为符合介绍贿赂罪的构成要件,应以该罪定罪处罚。公诉机关指控的第六起案情,陈某甲为了谋取不正当利益,给予国家工作人员财物,其行为虽属行贿,但行贿数额仅有5000元,故对该起不另以行贿罪追究其刑事责任。公诉机关指控陈某甲的行为构成行贿罪罪名不当,予以纠正。

---

① 案号:(2013)晋刑初字第3780号。

【指导案例】陈某兵等受贿、行贿案①

被告人陈某兵伙同被告人卜某金,于2011年6月至10月间,利用陈某兵担任财政部企业司综合处处长,负责管理国家物联网发展专项资金的职务便利,为成都科来软件有限公司、成都立鑫新技术科技有限公司、山东中兴电动工具有限公司、山东泓奥科技有限公司获得国家物联网发展专项资金提供帮助,索取上述公司好处费共计280万元;为镇江金钛软件有限公司、天津国芯科技有限公司获得国家物联网发展专项资金提供帮助,索取好处费共计160万元。二被告人将上述所得款项伙分。

被告人陈某兵伙同被告人黄某彦,于2001年至2009年11月间,利用陈某兵担任财政部企业司工业处干部、企业司综合处处长,负责承办或管理冶金独立矿山专项资金、乳粉临时存储财政贴息资金、基本建设贷款财政贴息资金的职务便利,为湖南省怀化市鹤城区获得冶金独立矿山专项资金提供帮助,索取好处费105万元;为中国葛洲坝集团公司获得基本建设贷款贴息资金提供帮助,索取好处费220万元;为北京三元食品股份有限公司获得乳粉临时存储财政贴息资金提供帮助,索取好处费130万元。陈某兵共分得72万元,黄某彦共分得383万元。

被告人陈某兵伙同被告人杨某,于2009年4月间,利用陈某兵担任财政部企业司综合处处长,负责管理乳粉临时存储财政贴息资金的职务便利,为四川雪宝乳业有限公司获得临时存储乳粉财政贴息资金提供帮助,索取该公司好处费共计345万元。陈某兵分得50万元,杨某分得295万元。

被告人陈某兵伙同被告人彭某伟,于2005年12月至2007年1月间,为西藏雅砻工矿实业开发有限公司获得冶金独立矿山专项扶持资金,向财政部企业司工作人员提出予以关照的请托,并索要该公司好处费共计206.5万元。二被告人将所得款项伙分。

被告人陈某兵伙同被告人孙某敏,于2011年12月间,利用陈某兵担任财政部企业司综合处处长,管理物联网发展专项资金的职务便利,为盛云科技有限公司获得物联网发展专项资金提供帮助,索取好处费50万元。二被告人各分得25万元。

被告人陈某兵于2007年至2011年间,利用担任财政部企业司综合处处长,管理冶金独立矿山专项扶持资金的职务便利,伙同方某、李某同(均另案处理),分别为西藏宇东电力设备有限公司、西藏鸿源矿业有限公司、西藏平安矿业有限公司获得冶金独立矿山专项扶持资金提供帮助,分别向上述三家公司索要好处费共计777万元。陈某兵与方某、李某同将所收款项伙分。

被告人陈某兵于2010年至2011年担任财政部企业司综合处处长期间,伙同方某、李某同,为西藏天通货运信息服务有限公司获得服务业聚集功能区项目资

---
① 案号:(2014)高刑终字第93号。

金,为西藏金稞集团有限公司获得国家重大科技成果转化资金、国家清洁生产示范项目补助资金,为西藏天成农牧产业股份有限公司获得国家重大科技成果转化资金向财政部经济建设司工作人员提出予以关照请托,索取上述三家公司好处费共计 589 万元。陈某兵与方某、李某同将所收款项伙分。

被告人陈某兵在担任财政部企业司综合处处长期间,于 2008 年至 2012 年 3 月,为湖北荆玻股份有限公司获得国家节能技术改造财政奖励资金,向财政部经济建设司工作人员提出关照请托,先后收受该公司给予的好处费共计 16.9 万余元。

被告人陈某兵于 2011 年 3 月至 11 月间,利用担任财政部企业司综合处处长,负责管理物联网发展专项资金的职务便利,先后为镇江金钛软件有限公司、江苏英特神斯科技有限公司、江苏通化机电成套有限公司、无锡鹏讯科技有限公司、西藏天恩科技发展有限公司、四川西亚圣电子科技有限公司获得国家物联网发展专项资金提供帮助,索取、收受好处费共计 50 万元。

上诉人陈某兵身为国家工作人员,单独或分别伙同上诉人卜某金、杨某、彭某伟、孙某敏、原审被告人黄某彦等人,利用陈某兵的职务便利或由陈某兵的职权形成的便利条件,索取、非法收受他人财物,为他人谋取利益,均已构成受贿罪,依法均应予以惩处。

对于上诉人卜某金所提原判认定事实不清,证据不足,其将企业给予的好处费全部交给陈某兵,其没有从中获利的上诉理由,经查,在案卜某金、陈某兵的多次稳定供述相互印证,能够证明两人共谋利用陈某兵的职务便利,为涉案企业获得物联网专项资金提供帮助,并索取一定比例好处费由两人伙分的事实;涉案企业相关人员所作证言也能证明按照卜某金明确的索贿意思表示,依照获取专项资金的相应比例给予不同数额好处费的事实,卜某金到二审期间的翻供缺乏证据证明,且与在案证据证明的事实不符,故对卜某金的此项上诉理由,法院不予采纳。根据上述查证认定的事实,并依照共同犯罪等相关法律规定,卜某金与陈某兵通谋,利用陈某兵身为国家工作人员具有的职务便利,为相关企业谋取利益,索取贿赂并伙分,具有共同受贿的主观故意和行为,对卜某金应认定为受贿罪的共犯,故卜某金所提原判定性不准,应认定其构成行贿罪的上诉理由,及其辩护人所提卜某金不具备受贿犯罪的主观故意和主体要件,不能认定为受贿罪的辩护意见,与事实不符且缺乏法律依据,法院亦不予采纳。

对于上诉人杨某及其辩护人所提原判认定事实不清,定性不准,杨某和陈某兵不存在共同犯罪的故意,应认定杨某为单位行贿的上诉理由和辩护意见,经查,在案陈某兵的供述与证人证言等证据相互印证,能够证明杨某与陈某兵共谋,利用陈某兵的职务便利,由杨某出面索贿,后由杨某、陈某兵伙分的事实;杨某改变以往供述,所作与证人所在公司共同合作申请专项资金的辩解,不能提供相关证据或线索,亦得不到证人的印证,故对上述上诉理由和辩护意见,法院不予采纳。

对于上诉人孙某敏的辩护人所提孙某敏的行为应定性为介绍贿赂的辩护意见,经查,在案孙某敏的供述、亲笔供词与陈某兵的供述、证人证言等证据相互印证,能够证明孙某敏与陈某兵就利用陈某兵的职务便利,为涉案企业获取专项资金提供帮助,并索取一定比例好处费的事实存在共谋,客观上孙某敏也实施了索要感谢费,并与陈某兵平均分配的行为,孙某敏符合受贿罪的构成要件,故对上述辩护意见,法院不予采纳。

【指导案例】李某飞受贿、行贿案①

被告人李某飞自2003年11月至2012年3月任广东省奥林匹克体育中心副主任,并于2007年兼任亚运会省属场馆维修改造工作小组下设的技术设备部部长。2009年至2010年期间,李某甲为感谢时任广东省体育局场馆器材设备中心主任胡某对其承接的广东奥体中心维修改造工程验收报批等方面的帮助,分两次通过李某飞贿送胡某合计150万元。李某飞在明知李某甲向胡某行贿的情况下,仍帮助李某甲将上述贿赂款转交给胡某。

上诉人李某飞上诉及其辩护人提出不构成行贿罪的意见。经查:根据李某甲的证言,其在罗某的帮助下,拿到了奥体中心维修改造工程。承接工程期间,李某甲为了让胡某在工程结算方面给予帮助,先后两次将150万元交给李某飞转送给胡某。李某飞供述称,2010年上半年,李某甲取得首期工程款后,为感谢李某飞和胡某的帮助,委托李某飞将150万元转交给胡某。胡某在侦查阶段供称,李某甲做了省奥体中心的维修改造工程,李某甲也曾经向胡某暗示过希望胡某在李承建省奥体中心场馆维改工程中给予关照,到时会感谢胡某,胡某确定该150万元是李某甲送的。李某甲、胡某的证言和李某飞的供述能相互印证,足以认定李某甲主观上具有向胡某行贿的故意,客观上实施了将150万元交由李某飞转送给胡某的行为。李某飞明知李某甲向胡某行贿仍提供帮助,其主观上具有协助李某甲行贿的故意。且李某甲在侦查阶段还供称,其觉得钱款由李某飞转交给胡某,胡某不会拒绝。胡某则供称,李某甲和李某飞是老乡,关系比较好,其确定150万元是李某甲送的。综上,李某飞明知李某甲有意行贿胡某的情况下,接受李某甲的委托,帮李某甲转送贿赂款给胡某,李某飞是行贿犯罪的共犯。在行贿共同犯罪中,李某飞起辅助作用,是从犯,依法予以减轻处罚。一审法院定性准确,李某飞上诉及其辩护人辩护提出不构成行贿罪的依据不足,不予采纳。

① 案号:(2016)粤刑终第863号。

二、介绍贿赂罪的外延是否包含转交行为

(一) 裁判规则

刑法为了体现宽严相济、打击犯罪的目的,将介绍贿赂从行贿、受贿罪的共犯行为之中分离出来,单独定成一个罪名——介绍贿赂罪。若认为转交行为属于介绍贿赂的外延,对该行为以介绍贿赂罪定罪处罚,违背了罪刑相适应的刑法基本原则。因此,介绍贿赂罪的外延不包含转交行为。

(二) 规则适用

在受贿人、行贿人的行为分别可以构成受贿罪、行贿罪时,行为人诱发受贿人或者行贿人产生犯意这种情况属于教唆犯,成立受贿罪或行贿罪共犯而不成立介绍贿赂罪在学界基本上没有争议,也即"如果'介绍'当中,行为人故意实施引起他人受贿或行贿的犯罪决意的行为,就不能解释到或者不能完全解释到'介绍'之中了"①,自然排除了成立介绍贿赂罪。然而行为人起到促成作用时,介绍贿赂行为人作为一方或双方的共犯,是否有转交贿赂财物则是区分介绍贿赂罪与受贿行贿罪共犯的关键性要素。申言之,如果行为人有代行贿人向受贿人转交贿赂财物的行为,即可认为行为人属于受贿或行贿的共犯。

所谓介绍贿赂,强调的应当是行为人对于有求于受贿人的行贿人没有门路接触到受贿人的时候,或者受贿人有收受贿赂为人办事而找不到有求于自己的行贿人时,基于与受贿人和行贿人双方都直接或者间接熟识的便利条件,为受贿人与行贿人建立联系,使得受贿行贿从受贿人、行贿人的意念转变为可以实现的现实。这种单纯的沟通与撮合,起到的作用只是受贿人与行贿人之间的桥梁作用,使两者可以有机会接触,使本具有不可交易性的国家工作人员的职务有机会具有可交易性。如果行为人进一步将贿赂财物代替行贿人转交给受贿人,无论是否与受贿人进行分赃,也不论分赃时受贿人是否知情,转交行为本身已经参与到受贿、行贿的具体内容之中,已经超越了介绍贿赂中的介绍即"使双方相识或发生联系"这一语词所能解释出的范围,其行为的社会危害性的严重程度,都已经实现了从单纯地介绍贿赂到狭义的受贿或行贿罪共犯转变的质的飞跃。

【指导案例】丁某行贿案②

甲被起诉后,其父丙为使甲获得轻判,四处托人,得知被告人丁某的表兄刘某是法院刑庭庭长,遂托丁某将 15 万元转交刘某。丁某给刘某送 15 万元时,遭到刘某坚决拒绝。

---

① 肖中华:《贪污贿赂罪疑难解析》,上海人民出版社 2006 年版,第 241 页。
② 参见许建军、廉玉光:《介绍贿赂罪的外延是否包含转交行为》,载《人民法院报》2013 年 10 月 16 日第 6 版。

对被告人丁某的行为如何定罪处罚,存在两种不同意见。

第一种意见认为,被告人丁某的行为构成介绍贿赂罪。甲父丙并不认识刘某,其通过丁某给刘某送钱的过程,实际上是丁某起到了沟通关系的作用,丁某的行为构成介绍贿赂罪。

第二种意见认为,被告人丁某的行为构成了行贿罪的共犯。丁某替丙给刘某送钱,已不单单是介绍行贿者与被行贿者认识,而是有了实行行为,即贿赂行为,系行贿罪的共犯。

法院同意第二种意见。正确处理本案的关键在于弄清介绍贿赂罪与行贿罪的共犯之间的关系。

学界一致认为介绍贿赂就是在行贿人与受贿人之间沟通关系、撮合条件,使贿赂行为得以实现的行为。对于介绍贿赂的外延,学界则有不同看法。第一种观点认为,介绍贿赂罪与行贿罪的共犯之间是一种并列关系,介绍贿赂的外延只限于在行受贿双方疏通渠道、传达信息、调和分歧,使贿赂行为得以实现的行为,不包括具体的实行行为,转交财物。第二种观点认为,介绍贿赂罪与行贿罪的共犯之间是一种交叉关系,介绍贿赂行为不仅包括疏通渠道、传达信息、调和分歧等行为,在实施疏通渠道等行为的同时,转交财物的,也应视为撮合条件的范畴之内。法院同意第一种观点。

我国刑法对行贿罪与介绍贿赂罪设置了轻重不同的刑罚,介绍贿赂罪不仅要求"情节严重",而且法定刑为"三年以下有期徒刑或者拘役",行贿罪不要求"情节严重"这一要件,并且最低刑期为"五年以下有期徒刑或者拘役"。其实,介绍贿赂原本就是行贿罪的共犯行为,只是刑法为了体现宽严相济、打击犯罪的目的,特将介绍贿赂从行贿罪的共犯行为之中分离出来,单独定成一个介绍贿赂罪罪名。介绍贿赂行为其实可以看作是犯罪预备行为,为实施犯罪而制造条件。替行贿人转交钱款的行为,实际上是参与到了行贿的具体行为之中。若认为转交行为属于介绍贿赂的外延,对该行为以介绍贿赂罪定罪处罚,重罪轻罚,违背了罪刑相适应的刑法基本原则。

本案中,被告人丁某没有实施进行举荐、创造见面机会、疏通行受贿渠道,从中沟通等行为,直接帮助丙将钱转交给被行贿人,不属于介绍贿赂行为,系行贿罪的具体实行行为,应该构成行贿罪的共犯。

三、介绍贿赂人截留财物时应如何处理

(一) 裁判规则

"截贿"行为,根据具体案件事实的不同,可能成立诈骗罪、侵占罪或者不构成犯罪。第一,无能力介绍贿赂、不打算也没有实施介绍贿赂、没有转交财物谎称已经转交和"多收少送"占有部分款项的,认定为诈骗罪;第二,行为人出于介绍贿赂的故意接受了财物,但后来因为种种原因,并没有实施介绍贿赂的行为,在委托人

要求归还的情况下,拒不归还的,构成侵占罪;第三,行贿人为谋取不正当利益,委托行为人向行贿对象转交财物,但遭到拒绝,行为人乘机将全部贿赂"截留",占为己有,对行贿人谎称贿赂已经转交的,该"截贿"行为属于事后不可罚的行为,不单独构成犯罪,可以在介绍贿赂罪或者行贿罪中得到评价;第四,随意使用委托交付的款项后归还的和委托人没有指定款项用途的,如果没有侵占、为请托人谋取不正当利益等行为,不构成犯罪。①

(二) 规则适用

"截贿"行为可以分为诈骗型的"截贿"行为、侵占型的"截贿"行为、事后不可罚的"截贿"行为和不构成犯罪的"截贿"行为这四种类型。

第一种诈骗型的"截贿"行为,常见的情形包括无能力介绍贿赂、不打算也没有实施介绍贿赂、没有转交财物谎称已经转交和"多收少送"占有部分款项。对该些情形,都应当将相应的犯罪数额认定为诈骗罪。

第二种侵占型的"截贿"行为,构成侵占行为的"截贿"主要是行为人出于介绍贿赂的故意接受了财物,但后来因为种种原因,并没有实施介绍贿赂的行为,在委托人要求归还的情况下,拒不归还。如果行为人一开始并没有明确的行贿对象,接受请托人的请托寻找对象,在没有找到行贿对象的情况下,该交付的款项并没有构成贿赂,应该返还委托人,行为人拒不返还的,应构成侵占罪。又如,行为人接受了请托人的财物,为其进行财物的转交,但还没有转交,所请托的事项已经有了结果,已经不需要行贿,请托人要求返还,行为人不予以归还的,同样可以构成侵占罪。

第三种事后不可罚的"截贿"行为,是指行贿人为谋取不正当利益,委托行为人向行贿对象转交财物,但遭到拒绝,行为人乘机将全部贿赂"截留",占为己有,对行贿人谎称贿赂已经转交。在此种情形下,受托人已经按照委托人的意图实施了行贿行为,无论国家工作人员是否接受,在国家工作人员没有收受或者退还的情况下,受托人是将贿款返还给委托人抑或受托人自己私吞,都不能改变该款项已经成为贿赂的性质,即都属于应该没收的赃款赃物,无论是委托人还是受托人,都是赃物犯罪的本犯,受托人也没有返还该财产的义务。因此,其私吞行为不单独构成财产犯罪,可以在介绍贿赂罪或者行贿罪中得到评价,对该贿款则应予没收。

第四种不构成犯罪的"截贿"行为,包括随意使用委托人交付的款项后归还的和委托人没有指定款项用途的两种情形。对于前一种情形,由于转交贿赂并非行为人的义务,不转交行为不成立犯罪;又因为该款没有被用于行贿,所以也就没有成为赃款,对行为人违背款物的既定用途随意使用的行为,尚无法进行刑法评价。只有在行为人随意使用后拒不归还的情况下,才有可能构成侵占罪。对于后一种

---

① 参见孙国祥:《贪污贿赂犯罪研究》(下册),中国人民大学出版社 2018 年版,第 1043—1049 页。

情形,委托人为谋取不正当利益,请托行为人帮助联系国家工作人员,并给予所谓的活动经费,该费用并没有指定用途。在这种情况下,对于委托人而言,往往关注的是不正当利益的最终取得,至于对交付的款物行为人如何处理,在利益实现的情况下,行为人有无用于行贿,用多少钱行贿,委托人并不特别关心,甚至交付的款项中也心照不宣地包含了所谓的介绍费或辛苦费。如果行为人利用与国家工作人员的特定关系,没有通过行贿就为请托人谋取了不正当利益,事后将所谓活动经费占为己有的,应当据此认定为利用影响力受贿罪。而如果行为人将其中一部分款项占为己有的,应当认定为行为人介绍贿赂所得,作为非法所得没收。①

【指导案例】孙某某介绍贿赂案②

2009年下半年,被告人孙某某得知司某某(另案处理)在运作某市冶炼厂生活服务区经济适用房项目时,未获得该项目的业主某房地产管理局局长王某(已判刑)的支持,孙某某便提议可通过他的同学即王某的妻姐赵某来协调与王某的关系。于是司某某让孙某某出面找赵某帮忙。在赵某的协调下,该项目运作得到了王某的关照。见此,司某某对孙某某说会准备些钱去感谢王某,同时还承诺事成后会给孙某某一定好处。之后孙某某到王某办公室转达了司某某准备送钱给王某以表示感谢之意,王某让孙某某与赵某联系。过后,司某某先后四次拿了10万元现金和20万元的银行卡交给孙某某,让他送给王某。孙某某将其中的18万元通过赵某转交王某,拿1.3万元给赵某,余下的10.7万元占为己有。2011年4月,在王某的关照下,司某某以黔东南州兴宇房地产开发有限责任公司的名义顺利承接了原冶炼厂生活服务区经济适用房项目。

本案中,被告人孙某某在行贿人司某某与受贿人王某之间实施沟通、传递贿赂钱款的行为,侵犯了国家机关管理活动和国家工作人员职务的廉洁性,其行为构成了介绍贿赂罪,公诉机关指控被告人的罪名成立,法院予以支持。

关于被告人孙某某庭审时辩称,其所得的10.7万元系司某某归还其欠款的辩护意见,经查,司某某在侦查机关调查时明确表示,其与孙某某事先讲好,拿钱给孙某某是为了原某市冶炼厂生活服务区经济适用房项目能够顺利办理相关手续,这笔钱与孙某某之间的债务没有任何关系。孙某某在行贿人司某某与受贿人王某之间实施沟通、传递贿赂财物,在未经行贿人司某某同意的情况下,将用于行贿的款项据为己有,所得财物亦属非法所得。因此,对于该辩护意见,法院亦不予采纳。

---

① 参见孙国祥:《贪污贿赂犯罪研究》(下册),中国人民大学出版社2018年版,第1043—1049页。
② 案号:(2014)雷刑初字第82号。

【指导案例】乔某某介绍贿赂案①

2008年年底,被告人乔某某答应给李某某(另案处理)的儿子李某安排工作。2009年上半年,李某某将7万元现金交给乔某某,乔某某将其中的2万元送给时任临汾市尧都区某单位局长的贾某某(另案处理),后李某被安排至临汾市尧都区某单位工作并转正。乔某某将剩余的款项用于个人开支。案发后,乔某某将该款项退还给李某某。

被告人乔某某向国家工作人员介绍贿赂2万元,情节严重,其行为已构成介绍贿赂罪。公诉机关指控罪名成立,法院予以确认。鉴于乔某某当庭自愿认罪,主动退还给李某某剩余的款项,确有悔罪表现,依法可从轻处罚。

【指导案例】茅某生行贿、诈骗案②

2010年12月19日上午,被告人茅某生以要送钱给李某甲为由找计某甲要了5万元,茅某生虚构5万元已送给李某甲的事实,将该款占为己有。

2010年12月20日晚上,被告人茅某生以要送钱给许某某为由找计某甲要了10万元,茅某生虚构10万元已送给了许某某的事实,将该款占为己有。

被告人茅某生以非法占有为目的,在收到被害人让其送给许某某、李某甲等人15万元现金后,虚构钱已经送给许某某、李某甲的事实,将15万元据为己有,该部分事实有检察机关出示的被害人计某甲、计某丁的陈述,证人计某乙、陈某某、方某某、许某某等人的证言,银行交易明细、李某甲、许某某出具的情况说明等书证,茅某生的供述等证据证实,茅某生的行为构成诈骗罪,且系数额巨大。

【指导案例】周某发诈骗案③

2012年5月至2013年3月期间,被告人周某发以非法占有为目的,谎称可以帮助马龙县金鑫烟花爆竹制造有限公司(以下简称"金鑫公司")办理在马龙县的项目建设用地审批手续,并以此为由多次骗取金鑫公司投资人即被害人陈某某大量钱财,具体事实如下:

2012年5月,周某发以去北京找关系需要活动经费为由通过岳某某向被害人陈某某索要15万元。

2012年7月12日,周某发向被害人陈某某鼓吹其北京的朋友说办理建设用地审批手续没有问题,由此获得被害人陈某某提供的经费80万元。

2012年7月22日,周某发以北京的朋友办成审批手续需要四五百万元为由

---

① 案号:(2014)尧刑初字第37号。
② 案号:(2014)宜刑重终字第1号。
③ 案号:(2014)西法刑初字第11号。

向被害人陈某某索要钱财,被害人陈某某在马龙县农村信用合作联社马鸣信用社通过转账方式向周某发的账户转入120万元。

2012年10月20日,被害人陈某某为办理建设用地审批手续让司机朱某某在昆明市西山区湖景酒店给予周某发60万元。周某发诈骗所得款项均用于自己的商业投资及日常消费。后周某发为安抚被害人陈某某,于2013年3月伪造了云南省人民政府办公厅文件审批单,办文字号为办2013-1023号,内容为省政府领导批示同意用地,并将该审批单提供给被害人陈某某。

2013年3月28日,周某发被公安机关抓获。案件侦办过程中,周某发将其在昆都MIX酒吧10%的股份转让给他人,并将转让款100万元退赔给被害人陈某某,取得了被害人的谅解。

被告人周某发以非法占有为目的,虚构事实,隐瞒真相,骗取他人财物,数额达275万元,其行为已构成诈骗罪,且其诈骗数额属特别巨大,依法应处10年以上有期徒刑或者无期徒刑,并处罚金或者没收财产。关于辩护人提出的周某发主观上没有非法占有的目的,客观上没有采用虚构事实或者隐瞒真相的方法骗取财物,其行为不构成犯罪,本案系民事法律纠纷的观点。经查,周某发并无办理本案所涉建设用地审批手续的能力或条件,但仍以此为由多次向被害人陈某某索要钱财,并将钱款用于个人消费或者投资,之后因怕事情败露又伪造省政府办公厅文件审批单安抚被害人,其一系列行为符合诈骗罪的主客观构成要件,故对辩护人的观点,法院不予采纳。周某发认罪态度较好,有一定悔罪表现,法院量刑时酌情对其从轻处罚。周某发已退赔部分赃款给被害人,取得被害人的谅解,法院量刑时亦酌情对其从轻处罚。

【指导案例】姜某某诈骗案①

2012年6月15日,汪某丙因参与聚众斗殴被江山市公安局依法逮捕。因被告人姜某某在江山市公安局当过局领导驾驶员,被害人姜某戊(汪某丙的妻子)经曾某介绍找到姜某某,让姜某某帮忙打点关系,以达到汪某丙被免予刑事处罚或者判处缓刑的目的。姜某某提出要20万元打点关系,并称最差的结果是判缓刑,如果没办成功,则退还姜某戊17万元。姜某戊同意后于当日和7月1日分两次共给姜某某20万元现金。之后,姜某戊多次向姜某某催问案件情况,姜某某均称肯定会办好的。但事实上,姜某某并未为汪某丙判刑一事打点关系。

2012年10月29日,汪某丙被法院依法判处有期徒刑3年2个月。因汪某丙被判处实刑,姜某戊、汪某甲、曾某等人当天即找到姜某某要求其还钱。姜某某称20万元现金已经全部用于汪某丙判刑之事的请客和送礼了,既然事情没有办成

---

① 案号:(2013)浙衢刑终字第204号。

功,三天之内将送出的钱要回,一周内归还给姜某戊17万元。一周之后,姜某戊、曾某等人多次打电话给姜某某,但姜某某手机或是关机或是无人接听。2012年11月26日,曾某和汪某乙、刘某在衢州友好饭店找到姜某某,要求姜某某将17万元钱退还姜某戊。姜某某称没有钱。

上诉人姜某某以非法占有为目的,采用虚构事实的方法,骗取他人财物,数额巨大,其行为已构成诈骗罪。原审根据姜某某的犯罪事实,对其定罪及所处的刑罚并无不当。认为姜某某不构成犯罪,请求二审予以改判的上诉、辩护意见依据不足,不予采纳。姜某某骗得20万元后从未为汪某丙之事向他人行送过财物,认为属介绍贿赂行为的辩护意见依据不足,亦不予采纳。

第十六章 单位行贿罪

一、如何认定单位领导个人决定的行贿行为

(一) 裁判规则

单位意志与个人意志的区分和是否为单位谋取利益是判断构成单位行贿罪还是个人行贿罪的关键所在。[①] 具体而言,应当通过行贿决策的作出、行贿资金的来源和不正当利益是否归于单位三个方面的审查作出认定。

(二) 规则适用

单位行贿罪,是指单位为谋取不正当利益而行贿,或者违反国家规定,给予国家工作人员以回扣、手续费,情节严重的行为。其特点是:由单位集体研究决定或者由其负责人决定以单位名义实施,获取的不正当利益也归单位所有。若因行贿取得违法所得归个人所有的,按照个人行贿处理。辨别单位行贿罪与行贿罪,要从对证据甄别入手。第一,审查行贿决策的作出。有无证据证实行贿行为事先经过单位集体讨论决定,或者单位主要领导决定,或者经上级单位批准或事后追认;第二,审查行贿资金的来源。有无单位的董事会或办公会会议记录、财务支出凭证、借据、银行流水等书证,有无单位财务人员的证言,有无董事会成员或单位其他主管或直接责任人员的证言等。第三,审查不正当利益是否归于单位。行贿行为发生后,单位获得了什么不正当利益,审查相关的合同、协议、凭证等书证,以及言辞证据。

【指导案例】刘某甲受贿、行贿案[②]

2009年间,上诉人刘某甲为使所在单位获得勘测工程业务而与韦某乙密谋,约定由韦某乙向番禺供电局领导推荐广东省国土资源测绘院海测队承接勘测工程,同时给予韦某乙一定比例的回扣。其后,韦某乙先后向番禺供电局领导成

[①] 参见案号:(2015)穗中法刑二终字第85号裁判理由。
[②] 案号:(2015)穗中法刑二终字第85号。

功推荐了广东省国土资源测绘院海测队承接"220 千伏某甲龙变电站工程""广深港客运专线 220 千伏某乙至鱼窝头牵引站架空线路工程"的征地测量及详查工程等。事后,刘某甲个人出资两次共贿送 2.2 万元给韦某乙。

对于上诉人刘某甲上诉称其是单位行贿的意见,经查:在本案现有证据显示,没有证据表明刘某甲是受单位授权或者委托,以单位的名义行贿韦某乙。无论事前事后均无证据证实其单位领导对此事认可或追认。再看其行贿资金的来源,现有证据明确证实行贿款是刘某甲个人资金。虽然其称事后经领导同意,并用普通发票向财务报账,但单位领导均否认有此事,也未有财务人员和书证证实该款项来自于单位。最后看利益归属,其虽然是为单位承接工程而行贿韦某乙,但也是为了其个人工作业绩提升,二者存在交叉。因此,原审判决认定刘某甲是个人行贿,构成行贿罪,是正确的。但同时在量刑时考虑到上诉人有为单位谋取利益的方面,且在被追诉前主动交代行贿行为,行贿数额刚刚超过追诉标准,依法可以免予刑事处罚。上诉人及其辩护人关于单位行贿的意见,证据不足,法院不予采纳。

【指导案例】吴某环行贿案[①]

2005 年 8 月 1 日,李某超、周某东以福建永立信阀门制造有限公司(以下简称"永立信公司")的名义与禾嘉实业集团有限公司(以下简称"禾嘉实业集团")控股的四川省自贡高压阀门股份有限公司(以下简称"自贡高阀公司")签订合作合同,承包经营自贡高阀公司。2006 年 1 月 3 日,李某超与自贡高阀公司、永立信公司签订协议书,约定永立信公司在承包合同中的权利义务由李某超承接。李某超与被告人吴某环、周某东、苏某良、洪某坑、周某军等五人商定共同承包自贡高阀公司,其中吴某环在承包经营中占 80%的份额,并担任自贡高阀公司总经理。之后,李某超、周某东为规避自贡高阀公司原有债务关系,避免投资款被自贡高阀公司原债权人追索,该二人成立自贡高阀销售公司,各占股 90%、10%。该销售公司未开展实际经营活动。2009 年,承包合同发生纠纷,吴某环主张起诉自贡高阀公司与禾嘉实业集团,但李某超不愿意打官司,吴某环便以向李某超出具承诺书的方式获取该合同纠纷案的全部自主权,并约定若案件胜诉,吴某环将付给李某超和周某东投资份额相对应的投资款,即每人 150 万元,其余收益均归吴某环所有,诉讼成本亦由吴某环承担。对此,周某东等其他合伙人不具体知情。2009 年至 2012 年,吴某环以李某超的名义向法院起诉自贡高阀公司与禾嘉实业集团,请求法院判处自贡高阀公司与禾嘉实业集团支付补偿费 6000 万元,并请时任四川省人大常委会副主任的郭某祥(另案处理)为该合同纠纷案的处理提供帮助,为此先

---

① 参见竹莹莹:《单位行贿与个人行贿的界分》,载《人民司法(案例)》2016 年第 29 期。

后四次送给郭某祥共计220万元。

2009年至2013年,吴某环为谋取通州建总集团有限公司(以下简称"通州建总公司")项目承包人金某承诺给予的工程中介费,请时任中国石油四川石化有限责任公司原副总经理姜某祥(另案处理)帮助通州建总公司承接工程,先后送给姜某祥欧元5万元、美元10万元,共计折合人民币109.25万元。

另查明:金某与通州建总公司系内部承包关系,金某以通州建总公司的名义承接工程,所得工程款向公司上交管理费后其余归个人所有,自担成本,自负盈亏。

被告人吴某环等人组成的承包合伙体不符合单位行贿罪的主体要求,吴某环向郭某祥行贿不代表其他合伙人意志,系其个人行为;吴某环与金某共同向姜某祥行贿5万欧元以获得承揽工程的机会,应认定两人共同行贿,吴某环从中获取好处费330万元,属非法利益。吴某环及其辩护人提出的上诉理由和辩护意见均不能成立。

本案审理过程中对被告人吴某环的行为属于谋取不正当利益无分歧意见。吴某环为达个人经济目的,通过请托郭某祥向有关政法系统领导"打招呼",干扰人民法院正常审判活动,违反了宪法和刑事诉讼法"人民法院依照法律规定独立行使审判权,不受行政机关、社会团体和个人的干涉"的规定,应认定为谋取不正当利益;吴某环为获得巨额中介费,通过请托姜某祥向有关人员"打招呼",为金某及通州建总公司谋取承揽项目竞争优势,亦应认定为谋取不正当利益。

本案争议的焦点,一是被告人吴某环作为承包合伙体的一员,以向其他部分成员出具承诺书的方式获取关于承包合同纠纷案的处理权,后在其他成员不知情的情况下向郭某祥行贿220万元,该行为属于个人行贿,还是单位行贿?二是吴某环为帮助通州建总公司的项目承包人金某承揽工程而向姜某祥行贿折合190.25万元,该行为属于个人行贿,还是单位行贿?

对于上述问题,有不同意见。第一种意见认为,被告人吴某环向郭某祥行贿、向姜某祥行贿均属于个人行贿,全案定行贿罪。第二种意见认为,吴某环向姜某祥行贿属于个人行贿;向郭某祥行贿属于单位行贿。理由是:吴某环处理承包合同纠纷案得到了合同实际主体李某超的授权,其决定打官司并为此向郭某祥行贿,虽然未经包合伙人全体研究决定,但是其事实上是为了所有合伙人的利益,若案件胜诉则全体获益,因此该笔事实属承包合伙体的单位行贿。又由于承包合伙体未真正成立合伙企业,而是设立了自贡高阀销售公司,故可以转而认定自贡高阀销售公司是本案单位行贿罪的主体。由此主张全案应定自贡高阀销售公司、吴某环构成单位行贿罪,吴某环另外构成行贿罪。第三种意见认为,吴某环向郭某祥行贿属单位行贿,理由同上;向姜某祥行贿亦属单位行贿。理由是:吴某环与金某共同向姜某祥行贿5万欧元,以及吴某环单独向姜某祥行贿10万美元,均出于帮助通州建总公司承揽工程的目的,虽然姜某祥与金某均能从中获利,但工程合同的签订方是通州建总公司,行贿利益的最终归属也是通州建总公司,因此通州建总公司是单位行贿罪的主体。由此主张全案定自贡高阀销售公司与吴某环构成单位行贿罪,通州建总公司与吴某环构成单位行贿罪。

经研究,审判机关同意第一种意见。区分个人行贿与单位行贿的关键在于如何分析判断行贿主体、行贿意志、行贿利益归属这三个方面。结合本案情况,具体阐述如下:

1. 被告人吴某环为谋取不正当利益,请托郭某祥给有关政法系统领导"打招呼",干扰司法公正,为此送给郭某祥220万元的行为,系个人行贿,应认定为行贿罪。

首先,从行贿主体分析。行贿罪的主体是个人,即自然人。单位行贿罪的主体是单位。根据《刑法》第30条及最高人民法院《关于审理单位犯罪案件具体应用法律有关问题的解释》的有关规定,单位一般是指公司、企业、事业单位、机关、团体等。刑法理论界与司法实务界对单位行贿罪的主体包括具备法人资格的私营企业已无争议,但对是否包括合伙企业尚未形成定论。一种观点认为,合伙企业是两个以上合伙人共同出资、合伙经营、共享收益、共担风险并对合伙企业债务承担无限连带责任的营利性组织,合伙企业不具有法人资格,合伙企业的财产与合伙人的财产没有完全分离,因此不能独立承担责任。合伙企业即使触犯刑律,也属于合伙人为自己的利益而实施的共同犯罪,其刑事责任由合伙人共同承担,故不能成为单位行贿罪的主体。另一种观点认为,我国刑法规定的单位犯罪不等于也不限于法人犯罪,单位行贿罪中的企业主体不必要求具有法人资格。合伙企业不是合伙人的简单相加,其经依法注册登记设立,有自己的名称、场所和合伙财产,依据合伙协议进行运作,虽不能与法人企业相比,但仍具有一定的独立性,因此可以成为单位行贿罪的主体。法院赞同后一种观点。类比2001年1月最高人民法院《全国法院审理金融犯罪案件工作座谈会纪要》规定的"以单位的分支机构或者内设机构、部门的名义实施犯罪,违法所得亦归分支机构或者内设机构、部门所有的,应认定为单位犯罪。不能因为单位的分支机构或者内设机构、部门没有可供执行罚金的财产,就不将其认定为单位犯罪,而按照个人犯罪处理",不论合伙企业有无可供执行罚金的财产,均不能否定其具有区别于合伙人的相对独立性,因此在合伙企业实施行贿行为、利益归属合伙企业的情况下,将其作为单位行贿罪的主体具有合理性。不过,合伙企业可以成为单位行贿罪的主体,并不意味着尚未注册登记成立企业的合伙人团体也可以成为单位行贿罪的主体,因为合伙体是各合伙人组成的共同体,虽有股权确认书等协议,但仍具有松散、不稳定、不独立的特点。结合本案分析,被告人吴某环与李某超、周某东等人为承包自贡高阀公司而形成了合伙体,但未正式成立合伙企业。吴某环、李某超等人组成的合伙体没有自己的名称和独立财产,无法区分其利益与各合伙人利益的界限,自然也无法以自己的名义对外承担法律责任,因此不能成为单位行贿罪的主体。至于后来成立的自贡高阀销售公司是李某超、周某东两人为规避债务纠纷、保护投资款安全而成立的企业,吴某环未占股,未担任法定代表人或实际控制人,不能代表该公司进行决策,因此不能将该公司视为为承包事宜成立的合伙企业,吴某环也没有以自贡高阀销售公司的名义去处理承包合同纠纷,因此本案审理过程中认为自贡高阀销售公司作为承接合伙体的公司,可以作为单位行贿罪主体的观点不正确。

其次,从行贿意志分析。行贿罪体现的是个人意志,单位行贿罪体现的是集体意志,集体意志是单位决策机构按照决策程序形成的。本案中,被告人吴某环供述:"周某东等其他股东没有参与打官司这个事,李某超也不愿意打,但是我不一样,我是大股东,坚持要打,所以我和李某超商量这个官司由我一个人打,找关系和官司费用都由我个人出,官司的风险也由我独自承担,给郭某祥送钱是我个人行为,也没告诉过别人";吴某环为表明其诉讼行为与李某超无关,还向李某超出具了承诺书,内容为:"本人郑重承诺,在履行承包合同期间,如涉及违法犯罪行为,由本人承担,与你无关。"股东李某超、周某东的证言与吴某环的供述及承诺书相印证,其中李某超证实:"吴某环以我的名义打官司,具体情况不清楚,不知道他在打官司过程中是否找过相关人员帮忙,也不知道郭某祥这个人,周某东也没有参与打官司。"周某东证实:"我知道李某超和自贡高压阀门公司在打官司,吴某环在具体负责,他们没给我说过打官司的情况,我不清楚。"其他三名股东的证言亦证明他们对吴某环打官司、向郭某祥行贿等不知情。上述证据表明,吴某环个人决定为承包经营合同纠纷案的处理而向郭某祥行贿 220 万元,行贿款项来源于其本人,行贿行为由其一人实施,承包合伙体的其他成员对吴某环向郭某祥送钱一事均不知情,故不能认定行贿事宜出自承包合伙体的集体意志。

最后,从行贿利益归属分析。行贿罪是为个人谋取不正当利益,单位行贿罪是为单位谋取不正当利益。本案中,虽然被告人吴某环设想其若赢了承包合同纠纷案从而获得赔偿款后,其将分别支付给股东李某超、周某东 300 万元,这看起来其与李某超、周某东有可能利益均沾,但这并非吴某环的主要目的。根据吴某环在向郭某祥行贿时所表达的意愿、其与禾嘉实业集团老板夏某嘉的电子邮件以及其向法院提交的和解方案等来看,吴某环事实上期待从诉讼中获取的赔偿款是 6000 万元,除支付李某超和周某东共计 600 万元外,巨额余款都将归属吴某环个人所有。换言之,吴某环承诺给予李某超和周某东各 300 万元,无非是其买断承包合同纠纷案全部处理权的对价,并非为了与其他人利益均沾。归根结底,吴某环向郭某祥行贿是为了其个人利益。吴某环辩称是为了自贡高阀销售公司全体股东的利益而行贿,其辩护人称吴某环是为了承包合伙体全体合伙人利益而行贿的辩解和辩护意见均不能成立。

2. 被告人吴某环为谋取不正当利益,请托姜某祥给中石油相关领导"打招呼",帮助金某承接工程项目,为此送给姜某祥5万欧元、10万美元的行为,系个人行贿,亦应认定为行贿罪。

下文将在厘清金某与通州建总公司、被告人吴某环与金某之间的关系基础上,结合行贿主体、行贿意志和行贿利益归属三个方面进行综合阐述。

首先,从金某与通州建总公司的关系分析。公司的项目承包人为承揽工程项目向他人行贿,公司是否成为单位行贿罪的主体?该问题不能一概而论。如公司对项目承包人有资产投入或将公司设备交由承包人经营使用,承包人向公司交纳管理费后对外以公司名义开展经营活动,这种情况下,公司与承包人之间的关系较为密切,公司只是将具体经营权转给了承包人,但依然享有对部分财产的所有权,对于承包人为承揽项目而以公司名义向他人行贿且事实上公司从中获利的,公司可以成为单位行贿罪的主体。如公司对项目承包人没有资产投入,仅仅提供营业执照,承包人自己投资并负担经营成本,扣除管理费后所有盈利均归个人所有,这种情况下,公司与承包人相对脱离,承包人虽然以公司的名义实施行贿行为,但行贿所获不正当利益主要归个人所有,故应以个人行贿论处。若不分具体情况,仅仅因承包人向公司交纳一定比例的管理费,而认定承包人行贿是为公司创造利益,从而判断其行为均属单位行贿行为,是不妥当的。结合本案而言,金某是通州建总公司的项目承包人,通州建总公司除了向金某提供公司资质外,不进行任何投资或设备投入,金某承揽项目过程中自己承担材料费、人工费、税款等成本,在向公司交纳管理费后所有利润归个人所有,若入不敷出,则亏损也由金某一人承担,因此本案属上述第二种情形。金某为承揽工程,个人出资向姜某祥行贿,虽然客观上会给通州建总公司增加收入,但根本目的是为了自己通过承揽工程而获取利润,实质是个人行贿行为。从通州建总公司的角度说,该公司对金某一方既没有投入,也不具体参与工程承揽事宜,对金某行贿一事不知情,行贿资金亦与其无关,因此不能认定通州建总公司是单位行贿罪的主体。

其次,从被告人吴某环与金某之间的关系分析。(1)关于吴某环与金某一起向姜某祥行贿5万欧元一笔。虽然5万欧元行贿款来自金某,行贿直接目的是为金某承揽项目,吴某环的行为似有牵线搭桥的意味,但事实上吴某环积极追求请托事项的成功,不仅是为金某与姜某祥牵线搭桥,更重要的是为了自己从中获取巨额利益,即金某允诺的工程标的额5%的好处费。吴某环的行为性质已超出介绍贿赂的范畴,属于为谋取不正当利益而向国家工作人员行贿的性质,与金某构成行贿罪的共犯。(2)关于吴某环单独向姜某祥行贿10万美元一笔。吴某环的目的是为继续从金某处获得工程项目中介费,同时在金某面前表现出他"打通高层领导"的能耐,吴某环瞒着金某向姜某祥送了10万美元,通过姜某祥给中石油云南石化副总经理杨某让等人"打招呼",从而帮助金某拿到了云南石化项目。该笔行贿款项来自于吴某环本人,金某对行贿过程不知情,因此本起行贿系吴某环个人行贿。

综上,被告人吴某环的行为构成行贿罪。

【指导案例】黄某裕单位行贿罪①

2006年至2008年间,被告人黄某裕作为被告单位鹏房公司及国美公司的法定代表人,在得知公安部经侦局北京总队正在查办鹏房公司涉嫌犯罪案件及北京市公安局经侦处对国美公司涉税举报线索调查后,经与被告人许某民预谋,直接或指使许某民向时任公安部经侦局副局长兼北京总队总队长的相某珠提出,在侦办鹏房公司、国美公司上述案件中给予关照的请托。其间,黄某裕单独或指使许某民给予相某珠款、物共计价值106万余元。

2006年至2008年间,国税总局稽查局在全国范围内对被告单位国美公司进行税务大检查。黄某裕作为国美公司的法定代表人,经与许某民预谋,直接或通过北京市公安局经侦处民警靳某利(另案处理)联系介绍,多次分别宴请负责全国税务检查领导工作的国税总局稽查局孙某淳及具体承办税务检查的北京国税稽查局工作人员梁某林、凌某(均另案处理),黄某裕、许某民及靳某利均向孙某淳等三人提出关照国美公司的请托。黄某裕先后单独或指使许某民给予靳某利共计150万元,给予孙某淳共计100万元,给予梁某林、凌某各50万元。

被告人黄某裕作为被告单位国美公司、鹏房公司的法定代表人,与被告人许某民共谋,为两被告单位谋取不正当利益,单独或伙同许某民向国家执法机关的工作人员提出请托,并给予国家机关工作人员财物,数额巨大,情节严重,两被告单位和黄某裕、许某民的行为均已构成单位行贿罪,黄某裕、许某民构成单位行贿的共同犯罪。

鉴于被告人黄某裕作为被告单位国美公司、鹏房公司的法定代表人,在被采取强制措施后,如实供述了司法机关不掌握的部分单位行贿的犯罪事实,可认定黄某裕及国美公司、鹏房公司均具有自首情节,故依法对黄某裕和国美公司、鹏房公司所犯单位行贿罪分别予以从轻处罚。

二、如何认定单位行贿罪中的不正当利益

(一)裁判规则

不正当利益的不正当性体现在请托事项的违法性或违反政策性上,包括两种情形:一种是违反法律、法规、国家政策和国务院各部门规章规定的利益;另一种是国家工作人员或者有关单位提供的违反法律、法规、国家政策和国务院各部门规章规定的帮助或者便利条件。对于利益本身正当与否的判断存在不确定性的情况下,应结合取得该利益的手段的性质作为利益正当与否认定的依据。如果取得该利益的手段不正当,则应当认定该利益是不正当利益。认定这种手段的正当

---

① 参见《北京市第二中级人民法院(2010)二中刑初字第689号刑事裁判书》,载《刑事审判参考》2012年第2集(总第85集),第272页。

与否的依据也应当是法律、法规、国家政策、部门规章的有关规定。

(二) 规则适用

在不正当利益的认定上需要解决两个问题:一是不正当利益的认定依据及形式;二是谋取不正当利益的行为表现形式。

第一个问题是不正当利益的认定依据及形式。1999年最高人民法院、最高人民检察院《关于在办理受贿犯罪大要案的同时要严肃查处严重行贿犯罪分子的通知》第2条规定:"'谋取不正当利益'是指谋取违反法律、法规、国家政策和国务院各部门规章规定的利益,以及要求国家工作人员或者有关单位提供违反法律、法规、国家政策和国务院各部门规章规定的帮助或者方便条件。"该规定明确了不正当利益构成的条件和形式。

首先,不正当利益的不正当性体现在请托事项的违法性或违反政策性上,即请托事项违反了法律、法规、国家政策和国务院各部门规章的规定,认定违法或违反政策与否的依据只能是法律、法规、国家政策和国务院各部门制定的行政规章,国务院或国务院各部门制定的非法规、规章的一些规定、制度以及地方政府制定的规章或政策都不能成为认定利益正当与否的依据。作为认定利益正当与否依据的国家政策,应是有关中央机关,如中共中央、全国人大、中央政府等明示化、规范化的政策,可以以报告、文件等形式出现,有的甚至写入了法律、法规之中,如计划生育政策等。

其次,根据"两高"的规定,不正当利益包括两种情形:

一是违反法律、法规、国家政策和国务院各部门规章规定的利益。这是一种实体上的不正当利益,多是一种财产性利益或与财产性利益有直接联系的一种利益,如取得某种资质等。这种利益既包括按照有关法律、法规、国家政策和部门规章的规定,行为人不应得到而意图获得的利益,如不具备相应的投标资质,而意图取得投标资格参与投标并最终中标;也包括按照有关法律、法规、国家政策和部门规章的规定,行为人应履行某项义务而意图免除的该项义务,如行为人有缴纳税款的义务,而意图免除该项义务,或者应被剥夺某项权益而意图保留该项权益,如违反交通规则应被罚款,而意图免除罚款的行政处罚等。

在判定是否存在不正当利益时,有一种情况需要引起注意,即行为人在请托某个事项的过程中,可能会产生一种附带的利益。这种利益不一定是行为人的请托事项,但与请托事项存在一定的关联性,该利益正当与否与请托事项的正当与否无关。我们在讨论行为人是否获取了不正当利益时,往往只关注请托事项的正当与否,而忽略了在请托过程中可能存在的附随的某些不正当利益。如某企业正被有关单位调查,行为人请托有关人员尽快结束调查,在请托过程中,就可能会涉及有关调查的进展情况。如果这一情况法律、法规或部门规章规定不能告诉当事人,而有关人员告诉了行为人,则行为人知道了不应知道的某个信息,实际获得了一种不正当利益。这种利益虽不是行为人的最终目的,但属于在实现请托事项的过程中必然或有极大可能取得的利益。法院认为,这种利益行为人虽在请托时未明示,但也应认定为是请托事项的一部分,作为认定请托事项正当与否的一个内容。如果这种利益违反了法律、法规、国家政策或部门规章的规定,即便行为人意图最终谋取的利益是正当的,也应认定行为人具有谋取不正当利益的故意。

二是国家工作人员或者有关单位提供的违反法律、法规、国家政策和国务院各部门规章规定的帮助或者便利条件。该种利益系行为人为实现某种实体利益而要求国家工作人员违反规定给予的一种不正当帮助行为,该行为的不正当性与最终谋取的实体利益的正当与否无关。

第二个问题是谋取不正当利益的行为表现形式。这是在实践中争议较大的问题。有观点认为,如果将通过采取不正当手段获取的利益均认定为不正当利益,由于行贿本身就是一种不正当手段,那么所有通过行贿手段获取的利益均将被认定为不正当利益,刑法将不正当利益规定为行贿罪的构成要件就将失去意义。对此,应当具体问题具体分析。

首先,应当明确我们所要评价的利益对象。一般情况下,行为人的请托事项就是我们需要评价正当与否的利益对象。如前所述,这可以是实体上的一种利益诉求,也可以是为获得某种实体利益而提出的在程序上给予的一种帮助或便利。但在某些情况下,如前所述,我们也必须看到,行为人在获得请托事项的过程中,可能存在的与请托事项有关联但并非请托事项的某些利益,这些利益也应当纳入我们进行正当与否评价的利益对象之中,作为认定行贿罪的依据之一。

其次,在实体利益的正当性比较确定时,如某企业具备申请领取营业执照的所有要件时,给该企业颁发营业执照就是一种确定的正当利益,对此,法院认为,不能仅仅因为该利益是通过采取行贿这一不正当手段获取的,就一概认定为不正当利益。但实践中也存在这样一些情况,如在有弹性裁量权的情况下,利益正当与否就存在一种不确定性,不太容易判断。如几个单位一起参与投标,所提出的方案各有利弊,其中一个单位给有关人员"打招呼",从而影响了招标委员会的投票,最终该单位中标。该单位中标是否属于不正当利益在实践中就存在分歧,原因在于在包括该单位在内的几个单位都符合中标要求的情况下,决标行为本身具有一定的弹性,即便不"打招呼",该单位也存在中标的可能性。仅从形式上看,很难认定该单位不应当中标。又比如,某企业逃税需要给予罚款的行政处罚,该企业找到有关人员"打招呼",后税务机关作出了给予该企业一定金额的罚款决定。由于行政处罚一般有一定的自由裁量幅度,只要处罚金额在一定幅度内,就很难说处罚不当,因此仅从是否处罚及罚款金额多少很难认定该企业因此获得了不正当利益。实际上,对于该企业是否获得利益或所获利益的性质可以两说,既可以认为如果不"打招呼",也有可能只罚这么多甚至更少,则该企业就没有获得不正当利益甚至有损其利益;但从另一个角度,也可以说,如果不"打招呼",可能会罚款更多,那么,该企业就获得了不正当利益。在这种认定利益正当与否没有单一、确定标准的情况下,我们不能再孤立地将请托事项的正当与否来作为认定是否构成行贿罪的依据。

对于利益本身正当与否的判断存在不确定性的情形下,应结合取得该利益的手段的性质作为利益正当与否认定的依据。如果取得该利益的手段不正当,则应当认定该利益是不正当利益。当然认定这种手段的正当与否的依据也应当是法律、法规、国家政策、部门规章的有关规定。之所以这么认定,首先,利益本身正当与否在形式上存在弹性的情况下,只有程序公正,才能保证该利益的实质公正及实质合法性。也只有在这种情况下,才能说该利益具有实质正当性,属于正当利益。而通过不正当手段获取的此种利益,只具有形式上可能的正当性,这种形式上可能的正当性利益不等同于正当利益,不能作为否定行为构成行贿罪的依据;其次,这种形式上的所谓正当利益,就是我们在实践中经常遇到的,行为人所谓在法律许可的范围内给予帮助的请托事项。这种在表面上合法、合规的请托,实质上破坏了公平、公正的原则,本质上是一种违法、违规的请托,是一种实质上的不正当利益,如果不加以打击,将危及社会的法治基础。因此,在一定条件下,通过不正当手段取得的所谓正当利益,应认定为行贿罪中的不正当利益。

【指导案例】国美电器有限公司等单位行贿案①

2006年至2008年间,被告人黄某裕作为被告单位鹏房公司及国美公司的法定代表人,在得知公安部经侦局北京总队正在查办鹏房公司涉嫌犯罪案件及北京市公安局经侦处对国美公司涉税举报线索调查后,经与被告人许某民预谋,直接或指使许某民向时任公安部经侦局副局长兼北京总队总队长的相某珠提出,在侦办鹏房公司、国美公司上述案件中给予关照的请托。其间,黄某裕单独或指使许某民给予相某珠款、物共计价值106万余元。

2006年至2008年间,国税总局稽查局在全国范围内对被告单位国美公司进行税务大检查。黄某裕作为国美公司的法定代表人,经与许某民预谋,直接或通过北京市公安局经侦处民警靳某利(另案处理)联系介绍,多次分别宴请负责全国税务检查领导工作的国税总局稽查局孙某淳及具体承办税务检查的北京国税稽查局工作人员梁某林、凌某(均另案处理),黄某裕、许某民及靳某利均向孙某淳等三人提出关照国美公司的请托。黄某裕先后单独或指使许某民给予靳某利共计150万元,给予孙某淳共计100万元,给予梁某林、凌某各50万元。

根据《刑法》第393条的规定,单位行贿罪是指单位为谋取不正当利益而行贿,或者违反国家规定,给予国家工作人员以回扣、手续费,情节严重的行为,至于

---

① 参见谭劲松、赵瑞罡:《单位行贿罪中的不正当利益》,载《人民司法(案例)》2011年第10期。

利益是否实际取得,不影响对行为性质的认定。在本案有关单位行贿的事实中,给予国家工作人员贿赂这一事实没有争议,但在被告人黄某裕等人的请托是否合法、该请托是否属于不正当利益等问题上存在分歧。一种意见认为,黄某裕等人在有关执法机关调查案件过程中,私自约见并宴请有关执法人员,违反了相关国家机关办理案件的有关规定,给有关执法人员施加了不正当影响,干扰了正常的执法工作,这种程序上的违法性,也是不正当利益的一种形式;另一种意见则认为,黄某裕等被告人向有关人员提出的保密调查、提请并案、尽快结案的请托,是一种要求有关执法人员在执法过程中注意执法方式,以保护企业合法权益的正当请求,并非为谋取不正当利益。

本案判决中认定被告人黄某裕等人单位行贿事实中涉及的请托事项主要是:(1)请托相某珠在查办鹏房公司虚假贷款按揭问题中给予帮助,尽快结案;将公安部移交北京市公安局查办的国美公司涉嫌偷税的案件提至相某珠主管的经侦局北京总队,与鹏房公司案并案调查。(2)亲自或通过靳某利请托孙某淳、梁某林、凌某在国税总局、北京国税局不公开检查国美公司税务情况并给予关照。

如果孤立地看,表面上,由于现有证据无法证明上述请托事项的内容违反了法律、法规、部门规章的规定,因此不能直接认定上述请托事项为不正当利益,即上述请托事项具有形式上的合法性。辩方正是以此认为被告人黄某裕等人没有谋取不正当利益,不构成单位行贿罪。

但法院认为,现有证据不能证实上述请托事项为不正当利益并不意味着上述请托事项就具有实质的正当性,上述请托事项,尤其是一些比较含糊的在法律许可的范围内给予帮助、关照之类的请托事项,本身就存在一定的弹性。如国美涉嫌偷税案,既可由北京市公安局查,也可由经侦局北京总队查,提级并案的目的很清楚,就是为了相某珠更好、更方便地关照国美公司;又如在有关机关发现国美公司存在税务问题决定处罚时,对于给予的处罚内容也存在一定的弹性,在该弹性范围的上下限内,很难用证据证明上述请托事项是一种不正当利益。那么,在此种情况下,判断是否存在不正当利益时,如前所述,我们就不能孤立地看请托事项的正当与否,而应结合为达成请托事项所采取的手段。从本案看,被告人黄某裕等人的行为并非仅仅侵犯了国家工作人员的廉洁性,其手段的不正当性不仅仅体现在贿赂国家工作人员这一事实上,更重要的是,黄某裕等人的行为侵犯了国家为保证查办案件的公正性而制定的有关国家工作人员查办案件时应遵守的回避制度,这种程序的公正性在处理可能存在弹性结果的情况下尤为重要,在不公正程序下取得的合法利益只是形式上的正当利益,并不具有实质正当性。本案判决认定黄某裕等人的行为在客观上对办案人员施加了不正当影响,干扰了正常执法工作,从而认定黄某裕等人谋取了不正当利益,实际就是认为这些行为破坏了程序的公正性,从而使形式合法的请托事项具备了实质上的不正当性。

第十七章　巨额财产来源不明罪

一、巨额财产来源不明罪是持有型犯罪还是违背义务的不作为犯罪

（一）裁判规则

巨额财产来源不明罪是违反义务的不作为犯罪。不是由于行为人持有来源不明的巨额财产这一行为（持有巨额财产如果能够说清楚来源并不会承担刑事责任），而是由于"拒不说明或者无法说明巨额财产的合法来源"这一行为，使行为人承担该罪的刑事责任。正因为是不作为犯，在涉及刑法溯及力时，犯罪实行行为的时点应包括犯罪行为被查处时。

（二）规则适用

刑法理论就本罪的行为性质有"不作为说""持有说"和"复合行为说"三种观点分歧。

"不作为说"认为，本罪在客观方面表现为，行为人不能说明其明显超过合法收入的巨额财产的合法来源，其本质特征在于行为人"不能说明"这一行为。行为人在拥有"巨额财产"的情况下，负有说明其真实来源的义务。不予说明违背的是作为义务，应属于真正的不作为犯。本人不能说明来源的，包括"拒不说明"以及作"虚假说明"两种情况。作"虚假说明"实际上是"拒不说明"的一种特殊表现形式，本质上仍是"拒不说明"，在这种能够说明而不说明的情况下，行为人构成不作为形式的犯罪。

"持有说"认为，本罪属于持有型犯罪。这是因为本罪强调的是巨额财产的既存现状而不是现状的发源；其客观方面表现为行为人持有或拥有超过其合法收入且来源不明的巨额财产，其本质特征在于行为人持有来源不明的巨额财产，而不是不能说明巨额财产来源合法的行为。换言之，该观点主张，从刑法条文规定"差额部分以非法所得论"来看，本罪并非只是拒不说明或者隐瞒财产来源的行为，更重要的是拥有来源不明的巨额财产。

"复合行为说"认为，本罪的客观方面，应当由表现为作为形式的非法获取巨额财产和表现为不作为形式的拒绝说明巨额财产来源双重行为复合而成，非法获

取巨额财产行为相对于拒绝说明巨额财产来源行为而言称为先行行为,而拒绝说明巨额财产来源行为相对于非法获取巨额财产行为而言则称为后继行为。先行行为与后继行为两者具有内在的、必然的、密不可分的因果关系。"消极构成要件说"认为,巨额财产来源不明罪条文中"不能说明来源"规定不是积极的构成要素,而属于消极的构成要素,即如果能够说明财产来源的,成立阻却违法事由。[①]

应当说,对于本罪性质的诸多观点,不管是"持有说""不作为说"还是"复合行为说",均存在无法克服的矛盾。

"持有说"将行为人持有或拥有超过其合法收入且来源不明的巨额财产,作为该罪可罚性的根据。但司法机关责令其说明来源而行为人不能说明,只是一种程序性条件而非实体条件。况且,"持有型犯罪的对象往往要么是违禁品要么是法律禁止的物品,本罪的对象是财产,并不完全符合持有型犯罪的行为模式特征,且行为人持有来源不明的巨额财产仅是构成巨额财产来源不明罪的前提条件。如果行为人具有财产、支出明显超过合法收入,差额巨大的情况,他说明了来源的不法之处且有其他证据印证,则不构成巨额财产来源不明罪,而以其他相应的罪名论处"。同时,"持有说"的不周全性还表现为,过度前置了犯罪行为导致处罚范围的过度扩张。在先行确定行为人财产来源不明的情况下,责令行为人说明财产来源,实际上就等于让犯罪嫌疑人、被告人承担了自证无罪的义务。这种让行为人自证清白的做法本身就缺乏正当性。如果让行为人承担证明责任就等于从程序上加重了犯罪嫌疑人、被告人的证明负担,这是与有利于犯罪嫌疑人、被告人的原则相冲突的。因此,在不能解决上述问题的情况下,"持有说"无法克服其自身存在的矛盾。

"不作为说"设定行为人有说明财产来源合法的义务,将拒不说明作为本罪的可罚根据。对于这种特定义务来源,有论者认为来自国家工作人员财产申报制度,但是,我国目前尚无完备的国家工作人员的财产申报制度。我国现行的财产申报制度尚无法成为巨额财产来源不明罪的前置法,无法提供特定义务来源。还有一部分学者认为,分则条文中规定的"可以责令该国家工作人员说明来源"就是对先行义务的设定,这种观点也是不恰当的。因为"纯正的不作为犯罪的作为义务是由其他法律规定,而被刑法所认可,具有法律规定的双重性"。只有刑法确定的义务内容而无相应的法规同时予以规定,不能作为特定义务的依据。另外,只有在违背先行义务的事实业已存在时,才可能出现不作为犯罪。因而不作为犯罪的先行义务必须在犯罪行为被纳入刑事侦查之前就应客观具备,而不应在刑事侦查过程中才出现,否则,法律就不是评价客观行为,而是在制造犯罪行为。此外,"不作为说"也无法解决有说明义务而没有说明能力的情况,因为按照不作为犯罪的逻辑结构,不作为犯罪的成立系建立在行为人有作为义务、能够履行义务

---

① 参见孙国祥:《贪污贿赂犯罪研究》(下册),中国人民大学出版社2018年版,第1052—1054页。

而没有履行义务。现实中,确有一些被告人虽然有作为义务,但由于时过境迁而无法说明财产的具体来源,但这仍然属于不能说明的情形。

"复合行为说"这一观点实际上回避了两个关键性问题:第一,该罪着重评价的是持有巨额财产的行为,还是不能说明的行为,二者之间到底前者是后者的可罚性条件,还是后者是前者的程序性条件。第二,要求行为人说明财产来源,是行为人应承担的作为义务还是应承担的举证责任,抑或两者皆是。关于二者的关系,只能作主次之分,因为二者之间并非并列或者选择关系,而是一种递进关系。对于第二个问题,如果认为说明行为是一种举证责任,即是承认它作为程序性条款的地位,认为是一种作为义务,和不作为论毫无实质差别。因此,对上述两个问题的回答仍可反映出两种倾向,这两种不同的倾向又可还原成持有说和不作为说。至于"消极构成要件说",虽然可以将问题简单化,但理论上仍可质疑。所谓"积极"与"消极"本来是从刑法规定直接推导而来,通常认为,构成要件中从正面规定肯定犯罪的要素,是积极的构成要件要素。按照这一标准,"不能说明"只能认定为要素,是从积极方面该当犯罪构成,而非消极要素。

"不作为说"具有相对合理性。因为巨额财产来源不明罪终究是以行为人对"巨额财产"来源有说明义务为前提的,处罚的重心是"不履行说明义务",违反这一说明义务拒不说明或无法说明即是一种犯罪行为,谈不上犯罪事实与手段模糊,这是一种真正的不作为犯罪。本罪的客观方面表现为行为人在司法机关责令其说明巨额财产来源的前提下,不能"说明"明显超过其合法收入的"巨额财产"或"支出"的行为。行为人持有超过其合法收入的巨额财产而不说明其来源的行为,本身就构成了对司法机关的正常活动的侵犯,应当承担"拒不说明"的刑事责任。换句话说,不是由于行为人持有来源不明的巨额财产这一行为(持有巨额财产如果能够说清楚来源并不会承担刑事责任),而是由于"拒不说明或者无法说明巨额财产的合法来源"这一行为使行为人承担该罪的刑事责任。正因为是不作为犯,在涉及刑法溯及力时,犯罪实行行为的时点应包括犯罪行为被查处时。

【指导案例】徐某敏受贿、巨额财产来源不明、隐瞒境外存款案[①]

被告人徐某敏,原系上海市信息化委员会、上海市经济和信息化委员会电子信息产业管理处处长。

2005年8、9月至2008年年初,徐某敏或以"借购房款"为由或以"顾问费""津贴费"等名义,向某某有限公司法定代表人钱某德、上海新域信息系统有限公司法定代表人曾某伟、上海紫竹科学园区发展有限公司、北京凌讯华业科技有限公司、上海长江新成系统集成有限公司索取或者收受贿赂款共计96.5万元,上述公司在徐某敏的帮助下,获得了上海市信息化委员会的专项资金拨款。

---

① 案号:(2010)沪二中刑终字第587号。

2007年7月,徐某敏通过工商银行将存款人民币36.0565万元兑换成港币37万元,汇至其结识的上海银行港澳台投资部总经理罗某平在香港上海商业银行的私人账户。同年10月,徐某敏又以其妻子的名义,通过上海银行将存款人民币37.452万元兑换成港币38.5万元,汇至上述账户。按照徐某敏的要求,罗某平将港币75.5万元以市价购进"国讯国际"H股股票。徐某敏系应申报本人在境外存款的国家机关领导干部,在历次财产申报时均未如实申报上述境外投资钱款。

1998年3月至2009年7月案发,徐某敏家庭银行存款、房产、股票等财产和支出总额为1576.9万元,扣除徐某敏和妻子的合法收入以及徐某敏能够说明合法来源的财产合计635.7万余元,徐某敏受贿所得96.5万元,仍有差额财产844万余元不能说明合法来源。徐某敏在羁押期间具有检举揭发他人犯罪的立功表现。

一审法院认为被告人徐某敏有巨额财产844万余元,不能说明来源,其行为已构成巨额财产来源不明罪,应予数罪并罚。徐某敏于2009年7月被依法查处,目前没有充分证据证明其来源不明的巨额财产全部或者有一部分形成于2009年2月《刑法修正案(七)》颁布施行之后,按照刑法谦抑原性则和从旧兼从轻的溯及力原则,适用《刑法修正案(七)》之前的2006年修正的《刑法》第395条第1款的规定。

一审宣判后,检察机关提出抗诉,抗诉认为:(1)原判对于被告人徐某敏巨额财产来源不明罪未适用《刑法修正案(七)》第14条的规定,属于适用法律错误。巨额财产差额的形成仅是构成巨额财产来源不明罪的前提条件,而行为人不能说明财产来源的行为才是构成该罪的实质要件。徐某敏在侦查、审查起诉直至审判阶段,对自己全部家庭财产中840余万元的部分始终不能说明来源,对其以巨额财产来源不明罪定罪处罚,应适用《刑法修正案(七)》第14条的规定。(2)原判适用法律错误,导致对徐某敏量刑畸轻。徐某敏犯巨额财产来源不明罪,差额特别巨大,依法应处5年以上10年以下有期徒刑,原判以巨额财产来源不明罪仅判处徐某敏有期徒刑2年,显属量刑畸轻;其受贿96.5万元,依法应处10年以上有期徒刑,且有索贿情节,应从重处罚,原判认为徐某敏具有立功表现,对其所犯受贿罪予以减轻处罚判处有期徒刑9年,量刑不当。原审被告人徐某敏及其辩护人认为,根据法律规定,在巨额财产来源不明罪中,要求犯罪嫌疑人说明财产来源是司法机关办案中的程序性规定,而不是该罪成立的必要要件。由于徐某敏的巨额财产均形成于《刑法修正案(七)》施行之前,故对徐某敏应当适用原刑法规定;对已认定徐某敏隐瞒境外存款罪的数额部分,不应在巨额财产来源不明罪中重复计算;徐某敏具有重大立功表现,原判对其减轻处罚并无不当。

二审法院认为,2009年7月,被告人徐某敏因犯受贿罪案发,经检察机关查证,徐某敏财产、支出明显超过合法收入,差额特别巨大,且不能说明来源。徐某敏在2009年2月28日《刑法修正案(七)》颁布施行之后有巨额财产不能说明来源合法,故应以《刑法修正案(七)》第 14 条的规定予以处罚。

二、巨额财产来源不明罪中"不能说明"的实体性要件与说明程度

(一)裁判规则

能否说明财产来源,关键是看行为人的说明要达到何种程度,而不在于说明的财产来源是合法还是非法。巨额财产来源不明毕竟具有推定的性质,在行为人提出反证时,不宜掌握过苛过严。只要被告提出可信的来源依据,达到足以"释明(非证明)来源",原则上就可以排除本罪的成立,至于该释明内容是否属实,则是刑事司法机关应尽的调查责任,与被告无关。

(二)规则适用

首先,"不能说明来源"不等于"不能说明其合法来源"。2006 年修正的《刑法》规定的是"不能说明其来源是合法的",《刑法修正案(七)》将其修改为"不能说明来源",这一修改具有一定的背景。因为在实务中,行为人的一些财产来源于违纪或者一般违法所得,如逢年过节受的"礼金",经相关证据证明行为人的说明内容,由于某些要素的缺失,无法纳入受贿罪的评价范围,实践中作为违纪违法所得予以没收,不再计入"不能说明"的违法所得范围内。但显然其来源已经作了说明或者说已经得到证实。这部分已经得到印证的来源非法的财产应作为非法所得予以没收,但再计入巨额财产来源不明罪中就有违本罪的基本构成。实际上,能否说明财产来源,关键是看行为人的说明要达到何种程度,而不在于说明的财产来源是合法还是非法。

其次,"不能说明来源"是否是本罪的构成要素。"不能说明来源"实际上具有双重意义。作为控方而言,虽然不需要对行为人拥有的财产具体来源作进一步的证明,但行为人拥有与其正常显性收入明显不符的巨额财产,并不必然能够推定为拥有来源不明的巨额财产,无法据此直接入罪,还必须证明行为人"不能说明来源",否则不足以充足本罪的构成。由此,"不能说明来源"也就具有了实体要素的意义。作为辩方而言,"不能说明来源"的入罪条件也就意味着"能够说明来源"可以成为出罪抗辩理由。即本人如果说明了真实的财产来源,包括合法的或者非法的来源,则抗辩理由成立,阻却本罪的成立;相反,行为人放弃抗辩,或者行为人抗辩的理由不充分,则司法机关据此可以直接认定构成本罪。

最后,"财产来源说明"的程度。我国刑法并没有明确规定"说明"的程度,但从《全国法院审理经济犯罪案件工作座谈会纪要》的规定看,对行为人"说明"程度的要求不高。该纪要规定了《刑法》第 395 条第 1 款规定的"不能说明"的四种情况:(1)行为人拒不说明财产来源;(2)行为人无法说明财产的具体来源;(3)行为人所说的财产来源经司法机关查证并不属实;(4)行为人所说的财产来源因线索不具体等原因,司法机关无法查实,但能排除存在来源合法的可能性和合理性的。理论上,对《全国法院审理经济犯罪案件工作座谈会纪要》中的第一、二、三种情况

作"不能说明"的认定比较明确。对第四种情况不能直接作"不能说明"的认定,而只有排除存在来源合法性的可能性和合理性的,才能作出"不能说明"的认定。①

本罪的设立是为了堵塞腐败分子非法敛财之路,是"司法的无奈和立法的功利二者结合的产物",具有严格责任的特点,行为人对财产来源的说明,应该具备可核实的可能性,包括财产从何处而来,即该财产系何人支付、自何人处取得,至于他人基于何种法律关系交付、交付原因是否合法,则不属于本罪说明的范围。"拒绝说明""虚伪说明"固然属于"不能说明",对于"说而不明",即行为人作了说明,但无法查实,应作具体分析。既不能因为被告人有"说明",就一概相信被告人的"说明"或者按照有利于被告人的原则,即存疑就一律不以本罪认定;也不能一律置被告人的"说明"于不顾,只要无法或者没有查实,就一律推定为被告人"不能说明",进而一律认定为本罪。应分析没有查实的原因,按照一般常情、常理作判断,在排除了财产来源合法的可能性后,仍可认定为"不能说明"。不过,从另一方面看,巨额财产来源不明毕竟具有推定的性质,在行为人提出反证时,不宜掌握过严。"只要被告提出可信的来源依据,达到足以'释明(非证明)来源',原则上就可以排除本罪的成立,至于该释明内容是否属实,则是刑事司法机关应尽的调查责任,与被告无关。"此外,对数额"核算时要本着实事求是和慎重的原则。计算收入时采取就高不就低的原则;计算支出时,可采取就低不就高的原则;对模棱两可的,采取有利于犯罪嫌疑人的原则"。

【指导案例】王某元受贿、巨额财产来源不明案②

案发后,查明被告人王某元家庭财产共计 3123 万余元,各项家庭支出共计 477 万余元,两项共计 3601 万余元,扣除家庭合法收入 947 万余元、受贿犯罪所得 771 万余元、违纪所得及赌博、出售礼品等所得共计 987 万余元外,王某元对差额 894 万余元的财产不能说明来源。

被告人王某元对其家庭财产、支出明显超过合法收入的部分不能说明来源,差额特别巨大,其行为已构成巨额财产来源不明罪。

【指导案例】张某受贿、巨额财产来源不明案③

被告人张某到案后,侦查机关对其家庭财产进行核查,并依法要求张某说明其财产来源。经查,张某对于其家庭财产中的 300 余万元无法说明合法来源。

对于被告人张某及其辩护人提出不构成巨额财产来源不明罪的意见,法院不

---

① 参见孙国祥:《贪污贿赂犯罪研究》(下册),中国人民大学出版社 2018 年版,第 1061—1066 页。
② 案号:(2010)枣刑二初字第 5 号。
③ 案号:(2013)浦刑初字第 1676 号。

予采纳。理由是：张某本人到案后对其家庭财产解释为，工作至今收入253万元，观测费补贴8万元，妻子收入99万元，其在买房、宴请、生病住院、搬家等过程中及小孩的压岁钱等总计94万元，购房补贴10万元，房租收入24.2万元。参加评审会收受红包110万元左右，参加竣工验收过程中收取红包52.5万元左右，参加宴请收受红包110万元左右，多年来搓麻将赢得70万元，各项收入总计830余万元，与司法机关目前查实的张某家庭财产金额基本相当，从形式上看张某对其家庭财产完全说明了来源。但是事实和证据查明：

(1) 被告人张某历年来的工资、奖金等收入总计应认定为172万余元。其一，浦东××署出具的收入证明载明张某工资、奖金收入135.8668万元，下属三产企业的津贴、红利为19.1956万元+7.7269万元=26.9225万元，年度工作总结会的会务补贴1.84万元，合计收入164.6293万元。这里要指出的是，张某的收入记录以及证人马某某的收入记录，是将各项收入完全统计记录，而法院经过比对发现，浦东××署出具的工资、奖金等收入加上三产企业津贴、红利、年度会议补贴等各项收入，与张某、马某某自己记录的收入基本相当，因此，浦东××署出具的各项收入证明是真实可信的，辩护人出示的证据不足以否认控方的指控。其二，外借其他单位的收入，职务证明中表明张某在浦东××署工作期间曾被外借到浦东水利航运开发公司、浦东国际机场水利一期指挥部工程部、张家浜东段整治工程指挥部等单位工作过，前述列举的第4项证人黄甲等人的证言一致证实在借到浦东水利航运开发公司、张家浜东段整治工程指挥部等单位工作期间，外借单位每月均会发放一定的补贴，有每月几百元或每月1千元左右的不同之说，也有人证实工程结束会发放一笔奖金，节假日会发一笔过节费，但是各证人对于具体补贴金额均无法说清，目前这些项目单位均已不存在，已无账可查，根据张某本人自述外借其他单位的收入总计有8万元，法院依据前述证人证言结合张某的外借工作年限估算，认为张某的自述尚属合理，法院予以采信。基此，法院确定张某历年来的工资等收入合计172.6293万元，与张某自述的253万元之间有80万余元的差额予以确认。

(2) 被告人张某搓麻将赢得的70万元不能认定为合法收入。上述第5项证人沈甲等人的一组证言证实与张某一起搓麻将的频率、输赢的尺寸等情况，还有多人也确实证实到张某赢多输少。法院认为，刑法意义上的巨额财产来源不明罪是指国家工作人员的财产、支出明显超过合法收入的，差额巨大的，责令其说明来源，这里特别明确的是指合法收入，搓麻将赌博本身就是不合法的，而且目前证据也难以查清具体输赢金额，对于张某说明的该笔钱款来源不予采信，该笔70万元的差额予以确认。

(3) 被告人张某参加宴请收取的红包110万元不能认定为合法收入。上述第7项证人沈甲等人的证言也回应了张某关于参加浦东××署下属做养护、维护工程的单位以及与署里有业务上往来的单位的宴请并收取红包的说辞。其一，证人证实每年参加宴请的次数有7、8次或2、3次之说,红包金额多的也就在1千元,而并非如张某本人所称的每年有70次之多。依张某所述,2002年来共计收受的红包金额达到了110万元之巨,接近其工资、奖金等的收入,这是明显违背常情常理的,而且也纯属张某一人之说,法院难予采信。其二,固然社会上确实存在一些节假日的宴请并送钱送卡的情况,这些借节假日为名送礼似乎成为了一种潜在的社会现象,有些人因此认为是正常的人情往来,社会习俗,是理所应当的行为,法院要指出的是相关业务单位人员趁逢年过节之时,借机请客送礼拉拢关系,做感情铺垫、投资,其实质是违纪违规行为,在许多情况下等同于受贿,国家历来是不允许并严令禁止的,张某历年来收受110万元红包是严重的违纪违规行为,甚至可以说是违法行为。综上,张某收取的该项110万元无论是数额还是性质均于情、于理、于法相悖,同理,对于张某说明的该笔钱款来源不具合法性,又无法查实,法院不予支持,对该笔110万元的差额法院予以确认。

(4) 被告人张某参加工程评审会和竣工验收会的收入应认定为100万元,且尚属合法。其一,上述第6项证人蒋某某等人的证言——证实河道、滩涂的防汛设施改造等工程项目会由市水利单位牵头市水务局、市防汛办、浦东××署、浦东防汛办等单位、部门召开专家评审、现场踏勘会、竣工验收会,一个项目各召开一次专家评审会、现场踏勘会、竣工验收会,其中召开专家评审会、竣工验收会时,建设方会给每个参加人员发一个红包,是车费、伙食补贴等,现场踏勘会没有,浦东××署基本都是派张某参加。因此张某参加评审会、竣工验收会,并会得到红包的事实可以固定。其二,证人证言中关于工程项目有2、3个,10个或50个等多种不同之说,次数也有5、6次,10次或30次等多种不同之说,金额也有每次200元到300元、300元到500元、500元到1000元等多种不同之说,张某本人自述每周参加评审会3次多,每次红包少的时候300元到500元,多的时候600元到800元,依此计算每年约140余次,每年收入11万元左右,竣工验收会每年75次,每次500元或800元,平均每次按700元计算收入总计5.25万元,10年累计参加评审会和竣工验收会共收取红包162.5万元。法院从证据角度分析,张某本人自述每年多达220次左右的评审会和竣工验收会,几乎达到了每个工作日天天都如此的高密度的参审频率,再加上现场踏勘会,甚至超过了正常的工作时间,显然不符合常情常理,无法令人信服,也没有其他证据佐证,法院难予采信。目前证人证言中所述不一,证人中陈述到最多的次数、金额是一年50个项目,红包金额500元到1000元,从有利于被告人原则出发,法院最充足地认定一年50个项目,每个项目各召开一次评审会和竣工验收会,每次补贴红包金额1000元,依此计算一年收入10万元,依张某自述的2002年到2012年共10年的时间来计算累计参加评审会和竣工验收会总计有100万元。其三,张某利用工作时间参加的评审等,是由有关单位、部门牵头组织召开,浦东××署也是知晓并同意的,张某也为此提供了一定的技术服务,因而该项费用确实存在并且尚属合情合理,法院予以认可。综上,法院认定张某历年来参加评审会、竣工验收会的收入总计有100万元,与张某自述的162.5万元之间有62.5万元的差额,对于该笔差额予以确认。

(5)被告人张某的观测费补贴和购房补贴应认定为合法收入。经查,浦东××署的证明、领款凭证、上海市企业单位统一收据等,证实张某的观测费补贴和购房补贴分别为63040元、9.1万元,张某自述观测费补贴有7万元到8万元左右,购房补贴有10万元,自述金额与查实金额两者基本相当,来源清晰、合法,该两笔钱款的差额不予认定。

(6)被告人张某的妻子陈丙的收入认定为合法收入。经查,陈丙证实其1996年前的工资收入合计9万元,收入证明载明1996年至2011年在东迅公司工作期间合计850484元,2012年2月至8月在劳务派遣至浦东新区排水管理所工作期间每月收入2200元,6个月合计1.32万元,基此陈丙历年来收入总计95.3684万元,与张某自述的99万元左右的金额差额不大,对于该笔差额不再予以认定。

(7)对于房屋租金收入24.2万元和父母赠予、亲友之间的人情往来、小孩压岁钱等94万元的收入认定为合法收入。法院认为,房屋租金、父母赠予等收入于情于理于法均不悖,目前因时间跨度长久,涉及亲友众多,难以一一调查取证核实,在无法排除张某解释其来源的可能性、合理性的情况下,从有利于被告人原则出发,法院认可张某本人对于该笔钱款来源的解释。

综上,被告人张某对于其家庭财产中的300余万元说明的来源线索不具体,司法机关无法查实,能够排除存在来源合法的可能性和合理性,当予认定。

【指导案例】李某受贿、巨额财产来源不明案[①]

案发后,侦查机关查获被告人李某个人存款190.8万元,除21.5万元受贿款外,另有106万元李某不能说明来源。

我国刑法规定,巨额财产来源不明罪的犯罪主体是国家工作人员,国有公司中从事公务的人员,以国家工作人员论。李某作为国有公司中从事公务的人员,依法应以国家工作人员论,符合巨额财产来源不明罪犯罪主体的要件规定。故对上诉人李某及辩护人称李某不符合巨额财产来源不明罪犯罪主体要求的上诉理由及辩护意见不予采纳。

关于李某上诉称一审判决认定的106万系其母亲董某某留给其的遗产的上诉理由,以及辩护人称李某已经就该106万的来源进行了说明,李某不构成巨额财产来源不明罪的辩护意见,经查,李某供述称该106万系其母亲留下的现金,其用两个帆布包带回家中,对此,其妻子刘某乙、女儿李某甲均证明从未见过李某所描述的帆布包,也从未听李某说过董某某给李某留有遗产。李某妹妹李某乙的证言证

---

① 案号:(2015)汴刑终字第29号。

明父母都是一般工薪阶层,经济条件一般,在帮母亲打扫卫生时从未见过李某所描述的装钱的帆布包,且侦查机关依法调取的李某父母相关工资证明、其他档案材料等均证实李某父母不可能给其留有巨额遗产,李某关于该 106 万来源所作的说明经查证并不属实,应依法认定为不能说明来源,对李某该上诉理由及辩护人的辩护意见不予采纳。

【指导案例】吴某平受贿、巨额财产来源不明案[①]

通过审计得出被告人吴某平拥有 1487.3597 万巨额财产的来源不明,不能排除是吴某平多年在境外赌博和卖玉及父亲去世、女儿出国上学时亲朋好友的赠予和父亲去世后留下的遗产而积攒所至。

根据审计结论和控方根据鉴定报告书的结论推断,被告人吴某平个人及家庭拥有的财产和支出共计 2024.4489 万元。其中:(1)吴某平实际控制和掌握的银行存款共计 13.7451 万元;(2)吴某平家庭房产价值 126.0945 万元;(3)吴某平家庭车辆价值 59.7 万元;(4)吴某平投资在宏源证券公司账户的股本金 1179.2442 万元;(5)黄金 300 克;(6)1989 年以来吴某平家庭生活开支共计 34.7182 万元;(7)2009 年至 2012 年,吴某平支出共计 610.9328 万元。吴某平对财产和支出能够说明来源共计 541.5892 万元,包括:(1)吴某平及其妻子邓某某工作期间的合法收入 447.8561 万元;(2)吴某平支取的退房款 6.5331 万元;(3)吴某平的受贿款 82.7 万元。综上,被告人尚有 1487.3597 万及 300 克黄金的财产需要说明来源。

检方指控上诉人吴某平对 1487.3457 万及 300 克黄金的财产不能说明来源,构成了巨额财产来源不明罪。

辩方认为:上诉人吴某平的 1487.3457 万元及 300 克黄金的财产根据证人廖某某的公证证言和被告人的笔录可以反映出吴某平通过赌博获利 650 多万元;通过吴某平的笔录反映出买卖玉石获利 350 多万元;在吴某平控制的吴某某的银行卡中本身有吴某某 200 万元;女儿吴某逢年过节获得的压岁钱 30 多万元;吴某平在老人处继承的遗产 80 多万元;吴某平收入的评审费 60 万元;吴某平 20 年来单位发放的单项奖 60 万元。因老人去世、孩子出国,亲戚朋友送了约 100 万元。所有款项超出了上述财产。

辩方的证据包括,吴某某第二次笔录"2005 年在北京我老婆名下开了股票账户炒股,累计投入 200 万,这些钱是我投入的……200 万元是我给吴某平累计借的 300 万中的一部分"。上诉人吴某平 2013 年 3 月 6 日关于单项奖的供述称证明单位有单项奖。根据各种证据和供述,因吴某平作为专家,参加单位的项目评审活

[①] 案号:(2014)吐中刑终字第 39 号。

动,有评审费用的收入项目。对孩子压岁钱、老人的遗产和老人去世、孩子出国亲友的馈赠虽无证据,但从常理上可以推断有所收入。辩方提供吴某平的笔录、廖某某的公证证言,证明吴某平存在卖玉和赌博行为,并通过卖玉和赌博获得丰厚收入。

法院认为,首先,巨额财产来源不明罪不同于一般刑事犯罪,从案件的概念、特征、构成要件和举证规则上看,巨额财产来源不明罪并不适用于"疑罪从无"的规则,相反该罪名应当从被告人对巨额财产从来源的合理性、合法性上进行举证和解释,对来源不合理、不合法的巨额财产,法院应当认定该罪名成立。其次,巨额财产来源不明罪的被告人在说明来源的同时,应当提供财产来源的线索,便于相关机关的查证,被告人仅说明了来源,但不提供查证的线索,应当属于财产来源线索不具体等原因,为司法机关无法查实的情况。最后,《刑法》第395条第1款规定的不能说明,包括以下情况:(1)行为人拒不说明财产来源;(2)行为人无法说明财产的具体来源;(3)行为人所说的财产来源经司法机关查证并不属实;(4)行为人所说的财产来源因线索不具体等原因,司法机关无法查实,但能排除存在来源合法的可能性和合理性。

1. 关于是否存在辩护人所称的1487.3457万元中有吴某某的200万元,单项奖60万元,评审费60万元,继承老人的80万元,吴某的压岁钱30万元,老人去世、孩子出国亲戚朋友各种馈赠100万元的情况。法院认为:辩护人关于上诉人吴某平巨额财产中有吴某某的200万元、单项奖60万元、评审费60万元、继承老人的80万元、吴某的压岁钱30万元的情况。老人去世、孩子出国亲戚朋友各种馈赠100万元的陈述,上述涉及的费用巨大,但上述款项均不能在吴某平的交代和其妻子的证言中得到印证,也与吴某平在侦查阶段的交代相互矛盾,其辩护人所依据的证言也是对证据的断章取义。同时其中涉及的压岁钱及相关馈赠数额巨大,也明显不符合正常人情往来,故法院对辩护人的辩护意见不予认可。

2. 关于上诉人吴某平赌博收入600多万元和卖玉收入约350万元的陈述。法院认为:关于卖玉和赌博收入的情况,上诉人吴某平有义务提供财产来源线索,以便于相关人员核查。吴某平对卖玉收入,只有其陈述,但吴某平在侦查和审判中对玉石的来源和买卖不能交代任何线索,也缺乏合理性,法院对其卖玉收入的陈述不应采信。被告人对赌博的事实陈述相互矛盾(其赌博行为、输赢情况、出境方式、携款入境方式等,情节离奇、不合常理,其交代的携款30万元至100万元入境,但根据8次吴某平出入境,并根据其交代的输赢情况,吴某平赌博至少2次是赌输的,数额计近600万元,即吴某平6次赌赢,并携带款项入境。据此计算,每次平均需要携带近200万元的巨款才能将650万赌赢款携带入境)、缺乏合理性。吴某平提供的赌场洗码人陈某、田某某只有姓名,没有其他的信息,无法构成调查线索。其提供的廖某某的公证证言只能证实廖某某的陈述,不能证明该证言的真实性。同时廖某某的公证证言中无廖某某的相关住址、职业、联系方式等信息,根本不能核对真实性,也不能构成调查线索。故上诉人吴某平赌博和卖玉的收入符合因行为人所说的财产来源线索不具体等原因,司法机关无法查实的情况。法院对其赌博和卖玉的陈述不予认可。故检察机关关于巨额财产来源不明罪的抗诉理由和指控的数额成立,应当认定吴某平的行为构成了巨额财产来源不明罪,数额为1487.3597万元和300克黄金。

【指导案例】崔某犯受贿罪、巨额财产来源不明罪案[①]

市纪委于2014年4月28日将被告人崔某受贿案移交检察院。检察院于2014年5月4日对崔某受贿案立案。在组织审查期间,崔某主动揭发检举他人违纪违法问题。案发后,市纪委查获崔某信托产品1350万元,其家属代为退缴赃款美元2万元。崔某除受贿款、工资奖金、信托收益等收入及其近亲属委托其打理的财产外,对280万元不能说明来源。

办案机关根据被告人的供述和提供的线索,起获了1350万元的信托财产,被告人对指控其犯有巨额财产来源不明罪无异议,但认为指控的数额过高,有部分是其个人和家人的合法财产。关于财产来源,公诉机关提供了被告人记录的便签、记录本,辩护人提交了被告人父母、妻子的说明材料和银行交易记录及有关证明材料,根据《全国法院审理经济犯罪案件工作座谈会纪要》的规定,行为人不能说明巨额财产来源合法,包括以下情形:(1)行为人拒不说明财产来源;(2)行为人无法说明财产的具体来源;(3)行为人所说的财产来源经司法机关查证并不属实;(4)行为人所说的财产来源因线索不具体等原因,司法机关无法查实,但能排除存在来源合法的可能性和合理性。本案中,辩护人提交了被告人家属的说明材料和相关银行交易记录,考虑被告人作为家中独子,该财产来源线索具有一定合理性,公诉机关认为与被告人不具有关联性,但未通过补充侦查提供相关证据,故对辩护人关于该财产中有被告人家人合法财产的辩护意见,法院予以采纳。关于辩护人提出被告人将祖传玉镯变卖得款280万元,其提交了崔一某、傅某某、王一某的书面材料,但该线索仅说明了崔某将玉镯变卖的情况,无法提供证据证明变卖的具体数额,且三人所称直接经手的冯某某已经去世,对该线索无法查实,故对该辩护意见,法院不予采纳,且被告人亦认可其有部分违纪或灰色收入无法说明来源,故对于该280万元,应认定为超过合法收入,不能说明来源,对于公诉机关该部分指控,法院予以认定。

[①] 案号:(2015)和刑初字第0124号。

第十八章　隐瞒境外存款罪

一、隐瞒境外存款罪的认定思路

(一) 裁判规则

隐瞒境外存款罪的构成以刑法的明文规定为特征,行为人的作为义务主要来源于刑法认可的其他法律规定,即有关国家工作人员在境外存款申报方面的国家规定。本罪在客观方面表现为在境外有数额较大的存款,依照国家有关规定应当申报而隐瞒不报的行为。所谓"依照国家有关规定"是指《中华人民共和国外汇管理条例》等有关规定。

(二) 规则适用

我国《刑法》第395条规定,隐瞒境外存款罪具有以下特征,本罪的主体是特殊主体,即只能由国家工作人员构成。本罪在主观方面表现为故意犯罪,即明知国家工作人员在境外的存款依照国家规定应当申报而故意隐瞒不报;如果不是出于故意隐瞒,而是对国家的申报不明知,或准备申报而暂未申报等,都不能构成此罪。隐瞒不报境外存款的动机多种多样,但无论是何种动机,都不影响本罪的成立。本罪的客体是复杂客体,即国家机关的正常活动和国家对外汇的管制。本罪在客观方面表现为在境外有数额较大的存款,依照国家有关规定应当申报而隐瞒不报的行为。所谓"依照国家有关规定"是指《中华人民共和国外汇管理条例》等有关规定。所谓"隐瞒不报"是指,国家工作人员的合法收入或是非法收入不按国家有关规定申报而隐瞒存入境外地区的银行或其他国家银行。隐瞒境外存款罪的构成以刑法的明文规定为特征,行为人的作为义务主要来源于刑法认可的其他法律规定,即有关国家工作人员在境外存款申报方面的国家规定。也就是说,负有境外存款申报义务的国家工作人员对数额较大的境外存款没有依法履行申报义务的,根据《刑法》第395条第2款的规定就构成本罪。

【指导案例】张某民贪污、受贿、隐瞒境外存款、巨额财产来源不明案①

被告人张某民,原系上海市嘉定区供销合作总社(以下简称"供销社")主任、上海烟草(集团)嘉定烟草糖酒有限公司(以下简称"烟糖公司")副董事长。

张某民1995年被国家与集体联营企业烟糖公司董事会聘任为烟糖公司经理,同年4月被上海市烟草专卖局任命为上海市烟草专卖局嘉定分局(系与烟糖公司两块牌子一套班子,以下简称"烟草分局")局长。1998年9月,受嘉定区委组织部委派担任集体性质的供销社副主任。2000年1月,受区委组织部委派担任供销社主任,同年4月不再担任烟糖公司经理及烟草分局局长职务。2000年6月,经烟糖公司董事会决定兼任烟糖公司副董事长。

张某民于2004年至2005年担任供销社主任期间,利用职务便利伙同他人侵吞公款共计199万元,张某民从中分得99万余元。1995年至2005年,张某民担任烟草分局局长兼烟糖公司经理、供销社副主任、主任期间,利用职务便利,先后多次收受贿赂合计价值352.1686万元。

张某民另于2005年担任供销社主任期间,以其妻潘某名义在香港汇丰银行设立账户并存有巨额外币存款,未按照国家规定向主管部门如实申报,隐瞒了境外存款事实。2005年11月底,张某民委托他人赴港将上述账户内港币253.49万元(折合人民币264.0352万元)转汇至美国。案发后,侦查机关从该账户内另查获美元存款9.9776万元(折合人民币80.6841万元)。

案发后,侦查机关依法查获张某民银行存款、房产、股票等财产,折合共计2880.9681万元,查实张某民及其家庭成员的支出折合807.1659万元,张某民及其妻潘某的合法收入及其他能说明来源的合法财产合计1908.3311万元。

张某民在案发前,主动交代了其伙同他人侵吞公款和受贿的犯罪事实。张某民到案后提供了两个涉嫌行贿罪、受贿罪的犯罪线索,均被侦查机关查实。

本案被告人张某民对数额较大的境外存款不依法履行申报义务的行为,符合刑法关于隐瞒境外存款罪构成要件特征的规定。

二、对"境外存款"的理解

(一)裁判规则

对"境外存款"应当作地域理解而非资本理解,凡是存入我国国(边)境以外的国家和地区开设的金融机构的外币、外币有价证券、支付凭证、贵重金属及其制品等,都属于境外存款。

---

① 参见薛振、张娅娅:《隐瞒境外存款罪与巨额财产来源不明罪罪行重叠时的区分》,载《人民司法(案例)》2008年第4期。

(二) 规则适用

行为人存入中资银行在境外开设的分支机构或存入外资银行在我国境内开设的分支机构的存款是否属于境外存款,对此实践中有两种观点:一种观点认为,境外仅是地域概念,凡是在我国境外存款均属于境外存款;另一种观点认为,境外存款既是地域概念,也是资本概念,国家工作人员在境外的中资金融机构存款不是境外存款。笔者认为,随着金融机构之间持股、兼并日益增多,应该确认境外是地域概念,凡是存入在我国国(边)境以外的国家和地区开设的金融机构的外币、外币有价证券、支付凭证、贵重金属及其制品等,都属于境外存款。

在本章前文所述"张某民贪污、受贿、隐瞒境外存款、巨额财产来源不明案"中,法院认为,凡是存入我国国(边)境以外的国家和地区开设的金融机构的外币、外币有价证券、支付凭证、贵重金属及其制品等,都属于境外存款。

三、同时存在贪污、受贿和隐瞒境外存款等多个情节,隐瞒境外存款行为是否应当被贪污、受贿行为所吸收

(一) 裁判规则

境外存款如来自于被告人的贪污、受贿所得,其隐瞒境外存款的行为能构成隐瞒境外存款罪,应与贪污、受贿罪实行数罪并罚。

(二) 规则适用

隐瞒境外存款罪是指国家工作人员违反国家外汇管理法规和行政管理制度,将外汇存入外国银行,隐瞒不报,数额较大的行为。1979年《刑法》没有关于隐瞒境外存款罪的规定,1988年全国人民代表大会常务委员会《关于惩治贪污罪贿赂罪的补充规定》第11条第2款增设了隐瞒境外存款罪这一新罪名,1997年修订后的《刑法》第395条第2款确认了这一罪名,并列入分则贪污贿赂罪一章中,规定国家工作人员在境外的存款,应当依照国家规定申报。数额较大、隐瞒不报的,处2年以下有期徒刑或者拘役;情节较轻的,由其所在单位或者上级主管机关酌情给予行政处分。司法实践中,隐瞒境外存款罪的规定运用较少。境外存款如来自被告人的贪污、受贿所得,其隐瞒境外存款的行为是单独构成隐瞒境外存款罪,还是应与贪污、受贿罪实行数罪并罚,司法实践中存在意见分歧。一种观点认为,行为人将非法所得转移、隐藏并存入境外金融机构的行为是贪污、贿赂等行为发展的当然结果,从期待可能性角度出发,应只认定为构成贪污、受贿等犯罪,对隐瞒存款不报的行为不宜追究责任。另一种观点则认为,应当以隐瞒境外存款罪和贪污、受贿罪等数罪并罚。笔者同意第二种观点,主要理由如下。

首先,隐瞒境外存款罪是纯正的不作为犯。我国《刑法》第395条规定,隐瞒境外存款罪具有以下特征:本罪的主体是特殊主体,即只能由国家工作人员构成。本罪在主观方面表现为故意犯罪,即明知国家工作人员在境外的存款依照国家规

定应当申报而故意隐瞒不报。如果不是出于故意隐瞒,而是对国家的申报不明知,或准备申报而暂未申报等,都不能构成此罪。隐瞒不报境外存款的动机多种多样,但无论是何种动机,都不影响本罪的成立。本罪的客体是复杂客体,即国家机关的正常活动和国家对外汇的管制。本罪在客观方面表现为在境外有数额较大的存款,依照国家有关规定应当申报而隐瞒不报的行为。所谓"依照国家有关规定",是指《中华人民共和国外汇管理条例》等有关规定。所谓"隐瞒不报",是指国家工作人员的合法收入或是非法收入不按国家有关规定申报而隐瞒存入境外地区的银行或其他国家银行。隐瞒境外存款罪的构成以刑法的明文规定为特征,行为人的作为义务主要来源于刑法认可的其他法律规定,即有关国家工作人员在境外存款申报方面的国家规定。也就是说,负有境外存款申报义务的国家工作人员对数额较大的境外存款没有依法履行申报义务的,根据《刑法》第 395 条第 2 款的规定就构成本罪。

其次,行为人隐瞒境外存款的行为和贪污、受贿行为是相互独立的两个行为。行为人的境外存款来自贪污、受贿所得,其隐瞒境外存款和贪污、受贿的犯罪对象是同一的,但该隐瞒境外存款的行为是贪污、受贿犯罪的后续行为。隐瞒境外存款是行为人在贪污、受贿后产生的另一个主观故意,其目的是为了掩盖其通过非法行为所获得的大量钱财,是事后故意。因此,贪污、受贿的前犯罪行为和隐瞒境外存款行为是被告人实施的两个不同行为,应实行数罪并罚。

最后,隐瞒境外存款罪是预防性罪名。我国刑法设立隐瞒境外存款罪的目的是为了通过将隐瞒境外存款行为犯罪化的方式加强对国家工作人员财产状况的监管,以防止犯罪分子将违法犯罪所得存入境外银行逃避监管从而逃避法律追究。《刑法》第 395 条第 2 款是预防性条款而不是惩罚性条款,其作用主要是提示性的,即提醒违背职责的国家工作人员,即使因证据等原因无法以贪污、受贿罪进行处罚,也可以本罪或巨额财产来源不明罪进行处罚。本罪意图惩罚的不是国家工作人员将款项存入境外的行为,而是没有按照法定义务进行申报的不作为行为。行为人在存款来源上的罪错,应由相应的"原罪",如贪污罪、受贿罪来规制。此外,从隐瞒境外存款罪的法定最高刑为 2 年有期徒刑来看,这种轻刑配置也表明本罪所要惩罚的仅仅是国家工作人员对数额较大的境外存款进行隐瞒不报的不作为行为,而其在存款来源上的过错或者罪错行为将受到其他规定的惩罚。

在本章前文所述"张某民贪污、受贿、隐瞒境外存款、巨额财产来源不明案"中,被告人张某民对数额较大的境外存款不依法履行申报义务的行为,符合刑法关于隐瞒境外存款罪构成要件特征的规定。从本案具体情况来看,张某民于 2004 年至 2005 年在担任供销社主任期间,利用职务便利,伙同他人侵吞公款共计 199 万余元,实得 99 万元;于 1995 年至 2005 年在先后担任专卖分局局长兼烟糖公司经理、供销社副主任、主任期间,利用职务便利,多次收受贿赂共计价值 352 万余元。结合本案具体情况来看,张某民于 2005 年担任供销社主任期间,以其妻潘某名义在香港汇丰银行设立账户并存有巨额外币存款,但未按照国家规定向主管部门如实申报,隐瞒了境外存款事实。2005 年 11 月底,张某民委托他人赴港将上述账户内港币 253.49 万元(折合人民币 264.0352 万元)转汇至美国。案发后,侦查机关从该账户内另查获美元存款 9.9776 万元(折合人民币 80.6841 万元)。张某民的上述行为符合《刑法》第 395 条第 2 款关于隐瞒境外存款罪的规定,应当与贪污、受贿罪实行数罪并罚。

第十九章　私分国有资产罪、私分罚没财物罪

一、行政机关违法收取的费用可以成为私分国有资产罪的犯罪对象

(一) 裁判规则

国有资产主要有三大类：一是国家依法取得和认定的国有资产；二是国家以各种形式对国有公司、企业投资形成的财产和投资收益；三是国家向行政事业单位拨款等形成的财产。行政事业单位违反行政法规，滥用职权而乱收费、乱摊派、乱罚款所得的款项，应认定为国有资产，构成私分国有资产罪的犯罪对象。①

(二) 规则适用

关于国有资产的范围，一般认为，广义的国有资产分为经营性资产、行政事业性资产和资源性资产。狭义的国有资产就是指经营性的国有资产，即国家作为出资者在企业依法拥有的资本及其收益。1993年《国有资产产权界定和产权纠纷处理暂行办法》第2条对"国有资产"作了明确定义，即国有资产是指国家依法取得和认定的，或者国家以各种形式对企业投资和投资收益、国家向行政事业单位拨款等形成的财产。1999年9月最高人民检察院发布的《关于人民检察院直接受理立案侦查案件立案标准的规定(试行)》附则部分，对国有资产界定为"国家依法取得和认定的，或者国家以各种形式对企业投资和投资收益、国家向行政事业单位拨款等形成的资产"。可见，私分国有资产罪中的国有资产是指广义的国有资产。根据上述规定，国有资产主要有三大类：一是国家依法取得和认定的国有资产；二是国家以各种形式对国有公司、企业投资形成的财产和投资收益；三是国家向行政事业单位拨款等形成的财产。其中第一类主要指：国家依法赋予各行政管理机关权力强制收取的各种税费；国家通过刑事处罚、行政处罚等取得的财产；国家通过强制征收取得的其他财产。

根据上述规定，行政事业单位违反行政法规，滥用职权而乱收费、乱摊派、乱

---

① 参见最高人民法院刑事审判第一庭、第二庭编：《刑事审判参考》(总第47集)，法律出版社2006年版，第377号案例裁判理由。

罚款所得的款项,应认定为国有资产,构成私分国有资产罪的犯罪对象。其理由是:第一,从所有权的取得方式看,国家从社会的公共利益出发,凭借其依法享有的公共权力,采用征税、国有化、没收、征收等强制手段取得的财产所有权,这是国家财产取得的主要来源。"三乱"收入表现上符合国有资产取得的法定形式,其法律效力在有关部门查处之前是毋庸置疑的。因此,行政机关各种违法收取的费用符合国有资产取得的规定,属于国有资产。第二,根据我国法律规定,一切违法所得都应没收上缴国库,收款单位根本没有支配、处分权。同时,这些款项都是收款单位以国家名义强制收取的,被收款方也认为是国有单位收取的,如要举报控告也是控告国有单位,最终由国家负责清退和赔偿。同时,根据《刑法》第91条第2款规定的精神,对于国家实际上占有、使用、处分的资产,应视为国有资产。第三,财产犯罪的对象范围不以合法所有或者持有的财物为限。正如陈兴良教授指出"物的法律性质并不妨害其成为行为客体""犯罪所生之物与犯罪所得之物,在大多数情况下都应当是行为客体。以所得之物而言,在财产犯罪中行为人以非法占有他人财物为目的,该财物是所有人所失之物,同时又是行为人所得之物,当然应当承认其为行为客体"。因此,刑法上的财产更多强调的是财产的经济价值性,而非合法性。即便是不受民法保护或者为相关行政法规所明文禁止的财物,如赌资、赃物、违禁品等,只要具有一定的经济价值,并且与刑法的基本保护精神不相违背,则同样可以成为财产犯罪的对象,并应当受到刑法的保护。

【指导案例】李某清等被控贪污案——国家机关内部科室集体私分违法收入的行为构成私分国有资产罪[①]

1998年12月至2003年5月期间,大悟县教育局人事科利用办理全县教师职称评审、教师年度考核、公务员年度考评、职称聘书、教师资格换证等业务代收费之机,采取抬高收费标准、搭车收费、截留应缴资金的手段,筹集资金,设立小金库。小金库资金除用于科里公务开支外,每年春节前后,由科长被告人李某清组织科里人员将小金库账目进行对账后,以科室补助、年终福利等名义6次私分给人事科工作人员,并记录入账,私分款总额为12.03万元,李某清、张某军、刘某梅各分得4.01万元。分述如下:

1998年12月30日,李某清、张某军、刘某梅以下乡补助、节假日加班补助的名义,将人事科收取的1998年中、高级职称评审材料费余款9000元予以私分,每人分得3000元。

1999年2月11日,李某清、张某军、刘某梅以年终福利的名义,将人事科收取的1997年度公务员考核工本费余款6000元予以私分,每人分得2000元。

---

① 参见最高人民法院刑事审判第一庭、第二庭编:《刑事审判参考》(总第47集),法律出版社2006年版,第377号案例。

2000年1月27日,李某清、张某军、刘某梅以年终福利名义,将虚报后进入小金库的档案柜购置款3340元予以私分,每人分得1100元。

2001年1月10日,李某清、张某军、刘某梅以春节补助名义,将人事科收取的1999年教师年度考核、教师资格证书费余款5.1万元予以私分,每人分得1.7万元。

2002年2月1日,李某清、张某军、刘某梅以年终福利名义,将人事科收取的2000年教师考核、2001年教师考核、聘书等费用余款4.2万元予以私分,每人分得1.4万元。

2003年5月8日,李某清、张某军、刘某梅及雷某(系借用人员)以福利、补助名义,将人事科教师资格认定费余款1.2万元予以私分,每人分得3000元。另查明,1998年12月至2003年5月期间,大悟县教育局人事科正式工作人员为李某清、张某军、刘某梅三人。

大悟县教育局人事科利用办理各类业务代收费之机,超标准、超范围收取的费用,应属于国有资产。

本案大悟县教育局人事科小金库中绝大部分款项都是该科违反国家规定,超标准、超范围收取的,属于违法收入,因此,可以认定为国有资产。

二、私分国有资产罪中国有公司、企业的认定思路

(一)裁判规则

国家控股的公司、企业应视为国有公司、企业,当其他混合所有制企业从国有资产参股企业的财产中特定划出原参股的国有企业财产时(如国有股份、国有股份应得的利润等),仍可认定为国有资产。[①]

(二)规则适用

企业改制后,国有资产大量存在于国家出资的控股或者参股的企业中,如果绝对排除这些企业私分国有资产罪的责任,对国有资产的保护显然不利。现阶段,上述企业中的资产也不是绝对不可以成为本罪的对象,当从国有资产参股企业的财产中特定划出原参股的国有企业财产时(如国有股份、国有股份应得的利润等),仍可认定为国有资产。[②]例如,将国有资产所占的股份分配给单位成员或者原国有公司、企业截留所投资的中外合资企业或参股企业应分得的红利,就地在单位内部私分的,同样应认定为私分国有资产罪。

[①] 参见孙国祥:《贪污贿赂犯罪研究》(下册),中国人民大学出版社2018年版,第1090—1091页。
[②] 同上。

【指导案例】汤某英私分国有资产案①

1994年4月至1998年8月间,被告人汤某英担任中国农业银行上海信托投资公司漕河泾证券交易营业部副经理(主持工作)、经理以及上海浦东联合信托投资有限责任公司漕河泾证券交易营业部经理,负责营业部的全面管理工作。其间,汤某英为谋取小团体利益,给营业部内部职工多发奖金,与营业部其他人员商议后决定私设小金库。自1994年9月至1998年9月,该营业部先后设立了15个账户,以公司信托代办处的名义开展信托业务,并私自进行新股、国债交易,所获利润均进入小金库账户;同时以差旅费、水电费、房租等名义虚列成本,将利润转入小金库账户;1996年11月,公司因工作失误错划入该营业部的105.4万元也被列入小金库账户。营业部将上述应上缴公司的款项以单位名义用于平时内部全体工作人员的奖金发放。经司法会计鉴定中心鉴定,该营业部共私分国有资产达208.0714万元。1999年7月,汤某英向公司主动交代了上述犯罪事实。

法院认为,关于公司错划入漕河泾证券营业部的105.4万元是否应作为私分国有资产的数额来认定的问题,因被告人汤某英为了给职工多发奖金而私设小金库,主观上有私分国资的故意,客观上营业部设立的15个小金库账户内的钱均为国有,无私人资金,所以对辩护人的意见,不予采纳。上海浦东联合信托投资有限责任公司是以国有资产为主的控股公司,其资产应为国有资产,故对辩护人的意见不予采纳。

三、违反企业内部规定不属于违反国家规定

(一)裁判规则

违反国家规定,是指违反全国人民代表大会及其常务委员会制定的法律和决定,违反国务院制定的行政法规、规定的行政措施、发布的决定和命令。违反企业内部规定不属于"违反国家规定"。②

(二)规则适用

《刑法》第96条规定:"本法所称违反国家规定,是指违反全国人民代表大会及其常务委员会制定的法律和决定,国务院制定的行政法规、规定的行政措施、发布的决定和命令。"从该条规定来看,属于"国家规定"的规范性文件的制定主体通常是全国人民代表大会及其常务委员会、国务院。最高人民法院2011年发布的《关于准确理解和适用刑法中"国家规定"的有关问题的通知》规定,"'国务院规定的行政措施'应当由国务院决定,通常以行政法规或者国务院制发文件的形式加以规定。以国务院办公厅名义制发的文件,符合以下条件

---

① 案号:(2000)浦刑初字第205号。
② 参见孙国祥:《贪污贿赂犯罪研究》(下册),中国人民大学出版社2018年版,第1094页。

的,亦应视为刑法中的'国家规定':(1)有明确的法律依据或者同相关行政法规不相抵触;(2)经国务院常务会议讨论通过或者经国务院批准;(3)在国务院公报上公开发布"。除此之外,中央各部委制定的规章,发布的命令、决定等均不属于"国家规定"。地方性法规当然也不属于"国家规定"的范畴,至于企业内部的规定,更是与"国家规定"相距遥远。将地方性的法规、企业内部规章作为国家规定或者国家规定的补充,不但有违罪刑法定原则,也有任意扩大刑事责任范围的危险。例如,根据国家规定,自收自支的单位有权在保值增值、上缴利税、留取法定的公积金、公益金的基础上,自主决定分配方案。如果企业的主管部门通过规章增设一个批准环节,其任何分配计划都需要经过其批准,企业在没有经过批准的情况下,就分配了相关利润,按国家规定,其行为并不违法,按企业内部规定,则属于擅自私分。显而易见,企业的规章成为犯罪认定的依据,则本罪有可能成为任意出入的"口袋罪"。①

【指导案例】陈某生受贿、私分国有资产案②

被告人陈某生,原系汶上县交通局交通稽查大队大队长。2005年至2007年,汶上县交通局拨给稽查大队办公经费108万余元。该大队留大队办公费12.5579万元,另以办案补助费的名义分给大队工作人员陈某生、王某峰、邵某华、展某梅、沈某莲(以上5人2005—2007年)、曹某龙(仅2005年)共计20.269万元(陈某生个人分得3.7932万元)。其余款项由各中队统一领取。各中队领取后,将一部分用于中队办公费,余款平均分给中队工作人员。

关于指控被告人陈某生参与研究决定将汶上县交通局下拨到稽查大队的办公经费96.2005万元,以办案补助费的名义私自分配给稽查大队工作人员的事实。汶上县交通局汶交字(2003)1号文件《关于下达2003年度交通规费征收计划和办公经费奖惩使用办法的通知》规定:局里拨付的各项办公经费,各单位要全部用于办公费、车辆、生活补助等支出,局里每年审计一次。结合交通局计财股工作人员制作的交通局稽查大队办案补助费表、汶上县会计核算中心报账凭证、证人孙某英、李某贵的证言来看,发放生活补助不是由稽查大队决定的。汶上县交通局汶交字(2005)6号文件《汶上县交通局资金使用和管理办法》规定:各单位领取的办公费、油料费、修车费、提成款等资金,由会计到"计划财务股"办理。结合王某峰记录"提成"分配的记录本复印件可以看出上述返还款具有"提成"的性质,这也不是由稽查大队确定的。从汶上县交通局公务费支出表来看,所拨款项包含办公费、水电邮电费、车辆燃油维修费,每月拨付总数额与10%返还款相当。说明10%

---

① 参见孙国祥:《贪污贿赂犯罪研究》(下册),中国人民大学出版社2018年版,第1094页。
② 案号:(2008)汶刑初字第167号。

返还款并非全部以办公经费的名义拨付。从陈某生的供述、证人王某峰、邵某华、孙某英的证言可以看出,稽查大队分配返还款,多年来都是这样办的(包括陈某生任大队长前),局里也没有提出异议。这就说明这种做法不是陈某生任大队长后由稽查大队决定的,其只是对具体的分配比例进行了调整。另外,证人沈某吾、李某、房某的证言证实局里对返还款的使用没有具体规定,领回返还款后,一部分作为办公经费,剩余部分就作为补助按人平均发了。沈某吾还证实大队从局里领回返还款按比例分配给各中队,也没具体说这个钱怎么用。故10%返还款并非全部以办公经费的名义拨付,具有提成的性质,用作办案补助费不是陈某生任大队长后由稽查大队研究决定的,分到中队的款项如何使用也不是稽查大队决定的。分到中队的款项中有一部分用于中队办公费。至于有多少分配给了个人,没有证据证明。公诉机关就上述事实指控陈某生犯私分国有资产罪不能成立。辩护人关于陈某生延续了原来的做法,没有违反汶上县交通局的规定,且经过了交通局的审计监督,不符合私分国有资产罪的构成要件,指控陈某生犯私分国有资产罪不能成立的辩护理由成立,可予采纳。

四、国家机关内部科室私分违法收入的行为构成私分国有资产罪

(一)裁判规则

"以单位名义集体私分"是私分国有资产罪区别于贪污罪最本质的特征,国家机关内部科室符合单位犯罪的主体资格。①

(二)规则适用

1979年《刑法》中没有规定私分国有资产罪,根据我国现行刑法的规定,私分国有资产罪是指国家机关、国有公司、企业、事业单位、人民团体,违反国家规定,以单位名义将国有资产集体私分给个人,数额较大的行为。要正确处理私分国有资产案件,须对处理集体私分单位财产行为的立法和司法实践进行了解。自改革开放以来,由于新旧体制交换,管理环节薄弱,国有资产严重流失,以单位名义集体私分国有资产便是其中的一个重要表现形式,这种行为实际上是以公开的形式集体侵吞国有资产。1989年10月,最高人民检察院刑法修改小组提交的《修改刑法研究报告》就提出新设立"集体私分罪"的设想,认为集体私分是当前比较突出、反映强烈的问题,集体私分的主要特征是:决策人往往是单位的领导集体,得益者为该单位全体或者部分成员;决策个人所得多数不足以追究贪污刑事责任的数额起点,故需设立集体私分国家财产罪。1997年《刑法》增设了私分国有资产罪这一罪名,从立法上作了调整,为打击这类犯罪提供了法律依据。其在犯罪构成上有如下特征:一是犯罪对象仅限于国有资产。二是客观上表现为违反国

---

① 参见最高人民法院刑事审判第一庭、第二庭编:《刑事审判参考》(总第39集),法律出版社2005年版,第313号案例裁判理由。

家规定,以单位名义将国有资产集体私分给个人的行为。"违反国家规定"是指违反全国人民代表大会及其常务委员会制定的法律和决定,国务院制定的行政法规、规定的行政措施、发布的决定和命令中有关国有资产管理、保护、使用、处理的规定。"以单位名义"是指经单位领导、负责人或者集体研究,或者是单位全体成员共同商议后,由单位统一组织进行私分。"集体私分给个人"是指参与私分的是单位所有人或者大部分人,或者是一个部门的所有人或大多数人。三是只有国家机关、国有公司、企业、事业单位、人民团体才能成为本罪的主体,但只追究单位直接负责的主管人员和其他直接责任人的刑事责任,实行单罚制原则。

在司法实践中,集体私分国有资产行为一般都以单位的名义进行,因此往往是打着合法的幌子,通过发"奖金""补助""岗位津贴"等各种形式公开进行。如何正确区分以发放"奖金"等福利补助方式私分国有资产犯罪行为与一般财经违纪行为的界限,在理论和实务中都容易产生分歧。鉴于我国国有单位尤其是国有企业在改革、改制过程中出现的一些财务管理不够规范和不够完善的现实状况,在对私分国有资产犯罪中的违反国家规定的具体理解和掌握上,一定要具体情况具体分析,实事求是、合情合理地予以认定。在具体判断上,要从资产的来源和私分的依据两个方面进行评价。第一,私分对象的来源。国有公司、企业在依法上缴利税后,国家行政事业单位利用非经营性资产转经营性资金获取的收入按规定上缴后,将其所获利润部分用于发放奖金、福利的,是正当合法的行为。如果发放奖金、福利超过标准和范围的,则应认定为违反财经纪律行为,不构成犯罪。因为该资产来源有私分者劳动报酬的成分在内,按劳取酬是合理合法的,虽然有超过标准和范围发放的违规行为,但属于行政法规调整的对象,不宜使用刑法调整,以避免造成刑事打击面过大。如果在单位没有经营赢利甚至亏损的情况下,变卖国有财产进行私分或者将应当上缴国家的国有资产予以隐匿并留存分配的,则可以认定为私分国有资产。第二,私分的法律、政策依据。即单位对所分财产是否具有自主支配权也是一个重要的评价要素。如果单位把能够自主支配的钱款违规分配给了单位职工,其社会危害性相对较小,可以作为财经违规行为处理。相反,单位将无权自主支配、分配的钱款通过巧立名目、违规做账等手段从财务上套出,或者将应依法上缴财务入账的收入予以截留,以奖金、福利等形式分配给单位个人,则严重背离了国有资产的经营、管理、使用权限,应认定为私分国有资产行为。从参与主体看,国家机关内部科室按照最高人民法院发布的《全国法院审理金融犯罪案件工作座谈会纪要》规定的精神,属于刑事意义上的单位,科室决定分发国有资产,应视为单位集体行为,符合单位犯罪的主体资格。

【指导案例】李某清等被控贪污案——国家机关内部科室集体私分违法收入的行为构成私分国有资产罪①

1998年12月至2003年5月期间,大悟县教育局人事科利用办理全县教师职称评审、教师年度考核、公务员年度考评、职称聘书、教师资格换证等业务代收费之机,采取抬高收费标准、搭车收费、截留应缴资金的手段,筹集资金,设立小金库。小金库资金除用于科里公务开支外,每年春节前后,由科长被告人李某清组织科里人员将小金库账目进行对账后,以科室补助、年终福利等名义6次私分给人事科工作人员,并记录入账,私分款总额为12.03万元,李某清、张某军、刘某梅各分得4.01万元。分述如下:

1998年12月30日,李某清、张某军、刘某梅以下乡补助、节假日加班补助的名义,将人事科收取的1998年中、高级职称评审材料费余款9000元予以私分,每人分得3000元。

1999年2月11日,李某清、张某军、刘某梅以年终福利的名义,将人事科收取的1997年度公务员考核工本费余款6000元予以私分,每人分得2000元。

2000年1月27日,李某清、张某军、刘某梅以年终福利名义,将虚报后进入小金库的档案柜购置款3340元予以私分,每人分得1100元。

2001年1月10日,李某清、张某军、刘某梅以春节补助名义,将人事科收取的1999年教师年度考核、教师资格证书费余款5.1万元予以私分,每人分得1.7万元。

2002年2月1日,李某清、张某军、刘某梅以年终福利名义,将人事科收取的2000年教师考核、2001年教师考核、聘书等费用余款4.2万元予以私分,每人分得1.4万元。

2003年5月8日,李某清、张某军、刘某梅及雷某(系借用人员)以福利、补助名义,将人事科教师资格认定费余款1.2万元予以私分,每人分得3000元。另查明,1998年12月至2003年5月期间,大悟县教育局人事科正式工作人员为李某清、张某军、刘某梅三人。

1. 被告人李某清、张某军、刘某梅私分"小金库"资金的行为已构成私分国有资产罪

本案三被告人采取抬高收费标准、搭车收费、截留应缴资金的手段设立小金库,并以年终福利的名义进行私分,其取得资产的途径不是个人的诚实劳动,而是依赖于职权的行使,同时其私分也没有政策、法律上的依据,故其行为已明显不属于违反财经纪律,而是私分国有资产行为。由于其私分国有资产的总数额已达到

---

① 参见最高人民法院刑事审判第一庭、第二庭编:《刑事审判参考》(总第47集),法律出版社2006年版,第377号案例。

数额较大的标准,所以本案三被告人的行为均已构成私分国有资产罪。

2. 本案属于私分国有资产罪还是属于贪污罪中的共同贪污行为

私分国有资产罪与贪污罪的共同贪污,两罪侵犯的客体都是双重客体,即国家廉政建设制度和国有财产(公共财物)的所有权,其客观方面均表现为集体非法占有公共财物或者国有资产,二者很相似。因此,有必要正确区分二者的界限。对此问题,理论界和实务界探讨很多,概括起来,有三区别说、四区别说和二区别说。三区别说认为,二者有三个方面的区别:一是前者只侵犯国有资产的所有权,后者同时还侵犯国有资产以外的其他公共财物的所有权。二是客观方面,前者由于是"集体私分",因此犯罪行为是公开的;而后者只能是秘密的,不为他人所知的。三是犯罪主体有所不同,前者只有国有单位才能构成,而后者只有国家工作人员个人才能构成。四区别说认为,私分国有资产罪和贪污罪主要有四个方面的区别,即犯罪对象不同、客观表现不同、犯罪的主观方面不同、处罚范围和处刑轻重不同。而二区别说又有行为方式不同、承担刑事责任的主体范围不同和从财物的流向、行为的公开性衡量的不同区别方法。笔者认为,从立法的原意和私分国有资产案件在审判实践中反映的特点来看,二者的区别主要在主观故意和行为方式两个方面。第一,从主观故意方面看,贪污罪中的共同贪污要求每个成员均有非法占有公共财物的贪污故意,且犯罪动机主要是以权谋私。而私分国有资产罪的主观故意则表现为单位的主管人员明知私分国有资产违反国家规定,但为了达到占有国有资产的目的,仍抱着法不责众的侥幸心理,以单位集体的名义实施私分行为。其动机一方面是为了提高单位工作人员的工作积极性,改善福利待遇,另一方面也是为了自己获取私利找借口。因此,其主观故意不是单纯为个人私利,而是在单位全体成员或者绝大多数成员的许可或要求的背景下,更多地体现了单位的整体犯意和利益归属的团体性。第二,从行为方式上来看,二者的表现方式不同。共同贪污通常表现为非法占有公共财物的人共同利用职务上的便利,共同实施,一般是秘密进行的,并且想方设法将有关账目抹平,以掩盖非法占有公共财物的事实。而私分国有资产行为则表现为在单位意志的支配下,集体共同私分,而大多数分得财产的人对是否私分没有决定权,并且在单位内部往往是公开的,有的还作了详细的财务记录。从证据体系的角度来看,该行为特征客观地印证了行为人的主观故意。围绕上述主观、客观特征,有助于审判实践中客观地甄别证据,准确地认定事实。

本案从行为方式看,被告人所得的款项都是人事科负责人李某清决定或经商量,并以补助、年终福利等名义发放的,被告人李某清、刘某梅在笔记本上做了详细记录,且有领款签名条和李某清保留的现金账页,在科室内部完全是公开的。从主观方面看,三被告人不具有共同利用职务便利,采取盗窃、欺骗等手段贪污公款的意思联络和主观故意,而是一种相对公开的私分故意。从参与主体看,人事科的所有人都参与了而且都是以科里名义平均分发,应视为单位集体行为。按照最高人民法院发布的《全国法院审理金融犯罪案件工作座谈会纪要》的规定精神,大悟县教育局人事科属于国家机关内设机构,符合单位犯罪的主体资格。因此,李某清、张某军、刘某梅主观上不具有贪污的共同故意,客观方面不符合共同贪污的行为特征,不构成贪污罪被告。李某清作为大悟县教育局人事科的负责人,违反国家有关国有资产管理方面的法律、法规、擅自决定,将单位违反规定收取的部分资金以补助、年终福利等名义私分给个人,数额较大(根据最高人民检察院的立案标准,私分国有资产累计在10万元以上的,应予立案),其行为构成私分国有资产罪。张某军、刘某梅积极参与私分,起较大作用,根据《全国法院审理金融犯罪案件工作座谈会纪要》的规定精神,属于单位犯罪的其他直接责任人,其行为亦构成私分国有资产罪。

【指导案例】褚某健等贪污、巨额财产来源不明案[①]

1993年至1994年,玉溪卷烟厂在下属的香港华玉贸易发展有限公司(简称"华玉公司")存放销售卷烟收入款(也称浮价款)和新加坡卷烟加工利润留成收入款共计2857.0748万美元。被告人褚某健指使罗某军将该款截留到玉溪卷烟厂和华玉公司的账外存放,并规定由其签字授权后才能动用。1995年6月,褚某健与罗某军、乔某科先后两次策划将这笔款先拿出300万美元进行私分。褚某健决定自己要100多万美元,给罗某军、乔某科每人60至70万美元,给华玉公司总经理盛某勇(在逃)、华玉公司副总经理刘某麟(另案处理)也分一点,并把钱存放在新加坡商人钟某欣的账户上。1995年7月15日,罗某军身带褚某健签字的四份授权委托书到达深圳,向盛某勇、刘某麟转达了褚某健的旨意,盛某勇、刘某麟亦同意。罗某军在授权委托书上填上转款数额,褚某健174万美元,罗某军68.1061万美元,乔某科68万美元,盛某勇和刘某麟45万美元。罗某军将填好转款数额的授权委托书和向钟某欣要的收款银行账号交给盛某勇,叫盛某勇立即办理。7月19日,盛某勇将355.1061万美元转到钟某欣的账号上。罗某军返回玉溪卷烟厂后,将办理情况报告了褚某健、乔某科。上述款项案发后已追回。

指控被告人褚某健、罗某军、乔某科共同私分公款355.1061万美元的基本事实清楚,基本证据充分,三被告人亦予供认。对争议的数额,法院确认三被告人在预谋私分美元时,商定褚某健100多万,罗某军、乔发科各60万到70万,最后实际转款355.1061万美元的事实。

关于被告人褚某健的辩护人提出应当认定集体私分国有资产罪的观点,法院认为,集体私分国有资产罪属单位犯罪,犯罪的主体是单位,犯罪的客观方面表现为单位决定,集体私分。褚某健、罗某军、乔某科以个人非法占有为目的,利用职

[①] 案号:(1998)云高刑初字第1号。

务上的便利,采用秘密的方式私分公款,既不属单位行为,也不是集体私分,不符合集体私分国有资产罪的基本特征。因此,辩护人的这一意见不予采纳。

关于被告人褚某健的辩护人提出属犯罪未遂的观点,被告人罗某军的辩护人提出属犯罪预备的观点,被告人乔某科的辩护人提出乔某科属犯意表示的观点,法院认为,三被告人主观上有共同私分公款的故意,客观上已将公款从华玉公司的银行账户转到钟某欣的账户,这一过程完成后,玉溪卷烟厂华玉公司都对该款失去了占有和控制,实际支配权在被告人,款项的所有权已被非法侵犯,三被告人的行为符合贪污罪的全部构成要件,属犯罪既遂,故对三辩护人的意见均不予采纳。

综上所述,被告人褚某健、罗某军、乔某科利用职务之便,共同私分公款355.1061万美元(按当日外汇牌价折合人民币2874.1577万元),其行为均已构成贪污罪,且数额特别巨大。在共同犯罪中,褚某健起主要作用,系主犯;罗某军、乔某科系从犯。公诉机关指控的基本事实和罪名成立,法院予以确认。

【指导案例】张某甲、邹某等犯贪污罪案①

1998年8月至2002年10月期间,被告人张某甲由嘉善县工业局口头任命为嘉善县工业系统职工门诊部负责人,被告人邹某、姚某、陶某分别担任该门诊部医师、收费员、职工。在此期间,四名被告人各自分工,采用进药不计入工业局财会部分的总账,直接转入其门诊部小账,形成"小金库",逃避嘉善县工业局对其资金使用的监控,直接截留应上交给工业局的资金,并以其门诊部名义以发奖金、节日费、注射包扎费等形式,将国有资产27.9398万元进行集体私分。其中张某甲个人实得折合7.773万元,邹某个人实得折合7.763万元,姚某个人实得折合6.2099万元,陶某个人实得折合6.1939万元。

嘉善县工业系统职工门诊部系嘉善县工业局的一个下属机构,被告人张某甲作为该门诊部负责人违反国家规定,伙同邹某、姚某、陶某以单位名义将国有资产进行集体私分折合共计27.9398万元,数额较大,其中张某甲实得7.773万元,邹某7.763万元,姚某6.2099万元,陶某6.1939万元。其行为均已构成私分国有资产罪;公诉机关对本案以贪污定性不当,应予纠正。四被告人的辩护人关于本案以私分国有资产罪定罪的意见与事实和法律相符,依法予以支持。

五、企业改制过程中隐匿国有资产的性质——私分国有资产还是贪污

(一)裁判规则

国有公司、企业违反国家规定,在改制过程中隐匿公司、企业财产,转为职工集体持股的改制后公司、企业所有的,对其直接负责的主管人员和其他直接责任

---

① 案号:(2004)善刑初字第72号。

人员,依照《刑法》第396条第1款的规定,以私分国有资产罪定罪处罚。

私分国有资产和贪污的区分关键在于隐匿或者转移资产的行为性质,即是单位行为还是个人行为,是单位决策还是非单位决策,决策的内容是为单位成员谋利还是为个人谋利,不能将单位决策置换为集体决策。

(二) 规则适用

在企业改制过程中,经常发生原国有企业故意隐匿企业资产到改制后企业的情况。最高人民法院、最高人民检察院2010年发布的《关于办理国家出资企业中职务犯罪案件具体应用法律若干问题的意见》第2条第1款规定,国有公司、企业违反国家规定,在改制过程中隐匿公司、企业财产,转为职工集体持股的改制后公司、企业所有的,对其直接负责的主管人员和其他直接责任人员,依照《刑法》第396条第1款的规定,以私分国有资产罪定罪处罚。

将改制期间隐匿的资产转为改制后的公司、企业,其性质的认定不能太复杂,更不能以是不是集体决定作为两者区分的标识。私分国有资产和贪污的区分关键在于隐匿或者转移资产的行为性质,即是单位行为还是个人行为,是单位决策还是非单位决策,决策的内容是为单位成员谋利还是为个人谋利,不能将单位决策置换为集体决策。单位犯罪的规定中,并没有集体决策的限定。① 换句话说,集体决策并非一定是单位决策,个人决策也不一定不是单位决策。如集体研究决定在决策者个人中间进行私分,就应该构成贪污罪。但如果是有权代表单位的领导人为单位成员利益的决策,尽管形式上没有"集体研究决定"之壳,但具有为单位成员谋利之实,仍然属于单位成员决定和单位行为。况且,既然是隐匿,就是一种比较隐秘的行为,不可能采取公开决策的方式。只要改制前全体单位成员(或者大部分成员)在隐匿资产中获得利益的,就应当认定为私分国有资产罪。

【指导案例】吕某金等私分国有资产案②

1. 六被告人主体身份的相关事实和证据

成都市公路养护管理总段(以下简称"养护总段")是成都市交通局举办的国有事业单位,成都市公路养护管理总段城西分段(以下简称"城西分段")是养护总段分支机构。被告人吕某金、高某、陈某于1994年6月被养护总段分别任命为城西分段段长、副段长。2000年11月,根据工作需要,为保证养护总段改制工作平稳过渡,经养护总段决定,继续任命吕某金为城西分段段长,聘任高某、陈某为城西分段副段长,期间吕某金负责城西分段全面工作,高某、陈某均分管城西分段工程建设工作。

城西路政所原系城西分段下属部门,1994年经成都市交通局批准,城西路政

---

① 参见孙国祥:《贪污贿赂犯罪研究》(下册),中国人民大学出版社2018年版,第1116—1117号。
② 案号:(2011)成刑初字第300号。

所变更为养护总段直属机构,行政级别与城西分段平行,独立对外行使管理职能,被告人晏某某1989年至2002年在城西路政所工作,期间担任城西路政所所长。

被告人曾某某于1987年至1997年担任城西分段办公室主任,1997年7月以后虽在成都市青羊区草堂交通饭店(以下简称"草交饭店")担任副总经理,但其人事关系一直保留在城西分段。

被告人王某某于1986年5月被养护总段任命为城西分段财务负责人,2003年6月被城西分段改制成立的四川瑞通工程建设有限公司(以下简称"瑞通公司")任命为财务部副经理。

草交饭店成立后,吕某金担任草交饭店董事长,晏某某担任副董事长,被告人高某、曾某某、王某某担任董事会成员,被告人陈某担任监事会成员。

2. 培训中心成立过程、资产情况以及草交饭店成立过程、承接培训中心资产的相关事实和证据

(1)培训中心成立过程的事实

1994年城西分段经成都市交通局批准,同意在成都市干道建设指挥部交换赔偿的土地上新建职工培训站、离退休职工活动中心(以下简称"培训中心")。之后,城西分段在成都市干道建设指挥部先后移交的10.75亩划拨土地上使用成都市交通局投入的路政经费、城西分段垫付的资金修建培训中心。成都市干道建设指挥部移交给城西分段的10.75亩划拨土地。同时,城西分段修建培训中心共计支出995.8233万元,其中786.9964万元系成都市交通局下属五个路政所于1995年至1997年按照养护总段资金安排文件或路政处的拨款单先后划入城西分段的路政资金;另外支出的100万元,系1997年7月经原成都市交通局局长王某基同意,从城西路政所划出路政资金100万元借给城西分段支付培训中心基建收尾工程款;最后支出的108.8223万元,系1997年培训中心建成后,由城西分段垫支的开办费、后期工程款。

1997年7月20日,城西分段向养护总段请示,培训中心工程全面建成,特申请正式成立交通职工培训中心。同年9月16日,经成都市经济委员会批复同意成都市交通局成立成都市交通职工培训中心。

(2)草交饭店成立的过程事实

培训中心成立后,因事业单位不允许办经营性实体,为了使培训中心取得营业执照对外营业,1997年9月28日,城西分段向成都市工商局提出申请成立草交饭店。1997年11月11日,草交饭店工商登记成立,性质为股份合作制企业,注册资本400万元,法定代表人系吕某金,股东为城西分段和吕某金,城西分段出资360万元,吕某金出资40万元,但实际上城西分段和吕某金均未出资。之后,培训中心一直以草交饭店名义对外营业并单独建账核算。1998年11月30日,根据城西分段的请示,养护总段下文批准同意城西分段将培训中心更名为草交饭店。

2004年10月28日,成都市交通局以成交科教(2004)384号文件注销成都市交通职工培训中心。该中心从成立开始到注销均未办理工商登记和税务登记。

(3)培训中心资产变更到草交饭店的事实

培训中心的修建款共计995万余元,分别是成都市交通局拨付的路政资金787万余元,城西路政所借款100万元,城西分段垫支的108万余元。1997年12月13日草交饭店向成都市交通局上报《请求历期偿还借款》的请示,请求将前述修建款中的787万元由草交饭店分20年偿还给成都市交通局,并给予免息,原成都市交通局局长王某基在该请示上签字表示同意。之后,1999年7月至2009年12月,草交饭店用经营利润和职工的入股资金将787万元打入成都市交通局公路管理处账上,将上述借款归还完毕。其中截至2001年12月草交饭店变更股份时,草交饭店归还上述借款92万元。1998年11月,草交饭店将城西分段垫支的108万余元款项全部还清。另从城西路政所借出的100万元修建款,一直作为"借款"挂在草交饭店账上,2010年1月草交饭店向成都市交通委员会打报告申请还款,但目前该款项尚未归还。

1998年10月23日城西分段向成都市国土局提出办理土地使用权出让的申请,并向成都市国土局提供培训中心已更名为草交饭店的通知,以及草交饭店实属城西分段下属股份制企业的证明等文件,从而取得成都市国土局审查同意。1999年3月草交饭店与成都市国土局签订《国有土地使用权出让合同》,双方约定成都市国土局将培训中心的土地出让给草交饭店。1999年2、4、12月,草交饭店用经营利润和职工的入股资金分三次将契税、土地使用权出让金、土地使用地价款等共计141.4万元支付给成都市国土局,并于2009年12月17日获得该宗土地的国有土地使用权证,证书载明土地使用权人为草交饭店。

另查明,成都市经济委员会批准同意养护总段进行股份合作制改制,评估基准日为1998年12月31日,城西分段作为养护总段下属单位属于改制范围。

草交饭店成立后因缺乏经营资金,便以召开职工大会、下发股权设置文件的方式动员职工出资。从1998年4月开始,草交饭店以入股名义先后收取城西分段、城西路政所等单位职工的出资,截至2001年12月,向草交饭店出资职工人数达100多人,出资资金达250.97万元,草交饭店给出资人发放了股权证。职工出资资金与草交饭店其他资金混合使用,用于饭店经营。

3. 城西分段改制过程及申报资产的事实

1998年12月,成都市经济委员会批准同意养护总段进行股份合作制改制,其单位国有土地、房屋资产的评估基准日确认为1998年12月31日。城西分段作为养护总段下属单位属于改制范围,按照养护总段改制领导小组要求各下属单位应如实、全面申报国有资产以便统一进行改制评估。为此,城西分段成立改制工作领导小组,小组组长为吕某金,副组长为陈某,组员包括王某某以及雷某某、张某某、左某某,其中王某某负责账务清理工作。改制期间,吕某金、高某、陈某、王某某等人开会共谋,由吕某金提出对草交饭店的资产不予申报,高某、陈某、王某某均表示同意。之后吕某金等人利用草交饭店单独建账的条件未向养护总段改制领导小组申报草交饭店资产。经检验,草交饭店的土地及建筑物等资产均未纳入养护总段改制评估。事后,晏某某、曾某某亦知晓改制时草交饭店资产没有申报纳入养护总段改制评估。

4. 六被告人变更草交饭店股东工商登记以及草交饭店资产实际处置情况的相关事实

2001年12月,为了顺利办理草交饭店工商营业执照年检,吕某金召集高某、陈某、晏某某、曾某某、王某某等人开会,决定将城西分段名下的360万元股份变更到高某、陈某、晏某某、曾某某、王某某名下。2001年12月6日,高某、陈某、晏某某、曾某某、王某某与城西分段签订股权转让协议,草交饭店股东由原来的城西分段和吕某金,变更为吕某金、高某、陈某、晏某某、曾某某、王某某六人,其中吕某金出资40万元不变,高某、陈某各出资100万元,晏某某出资60万元,曾某某、王某某各出资50万元,并办理工商变更登记。同月8日六被告人共同签写了一份《关于注册资本的说明》载明:为了方便办理营业执照,草交饭店章程中记载的股东以及各自出资额的资金来源于102位职工入股和借款组成,不代表六名股东本人的出资金额,六名股东本人的出资金额以实际出资金额为准。截至2001年12月,向草交饭店出资的职工人数达100多人,出资金额达250.97万元。其中吕某金出资20万元,占职工出资额的8%;高某出资15.36万元,占职工出资额的6.1%;陈某出资11.2万元,占职工出资额的4.5%;晏某某出资20.32万元,占职工出资额的8.1%;曾某某出资7万元,占职工出资额的2.8%;王某某出资7.8万元,占职工出资额的3.1%。从1998年4月职工开始出资截至案发,出资人数、出资额每年都在发生变化,但历年出资职工包括本案六被告人均按照当年其实际出资金额从草交饭店领取红利。经审计,1999年至2004年草交饭店累计派发红利163.6251万元。

另查明,2001年12月6日,草交饭店变更工商登记后,同月27日,草交饭店以饭店建筑物及土地使用权为城西分段改制后成立的瑞通公司向交通银行贷款提供抵押担保。同时经鉴定,截止2001年12月6日,修建草交饭店最初投入的基建资金以及土地资产增值比例为178.72%。当日草交饭店中的国有资产至少为1884.2715万元。

现有证据不足以证实股东变更是以非法占有草交饭店资产为目的。控方举出被告人吕某金、高某、陈某、曾某某、王某某在侦查机关供述,证实六被告人商定将草交饭店股权分配给六被告人名下其目的就是为了实现个人非法占有。但控方举出的被告人晏某某的供述仅客观陈述了六被告人开会决定将草交饭店股份划到六人名下、签订股份转让协议的过程,并未供称股份划到六人名下是为了分配给个人占有。此外,庭审中吕某金等五被告人均对侦查机关的有罪供述全部予以否认,辩称2001年的股份转让并不是转让给个人,而是代表职工持股,并供述因为草交饭店工商登记不符合规定,工商局对其营业执照不予年检,为了顺利办理营业执照年检才将草交饭店股份变更六人名下,并非出于个人非法占有的目的。同时,证人邓某某的证言证实2001年12月6日的股份转让协议书是邓某某代表城西分段签字,之前曾某某在办公室找到邓某某叫其帮忙签字,并称协议书的内容都是虚的,是为了去工商局备案,证人草交饭店职工贾某的证言证实知道曾某某代表其出资的事实,证人母某某的证言亦证实确实到工商局上交过全体股东名册变更股东登记,但因不符合规定,让减少股东人数才变更股东登记。由此可见,不仅六被告人就上述事实在庭审中的陈述均吻合一致,且其在庭审中的陈述还有指控证人邓某某、贾某以及辩方证人母某某等人的证言予以印证。吕某金、高某、陈某、曾某某、王某某五人在侦查机关有罪供述缺乏其他证据印证,因此法院对上述五被告人就该部分事实在侦查机关所作有罪供述不予采信,综上,法院认为,指控证据不足以证实本案被告人签订股份转让协议、变更股东登记是以非法占有草交饭店资产为目的。对于各被告人及其辩护人所提六被告人变更工商登记不是以非法占有草交饭店为目的的辩解、辩护意见,法院予以采纳。

现有证据不足以证实六被告人通过变更工商登记实现了个人对草交饭店资产的侵吞。2001年12月6日,被告人高某、陈某、晏某某、曾某某、王某某五人与城西分段签订股份转让协议,并办理工商变更登记,草交饭店股东由原来的城西分段和吕某金变更为本案六被告人,但草交饭店股份在六被告人名下并不代表六被告人确对草交饭店资产予以了侵吞。辩方提供的《关于注册资本的说明》、草交饭店历年分红情况、高某、陈某、曾某某等人的股权证以及六被告人在庭审中的供述证实,从2001年截至案发六被告人每年均以其实际出资金额从草交饭店领取分红。高某、陈某、曾某某的股权证证实截至2010年高某、陈某两人股权金额仅为60.4万元、23.6884万元,曾某某的股权证证实截至2004年其股权金额为9.1万元,均远低于工商登记上载明的六被告人股份金额。六被告人以实际持有股权获取分红的事实亦与其在草交饭店工商变更登记时共同所作的《关于注册资本的说明》内容一致。指控证据仅能证实草交饭店股东变更到六被告人名下,但不能证实六被告人曾以工商登记记载的股份享有股东权利。故现有证据不足以认定和证实六被告人通过变更工商登记就实现了个人对草交饭店资产的侵吞。

现有证据不足以证实草交饭店职工对股东变更的实情不知晓。控方举出证人施某某、刘某某等30余名出资职工的证言以及被告人吕某金在侦查机关的有罪供述证实,上述出资职工对吕某金等人签订股份转让协议、变更股东工商登记的事情不知情,也未委托过吕某金六人代表自己持有股份,但在控方举出的上述30余名证人中的贾某的证言却证实知道曾某某代表其出资的事实,被告人吕某金、陈某、晏某某、曾某某亦当庭辩称告知过出资职工代为持股的事实,辩方提供的《关于草交饭店基建借款等相关遗留问题的说明》亦证实,案发前,股东代表小组授权吕某金等人为股东代表在工商局登记注册,实际上每位出资人都是按照同股同权的原则行使权利。由此可见,因公诉机关举出的证人中对代表职工持股证实情况自相矛盾,同时吕某金亦在庭审中否认其原有罪供述,其余陈某、晏某某、曾某某在庭审中又供称告知过职工代为持股的事实,辩方提供的证据亦能印证上述事实,因此,公诉机关指控六被告人变更股东工商登记代职工持股出资职工均不知情的事实证据不足。

综上,由于现有证据不足以证实股东变更是各被告人为非法占有草交饭店资产,不足以证实草交饭店职工对六被告人代表职工占有股份不知情,且各被告人的实际权利均以原各自持有的股权证为准,故对起诉书指控的各被告人以变更股权的方式将草交饭店的股权据为己有因证据不足,不予认定。

法院认为,被告人吕某金作为城西分段段长,伙同被告人高某、陈某、晏某某、曾某某、王某某等人利用草交饭店单独建账的条件,在城西分段改制过程中采取不予申报的方式,将城西分段所属的草交饭店资产予以隐匿后,以单位名义将价值1800多万元的国有资产集体私分给向草交饭店出资的所有职工,数额巨大,六被告人的行为均构成私分国有资产罪。

关于控辩双方争议的指控罪名问题,法院综合评判如下:

其一,就本案主体方面分析,城西分段系国有事业单位,符合私分国有资产罪的主体要求,而吕某金、高某、陈某、晏某某、曾某某、王某某等人,为包括自己在内的向城西分段所属的草交饭店出资的职工谋取利益,以单位名义决定在改制时不申报草交饭店资产,后又变更工商登记使城西分段不再是草交饭店股东,并将该部分资产以发放股权证、每年发放红利的方式私分给包括自己在内的出资职工,体现了单位意志,属于单位行为。因此城西分段构成私分国有资产罪,吕某金作为城西分段段长系直接负责的主管人员,高某、陈某、曾某某、王某某作为城西分段副段长、财务负责人、工作人员,晏某某作为城西路政所的所长,是单位犯罪行为的直接实施或协助实施者,系私分国有资产罪的共犯。

其二,除职工出资部分外,草交饭店的资产应属于国有资产。经查,草交饭店的前身是培训中心,培训中心的资产系利用路政经费和国家划拨土地修建而成属于国有资产。虽然在改制前后,草交饭店将修建款约定为借款予以归还,缴纳土地出让金的方式获得土地使用权,但不能改变草交饭店中的绝大部分资产系国有资产的事实。

理由如下:(1)草交饭店实行股份合作制没有得到主管部门的审批同意,而是由城西分段自行决定。经查,1998年11月30日,城西分段向养护总段请示将培训中心更名为草交饭店,获得养护总段的批准。但该《关于同意草堂职工培训中心、离退休职工活动中心更名的批复》中并未涉及草交饭店实行股份合作制,也未提及草交饭店承接培训中心的国有资产。(2)草交饭店承接培训中心的国有资产不符合相关规定。根据1997年6月16日国家经济体制改革委员会发布的《关于发展城市股份合作制企业的指导意见》第 10、11、13 条的相关规定,"企业改制应取得职工代表大会、出资人和主管部门的同意,由企业提出申请,经政府指定的部门审批""企业清产核资按国家有关规定进行……资产评估要由有国家认可资格的评估机构进行,评估结果要经过出资人的认可和有关部门的确认""按照谁投资谁享有产权的原则,搞好原有企业产权的界定工作。国家、法人单位等出资人在企业中的投资及投资收益所形成的所有者权益归出资人所有"。本案中,草交饭店承接的国有资产没有经评估机构的评估,更未将其承接的国有资产的评估结果交由出资人和有关部门确认。因此,草交饭店承接培训中心国有资产的过程不符合当时的政策规定。(3)草交饭店归还借款及缴纳土地出让金的款项大部分来源于国有资产投资收益所形成的权益,国有资产投资收益所形成的权益仍属国有资产。1997 年 7 月,草交饭店的前身培训中心已经建成,培训中心所有的土地、修建资金均系国家投资,系国有资产。1997 年 11 月,草交饭店登记成立时,除了国家投资外,职工没有任何出资。1998 年 4 月草交饭店职工才开始陆续出资,当年出资金额亦仅为 130.4 万元。之后草交饭店以约定借款和缴纳土地出让金的方式承接培训中心的资产。本案先因国家投资形成国有资产,事后再约定将国家投资转为借款的情形,与《集体企业国有资产产权界定暂行办法》规定的"明确约定为借款或租赁性质支持集体企业发展而形成的资产"的情形不相符。同时草交饭店缴纳上述款项的来源系饭店经营利润和职工出资资金。截至 2001 年 12 月,六被告人变更草交饭店工商登记时,按土地出让金来算土地价值,当时国家投入的土地和基建经费共计 1100 余万元,而职工出资资金仅为 250 余万元,国家投入的资金远远大于职工出资。根据"要按照谁投资、谁所有、谁受益""国家、法人单位等出资人在企业中的投资及投资收益所形成的所有者权益归出资人所有"等界定国有资产的原则,草交饭店系为了培训中心取得营业执照对外经营而成立,草交饭店利用培训中心资产经营所得利润系国有资产投资收益所形成的权益,仍属于国有资产。因此,草交饭店以饭店经营利润来归还借款和缴纳土地出让金系利用国有资产折抵国有资产,不能改变草交饭店中绝大部分资产系国有资产的性质。但是,因为职工确有出资并用于了饭店经营和缴纳土地出让金等方面,故草交饭店中职工出资部分及其产生的收益不属于国有资产,六被告人私分国有资产的金额仅为国家投资及其产生的收益部分。对于各被告人及其辩护人所提草交饭店的资产不是国有资产的辩解、辩护意见,法院不予采纳。

其三,就客观方面而言,城西分段以单位意志决定将草交饭店资产不纳入改制,尔后予以集体私分。分析如下:(1)不将草交饭店纳入改制是城西分段单位意志的体现。在改制期间,被告人吕某金、高某、陈某、王某某,共同决定在城西分段改制时不申报草交饭店资产,后又在吕某金的召集下六被告人共同决定变更工商登记,由原城西分段段长助理邓某某代表城西分段与各被告人签订股权转让协议,使得城西分段不再是草交饭店股东,并将该部分资产以发放股权证、每年发放红利的方式私分给出资职工,体现了单位意志,属于单位行为。(2)草交饭店股权利益由出资职工共同享有,具有明显的集体私分特征。草交饭店先召开职工大会动员职工出资,后又给出资职工发放股权证,参股职工凭股权证获取红利在单位内部带有普遍性和公开性。根据控辩双方提供的草交饭店股权设置文件、董事会、股东会纪要、分红情况登记表、证人证言、被告人供述等证据,可以证实职工向草交饭店出资是事先经过召开职工大会以及下发股权设置文件等方式动员职工后实施,向出资职工发放红利,也是经过召开股东代表大会确定分红比例才予以发放。城西分段改制时向成都市劳动局上报的职工人数合计 238 人,而以城西分段为主的向草交饭店出资的职工人数达到 100 余人,根据董事会、股东会记录、分红情况登记表、股权证、证人证言等证据可以证实,这 100 多名出资职工均领取了股权证,历年也按照出资金额享受分红,符合私分国有资产罪中集体私分的特征。(3)实际享受权益的职工系以城西分段为主的交通系统单位职工应视为"本单位人员"。根据控辩双方提供的草交饭店股权设置文件、关于募集优先股的邀请函、持股人员名册、董事会、股东会记录、证人证言等证据可以证实,草交饭店吸收入股资金的对象为城西分段、城西路政等相关部门的职工,其中大部分人员系城西分段职工,应当视为"本单位人员"。

其四,从主观方面分析,吕某金等人明知草交饭店中的大部分资产系国有资产,故意违反国家规定而在改制时予以隐匿,后变更工商登记将草交饭店资产实际置于草交饭店全体出资职工的控制下并享受权益,具有私分国有资产的故意。经查,在草交饭店变更工商登记后,草交饭店的出资职工每年按照实际出资金额领取红利,从其领取红利的数额上看,可以印证吕某金等人的主观动机是将国有资产分给单位职工,而不是六被告人将登记股份据为己有。因此,吕某金等被告人主观上应具有私分国有资产的故意,并非非法占有公共财物的贪污故意。

综上所述,被告人吕某金、高某、陈某、晏某某、曾某某、王某某的行为符合私分国有资产罪的主客观要件。对于各被告人的辩护人所提六被告人的行为不构成犯罪的意见,法院不予采纳。

关于起诉书指控被告人吕某金等人的上述行为构成贪污罪的问题。草交饭店资产隐匿后通过职工持股方式由该单位职工持股并分红,具有公开性、普遍性,与贪污罪中使用侵吞、骗取、窃取等不为人知的秘密、隐蔽方式将公共财物占为己有明显不同。控方指控吕某金等六被告人隐匿草交饭店资产、将草交饭店股份变更到各自名下的行为构成贪污罪不能成立。根据前述证据分析和查明的事实可知:首先,部分出资职工对六被告人变更工商登记是代表职工持股的事实知情;其次,六被告人变更工商登记后确实按照《关于注册资本的说明》中的内容以各自实际持股享受股东权益,并未按照工商登记股份享有股东权利,所有出资职工均按照股权证载明的股份分红;再次,指控证据不足以证实六被告人变更工商登记是以非法占有草交饭店资产为目的;最后,一般的企业单位人员也无权参与私分国有资产的决策活动,具体实施犯罪的往往都是决策层中处于核心地位的管理人员或直接责任人员。因此,吕某金等六人变更工商登记的行为当时不为所有出资职工所知在客观上具有合理性,这也是私分国有资产罪只处罚直接负责的主管人员和其他直接责任人员的原因所在。综上,虽然本案六被告人系国家工作人员,草交饭店中的绝大部分资产系国有资产,六被告人符合贪污罪的主客体要件,但因指控证据不足以证实吕某金等六被告人以非法占有为目的,变更工商登记后即侵占了草交饭店资产的事实,故六被告人的行为不符合贪污罪主客观方面的要件,其行为不构成贪污罪。

关于本案犯罪金额的认定。起诉书指控吕某金等六被告人侵吞国家财产的金额为2332万余元。但法院认为,草交饭店中职工出资部分及其产生的收益不属于国有资产,六被告人私分国有资产的金额仅为国家投资及其产生的收益部分。2001年12月6日,草交饭店变更工商登记之日,国有投资由原来的1132万余元增值为3196万余元,职工的出资亦有相应增值,该增值部分不属于国有资产,应予以扣除。因为职工出资历年不等,1998年为130.4万元,到2001年为250.97万元。故从有利于被告人的原则,法院将2001年职工的出资额250.97万元认定为职工的原始投入,并以此基数,以国有资产增值比例计算职工出资截至2001年12月6日增值了448.5335万元,该部分增值系职工出资产生的收益,应从犯罪金额中予以扣除。故法院认定本案六被告人私分国有资产的金额为1884.2715万元。

关于六被告人及其辩护人提出,其主观上认为草交饭店的资产已不是国有资产,不需要申报的辩解意见。法院认为,首先,各被告人曾供称均知道草交饭店系承接的培训中心资产,培训中心系国有资产,改制时,各被告人也明知草交饭店的资产仍系国有资产;其次,根据前述证据分析可知,草交饭店承接培训中心国有资产的过程未按照当时国家经济体制改革委员会《关于发展城市股份合作制企业的指导意见》相关规定予以实施,改制企业承接国有资产需经审批、进行评估、支付对价后才能完成,在草交饭店承接培训中心资产过程中并未按上述规定完成,各被告人主观上对上述过程亦明知。故各被告人及其辩护人所提的上述辩解意见与查明的事实不符,法院不予采纳。

【指导案例】孙某源等私分国有资产案①

无锡市市政工程建设管理处(系国有事业单位,原名为无锡市市政工程开发处,2002年更名,以下简称"管理处"),主要负责无锡市市政工程项目建设管理、前期拆迁安置及工程协调、安置房的建设、工程造价和咨询服务以及安置房的管理等。管理处先后在其内设科室的基础上成立无锡市市政建设综合开发公司(以下简称"开发公司")等4家国有公司。管理处及其下属的4家国有公司的财务单

---

① 案号:(2013)宜刑二初字第11号。

独建账,但由管理处的财务科统一扎口管理,资金进出由管理处处长负责。1998年3月起,被告人孙某源先后经无锡市市政公用事业局聘任为无锡市市政工程开发处处长、管理处处长、开发公司经理等。被告人黄某忠先后任管理处财务科会计等,后兼管理处、开发公司主办会计。被告人蒋某斌先后任管理处房管科科长、开发公司经营科科长等职。

管理处在市政工程建设过程中,负责将无锡市人民政府调拨的安置房和政府道路拆迁资金分配给相关拆迁户,但在实际补偿分配中安置房和资金均有结余。经相关主管部门同意,管理处可以将上述结余的安置房销售用以弥补拆迁资金缺口。2001年,孙某源安排时任房管科科长的蒋某斌等人负责销售上述部分结余的安置房,售房收入单独建立账外资金账,即"超面积户"账。2003年7月31日,根据孙某源的安排,"超面积户"账(内有资产4062.6276万元)移交给时任该管理处财务负责人的黄某忠记账保管。

2002年7月15日至2005年2月7日期间,管理处及其下属的4家国有公司分别改制为由单位职工等参股的5家股份制有限责任公司。孙某源系改制领导小组组长,兼任上述改制后的5家公司的法定代表人或董事长。孙某源在管理处改制过程中,为了给改制后的企业准备解困资金及保障改制后企业职工的待遇不降低等,违反国家规定和无锡市人民政府相关改制要求,指使黄某忠不要将"超面积户"账提供给审计评估机构评估,黄某忠按其要求将"超面积户"账内的国有资产4052.3169万元(改制基准日为2004年4月30日)予以隐匿。

在改制过程中,孙某源还指使蒋某斌不要将由其经管的13套结余的安置房提供给审计评估机构评估,蒋某斌同意并按其要求将评估价值为138.6787万元(改制基准日为2004年4月30日)的13套安置房予以隐匿。

此后,被隐匿的"超面积户"账仍由黄某忠记账保管;被隐匿的上述13套安置房仍由蒋某斌经管,改制后5家公司的管理仍沿用以往捆绑式管理模式。被隐匿的"超面积户"账内部分资金所产生的利息用于改制后5家公司共同的办公费用、职工福利、退休职工补贴等支出。上述被隐匿的房屋中7套安置房由公司职工租借使用;6套安置房由蒋某斌负责对外出售,销售收入合计217.5万元。2010年11月,蒋某斌将其中的51万元上交给开发公司。

2012年9月17日、18日,检察院反贪污贿赂局在掌握孙某源、蒋某斌、黄某忠私分国有资产线索的情况下,先后将蒋某斌、黄某忠、孙某源带至该局进行审查,蒋某斌、黄某忠、孙某源到案后均如实供述了上述事实。

另查明,2012年9月27日至2013年1月4日期间,检察院从无锡市市政工程建设管理处等单位合计扣押4387.05万元;从蒋某斌处合计扣押210万元,并依法对涉案的7套房产予以查封。

管理处、开发公司等事业单位、国有公司违反国家规定,在改制过程中采用瞒报企业账外资金、房产的方式,故意逃避改制资产评估审计,隐匿国有财产,转为职工集体持股的改制后的公司所有,被告人孙某源系直接负责的主管人员,被告人黄某忠作为财务负责人、蒋某斌作为房管科科长,根据孙某源的指使和安排,分别实施隐匿账外资金、房产的行为,系直接责任人员,其中孙某源、黄某忠共同隐匿国有资产 4052.3169 万元;孙某源、蒋某斌共同隐匿国有资产 138.6787 万元,均属数额巨大,孙某源、黄某忠、蒋某斌的行为均已构成私分国有资产罪,应予以惩处。公诉机关指控的罪名成立,法院予以采纳。黄某忠的辩护人提出黄某忠不是直接责任人员,主体上不符合私分国有资产犯罪构成要件的辩护意见与事实不符,法院不予采纳。

被告人孙某源在改制过程中对隐匿资产起决定、指挥作用,是主犯,应当按照其所参与的全部犯罪处罚;被告人黄某忠、蒋某斌根据孙某源的指使实施犯罪,起次要作用,均是从犯,根据黄某忠、蒋某斌的犯罪情节,法院决定均予以减轻处罚。孙某源、黄某忠、蒋某斌归案后均能如实供述罪行,均可从轻处罚。涉案资金和房产等已追缴或查封,对三被告人亦可予以从轻处罚,对辩护人提出的与此相同的辩护意见,法院均予以采纳。公诉机关对孙某源、黄某忠的量刑建议恰当,法院予以采纳;对蒋某斌的量刑建议未充分考虑其可减轻处罚的相关量刑情节,量刑建议较重,法院不予采纳。对孙某源及其辩护人提出公诉机关对孙某源量刑建议较重的意见不予采纳。黄某忠、蒋某斌符合缓刑适用条件,均可以宣告缓刑。

六、如何区分假借奖金、福利等名义变相集体私分国有资产行为与违规滥发奖金、福利行为

(一) 裁判规则

正确区分私分国有资产行为特别是方式方法上表现为发放奖金、津贴、福利补贴等变相私分行为与一般财经违纪行为的界限,应当依照《刑法》第 396 条第 1 款关于私分国有资产罪的规定,结合是否违反国家规定和数额是否较大两个方面的构成要件来加以理解和把握。不宜将违反规定超标准、超范围等乱发、滥发奖金、福利的财经违纪行为,一概认定为集体私分行为,以避免刑事打击面过大,可参照单位经营利润情况、单位对所分资产是否具有自主支配、分配权等情况综合判定。

(二) 规则适用

私分国有资产罪是 1997 年《刑法》规定的一个新罪名,此前对于以单位名义将国有资产集体私分给单位成员的行为,通常是作为一般财经违纪行为处理的。应当说,私分国有资产犯罪的行为首先是一种违反财经纪律的行为,但并不意味着此类财经违纪行为都应该作为犯罪处理。在司法实践中,集体私分国有资产行为一般都以单位的名义进行,因此往往是打着合法的幌子,通过发"奖金""补助""岗位津贴""分红"或者发放福利商品等各种形式公开进行。如何正确区分私分

国有资产行为特别是方式方法上表现为发放奖金、津贴、福利补贴等变相私分行为与一般财经违纪行为的界限,在理论和实务中都容易产生分歧。对此,笔者认为,正确区分两者的界限,应当依照《刑法》第396条第1款关于私分国有资产罪的规定,结合是否违反国家规定和数额是否较大两个方面的构成要件来加以理解和把握。

私分国有资产行为首先是一种违反国家规定的行为。根据《刑法》第96条规定,违反国家规定,"是指违反全国人民代表大会及其常务委员会制定的法律和决定,国务院制定的行政法规、规定的行政措施、发布的决定和命令"。据此,国家机关、国有公司、企业、事业单位、人民团体依照相关国家规定发放奖金、津贴、福利等行为,如国家机关、国有公司、企业、事业单位、人民团体等依照《预算法》和有关预算外资金管理法规规定,用预算外资金发放奖金、津贴、补贴,以及国有公司依照《公司法》相关规定将所提取的法定公益金用于本公司职工集体福利等,因属合法行为,当然不能认为是变相私分国有资产。鉴于我国国有单位尤其是国有企业在改革、改制过程中出现了一些财务管理不够规范和不够完善的现实状况,在私分国有资产罪中对违反国家规定的具体理解和掌握上,一定要具体情况具体分析,实事求是、合情合理地予以认定。不宜将违反规定超标准、超范围等乱发、滥发奖金、福利的财经违纪行为,一概认定为集体私分行为,以避免刑事打击面过大。具体判断方面,可参照单位经营利润情况、单位对所分资产是否具有自主支配、分配权等情况综合分析。对于在单位财力状况允许的范围内以及将单位具有一定自主支配权的钱款违反规定分配给单位成员,未造成严重社会危害后果的行为,一般不宜认定为私分行为。相反,下列情形一般可以认定为私分国有资产行为:第一,在单位没有经营效益甚至经营亏损的情况下,变卖分配国有财产等严重违背国有财产的经营管理职责,妨害国有公司、企业的正常生产、经营活动的;第二,单位将无权自主支配、分配的钱款通过巧立名目、违规做账等手段从财务账上支出,或者将应依法上缴财务入账的正常或者非正常收入予以截留,变造各种栏目进行私分发放等,严重破坏国家财政收支政策的贯彻落实的。

【指导案例】张某康、夏某私分国有资产案——如何区分集体变相私分国有资产与违反财经纪律超标准、超范围发放奖金、福利等行为的界限[①]

上海市医疗保险事务管理中心(以下简称"医保管理中心")系上海市医疗保险局所属的国有事业单位,经费来源为国家财政全额拨款。被告人张某康系医保管理中心主任,被告人夏某系医保管理中心办公室主任,二被告因涉嫌犯私分国有资产罪于2003年7月被依法逮捕。

---

① 参见最高人民法院刑事审判第一庭、第二庭编:《刑事审判参考》(总第37集),法律出版社2004年版,第293号案例。

2001年12月至2003年4月,医保管理中心领导班子经讨论,由张某康决定,夏某具体操办,将国家财政专项拨款的邮电通讯费和资料速递费结余部分以快递费、速递费、邮寄费等名义,从上海市邮政局静安电信服务处、上海宝山泗塘邮电支局先后套购邮政电子消费卡价值21.3万元,套取现金9.756万元并用于购买超市代币券,相应发票予以入账。随后,二被告人将其中价值24.38万元的邮政电子消费卡和超市代币券以单位福利名义,定期分发给医保管理中心的全体员工,张某康及夏某各分得面值1.41万元和1.05万元的消费卡及代币券。另外,张某康在已经享受单位每月给予180元通讯费的情况下,让夏某用邮政电子消费卡为其支付移动电话通讯费5800余元。

2002年2月,由张某康决定,夏某具体操办,将国家财政专项拨款的业务招待费以会务费名义从本市申康宾馆套现1.5万元,以"2001年度特别奖励"的名义发放给医保管理中心部分人员,其中张某康分得1000元,夏某分得5000元。

2003年7月,张某康、夏某向纪委如实交代了上述犯罪事实,并归还全部赃款。

本案中,张某康、夏某两名被告人违反了国家财政经费必须专项使用的规定,虚构用途套取专项经费后以福利、奖金等名义予以集体私分的行为即属私分情形。根据国家有关保险及医疗保险的相关规定,财政专户内的资金应严格开支范围和开支标准,确保专款专用;确需调整经费用途的,应在不突破预算总额的前提下,报相关部门审核批准。张某康、夏某两名被告人所套用的邮电通讯费、资料速递费和业务招待费不仅系国家财政专项经费,而且两名被告人明知如需调整用途必须上报审核,医保管理中心对此钱款不具有自主支配、分配权。然而,两名被告人仍故意使用虚假发票违规做账,并假借福利、奖励等名义将专项使用资金在公司内部成员之间进行集体私分,数额较大,其主观恶性和危害后果均已达到应受刑罚处罚的程度,故将之认定为变相私分国有资产的犯罪行为是正确的。

七、非适格主体能否与单位构成私分国有资产罪的共犯

(一)裁判规则

在仅能由单位构成犯罪的情形下,可以认定非适格主体与单位构成共犯。① 在量刑上予以区别,对于共犯中非适格主体的量刑,一般按照普通主体适用刑罚或者以从犯身份适用刑罚。

(二)规则适用

在私分国有资产罪仅能由单位构成犯罪的情形下,非适格主体的自然人是否

---

① 参见最高人民法院刑事审判第一、二、三、四、五庭主办:《刑事审判参考》(总第95集),法律出版社2014年版,第939号案例裁判理由。

可以与单位构成共犯,司法实践中存在两种意见。第一种意见认为,不应以犯私分国有资产罪追究非适格主体自然人的刑事责任。刑法规定了单位犯罪等特别规定,非单位主体由于主体不适格,不可与其构成共犯,非特定的主体要素不可构成刑法所规定的必须具备特定的主体要素的犯罪。第二种意见认为,特定的主体要素作为违法要素并不是成立共犯不可欠缺的构成要件要素,非特定的主体不能单独成为特定主体的正犯,但若是和特定的主体一起,就可共同引起符合构成要件的事实。因而,非特定的主体可以成立特定主体所犯之罪的共犯,但当特定主体要素是作为责任要素时,则不可缺失。笔者赞同第二种意见。

一方面,从定罪角度分析,非适格主体可以成为由适格主体实施犯罪的共犯。刑法所规定的特定犯罪必须具备特定的主体要素,其仅是针对单独犯而言的,对于教唆犯、帮助犯则不需要具备特定的主体要素。根据共同犯罪成立理论中的行为共同说(事实共同说),共同犯罪应当是指数人共同实施了构成要件的行为,而不是共同实施特定的犯罪。质言之,不要求行为人共同实施特定的犯罪,只要行为具有共同性就可以成立共同犯罪。至于共犯人的责任问题,则需要个别认定。因而,对于非适格主体参与实施私分国有资产的行为,只要非适格主体与适格单位共同实施了私分国有资产的行为,就可以成立共同犯罪。

另一方面,从量刑角度分析,对于共犯中非适格主体的量刑,一般按照普通主体适用刑罚或者以从犯身份适用刑罚。具体而言,在仅由适格主体实施的犯罪案件中,如果刑法规定对适格主体适用从重的刑罚,对不适格主体的共犯人,只能适用通常之刑罚。例如,《刑法》第 238 条第 4 款规定:"国家机关工作人员利用职权犯前三款罪的,依照前三款的规定从重处罚。"当非国家机关工作人员与国家机关工作人员共同非法拘禁他人的,则不可以对非国家机关工作人员适用从重处罚的规定。如果刑法未规定对适格主体适用从轻或者从重的刑罚,对不适格主体一般按照从犯地位适用刑罚即可。

【指导案例】徐某祯等私分国有资产罪案——在仅能由单位构成犯罪的情形下,能否认定非适格主体与单位构成共犯①

2002 年 7 月至 2011 年 5 月,被告人徐某祯担任上海市信息化办公室无线电管理处(以下简称"无管处")处长、上海市无线电管理委员会办公室(以下简称"无委办")副主任兼上海市无线电监测站(以下简称"监测站")站长,后兼任中共上海市无线电管理局(以下简称"无管局")党组成员,主要工作职责为负责监测站党政工作,分管精神文明建设,协管无管局日常行政、财务、干部调配等相关工作。

2002 年年底至 2003 年年初,徐某祯为解决监测站职工集体福利问题,决定起

---

① 参见最高人民法院刑事审判第一、二、三、四、五庭主办:《刑事审判参考》(总第 95 集),法律出版社 2014 年版,第 939 号案例。

用无资质、无场地、无设备，正处于歇业状态的上海唯远信息开发有限公司（以下简称"唯远公司"）承接定检工作。后其与该公司负责人被告人陈某晖商定，唯远公司所得收入除列支必要成本外，剩余钱款均应当以现金形式账外返还监测站用于职工福利发放。2003年4、5月间，徐某祯隐瞒唯远公司的真实情况，利用职权以无委办的名义批准授予唯远公司无线电设备检测资质，同时授意倪某杰并通过相关人员讨论决定，委托唯远公司承接定检工作，后又将监测站办公场地、政府采购的技术设备、有关技术服务及启动资金提供给唯远公司使用。

2003年5月起，唯远公司受委托以监测站名义开展定检工作，直接向非国家拨款的单位或者个人收取检测费。监测站也以国家财政拨款和转移支付项目专款向唯远公司支付检测费用。2004年起，上海市定检工作每年财政预算达数百万元。徐某祯代表监测站与陈某晖变更约定，唯远公司须将监测站拨款及公司自行收取的检测费，按50%的比例以现金形式返还监测站。2007年10月，陈某晖另设上海咸元通信技术有限公司（以下简称"咸元公司"）取代唯远公司承接定检工作，有关约定保持不变。

2003年至2009年年底，唯远公司、咸元公司自行直接收取检测费以及以检测劳务费等名义通过监测站获取财政拨款合计30余万元。陈某晖按照事先约定，通过其专门成立的上海银闪通信技术有限公司、常帮唯博电脑软件编制服务社以及其他单位将上述款项予以套现或者转账。监测站则违反国家规定，由徐某祯决定，监测站副站长丁某咏等人具体执行，将上述返还款隐匿于监测站账外，分别多次将其中1328.3万元以职工津贴、工资补差、奖金、过节费等名义陆续发放给无管局及监测站全体员工。

本案在审理过程中，对以犯私分国有资产罪追究被告人徐某祯的刑事责任没有疑问，但对以犯私分国有资产罪追究被告人陈某晖的刑事责任，存在分歧。一种意见认为，本案中，仅监测站构成私分国有资产罪，徐某祯作为国有事业单位监测站直接负责的主管人员，应当承担相关刑事责任，但陈某晖不是监测站的人员，系非适格主体，因此不构成共犯。另一种意见认为，可以犯私分国有资产罪追究陈某晖的刑事责任。

法院认为，本案中，由于私分国有资产罪仅能由国家机关、国有公司、企业、事业单位、人民团体等单位主体构成，监测站系适格单位主体，应当认定监测站为实行犯，且系主犯，并据此判处被告人徐某祯的刑罚；自然人陈某晖系非适格自然人主体，其为监测站顺利私分国有资产提供了重要帮助，起到了次要作用，故与监测站构成私分国有资产罪的共同犯罪，但系从犯，应当从轻或者减轻处罚。据此，对陈某晖应当以单位直接负责的主管人员徐某祯的处罚标准为基点，同种情况下，原则上其所承担的刑事责任不能重于徐某祯的刑事责任。

第二十章 贪污贿赂犯罪中特殊程序的适用

一、非法证据排除后对量刑事实的影响

(一) 裁判规则

侦查机关通过疲劳审讯取得的供述属于非法证据,应当予以排除。非法证据的排除,不仅会对定罪事实造成影响,而且也会对量刑事实造成影响。

(二) 规则适用

根据法律规定,非法证据排除原则解决的是证据的法庭准入资格问题,也就是说,只有合法取得的证据才能具有证据资格,作为证据提交法庭,法庭进而对其进行证明力大小强弱的审查。一旦法院作出排除非法证据的决定,被排除的非法证据就不能作为定案的根据。但非法证据排除后是否对案件量刑事实造成影响,在司法实践中有不同的做法。一种做法是虽然在形式上排除了被告人的有罪供述,但内心确信之前的有罪供述是真实的,从而在主从犯的认定、具体的刑期等方面根据排除前的证据予以判决。另一种做法是对已经排除的非法证据不作为证据使用,同时也不对定罪量刑产生影响。笔者赞同第二种做法。非法证据排除规则的设立,不光是解决非法证据进入法庭的资格问题,根本上是要解决非法证据对司法裁判者的内心影响,不能让受污染的证据影响司法裁判者的内心判断,否则非法证据排除就形同虚设。

【指导案例】吴某、朱某娅贪污案——侦查机关通过疲劳审讯获得的被告人供述是否属于非法证据以及非法证据排除后是否对量刑事实产生影响[①]

1. 吴某、朱某娅共同贪污部分

按照相关规定,外省在扬州务工人员返乡时可以一次性提取的养老保险金,称为"退保金"。办理退保金的正常流程是:由申请人向扬州市人力资源和社

[①] 参见最高人民法院刑事审判第一、二、三、四、五庭主办:《刑事审判参考》(总第106集),法律出版社2017年版,第1141号案例。

会保障局开发区办事处(以下简称"开发区办事处")提供身份证、户口簿、回乡务工证明、社会保险手册以及个人申请等资料,通过经办人员初步审核后计算退保金额,填写《江苏省职工养老社会保险金结算(支付)凭证》(以下简称"结算凭证"),将结算凭证以及所附上述材料交给分管领导签字审核,再加盖社会保险专用章,申请人即可到扬州市社保中心领取退保金。

2009年1月至11月间,退保金申请材料审查报送经办人被告人朱某娅利用其在开发区办事处经办退保金的职务便利,伙同分管退保金申请材料审核的开发区办事处副主任被告人吴某,多次采取虚构事实、冒用退保人员名义等方式作案15次,共骗取退保资金39笔,共计22.8718万元。具体作案手法是:朱某娅制作虚假的结算凭证,交给吴某签字,而后盖章。朱某娅再将签字、盖章后的结算凭证交由其亲戚、朋友冒充退保人员到扬州市社保中心领取退保金,朱某娅取得退保金后再和吴某进行分赃。2009年年底,开发区办事处退保金遭骗取事件暴露,朱某娅交代了自己贪污的事实,其父母代为退出全部赃款。嗣后,朱某娅被开发区办事处解聘。

2. 吴某单独贪污部分

2011年12月至2012年12月间,吴某在担任扬州市人力资源和社会保障局新城西区办事处(含筹备小组)负责人期间,利用直接管理后勤工作的职务便利,在单位公务招待过程中,私下要求扬州天地酒业有限公司、扬州风正经贸有限公司多次开具消费发票,侵吞公款合计1.1万元。

庭审中,朱某娅对公诉机关指控其与吴某共同贪污的主要犯罪事实不持异议,但辩解骗保行为系受吴某指使所为;吴某在到案初期的1份询问笔录、3份讯问笔录以及悔过书中承认知道朱某娅骗取退保金,自己从中分得4.8万元的事实。2013年1月7日,吴某在接受检察院审查批捕人员讯问时,承认朱某娅在2009年期间给过其4.8万元,给钱是因为其袒护朱某娅,对她拿来的空白凭证没有审核就签字。此后包括在庭审中,吴某翻供,否认其参与朱某娅骗取退保金并分赃的事实,认为自己仅仅是工作上失职、没有尽到审查义务,提出其有罪供述是其在受到疲劳审讯、精神恍惚时作出的,属于非法证据,应予排除。

根据法律规定,非法证据排除原则解决的是证据的法庭准入资格问题,也就是说,只有合法取得的证据才能具有证据资格,作为证据提交法庭,法庭进而对其进行证明力大小强弱的审查。一旦法院作出排除非法证据的决定,被排除的非法证据就不能作为定案的根据。但非法证据排除后是否对案件量刑事实造成影响,一、二审法院对此存在不同的看法。

一审法院认为,被告人吴某到案初期的四份有罪供述不仅包括其伙同朱某娅共同贪污的事实,而且包括犯意的提起、两人在共同犯罪的分工、赃款的分配等方面的事实。结合朱某娅的供述,可以认定吴某和朱某娅在共同犯罪中的地位作用相当,不分主次。其后吴某在审查批捕阶段仅承认自己明知朱某娅实施贪污,自己分得部分赃款,但对涉及共同犯罪中两人如何分工合作、赃款如何分配等方面并无具体交代。一审法院虽然在形式上排除了吴某到案初期的四份有罪供述,但内心确信吴某之前的有罪供述是真实的,加上吴某另有单独贪污事实,又拒不认罪,因此认定两被告人均系主犯,对两被告人均判处10年以上有期徒刑。二审法院经审理后认为,已经排除的非法证据既然不得作为证据使用,当然也不应当对定罪量刑产生影响,否则非法证据排除就形同虚设。在吴某被认定具有证据资格的供述中,关于本案犯意的提起、两被告人在共同犯罪中如何分工、赃款如何分配等事实均没有具体供述。而朱某娅关于受吴某指使实施犯罪的供述因其与吴某有利害关系不能完全采信,因而根据现有证据无法认定两被告人在共同犯罪中的地位和作用相当。相反,大量书证和证人证言均证实,朱某娅实施了填写虚假结算凭证、指使他人冒领赃款、控制和分配赃款等共同贪污犯罪中的大部分行为,而吴某仅实施了在虚假结算凭证上签字的行为。因此,二审法院认定吴某在共同犯罪中的作用小于朱某娅,所起作用是次要的,认定其为从犯。因朱某娅在事发后已经向所在单位承认了自己的贪污事实,退出了全部赃款,二审法院认为可以认定其为自首。据此,二审法院对两人均减轻处罚,改判吴某有期徒刑5年6个月,朱某娅有期徒刑5年。判决书送达后,两人均服判息诉。

法院认为,侦查机关通过疲劳审讯取得的供述属于非法证据,应当予以排除。非法证据的排除,不仅会对定罪事实造成影响,还会对量刑事实造成影响。具体到本案,如果被排除的被告人吴某的有罪供述既包含定罪事实又包含量刑事实,而具有证据资格的有罪供述仅包含定罪事实而缺乏量刑事实,那么在没有相关证据补证量刑事实的情况下,仅能依据供述认定吴某的定罪事实。二审法院综合其他证据,认定被告人朱某娅、吴某在共同犯罪中的作用和地位是适当的。

二、贪污贿赂犯罪中认罪认罚从宽制度的适用

(一) 裁判规则

对于被告人自愿如实供述自己的罪行、愿意接受处罚的,可以适用认罪认罚从宽制度。

(二) 规则适用

认罪认罚从宽制度是对自愿如实认罪、真诚悔罪认罚的犯罪嫌疑人、被告人依法从宽处理的法律制度,是实体规范和程序保障一体构建的综合性法律制度。在认定犯罪嫌疑人、被告人具备以下条件的,可以考虑适用认罪认罚从宽制度:(1)自愿如实供述自己的罪行,承认指控的犯罪事实,即"认罪",可以表现为自首、坦白,也可以是当庭认罪等形式;(2)愿意接受处罚,即"认罚",考查重点是犯罪嫌疑人、被告人的悔罪态度和悔罪表现。犯罪嫌疑人、被告人真诚悔罪,接受检察机关量刑建议,尽力退赃退赔的,应认定为"认罚"。

【指导案例】于某振贪污、受贿、挪用公款案①

1. 贪污的事实

2008年2月至2017年4月间,被告人于某振利用担任北京市房山区燃气开发中心(以下简称"燃气中心")主任、北京房山燃气开发集团(以下简称"燃气集团")董事长、北京房山燃气开发集团有限公司(以下简称"燃气公司")党委书记兼董事长、北京房某控股集团(以下简称"房某集团")董事长、北京房某控股集团有限公司(以下简称"房某公司")党委书记兼董事长等职务便利,单独或伙同彭某(另案处理)等人,先后采取将公款用于个人消费、购买购物卡、以明显高于市场价格购买亲属的二手车以及违规领取补贴款等方式侵吞公款共计259.2931万元。

2. 受贿的事实

2012年至2017年间,于某振利用担任房某集团董事长、房某公司党委书记兼董事长等职务便利,为东南电梯股份有限公司、北京固强电力有限公司、北京科华消防工程有限公司房山分公司在承揽工程等事项上谋取利益;并于2013年至2017年间,非法收受上述公司有关人员秦某给予的67万元、杨某给予的300万元、于某给予的300万元,以上共计667万元。

3. 挪用公款的事实

2015年2月至3月间,于某振利用担任燃气中心主任等职务便利,挪用下属凯悦某公司公款60万元归个人使用,超过3个月未还。

2014年至2015年间,于某振利用担任燃气中心主任、燃气集团董事长、燃气公司党委书记兼董事长等职务便利,个人决定先后两次将下属欣天公司2000万元出借给北京福洲房地产开发有限公司(以下简称"福洲地产公司")用于经营,并将福洲地产公司支付的281.3万元利息非法据为己有。

案发前,于某振所挪用的公款已全部归还。

法院认为:被告人于某振身为事业单位、国有企业、国家出资企业中从事公务的人员,利用职务上的便利,单独或伙同他人侵吞本单位或下属企业公款,数额巨大,行为已构成贪污罪;利用职务上的便利,为他人谋取利益,收受财物,其行为已构成受贿罪,且受贿数额特别巨大;利用职务上的便利,挪用公款归个人使用,进行营利活动或超过3个月未还,情节严重,其行为又已构成挪用公款罪,对于某振所犯三罪依法均应予惩处并数罪并罚。北京市人民检察院第二分院指控于某振犯贪污罪、受贿罪、挪用公款罪的事实清楚,证据确实、充分,指控的罪名成立,建议的量刑幅度适当,于某振对此没有异议,法院对公诉机关的意见予以采纳。于某振因涉嫌贪污犯罪被调查期间,主动交代了调查机关尚未掌握的受贿犯罪,故其所犯受贿罪有自首情节,同时鉴于于某振在庭审中能自愿认罪认罚,违法所得

---

① 案号:(2018)京02刑初34号。

已被全部追缴,依法对其所犯贪污罪、挪用公款罪从轻处罚,对其所犯受贿罪减轻处罚。

【指导案例】李某哲贪污案①

广州市海珠区人才服务管理办公室(以下简称"人才管理办")系国有事业单位。被告人李某哲于2002年7月进入人才管理办工作,并签订劳动合同书,自2009年至案发,先后担任人才管理办单位代理部副部长、人才管理办人才租赁部副部长、部长,并主要负责人才租赁业务管理等工作。

2011年至2017年间,李某哲利用其负责区内人才租赁工作的职务便利,在为相关单位、企业提供人事代理服务的过程中,通过虚报租赁人才数量、虚构人才信息的手段,套取本单位发放的租赁人才工资款共计1524.6199万元,并用于购房、投资等活动。

案发后,李某哲自动到检察机关投案,如实供述自己的罪行。李某哲主动退缴赃款共计1521.99万元,现已被依法扣押。另查,李某哲在案发前已主动退还14.104万元到人才管理办的账户内。

李某哲对公诉机关指控的犯罪事实、罪名及提出的量刑建议均无异议,表示认罪认罚,已签署了具结书。

法院认为,被告人李某哲身为国家事业单位委托管理国有财产的人员,利用职务上的便利,骗取国有财物,数额特别巨大,其行为已构成贪污罪。公诉机关指控的犯罪事实清楚,证据确实、充分,罪名成立。李某哲犯罪后自动投案,如实供述自己的罪行,是自首,依法可以从轻或减轻处罚。李某哲积极主动全额退缴赃款,可酌情从轻处罚。李某哲自愿认罪认罚,依法可从宽处理。综合李某哲的犯罪事实、性质、情节和认罪态度,决定对李某哲减轻处罚。公诉机关根据本案事实提出的量刑建议符合法律规定,李某哲及其辩护人均明确表示同意,法院予以支持。辩护人认为李某哲具有自首、认罪认罚、主动退缴赃款等从轻、减轻情节,提出对李某哲减轻处罚的辩护意见法院予以采纳。

三、巨额财产来源不明罪可以适用违法所得没收程序

(一)裁判规则

法院只要在立案阶段查明有证据证明犯罪嫌疑人、被告人实施了巨额财产来源不明犯罪,审理阶段如没有利害关系人对申请没收的相应财产主张权利,或者虽然主张权利但未提供相关证据,或提供的证据没有达到优势证据证明标准的,即可以认定相应财产属于巨额财产来源不明,违法所得及其他涉案财产,裁定

---

① 案号:(2018)粤01刑初154号。

予以没收。[①]

（二）规则适用

有观点认为，认定巨额财产来源不明罪的一个必不可少的环节是犯罪嫌疑人、被告人对财产来源作出说明，而在犯罪嫌疑人、被告人逃匿、死亡案件中，特别是在犯罪嫌疑人、被告人死亡案件中，犯罪嫌疑人、被告人没有说明财产来源的机会，因此，此类案件无法达到巨额财产来源不明罪的认定标准，巨额财产来源不明罪不宜适用违法所得没收程序。

笔者认为，最高人民法院、最高人民检察院联合召开新闻发布会发布的《关于适用犯罪嫌疑人、被告人逃匿、死亡案件违法所得没收程序若干问题的规定》（以下简称《追赃规定》）第1条明确将巨额财产来源不明罪列入违法所得没收程序适用罪名，符合《刑事诉讼法》增设违法所得没收程序的立法本意，且不会因此导致违法所得范围任意扩大，对犯罪嫌疑人、被告人以及利害关系人的合法财产权利造成侵害。法院只要在立案阶段查明有证据证明犯罪嫌疑人、被告人实施了巨额财产来源不明犯罪，审理阶段如没有利害关系人对申请没收的相应财产主张权利，或者虽然主张权利但未提供相关证据，或提供的证据没有达到优势证据证明标准，即可以认定相应财产属于巨额财产来源不明，违法所得及其他涉案财产，裁定予以没收。主要理由如下：

一是犯罪嫌疑人、被告人未到案作出说明，一般不会影响巨额财产来源不明基本事实的认定。如果在案物证、书证、证人证言等证据足以证明"国家工作人员的财产、支出明显超过合法收入，差额巨大"，那么犯罪嫌疑人、被告人没有到案说明来源一般不会影响巨额财产来源不明犯罪的认定。因为此种情形下，犯罪嫌疑人、被告人即使到案对财产、支出明显超过合法收入作出说明，也基本上是进一步交代财产具体来源于贪污还是受贿，而非说明财产来源于合法收入，否则证明明显超过合法收入的相关证据就不充分。

二是违法所得没收程序的本质特征决定了巨额财产来源不明犯罪事实证明标准有所降低。巨额财产来源不明违法所得的认定本质上系对明显超过合法收入的财产权属的确认，不涉及对犯罪嫌疑人、被告人的定罪处罚，对巨额财产来源不明犯罪事实的证明标准，可以比照普通刑事案件有所降低。特别是在犯罪嫌疑人、被告人逃匿案件中，犯罪嫌疑人、被告人到案后还可以按照普通刑事诉讼程序重新进行审理。因此，降低证明标准未必最终对犯罪嫌疑人、被告人的合法财产权利造成不当侵害，即使造成不当侵害，也可以有相应的救济机制矫正。

三是利害关系人对申请没收的财产主张权利可以起到补充说明财产来源的作用。虽然巨额财产来源不明犯罪事实系在立案受理阶段认定的，但这一阶段认定的犯罪事实不要求巨额财产来源不明的数额十分准确，可以综合物证、书证、证

[①] 参见刘晓虎、张宇：《违法所得没收程序的操作规范》，载《人民司法（案例）》2018年第2期。

人证言,包括犯罪嫌疑人、被告人的近亲属的证言认定。鉴于巨额财产来源不明数额直接涉及违法所得及其他涉案财产的认定,可以在开庭审理过程中通过对证据示证、质证进一步查证。犯罪嫌疑人、被告人的近亲属以及其他利害关系人可以申请参加诉讼,对申请没收的财产(包括巨额财产来源不明)主张权利。查明数额有误的,可以对具体数额进行调整。《追赃规定》第17条第2款进一步明确,对于申请没收巨额财产来源不明犯罪案件的违法所得,没有利害关系人主张权利,或者虽然主张权利但提供的证据没有达到相应证明标准的,申请没收的财产视为属于违法所得及其他涉案财产。

【指导案例】任某厚受贿、贪污、巨额财产来源不明违法所得没收申请案——关于违法所得没收程序具体操作规范和裁判要点解析[①]

1. 立案审查查明的实施巨额财产来源不明的犯罪事实

检察机关冻结犯罪嫌疑人任某厚及其亲属任某甲、任某乙、袁某名下的银行存款本金人民币1859.059万元、港币18.0637万元、美元54.9475万元、欧元8.14万元;扣押现金人民币312.38万元、港币24.992万元、美元49.496万元、欧元13.2675万元、加元1万元、英镑100镑;扣押珠宝、玉石45件,黄金制品53件,字画22幅,手表11块,纪念币、手机、相机、电脑16件,银行卡、存单存折194张,资料类物品8件。截至案发,任某厚及其亲属名下财产和支出共计折合3000余万元,另有珠宝、玉石、黄金制品、字画、手表等物品。任某厚在接受纪检监察部门调查期间未对上述财产和支出来源作出说明。扣除任某厚夫妇合法收入、任某厚部分受贿所得(贪污、部分受贿所得直接消费)以及任某厚亲属能够说明来源的财产,尚有本外币存款、现金折合2000余万元及物品100余件,任某厚亲属在侦查、审查起诉阶段均不能说明来源。

2. 公开开庭审理查明的事实

扣押、冻结财产中,有1265.5627万元、部分外币以及物品135件属于任某厚实施巨额财产来源不明犯罪所得。任某厚在接受纪检监察部门调查期间,未对其本人及其亲属名下财产来源作出说明。审理期间,作为利害关系人参与诉讼的任某厚亲属均对任某厚实施巨额财产来源不明犯罪所得相应部分财产,即扣押、冻结在案的任某厚及其亲属名下的人民币1265.5627万元、港币42.9757万元、美元104.2946万元、欧元21.32万元、加元1万元以及物品135件,不能说明来源。

本案中,法院经立案审查查明,有证据证明犯罪嫌疑人任某厚财产、支出明显超过合法收入,差额巨大,犯罪嫌疑人任某厚在接受纪检监察部门调查期间,未对其本人及亲属名下财产和支出的来源情况作出说明,利害关系人仅对部分物品及

[①] 参见刘晓虎、张宇:《违法所得没收程序的操作规范》,载《人民司法(案例)》2018年第2期。

冻结的个别账户资金说明来源,据此认定了任某厚实施了巨额财产来源不明的犯罪事实。在开庭审理过程中,利害关系人任某乙对在案冻结的其名下账户存款1.1万美元主张权利,提出该款系其父母给其出国留学费用结余部分,因相关留学费用已计入任某厚家庭重大支出,故该留学费用不应再作为任某厚财产重复冻结。法院根据庭审查明的证据,经对该账户存款时间、金额等情况与任某乙留学期间出入境情况的契合程度等方面综合分析,采用高度盖然性证明标准,认为该账户内冻结资金高度可能是任某厚给任某乙留学费用结余,并据此在统计任某厚家庭支出中核减了对应金额,调整了巨额财产来源不明的数额。此外,利害关系人未对申请没收的任某厚实施巨额财产来源不明犯罪所得其他财产主张权利,或者虽然主张权利但提供的相关证据没有达到相应证明标准,法院据此对任某厚实施巨额财产来源不明犯罪所得进行了认定,并裁定予以没收。

关于对任某乙所提留学费用结余部分应当如何核减问题,曾有观点认为,任某乙接受任某厚给予的留学费用后即取得该款所有权,该款结余部分亦应属任某乙的个人财产,且该笔留学费用统计在任某厚家庭重大支出中,在认定任某厚实施巨额财产来源不明犯罪所得财产时已作考虑,故对该笔留学费用结余资金应当解除冻结。笔者认为,本案现有证据证明该账户资金流向明确,能够认定相关账户资金系任某厚给予任某乙留学费用的结余,故该笔钱款属于任某厚现有财产,不应解除冻结,相应金额应在统计任某厚家庭支出中予以扣减。扬州市中级人民法院据此对利害关系人任某乙所提主张的评判意见及处理方式是适当的。

第二十一章 贪污贿赂犯罪的刑罚裁量

一、受贿犯的退赃对量刑的影响

(一) 裁判规则

受贿犯的退赃对量刑的影响不同于一般经济犯罪分子,对受贿的量刑,要综合受贿犯罪分子利用职务便利的受贿行为是否给国家经济、政治等带来实际损害,以及损害的大小等方面综合评判。

(二) 规则适用

在经济犯罪的审判实践中,被告人是否积极退赃以及案发后赃款是否全部追回、有无造成实际经济损失等,历来都是考虑量刑轻重的酌定情节之一。对于论罪应当判处死刑,但赃款全部追回,没有给国家和人民利益造成实际经济损失的具有酌定从轻处罚情节的被告人,宣告死刑缓期两年执行,正是充分体现我国刑法规定的罪刑相适应的原则。对于普通经济犯罪,法院在对被告人决定具体处刑时掌握以上原则是完全正确的。但是对于受贿犯罪,仅仅按以上原则掌握还是不够的。因为受贿犯罪不是一般的贪污、诈骗等普通经济犯罪,而是渎职型经济犯罪,其社会危害性主要不是表现为侵犯他人(包括单位)财产。因为行贿人一般都是自愿贿赂他人,只有被索贿者除外。因此,行贿人的财产"损失"不是受贿罪社会危害性的基本内容。受贿罪的社会危害性主要表现在行为人渎职给国家和社会利益带来的严重危害,其侵犯的客体是国家机关、国有企事业等单位的正常管理活动,国家廉政建设制度,以及其犯罪行为给国家经济、政治、国家机关形象带来的可计算和无法计算的损害。因此,受贿犯罪分子退赃不能与盗窃犯罪分子退赃一样都可无条件作为酌情从轻处罚的理由。对于受贿犯罪分子,更主要的是看其利用职务便利的受贿行为,是否给国家经济、政治等带来实际损害及损害的大小,这是在决定受贿犯罪分子刑罚时更应当充分考虑的。

【指导案例】余某恒受贿案①

1991年12月至1992年3月,被告人余某恒以委托孝感市工行信托投资公司贷款的形式,将湖北省国际信托投资公司的1300万元,分2次借贷给武汉诗利亚皮具有限公司从事经营活动。余某恒先后4次收受该公司经理王某男共21万元。

1992年4月至1993年1月,余某恒从湖北省国际信托投资公司3次贷款给深圳艺丰实业有限公司共人民币8000万元、美元200万元。先后8次收受该公司董事长翁某按贷款总额的1%贿赂的人民币60万元、港币34.5万元。

1992年5月至11月,余某恒从湖北省国际信托投资公司4次贷款共6500万元给深圳仁和金银珠宝厂。先后12次收受该厂法人代表蔡某隆按贷款总额的1%贿赂的人民币5万元、港币58万元及价值7200元的微型摄像机一台。

1992年7月,余某恒从湖北省国际信托投资公司贷款给澳门利联(集团)公司3000万元。同年9月,收受该公司副总经理李某铭贿赂的20万元。

1993年2月至3月,余某恒从湖北省国际信托投资公司2次贷款给深圳捷丰食品有限公司共计人民币500万元、美元100万元。同年6月,2次共收受该公司总经理潘某平贿赂的人民币2万元、港币2万元。

1992年5月至1993年3月,余某恒从湖北省国际信托投资公司多次贷款给武汉荣泽印染实业有限公司共计人民币928万元、美元220万元。1992年8月,收受该公司总经理张某贿赂的价值9095元的彩电一台、录像机一台、影碟机一台、音响设备一套。

综上所述,余某恒在经手将其所在公司的人民币2.0228亿元和美元520万元借贷给上述6个单位的过程中,先后28次收受贿赂人民币共计108万元、港币94.5万元以及价值1.6295万元的彩色电视机等物品。余某恒在被采取强制措施后,即向检察机关坦白交代了自己的全部犯罪事实,其中大部分犯罪事实,检察机关在案发时尚不掌握。检察机关破案后,根据余某恒的交代,将赃款赃物全部追回。

本案被告人余某恒受贿数额特别巨大,由于在被采取强制措施后,能如实地坦白交代自己的全部犯罪事实,有悔罪表现,赃款已全部追回,重要的是余某恒贷出的款项已用债务重组、诉讼的方式结清,没有给国家经济造成重大损失,因此,原审法院以受贿罪判处余某恒死刑,缓期两年执行,剥夺政治权利终身是完全正确的。

---

① 参见最高人民法院刑事审判第一庭编:《刑事审判参考》(总第4辑),法律出版社1999年版,第32号案例。

【指导案例】王某麓受贿、滥用职权案①

1993年至1998年,被告人王某麓在担任浙江省国际信托投资公司(以下简称"国信投资公司")董事长、总经理期间,利用职务上的便利,为浙江置地联合公司、杭州华源实业有限公司董事长兼总经理孙某山(已因非法倒卖土地使用权罪、偷税罪被判处有期徒刑6年)在资金借贷、土地转让、土地加价等事项上谋取利益,于1998年至2000年间,先后5次在其办公室或家中非法收受孙某山所送的39万元。

1993年至1994年,王某麓担任国信投资公司董事长兼总经理期间,在决策参与深圳金三元大厦和佳宾大厦项目以及上海鸿发苑项目中徇私舞弊并滥用职权,造成公司损失共计4446.7327万元。

被告人王某麓身为国家工作人员,利用职务上的便利,非法收受他人贿赂,为他人谋取利益,其行为已构成受贿罪;同时作为国有公司的主管人员滥用职权,造成国有公司严重损失,致使国家利益遭受特别重大损失的行为,已构成国有公司人员滥用职权罪,应两罪并罚。鉴于王某麓案发后能退出全部受贿赃款,对受贿罪可酌情从轻处罚。

二、贪污贿赂犯的悔改表现对量刑的影响

(一)裁判规则

对贪污贿赂犯罪而言,悔改表现有以下几种作用:(1)根据《刑法》第383条第3款规定,犯罪后真诚悔罪,数额较大的,可以从轻、减轻或者免除处罚;对于数额巨大或者特别巨大的贪污贿赂案件,可以从轻处罚。(2)在判处3年以下有期徒刑的情况下,是否有悔改表现,是决定对犯罪分子能否适用缓刑的一个重要条件。

(二)规则适用

悔改表现,是指案发以后被告人对被指控犯罪承认、悔过并决心予以改正的行为表现。作为犯罪后的一种表现,悔改表明行为人人身危险性的降低,作为一个情节,对量刑的必要性和轻重起着调节的作用。如何认定悔改表现,可以从两个方面考查:一是对自己的犯罪行为是否有明确的认识,表现出悔过心理,在认识到犯罪、承认犯罪的基础上,悔恨犯罪;二是在羁押期间是否遵守监规,服从管理等。实务中,常将认罪态度好与悔改表现联系在一起作同一评价。②

对贪污贿赂犯罪而言,悔改表现有以下几种作用:(1)根据《刑法》第383条第3款规定,犯罪后真诚悔罪,数额较大的,可以从轻、减轻或者免除处罚;对于数额巨大或者特别巨大的贪污贿赂案件,可以从轻处罚。(2)在判处3年以下有期徒刑的情

---

① 案号:(2004)杭刑初字第105号。
② 参见孙国祥:《贪污贿赂犯罪研究》(下册),中国人民大学出版社2018年版,第1205页。

况下,是否具有悔改表现,是决定对犯罪分子能否适用缓刑的一个重要条件。

【指导案例】王某受贿案①

1999年11月至2008年2月,被告人王某利用其担任国家开发银行副行长的职务便利,分别接受湖南利联安邵高速公司开发有限公司总经理李某、云南昆钢朝阳钢渣开发有限责任公司法定代表人周某和河南中裕煤层气开发利用有限公司北京办事处主任王某的请托,在减少工程勘察设计费用支出、继续经营钢渣处理业务、贷款申请和发放等事宜上为对方提供帮助,索取和非法收受上述3人给予的钱款共计折合1196.8668万元。

对于被告人王某的指定辩护人提出的王某具有坦白、积极退赃和认罪悔罪等从轻情节,请求法庭对其从轻处罚的辩护意见,经查:王某是在办案机关已经掌握了其涉嫌受贿犯罪的有关线索并对其采取调查措施后才如实交代了主要犯罪事实,不构成坦白,故对王某的指定辩护人关于王某具有坦白情节的辩护意见,法院不予采纳;王某在归案后如实交代所犯罪行,认罪悔罪态度较好,其受贿所得赃款均已追缴或由其家属退缴,故对王某的指定辩护人关于王某具有积极退赃、认罪悔罪等从轻情节的辩护意见,法院予以采纳。

【指导案例】黄某柏受贿、贪污案②

2000年1月至2007年7月,上诉人黄某柏利用担任银城大市场总经理的职务之便,为他人谋取利益,多次收受他人财物,金额共计19万元。

另查明,在二审期间,黄某柏检举杨某清盗窃的漏罪,具有新的立功表现。

上诉人黄某柏身为国家机关工作人员,利用担任银城大市场总经理、董事长的职务之便,多次非法收受他人财物,为他人谋取利益,其行为已构成受贿罪。黄某柏在被羁押期间,两次检举揭发他人的犯罪事实,经查证属实,具有立功表现,可以从轻或者减轻处罚。黄某柏通过其家属退缴了部分赃款,有一定的悔罪表现,可酌情从轻处罚。

【指导案例】刘某仁受贿案③

被告人刘某仁于1993年6月至2000年12月任中共贵州省委书记,1998年1月至2003年1月任贵州省人民代表大会常务委员会主任。1995年3月至2002年2月,刘某仁利用职务上的便利,为他人谋取利益,单独或伙同其儿媳易某(另案处

---

① 案号:(2010)高刑复字第303号。
② 案号:(2012)益刑再字第4号。
③ 案号:(2004)二中刑初字第1242号。

理)先后22次非法收受陈某、刘某嫦、廖某、刘某远的人民币661万元、美元1.99万元,共计折合人民币677.478万元。案发后,上述款项已全部追缴。

对于被告人刘某仁及其辩护人提出的在尚未进入司法程序前,刘某仁即主动交代了非法收受陈某、刘某嫦给予钱款的事实,刘某仁有自首情节,依法应对其从轻或减轻处罚,且刘某仁的犯罪情节较轻,主观恶性不大,对其判处无期徒刑量刑过重的上诉理由及辩护意见,经查,刘某仁交代非法收受刘某嫦、陈某给予钱款的事实是在纪检监察部门已掌握其受贿确切线索之后,经询问才交代了犯罪事实,且并非主动投案,不具备法定的自首构成要件。其多次收受巨额贿赂,严重侵害了国家廉政建设制度,损害了国家工作人员的职务廉洁性,犯罪情节严重,不具有法定的减轻处罚情节,一审法院鉴于其认罪态度较好,具有坦白情节,且赃款已全部追缴,对其判处无期徒刑量刑适当。刘某仁及其辩护人的该项上诉理由及辩护意见缺乏事实和法律依据,法院不予采纳。

上诉人刘某仁身为国家工作人员,利用职务上的便利,为他人谋取利益,单独或伙同其儿媳易某非法收受他人钱款,其行为已构成受贿罪,受贿数额特别巨大,应依法惩处。一审法院根据刘某仁犯罪的事实、性质、情节和对于社会的危害程度,并鉴于刘某仁认罪态度较好,具有坦白情节,且赃款已追缴,对其作出的判决,事实清楚,证据确实、充分,定罪及适用法律正确,量刑适当,故审判程序合法,应予维持。

【指导案例】朱某华受贿罪[①]

被告人朱某华在担任中国光大集团有限公司(以下简称"光大有限公司")董事长、中国光大金融控股有限公司(以下简称"光大金融公司")董事长期间,与华利资源控股有限公司(以下简称"华利公司")董事会主席兼总经理杨某勋相识。1996年11月,杨某勋提出请朱某华担任华利公司顾问,朱某华表示同意,后朱某华参加了华利公司股票上市仪式。

1997年4、5月,杨某勋写信给朱某华,提出让光大有限公司参股华利公司,并许诺给予朱某华华利公司认股权的"好处"。朱某华便指令光大金融公司负责人与杨某勋进行商谈,后经朱某华批准,光大金融公司出资港币4650万元港币购买了华利公司3000万股股票。

1997年上半年,杨某勋得知光大有限公司有信用证额度可利用,便向朱某华提出让其向华利公司提供信用证额度,朱某华表示同意。后朱某华违反国家规定,多次批准光大金融公司向华利公司提供巨额信用证额度。

---

① 参见最高人民法院刑事审判第一庭、第二庭编:《刑事审判参考》(总第31辑),法律出版社2003年版,第219页。

1997年6月23日,杨某勋按许诺将华利公司36万股上市股票(价值84.8152万元)送给朱某华,朱某华将股票交给其妻任某珍。同年8月初,任某珍通过杨某勋及其妻子胡某,将股票按当时市场价兑换成港币108万元(折合人民币115.5924万元)。

朱某华1994年与新世纪(国际)控股有限公司(以下简称"新世纪控股公司")董事、新世纪建设发展(深圳)有限公司(以下简称"新世纪发展公司")董事长丘某辉相识。1996年,朱某华任光大有限公司、光大金融公司董事长后,丘某辉得知光大有限公司欲在深圳购置办公用房,遂向朱某华提出在同等条件下优先购买由新世纪建设公司开发的新世纪广场的房产,朱某华表示同意,并决定光大有限公司以其下属天光置业有限公司的名义,出资1.8亿元港币,购买新世纪广场2万平方米的房产。

1997年,朱某华接受丘某辉的请求,利用职权批准光大金融公司、光大有限公司先后为新世纪控股公司贷款的1200万美元提供担保,该项贷款至案发时未能归还。

1998年1月20日,丘某辉将300万元港币(折合人民币321.18万元)送到朱某华家中,朱某华的妻子任某珍收受后告知朱某华。

1999年7月,有关部门调查朱某华其他问题时,朱某华如实交代了未被发觉的收受港商杨某勋36万股股票和丘某辉300万元港币的事实经过。

综上,朱某华共计收受贿赂折合人民币405.9952万元。案发后,已向朱某华追缴5.47万元。

上诉人朱某华身为国家工作人员,利用职务上的便利,非法收受他人财物,为他人谋取利益,其行为已构成受贿罪,且受贿数额特别巨大,应依法惩处。一审法院根据朱某华犯罪的事实、性质、情节和对于社会的危害程度,并考虑朱某华有自首情节而减轻处罚作出的判决,定罪及适用法律正确,量刑适当,审判程序合法,应予维持。朱某华提出的量刑没有体现其对第一起事实的认罪态度,量刑过重,且刑期应从被纪律检查部门审查时开始计算的上诉理由,经查,一审法院认定朱某华有自首情节,已充分考虑到其认罪态度,量刑时已对其减轻处罚;纪律检查部门对其进行审查的期间,不属于法律规定的折抵刑期的情况,故其要求从被审查时计算刑期缺乏法律依据,法院对该上诉理由不予采纳。对于朱某华的辩护人提出的定性有误,应予改判的辩护意见,经查,朱某华利用职务上的便利,接受杨某勋、丘某辉的请托,非法收受两人给予的股票、钱款,为他们谋取利益的行为,符合法律关于受贿罪的规定,认定其犯受贿罪正确。辩护人的辩护意见缺乏事实和法律依据,法院不予采纳。

三、给国家和社会造成的损失等对量刑的影响

(一) 裁判规则

是否给国家和社会利益造成损失,同样是判断贪污贿赂犯罪情节轻重进而影响刑罚裁量的一个重要因素。这种损失表现为造成的物质损失、人身伤害后果、社会影响。法官在审理案件时一方面要考虑该些方面的因素,另一方面要尽可能作理性、平和的判断。

(二) 规则适用

贪污贿赂犯罪是否给国家和社会利益造成损失,同样是判断贪污贿赂犯罪情节轻重进而影响刑罚裁量轻重的一个重要因素。这种损失表现为以下三个方面:

一是造成的物质损失。例如,有的行为人虽然收受了贿赂,但没有利用职务上的便利为请托人谋取非法利益,所办之事仍然按照正常的程序进行,没有造成其他损失,危害性相对要小一些。如果行为人收受贿赂以后,给国家造成重大经济损失。这种损失,某种意义上与贪污犯罪造成的损失具有同样的性质,这也是受贿犯罪的危害性常常高于贪污罪危害性(贪污罪的危害性比较单一)的主要原因。将造成的物质损失直接作为量刑依据,加大了对贿赂犯罪的打击力度,我国刑法虽然没有将这种物质性的损失进行量化规定,但可以作为是否严重的评判因素。

二是造成的人身伤害后果。贪污贿赂行为一般不会直接造成人身伤害,但可能成为人身伤害发生的一个重要原因。贪污贿赂犯罪的行为人要对该后果承担一定的责任,这一后果成为裁量刑罚轻重的重要情节。

三是造成的社会影响。社会影响也常常是法院裁量刑罚轻重时考虑的一个因素。最高人民法院 2010 年发布的《关于贯彻宽严相济刑事政策的若干意见》指出,"对于国家工作人员贪污贿赂、滥用职权、失职渎职的严重犯罪,黑恶势力犯罪、重大安全责任事故、制售伪劣食品药品所涉及的国家工作人员职务犯罪,发生在社会保障、征地拆迁、灾后重建、企业改制、医疗、教育、就业等领域严重损害群众利益、社会影响恶劣、群众反映强烈的国家工作人员职务犯罪,发生在经济社会建设重点领域、重点行业的严重商业贿赂犯罪等,要依法从严惩处"。主要原因还是在于这些领域的犯罪,往往社会影响大,危害严重,成为一段时期从严惩处的重点。但社会影响不能完全以社会舆论为导向。社会舆论应当受到重视,但人们在判断社会舆论时容易情绪化,一般而言,对贿赂犯罪的社会舆论往往一边倒呈现出严厉化的倾向,尤其是案件经媒体炒作后,犯罪分子常常被"妖魔化",这就需要法官在审理案件时尽可能作出理性、平和的判断。[1]

---

[1] 参见孙国祥:《贪污贿赂犯罪研究》(下册),中国人民大学出版社 2018 年版,第 1206—1207 页。

【指导案例】张某元受贿案①

1991年年底至1994年9月期间,被告人张某元利用其担任中共湖南省国信公司党委书记、公司董事长兼总经理的职务便利,收受及指使、纵容其养子张某丹、其妻邹某萍(均为同案被告人,已判刑)收受公司下属和客户的财物,为对方谋取利益。收受的财物总计折合人民币220.89万元。其中,张某元指使张某丹收受下属珠海公司经理卢某某为感谢其重用、提拔及在业务上的关照而送给的别墅一栋,价值143.75万港元;收受下属房地产公司经理张某某为张某元同意其辞去公职并在工作移交中满足其意愿而送的40万港元;收受港商吴某某为求得张某元支持、关照而送的30万港元。在到深圳出差和到中国香港旅游期间,张某元纵容随行的邹某萍收受张某某4万港元;收受卢某某10万港元。张某元在与马来西亚商人张某某洽谈业务过程中,应张某某的要求,签署一系列文件,出卖国信公司的利益,收受张某某12万马来西亚林吉特;在帮助港商黄某某推销深圳的写字楼,使黄某某等人获取中介费216万元期间,先后收受黄某某现金8万港元和价值1.6万元的摩托车一辆;在洽谈、开发深圳"威龙工业城"项目过程中,收受合作方邓某某5万元;在国信公司将合资成立的惠州富绅服装实业有限公司交合资方陈某林、陈某才兄弟承包经营后,经张某元同意减交了陈某林兄弟应交的利润25.5万元,免交了应交的违约金141万元,张某元先后在中国香港收受港商陈某林送给的现金16万港元。上述收受的钱物,除别墅和摩托车外,大部分由张某丹用于项目投资,部分由邹某萍存入银行,案发后,已被检察机关追缴。

受贿罪是指国家工作人员利用职务上的便利,索取他人财物或者非法收受他人财物,为他人谋取利益的行为。关于受贿罪的处罚,《刑法》第386条规定:"对犯受贿罪的,根据受贿所得数额及情节,依照本法第三百八十三条的规定处罚。索贿的从重处罚。"《刑法》第383条第1款第(一)项规定:"贪污数额较大或者有其他较重情节的,处三年以下有期徒刑或者拘役,并处罚金。"

刑法条款对受贿罪的处罚标准规定得相当清楚,即个人受贿数额在10万元以上的,即可判处10年以上有期徒刑或者无期徒刑;情节特别严重的,处死刑。但是,对于贪污分子与受贿分子的量刑不能单纯从犯罪所得数额上比较而确定。近年来,存在一些犯罪分子受贿数额特别巨大,犯罪情节亦特别严重,因为已被追缴全部赃款而判处较轻刑罚的情况,这与刑法规定的受贿罪没有独立的处罚条款不无关系。法院认为,对受贿罪如何掌握量刑的标准,特别是掌握死刑的标准是一个十分重要的问题。根据近年来的审判实践,对于受贿罪的量刑,特别是对死刑的掌握,应根据犯罪的事实、犯罪的性质、情节和对社会的危害程度,全面衡量

---

① 参见最高人民法院刑事审判第一庭编:《刑事审判参考》(总第5辑),法律出版社1999年版,第38号案例。

来决定刑罚,主要应注意以下几个方面的问题。

1. 受贿数额的大小

受贿数额客观地反映了案件事实,同时也反映被告人主观恶性的大小,它是体现犯罪情节的一个重要方面。受贿数额大,反映被告人主观恶性深,社会危害大,量刑时就应判处较重刑罚。受贿数额小,一般情况下反映主观恶性及社会危害较小,量刑时应判处较轻刑罚。刑法规定受贿 5 万元不满 10 万元的,处 5 年以上有期徒刑;受贿 10 万元以上的应当判处 10 年以上有期徒刑、无期徒刑,就反映了受贿数额与刑罚之间的关系。被告人张某元受贿数额 194 万余元,如果不具有其他情节,显然应当在 10 年有期徒刑以上这一法定刑幅度内予以惩处。

2. 受贿情节的轻重

受贿数额的大小是受贿情节的重要组成部分,但并不是全部情节。被告人在受贿中的具体表现,如有无索贿以及其他一些相关的情节,也是表现之一。被告人张某元没有索贿的情节,但从其受贿的细节看其情节是比较恶劣的。张某某、吴某某答应给他贿赂后,他不在境内收受,而是让张某丹到中国香港特别行政区收受。张某丹到中国香港特别行政区找到张某某、吴某某,直接说明来意,向对方要钱。卢某某送给他房子,他不敢以自己的名义要,而让卢某某将房产证过户到张某丹名下。从这些情况可以看出,张某元受贿的手段狡猾,方法隐蔽。

3. 给国家造成的损失

给国家造成损失的大小,是受贿情节的一个重要方面,因此,也是决定刑罚的一个重要的因素。特别是因受贿而给国家造成的经济损失有时往往要大于贪污犯罪,这也是法院认为受贿犯罪数额不能简单与贪污数额比较而确定刑罚的重要原因。被告人张某元为了个人的利益,置国家、单位利益于不顾,犯罪情节特别严重。例如,他先后收受港商陈某林 16 万元港币,同意陈某林兄弟减交了应交给国信公司的 25.5 万元利润,免交了应交的 141 万元违约金。仅此两项就使国信公司损失 166.5 万元,特别是在国信公司同陈某林兄弟商谈惠州富绅服装实业有限公司股权转让的谈判中,陈某林兄弟要求在 3800 万元以下买断股权,谈了几次均未谈成。陈某林找到张某元,私下许诺只要能以 3800 万元买下股权,可以单独送给张某元 100 万港元。张某元即拍板以 3800 万元转让国信公司的股权。从以上情况看,张某元为了个人的私利,把国家利益、公司利益置于一旁,使国家利益遭受重大损失,对这样的犯罪行为,应是打击的重点。因此,具体适用刑罚,必须援引《刑法》第 383 条第 1 款第(三)项中"数额特别巨大,并使国家和人民利益遭受特别重大损失的,处无期徒刑或死刑,并处没收财产"的规定予以处罚。

4. 是否具有法定的从轻、从重处罚的情节

罪犯是否为主犯,认罪态度如何,有无自首、立功表现,也是量刑时要掌握的重要方面。从该案情况看,他人之所以送给张某元、张某丹、邹某萍财物,就是看重被告人张某元手中的权力。张某元也正是利用手中的权力,大肆收受对方的财

物、为他人谋取利益。张某元是该案的主犯。对于主犯,《刑法》第 26 条第 4 款规定了处罚原则。结合本案,张某元应对其组织、参与的全部犯罪、包括全部受贿数额,因受贿造成的全部危害后果负责。检察机关开始审查张某元受贿案时,张某元一直拒供,后来检察机关相继掌握了张某元受贿的事实,他才不得不供认,其认罪态度较差。张某元归案以后,虽也检举了他人犯罪线索,但均未被查证属实,故张某元不具有立功表现。因此张某元没有法定从轻处罚情节。据以上分析,最高人民法院裁定,核准湖南省高级人民法院以受贿罪判处张某元死刑,剥夺政治权利终身,并处没收财产 20 万元的刑事判决,是完全正确的,较好地体现了刑法罪刑相适应的基本原则。

【指导案例】成某杰受贿案[①]

被告人成某杰与其情妇李某(中国香港特别行政区居民,另案处理)于 1993 年年底商议各自离婚后结婚,并商定先赚钱后结婚,利用成某杰的职务便利,为他人谋取利益,收受他人财物,以备婚后使用。1994 年年初至 1997 年年底,成某杰从李某处得知,如帮助广西银兴实业发展公司(以下简称"银兴公司")承建南宁市江南停车购物城工程和广西民族宫工程及解决建设资金等,可获得"好处费",便接受银兴公司负责人周某的请托,利用职权,将银兴公司划归自治区政府办公厅管理;将南宁市江南停车购物城工程交由银兴公司承建,并要求自治区计委尽快为该工程立项;指示南宁市政府向银兴公司低价出让该工程 85 亩用地;将广西民族宫工程交由银兴公司与自治区民委共同开发建设,并将该项目法人由原定的自治区民委改为银兴公司;多次要求中国建设银行广西分行、中国工商银行广西分行向银兴公司发放贷款共计 1 亿元;指令自治区房改办公室将房改基金 2500 万元违规借给银兴公司;2 次批示自治区财政厅将财政周转金 5000 万元借给银兴公司;为银兴公司向国家计委申请到项目补助款 1300 万元。为此,李某经手收受银兴公司贿赂的 2921.1597 万元、港币 804 万元,将其中 1150 万元付给为其转取贿赂款的港商张某海,并将收受贿赂款的情况告诉成某杰。在此期间,成某杰还伙同李某收受周某贿赂的人民币、港币、美元、黄金钻戒、金砖、工艺品黄金狮子、劳力士手表等款物,合计 55.9428 万元,其中成某杰经手收受的款物合计 45.5 万余元,均交由李某保管。

1994 年 7 月至 10 月,成某杰从李某处得知,如帮助广西信托投资公司及其下属的广西桂信实业开发公司联系到贷款,可获得"好处费",便接受上述两家公司的请托,利用职务上的便利,要求中国建设银行广西分行和中国银行广西分行分别向上述两家公司发放贷款计 1600 万元。贷款均由广西桂信实业开发公司使用。为此,李某经手 2 次收受广西桂信实业开发公司贿赂的共计 60 万元,并将收受贿

---

① 案号:(2000)刑复字第 214 号。

赂款的情况告诉成某杰。

1997年7月,成某杰从李某处得知,铁道部隧道工程局通过广西桂隆经贸有限公司董事长刘某民联系承建岩滩水电站库区排涝拉平隧洞工程,如帮助铁道部隧道工程局承建到该工程,可获得"好处费",便接受请托,利用职权,指令自治区移民办将该工程交由铁道部隧道工程局承建;在得知该工程已通过招标确定承建单位后,又直接干预招标工作,违规改变招标结论,使本应承建标的较低的上游段工程的铁道部隧道工程局,承建到了标的较高的下游段工程。为此,李某经手收受铁道部隧道工程局通过刘某民贿赂的180万元,并将收受贿赂款的情况告诉成某杰。

1994年年初至1997年4月,成某杰通过李某接受甘某仁的请托,利用职权,使甘某仁由广西合浦县副县长先后晋升为广西北海市铁山港区区长、自治区政府副秘书长。为此,李某经手4次收受甘某仁贿赂的27万元,并将收受贿赂款的情况告诉成某杰。此外,1996年年初至1997年2月,成某杰还接受北海市公安局海城分局原局长周某胜和自治区计委服务中心原主任李某洪的请托,利用职权,向有关部门推荐周某胜担任北海市公安局局长,使李某洪晋升为自治区政府驻京办事处副主任。为此,成某杰收受周某胜贿赂的美元3000元、李某洪贿赂的1.8万元,收受的3000美元交给李某保管。

综上,成某杰单独或伙同李某收受贿赂款物合计4109.0373万元,案发后,已全部追缴。

被告人成某杰在担任中共广西壮族自治区委员会副书记、广西壮族自治区人民政府主席期间,利用职务上的便利,为他人谋取利益,单独或伙同李某非法收受他人财物,其行为触犯了《刑法》第385条第1款的规定,已构成受贿罪。成某杰与李某共谋为各自离婚后结婚聚敛钱财,由李某出面与请托人联系请托事项并收取贿赂款,由成某杰利用职务上的便利,为请托人在承接工程、解决资金、职务晋升等事项上谋取利益,成某杰主观上具有与李某共同收受贿赂的故意,客观上具有利用职务便利为请托人谋取利益并与李某共同收受贿赂的行为,因此,成某杰的行为具备了共同受贿犯罪的主客观要件。成某杰、李某共同受贿的款物由李某保管,其中大部分款物由李某经手收受,这是两人共同受贿犯罪的分工,这些款物未由成某杰经手收受和保管,并不影响对成某杰受贿犯罪的认定。成某杰作为高级领导干部,利用职务上的便利,进行权钱交易,收受巨额贿赂,受贿数额特别巨大;其行为严重侵害了国家工作人员职务行为的廉洁性,严重损害了国家工作人员的声誉,严重破坏了国家机关的正常工作秩序,造成极为恶劣的社会影响,犯罪情节特别严重,应依法惩处。虽然成某杰曾表示愿意将受贿赃款退回,但本案的赃款是在李某的配合下被追缴的,成某杰的退赃表示,对本案赃款的追缴未起到任何实质性的作用,且赃款的追缴,并不能挽回成某杰的受贿行为对国家所造成的巨大损失和由此产生的极为恶劣的社会影响,成某杰不具有法定从轻、减轻处罚情节。一审判决、二审裁定认定的事实清楚,证据确实、充分,定罪准确,量刑适当。一、二审审判程序合法。

四、是否违背职务为他人谋取不正当利益对量刑的影响

(一)裁判规则

"受财枉法"与"受财不枉法"应当在量刑上有所不同,即行为人是否违背职务为他人谋取不正当利益应当在量刑上有所区别,未违背职务为他人谋取不正当利益的,量刑上应当较同等情形下违背职权为他人谋取不正当利益轻。

(二)规则适用

中国古代早就有"受财枉法"与"受财不枉法"之别,前者重,后者轻。在许多国家的刑法中,也通常将受贿的行为人是否背职,作为设置轻重不同的法定刑的依据。我国现行刑法对此没有明确规定,在判决中也很少作明确的评价。①

【指导案例】林某久受贿、贪污、重婚案②

1. 关于受贿的事实

1994年9月至2002年1月,被告人林某久先后利用担任鞍山市人民检察院税务检察处(以下简称"市税检处")处长、鞍山市税警机构筹备领导小组办公室(以下简称"市税警机构筹备办")主任、鞍山市公安局税收征管案件侦查分局(以下简称"市税侦分局")局长、鞍山市公安局内保分局局长的职务便利,索取或者非法收受他人财物,共计633.1541万元,为有关单位和个人谋取利益。其中:

(1)索取他人财物

1994年9月至2002年年末,林某久利用其先后担任市税检处处长、市税警机构筹备办主任、市税侦分局局长、鞍山市公安局内保分局局长的职务便利,以直接索要和以低价值房屋换取高价值房屋的方法,向他人索取现金、房屋及其他财物,共计569.2205万元。具体事实为:

向鞍山市太科房屋开发公司经理汪某索取两户房屋,总价值为32.0071万元;向鞍山市第四建筑公司董事长郭某索取一户房屋,价值72.1483万元;向鞍山市千山区汤岗子镇党委书记陈某珂索取一户房屋,价值69.3668万元;向鞍山市财顺房地产开发公司经理尚某强索取一户房屋,价值44.2439万元;向鞍钢附企房地产开发公司经理韩某索取一户房屋,价值14.7552万元;向鞍山市城市建设开发有限公司第一分公司经理王某清索取一户房屋,价值8.2138万元。以用低价值房屋换取

---

① 参见孙国祥:《贪污贿赂犯罪研究》(下册),中国人民大学出版社2018年版,第1207—1208页。
② 参见最高人民法院刑事审判第一庭、第二庭编:《刑事审判参考》(总第47集),法律出版社2006年版,第227—233页。

高价值房屋的方法,向鞍钢银座集团股份有限公司总经理王某昌索取 48.3324 万元;向鞍山市银达房地产开发公司经理黄某索取 27.8556 万元;向鞍山市中兴房屋开发公司经理李某索取 27.6826 万元;向沈阳德氏集团有限公司董事长王某库索取 50 万元;向鞍山市千山区唐家房镇镇长张某旭索取 19 万元;向鞍钢矿山公司设备处设备备件经营部联办人戴某云索取 18 万元;向鞍山市建筑工程开发公司经理曲某成索取 18 万元;向辽宁中新系统控制有限公司总经理王某索取 15 万元;向鞍钢矿山附企齐选民企禄达选矿厂厂长刘某索取 10 万元;向海城市西洋集团董事长周某仁索取 10 万元;向鞍山市红旗工程机械厂负责人刘某庆之子刘某索取 10 万元;向鞍山市千山区汤岗子镇党委书记陈某珂索取 5 万元;向鞍钢冷轧福利厂厂长金某范索取 5 万元;向鞍钢机总轧辊厂党委书记石某海索取 3 万元;向鞍山市东方房屋开发公司经理倪某令索取 2 万元;向鞍钢自动化设备成套有限公司经理崔某东索取 2 万元;向鞍山市长风集团总经理苑某林索取 2 万元;向鞍山市腾鳌特区旭日轧钢厂厂长李某辉索取一台价值 5 万元的解放牌货车;向鞍山市塔南轧钢厂副厂长刘某春索取 10 万元及价值 6000 元的角钢;向鞍钢民政企业公司下属企业机装福利厂厂长姜某玉索取 2 万元及一扇价值 5.4 万元的大门;向鞍钢附企烧结安装公司经理曹某英索取 1 万元及价值 2.84 万元的镀锌管;向鞍钢水泥厂厂长崔某君索取价值 29.3979 万元的混凝土;向鞍山市老虎屯联合水泥厂厂长奚某绫索取价值 4.2 万元的水泥;向鞍钢矿山附企东矿综合工业公司经理陈某林索取价值 2 万元的煤炭;向鞍山国泰大厦董事长贺某索取三台总价值为 1.05 万元的空调;向鞍山市新亚百货有限公司董事长于某澄索取一件价值 1 万元的裘皮大衣;向鞍钢建设公司机电公司经理白某泉索取价值 3269 元的煤炭。

(2)非法收受他人财物

1997 年 10 月至 2002 年 1 月,林某久利用其先后担任市税警机构筹备办主任、市税侦分局局长的职务便利,在本单位查处有关单位和个人涉税问题的过程中,接受他人请托,为他人谋取利益,收受他人财物,共计 63.9336 万元。收受财物具体事实为:

收受鞍山市阳光实业有限公司总裁盛某一件价值 9000 元的裘皮大衣;收受鞍山市良心制药有限公司董事长葛某 22 万元;收受鞍钢矿山公司劳服公司金属加工厂厂长计某 5 万元;收受鞍山市德峰冷轧带钢厂厂长高某元 5 万元;收受鞍山市中医院铁西糖尿病门诊部主任郑某良 5 万元;收受鞍山市建信办公用品商店经理吴某 5 万元;收受鞍山市铁西区财政局局长田某学 4 万元;收受海城市甘泉镇国税所所长王某军 3.25 万元;收受鞍钢附企冷轧金属制品厂厂长赵某贵 1 万元;收受鞍钢铁运劳服公司经理陈某军 5000 元;收受鞍山雪豹商场经理李某地港币 3 万元(折合人民币 3.1836 万元)。

2. 关于贪污的事实

1996 年 4 月至 2002 年 4 月,林某久利用其先后担任市税检处处长、市税侦分

局局长的职务便利,非法占有公共财物,共计 71.2648 万元。具体事实为:

1994 年,鞍山市城建开发总公司第一分公司(简称"城建一公司")承建市税检处有关工程,至 1996 年,市税检处欠工程款 37.1648 万元。同年 4 月,林某久借故向城建一公司提出,不再付给所欠工程款,但要经该公司转出有关款项。后林某久以付工程款为名,将本单位公款 37.1648 万元经城建一公司转出据为己有。

2002 年 1 月,林某久要求鞍山市立山区财政局局长杜某将该局按约定应返给市税侦分局的"税务业务费"26 万元,转入其个人投资、经营的府福养老院,将该款截留占为己有。

2001 年年初,林某久指使其单位会计王某玉采取在账面上重复报销的方法,将一台价值 8.1 万元的丰田牌皇冠 3.0 轿车从单位固定资产账上冲减掉,林某久在从市税侦分局局长职位离任时将该车据为己有。

被告人林某久身为国家工作人员,利用职务上的便利,索取他人财物和非法收受他人财物,为有关单位和个人谋取利益,其行为已构成受贿罪;林某久利用职务上的便利,采取侵吞、骗取的手段,非法占有公共财物,其行为已构成贪污罪,应当数罪并罚。林某久归案后虽坦白了司法机关尚未掌握的部分受贿犯罪,但其受贿数额特别巨大,并具有多次索贿的法定从重处罚情节,且为部分请托人谋取不正当利益,致使国家税款大量流失,犯罪情节特别严重。一审判决、二审裁定认定的事实清楚,证据确实、充分,定罪准确,量刑适当。审判程序合法。

【指导案例】张某海受贿案[①]

1997 年下半年,重庆市缙云水泥厂法定代表人雷某明(另案处理),得知黔江地区运作乌电集团公司上市,向时任黔江地委书记的被告人张某海,表示可以协助取得上市指标,但要求将水泥厂与乌电集团公司捆绑上市,并许诺事成后给张某海好处费美元 100 万元或人民币 1000 万元。为此,张某海安排地区行署副专员朱某生和乌电集团公司董事长秦某与雷某明商谈具体事宜。2000 年 4 月,国家证监会批准了由乌电集团公司控股成立的乌江电力公司上市,股票名称为"乌江电力",但未批准水泥厂一并上市。经协商,乌江电力公司以 7113 万余元收购了雷某明的广汉星荣水泥厂。同年 10 月,雷某明得知黔江区政府欲转让乌电集团公司持有的乌江电力公司部分股权后,即找到时任中共黔江区委书记的张某海,提出自己和水电集团公司都持有"乌江电力"股票,如水电集团公司收购,则对股票保值、增值有利,请求张某海促成此事,并再次许诺给其好处费。张某海接受雷某明的请托后,分别找时任黔江区区长的刘某普、副区长朱某生、乌电集团公司董事长

---

① 参见最高人民法院刑事审判第一、二、三、四、五庭主办:《刑事审判参考》(总第 49 辑),法律出版社 2006 年版,第 172—180 页。

秦某等人谈话,表示了由水电集团公司收购的意图,并让朱某生主持召开了区长办公会形成决议报区委。同年11月8日,张某海主持召开了区委常委会,决定将乌电集团公司持有的乌江电力公司部分股权转让给水电集团公司,实现了雷某明的请托。2002年9月,雷世明按照与张某海的约定,将一张金额为300万元的转账支票,交给了张某海的堂妹夫吴某春,后由吴某春按照张某海的安排,将该款以吴某春的名义用于张某海个人投资房地产,非法收益122.9万元。案发后,张某海所获赃款300万元及非法收益款122.9万元,已依法收缴。

对于辩护人提出被告人张某海在接受请托为他人谋利过程中,未滥用职权,贪赃未枉法,犯罪情节较轻的辩护意见,经查,张某海利用职务便利,为他人谋取利益,收受贿赂,严重损害国家机关声誉,且受贿数额特别巨大,应属犯罪情节严重。辩护人所提上述辩护意见不能成立,法院不予采纳。

法院认为,被告人张某海身为国家工作人员,利用职务便利,接受请托,为他人谋取利益,非法收受巨额钱款,侵害了国家机关的正常管理活动和国家工作人员职务行为的廉洁性,其行为已构成受贿罪,应依法予以处罚。

五、事后受贿的酌定量刑情节

(一)裁判规则

事后受贿区别于事前受贿,是一个重要的酌定量刑情节,量刑上应该较事前接受贿赂或者约定受贿更轻。

(二)规则适用

行为人利用职务上的便利为其他人谋取利益,并没有收受也没有与请托人约定贿赂,没有产生受贿的故意,但事后接受了请托人的财物。这虽然不影响受贿罪的认定,但与事前接受贿赂或者约定贿赂的案件还是有一定的区别,不但受贿行为具有一定的被动性,而且贿赂一开始并没有影响到职务行为本身。所以,在单独规定有"事后受贿罪"的立法例中,该罪比一般受贿罪的法定刑要轻很多。我国刑法虽然没有单独规定事后受贿罪或者将事后受贿作为一个法定的从宽量刑情节,但是在实务中将其作为一个重要的酌定情节。①

【指导案例】陈某受贿案②

被告人陈某1986年至1996年间任安徽公司总经理。1992年年初,中国电子物资公司安徽公司(以下简称"安徽公司")下达公司各部门承包经营方案。同年

---

① 参见孙国祥:《贪污贿赂犯罪研究》(下册),中国人民大学出版社2018年版,第1208页。
② 参见最高人民法院刑事审判第一庭编:《刑事审判参考》(总第8辑),法律出版社2000年版,第64号案例。

4月,能源化工处处长兼庐海实业有限公司(以下简称"庐海公司")经理李某峰向陈某递交书面报告,提出新的承包经营方案,建议超额利润实行三七分成。陈某在没有通知公司其他领导的情况下,与公司党委书记、副总经理徐某(另案处理)、财务处处长吴某及李某峰四人研究李某峰提出的建议,决定对李某峰承包经营的能源化工处、庐海公司实行新的奖励办法,由陈某亲笔草拟,并会同徐某签发《关于能源化工处、庐海实业有限公司试行新的奖励办法的通知》,规定超额利润70%作为公司利润上缴,30%作为业务经费和奖金分成,并由承包人支配。发文范围仅限财务处、能源化工处、徐某及陈某个人。1993年初,陈某在公司办公会上提出在全公司实行新的承包方案,主持制定《业务处室六项费用承包核算办法实施细则》。依据《关于能源化工处、庐海实业有限公司试行新的奖励办法的通知》《业务处室六项费用承包核算办法实施细则》的规定,李某峰于1992年提取超额利润提成21万余元,1993年提取超额利润提成160万余元。

在李某峰承包经营期间,被告人陈某以公司总经理身份及公司名义于1992年11月、1993年5月先后两次向安徽省计划委员会申请拨要进口原油配额6.5万吨,交给李某峰以解决其进口加工销售业务所需,并多次协调李某峰与公司财务部门之间就资金流通、使用等方面的矛盾。

李某峰为感谢陈某为其制定的优惠政策及承包经营业务中给予的关照,于1993年春节前,送陈某3万元,1994年春节前后又两次送给陈某人民币30万元、港币15万元。陈某收受李某峰的钱款后,其妻李某利用此款在广东珠海市吉大园林花园购买房屋1套(价值51万余元)。

本案是一起典型的事后受贿案例。

被告人陈某利用其职务便利为李某峰谋取了利益,并在事后收受了李某峰所送财物。根据被告人陈某主持制定的《关于能源化工处、庐海实业有限公司试行新的奖励办法的通知》的规定,李某峰共从公司提取180余万元。同时,陈某为李某峰要原油配额和调处李某峰与财务处在资金方面的矛盾,也为李某峰攫取巨额利润提供了便利条件。但陈某在利用职务便利为李某峰谋取利益之时或者之前,没有收受李某峰的财物,李某峰送给陈某的钱都来自提成款,这些提成款主要源于陈某制定《关于能源化工处、庐海实业有限公司试行新的奖励办法的通知》这一职务行为,相对于陈某的上述职务行为,陈某三次收受李某峰财物的行为均在其后。

没有证据证明被告人陈某利用职务便利为李某峰谋取利益是以收受对方的财物为目的,但事后陈某收受财物时,却明知李某峰送财物是因为自己的行为使其获取了利益。陈某在实施有关职务行为前,与李某峰并无以后收受财物的约定。从陈某的客观行为中也难以推定出陈某具有期望以后收受财物的故意。但陈某对李某峰送钱的原因是明知的,这一点陈某本人有供述,李某峰亦有相应的陈述,那就是,陈某为李某峰在新分配办法试点、做原油业务等方面给予了不小的帮助。这一故意在陈某收受钱款时没有通过语言表达出来,但根据两人的陈述足以认定。

处理此类案件,有一个重要的适用刑法的原则:如果对于事后收受财物、且在行使权力为行贿方谋利时双方无暗示、约定以后给予好处,就属于受贿证据不足,不能认定为犯罪,那么,刑法规定的受贿罪将会被稍有心机的行为人予以规避,受贿行为将被大行其道地、光明磊落地进行。这显然不是立法的本意。也就是说,对某一类行为是否应依法追究刑事责任,在充分论证其犯罪构成的基础上,还必须考虑裁判的后果:是促进了社会正常秩序的维护,还是敞开了大门,使稍做手脚者均可"绕过"法律规定,使立法的某一条文实际上被废止。因此,对所谓的"事后受贿",也应当依法定罪处刑。出于以上考虑,对于特殊形式可能与典型犯罪方法、手段不同的行为,决定适用刑法追究行为人刑事责任的前提是:根据刑法分则条文规定,实践中,某一具体行为具有特殊性,是否适用刑法定罪有争议;而若不予追究,这种特殊行为方式就会被广为效仿,成为一种带有普遍性的行为,刑法明确规定的典型犯罪行为都会照此模仿,那么这一类犯罪就等于被废止,这显然是不能被允许的。

此外,本案被告人受贿行为的情节一般,没有造成严重危害后果,可酌予从轻处罚。因此,合肥市中级人民法院重新审理作出的认定被告人陈某犯受贿罪判处有期徒刑10年的判决是正确的。

六、拒不认罪悔罪对量刑的影响

(一)裁判规则

拒不认罪悔罪,是司法实践中对贪污贿赂量刑的一个重要酌定情节。

(二)规则适用

《关于贯彻宽严相济刑事政策的若干意见》要求,"对于国家工作人员职务犯罪和商业贿赂犯罪中性质恶劣、情节严重、涉案范围广、影响面大的,或者案发后隐瞒犯罪事实、毁灭证据、订立攻守同盟、负案潜逃等拒不认罪悔罪的,要坚决依法从严惩处"。拒不认罪悔罪作为一种综合评价,在量刑中成为判处重刑的依据之一。

【指导案例】刘某贪污案[①]

1985年前后,被告人刘某的父亲刘某甲将其所有的位于薛城区巨山街道办事处东托一村的宅基地卖与同村村民沈某喜,并带着全家搬到了枣庄市市中区居住,2000年前后又搬回东托一村,并在村内自家坟地处加盖了房屋。2010年,刘某

---

① 案号:(2017)鲁04刑终121号。

在担任东托一村村委会主任和东托一村拆迁小组副组长期间,利用协助拆迁指挥部对被拆迁房屋定性的职务便利,采取隐瞒事实、使用虚假证明,将刘某甲的房屋进行虚假定性,使刘某甲的房屋多补偿48.8232万元,因补偿款尚未完全发放到位,多补偿的款项尚未领取。

原审法院认为,被告人刘某身为农村基层组织工作人员,在协助人民政府从事行政管理工作的过程中,利用职务上的便利,使用骗取手段非法占有公共财物,其行为构成贪污罪。刘某甲房屋按照有证房标准比按照无证房标准多补偿48.8232万元,且补偿款尚未完全发放到位,具有未遂情节,依法减轻处罚,结合涉案房屋建设时间早于拆迁补偿时间十年之久,刘某虚构事实的行为只是获取拆迁款众多环节之一等情节综合考虑,刘某犯罪情节轻微,不需要判处刑罚。依照《刑法》第382条、第383条、第93条第2款、第23条、第37条之规定,以贪污罪判处刘某免予刑事处罚。

原公诉机关枣庄市薛城区人民检察院对一审判决不服,以"一审判决对被告人刘某利用职务之便,在拆迁过程中关于刘某甲房屋多获补偿款的事实不予认定,系认定事实错误;一审判决系重罪轻判,适用刑罚明显不当"为由提出抗诉。

枣庄市人民检察院支持刑事抗诉意见为:一审判决认定刘某贪污数额48.8232万元,虽刘某有未遂情节,但刘某不认罪,不能判处免予刑事处罚,建议量刑幅度为3年以下有期徒刑到拘役。

针对抗诉机关所提抗诉意见、枣庄市人民检察院所提支持抗诉意见根据本案的事实、证据及相关法律规定,法院评判如下:

对于抗诉机关及枣庄市人民检察院所提一审判决对被告人刘某量刑不当,不应判处免予刑事处罚的抗诉意见及支持抗诉意见。

经审查认为,根据《关于办理职务犯罪案件严格适用缓刑、免予刑事处罚若干问题的意见》第2条第(一)项之规定,"不如实供述罪行的"一般不适用缓刑或者免予刑事处罚,上诉人刘某归案后拒不认罪悔罪,不符合判处免予刑事处罚的情形,不应对其适用免予刑事处罚。刘某贪污数额巨大,依法应在3年以上10年以下有期徒刑幅度内量刑,因其具有未遂情节,可对其减轻处罚,即在3年以下有期徒刑幅度内量刑。该项抗诉意见及支持抗诉意见于法有据,法院予以采纳。

上诉人刘某身为农村基层组织工作人员,在协助人民政府从事行政管理工作的过程中,利用职务上的便利,使用骗取手段非法占有公共财物,数额巨大,其行为已构成贪污罪。因贪污的补偿款项尚未发放,刘某系犯罪未遂,依法可以比照既遂犯减轻处罚。原审法院判决认定事实清楚,证据确实、充分,审判程序合法,但适用法律错误,量刑不当,应予纠正。判决如下:维持枣庄市薛城区人民法院(2017)鲁0403刑初74号刑事判决的定罪部分,即被告人刘某犯贪污罪;撤销枣庄市薛城区人民法院(2017)鲁0403刑初74号刑事判决的量刑部分,即免予刑事处罚;上诉人(原审被告人)刘某犯贪污罪,判处有期徒刑1年7个月,并处罚金11万元。

【指导案例】林某元、贺某慎等受贿、玩忽职守案①

1994年8月,綦江县人民政府决定在綦河上架设一座人行桥,由綦江县城乡建设管理委员会(以下简称"城建委")负责组织实施。时任城建委主任的被告人林某元邀约重庆市市政勘察设计研究院的段某(另案处理)设计方案。段某找到本单位的退休工程师赵某勋(另案处理)等人设计出两套方案,经城建委研究,选定中承式钢管混凝土提篮式人行拱桥(以下简称"虹桥")方案。同年9月,綦江县人民政府决定成立县城重点工程指挥部,下设重点建设工程办公室(以下简称"重点办"),由时任副县长、分管城建委工作的被告人贺某慎任指挥长,林某元任常务副指挥长兼重点办主任。虹桥工程被列为县重点工程,由指挥部和重点办直接管理。

林某元作为该工程的具体负责人,在虹桥建设初期,违反国家有关建设法规,对虹桥工程建设项目没有办理立项、报建手续,不审查设计、施工单位的资质,在未进行招投标的情况下,先后与不具备承包虹桥资质的重庆华庆设计工程公司(下称"华庆公司")和华庆公司富华分公司签订了设计、施工总承包合同书。随后,段某找到本单位的刘某等人进行勘察测量,并以华庆公司的名义与挂靠重庆市桥梁总公司川东南经理部的李某泽、费某利(均另案处理)签订了虹桥工程施工分包合同书。时任城建委副主任的被告人张某碧明知虹桥工程未进行立项,未办理报建手续,未审查和选择设计、施工单位的资质,未进行招投标,未发放施工许可证等,而不予监督。

1994年11月,李某泽、费某利组织不具备施工员资质和技工资质的施工队伍进场施工后,林某元安排重点办工作人员赵某国到施工现场进行监督。1995年3月,林某元将赵某国调离虹桥工地后,未再安排其他人负责质量监督工作,致使虹桥工程施工中存在的质量问题得不到及时发现和纠正。1996年2月15日,已升任綦江县副县长、分管城建委工作和负责县城重点工程的林某元,在虹桥工程尚未竣工验收的情况下,指派时任城建委副主任的张某碧和时任城建委主任助理的孙某与费某利等人办理虹桥接收手续并随即将虹桥交付使用。尔后,林某元又授意孙某代表城建委与费某利进行工程结算。贺某慎对虹桥工程未办理立项、报建手续,未审查设计、施工单位资质,未进行招投标等违规建设问题,严重失察;明知虹桥系违规接收、使用及结算,而不管不问。

1996年6月19日上午11时许,虹桥突然发生异响。中共綦江县委、綦江县政

---

① 参见最高人民法院刑事审判第一庭编:《刑事审判参考》(总第6辑),法律出版社2000年版,第46号案例。

府主要领导召集林某元、贺某慎等人到虹桥现场查看,研究虹桥能否继续使用。林某元、贺某慎明知虹桥尚未进行质量等级评定和验收,系违规接收并交付使用,在未经有关技术人员对虹桥作出技术检查、分析的情况下,均草率表态虹桥可以继续使用。同月25日,林某元召集张某碧和虹桥工程设计方的赵某勋、施工方的李某泽等人分析虹桥发生异响的原因。赵某勋、李某泽二人认为响声系虹桥应力重新调整引起,属正常现象,但建议尽快对虹桥进行荷载试验和全面检查、验收。事后,林某元虽安排孙某负责联系对虹桥进行荷载试验,但在孙某联系未果后,未采取有效措施。1996年8月15日,綦江县开展建筑市场整顿活动并成立整顿领导小组。林某元担任整顿领导小组组长,张某碧担任整顿领导小组办公室主任,负责对全县所有在建工程和1995年1月以来竣工的工程是否符合建设项目审批程序进行查处。虹桥本属重点查处的工程,但林某元、张某碧却未提出任何整顿查处意见,终未能排除虹桥工程安全隐患。

1994年年底,林某元应虹桥施工承包人费某利的要求,未通过总承包方华庆公司富华分公司,安排重点办工作人员李某荣将虹桥工程款直接划给费某利,直接与费某利进行工程结算。费某利为感谢林某元在虹桥建设过程中划款、结算等方面给予的关照,并希望在虹桥工程中继续得到关照及在綦江县继续承接其他工程,于1995年8月至1997年8月先后四次为林某元女儿支付入学、赴美夏令营、转学等费用共计11.1675万元。

1999年1月4日18时50分,虹桥突然发生整体垮塌,造成40人死亡,14人受伤,直接经济损失628万余元。

被告人贺某慎不具备宣告缓刑的条件。《刑法》第72条第1款、第74条规定了适用缓刑的两个条件:一是宣告缓刑的对象必须是被判处拘役、3年以下有期徒刑的犯罪分子;二是犯罪分子确有悔罪表现,适用缓刑后不致再危害社会;三是非累犯。上述三个条件同时具备,才能宣告缓刑。从刑法设立缓刑制度的目的来看,是希望通过将犯罪分子放在社会上进行教育改造,更好地实现刑罚的特殊预防和一般预防功能。如果犯罪分子所犯罪行较重,或者虽然罪行较轻,但多次实施犯罪,或者虽然罪行较轻,但犯罪分子不能正确认识自己犯罪行为的性质,没有真诚的悔罪表现,则说明犯罪分子仍有再次实施犯罪的危险性,因此,不宜适用缓刑。被告人贺某慎身为国家机关工作人员,在担任綦江县分管城建委工作的副县长兼县城重点建设工程指挥部指挥长期间,不履行应尽职责,对虹桥工程未立项,未审查设计、施工单位资格,违规接收、使用等问题严重失察;虹桥发生异响后,轻率表态可以继续使用,事后亦未采取任何有效措施,对虹桥垮塌的严重后果负有一定的直接责任和领导责任,其行为已构成玩忽职守罪。且犯罪情节特别严重,依法应予惩处。一审法院根据其犯罪的具体情节,判处其有期徒刑三年,量刑适当。由于贺某慎在一审庭审中拒不认罪,二审期间虽对自己犯罪行为的性质有所认识,但无真诚悔罪表现,因此,不具备宣告缓刑的条件。其上诉理由和辩护人的辩护意见不能成立。

【指导案例】王某忠受贿、巨额财产来源不明罪①

1. 受贿罪

被告人王某忠自1994年9月至2001年3月期间,利用其担任安徽省阜阳地委副书记、阜阳地区行政公署专员、阜阳地委书记、阜阳市委书记、安徽省副省长等职务上的便利,为有关单位、个人谋取利益,非法收受杨某明等7人或单位送的人民币236万元、澳币1万元(折合人民币6.1万元);索取倪某等4人或单位的275万元,以上共计折合人民币517.1万元。

2. 巨额财产来源不明罪

最高人民检察院在侦查被告人王某忠涉嫌职务犯罪案件中,扣押、冻结王某忠及其妻韩某荣(另案处理)拥有的人民币、外币、存单、债权凭证及金银首饰、玉器、高级手表等物品共计941.48万元。同时查明,王某忠夫妇已支出的各种消费和其他开支共计144.31万元。以上共计1085.79万元。其中,王某忠非法索取、收受他人钱财价值517.1万元,王某忠夫妇合法收入和来源明确的所得为88.11万元,尚有价值480.58万元的财产,王某忠不能说明其合法来源。

被告人王某忠身为国家工作人员,利用职务上的便利,索取、非法收受他人贿赂,为他人谋取利益,其行为已构成受贿罪;王某忠的财产明显超过合法收入,差额巨大,不能说明合法来源,其行为已构成巨额财产来源不明罪。公诉机关指控王某忠犯受贿罪、巨额财产来源不明罪的事实清楚,证据确实、充分,指控的罪名成立。王某忠受贿犯罪数额特别巨大,其中索取贿赂数额亦特别巨大,索取贿赂后将绝大部分用于阻止有关部门对其犯罪的查处,犯罪情节特别严重,且在确凿的证据面前,百般狡辩,拒不认罪,态度极为恶劣,应依法严惩。王某忠在法院审理期间,揭发唐某、燕某、姚某受贿犯罪和汪某走私犯罪,经检察机关查证,唐某在王某忠揭发之前已经被举报,燕某的行为不构成犯罪,且已经受到党纪、政纪处分,姚某和汪某在王某忠揭发前,已被立案查处,王某忠的行为不构成立功。法院作出如下判决:王某忠犯受贿罪,判处死刑,剥夺政治权利终身,并处没收个人全部财产;犯巨额财产来源不明罪,判处有期徒刑4年。决定执行死刑,剥夺政治权利终身,并处没收个人全部财产。

---

① 《最高人民检察院公报》2004年第3号(总第80号)。

七、上一级人民法院同意在法定刑以下判处刑罚的,应当制作何种文书

(一)裁判规则

上一级人民法院同意在法定刑以下判处刑罚的,可以不制作裁定文书,但应当制作书面报告层报最高人民法院核准。

(二)规则适用

对于上一级人民法院同意原判的,应当以何种形式逐级报请最高人民法院核准,实践中意见分歧较大,主要存在以裁定和以书面报告两种形式的意见。现有的裁判认为,上一级人民法院同意原判的,不必作出裁定,但应当制作书面报告层报最高人民法院核准。主要理由如下:首先,根据《刑法》第63条第2款的规定,只有最高人民法院有权核准在法定刑以下判处刑罚的判决,其他上一级人民法院没有实质意义上的核准权,只是在层报过程中起到"把关"作用,没有制作同意原判裁定的法理依据。其次,如上一级人民法院都可以作出同意原判的裁定,那么最高人民法院是核准原审判决还是其上一级人民法院的裁定,容易引起混乱。最后,2013年开始实施的最高人民法院《关于适用〈中华人民共和国刑事诉讼法〉的解释》第336条规定,上一级人民法院复核下级法院未上(抗)诉法定刑以下判处刑罚的案件,同意原判的,应当书面层报最高人民法院核准;不同意的,应当裁定发回重新审判。该规定对上一级人民法院何种情况下适用裁定进行了明确的限定,同意原判的应当以书面报告形式层报最高人民法院核准。最高人民法院《关于适用〈中华人民共和国刑事诉讼法〉的解释》出台后,有必要依照其规定对此类问题进行统一和规范。

【指导案例】周某受贿案——上一级人民法院同意在法定刑以下判处刑罚的应当制作何种文书①

2010年7月,海南省三亚市海棠湾镇开展综合打击整治非法占用铁炉港海域从事生产、经营、建设行为,销毁非法抢建鱼排等专项工作,时任三亚市海棠湾镇委副书记的被告人周某负责这项销毁工作。其间,林某瑜的鱼排被销毁后,通过他人找到周某,欲要求政府部门予以补偿,并两次以为周某买茶单的形式给周某行贿现金24万元。2010年年底,周某认为不能给林某瑜帮忙解决鱼排补偿事宜,害怕事情暴露,于2010年12月6日将24万元退还给林某瑜。2012年11月案发。

在本案中,上一级人民法院同意在法定刑以下判处周某刑罚,可以不制作裁定文书,但应当制作书面报告,层报最高人民法院核准。

---

① 参见最高人民法院刑事审判第一、二、三、四、五庭主办:《刑事审判参考》(总第99集),法律出版社2015年版,第1017号案例。

第二十二章 贪污贿赂犯罪涉案财物的处理

"供犯罪所用的本人财物"的认定与没收

(一) 裁判规则

所谓供犯罪所用之本人财物,是指不是犯罪行为不可缺少的要素,只是行为人实施犯罪时所使用的财物,包括已经供犯罪所用或将要供犯罪所用的财物。换言之,供犯罪所用之本人财物,必须直接用于犯罪,于犯罪中起决定性或促进性作用且属于犯罪人本人之财物。在"交易型"受贿、"投资型"受贿、"委托理财型"受贿犯罪中,对受贿数额的认定应将受贿人支付的对价扣除,认定的受贿数额应依照《刑法》第64条的规定予以没收;但受贿人支付的对价,应按照上述"供犯罪所用的本人财物"的认定标准,结合具体的个案实际审慎判断,属于"供犯罪所用的本人财物"的,亦应依法没收。

(二) 规则适用

《刑法》第64条规定,供犯罪所用的本人财物,应当予以没收。供犯罪所用的本人财物是指供犯罪分子进行犯罪活动而使用的属于其本人所有的钱款和物品,如用于走私的犯罪工具、赌博用的赌具等。一般认为,供犯罪所用的本人财物包括犯罪工具以及组成犯罪行为之物。实践中,对供犯罪所用的本人财物的理解应从"供犯罪所用"和"本人财物"两个方面着手进行。

"供犯罪所用"是指被告人有意识地将某物用于犯罪行为,被告人在使用时对财物为犯罪行为服务有着明确认识和追求。即一方面被告人对财物用于犯罪行为具有概括认识,另一方面又付诸实施。但在具体案件中,要注意分析该供犯罪所用财物与具体犯罪行为之间是否具有直接关联性,是否密切相关。2005年5月施行的《关于办理赌博刑事案件具体应用法律若干问题的解释》第8条第2款明确规定:"赌资应当依法予以追缴;赌博用具、赌博违法所得以及赌博犯罪分子所有的专门用于赌博的资金、交通工具、通讯工具等,应当依法予以没收。"这里的"专门",实际上就是强调了上述财物应与赌博犯罪行为之间具有直接、密切的关联性。换言之,该司法解释事实上确认了应将"供犯罪所用财物"理解为与犯罪行为具有经常性联系或者密切相关的物品这一规则。

"本人财物"一般是指被告人对财物享有所有权。如果财物不是犯罪分子本人的,而是借用或者擅自使用的他人财物,财物所有人事前不知道是供犯罪使用的,应当予以返还。但是,一般认为,从有利于防止相关财物再次用于犯罪,有利于剥夺犯罪分子再犯的物质基础等角度出发,在充分考虑"比例对等""罪罚相当"原则及公正司法理念的基础上,对于恶意第三人或者有重大过失的第三人所有的以及共同所有的用于犯罪行为的财物,也可以予以没收。

近年来,出现了一些新型贿赂犯罪,如有个人投入的"交易型"受贿、"投资型"受贿、"委托理财型"受贿等,如何认定此类犯罪中的"供犯罪所用的本人财物",对行为人个人投入部分能否予以没收,是当前司法实践中的难题。要准确认定上述问题,首先必须厘清"交易""投资"及"委托理财"的性质并准确认定个人投入数额和受贿犯罪数额。《关于办理受贿刑事案件适用法律若干问题的意见》对此类犯罪的认定作了规定,据此应当明确:(1)在"交易型"受贿、"投资型"受贿、"委托理财型"受贿犯罪中,"交易""投资""委托理财"只是贿赂双方规避法律制裁的手段,受贿人虽然有个人财产支出,但目的是掩盖权钱交易。即使受贿人收受的贿赂包含一部分合法成本,但对价成本主要是权钱交易的结果,其行为符合受贿犯罪的本质特征。(2)受贿人象征性支付对价的,即使产生了增值利益,也不是受贿人的善意取得,不符合"善意取得不予追缴原则"。(3)整体剥夺受贿犯罪全部经济收益,符合当前从严惩治腐败的现实需要。所以,在"交易型"受贿、"投资型"受贿、"委托理财型"受贿犯罪中,对受贿数额的认定应将受贿人支付的对价扣除,认定的受贿数额应依照《刑法》第64条的规定予以没收;但受贿人支付的对价,应按照上述"供犯罪所用的本人财物"的认定标准,结合具体的个案实际审慎判断,属于"供犯罪所用的本人财物"的,亦应依法没收。

【指导案例】杨某林滥用职权、受贿案——供犯罪所用的本人财物如何认定[①]

被告人杨某林隐瞒金隆煤矿2013年10月4日发生的重大劳动安全事故后,向贵州湾田煤业集团有限公司(以下简称"湾田煤业公司")副总经理陈某虹提出需要400万元用于协调有关事宜。经陈某虹等人商量,同意杨某林的要求。为规避法律责任,双方商定采用由杨某林出资60万元虚假入股的方式,给予杨某林400万元。2013年11月,杨某林安排其侄子杨某出面与湾田煤业公司签订虚假入股协议。同年12月9日,按照杨某林的安排,杨某从杨某林的账户转款60万元给湾田煤业公司。应杨某林的要求,湾田煤业公司将该60万元以"入股"分红的形式退还给杨某林,并承诺于2014年4月底用200万元以"退股"形式收购杨某林

---

① 参见最高人民法院刑事审判第一、二、三、四、五庭主办:《刑事审判参考》(总第103集),法律出版社2016年版,第1089号案例。

50%的"股份",剩余200万元在同年6月兑现。2014年4月,杨某林因涉嫌犯滥用职权罪被调查,该400万元未实际取得。

2013年,根据贵州省和毕节市有关文件规定及会议精神,贵州百里杜鹃风景名胜区管理委员会(以下简称"百管委")将对辖区内煤矿企业进行兼并重组。自同年1月起,杨某林兼任百管委煤矿企业兼并重组工作领导小组副组长。在煤矿企业兼并重组过程中,鹏程煤矿总经理朱某宝为实现兼并相邻煤矿的目的,请托杨某林将鹏程煤矿与相邻煤矿整合的方案上报,并愿提供协调费用。同年5月30日,杨某林通过杨某收到朱某宝贿赂的200万元。其间,中心煤矿负责人苏某省为规避产业政策,防止煤矿被关闭淘汰,请托杨某林将中心煤矿作为单列技改保留现状的煤矿上报。杨某林提出苏某省需提供300万元作为协调费用,苏某省答应。同年6月2日,杨某林通过杨某收到苏某省贿赂的300万元。在百管委开会讨论编制煤矿兼并重组方案时,杨某林在会上提出将鹏程煤矿与相邻煤矿整合、将中心煤矿进行单列保留上报的兼并重组方案。后经杨某林签字同意并将方案上报毕节市工能委。

案发后,湾田煤业公司将涉案款400万元上缴毕节市人民检察院,杨某林亦退缴全部受贿所得赃款。

本案中,入股协议、承诺书、湾田煤业公司收据、证人陈某虹、杨磊等的证言、被告人杨某林的供述等证据证实,杨某林将自己的60万元转账至湾田煤业公司,目的是得到其向他人索要的400万元,后因杨某林担心其索要的400万元不能得到,且连投入的60万元也无法收回,湾田煤业公司遂将该60万元以"入股"分红的形式退还给杨某林,并出具承诺书。据此可以认定,杨某林对该60万元系为索取400万元贿赂有着明确认识,其将该60万元付诸实施"入股"行为后又积极追求实现索取400万元的犯罪目的;杨某林象征性"入股"的该60万元与其索要400万元的犯罪行为密切相关,并直接为该犯罪行为服务,该60万元系杨某林用于索取贿赂的犯罪工具。故杨某林支付给湾田煤业公司的60万元属于供其犯罪所用的本人财物,依照《刑法》第64条的规定,应当予以没收,上缴国库。

1. "供犯罪所用的本人财物"的认定

所谓供犯罪所用之本人财物,是指不是犯罪行为不可缺少的要素,只是行为人实施犯罪时所使用的物,包括已经供犯罪所用或将要供犯罪所用的财物。换言之,供犯罪所用之本人财物,必须直接用于犯罪,于犯罪中起决定性或促进性作用且属于犯罪人本人之财物。应从以下三个方面把握:

(1)在与犯罪的关系上,应是直接且专门用于犯罪之物。所谓"直接",是指必须与犯罪有直接关系,即为对犯罪的完成起决定性或促进性的犯罪工具。前者如赌博犯罪中的赌资、赌博用具等,后者如抢劫犯罪中所用的刀具、枪支等。当然,此种区分并不是绝对的,应视具体情况而定。比如对同样是平常用于装载旅客的汽车,在用来直接撞击被害人的场合可能就是具有决定性作用的犯罪工具,而在仅用来接送凶手的场合,则可能对犯罪的完成仅具有促进作用。所谓"专门"则排除将平常有其他合法用途仅偶尔用于犯罪的物作为犯罪工具对待,如平常用于载客偶尔夹带赃物的客车,不得以犯罪工具予以没收。

此外,供犯罪所用之物为直接且专门用于犯罪,则犯罪类型仅是故意犯罪而排除过失犯罪。因过失犯罪的被告人在主观上不存在故意实施犯罪,也就谈不上有专门为实施犯罪所用之物。如交通肇事中之车辆,则不应予以没收。但若行为人故意以车冲撞杀伤行人,车辆当然是为供犯罪所用之物,自然应在没收之列。

(2)此处的"犯罪"应作扩大理解,既应当包括实行阶段,也包括犯罪预备阶段。德、日刑法对供犯罪所用之物,依犯罪发展阶段不同而细划出供犯罪预备之物。究其法理,"只要准备了,即使实际未被使用,也是没收的对象。这是考虑了社会保安的意思"。可见,供犯罪所用之物不仅包括犯罪实施阶段的实行工具,而且包括供犯罪预备之物,如果与犯罪的联系密切,也应对其予以没收。判断供犯罪预备之物是否为犯罪工具时,其密切联系可以从三个方面进行考查:一是犯罪预备之物对犯罪实行行为的促进程度,对此应当考虑预备行为的性质及其对实行行为能否顺利完成的作用大小。二是犯罪预备之物对预备行为的实现产生的影响大小。三是犯罪预备之物的使用频次与存续时间,如果频繁性的使用且存续的时间较长,其关系就密切。

(3)属犯罪本人财物。立法惯例认为没收的供犯罪所用之物应属犯罪本人财物,此处本人财物意指犯罪分子对财物享有所有权。然而,在司法实践中,犯罪人对财物享有的所有权却存在诸多情形,如与他人共有此物,或对此物享有其他物权、债权等权利。正是由于存在上述种种情形,导致刑法理论界和司法实践部门对认定犯罪"本人"财物存在不同的认识。有观点认为,从刑法条文规定看,本人财物应只限于犯罪人对没收物独自享有所有权,且他人对该物在法律上不得主张权利,否则就侵犯了第三人的财产权益。而有观点则认为,只要犯罪人对财物享有所有权,就应为本人财物,则可以予以没收。即使他人对该物享有权利也不妨碍没收。笔者同意后者的观点,理由如下:①从没收的立法目的看,主要是通过没收犯罪人财物来惩罚犯罪,且消除其利用该财物继续犯罪之危险。如果对没收范围限制得过多,则不利于该制度功能的实现。②从价值平衡角度来看,没收处分的价值在于惩罚、预防犯罪,维护社会公共秩序和利益,对没收财物所有权的限制则是出于保护第三人利益。在二者之间应保持合理平衡,不能失之偏颇。

2. 没收"犯罪所用之物"应坚持罪刑相适应原则

一般认为,罪刑相适应原则适用于刑罚的裁量,与对供犯罪所用的本人财物的没收看似无关,但笔者认为没收供犯罪所用的本人财物仍应坚持罪刑相适应原则。

一方面,关于没收供犯罪所用的本人财物的性质。目前世界各国及地区关于没收的性质主要有两种观点:一是惩罚措施,如美国刑法和日本 1974 年以前的刑法如是规定;二是保安处分,其与刑罚共同构成刑事制裁体系,起着替代或补充刑罚的作用。后者是目前多数国家及地区通常的做法。有学者认为我国刑法规定的"没收"分为刑罚性质的没收(即没收财产刑)和非刑罚性质没收。后者就是《刑法》第 64 条规定的对与犯罪相关联的特定物的没收,其特点是不具有刑罚性质,而是一种非刑罚处罚措施(具有行政罚性质)。可见,我国刑法中关于没收的规定与保安处分有相似之处。但是,不管对此种没收如何定性,其均是刑法所规定的由犯罪分子承担的实体(财产)上的不利法律后果,对此种没收的适用也应遵循刑罚适用的根本原则即罪刑相适应原则。

另一方面,罪刑相适应原则在没收供犯罪所用的本人财物中的具体运用。我国刑法中罪刑相适应原则的基本要求是罪重的量刑要重,罪轻的量刑要轻。对没收供犯罪所用的本人财物而言,就是要综合考虑犯罪所用之物价值的大小、对该财物的没收对犯罪分子整体经济状况的影响程度、犯罪分子是否因该罪受到财产刑处罚以处罚的程度、对与犯罪分子有特定关系的人影响大小、该财物是否具有特定意义。除此之外,还要判断犯罪分子罪责的大小,即整个犯罪社会危害性的大小,犯罪分子在整个犯罪过程中所起的地位作用,犯罪分子许可使用财物的主观心态,以及该财物在犯罪实施过程中起的作用、使用频率等。通过上述分析判断,以决定对供犯罪所用的本人财物应否没收及没收的范围与程度。

后 记

近年来,法官从事的实用性研究有了明显和可喜的进步,《法律适用》和《人民司法》的不断扩容,《中国应用法学》的创刊,全国法院系统学术论文研讨会组织规模的扩大、论文质量的提升等,均是很好的例证。此种局面的形成无疑是下列诸多主客观方面因素影响的结果。例如,疑难、复杂、新类型案件中需要研究的问题增多,司法过程中平衡法律效果与社会效果的难度增大,中国裁判文书网海量文书的公开,法官职业化、精英化的持续推进,法学教育和研究水平的提高,人民群众司法需求的新要求、新期待,等等。此种实用性研究虽然在某种意义上扮演着基础理论研究与适用法律技术之间的"二传手"角色[①],但从理论与实践互动关系而言,基础理论研究与实用性研究均不可或缺,而且需在分工细化的基础上良性融贯,方能最大程度地克服当下依然存在的理论界与实务界相互分隔甚或互不买账、理论与实践"两张皮"的现象。同时,就理论对实践的指导而言,两类研究同样重要,只是实用性研究相比于基础理论研究而言对实践的指导更为直接而已。此时,需要牢记的是康德的如下论说:"如果说理论对实践作用很小的话,那么责任并不在于理论,而在于人们没有从经验中习得足够的理论。"[②]

北京大学出版社策划的"法官裁判智慧丛书"可谓是助添实用性研究之繁荣昌盛。基于前期出版的民事法官所撰写的《公司纠纷裁判精要与规则适用》《民间借贷纠纷裁判精要与规则适用》等系列著作所取得的良好的社会效果,蒋浩副总编和陆建华编辑诚邀我组织在刑事审判实践一线的法官撰写类似的刑事法著作。这正好契合我近年来倡导和践履的实践刑法学[③]的研究理念和学术路径。经过一段时间的联络和沟通,我和诸位同人将陆续推出《侵犯公民人身权利罪类案裁判规则与适用》《侵犯财产罪类案裁判规则与适用》《贪污贿赂罪类案裁判规则与

---

① 参见张卫平:《基础理论研究:民事诉讼理论发展的基石》,载〔德〕康拉德·赫尔维格:《诉权与诉的可能性:当代民事诉讼基本问题研究》,任重译,法律出版社2018年版,序言第4—5页。

② 〔德〕马蒂亚斯·耶施泰特:《法理论有什么用?》,雷磊译,中国政法大学出版社2017年版,第53页。

③ 参见刘树德:《刑事裁判的指导规则与案例汇纂》,法律出版社2014年版,代序第1页以下。

适用》《危害公共安全罪类案裁判规则与适用》等系列图书。

　　感谢北京大学出版社蒋浩副总编和陆建华编辑的组织策划,感谢责任编辑辛勤、细致的工作!

刘树德
2018 年 10 月 5 日初记
2021 年 4 月 6 日补记